Hans-Joachim Eckstein / Michael Welker (Hg.)

Die Wirklichkeit der Auferstehung

Neukirchener

© 2002
Neukirchener Verlag
Verlagsgesellschaft des Erziehungsvereins mbH,
Neukirchen-Vluyn
Alle Rechte vorbehalten
Umschlaggestaltung: Hartmut Namislow
Druckvorlage: Heike Springhart
Gesamtherstellung: Breklumer Druckerei Manfred Siegel KG
Printed in Germany
ISBN 3-7887-1808-0

Die Deutsche Bibliothek – CIP-Einheitsaufnahme

Die Wirklichkeit der Auferstehung /
Hans Joachim Eckstein / Michael Welker (Hg.). –
Neukirchen-Vluyn: Neukirchener, 2002
ISBN 3-7887-1808-0

Inhalt

Hans-Joachim Eckstein / Michael Welker
Einleitung V

Hans-Joachim Eckstein
Die Wirklichkeit der Auferstehung Jesu
Lukas 24,34 als Beispiel früher formelhafter Zeugnisse 1

Martin Hauger
Die Deutung der Auferweckung Jesu Christi durch Paulus 31

Jens Adam
Das leere Grab als Unterpfand der Auferstehung Jesu Christi
Der Beitrag Hans von Campenhausens 59

Marianne Sawicki
Catechesis and Resurrection 77

Antje Fetzer
Auferstanden ins Kerygma?
Rudolf Bultmanns existentiale Interpretation der Auferstehung 93

Luise Burmeister
Auferstehung in die Nachfolge
Dietrich Bonhoeffers nicht-religiöse Interpretation der Auferstehung 111

Daniel Munteanu
Die universale Bedeutung der Auferstehung Christi
in der Orthodoxie
Die neopatristische Synthese Dumitru Stăniloaes 121

André Kendel
»Die Historizität der Auferstehung ist bis auf weiteres
vorauszusetzen.«
Wolfhart Pannenbergs Verständnis der Auferstehung
und seine Bewertung der einschlägigen biblischen Überlieferungen 139

Bernd Oberdorfer
»Was sucht ihr den Lebendigen bei den Toten?«
Überlegungen zur Realität der Auferstehung
in Auseinandersetzung mit Gerd Lüdemann 165

Günter Thomas
»Er ist nicht hier!«
Die Rede vom leeren Grab als Zeichen der neuen Schöpfung 183

Gregor Etzelmüller
»Ich lebe, und ihr sollt auch leben!«
Die Leiblichkeit des Auferstandenen
und ihre Bedeutung für die Eschatologie 221

Andreas Schüle
Gottes Handeln als Gedächtnis
Auferstehung in kulturtheoretischer und biblisch-theologischer Perspektive . 237

Ingolf U. Dalferth
Volles Grab, leerer Glaube?
Zum Streit um die Auferweckung des Gekreuzigten 277

Michael Welker
Die Wirklichkeit der Auferstehung 311

Ute Braun
Anhang: Das Zeugnis der Auferstehung
nach den vier Evangelien
Ein synoptischer Vergleich 333

Register
Bibelstellen 343
Sachen 347

Hans-Joachim Eckstein / Michael Welker

Einleitung

Die Frage nach der Auferstehung Jesu berührt zutiefst die Frage nach dem Wirklichkeitsverständnis des christlichen Glaubens. Wer wissen will, was das Wesentliche in diesem Glauben ist, muß fragen, was das vielleicht älteste Bekenntnis der Kirche meint: Christus ist der »den Gott auferweckt hat von den Toten «.

Die Diskussion um die Auferstehung hat in den letzten Jahren über Kirche und Wissenschaft hinaus viel Resonanz in den Massenmedien ausgelöst und dadurch eine breite öffentliche Aufmerksamkeit gewonnen. Es ist deutlich geworden, daß Differenz und Konflikt zwischen moderner Kultur und christlichem Glauben gerade an diesem Thema besonders scharf profiliert hervortreten. Wie kann man in einer naturwissenschaftlich informierten, rationalistisch aufgeklärten und auf die Kraft des gesunden Menschenverstandes bauenden Kultur die Auferstehung des Leibes, die nachösterlichen Erscheinungen Christi und die gegenwärtig schon anbrechende Anteilgabe an der Fülle seines Auferstehungslebens als realistische Sicht der Wirklichkeit verstehen? Wie »wirklich« ist die Auferstehung?

Die Beiträge dieses Bandes verfolgen diese Fragestellung vor allem aus zwei Perspektiven. Historisch-exegetisch werden die unterschiedlichen Zugänge der neutestamentlichen Zeugnisse zur Auferstehung herausgearbeitet. Dabei geht es um den Eigengehalt sowie um die Verknüpfung der verschiedenen Traditionselemente: insbesondere das umstrittene ›leere Grab‹ sowie die Erscheinungen und Mahlfeiern des Auferstandenen. Die systematisch-theologischen Beiträge setzen sich mit wichtigen Beiträgen zum Thema im 20. Jahrhundert auseinander. Vor dem Hintergrund dieses Diskurses und in Auseinandersetzung mit zeitgenössischen kulturwissenschaftlichen und philosophischen Ansätzen wird schließlich das Wirklichkeitsverständnis des christlichen Auferstehungsglaubens neu dargestellt und entfaltet. Eine kurze Skizze der einzelnen exegetischen und systematisch-theologischen Beiträge soll die Orientierung erleichtern.

Ausgehend von der zweigliedrigen Auferstehungsformel in Lukas 24,34, führt Hans-Joachim Eckstein in die ältesten literarisch greifbaren Zeugnisse von der Auferstehung Jesu ein – die ein- und mehrgliedrigen Auferweckungs- und Auferstehungsformeln, wie sie sich vor allem bei Paulus, dann aber auch in den übrigen neutestamentlichen Briefen, den Evangelien und der Apostelgeschichte in vielfältiger Ausprägung finden (s. die abschließende Zusammenstellung). Die traditionelle Auferstehungs- und Erscheinungsformel »Der Herr ist wirklich auferstanden und Simon erschienen« wird nach traditionsgeschichtlichen und überlieferungsgeschichtlichen Gesichtspunkten untersucht und im Rahmen des spezifisch lukanischen Verständnisses von der Wirklichkeit der Auferstehung Jesu entfaltet.

Für die paulinische Theologie hat das urchristliche Bekenntnis von Kreuz und Auferweckung Jesu eine für den Glauben schlechthin grundlegende Bedeutung. Paulus versteht sich selbst gleich den übrigen Aposteln als Zeuge des Ostergeschehens und bestimmt von daher sowohl Inhalt wie Autorität seines Evangeliums. Ausgehend von den Aussagen des Heidenapostels über seine Begegnung mit dem Auferstandenen entfaltet Martin Hauger in seinem Beitrag das Wirklichkeitsverständnis des paulinischen Auferstehungszeugnisses. Eine zentrale Rolle spielen dabei die Ausführungen über den Auferstehungsleib in 1Kor 15,35ff. Schließlich werden die aus der Exegese gewonnenen Ergebnisse für die Frage nach dem – von Paulus selbst nicht explizit erwähnten – leeren Grab fruchtbar gemacht.

Bleibende Bedeutung für die Diskussion hat der von Jens Adam vorgestellte Entwurf von Hans v. Campenhausen. Der Kirchenhistoriker rekonstruiert den Ablauf der Osterereignisse, indem er nach dem geschichtlichen Kern dessen sucht, was die neutestamentlichen Quellen historisch bezeugen. Dabei sieht er insbesondere die Entdeckung des leeren Grabes als den entscheidenden Anstoß, der alles weitere Geschehen ins Rollen brachte, und Petrus als denjenigen, der das leere Grab Christi als Unterpfand der Auferstehung des Herrn versteht. Dieser seinem Anspruch nach streng historische Zugang bedarf der theologischen Prüfung anhand des neutestamentlichen Zeugnisses.

Einleitung VII

Zur besseren Übersicht über die in den verschiedenen Beiträgen vorausgesetzten neutestamentlichen Überlieferungen zum leeren Grab, zur Auferstehung Jesu und zu den vielfältigen Erscheinungen des Auferstandenen bietet Ute Braun am Ende des Bandes eine detaillierte synoptische Darstellung der Osterereignisse nach den vier Evangelien.

Der Beitrag von Marianne Sawicki bietet einen guten Übergang zwischen den exegetischen und theologiegeschichtlichen bzw. systematisch-theologischen Beiträgen, gerade weil sie nach dem Zusammenhang von Auferstehungsglauben und Katechese fragt. Sie kontrastiert den Auferstehungsglauben im Judäa der römischen Besatzungszeit mit dem heutigen Auferstehungsglauben und beleuchtet Diskontinuitäten und Kontinuitäten. Die leidenschaftliche Frage nach Gottes Gerechtigkeit und die Vergegenwärtigung dieser Gerechtigkeit im Leben Jesu sowie die Frage: »Wie gewinnt diese Vergegenwärtigung der Gerechtigkeit Gottes im Leben Jesu auch im heute wirklich gelebten Leben Gestalt?« zählen zu den Kontinuitäten.

Es folgen fünf Beiträge zu wichtigen, ja z.t. schon »klassischen« konstruktiven und kritischen Positionen zum Thema »Auferstehung« aus der protestantischen und orthodoxen Theologie des 20. Jahrhunderts.[1]

Antje Fetzer summiert die heute vielen wohl nicht mehr wirklich vertraute Kritik an Rudolf Bultmanns entmythologisierender Betrachtung des Auferstehungsgeschehens (verfälschender Reduktionismus im Umgang mit den biblischen Überlieferungen, theologischer Wahrnehmungsverlust, unbiblische Privatisierung und Spiritualisierung christlicher Existenz in der »existentialen Interpretation«). Im Anschluß daran zeichnet sie noch einmal die berühmt-berüchtigte existentiale Interpretation der Auferstehung nach und fragt, ob Bultmann nicht ein »Wahrheitsmoment« christlicher Auferstehungshoffnung festgehalten habe, das nicht preisgegeben werden darf. Bultmann fordert dazu heraus, die radikale Differenz von irdischem Leben und Auferstehungsleben und die Radikalität des neuschöpferischen Handelns Gottes ernstzunehmen. Er wirkt damit auch einer Verharmlosung des Todes durch »substanzhafte Kontinuitätsvorstellungen« entgegen.

---

[1] Zur neueren römisch-katholischen Diskussion, auf die in diesem Band mehrfach Bezug genommen wird, siehe besonders: *S. T. Davis/D. Kendall/G. O'Collins* (Hg.), The Resurrection. An Interdisciplinary Symposium on the Resurrection of Jesus, Oxford, Oxford University Press 1997, darin besonders die Beiträge von Gerald O'Collins und Francis Schüssler Fiorenza.

In provozierendem Kontrast dazu betont Dietrich Bonhoeffer, wie Luise Burmeister zeigt, daß Christus durch die Auferstehung die Todesgrenze bereits überwunden – und auch für uns überwunden – hat. Durch die Taufe und in der Christus-Nachfolge erhalten Christinnen und Christen Anteil an diesem neuen Leben. Wird auch im Raum der Kirche dieses neue Leben in Gemeinschaft mit Gott noch in »zerbrechlichen« Formen gelebt, so zielt es doch auf eine »höchste Potenzierung personalen Lebens«, in der das Leben Christi im menschlichen Leben und Sterben Gestalt gewinnt.

In besonderer Konzentration auf das Werk des bedeutenden rumänischen Theologen Dumitru Staniloae, aber auch im Anschluß an Athanasius, Maximus Confessor und Cyrill von Alexandrien zeigt Daniel Munteanu, daß aus orthodoxer Sicht die Auferstehung und die Menschwerdung Jesu Christi unbedingt im Zusammenhang wahrgenommen werden müssen. Gott wird Mensch, um den Menschen, die an Christus glauben, Anteil am göttlichen Leben zu geben. Der Auferstandene begleitet die Menschen auf ihrem »geschichtlichen Weg in die Ewigkeit«. Die Auferstehung weist auf eine »pneumatisierte Ordnung hin, die höher ist als die geschlossene immanente Kausalität«, eine geistliche Ordnung, die der irdischen Geschichte Maß und Ziel ihrer Entwicklung vorgibt.

Die bedeutenden Beiträge, die Wolfhart Pannenberg zum Thema »Auferstehung« und zur Frage der Historizität der Auferstehung Jesu seit 1964 publiziert hat, werden von André Kendel zusammenfassend dargestellt und diskutiert. Damit die Geschichte Jesu als Gottes Offenbarung allgemein nachvollziehbar werden kann, müsse die apokalyptische Zukunftserwartung, die Erwartung einer allgemeinen Totenauferweckung als Bedeutungshorizont der Auferstehung Jesu erkannt werden. Die eschatologische Wirklichkeit sei andersartig gegenüber der Wirklichkeit der vergehenden Welt, was aber nicht grundsätzlich den Anspruch auf Historizität der Auferstehung berühre, obwohl ein alltägliches Verständnis von Wirklichkeit durch die Osterüberlieferungen verändert wird. Dabei ist zu würdigen, daß die Auferstehung auf die Frage nach der Bestimmung des Menschen antwortet.

Während Kendel diese komplexe Rahmung einer konstruktiven Wahrnehmung der Auferstehungsbotschaft positiv aufnimmt, kritisiert er Pannenbergs Reduktion der historisch zuverlässigen Auferstehungszeugnisse auf Mk 16 (Grabestradition), 1Kor 15 (Erscheinungsüberlieferungen) und Apg 9 (»Urgestalt« der Erscheinungsberichte). Er zeigt eine Entwicklung in Pannenbergs Denken auf, da er in späteren Schriften der

Einleitung

Grabestradition nur unterstützende Funktion zuschreibt und die Erscheinungen höher bewertet. Kendel fragt, warum Pannenberg dennoch nicht die verschiedenen Dimensionen der Auferstehungswirklichkeit aufzunehmen vermag, die durch die biblischen Texte versprachlicht werden. Er legt nahe zu sehen, daß diese Reduktion mit einem engen historisch-kritischen Verständnis von »Geschichte« zusammenhängen könnte.

Bernd Oberdorfer bietet eine minutiöse Rekonstruktion der Argumentationskette Gerd Lüdemanns, der mit provozierenden Thesen zur Auferstehung (die aber – u.a. von David Friedrich Strauss und Rudolf Bultmann vertreten – in der akademischen Theologie weithin bekannt waren) einen kleinen öffentlichen Skandal inszenieren konnte: Es gibt keine Rückkehr eines Verstorbenen ins Leben; die Erwartung einer zukünftigen Totenauferweckung ist nicht mit dem modernen Weltbild vereinbar. Lüdemann sieht Ostern als visionär revitalisierte Erinnerung an den sündenvergebenden Jesus, die er mit C.G. Jung und im Anschluß an Emanuel Hirsch deuten will. Petrus und Paulus haben Trauerarbeit und Schuldbewältigung verbunden. Mit diesem Schuldbewältigungsmechanismus – ausgelöst durch die Bestürzung darüber, Jesus im Stich gelassen zu haben (Petrus) bzw. ihn und seine Anhänger bekämpft zu haben (Paulus) – entfachten sie eine ansteckende Massenhysterie. Oberdorfer zeigt, daß Lüdemanns Bruch mit christlicher Theologie und Kirche schon in den Veröffentlichungen angelegt ist, in denen er mit seinem akademischen Vorbild Emanuel Hirsch noch an einem wolkigen »Ewigkeitsglauben« festhalten und sich in »ständigem Gespräch mit und Angerührt-Sein von« der Geschichte Jesu sehen wollte (vgl. dazu auch die kritischen Beiträge von Gregor Etzelmüller, Ingolf Dalferth und Michael Welker).

Unter Rückgriff auf Beiträge von M. Welker und I. Dalferth macht Oberdorfer geltend, daß die biblischen Auferstehungstexte keine einfache physische Wiederbelebung bezeugen und daß sie von einem Handeln Gottes an Jesus sprechen; beides wird von Lüdemann exegetisch und sachlich nicht wahrgenommen. Auch betont Oberdorfer, daß in den Auferstehungszeugnissen »Jesus als das unverfügbare Subjekt seiner Selbstvergegenwärtigung« begegnet, nicht aber als eine »aus dem Innern der Seele aufsteigende Erkenntnis«. Mit der Wendung »metaphorisch-real« will Oberdorfer die notwendig irritierende Rede von der Auferstehung charakterisieren, die einerseits eine Vorwegereignung des Zukünftigen, andererseits ein Ereignis in geschichtlicher Zeit bezeugt.

Fünf weitere Beiträge behandeln zentrale systematische Aspekte des Auferstehungsgeschehens. Sie greifen dabei auf einzelne der behandel-

ten Positionen konstruktiv und kritisch zurück, bilden aber neue inhaltliche Schwerpunkte:
- Das leere Grab als Zeichen der neuen Schöpfung;
- die Leiblichkeit der Auferstehung;
- das göttliche Gedenken und das göttliche Handeln im Auferstehungsgeschehen;
- das kanonische – responsive und proklamatorische – Gedächtnis als Bezeugung und Teilhabe an der Auferstehungswirklichkeit.

Günter Thomas nimmt die von Hans von Campenhausen u.a. vorgeschlagene Orientierung an der neutestamentlichen Rede vom leeren Grab auf, geht dabei aber von der Voraussetzung aus, daß die Evangelien nicht nur »von historischen Ereignissen und ›naturalen‹ Prozessen (reden), sondern ... vielfältigere und umfassendere Wahrnehmungen« einschließen, mit denen sie »neue Evangeliumskommunikation und Wahrnehmungen auslösen« wollen. Die mit der Rede vom leeren Grab betonte Abwesenheit des vorösterlichen Leibes zeigt, daß dieser Leib in der Auferstehung ein Thema, zumindest ein Problem bleibt. Auch die von den biblischen Texten hervorgehobene Differenz zwischen den 40 Tagen der Erscheinungen des Auferstandenen und seiner himmlischen Existenz verweist auf die besondere leibliche Vergegenwärtigung des Auferstandenen.

Weder eine Kontinuierung des vorösterlichen Lebens noch eine vollständige Diskontinuität noch auch eine bloße neue Erfahrung mit der alten Wirklichkeit ist die Pointe der Erzählung vom leeren Grab. Sie verweist vielmehr auf eine schöpferische Tat des treuen Gottes »an der Person Jesu, (die) als solche zugleich der Anbruch der neuen Schöpfung« ist. Der (weder durch historische Forschung noch durch literarische Dokumente gestützte) Gedanke, mit dem Lüdemann und auch manche seiner Kritiker gern spielen und herumspekulieren, daß der verweste Körper Jesu ein historisches Faktum sei, führt zu einer schiefen Vorstellung von »neuer Schöpfung«. Im Anschluß an F. Watson sieht Thomas in den Grabeserzählungen die Erzeugung einer »narrativen Leerstelle«, die das völlige Unbeteiligtsein von Menschen am Auferstehungsgeschehen, zugleich aber seine Verankerung in Raum und Zeit betone. Er sieht ferner in den Engelerscheinungen und den damit verbundenen Deutungen eine »Formung der Erinnerung« zu einer zukunftsoffenen Erinnerung, in der der Auferstandene nicht nur lebendig erinnert, sondern als Lebendiger erfahren wird. Thomas interpretiert die Entzogenheit des vorösterlichen Leibes als Anzeichen für die vollständige Verwandlung der alten Schöpfung, die in der Neuschöpfung »der räuberischen Verflechtung von Leben und Tod entnommen ist«. Mit Jürgen Moltmann, der Impulse der or-

Einleitung XI

thodoxen Theologie aufgenommen hatte, aber auch mit der neueren Diskussion zwischen Theologen und Naturwissenschaftlern über Fragen der Eschatologie[2] hält Thomas fest, daß die Auferstehung »auch in die Tiefen ›naturaler‹ Prozesse reicht und damit eine kosmologische Dimension hat.«

Gregor Etzelmüller beginnt seine Überlegungen zur Leiblichkeit der Auferstehung mit einer Auseinandersetzung mit Lüdemann und Hirsch, die die kritischen Beiträge Oberdorfers und Dalferths zu diesen Positionen ergänzt. Er zeigt, wie die Interpretation des modernen Christentums und die verhalten anti-reformatorischen sowie gezielt anti-jüdischen Aufstellungen Hirschs nicht nur mit einer Leugnung der Leiblichkeit der Auferstehung verbunden werden, sondern auch mit der Annahme der schlechthinnigen Verborgenheit der Ewigkeit. Konsequent kann Hirsch nur noch von einer »Schwebeform eines auf das Unendliche es wagenden Glaubens« und ähnlichen religiösen Vagheiten sprechen, was mit einem Gestalt- und Sprachverlust der Hoffnung einhergeht. Orientiert an Barths Göttinger Vorlesungen, diagnostiziert Etzelmüller hinter Hirschs (von Lüdemanns aufgenommenen) Ansichten einen religiösen Monismus, der mit seinem Ewigkeitsglauben die Spannung und Krise verwischt, die die Auferstehung in diese Welt hineinträgt. Gegen Barth betont er, daß die Historizität der Auferstehung und das besondere »Sehen« der Jünger genauer erfaßt werden müssen, als es beim frühen Barth geschehe. Gegenüber dem frühen Barth, Dalferth und anderen, mit denen er in der Kritik der Position Hirsch/Lüdemann einig ist, hebt Etzelmüller die Bedeutung der Leiblichkeit der Auferstehung hervor: »An der Leiblichkeit soll aber biblisch nicht nur die Identität des Auferstandenen sichtbar werden, sondern zugleich die Verwandlung offenbar werden.« Die biblische Aussage, Gott habe Jesus Christus nicht die Verwesung sehen lassen (Apg 2,27), ist nicht doketisch, sondern wehrt einem doketischen Mißverständnis der Auferstehung. Etzelmüller warnt davor, die Geschichte und das ewige Leben Gottes einander abstrakt gegenüberzustellen und davon abzusehen, daß die Auferstehungszeugnisse vom in der Zeit gelebten ewigen Leben sprechen. Er zeigt, daß und in welcher Weise die christliche Hoffnung und ihre Sprache von dieser Ausrichtung auf die Leiblichkeit und das Kommen Christi in der Zeit geprägt sind.

---

[2] Vgl. *J. Polkinghorne/M. Welker* (Hg.), The End of the World and the Ends of God. Science and Theology on Eschatology, Harrisburg 2000, second printing 2000; auch im Programm des Neukirchener Verlags; *T. Peters/R. Russell/M. Welker* (Hg.), Resurrection. Theological and Scientific Assessments, Grand Rapids 2002.

»Das Verständnis der Auferstehung ergibt sich nicht in Ableitung aus einer vorgeordneten Epistemologie, Ontologie oder Kosmologie, sondern sie selbst ist sachlich Voraussetzung und inhaltlich definierendes Merkmal des christlichen Wirklichkeitsverständnisses.« Andreas Schüle zeigt, daß die Auferstehung Jesu nach den neutestamentlichen Überlieferungen nicht um ihrer »geschichtlichen Ereignishaftigkeit willen interessant« ist, daß sie vielmehr nicht getrennt werden kann von der allgemeinen Auferstehungshoffnung (1Kor 15). Sie ist aber damit kein auf ein »Jenseits« verschobenes Ereignis, sondern antwortet auf Todesbedrohung und Todeserfahrung, die mitten im Leben erfolgen können (vgl. 2Kor 2,10). Schüle warnt, daß die Frage: »Was kommt nach dem Tod?« eine kategoriale Unterscheidung von Leben und Tod trifft, die nicht in derselben Weise vom Auferstehungsglauben vollzogen wird.

Mit Hilfe von Philosophien, die die »objektive Unsterblichkeit« (Whitehead, Parfit) bzw. eine Konzeption »radikaler Endlichkeit« (Heidegger) vertreten, erläutert er auch außerreligiös vermittelbare Konzepte eines Erfahrungskontinuums, das die ontische Spannung von Leben und Tod nicht in einem ontologischen Dual einfriert, sondern ein übergreifendes Wirklichkeitsverständnis entwickelt. Inspiriert vom Denken Whiteheads zeigt er die Denkmöglichkeit von »Prozessen des Werdens und Vergehens, (die) in der Vielfalt endlicher Wahrnehmungen, deren Perspektive einmal abbricht, komplexe Netzwerke von ästhetischen und moralischen Werten entfalten, die von anderer raumzeitlicher Struktur sind als diese Prozesse selbst.«

Den spätmodernen Philosophien der »objektiven Unsterblichkeit« und »radikalen Endlichkeit« sieht Schüle zwei alttestamentliche Überlieferungsstränge in vielfacher Hinsicht entsprechen, die eine Auferstehungshoffnung zu entwickeln beginnen (Apokalyptik) bzw. diese Hoffnung aus strukturellen Gründen ablehnen (Kohelet). Schüle bescheinigt beiden Seiten eine seriöse Theologie, da sie die »Eigenständigkeit und Unverfügbarkeit des Handelns (Gottes) gegenüber den Kräften und Zielen der Geschichte, aber ebenso dessen Erfahrungsevidenz im geschichtlichen Horizont der Zeit« festhalten. Schüle zeigt, daß das Gedächtnis bzw. Gedenken Gottes in Texten der Auferstehungshoffnung ein Schlüsselkonzept ist. Gottes Gerechtigkeit hat im Gedächtnis Gottes eine Instanz, die ihr zum Durchbruch verhilft. Die neuschöpferische Kreativität von Gottes Gedächtnis wird nur erfaßt, wenn es nicht – landläufig mit »Gerechtigkeit« verknüpften – Dualen wie »Belohnen-Bestrafen« unterworfen wird. Gottes Gedenken bezieht sich vielmehr neustiftend auf irdische Lebenszusammenhänge, denen unvorhergesehene neue Erwartungs- und

Einleitung

Erfahrungsräume eingeräumt werden, ohne diese Lebenszusammenhänge zu eliminieren oder in numinose Formen aufzulösen. Feinsinnig beobachtet Schüle, daß das biblische Gedächtnis sich seinem Inhalt verdankt weiß. »Das Gedachte empfängt die belebende Zuwendung des Gedenkenden, und dem Gedenkenden erschließt sich die wirksame Gegenwart des Gedachten.«

Die Teilhabe am neuschöpferischen göttlichen Gedenken im Kult wird in Formen wahrgenommen, die die neutestamentlichen Überlieferungen zur Entfaltung der Auferstehungshoffnung fortentwickeln. Das von Paulus Röm 14,8 ausgesprochene Vertrauen: »Leben wir, so leben wir dem Herrn, sterben wir, so sterben wir dem Herrn. So wir nun leben oder sterben, so sind wir des Herrn« drückt ein gesamtbiblisches Wirklichkeitsverständnis aus, das sich auch spätmodernen Denk- und Empfindungsgewohnheiten nahebringen läßt.

Auch der Beitrag von Ingolf Dalferth wendet sich – in einer gezielten Auseinandersetzung mit Lüdemann – gegen »historische, empirische, wissenschaftliche Engführungen des Wirklichkeitsverständnisses«: »Wer vom Glauben nicht mehr erwartet als einen christlichen Kommentar zur lebensweltlichen Erfahrung, erwartet zu wenig von ihm.« Dalferth betont, daß der Glaube an die »Auferweckung des Gekreuzigten« durch das Kreuz in der Geschichte verankert sei, daß das Bekenntnis der Auferweckung aber die Besonderheit des Kreuzes Jesu darin statuiere, »daß es im Leben Gottes eine einmalige Rolle spielt und eben deshalb auch für die Geschichte Gottes mit uns und damit für unser Leben von einmaliger Bedeutung ist.«

Die von Anfang an von Zweifel und Spott begleitete Verkündigung der Auferweckung des Gekreuzigten wurde – ebenfalls von Anfang an – von den Christen als einzigartiges Alleinhandeln Gottes angesehen. Die Jesuserscheinungen der frühen Zeugen sind keine feststellenden Wahrnehmungen, sondern sie sind immer mit dem Glauben an Gottes Handeln am und im Auferstandenen verbunden. Dalferth sieht von den frühen Erscheinungszeugnissen an den Auferstehungsglauben durch eine Spannung zwischen zwei »für sich genommen unvereinbaren Aussagen (geprägt): ›Er ist tot‹ – ›Er lebt‹«. Er setzt sich mit den Versuchen, die Spannung nach einer der beiden Seiten hin aufzulösen, ebenso kritisch auseinander wie mit Vermittlungsbemühungen, die von der christlichen Antwort absehen: Gott hat den Gekreuzigten auferweckt.

Dalferth ist der Überzeugung, daß das Bekenntnis der Auferweckung Jesu »keinen historischen Sachverhalt« artikuliere, sondern die »durchaus schlußfolgernde« Antwort auf das mit jener Spannung gegebene »Dilemma« darstelle. Er sieht dieses Bekenntnis als eine Anwendung »der Botschaft Jesu von Gottes Heil schaffender und Leben eröffnender Nähe auf Jesus selbst«. Das Bekenntnis schließt die Bekennenden in es ein und erschließt ein neues Selbst- und Wirklichkeitsverständnis der Bekennenden. Selbst- und Wirklichkeitsverständnis aber werden im Licht eines durch das Kreuzesgeschehen veränderten Gottesverständnisses bestimmt. Das Gottesverständnis aber gründet in einer definitiven Selbstbestimmung Gottes, die im auferweckten Jesus offenbart wird.

Die Rede von der Leiblichkeit des Auferweckten, die die Identität des Gekreuzigten und Auferstandenen anspricht, ist nach Dalferth vor allem eine Aussage über Gott. Auch unsere Leiblichkeit kann in diesem Licht als »die Gottes Sein-für-andere verdankte Möglichkeit, unser Leben in der Einheit von Gottes-, Nächsten- und Selbstliebe zu vollziehen«, verstanden werden. Von hier aus ergibt sich die Möglichkeit, unsere eschatologische Leiblichkeit als individuelles und gemeinschaftliches geschöpfliches Leben in, aus und durch Gottes Liebe zu erfassen.

Der Beitrag von Michael Welker macht zunächst darauf aufmerksam, daß Lüdemann und andere Kritiker des Auferstehungsglaubens die – falsche – Gleichsetzung von Auferstehung und bloßer physischer Wiederbelebung in Umlauf bringen, auch wenn sie die Wiederbelebung verneinen. Er zeigt an den biblischen Auferstehungszeugnissen, daß sie (wenn nicht ein einzelner Text aus dem Zusammenhang herausgerissen wird) eine andere Wirklichkeit bezeugen als die einer bloßen physischen Wiederbelebung. Durchgängig betonen sie die Spannungen von Sinnfälligkeit und Erscheinung, Theophanieerfahrung und Zweifel.

Die Geschichten vom leeren Grab einerseits und die Betonung der Verschiedenartigkeit der Erscheinungen (Anrede, Friedensgruß, Brotritus, Erschließen der Schrift ...) andrerseits machen deutlich, daß – vielleicht abgesehen vom Damaskuserlebnis – eine singuläre Erscheinung noch keinen Auferstehungsglauben weckt. Diese Einsicht führt dazu, die Wirklichkeit der Auferstehung als Gegenwart der Fülle der Person Jesu und der Fülle seines Lebens zu verstehen. Nicht der Wiederauftritt des vorösterlichen Jesus, sondern die schöpferische, rettende und erhebende Gegenwart der Fülle seines Lebens ist die Pointe der Auferstehungszeugnisse. Welker zeigt, daß ein enges Verständnis des Historischen (ein »archäologistisches« Verständnis) diese Wirklichkeit nicht wahrnehmen

Einleitung XV

konnte, daß aber ein Paradigmenwechsel im Verständnis des Historischen nicht nur eine fruchtbare neue Beschäftigung mit dem historischen Jesus, sondern auch mit der Wirklichkeit der Auferstehung ermöglicht hat.

Um den Zugang zu dieser Wirklichkeit »im Geist und im Glauben« als realistischen Zugang verständlich zu machen, nimmt der Beitrag neuere gedächtnistheoretische Forschungen zum kommunikativen und kulturellen Gedächtnis auf. Er beschreibt die innere Verfassung einer besonderen Form des kulturellen Gedächtnisses, die er »kanonisches Gedächtnis« nennt. Es handelt sich um ein responsorisches und proklamatorisches Gedächtnis, das individuelles Erleben und Erwarten prägt, das sich aber dabei immer neu seinem Gegenüber, Grund und Gegenstand verdankt. Über das kanonische Gedächtnis werden die Glaubenden in Gottes schöpferische Auseinandersetzung mit den »Mächten und Gewalten« hineingenommen, die Gott in Christus siegreich geführt hat. Welker beschreibt abschließend eine für die neutestamentlichen Überlieferung charakteristische »eschatologische Komplementarität«, die den Zusammenhang von Glaubenserfahrung der Gegenwart des auferstandenen Christus und Hoffnungserwartung des kommenden Menschensohns zu erfassen erlaubt.

Der vorliegende Band ist die Frucht zweier gemeinsamer Kolloquien mit Doktorandinnen, Doktoranden und Postdocs zum Thema »Auferstehung: neutestamentliche und systematisch-theologische Perspektiven«. Ingolf Dalferth und Marianne Sawicki gaben zwei ergänzende Beiträge zum Thema.

Wie bereits die einleitende Zusammenfassung zeigt, ist der Band – in aller gemeinsamen kritischen Ausrichtung gegen einen modernistischen Fundamentalismus à la Lüdemann – keineswegs von einer homogenen Theologie geprägt. Ein spannungsreich-konstruktiver theologischer Pluralismus (nicht zu verwechseln mit einer diffusen Pluralität von Meinungen) mit gemeinsamen Standards exegetischer Orientierung und akademisch-theologischer Argumentation bestimmt das Spektrum der Beiträge. Die Wahrheitsfrage in der Erhebung von Wahrheitsansprüchen und in der Infragestellung, Überprüfung und Festigung von Gewißheiten lebendig zu halten – das ist sein Anliegen. Mögen die Leserinnen und Leser von diesem lebendigen Diskurs über ein ebenso zentrales wie umstrittenes Thema des christlichen Glaubens profitieren.

Wir danken dem Neukirchener Verlag und wir danken unseren Mitarbeitern, namentlich Herrn Dr.Dr. Günter Thomas und Herrn Dr.Dr. Andreas Schüle für ihre engagierte Arbeit an diesem Buchprojekt, vor allem aber Frau Heike Springhart für die umsichtige und engagierte Bearbeitung der Beiträge für die Drucklegung und die Erstellung des Registers.

Heidelberg und Tübingen 2001/2   H.-J. E. und M. W.

Hans-Joachim Eckstein

Die Wirklichkeit der Auferstehung Jesu
Lukas 24,34 als Beispiel früher formelhafter Zeugnisse

Peter Stuhlmacher zum 70. Geburtstag

Nach der Darstellung des Lukas werden die nach Jerusalem zurückkehrenden Emmausjünger von den versammelten übrigen Jüngern mit der Botschaft empfangen: ὄντως ἠγέρθη ὁ κύριος καὶ ὤφθη Σίμωνι. – »Der Herr ist wahrhaftig, wirklich auferstanden und Simon erschienen!«[1] In

---

[1] S. zur Diskussion *M. Rese,* Formeln und Lieder im Neuen Testament. Einige notwendige Anmerkungen, VF 15, 1970, 75–95; *P. Hoffmann,* Art. Auferstehung I/3, II/1, TRE IV, Berlin u.a. 1979, 450–467.478–513, hier 478ff.503ff. (Literaturangaben 509–513); *P. Hoffmann* (Hg.), Zur neutestamentlichen Überlieferung von der Auferstehung Jesu, WdF 522, Darmstadt 1988, spez. 6ff. (Chronologische Bibliographie 453–483). *H. Conzelmann,* Was glaubte die frühe Christenheit? (1955), in: Ders., Theologie als Schriftauslegung. Aufsätze zum Neuen Testament, BEvTh 65, München 1974, 107–119; *U. Wilckens,* Der Ursprung der Überlieferung der Erscheinungen des Auferstandenen. Zur traditionsgeschichtlichen Analyse von 1. Kor. 15,1–11 (1963), in: *P. Hoffmann* (Hg.), Zur neutestamentlichen Überlieferung von der Auferstehung Jesu (s.o.), 139–193; *W. Kramer,* Christos, Kyrios, Gottessohn. Untersuchungen zu Gebrauch und Bedeutung der christologischen Bezeichnungen bei Paulus und den vorpaulinischen Gemeinden, AthANT 44, Zürich u.a. 1963, 28f.; *J. Kremer,* »Der Herr ist wahrhaftig auferstanden«. Zur Überlieferung und Form von Lk 24,34, LuM 42, 1968, 33–41; *U. Wilckens,* Auferstehung. Das biblische Auferstehungszeugnis historisch untersucht und erklärt, ThTh 4, 5. Aufl., Stuttgart u.a. 1992 (1970), 71ff.; *K. Wengst,* Christologische Formeln und Lieder des Urchristentums, StNT 7, Gütersloh 1972; *J. Becker,* Das Gottesbild Jesu und die älteste Auslegung von Ostern (1975), in: *P. Hoffmann* (Hg.), Zur neutestamentlichen Überlieferung von der Auferstehung Jesu (s.o.), 203–227; *K. Berger,* Die Auferstehung des Propheten und die Erhöhung des Menschensohnes. Traditionsgeschichtliche Untersuchungen zur Deutung des Geschickes Jesu in frühchristlichen Texten, StUNT 13, Göttingen 1976; *R. Pesch,* Zur Entstehung des Glaubens an die Auferstehung Jesu. Ein neuer Versuch (1983), in: P. Hoffmann (Hg.), Zur neutestamentlichen Überlieferung von der Auferstehung Jesu (s.o.), 228–255; *P. Stuhlmacher,* Biblische Theologie des Neuen Testaments, Bd. I: Grundlegung. Von Jesus zu Paulus, Göttingen 1992,

diesem alten Osterruf kommt zum Ausdruck, was nach dem übereinstimmenden Zeugnis der Evangelien und der anderen Schriften des Neuen Testaments Grundlage und Voraussetzung des christlichen Glaubens ist: Jesus Christus, der Gekreuzigte, ist nicht bei den Toten geblieben[2], sondern er ist *auferstanden*! Und: Als der Auferstandene ist er seinen Jüngern – hier namentlich: Simon – *erschienen* und hat ihren Unglauben und ihre Zweifel überwunden! Er selbst hat ihnen bei seinem Erscheinen die Augen geöffnet, so daß sie ihn erkannten und infolge dieser Erkenntnis sowohl seinen Kreuzestod als auch seine frühere Verkündigung in einem neuen Licht sehen konnten (Lk 24,13–35.36–49).[3]

Nun ist dieses Bekenntnis zur Wirklichkeit der Auferstehung Jesu historisch so umstritten, wie es theologisch zentral ist. Daß Gott den gekreuzigten und gestorbenen Jesus am dritten Tage aus dessen Grab heraus in ein neues Leben auferweckt hat, erscheint nach menschlicher Erfahrung und in Ermangelung beweiskräftiger Analogien als äußerst unwahrscheinlich. Die Frage nach der Glaubwürdigkeit dieses Auferstehungszeugnisses stellt sich freilich nicht erst für den neuzeitlichen Menschen, sondern, wie die Evangelien selbst widerspiegeln, bereits für die Zeitgenossen Jesu – unter Einschluß seiner engsten Umgebung. Nach der Darstellung des Lukas reagieren die Jünger Jesu auf die Nachricht der Frauen, die vom leeren Grab zurückkommen, mit äußerster Skepsis: »Und es erschienen ihnen diese Worte wie leeres Gerede (ὡσεὶ λῆρος), und sie glaubten ihnen nicht (καὶ ἠπίστουν αὐταῖς)« (Lk 24,11; vgl. V. 25). Selbst bei der Erscheinung Jesu vor den versammelten Jüngern

---

162–179; G. *Theißen*/A. *Merz*, Der historische Jesus. Ein Lehrbuch, 2. Aufl., Göttingen 1997, 415–446.

[2] Was bei Lukas durch die eindringliche Frage der Engel bereits am leeren Grab nachdrücklich hervorgehoben wird: τί ζητεῖτε τὸν ζῶντα μετὰ τῶν νεκρῶν; οὐκ ἔστιν ὧδε, ἀλλὰ ἠγέρθη (Lk 24,5f.).

[3] S. zu Lk 24,34 im Kontext der lukanischen Osterdarstellung E. *Klostermann*, Das Lukasevangelium, HNT 5, 3. Aufl., Tübingen 1975 (1919), 608; P. *Schubert*, The Structure and Significance of Luke 24, in: W. Eltester (Hg.), Neutestamentliche Studien für Rudolf Bultmann, BZNW 21, 2. Aufl., Berlin 1957 (1954), 165–186; E. *Lohse*, Die Auferstehung Jesu Christi im Zeugnis des Lukasevangeliums, BSt 31, Neukirchen 1961; J. *Jeremias*, Neutestamentliche Theologie, 4. Aufl., Gütersloh 1988 (1971), 291; J. *Wanke*, Die Emmauserzählung. Eine redaktionsgeschichtliche Untersuchung zu Lk 24,13–35, EThSt 31, Leipzig 1973, 44ff. 114ff.; J. *Ernst*, Das Evangelium nach Lukas, RNT 3, 6. Aufl., Regensburg 1993 (1977), 507f.; I.H. *Marshall*, The Gospel of Luke. A Commentary on the Greek Text, NIGTC, 2. Aufl., Exeter 1979, 899f.; J. *Jeremias*, Die Sprache des Lukasevangeliums. Redaktion und Tradition im Nicht-Markusstoff des dritten Evangeliums, KEK.S, Göttingen 1980, 319; J.A. *Fitzmyer*, The Gospel According to Luke (X–XXIV). Introduction, Translation and Notes, AncB 28a, New York u.a. 1985, 1569; W. *Wiefel*, Das Evangelium nach Lukas, ThHK III, Berlin 1988, 412; G. *Petzke*, Das Sondergut des Evangeliums nach Lukas, ZWKB, Zürich 1990, 200f.; J. *Nolland*, Luke 18:35–24:53, WBC 35c, Dallas 1993, 1207.

sollen diese nach Lk 24,37 zunächst mit ›Angst und Schrecken‹ reagiert haben (πτοηθέντες δὲ καὶ ἔμφοβοι γενόμενοι) und davon ausgegangen sein, daß sie einen Geist sehen (πνεῦμα θεωρεῖν). Schließlich konnten sie ›nicht glauben vor Freude‹ und wunderten sich (ἔτι δὲ ἀπιστούντων αὐτῶν ἀπὸ τῆς χαρᾶς καὶ θαυμαζόντων Lk 24,41).
Auch wenn die Wahrheit der Osterbotschaft seit dem Umbruch der Aufklärung und der Anwendung der Historischen Kritik in ungleich radikalerer und umfassenderer Weise in Frage stehen mag, darf nicht übersehen werden, daß das Problem des Zweifels und des Unglaubens hinsichtlich des Bekenntnisses zur Auferstehung Jesu von Anfang an thematisiert werden mußte[4], ja daß die Breite und Vielstimmigkeit der neutestamentlichen Überlieferungen sich nicht zuletzt aus der schon damals empfundenen Anstößigkeit und Ungeheuerlichkeit des Bezeugten erklärt. In der zweigliedrigen Formel Lk 24,34, die im folgenden exemplarisch untersucht werden soll, erhellt diese vergewissernde Funktion schon aus der verstärkenden Einleitung mit ὄντως – »in Wahrheit«, »wirklich«, »gewiß«.

I

Kompositorisch gesehen geht der Evangelist bei der Aufnahme der Auferstehungs- und Erscheinungsformel in Lk 24,34 sehr geschickt vor. Offensichtlich kann Lukas nur auf zwei ausgeführte Erscheinungsberichte zurückgreifen[5]: die Überlieferung von der Erscheinung des Auferstandenen vor zwei Jüngern auf dem Weg nach Emmaus (Lk 24,13–35)[6] und die Erscheinung vor allen Jüngern[7] (Lk 24,36–49).
Von Petrus selbst vermag er in 24,12 lediglich mitzuteilen, daß dieser zuvor zum leeren Grab gelaufen sei, nur die Leinenbinden beim Hineinblicken gesehen habe (καὶ παρακύψας βλέπει τὰ ὀθόνια μόνα) und –

---

[4] Vgl. zum Motiv des Jüngerzweifels auch Mt 28,17b (οἱ δὲ ἐδίστασαν) und Joh 20,24–29 in personifizierender Zuspitzung auf Thomas.
[5] Die – bei ursprünglichem Abschluß des Markusevangeliums mit 16,8 und angesichts der starken Abweichungen gegenüber Mt 28 – wohl beide dem Sondergut des Lukasevangeliums zuzurechnen sind.
[6] In Gestalt einer ›Wiedererkennungserzählung‹ – ἀναγνωρισμός (vgl. Joh 20,14ff.; 21,1ff.). Da Lk 24,13–35 redaktionell durchgängig bearbeitet wurde, lassen sich weder der ursprüngliche Bestand der Überlieferung eindeutig rekonstruieren noch auch die von Lukas ergänzten Abschnitte – die man tendenziell in V. 22–24 und V. 33–35 vermutet – zweifelsfrei bestimmen. Vgl. J. Jeremias, Die Sprache des Lukasevangeliums (s. Anm. 3), 313ff.; W. Wiefel, Lukas (s. Anm. 3), 408f.; J. Wanke, Die Emmauserzählung (s. Anm. 3), 19ff.109ff.
[7] Die lukanische Vorzugswendung »die Elf« (οἱ ἕνδεκα) für den Zwölferkreis ohne Judas (Lk 24,9.33; Act 1,26) und die redaktionelle Ergänzung »und die, die bei ihnen waren« (καὶ οἱ σὺν αὐτοῖς Lk 24,33) bereiten die in Act 1,15–26 geschilderte Nachwahl des zwölften Apostels vor.

sich über das Geschehene wundernd – fortgegangen sei (καὶ ἀπῆλθεν πρὸς ἑαυτὸν θαυμάζων τὸ γεγονός). Durch die Übernahme der zweigliedrigen Auferstehungsformel V. 34 in den Bericht von der Heimkehr der Emmausjünger wird das für große Teile der Urgemeinde wichtige Zeugnis von der gesonderten Erscheinung des Kyrios vor Simon Petrus erzählerisch integriert, ohne entfaltet werden zu müssen.[8] Sosehr die Tradition von der *Ersterscheinung vor Kephas* uns durch die bekannte viergliedrige Formel in 1Kor 15,3–5 vertraut ist (καὶ ὅτι ἐγήγερται ... καὶ ὅτι ὤφθη Κηφᾷ εἶτα τοῖς δώδεκα), sosehr gilt es zu beachten, daß sie in keiner neutestamentlichen Überlieferung ausführlich dargestellt wird.[9] Wir erfahren nichts über das ›Wie‹ und das ›Wo‹, sondern lediglich das ›Daß‹ der Erscheinung.

---

[8] Die Zurückhaltung des Lukas ist um so auffälliger, als er in den Acta die Berufung des *Paulus* durch den Kyrios dann in drei ausführlichen Varianten entfalten wird (Act 9,1ff.; 22,6ff. und 26,12ff.). Dieser Kontrast läßt erkennen, daß die Autorität und der Vorrang des Petrus innerhalb der Jerusalemer Gemeinde bis zu den in Act 12 beschriebenen Ereignissen aus Sicht des Lukas keiner ausführlichen Begründung und Rechtfertigung bedürfen. Im Unterschied zu den Ausgleichsbemühungen in Joh 20,1–10, in denen die Diskussion um die Zeugenpriorität des Petrus bzw. des ›geliebten Jüngers‹ geradezu ›wetteifernd‹ erzählerisch abgebildet wird, läßt sich aus der lukanischen Aufnahme des petrinischen Vorrangs in Lk 24,12 und 34 kein spezifisch apologetisches oder gar polemisches Interesse ableiten.

[9] Auch bei der Erzählung von der Begegnung mit dem Auferstandenen am See Tiberias im Nachtragskapitel Joh 21,1–23 handelt es sich gerade *nicht* um eine exklusive Erscheinung vor Simon Petrus (vgl. ebenso die Ansage in Mk 16,7 oder den als Parallelüberlieferung diskutierten Fischzug des Petrus nach Lk 5,1–11). Zudem ist keine Tradition erhalten, die die Protophanie vor Petrus mit der Auffindung des leeren Grabes verbunden hätte (wie nach Joh 20,11–18 vor Maria von Magdala oder nach Mt 28,9 auf dem Weg zurück vom leeren Grab vor den Frauen). Weder nach Lk 24,12 noch nach Joh 20,6–10 findet Petrus im Zusammenhang des leeren Grabes zum Auferstehungsglauben (nach johanneischer Darstellung sogar in ausdrücklicher Unterscheidung vom ›anderen Jünger‹, Joh 20,8). Vgl. *J. Adam*, Das leere Grab als Unterpfand der Auferstehung Jesu Christi, in diesem Band.

Durch die Notiz vom Grabgang des Petrus in Lk 24,12[10] und durch den Hinweis auf die Christophanie vor Petrus in 24,34 wird nicht nur der Bericht von der Erscheinung vor den Emmausjüngern in 24,13-33 wirkungsvoll gerahmt, sondern erzähltechnisch auch Raum geschaffen für den vorausgesetzten Handlungsablauf. Denn durch die Klammer von V. 12 und V. 34 wird die traditionell bezeugte Protophanie vor Simon Petrus kompositorisch in dem V. 13-33 beschriebenen Zeitraum verortet.[11] Bevor die Emmausjünger ihre Begegnung mit dem Auferstandenen verkünden können, wird ihnen in Gestalt der Formel die bereits vorausgegangene Erscheinung des Herrn vor Petrus bezeugt. Zugleich wird die an sich nicht lokalisierte Formel dadurch gemäß der lukanischen Gesamtkonzeption mit Jerusalem verbunden.[12]

Wenden wir uns der Untersuchung von Lk 24,34 selbst zu, so ist zunächst festzuhalten, daß es sich hier um eine *zweigliedrige Auferstehungsformel* handelt. Von ›*Auferstehungs*formel‹ reden wir, weil in dem Satz ὄντως ἠγέρθη ὁ κύριος ... der *Auferstandene* das grammatische Subjekt darstellt[13]; im Gegensatz zu den ebenfalls breit belegten ›*Aufer-*

---

[10] Textkritisch gesehen ist die Ursprünglichkeit von V. 12 auf Grund der starken äußeren Bezeugung anzuerkennen – der Vers fehlt nur in D (05) und mehreren Altlateinern (klassisches Beispiel der sog.»Western non-Interpolations«). Wenn Lukas in 24,12 in Übereinstimmung mit Joh 20,6f. von den Leinenbinden (τὰ ὀθόνια) spricht – statt wie in Lk 23,53 (par. Mk 15,46) von der zusammenhängenden Leinwand (ἡ σινδών), in die der Leichnam Jesu eingehüllt wurde –, dann läßt sich das aus der nicht angleichenden Verwendung einer Lk und Joh gemeinsamen, von Mk unabhängigen Überlieferung plausibel erklären (s. auch die gleichlautende, im Johannesevangelium auf den Lieblingsjünger bezogene Formulierung: *καὶ παρακύψας βλέπει* ... *τὰ ὀθόνια* Joh 20,5 par. Lk 24,12). Vgl. *B.M. Metzger*, A Textual Commentary on the Greek New Testament, 2. Aufl., Stuttgart 1994, 157f.; *K. Aland/B. Aland*, Der Text des Neuen Testaments. Einführung in die wissenschaftlichen Ausgaben sowie in Theorie und Praxis der modernen Textkritik, 2. Aufl., Stuttgart 1998, 28.43.

[11] Vgl. auch *J.A. Fitzmyer*, Luke (s. Anm. 3), 1569.

[12] S. die lukanische Hervorhebung Jerusalems in Lk 1,8ff.; 2,22ff.41ff.; 24,47.52; Act 1,4.8.12 u.ö. Neben Lukas bezeugen Erscheinungen des Auferstandenen bei *Jerusalem* auch Joh 20 und – was neben der Erscheinung vor den elf Jüngern ›auf dem Berg‹ in Galiläa leicht übersehen wird – auch Mt 28,9f. Zur Verbindung der Erscheinungen mit *Galiläa* s. grundlegend Mk 14,28; 16,7 par. Mt 26,32; 28,7; ausführlich dann Mt 28,16-20 und das Nachtragskapitel Joh 21. Nach Lukas werden die Jünger in Lk 24,6 durch die Engelbotschaft nicht nach Galiläa *geschickt* (so nach Mk und Mt), sondern die Frauen – folgerichtig – an Jesu Verkündigen in Galiläa *erinnert*.

[13] So mit ἐγείρομαι in finiter Form und in der Regel ebenfalls im Aor. (ἠγέρθη): Lk 24,34; Röm 4,25; 6,4; 1Kor 15,4 (wie 15,12.13.14.16.17.20 jeweils Perf. ἐγήγερται); vgl. 1Thess 4,14 (ὅτι ᾽Ιησοῦς ἀπέθανεν καὶ ἀνέστη); in partizipialer Form: Χριστὸς ὁ (ἐκ νεκρῶν) ἐγερθείς – »Christus, der (von den Toten) Auferstandene«: Röm 6,9; 7,4; 8,34; 2Kor 5,15; 2Tim 2,8 (Part. Perf. ἐγηγερμένος).

weckungsformeln‹[14] – »Gott hat Jesus von den Toten auferweckt« –, in denen ὁ θεός das grammatische Subjekt bildet.[15] Mit den beiden unterschiedlichen Reihen geprägter Wendungen wird das *eine* Geschehen der Auferweckung Jesu Christi durch Gott, den Vater, aus verschiedener Perspektive in den Blick genommen. Bei der *Auferweckungs*formel handelt es sich um eine *Gottes*prädikation: »Gott ist der, der Christus auferweckt hat«, während die *Auferstehungs*formel als *Christus*prädikation zu begreifen ist: »Christus ist der, der wahrhaftig auferstanden ist und lebt!« Die *Auferweckungs*aussage gibt Antwort auf die Fragen: »Wer ist Gott, und wie ist Gott? Wie ist sein Verhältnis zu Jesus, dem Gekreuzigten, zu bestimmen? Und wie verhält er sich zu seiner Schöpfung?« Demgegenüber antwortet die *Auferstehungs*aussage auf die Fragen: »Wer ist Jesus Christus, und wie ist sein Verhältnis zu Gott dem Vater zu verstehen? Wie und in welchem Status verhält er sich gegenüber der Welt?«
Die Variation von ›*Auferweckungs*aussagen‹ (Subjekt: Gott, der Vater)[16] und ›*Auferstehungs*aussagen‹ (Subjekt: Christus[17], Jesus[18], der Kyrios[19], der Sohn[20]) bezeichnet somit wohl einen Wechsel des Blickwinkels, nicht aber einen Unterschied im Verständnis des Auferweckungsgeschehens an sich. Im alttestamentlich-jüdischen Kontext versteht es sich von selbst, daß die ›*Auferstehung* von den Toten‹ allein von Gott, dem

---

[14] In Form von Aussagesätzen (vor allem von ὅτι-Sätzen): Röm 10,9; 1Kor 6,14; 15,15; Act 2,32; 5,30; 10,40; 13,30.34; oder in Form von Partizipialausdrücken (ὁ ἐγείρας τὸν Ἰησοῦν ἐκ νεκρῶν o.ä.): Röm 4,24; 8,11a.b; 2Kor 4,14; Gal 1,1; Kol 2,12b; 1Petr 1,21 (mit participium coniunctum Act 13,33; 17,31; Eph 1,20; außergewöhnlich Hebr 13,20: ὁ ἀναγαγὼν ἐκ νεκρῶν ...). Schließlich kann die Auferweckungsaussage auch als Relativsatz formuliert sein (ὃν ὁ θεὸς ἤγειρεν ἐκ νεκρῶν o.ä.): 1Thess 1,10; Act 3,15; 4,10; 13,37; vgl. Act 2,24: ὃν ὁ θεὸς ἀνέστησεν.
[15] In Verbindung mit dem Objekt (τὸν) Ἰησοῦν / Χριστόν / κύριον resp. αὐτόν; als Verb meist ἐγείρω im Aor. Akt., transitiv (ἤγειρεν/ἐγείρας): »aufwecken«, »auferwecken« (Acta: profangriechisch geläufigeres ἀνίστημι im Aor. Akt., transitiv [ἀνέστησεν/ἀναστήσας]). Die präpositionale Ergänzung ἐκ νεκρῶν dient ggf. zur eindeutigen Bestimmung als *Toten*erweckung.
[16] Vgl. 1Thess 1,1.9f.; Gal 1,1.
[17] S. Röm 6,4.9; 8,34; 14,9; 1Kor 15,3f.; 2Tim 2,8; 1Petr 3,18 (vgl. im Kontext Röm 6,10; 7,4; 2Kor 5,14f.; 13,3f.).
[18] S. 1Thess 4,14; 2Tim 2,8 (vgl. Röm 4,24f.; als v.l. Röm 8,34).
[19] S. Lk 24,34; sonst verschiedentlich als Objekt in Auferweckungsformeln: Röm 4,24; 10,9; 1Kor 6,14; 2Kor 4,14 (Hebr 13,20).
[20] S. Röm 8,32.34; als Objekt in Auferweckungsformeln 1Thess 1,10.

Schöpfer, bewirkt werden kann[21]; den Gedanken an eine von Gott, dem Vater, unabhängige ›Selbst-Auferweckung‹ Jesu legt der – traditionsgeschichtlich vorgeprägte – Gebrauch von ἐγείρεσθαι statt des aktiven ἐγείρειν / »auferwecken« in diesem Zusammenhang keineswegs nahe.[22] Und dies gilt ungeachtet der Frage, ob ἐγείρεσθαι passivisch[23] mit »auferweckt werden«[24] oder – wie wir vertreten – mehrheitlich intransitiv als »*auferstehen*«[25] zu übersetzen ist.

Zum überwiegenden Gebrauch des intransitiven ἐγείρεσθαι in der Bedeutung »aufwachen«, »auferstehen« s. auch den synonymen Gebrauch des – eindeutig intransitiven – ἀναστῆναι (Aor. 2), die durchgehende Verwendung des Substantivs ἀνάστασις / »Auferstehung« im NT (42x gegenüber 1x ἔγερσις in Mt 27,53) und den sonstigen Sprachgebrauch in der Profangräzität, im NT, in der hebr. Bibel (MT) und der LXX – so Jes 26,19: ἀναστήσονται οἱ νεκροί, καὶ ἐγερθήσονται οἱ ἐν τοῖς μνημείοις (für MT: »Deine Taten werden leben, meine [v.l. ihre] Leichname werden auferstehen« – יְחִיוּ מֵתֶיךָ נְבֵלָתִי יְקוּמוּן [חָיָה Kal »wieder lebend werden«, קוּם Kal »aufstehen«; vgl. Ps 88,11: יָקוּמוּ רְפָאִים [אִם־]); 4Regn 4,31: οὐκ ἠγέρθη τὸ παιδάριον (für MT 2Kön 4,31: קִיץ [לֹא הֵקִיץ הַנַּעַר] Hifil »erwachen«]); Dan 12,2A: καὶ πολλοὶ τῶν καθευδόντων ἐν γῆς χώματι ἐγερθήσονται (Theod. ἐξ-, für MT Dan 12,2: יָקִיצוּ וְרַבִּים מִיְּשֵׁנֵי אַדְמַת־עָפָר). Vgl. schließlich den Gebrauch des intrans. ἐγείρεσθαι im Zusammenhang der allgemeinen Auferstehung der Gläubigen in Mk 12,26 par.; 1Kor 15,15f.29.32 u.ö. (neben intr. ἀνίστασθαι in 1Thess 4,16; Mk 12,25; Joh 11,23f.).[26]

---

[21] Vgl. die Gottesprädikation Röm 4,17: κατέναντι ... θεοῦ τοῦ ζῳοποιοῦντος τοὺς νεκροὺς καὶ καλοῦντος τὰ μὴ ὄντα ὡς ὄντα. 2Kor 1,9: τῷ θεῷ τῷ ἐγείροντι τοὺς νεκρούς. Vgl. Dtn 32,39; 1Sam 2,6; 2Kön 5,7; Weish 16,13: σὺ γὰρ ζωῆς καὶ θανάτου ἐξουσίαν ἔχεις καὶ κατάγεις εἰς πύλας ᾅδου καὶ ἀνάγεις. Tob 13,2: εὐλογητὸς ὁ θεὸς ὁ ζῶν εἰς τοὺς αἰῶνας ... ὅτι αὐτὸς ... κατάγει εἰς ᾅδην καὶ ἀνάγει. Hebr 11,19; 1Tim 6,13.

[22] Die Aussage des Johannesevangeliums, daß der Sohn selbst die Vollmacht hat, »sein Leben dahinzugeben und es wieder zu nehmen« (Joh 10,17.18; vgl. 2,19.21), ergibt sich aus der Christologie des Evangeliums, nicht aber aus der sprachlichen Formulierung der traditionellen Auferstehungsaussage an sich. Freilich ist gerade in der johanneischen Christologie auf die enge Wechselbeziehung zwischen der auf den Sohn übertragenen *Vollmacht* und der *Einheit* des Sohnes mit dem Vater bzw. seinem *Angewiesensein* auf den Vater zu achten (5,19ff.30ff.; 7,17.28; 8,28; 10,30.38; 14,10f.; 17,21.23).

[23] So wieder *P. Hoffmann*, Art. Auferstehung II/1, TRE IV (s. Anm. 1), 481.

[24] So vielleicht als *passivum divinum* in der vorpaulinischen Formel Röm 4,25: der »auferweckt wurde« (ἠγέρθη ...) im Anschluß an die passivische Formulierung »der dahingegeben wurde« (ὃς παρεδόθη ...).

[25] S. zum Ganzen *W. Bauer/K. u. B. Aland*, Griechisch-deutsches Wörterbuch zu den Schriften des Neuen Testaments und der frühchristlichen Literatur, 6. neu bearb. Aufl., Berlin 1988, Art. ἐγείρω, 432f.; *J. Kremer*, Art. ἀνάστασις κτλ., EWNT I, Stuttgart 1980, 210–221, hier 218ff.; ders., Art. ἐγείρω, a.a.O., 899–910, hier 906; *J. Jeremias*, Neutestamentliche Theologie (s. Anm. 3), 23, Anm. 18.

[26] Zu vereinzeltem *transitiv passivem* Verständnis von ἐγείρομαι im *klassischen* Griechisch vgl. Plato, Gesetze 808a (vom ›Gewecktwerden‹ einer Herrin durch Dienerinnen – καὶ δέσποιναν ἐν οἰκίᾳ ὑπὸ θεραπαινίδων ἐγείρεσθαί τινων); Apologie 30e (vom ›Gewecktwerden‹ eines trägen Pferdes durch eine Bremse/einen Sporn – ὥσπερ ἵππῳ ... ἐγείρεσθαι ὑπὸ μύωπός τινος).

Als *zweigliedrig* gilt die Formel in Lk 24,34, weil die Auferstehungswendung ὄντως ἠγέρθη ὁ κύριος hier mit der Erscheinungswendung καὶ ὤφθη Σίμωνι verbunden ist. Die meisten zweigliedrigen Formeln, die sich in der neutestamentlichen Überlieferung finden, verbinden die Auferstehungs- bzw. Auferweckungsaussage mit der Aussage über das *Sterben* Jesu – so z.B. die traditionelle Dahingabeformel in Röm 4,25: ὃς παρεδόθη διὰ τὰ παραπτώματα ἡμῶν καὶ ἠγέρθη διὰ τὴν δικαίωσιν ἡμῶν (ebenfalls mit ἐγείρεσθαι in finiter Form), oder die partizipialen Wendungen in Röm 8,34: Χριστὸς [Ἰησοῦς] ὁ ἀποθανών, μᾶλλον δὲ ἐγερθείς, und 2Kor 5,15: τῷ ὑπὲρ αὐτῶν ἀποθανόντι καὶ ἐγερθέντι, oder auch unter Verwendung von intransitivem ἀναστῆναι (Aor. 2) 1Thess 4,14: πιστεύομεν ὅτι Ἰησοῦς ἀπέθανεν καὶ ἀνέστη[27], und verbunden mit ζῆν (»lebendig werden«, »leben«, im Aor. oder Präs.) 2Kor 13,4: καὶ γὰρ ἐσταυρώθη ἐξ ἀσθενείας, ἀλλὰ ζῇ ἐκ δυνάμεως θεοῦ, und Röm 14,9: εἰς τοῦτο γὰρ Χριστὸς ἀπέθανεν καὶ ἔζησεν.[28]
Die Motivverknüpfung von Auferstehung und *Erscheinung* findet sich ausdrücklich in der von Paulus überlieferten traditionellen viergliedrigen Formel von 1Kor 15,3–5(–8): καὶ ὅτι ἐγήγερται ... καὶ ὅτι ὤφθη[29] Κηφᾷ ...[30] und in den Auferstehungsberichten sämtlicher Evangelien[31]: bei Markus in Form der Ankündigung der Erscheinung des Auferstandenen durch den Engel (Mk 16,6.7: ἠγέρθη, οὐκ ἔστιν ὧδε ... ἐκεῖ αὐτὸν ὄψεσθε), bei Matthäus in Gestalt der Erscheinung des Auferstandenen vor den Frauen in Jerusalem Mt 28,9f. (καὶ ἰδοὺ Ἰησοῦς ὑπήντησεν αὐταῖς V. 9) und vor den elf Jüngern in Galiläa Mt 28,16–20 (καὶ ἰδόντες αὐτόν V. 17)[32], bei Johannes dann in der Komposition der drei Erscheinungen des Auferstandenen vor Maria von Magdala Joh 20,14–18[33], vor

---

[27] Vgl. Mk 8,31; 9,9f.; 9,31; 10,34; Lk 24,46; Joh 20,9.
[28] S. auch Röm 6,10: ὃ γὰρ ἀπέθανεν, τῇ ἁμαρτίᾳ ἀπέθανεν ἐφάπαξ· ὃ δὲ ζῇ, ζῇ τῷ θεῷ, Apk 1,18: καὶ ὁ ζῶν, καὶ ἐγενόμην νεκρὸς καὶ ἰδοὺ ζῶν εἰμι εἰς τοὺς αἰῶνας τῶν αἰώνων, Apk 2,8: ὃς ἐγένετο νεκρὸς καὶ ἔζησεν. Vgl. 1Petr 3,18; Act 1,3; 25,19 (s. die abschließende Übersicht).
[29] S. viermaliges ὤφθη in 1Kor 15,5–8.
[30] S. als Abschluß der Reihe der Zeugen in 1Kor 15,8: *ὤφθη κἀμοί*. Zum sachlichen Zusammenhang s. auch die Beschreibung des Sehens bzw. der Erkenntnis Jesu Christi in Verbindung mit dem Kyrios-Titel in 1Kor 9,1 (οὐχὶ Ἰησοῦν *τὸν κύριον ἡμῶν ἑώρακα* [bzw. *ἑόρακα*, beides Perf.], wie in Joh 20,18.25 in geprägter Wendung) und Phil 3,8 (διὰ τὸ ὑπερέχον *τῆς γνώσεως* Χριστοῦ Ἰησοῦ *τοῦ κυρίου μου*).
[31] Vgl. im einzelnen U. Braun, Das Zeugnis der Auferstehung Jesu nach den vier Evangelien, in diesem Band.
[32] Gemäß der Ankündigung in Mt 28,7 (ἐκεῖ αὐτὸν ὄψεσθε) und 28,10 (κἀκεῖ με ὄψονται).
[33] S. V. 14: καὶ *θεωρεῖ τὸν Ἰησοῦν ἑστῶτα*, und V. 18: *ἑώρακα τὸν κύριον*, καὶ ταῦτα εἶπεν αὐτῇ.

den Jüngern am Abend des Auferstehungstages 20,19–23[34] und vor den Jüngern unter Einschluß von Thomas 20,24–29.[35] Als vierte Erzählung folgt im Nachtragskapitel Joh 21,1–23 schließlich die Erscheinung vor den Jüngern am See Tiberias.[36] Bei Lukas steht die Erscheinungsformel Lk 24,34 wie gesehen zwischen dem Bericht der Erscheinung vor den Emmaus-Jüngern 24,13ff. und der grundsätzlich von allen Evangelisten bezeugten Erscheinung des Kyrios vor den versammelten Jüngern 24,36–49.

II

Was die einzelnen Elemente der zweigliedrigen Formel in Lk 24,34 angeht, so fällt zunächst die auf den Bekenntnischarakter hinweisende Verstärkung durch ὄντως – »wahrhaftig«, »wirklich« – auf, durch die die Wahrheit und Zuverlässigkeit der Aussage und die Gewißheit der Zeugen unterstrichen werden sollen.[37] Daß die Voranstellung des Adverbs ὄντως[38] nicht zwangsläufig – wenn auch möglicherweise – geprägten liturgischen Gebrauch signalisiert, sondern vielmehr den bekennenden und versichernden Charakter der folgenden Aussage, ergibt sich aus den Parallelen Mk 11,32[39]; 1Kor 14,25[40] und in unserem Zusammenhang vor allem aus Lk 23,47, dem Bekenntnis des Hauptmanns unter dem Kreuz: ὄντως ὁ ἄνθρωπος οὗτος δίκαιος ἦν.[41]

---

[34] S. V. 19: ἦλθεν ὁ ᾽Ιησοῦς καὶ ἔστη εἰς τὸ μέσον, V. 20: *ἰδόντες τὸν κύριον*, und V. 25: *ἑωράκαμεν τὸν κύριον*

[35] S. V. 26: ἔρχεται ὁ ᾽Ιησοῦς ... καὶ ἔστη εἰς τὸ μέσον, und vor allem den Abschluß V. 28f.: *ὁ κύριός μου καὶ ὁ θεός μου — ὅτι ἑώρακάς με πεπίστευκας*.

[36] Joh 21,1: μετὰ ταῦτα ἐφανέρωσεν ἑαυτὸν πάλιν ὁ ᾽Ιησοῦς τοῖς μαθηταῖς ἐπὶ τῆς θαλάσσης τῆς Τιβεριάδος· ἐφανέρωσεν δὲ οὕτως.

[37] S. auch die versichernde Einleitung des Christushymnus von 1Tim 3,16: καὶ *ὁμολογουμένως μέγα ἐστὶν τὸ τῆς εὐσεβείας μυστήριον* ... — »Und anerkanntermaßen, d.h. ganz gewiß groß ist das Geheimnis der Gottesfurcht ...« Vgl. *O. Hofius*, Art. ὁμολογέω κτλ., EWNT II, Stuttgart 1981, 1255–1263, hier 1263.

[38] Auf Grund der äußeren Bezeugung für die Textlesart (P^{75} ℵ B D L P Ψ etc.) ist die vom Mehrheitstext (𝔐) vertretene varia lectio mit nachgestelltem ὄντως wohl kaum ursprünglich. Sie mag sich mit der Reihenfolge ὅτι ἠγέρθη ὁ κύριος ... an den vertrauten Wendungen der Auferweckungs- bzw. Auferstehungsformeln als Aussagesätzen orientiert haben. Hingegen erwägt *I.H. Marshall*, Luke (s. Anm. 3), 900, im Anschluß an *G.D. Kilpatrick*, ob hinter der Lesart des Mehrheitstextes die von semitischer Wortstellung abhängige ältere Variante der Formel zu sehen ist.

[39] Im Hinblick auf den Täufer: ... εἶχον τὸν ᾽Ιωάννην ὄντως ὅτι προφήτης ἦν

[40] Als Bekenntnis eines Außenstehenden gegenüber der Gemeinde: ... ἀπαγγέλλων ὅτι ὄντως ὁ θεὸς ἐν ὑμῖν ἐστιν.

[41] Auf Grund der topischen Verwendung des ὄντως, die sich sowohl traditionell als auch redaktionell zuordnen ließe, kann über das überlieferungsgeschichtliche Alter der Ergänzung m.E. nicht mehr eindeutig entschieden werden. Da ὄντως kein lukanisches Vorzugswort ist, kann es der traditionellen Formel jedenfalls nicht

Subjekt der Auferstehungsaussage ist in unserer Formel ὁ κύριος. Der Begriff ist – wie auch der häufiger belegte ὁ Χριστός[42] – als Hoheitstitel gebraucht.[43] Die christologische Verbindung einer Aussage über Jesu Auferweckung bzw. Erhöhung mit dem Bekenntnis zu Jesus als dem Kyrios findet sich bereits in der paulinischen Aufnahme geprägter Traditionen, so z.B. in dem – wohl vorpaulinischen – Christushymnus Phil 2,6–11, speziell V. 9–11[44], und in Röm 10,9 mit der Kombination einer auf das ›Herrsein‹ Jesu bezogenen Homologie (ἐὰν ὁμολογήσῃς ἐν τῷ στόματί σου κύριον Ἰησοῦν ...)[45] und einer auf die Auferweckung Jesu bezogenen Credo-Formel (... καὶ πιστεύσῃς ἐν τῇ καρδίᾳ σου ὅτι ὁ θεὸς αὐτὸν ἤγειρεν ἐκ νεκρῶν, σωθήσῃ).[46] Daß auch Lukas selbst die hoheitliche Verwendung des Kyrios-Titels vor allem mit der Auferstehung verbindet[47], zeigt sich u.a. am Wechsel der Anrede des irdischen

---

begründet abgesprochen werden. Andererseits wird das Adverb ὄντως in Lk 23,47 diff. Mk 15,39 wohl als redaktioneller Ersatz für das markinische ἀληθῶς zu deuten sein, welches Lukas wiederum ausschließlich zur Wiedergabe von ἀμήν verwendet (Lk 9,27 diff. Mk 9,1; Lk 12,44 diff. Mt 24,47; Lk 21,3 diff. Mk 12,43); vgl. *J. Jeremias*, Die Sprache des Lukasevangeliums (s. Anm. 3), 125.308.

[42] S.o. Anm. 17.
[43] Vgl. zu Traditionsgeschichte und Diskussion *W. Foerster*, Art. κύριος κτλ., ThWNT III, Stuttgart 1938, 1038–1056.1081–1098, hier 1081ff.; *M. Hengel*, Der Sohn Gottes. Die Entstehung der Christologie und die jüdisch-hellenistische Religionsgeschichte, 2. Aufl., Tübingen 1977, 120ff.; *J.A. Fitzmyer*, Art. κύριος κτλ., EWNT II, Stuttgart 1981, 811–820, hier 816f.
[44] Mit wünschenswerter Klarheit erhellt aus dem Hymnus, daß der von Gott zuerkannte Kyrios-Titel (ὁ θεὸς αὐτὸν ὑπερύψωσεν καὶ ἐχαρίσατο αὐτῷ τὸ ὄνομα ...) die gottgleiche Stellung des Erhöhten bezeichnet: κύριος ist »*der* Name, der über alle Namen ist« (τὸ ὄνομα τὸ ὑπὲρ πᾶν ὄνομα), weshalb ihn alle Geschöpfe in Proskynese und Akklamation verehren sollen (ἵνα ἐν τῷ ὀνόματι Ἰησοῦ ... πᾶσα γλῶσσα ἐξομολογήσηται ὅτι *κύριος* Ἰησοῦς Χριστὸς εἰς δόξαν θεοῦ πατρός). Vgl. *O. Hofius*, Der Christushymnus Philipper 2,6–11. Untersuchungen zu Gestalt und Aussage eines urchristlichen Psalms, WUNT 17, 2. Aufl., Tübingen 1991, 18ff.
[45] Vgl. 1Kor 12,3; Phil 2,11.
[46] Indem Paulus in Röm 10,13 das Gerettetwerden bei Anrufung des Auferstandenen als Kyrios mit dem Zitat aus Joel 3,5 begründet, wird die Akklamation des »Herrn Jesus« mit der im Prophetenzitat angesprochenen Anrufung Gottes identifiziert: πᾶς γὰρ ὃς ἂν ἐπικαλέσηται *τὸ ὄνομα κυρίου* σωθήσεται.
[47] Vgl. das im Kontrastschema formulierte Auferstehungszeugnis in Act 2,36: καὶ *κύριον* αὐτὸν καὶ *χριστὸν* ἐποίησεν ὁ θεός, τοῦτον τὸν Ἰησοῦν ὃν ὑμεῖς ἐσταυρώσατε. – Dieser Zusammenhang von Auferstehung und Übernahme der universalen göttlichen Vollmacht kommt auch in der Erscheinungserzählung nach Mt 28,16–20 nachdrücklich zur Geltung: ἐδόθη μοι πᾶσα ἐξουσία ἐν οὐρανῷ καὶ ἐπὶ [τῆς] γῆς.

Jesus durch die Jünger mit ἐπιστάτα[48] / »Meister« zu der Anrede des Auferstandenen mit κύριε / »Herr« in der Apostelgeschichte.[49] Freilich behält Lukas die Bezeichnung des irdischen Herrn mit ὁ κύριος (in absolutem Gebrauch, mit Artikel)[50] und die Anrede Jesu mit κύριε[51] auch im Evangelium bei, wenn sie ihm von seiner Tradition vorgegeben sind. Denn sosehr er die Aufforderung zur rettenden Anrufung »des Namens des Herrn« – gemäß dem Prophetenzitat aus Joel 3,5 – mit der Verkündigung des Auferstandenen nach Pfingsten verbindet (Act 2,21.24. 31.32) und sosehr er die Erhöhung zur Rechten Gottes (Act 2,33)[52] *ausführlich* als Folge der Auferweckung Jesu durch Gott beschreibt (Lk 24,50–53; Act 1,6–11), sowenig setzt er etwa eine ›adoptianische Christologie‹ voraus oder läßt er seine Hörer über das Geheimnis der Person Jesu im unklaren. Bereits bei der Geburtsankündigung durch den Engel in Lk 1,28ff. erfährt die Gemeinde, daß das Kind, das den Namen Jesus tragen soll, der Sohn Gottes, des Höchsten, ist (Lk 1,31f.35) und daß Gott ihm die eschatologische Königsherrschaft übertragen wird (1,32f.).[53]

Die Bestreitung einer *vor*lukanischen Formulierung oder einer judenchristlichen Prägung der zweigliedrigen Formel Lk 24,34 läßt sich jedenfalls von der Verwendung des Kyrios-Titels her nicht begründen. Vor einem solchen Schluß sollten schon die von Paulus überlieferten traditionellen Varianten von Auferweckungsaussagen mit der Bezeichnung Jesu als »des Herrn« bzw. als »unseres Herrn« warnen.[54] Weder ist die Be

---

[48] Wobei alle sieben ntl. Belege von ἐπιστάτης – das ausschließlich im Vokativ vorkommt – auf Lukas entfallen: Lk 5,5; 8,24 (2x).45; 9,33.49; 17,13. Während die Anrede mit διδάσκαλε / »Lehrer« vor allem die Lehrautorität Jesu bezeichnet (10,25; 18,18; 20,21.28.39; 21,7 u.ö.), wird durch die Anrede mit ἐπιστάτα / »Meister« wohl vor allem die autoritative Stellung innerhalb der Bezugsgruppe, d.h. in der Regel des Jüngerkreises (bis auf 17,13), herausgestellt. Mit *W. Grimm*, Art. ἐπιστάτης, EWNT II, Stuttgart 1981, 93f.; vgl. zum Ganzen *J. Jeremias*, Die Sprache des Lukasevangeliums (s. Anm. 3), 132.135f.158.
[49] Vgl. Act 1,6; 7,59.60; 9,5.10.13; 22,8.10.19; 26,15.
[50] Vgl. Lk 7,13.19; 10,2.39.41; 11,39; 12,42a; 13,15; 16,8; 17,5.6; 18,6; 19,8; 22,61a.b.
[51] Vgl. Lk 5,8.12; 6,46; 7,6; 9,54.59.61; 10,17.40; 11,1; 12,41; 13,23; 17,37; 18,41; 19,8; 22,33.38.49. Während 17 der 19 Belege auf den Nicht-Markusstoff entfallen, gehören die beiden einzigen Belege im Markusstoff zu den sog. ›minor agreements‹, den Übereinstimmungen von Lukas und Matthäus im Markusstoff gegen Markus: Lk 5,12 par. Mt 8,2 diff. Mk 1,40; Lk 18,41 par. Mt 20,33 diff. Mk 10,51.
[52] S. Act 2,33f. den ausdrücklichen Bezug auf ψ 109,1 (Ps 110,1): εἶπεν [ὁ] κύριος τῷ *κυρίῳ* μου· κάθου ἐκ δεξιῶν μου ...
[53] Vgl. den auf Jesus bezogenen Kyrios-Titel in Lk 1,43 (ἡ μήτηρ τοῦ κυρίου μου) und 2,11 (ὅτι ἐτέχθη ὑμῖν σήμερον σωτὴρ ὅς ἐστιν χριστὸς *κύριος* ἐν πόλει Δαυίδ).
[54] S. zum κύριος-Titel in formelhaften Auferweckungsaussagen auch Röm 4,24: τὸν ἐγείραντα Ἰησοῦν τὸν κύριον ἡμῶν ἐκ νεκρῶν, Röm 10,9: ὅτι ὁ θεὸς αὐτὸν

nennung *Gottes* mit dem κύριος-Titel traditionsgeschichtlich auf das außerpalästinisch-hellenistische Judentum oder gar auf die nichtjüdisch-hellenistischen Gemeinden zu beschränken, noch läßt sich die Bezeichnung des *erhöhten Christus* als »Herr« (hebr. אָדוֹן / aram. מָרֵא)⁵⁵ überlieferungsgeschichtlich den palästinisch-judenchristlichen Gemeinden absprechen.⁵⁶ Das Vorkommen des Kyrios-Titels in den verschiedenen Auferweckungs- bzw. Auferstehungsformeln kann also keineswegs als Indiz für eine erst späte Bildung durch die *heiden*christliche Gemeinde geltend gemacht werden. Die auffällige Häufung des Kyrios-Titels gerade in *Auferweckungs*aussagen erklärt sich aus dem beschriebenen Zusammenhang von Auferweckung Jesu und Einsetzung in die universale göttliche Herrschaftsvollmacht durch *Gott, den Vater*. In der zweigliedrigen Formel Lk 24,34 könnte sich die spezifische Verwendung des κύριος-Titels in dem Auferstehungsbekenntnis aus den noch darzustellenden traditionsgeschichtlichen Voraussetzungen der folgenden *Erscheinungs*aussage ergeben.⁵⁷ Daß erst Lukas den Titel redaktionell in

---

[sc. τὸν κύριον 'Ἰησοῦν, V. 9a] ἤγειρεν ἐκ νεκρῶν, 1Kor 6,14: ὁ δὲ θεὸς καὶ τὸν κύριον ἤγειρεν, und 2Kor 4,14: ὁ ἐγείρας τὸν κύριον 'Ἰησοῦν. Vgl. Hebr 13,20: ὁ δὲ θεὸς ... ὁ ἀναγαγὼν ἐκ νεκρῶν τὸν ποιμένα τῶν προβάτων ... τὸν κύριον ἡμῶν 'Ἰησοῦν. – In Anbetracht der breiten Bezeugung wirkt die Bestreitung eines ursprünglichen Haftpunktes des Kyrios-Titels in der Tradition eher willkürlich; gegen J. Wanke, Emmauserzählung (s. Anm. 3), 45: »Der Titel Kyrios fehlt [...] in den vorpaulinischen Auferweckungsaussagen«; vgl. a.a.O., 49.

⁵⁵ Vgl. מָרַן »unser Herr« (mit Suff. 1. Pl.) für hebr. אֲדוֹנֵינוּ bzw. הָאָדוֹן.
⁵⁶ Gegen *W. Bousset*, Kyrios Christos. Geschichte des Christusglaubens von den Anfängen des Christentums bis Irenäus, FRLANT 21, 2. Aufl., Göttingen 1921, 79f.83ff.; *R. Bultmann*, Theologie des Neuen Testaments, 6. Aufl., Tübingen 1968, 54f.126ff. – S. 1Kor 16,22 den ins Griechische übernommenen aramäischen Gebetsruf: μαραναθά, der mit Rücksicht auf Apk 22,20 (ἀμήν, ἔρχου κύριε 'Ἰησοῦ) wohl im Sinne von aram. *marăn(a') ᵃta'* als Bitte: »Unser Herr, komm!« zu deuten ist. Vgl. zur neueren Diskussion *H.P. Rüger*, Art. Aramäisch II, TRE III, Berlin u.a. 1978, 602–610, hier 607; *M. Hengel*, Der Sohn Gottes (s. Anm. 43), 120ff.; *J.A. Fitzmyer*, Art. κύριος κτλ., EWNT II (s. Anm. 43), 816f.
⁵⁷ Die These R. Peschs, daß die Visionen des Auferstandenen ausschließlich im Kontext der vorgegebenen Menschensohnvorstellung zu interpretieren seien, erweist sich – nicht nur, aber auch – an Lk 24,34 als unnötige Engführung (vgl. *R. Pesch*, Zur Entstehung des Glaubens an die Auferstehung Jesu [s. Anm. 1], 243f.253f.; zu Lk 24,34 s. 248f.). Weder wird in der neutestamentlichen Auferstehungsüberlieferung der Menschensohntitel einseitig gegenüber den christologischen Titeln »Gottessohn« und »Kyrios« bevorzugt, noch ist für den Versuch der Klärung der historischen Vorgaben des Auferstehungsglaubens und der Überwindung des von Lessing beschworenen »garstig breiten Grabens« mit der einseitigen Konzentration auf die Menschensohnvorstellung etwas Entscheidendes gewonnen. Kommt doch R. Pesch selbst zu der Schlußfolgerung, daß die »de facto-Evidenz« der Auferstehung den Jüngern in ihren *Visionen* zuteil wurde: »Die Ostervisionen sind also der historische Ort, die notwendige Vorgabe der Entstehung des Glaubens an Jesu Auferstehung nach dem Karfreitag« (a.a.O., 253f.).

die Formel eingeführt haben sollte, ist nach alledem eher unwahrscheinlich.[58]

Auffällig an der Auferstehungsformel Lk 24,34 ist neben dem κύριος-Titel auch die Bezeichnung des Petrus mit seinem Eigennamen »Simon«.[59] Wird er doch in den Evangelien seit seiner Berufung überwiegend mit dem ihm von Jesus verliehenen[60] Beinamen Πέτρος, der »Fels«, bezeichnet – von aram. כֵּיפָא, »Stein«/«Fels«, das sich in der griechischen Transkription Κηφᾶς[61] erhalten hat.[62] So gebraucht auch Lukas im Anschluß an Markus nur bis zur Erwählung der Zwölf den Namen »Simon« (4,38; 5,3.4.5.10; 6,14; in 5,8 den Doppelnamen Σίμων Πέτρος[63]), während er im übrigen Evangelium und in den Acta von sich aus den in den griechischsprechenden Gemeinden geläufigen Ehrentitel »Petrus« verwendet – insgesamt 74mal[64] gegenüber den 12 Belegen[65] für den Eigennamen Simon.[66] In der Verwendung des Ehrennamens spiegeln sich das hohe Ansehen und die tragende Bedeutung wider, die Simon, dem Sohn des Johannes[67], nach der Überlieferung der Synoptiker[68] und

---

[58] Gegen *J. Wanke*, Emmauserzählung (s. Anm. 3), 44f.; erwägend *J. Nolland*, Luke (s. Anm. 3), 1207; *J.A. Fitzmyer*, Luke (s. Anm. 3), 1569.

[59] Σίμων ist wie auch Ἀνδρέας ein *griechischer* Name, was bei Bethsaida als dem hellenistisch beeinflußten Herkunftsort der beiden Brüder (Joh 1,44) nicht überrascht. Da Σίμων als Äquivalent für den hebräischen Patriarchennamen Συμεών gegolten hat, kann Petrus von Jakobus in Act 15,14 als »Simeon« bezeichnet werden (vgl. 2Petr 1,1).

[60] Vgl. Mk 3,16; Mt 16,17f. (vgl. 10,2); Lk 6,14; Joh 1,42.

[61] S. Joh 1,42: σὺ εἶ Σίμων ὁ υἱὸς Ἰωάννου, σὺ κληθήσῃ Κηφᾶς, ὃ ἑρμηνεύεται Πέτρος. Ansonsten findet sich der transkribierte Beiname Kephas nur bei Paulus, und zwar sowohl in der traditionellen Formel 1Kor 15,5 als auch in selbständiger Verwendung in 1Kor 1,12; 3,22; 9,5; Gal 1,18; 2,9.11.14 (im Wechsel mit Πέτρος in Gal 2,7f.); vgl. zum Ganzen *R. Pesch*, Art. Κηφᾶς, EWNT II, Stuttgart 1981, 721–723.

[62] S. *R. Pesch*, Art. Πέτρος / Σίμων, EWNT III, Stuttgart 1983, 193–201, hier 194f.

[63] Lk 5,8 ist der einzige Beleg für den direkten Doppelnamen Σίμων Πέτρος im lukanischen Gesamtwerk. Vgl. aber die Ergänzungen Lk 6,14: »Simon, den er auch Petrus nannte« / Σίμωνα ὃν καὶ ὠνόμασεν Πέτρον, und Act 10,5.32: Σίμων ὃς ἐπικαλεῖται Πέτρος bzw. Act 10,18; 11,13: Σίμων ὁ ἐπικαλούμενος Πέτρος. In Act 10 ist von »Simon mit dem Beinamen Petrus« im Unterschied zu seinem Gastgeber in Joppe »Simon dem Gerber« (Σίμων βυρσεύς 9,43; 10,6.32) die Rede.

[64] Lukasevangelium 18mal / Acta 56mal.

[65] Wobei sechs Belege allein auf Lk 5,3–10, je zwei auf Lk 4,38 und Lk 22,31 entfallen, ergänzt durch die Einzelbelege Lk 6,14 und 24,34.

[66] Vgl. zum sprachlichen Befund *J. Jeremias*, Die Sprache des Lukasevangeliums (s. Anm. 3), 130f.; *R. Pesch*, Art. Πέτρος / Σίμων, EWNT III (s. Anm. 62), 194f. 197ff.

[67] Das durch Mt 16,17 belegte Patronym Βαριωνᾶ wird im Johannesevangelium mit »Sohn des Johannes« / ὁ υἱὸς Ἰωάννου (Joh 1,42) bzw. mit »Simon *des Johannes*« / Σίμων Ἰωάννου (21,15.16.17) wiedergegeben. Vgl. zum Verständnis von -ιωνᾶ als Kurzform *H.P. Rüger*, Art. Aramäisch II, TRE III (s. Anm. 56), hier

nach der Darstellung des Lukas in Acta (speziell in Kap. 1–12) vor allem während der Frühzeit der Jerusalemer Gemeinde zukamen. Da nun Lukas in selbständiger Formulierung für den führenden Apostel durchgängig in seinem Doppelwerk die den nichtpalästinischen Gemeinden vertrautere Namensform Πέτρος verwendet und da der Eigenname Σίμων nur noch in der direkten Anrede durch Jesus in Lk 22,31 erscheint[69], weist die Wendung ... καὶ ὤφθη Σίμωνι in Lk 24,34 mit ihrer Namensvariante auf das hohe Alter – keinesfalls aber auf eine lukanische Prägung[70] – der Erscheinungsformel hin. Überlieferungsgeschichtlich gesehen ist sie sogar der anerkanntermaßen frühen viergliedrigen Formel in 1Kor 15,3–5 mit dem Gebrauch des ehrenvollen Beinamens »Kephas« – V. 5: καὶ ὅτι ὤφθη Κηφᾷ – eher *vor*- als *nach*zuordnen.[71]
Besondere Aufmerksamkeit gebührt auch der verbleibenden Wendung καὶ ὤφθη.[72] Hier wie in 1Kor 15,5 (vgl. V. 6.7.8) hat der Aor. Pass. von ὁράω in Verbindung mit dem Dativ (τινί) die *intransitive* Bedeutung »jemandem erscheinen«, »sich sehen lassen«.[73] Subjekt ist jeweils der

603f.
[68] Nicht anders – wenn auch teilweise in kritischer Verhältnisbestimmung – nach dem Johannesevangelium und den Paulusbriefen (1Kor 1,12; 3,22; 9,5; 15,5; Gal 1,18; 2,6–9.11–14[–21]).
[69] Was in allen Evangelientraditionen bei direkter Anrede des Petrus durch Jesus die Regel ist (s. Mk 14,37; Mt 16,17; 17,25; Joh 1,42; 21,15.16.17); in Lk 22,34 wird Simon ausnahmsweise auch von Jesus – nach der Doppelanrede mit Σίμων Σίμων in V. 31 – mit Πέτρε angesprochen.
[70] Die von *J. Nolland*, Luke (s. Anm. 3), 1207, nochmals aufgenommene Hypothese G. Claudels, Lukas verwende den Titel »Petrus« in Entsprechung zum »Apostelbegriff«, während er in Lk 24,34 redaktionell den Eigennamen »Simon« in Korrelation zu der Erwähnung der »Elf« bzw. ansonsten der »Zwölf« eingesetzt habe, scheitert schlicht am sprachlichen Befund. Einerseits ist in Lk 24,9–12 neben Petrus sowohl von den ἕνδεκα (V. 9) als auch von den ἀπόστολοι (V. 10) die Rede, und in Lk 22,31–34 wechselt in demselben Kontext die Anrede Σίμων Σίμων (V. 31) mit der Anrede Πέτρε (V. 34); andererseits ist auch zwischen Lk 6,14 – der Berufung der Apostel – und 24,34 von den »Zwölfen« (Lk 8,1; 9,1.12; 18,31; 22,3.47) bzw. dann von den »Elfen« (Lk 24,9.33) die Rede. Schließlich findet sich selbst in den Acta bei durchgängigem Gebrauch des Ehrennamens »Petrus« die Bezeichnung die »Elf« (Act 1,26; 2,14) bzw. die »Zwölf« (Act 6,2; 7,8); vgl. nur Act 2,14: σταθεὶς δὲ ὁ *Πέτρος* σὺν τοῖς *ἕνδεκα* ...
[71] Mit *G. Theißen/A. Merz*, Der historische Jesus (s. Anm. 1), 433–435, speziell 433, Anm. 34; *J. Jeremias*, Die Sprache des Lukasevangeliums (s. Anm. 3), 319, Anm. 13; vgl. a.a.O., 130f., der unter Hinweis auf das aramäische Patronymikon in Mt 16,17 das hohe Alter der Σίμων-Überlieferungsschicht insgesamt vertritt.
[72] S. zum Ganzen *W. Michaelis*, Art. ὁράω κτλ., ThWNT V, Stuttgart 1954, 315–381, hier 355ff.; *J. Kremer*, Art. ὁράω κτλ., EWNT II, Stuttgart 1981, 1287–1293, hier 1291f.
[73] Vgl. mit Bezug auf die Erscheinung des Kyrios vor Paulus auch Act 9,17 (ὁ κύριος ...'Ιησοῦς *ὁ ὀφθείς σοι*) und Act 26,16a (εἰς τοῦτο γὰρ *ὤφθην σοι*), im Hinblick auf die mehrmaligen Erscheinungen vor den Jüngern Act 13,31 (ὃς *ὤφθη* ... τοῖς συναναβᾶσιν αὐτῷ).

Auferstandene, der in 1Kor 15,3-5 mit ὁ Χριστός, in Lk 24,34 mit ὁ κύριος benannt wird. Nun wird die ›Wahrnehmung‹ des Auferstandenen sowohl bei Paulus (1Kor 9,1: οὐχὶ 'Ιησοῦν τὸν κύριον ἡμῶν ἑώρακα;) wie auch in den Auferstehungskapiteln der Evangelien verschiedentlich mit dem Begriff »sehen« / ὁράω[74] – vereinzelt θεωρέω[75] oder θεάομαι[76] – bezeichnet.[77] Die Besonderheit der Erscheinungsformel liegt in ihrer spezifischen traditionsgeschichtlichen Prägung. So dient ὤφθηναί τινι in der LXX als *terminus technicus* zur Beschreibung von *Theophanien* bzw. Erscheinungen Gottes in Gestalt seiner Engel[78], und die Formulierung καὶ ὤφθη κύριος τῷ δεῖνι καὶ εἶπεν (αὐτῷ) – »und der Herr erschien dem und dem und sprach (zu ihm)« – ist stehende Wendung zur Bezeichnung der Selbsterschließung Gottes gegenüber den Vätern, gegenüber Mose, Salomo oder auch gegenüber dem Volk Israel.

Gen 12,7: καὶ ὤφθη κύριος τῷ 'Αβραμ καὶ εἶπεν αὐτῷ ...[79], woraufhin Abraham »dem Herrn, der ihm erschienen war« (κυρίῳ τῷ ὀφθέντι αὐτῷ), einen Altar erbaute. — Gen 17,1: καὶ ὤφθη κύριος τῷ 'Αβραμ καὶ εἶπεν αὐτῷ· ἐγώ εἰμι ὁ θεός σου ... — Gen 18,1: ὤφθη δὲ αὐτῷ ὁ θεὸς πρὸς τῇ δρυὶ τῇ Μαμβρη ... — Gen 26,2.24 von den *Isaak* widerfahrenen Erscheinungen Gottes: ὤφθη δὲ αὐτῷ κύριος καὶ εἶπεν ... καὶ ὤφθη αὐτῷ κύριος ἐν τῇ νυκτὶ ἐκείνῃ καὶ εἶπεν· ἐγώ εἰμι ὁ θεὸς 'Αβρααμ τοῦ πατρός σου ... — Gen 35,9f.: ὤφθη δὲ ὁ θεὸς 'Ιακωβ ... καὶ ηὐλόγησεν αὐτὸν ὁ θεός. ... καὶ εἶπεν αὐτῷ ὁ θεός· ... — Von der Erscheinung bei der Berufung des Mose Ex 3,2.4: ὤφθη δὲ αὐτῷ *ἄγγελος κυρίου*[80] ἐν φλογὶ πυρὸς ἐκ τοῦ βάτου ... ὡς δὲ εἶδεν *κύριος* ὅτι προσάγει ἰδεῖν, ἐκάλεσεν αὐτὸν κύριος ἐκ τοῦ βάτου λέγων Μωυσῆ, Μωυσῆ.[81] — 3Regn (1Kön) 3,5: καὶ ὤφθη κύριος τῷ *Σαλωμων* ἐν ὕπνῳ

---

[74] Im Futur Mk 16,7: ἐκεῖ αὐτὸν ὄψεσθε (par. Mt 28,7), Mt 28,10: κἀκεῖ με ὄψονται, im Aorist Mt 28,17: καὶ *ἰδόντες* αὐτὸν προσεκύνησαν, Joh 20,20: *ἰδόντες* τὸν κύριον, im Perfekt Joh 20,18: *ἑώρακα* τὸν κύριον, Joh 20,25: *ἑωράκαμεν* τὸν κύριον, Joh 20,29: ὅτι *ἑώρακάς* με πεπίστευκας. – Vgl. Jes 6,1ff.: *εἶδον τὸν κύριον* καθήμενον ἐπὶ θρόνου ὑψηλοῦ καὶ ἐπηρμένου ...
[75] Lk 24,39: πνεῦμα σάρκα καὶ ὀστέα οὐκ ἔχει καθὼς ἐμὲ *θεωρεῖτε* ἔχοντα (vgl. V. 37: ἐδόκουν πνεῦμα θεωρεῖν), Joh 20,14: καὶ *θεωρεῖ* τὸν 'Ιησοῦν ἑστῶτα.
[76] Mk 16,11: ἀκούσαντες ὅτι ζῇ καὶ *ἐθεάθη* ὑπ᾿ αὐτῆς.
[77] Vgl. noch den späten Gebrauch von hell. φανερόω (»offenbar machen«, pass. »sichtbar werden«, »erscheinen«) zur Bezeichnung der Erscheinung des Auferstandenen im Nachtragskapitel Joh 21,1: *ἐφανέρωσεν* ἑαυτὸν πάλιν ὁ 'Ιησοῦς τοῖς μαθηταῖς ... ἐφανέρωσεν δὲ οὕτως, 21,14: *ἐφανερώθη* 'Ιησοῦς τοῖς μαθηταῖς ἐγερθεὶς ἐκ νεκρῶν, und im sekundären Markusschluß Mk 16,12: *ἐφανερώθη* ἐν ἑτέρᾳ μορφῇ, 16,14: τοῖς ἕνδεκα *ἐφανερώθη*.
[78] S. W. *Michaelis*, Art. ὁράω κτλ., ThWNT V (s. Anm. 72), 331ff.; J. *Kremer*, Art. ὁράω κτλ., EWNT II (s. Anm. 72), 1291f.; P. *Stuhlmacher*, Biblische Theologie des Neuen Testaments I (s. Anm. 1), 172f.
[79] Für MT Gen 12,7: וַיֹּאמֶר יְהוָה אֶל־אַבְרָם וַיֵּרָא (Impf. cons. Nifal von רָאָה).
[80] Für MT Ex 3,2: וַיֵּרָא מַלְאַךְ יְהוָה אֵלָיו.
[81] Beachte den Subjektwechsel von Ex 3,2 (ἄγγελος κυρίου) zu V. 4 (κύριος). Zur Erscheinung Gottes in Gestalt eines Engels s. auch Ri 6,12: καὶ ὤφθη αὐτῷ ὁ ἄγγελος κυρίου καὶ εἶπεν πρὸς αὐτόν, vgl. Ri 13,3; Tob 12,22.

τὴν νύκτα, καὶ εἶπεν κύριος πρὸς Σαλωμων ...⁸² (vgl. 2Chr 1,7) — 3Regn (1Kön) 9,2f.: καὶ ὤφθη κύριος τῷ *Σαλωμων* δεύτερον, καθὼς ὤφθη ἐν Γαβαων, καὶ εἶπεν πρὸς αὐτὸν κύριος ... (vgl. 2Chr 7,12) — Jer 38,3 (MT 31,3) von dem Erscheinen Gottes »von fernher« vor seinem Volk Israel (vgl. V. 1f.): κύριος πόρρωθεν ὤφθη αὐτῷ⁸³· ἀγάπησιν αἰωνίαν ἠγάπησά σε, διὰ τοῦτο εἵλκυσά σε εἰς οἰκτίρημα.⁸⁴

III

Berücksichtigt man einerseits sowohl die *paulinischen* Zeugnisse von der Offenbarung des Auferstandenen in 1Kor 9,1; 15,5–8; 2Kor 4,6; Gal 1,11f.15f.; Phil 3,8 als auch die *Erscheinungsberichte* des Auferstandenen in der je spezifischen Ausgestaltung der vier Evangelien und würdigt man andererseits die *traditionsgeschichtliche Prägung* der Formel καὶ ὤφθη κύριος τῷ δεῖνι καὶ εἶπεν (αὐτῷ), dann ergeben sich für die neutestamentlichen Zeugnisse von den Erscheinungen des Auferstandenen grundlegende Beobachtungen, die im folgenden kurz skizziert werden sollen:

1. Der Formulierung »er ist erschienen« kann keinesfalls jedes *visuelle Element* abgesprochen werden, als ob in ὤφθη lediglich ein rein formelhafter Offenbarungsterminus vorliegen würde.⁸⁵ Weder bei den alttestamentlichen noch bei den neutestamentlichen Belegen geht es um eine ausschließlich technisch gebrauchte »Legitimationsformel« zur Begründung der Autorität einer Person⁸⁶ ohne Bezug auf eine Erscheinung im eigentlichen Sinne. Dagegen steht neben den ausführlichen Erscheinungsberichten der Evangelien und den alttestamentlichen ὤφθη-Belegen auch die Erwähnung der Erscheinung vor ›den

---

⁸² Für MT 1Kön 3,5: בְּגִבְעוֹן נִרְאָה יְהֹוָה אֶל־שְׁלֹמֹה בַּחֲלוֹם הַלָּיְלָה וַיֹּאמֶר אֱלֹהִים (Perf. Nifal von רָאָה).
⁸³ Für MT Jer 31,3: מֵרָחוֹק יְהֹוָה נִרְאָה לִי.
⁸⁴ S. bei anderer Topik im Hinblick auf die paulinische Entfaltung der Christuserkenntnis in 2Kor 3,1–4,17 (spez. 3,18; 4,4.6) noch die geprägten Wendungen: »und es erschien die Herrlichkeit des Kyrios ...« / καὶ ὤφθη ἡ δόξα κυρίου ... u.ä. in Num 14,10; 16,19; 17,7; 20,6; vgl. Ex 16,10; Lev 9,23. Zu den frühjüdischen Belegstellen s. die eingehende Behandlung bei *K. Berger*, Die Auferstehung des Propheten (s. Anm. 1), 215ff.613ff.
⁸⁵ Mit *J. Kremer*, Art. ὁράω κτλ., EWNT II (s. Anm. 72), 1291f.; *P. Hoffmann*, Zur neutestamentlichen Überlieferung von der Auferstehung Jesu (s. Anm. 1), 7; *E. Schweizer*, Das Evangelium nach Lukas, NTD 3, Göttingen 1982, 247; anders *W. Michaelis*, Art. ὁράω κτλ., ThWNT V (s. Anm. 72), 357ff.; *U. Wilckens*, Erscheinungen des Auferstandenen (s. Anm. 1), 166ff., und die bei *P. Hoffmann*, a.a.O., Diskutierten: K. Holl, A. v. Harnack, C. Bussmann und der frühe R. Pesch. Zu letzterem s. aber die korrigierenden Ausführungen in *R. Pesch*, Zur Entstehung des Glaubens an die Auferstehung Jesu (s. Anm. 1), 238ff.243ff.
⁸⁶ Wie z.B. der Autorität des Petrus in 1Kor 15,5 und Lk 24,34 oder der des Paulus in 1Kor 15,8 (vgl. vielmehr die Betonung des »Sehens« in 1Kor 9,1).

500 Brüdern« nach 1Kor 15,6, die ja nicht als ›Apostel‹ im engeren Sinne verstanden werden.[87]

2. Nach dem Verständnis der neutestamentlichen Zeugnisse wie der traditionsgeschichtlichen Vorlagen handelt es sich bei den »Erscheinungen« nicht um eine »subjektive Vision« – wie jetzt wieder in der Tradition von D.F. Strauß[88] von G. Lüdemann vertreten wird[89] –, sondern um ein *Sich-Offenbarmachen Gottes*. Das bezeichnete »Sehen« wird nicht vom Menschen selbst, sondern durch das »Erscheinen des Herrn« bewirkt. In diesem *theologischen Sinne* verstehen die neutestamentlichen Texte die Erscheinungen des Auferstandenen – nach neuzeitlicher Begrifflichkeit – nicht als »subjektive«, sondern als »objektive« Geschehnisse; sie deuten diese nicht als »innersubjektive«, sondern als »transsubjektive« Begegnungen. Das Bekenntnis ἑώρακα τὸν κύριον / »ich habe den Herrn gesehen« gründet ursächlich in dem vorausgehenden Ereignis καὶ ὤφθη κύριος / »und es erschien der Herr« – und nicht umgekehrt! Dabei spielt es – theologisch gesehen – eine nur untergeordnete Rolle, ob das mit ὠφθῆναι bezeichnete »Sich-sehen-Lassen« und »Erscheinen« Gottes gleichsam vor dem inneren Auge eines Menschen oder über die Wahrnehmung der äußeren Sinne zu denken ist. Ob die Offenbarung des Sohnes Gottes bei der Berufung des Paulus zum Apostel nach Gal 1,15f. »in ihm« oder »ihm gegenüber« erfolgte – ob also das umstrittene ἐν ἐμοί in Gal 1,16 mit »*in* mir« oder im Sinne eines einfachen Dativs mit »mir«[90] wiedergegeben wird –, ist weniger entscheidend als die Frage, ob *Gott* sich in seinem Sohn dem Apostel offenbart hat. Sei es in Gestalt der Erschei-

---

[87] Mit *J. Kremer*, Art. ὁράω κτλ., EWNT II (s. Anm. 72), 1291f.; anders *W. Marxsen*, Die Auferstehung Jesu von Nazareth, Gütersloh 1968, 86–99; *U. Wilckens*, Erscheinungen des Auferstandenen (s. Anm. 1), 166ff.; ders., Auferstehung (s. Anm. 1), 29f.

[88] Vgl. zum Ganzen *P. Hoffmann*, Die historisch-kritische Osterdiskussion von H.S. Reimarus bis zu Beginn des 20. Jahrhunderts (1986), in: Ders. (Hg.), Zur neutestamentlichen Überlieferung von der Auferstehung Jesu (s. Anm. 1), 25ff.

[89] Gegen *G. Lüdemann*, Die Auferstehung Jesu. Historie, Erfahrungen, Theologie, Neuausg. Radius, Stuttgart 1994 (Göttingen 1994), 63ff.113ff.; ders., Zwischen Karfreitag und Ostern, in: *H. Verweyen* (Hg.), Osterglaube ohne Auferstehung? Diskussion mit Gerd Lüdemann, QD 155, Freiburg 1995, 7–46, hier 28: »Visionen sind das visuelle Erscheinen von Personen, Dingen oder Szenen, die keine äußere Wirklichkeit haben; eine Vision erreicht ihre Empfänger(innen) nicht über die anatomischen Sinnesorgane, sondern ist Produkt der Vorstellungskraft und Phantasie.«

[90] So wohl zu Recht *F. Blass/A. Debrunner*, Grammatik des neutestamentlichen Griechisch, bearb. v. *F. Rehkopf*, 13. Aufl., Göttingen 1970, § 220,1; *A. Oepke*, Der Brief des Paulus an die Galater, bearb. v. *J. Rohde*, ThHK IX, 4. Aufl., Berlin 1979, 60f.

nungsformel (ὤφθη pass. intrans.), sei es in Form der Offenbarungswendung (ἀπεκάλυψεν), jeweils ist es Gott bzw. der als Kyrios eingesetzte Sohn Gottes, der als Subjekt und Initiator des Erschließungsgeschehens erkannt wird.

3. Sosehr das Moment des ›Sehens‹ allein schon durch das Begriffspaar ὠφθῆναί τινι/ὁρᾶν[91] hervorgehoben wird, so deutlich sind bereits die alttestamentlichen Erscheinungsformeln regelmäßig mit einer ›Wortoffenbarung‹ verbunden. Das heißt: Die bezeichneten Erscheinungen werden nicht als ›stumme Bilder‹ oder bloße ›Lichterscheinungen‹ verstanden – die der Mensch anschließend von sich aus zu deuten und mit Sinn zu füllen hätte –, sondern zugleich als ›Worteignisse‹, durch die den Empfängern eine Botschaft übermittelt wird. Sie werden zugleich als *Visionen* und als *Auditionen* wahrgenommen. Daß es auch und gerade um die *Vermittlung von Inhalten* geht, wird in den alttestamentlichen Belegen durch die regelmäßige Verknüpfung des Erscheinungsmotivs mit der Einleitungsformel der Gottesrede nachdrücklich hervorgehoben: καὶ ὤφθη κύριος ... καὶ εἶπεν. Im Mittelpunkt des Interesses stehen nicht die sinnfälligen Manifestationen der Gotteserscheinung, sondern vielmehr die Ankündigung des Handelns Gottes und die Verheißung seines Eingreifens.[92]
Neutestamentlich wird dieser Zusammenhang von niemandem nachdrücklicher hervorgehoben als von Paulus, der sich infolge der Erscheinung des Auferstandenen als Letztberufener unter die Apostel reiht (1Kor 15,5–8; vgl. 9,1), obwohl er selbst den irdischen Jesus weder in seiner Lehre gehört noch ihn in seinem vorösterlichen Wirken begleitet hat. Daß er das von ihm verkündigte Evangelium von Gottes Handeln in Christi Kreuz und Auferstehung gleichwohl nicht etwa von Menschen empfangen oder gelernt hat, sondern unmittelbar durch Jesus Christus, begründet Paulus in Gal 1,11f.15f. gerade mit dem Hinweis auf die Offenbarung des Sohnes Gottes durch den Vater selbst.[93]
Unter den Evangelisten bringt es keiner so anschaulich ins Bewußtsein wie Lukas, daß das Evangelium von Jesus Christus nicht nur auf

---

[91] S.o. Anm. 72–74.
[92] S. *R. Rendtorff*, Die Offenbarungsvorstellungen im Alten Israel, in: *W. Pannenberg* (Hg.), Offenbarung als Geschichte, KuD 1, 4. Aufl., Göttingen 1970 (1961), 21–41, hier 23ff.
[93] Vgl. 2Kor 4,6; 5,18–20; Phil 3,8. Dementsprechend kann das Evangelium vom Apostel dann auch als *Gottes* Evangelium (τὸ εὐαγγέλιον [τοῦ] θεοῦ, Gen. subiectivus: Röm 1,1; 15,16; 2Kor 11,7; 1Thess 2,2.8.9) und als *Gottes* Wort (ὁ λόγος τοῦ θεοῦ: 1Kor 14,36; 2Kor 2,17; 4,2; 1Thess 2,13; vgl. Phil 1,14 [v.l.]) verkündigt werden.

der Erinnerung an Verkündigung und Wirken des irdischen Jesus basiert, sondern vom Auferstandenen selbst den Aposteln erschlossen worden ist. Ob im Gespräch mit den Emmaus-Jüngern (Lk 24,25–27), ob bei der Erscheinung vor den versammelten Jüngern (Lk 24,44–47) oder während der vierzig Tage, in denen Jesus sich nach Act 1,3ff. seinen Jüngern als lebendig erweist und ihnen wiederholt erscheint – unermüdlich weist Lukas darauf hin, daß die Jünger sowohl die *Schrift* wie auch das Geheimnis der *Königsherrschaft Gottes*, sowohl das Rätsel des *Leidens Jesu* wie auch die Bedeutung seiner *Auferweckung durch Gott* allererst durch die Lehre und Auslegung des Auferstandenen in ihrer Mitte erkennen können: »Brannte nicht unser Herz in uns, als er auf dem Wege mit uns redete und uns die Schrift aufschloß?« (Lk 24,32).

4. Bei den Erscheinungen geht es nicht nur um die Vermittlung von Zuspruch und Ermunterung, von Verheißung und Auftrag, sondern darüber hinaus und vor allem um eine Gestalt der *Selbsterschließung Gottes*. Die Wendung καὶ ὤφθη κύριός τινι bedeutet zugleich, daß sich Gott jemandem als *sein Gott* erweist und daß sich Gott als *gegenwärtig* offenbart. Durch seine Selbsterschließung begründet Gott seine Herrschaft im Leben dessen, dem er erschienen ist; und durch die Erscheinung Gottes *er*kennt und *an*erkennt der Mensch Gott als seinen Kyrios. Die für die neutestamentlichen Auferstehungserscheinungen typische Verbindung von Erscheinungsmotiv und Berufungs- bzw. Sendungsaussage[94], von Selbsterschließung Gottes und Inanspruchnahme des Menschen durch Gott ist bereits traditionsgeschichtlich vorbereitet.[95] So soll Mose nach Ex 3,16 im Auftrag Gottes zu den Ältesten sagen: κύριος ὁ θεὸς τῶν πατέρων ὑμῶν ὦπταί μοι, θεὸς ᾽Αβρααμ καὶ θεὸς ᾽Ισαακ καὶ θεὸς ᾽Ιακωβ, λέγων ... – »Der Herr (MT: Jahwe), der Gott eurer Väter, der Gott Abrahams und der Gott Isaaks und der Gott Jakobs, ist mir erschienen und hat gesagt ...« Und Ex 6,2f. stellt sich Gott Mose gegenüber als der Kyrios vor, der Abraham, Isaak und Jakob *als ihr Gott* erschienen ist: ἐγὼ κύριος·

---

[94] Nachdrücklich hervorgehoben von *W. Michaelis*, Art. ὁράω κτλ., ThWNT V (s. Anm. 72), 331f.
[95] Zu dem Zusammenhang zwischen der Erkenntnis des Auferstandenen bzw. der Auferstehung Jesu und der Anerkennung seines ›Herrseins‹ s. vor allem Röm 10,9 (ἐὰν ὁμολογήσῃς ... *κύριον Ἰησοῦν* καὶ πιστεύσῃς ... ὅτι ὁ θεὸς αὐτὸν *ἤγειρεν* ἐκ νεκρῶν, σωθήσῃ) und Phil 3,8 mit der bei Paulus einmaligen Wendung: »die überschwengliche *Erkenntnis* Christi Jesu, *meines Herrn*« (τὸ ὑπερέχον τῆς γνώσεως Χριστοῦ *Ἰησοῦ τοῦ κυρίου μου*).

καὶ ὤφθην πρὸς Ἀβρααμ καὶ Ἰσαακ καὶ Ἰακωβ, θεὸς ὢν αὐτῶν (MT: בְּאֵל שַׁדָּי als der allmächtige Gott«).[96]

In den neutestamentlichen Erscheinungsberichten kommt dieses Moment des Erkennens und Anerkennens im Vollzug der Proskynese zum Ausdruck. So umfassen die Frauen nach Mt 28,9 die Füße des Auferstandenen und verehren ihn kniefällig (ἐκράτησαν αὐτοῦ τοὺς πόδας καὶ προσεκύνησαν αὐτῷ), was wohl auch für Maria als einzelne bei der Antwort Jesu in Joh 20,17[97] vorausgesetzt wird. Dementsprechend beten auch die Jünger nach Mt 28,17 (καὶ ἰδόντες αὐτὸν προσεκύνησαν) und Lk 24,52 (καὶ αὐτοὶ προσκυνήσαντες αὐτόν) den Auferstandenen bei seiner Erscheinung an, und der zunächst zweifelnde Thomas bekennt angesichts des leibhaftig Auferstandenen nach Joh 20,28 christologisch unüberbietbar: ὁ κύριός μου καὶ ὁ θεός μου.[98]

5. Daß in dem Erscheinen Gottes zugleich ein Akt der *Legitimation und Autorisierung* des Menschen zu sehen ist, dem die Erscheinung widerfährt, wird sowohl in der Verbindung der Erscheinungsaussage mit der Berufung und Sendung des Mose in Ex 3,16 vorausgesetzt als auch in der Hervorhebung des »Sehens« Gottes im Rahmen der Prophetenberufung Jes 6,1ff.: *εἶδον τὸν κύριον* καθήμενον ἐπὶ θρόνου ὑψηλοῦ καὶ ἐπηρμένου ... Als Mirjam und Aaron sich gegen Mose als den Knecht Gottes erheben wollen, hält Gott selbst ihnen nach Num 12,8 entgegen: »Von Mund zu Mund rede ich mit ihm [meinem Knecht Mose, V. 7], in sichtbarer Gestalt (ἐν εἴδει) und nicht durch Rätselworte, und er hat die Herrlichkeit des Herrn gesehen (καὶ τὴν δόξαν κυρίου εἶδεν)«. Wem Gott erschienen ist, und wer die Herrlichkeit des Herrn gesehen hat, der ist von Gott selbst in Beschlag genommen und zu seiner Aufgabe ersehen worden.

Formgeschichtlich betrachtet dienen die Berichte von Erscheinungen also entscheidend auch der Autorisierung und Beglaubigung der Gesandten – hinsichtlich der Adressaten ihrer Botschaft wie auch

---

[96] Vgl. Gen 17,1: καὶ ὤφθη κύριος τῷ Ἀβραμ καὶ εἶπεν αὐτῷ· *ἐγώ εἰμι ὁ θεός σου...*
[97] Dabei ist μή μου ἅπτου (Imp. Präs.!) nicht im Sinne des vertrauten *noli me tangere* der Vulgata, sondern mit der Nova Vulgata Editio (Novum Testamentum Latine, *Kurt* und *Barbara Aland* [Hg.], Stuttgart 1979/1984) im Sinne von *iam noli me tenere*, »halte mich nicht fest« (= »faß mich *nicht länger* an«), wiederzugeben (»rühre mich nicht an« ließe hingegen μή μου ἅψῃ [Aor.] erwarten). S. zum Sprachlichen *Blass/Debrunner/Rehkopf* (s. Anm. 90), § 336, Anm. 4; *M. Zerwick*, Graecitas Biblica. Novi Testamenti exemplis illustratur, 5. Aufl., Rom 1966, § 247.
[98] Womit das abschließende Bekenntnis als *inclusio* den Christushymnus des Johannesprologs, 1,1–18, aufnimmt; s. Joh 1,2: καὶ *θεὸς ἦν ὁ λόγος*.

gegenüber denen, die mit ihnen konkurrieren und ihre Vollmacht bestreiten. Wenn nun auch die neutestamentlichen Erscheinungsformeln und ausgeführten Ostererzählungen unter anderem im Dienst der Legitimation der Zeugen des Auferstandenen stehen und somit in apologetischen Konstellationen Verwendung finden, ist dies – nach dem Selbstanspruch der Zeugen! – freilich keineswegs als Indiz *gegen*, sondern *für* die Faktizität und Authentizität des Offenbarungsgeschehens geltend zu machen.

Ganz offensichtlich ist der Zusammenhang von Erscheinungs- bzw. Berufungsbericht und apostolischem Legitimationsanspruch bei Paulus, der auf seine eigene Offenbarungserfahrung ausschließlich in prägnanten, traditionell geprägten Wendungen und in funktionalen Zusammenhängen zu sprechen kommt – und nicht etwa aus autobiographischen Interessen.[99] Auch in der erweiterten viergliedrigen Formel 1Kor 15,3ff. haben neben dem von Paulus ergänzten ὤφθη κἀμοί (15,8) zumindest die beiden mit den »Säulen« in Jerusalem eröffnenden Reihen legitimierende Funktion – als älteste Wendung: ὅτι ὤφθη Κηφᾷ εἶτα τοῖς δώδεκα (15,5), und in Ergänzung (oder vielleicht auch in einer die späteren Verhältnisse reflektierenden Konkurrenz?) die mit dem Herrenbruder Jakobus beginnende Reihe: ὤφθη Ἰακώβῳ εἶτα τοῖς ἀποστόλοις πᾶσιν (15,7).

Die tragende Bedeutung des Petrus kommt – wie in Lk 24,12 und 34 – auch in verschiedenen Osterberichten durch die namentliche Hervorhebung zur Geltung.[100] Gewiß kann man nach formkritischen Gesichtspunkten darüber diskutieren, ob die Darstellung der Erscheinung des Auferstandenen vor Simon Petrus als *Protophanie* der ältesten Überlieferungsstufe entsprechen muß; sind doch die Traditionen von einer Christophanie vor Maria von Magdala (Joh 20,11–18) bzw. vor ihr und den Begleiterinnen bei Jerusalem (Mt 28,9f.) überlieferungsgeschichtlich nicht so leicht zu relativieren, wie es gemeinhin geschieht.[101] Wie dem auch sei, in jedem Fall läßt sich mit der Bestimmung der Erscheinungsaussagen als Legitimationsformeln und mit dem Hinweis auf die spätere Autoritätsstellung in der Jerusalemer Ur-

---

[99] S. Anm. 93 und 102.
[100] S. Mk 16,7 (ἀλλὰ ὑπάγετε εἴπατε τοῖς μαθηταῖς αὐτοῦ καὶ τῷ Πέτρῳ ὅτι ...); Lk 24,12.34; Joh 20,2ff. (in ›Konkurrenz‹ zum geliebten Jünger); 21,2f.7.11.15ff.; vgl. Mt 16,17–19; Lk 22,31ff. u.ö.
[101] Vgl. hingegen P. *Benoit*, Maria Magdalena und die Jünger am Grabe nach Joh 20,1–18, in: P. Hoffmann (Hg.), Zur neutestamentlichen Überlieferung von der Auferstehung Jesu (s. Anm. 1), 360–376; M. *Hengel*, Maria Magdalena und die Frauen als Zeugen, in: O. Betz (Hg.), Abraham unser Vater. Juden und Christen im Gespräch über die Bibel, FS O. Michel, AGSU V, Leiden/Köln 1963, 243–256.

gemeinde die Überlieferung von einer gesonderten *Epiphanie* des Auferstandenen vor Petrus historisch nicht widerlegen.

Konzentrieren wir uns abschließend nochmals auf die zweigliedrige Formel in Lk 24,34 selbst, so ist deutlich, daß der traditionsgeschichtliche Hintergrund die Erscheinungsformel einschließlich der Verwendung des Kyrios-Titels in einem ganz gefüllten und vielschichtigen Sinn erscheinen läßt. Für die mit ›Mose und den Propheten‹ vertraute und vom Auferstandenen in der Schrift unterwiesene Gemeinde (Lk 24,27.32.44f.) bringt die traditionelle Formel prägnant zur Geltung, was die Evangelien in Gestalt der ausgeführten »Erscheinungsberichte« eingehend entfalten werden.[102]

Was das Alter dieses für die spätere Liturgie bedeutenden ›Osterjubelrufes‹ in Lk 24,34 anbelangt, so macht gerade die alttestamentliche Ausdrucksweise eine eindeutige Datierung schwierig. Sosehr eine spätere Bildung der Formel in Aufnahme alttestamentlicher Begrifflichkeit grundsätzlich nicht ausgeschlossen werden kann, so sprechen doch – wie gesehen – die Diktion bis hin zur Namensform ›Simon‹ aus redaktionskritischer Sicht für eine ältere Entstehenssituation. Die Überlieferung ist sicherlich vorlukanisch[103] und im Vergleich zu der vor 50 n.Chr. zu datierenden viergliedrigen Formel in 1Kor 15,3–7 eher älter als jünger.[104] Wenn es in der neutestamentlichen Überlieferung keine vergleichbare Formel gibt, in der die *Auferstehungs*aussage mit der *Erscheinungs*aussage kombiniert ist, widerspricht das einer traditionellen Prägung für sich genommen so wenig wie die formale Analogielosigkeit der unbestreitbar vorpaulinischen Überlieferung[105] in 1Kor 15,3ff. Und selbst wenn man den *Auferweckungs*aussagen gegenüber den *Auferstehungs*aussagen überlieferungsgeschichtlich ein noch höheres Alter zuerkennen wollte (was m.E. keineswegs erwiesen ist), so haben wir es doch bei der breiten Bezeugung beider Typen in den frühen neutestamentlichen Briefen mit

---

[102] Entsprechendes läßt sich zu Berufung und Apostolat bei Paulus in Hinsicht auf die mehrgliedrige ὤφθη-Formel in 1Kor 15,5–8 und den Hinweis auf das »Gesehenhaben« des Auferstandenen (1Kor 9,1; vgl. 2Kor 3,18; 4,6) zeigen; s. Gal 1,1.11f. 15f.; vgl. Röm 1,1.5; 15,15f.; 2Kor 5,18–20; Gal 2,7–9; Phil 3,8ff.

[103] Gegen *W. Wiefel*, Lukas (s. Anm. 3), 412; *J. Wanke*, Emmauserzählung (s. Anm. 3), 49f.

[104] Daß es sich bei Lk 24,34 um den »*Auszug* einer Formel wie 1Kor 15,3–5.7« handeln soll – wie *J. Wanke*, Emmauserzählung (s. Anm. 3), 50f., verstehen will –, ist nach formgeschichtlichen Gesichtspunkten doch unwahrscheinlicher als die umgekehrte Entwicklung.

[105] Vgl. den ausdrücklichen Hinweis auf geprägte Tradition und Überlieferungszusammenhang in 1Kor 15,1–3: γνωρίζω δὲ ὑμῖν, ἀδελφοί, τὸ εὐαγγέλιον ... *τίνι λόγῳ εὐηγγελισάμην ὑμῖν* ... παρέδωκα γὰρ ὑμῖν ἐν πρώτοις, ὃ καὶ *παρέλαβον*, ὅτι ...

einer Ausprägung weit vor der Entstehenszeit des Lukasevangeliums in den 70er Jahren des 1. Jahrhunderts n.Chr. zu tun.[106] Die *sprachliche* Gestalt der Formel läßt sich jedenfalls gegen ein hohes Alter kaum als Argument anführen. Sprechen doch bereits die »Hellenisten« – οἱ Ἑλληνισταί[107] – der Jerusalemer Urgemeinde Griechisch oder sind zweisprachig.[108] Darüber hinaus – und vor allem – ist die die *Auferstehungs-* wie die *Erscheinungs*aussage prägende Tradition keineswegs auf die Septuaginta beschränkt, sondern vielmehr der Hebräischen Bibel und ihrer Begriffswelt entlehnt, so daß die in Lk 24,34 bewahrte Überlieferung auch den »Hebräisch« bzw. Aramäisch sprechenden Teilen der Urgemeinde – den sog. Ἑβραῖοι[109] – nicht begründet abgesprochen werden könnte. Gerade für sie hatte Simon vor allem in der Anfangszeit eine herausragende Bedeutung. Ob auf der Grundlage der Hebräischen Bibel oder der Septuaginta, ob mit dem hebräischen Wortlaut[110] [בֶּאֱמֶת[קָם הָאָדוֹן [מִן־הַמֵּתִים]וְנִרְאָה אֶל־שִׁמְעוֹן][111] oder in der uns im Lukasevangelium vorliegenden griechischen Formulierung, in jedem Fall bekennt die frühe Gemeinde mit dieser zweigliedrigen Auferstehungs- und Erscheinungsformel die *Zuverlässigkeit* und *Legitimität* des Zeugnisses von der Auferstehung ihres Herrn durch den ersten μάρτυς τῆς ἀναστάσεως αὐτοῦ (Act 1,22).[112]

Sosehr es gerade Lukas – gemäß den programmatischen Ausführungen seines Proömiums Lk 1,1–4 – darum geht, die *Zuverlässigkeit* der Lehre durch sorgfältigen Rückgriff auf die Paradosis der Augenzeugen zu gewährleisten, sosehr bezieht er selbst das nachdrücklich gesetzte ὄντως – »wahrhaft«, »wirklich« – zugleich und vor allem auf die bezeugte *Wirklichkeit* der Auferstehung Jesu. Denn eindringlicher – und für heutiges Verständnis gewiß auch provozierender – als in der Darstellung aller anderen Evangelisten werden die Jünger nach Lk 24,36–43 von Jesus ausdrücklich aufgefordert, seine Hände und Füße zu betrachten und ihn als den leibhaftig Auferstandenen im Wortsinne zu »begreifen«

---

[106] Gegen *J. Wanke,* Emmauserzählung (s. Anm. 3), 49f.
[107] S. Act 6,1; 9,29.
[108] Vgl. *P. Stuhlmacher,* Biblische Theologie des Neuen Testaments I (s. Anm. 1), 170: »Bei Lk 24,34 handelt es sich um eine von Lukas reproduzierte judenchristliche Kurzformel ...«
[109] S. Act 6,1; was die hebräische Abstammung anbelangt, vgl. 2Kor 11,22; Phil 3,5.
[110] Vgl. הברית החדשה, Delitzsch's Hebrew New Testament, London 1960, 161.
[111] In der *aramäischen* Version würde מָרַן »unser Herr« (mit Suff. 1. Pl.) für hebr. אֲדוֹנֵינוּ bzw. הָאָדוֹן stehen und ein Reflexivum / Passivum von חֲמָא oder חֲזָא »sehen« / »sich zeigen«, »erscheinen« (z.B. Perf. Itpeel) für hebr. נִרְאָה (Perf. Nifal von רָאָה). Vgl. הברית החדשה / קִימָא חַדְתָא, Peschitta Aramaic Text with Hebrew Translation, ed. by the Aramaic Scriptures Research Society in Israel, Jerusalem 1986, 116: [דְּשַׁרִירָאִית] קָם מָרַן וְאִתְחֲזִי לְשִׁמְעוֹן].
[112] S. Act 2,32; 3,15; 4,33; 5,32; 10,41; 13,31; vgl. 1Kor 15,15.

(ψηλαφήσατέ με 24,39). Wenn Lukas zudem zu berichten weiß, daß Jesus sich von seinen Jüngern sogar ein Stück gebratenen Fisch reichen läßt, um ihn vor ihren Augen zu verspeisen (Lk 24,41–43), ist das nicht etwa Ausdruck einer materialistischen Mißdeutung der eschatologischen Auferstehungswirklichkeit – als ob der Auferstandene in seine alte Leiblichkeit zurück erweckt worden wäre oder an Raum und Zeit gebunden und wie die Sterblichen auf Essen und Trinken angewiesen bliebe. Vielmehr will Lukas als Heidenchrist seinen hellenistischen Lesern mit ihrem dichotomischen Menschenbild zweifelsfrei verdeutlichen[113], daß es sich bei den sinnfälligen Erscheinungen des Kyrios nicht etwa nur um *Geist*erscheinungen eines Verstorbenen handelt; denn ein Gespenst kann nach antikem Verständnis weder essen noch trinken, da es weder »Fleisch noch Knochen« hat – ὅτι πνεῦμα σάρκα καὶ ὀστέα οὐκ ἔχει καθὼς ἐμὲ θεωρεῖτε ἔχοντα (Lk 24,39)! Reagierten doch selbst die Jünger beim Erscheinen Jesu zunächst mit Erschrecken und Angst – »und meinten, einen *Geist* zu sehen« (ἐδόκουν πνεῦμα θεωρεῖν Lk 24,37). ›Leibhaftig‹ – d.h. obwohl in seinem neuen Auferstehungsleib, zugleich für seine Jünger sichtbar erscheinend – »tritt Jesus in ihre Mitte« (24,36), damit sie ihn als ihren Herrn *wiedererkennen* und als wahrhaftig auferstanden *erkennen*: »Seht meine Hände und Füße, daß ich

---

[113] In Aufnahme dieser anthropologischen Dichotomie mit ihrer hellenistischen Differenzierung nach Leib (σῶμα) und Geist (πνεῦμα) formuliert Lukas, daß Jesus am Kreuz sein πνεῦμα dem Vater übergibt, während sein vergängliches σῶμα stirbt (Lk 23,46: πάτερ, εἰς χεῖράς σου παρατίθεμαι τὸ πνεῦμά μου). Während das σῶμα des Verstorbenen ins Grab gelegt wird (Lk 23,55: ἐθεάσαντο τὸ μνημεῖον καὶ ὡς ἐτέθη τὸ σῶμα αὐτοῦ, vgl. 24,3.23: οὐχ εὗρον τὸ σῶμα τοῦ κυρίου Ἰησοῦ ... καὶ μὴ εὑροῦσαι τὸ σῶμα αὐτοῦ), geht Jesus qua πνεῦμα bereits unmittelbar nach seinem Sterben – »heute noch« – in das himmlische Paradies ein; vgl. 23,43: ἀμήν σοι λέγω, *σήμερον* μετ' ἐμοῦ ἔσῃ ἐν τῷ παραδείσῳ. Der Aufstieg des *Pneuma* in das himmlische Paradies nach dem Verlassen des irdischen Soma wird auch bei Abraham und Lazarus (Lk 16,22f.), bei dem einen der beiden Mitgekreuzigten (23,42f.) und bei Stephanus (Act 7,59: κύριε Ἰησοῦ, δέξαι τὸ πνεῦμά μου) vorausgesetzt. Während die Gerechten aber der eschatologischen Vereinigung von Geist und durch Gott auferwecktem und verwandeltem Leib noch harren müssen, ist der Leib Jesu schon am dritten Tag aus dem Grab heraus von Gott, dem Vater, in die eschatologische Wirklichkeit hinein auferweckt worden. So können die Engel den Frauen, die am Ostermorgen ›das Soma des Herrn Jesus‹ im leeren Grab suchen (Lk 24,3), nur vorhalten: τί ζητεῖτε τὸν ζῶντα μετὰ τῶν νεκρῶν; *οὐκ ἔστιν ὧδε, ἀλλὰ ἠγέρθη* (24,5f.). — Daß Jesus nicht vom Totenreich gehalten werden konnte, sondern Gott ihn durch die Auferweckung aus den Schmerzen des Todes erlösen würde (Act 2,24), sieht Lukas bereits in einer Weissagung Davids in Psalm 16,10 (ψ 15,10) vorausgesagt: Nicht nur die ›Seele‹ Jesu hat Gott dem Hades nicht überlassen (οὐκ ἐγκαταλείψεις τὴν ψυχήν μου εἰς ᾅδην οὐδὲ δώσεις τὸν ὅσιόν σου ἰδεῖν διαφθοράν Act 2,27), sondern auch das vergängliche ›Fleisch‹ Jesu sollte die Verwesung nicht sehen (οὔτε ἡ σάρξ αὐτοῦ εἶδεν διαφθοράν Act 2,31). Vgl. zu Darstellung und Diskussion *P. Hoffmann*, Art. Auferstehung II/1, TRE IV (s. Anm. 1), 503–505.

es selbst bin« – ... ὅτι ἐγώ εἰμι αὐτός (24,39). So soll die Betonung des *leeren Grabes* und die Demonstration der *Leiblichkeit* der Auferstehung Jesu ganz offensichtlich dem für die hellenistische Umwelt naheliegenden Mißverständnis wehren, der Leib Jesu (τὸ σῶμα αὐτοῦ 23,55; 24,3. 23) könnte im Grab und damit im Tode geblieben sein, während nur sein Geist (πνεῦμα Lk 23,46) bzw. seine Seele (ψυχή Act 2,27 / ψ 15,10) zu Gott aufgefahren wäre.

Nach alledem kann es nicht fraglich sein, was Lukas bewogen haben mag, neben allen Erzähltraditionen zusätzlich auch die traditionelle Formel ὄντως ἠγέρθη ὁ κύριος καὶ ὤφθη Σίμωνι (Lk 24,34) in sein Evangelium aufzunehmen. Er sieht in ihr ein beispielhaft prägnantes Zeugnis für die *Wahrheit* und *Wirklichkeit* der Auferstehung Jesu.

IV

Übersicht über die formelhaften Wendungen zur Auferstehung Jesu

A) Die *Auferweckungs*formel mit Gott, dem Vater (Gal 1,1; 1Thess 1,1.9f.), als Subjekt: »*Gott* hat Jesus von den Toten *auferweckt*« – ›Gottesprädikation‹

Subj. ὁ θεός — Obj. (τὸν) ᾽Ιησοῦν / Χριστόν / κύριον / αὐτόν — als Verb meist ἐγείρω im Aor. Akt., transitiv (ἤγειρεν / ἐγείρας): »aufwecken«, »auferwecken« (Acta: häufig profangriech. geläufigeres Verb ἀνίστημι im Aor. Akt., trans. [ἀνέστησεν / ἀναστήσας] — teilw. mit präp. Ergänzung ἐκ νεκρῶν zur eindeutigen Bestimmung als *Totenerweckung*).

1) In Form von *Aussagesätzen* (vor allem von ὅτι-Sätzen):
Röm 10,9: ὅτι ἐὰν ὁμολογήσῃς ἐν τῷ στόματί σου κύριον ᾽Ιησοῦν καὶ πιστεύσῃς ἐν τῇ καρδίᾳ σου ὅτι ὁ θεὸς αὐτὸν ἤγειρεν ἐκ νεκρῶν, σωθήσῃ.
1Kor 6,14: ὁ δὲ θεὸς καὶ τὸν κύριον ἤγειρεν καὶ ἡμᾶς ἐξεγερεῖ διὰ τῆς δυνάμεως αὐτοῦ.
1Kor 15,15: ὅτι ἤγειρεν τὸν Χριστόν (zum Kontext s. B 1a)
Act 2,32: τοῦτον τὸν ᾽Ιησοῦν ἀνέστησεν ὁ θεός
Act 5,30: ὁ θεὸς τῶν πατέρων ἡμῶν ἤγειρεν ᾽Ιησοῦν
Act 10,40: τοῦτον ὁ θεὸς ἤγειρεν ἐν τῇ τρίτῃ ἡμέρᾳ καὶ ἔδωκεν αὐτὸν ἐμφανῆ γενέσθαι
Act 13,30: ὁ δὲ θεὸς ἤγειρεν αὐτὸν ἐκ νεκρῶν
Act 13,34: ὅτι δὲ ἀνέστησεν αὐτὸν ἐκ νεκρῶν
(vgl. Kol 2,13: συνεζωοποίησεν ὑμᾶς σὺν αὐτῷ – Eph 2,5: συνεζωοποίησεν τῷ Χριστῷ).

2) In Form von *Partizipialausdrücken* (ὁ ἐγείρας – Part. Aor. Akt. von ἐγείρω):
Röm 4,24: [τὸν θεὸν] τὸν ἐγείραντα ᾽Ιησοῦν τὸν κύριον ἡμῶν ἐκ νεκρῶν
Röm 8,11a.b: τὸ πνεῦμα τοῦ ἐγείραντος τὸν ᾽Ιησοῦν ἐκ νεκρῶν ... ὁ ἐγείρας Χριστὸν ἐκ νεκρῶν
2Kor 4,14: ὁ ἐγείρας τὸν κύριον ᾽Ιησοῦν
Gal 1,1: ᾽Ιησοῦ Χριστοῦ καὶ θεοῦ πατρὸς τοῦ ἐγείραντος αὐτὸν ἐκ νεκρῶν
Kol 2,12b: τοῦ θεοῦ τοῦ ἐγείραντος αὐτὸν ἐκ νεκρῶν

1Petr 1,21: θεὸν τὸν ἐγείραντα αὐτὸν ἐκ νεκρῶν

(vgl. Act 13,33: ἀναστήσας Ἰησοῦν [part. coni.] – 17,31: ἀναστήσας αὐτὸν ἐκ νεκρῶν [part. coni.]
Eph 1,20: ἐγείρας αὐτὸν ἐκ νεκρῶν [part. coni.]
Hebr 13,20: ὁ δὲ θεὸς ... ὁ ἀναγαγὼν ἐκ νεκρῶν τὸν ποιμένα τῶν προβάτων ... τὸν κύριον ἡμῶν Ἰησοῦν).

Die christliche Gemeinde hat ihr Grundbekenntnis zu Gott in Analogie zur jüdischen Gottesbezeichnung formuliert. Zur Aufnahme der jüdischen Gottesprädikation durch Paulus s. Röm 4,17: κατέναντι ... θεοῦ τοῦ ζῳοποιοῦντος τοὺς νεκροὺς καὶ καλοῦντος τὰ μὴ ὄντα ὡς ὄντα. – 2Kor 1,9: τῷ θεῷ τῷ ἐγείροντι τοὺς νεκρούς. — Vgl. die 2. Benediktion des jüdischen Achtzehngebets, in dem Jahwe mehrmals angesprochen wird als »der Gott, der die Toten lebendig macht« מְחַיֵּה הַמֵּתִים – Part. Piel von חָיָה): »... und treu bist Du, die Toten lebendig zu machen. Gepriesen seist Du, Jahwe, der die Toten lebendig macht!« – Zu Gott als dem Herrn über Leben und Tod, der allein die Toten lebendig machen kann, vgl. Dtn 32,39; 1Sam 2,6; 2Kön 5,7; Weish 16,13; Tob 13,2; Hebr 11,19; 1Tim 6,13.

3) In Form von *Relativsätzen* »den Gott auferweckt hat (von den Toten)« (im Vergleich zu 1 u. 2 wohl sekundär):
1Thess 1,10: τὸν υἱὸν αὐτοῦ ... ὃν ἤγειρεν ἐκ [τῶν] νεκρῶν (vgl. neg. 1Kor 15,15b)
Act 3,15: τὸν δὲ ἀρχηγὸν τῆς ζωῆς ἀπεκτείνατε, ὃν ὁ θεὸς ἤγειρεν ἐκ νεκρῶν
Act 4,10: ὃν ὑμεῖς ἐσταυρώσατε, ὃν ὁ θεὸς ἤγειρεν ἐκ νεκρῶν
Act 13,37: ὃν δὲ ὁ θεὸς ἤγειρεν
Act 2,24: (2,23) διὰ χειρὸς ἀνόμων προσπήξαντες ἀνείλατε, (24) ὃν ὁ θεὸς ἀνέστησεν
(beachte in Act 2,23f.; 3,15; 4,10; 5,30; 10,39f.; 13,29f. das lukanische *Kontrastschema*: ›Menschen haben ihn getötet – Gott aber hat ihn auferweckt‹).

B) Die *Auferstehungs*aussage mit Jesus[114], Christus[115], Kyrios[116], Sohn[117] als Subjekt: »Christus ist (von den Toten) auferstanden« – ›Christusprädikation‹

Neben den Auferweckungsformeln haben sich – wohl zeitgleich[118](!) – verschiedene *Auferstehungs*aussagen herausgebildet – meist mit ἐγείρω im Passiv (Aor. ἠγέρθη / ἐγερθείς ο. Perf. ἐγήγερται) in der *intransitiven* Bedeutung »aufstehen«, »auferstehen« (je nach Kontext evtl. auch: »auferweckt werden« – dann *passivum divinum*); oder mit (eindeutig) intransitivem ἀνίσταμαι (Aor. 2, ἀνέστη / ἀναστῆναι) und ζάω – »lebendig werden«, »leben« – im Aor. (ἔζησεν) ο. Präs. (ζῇ).

1a) Mit ἐγείρομαι in *finiter* Form:
Lk 24,34: ὄντως ἠγέρθη ὁ κύριος καὶ ὤφθη Σίμωνι
Röm 4,25: ὃς παρεδόθη διὰ τὰ παραπτώματα ἡμῶν καὶ ἠγέρθη διὰ τὴν δικαίωσιν ἡμῶν
(im Hinblick auf die pass. Dahingabeaussage in V. 25a hier vielleicht: »auferweckt worden«)
Röm 6,4: ἠγέρθη Χριστὸς ἐκ νεκρῶν διὰ τῆς δόξης τοῦ πατρός
1Kor 15,4: ὅτι ἐγήγερται τῇ ἡμέρᾳ τῇ τρίτῃ κατὰ τὰς γραφάς, καὶ ὅτι ὤφθη Κηφᾷ εἶτα τοῖς δώδεκα· (15,20: Χριστὸς ἐγήγερται ἐκ νεκρῶν, vgl. V. 12.13.14.16.17 [jeweils Perf. ἐγήγερται]).

1b) In *partizipialer* Form: Χριστὸς ὁ ἐκ νεκρῶν ἐγερθείς – »Christus, der von den Toten Auferstandene« (in der Regel mit ἐγερθείς – Part. Aor. Pass.):
Röm 6,9: Χριστὸς ἐγερθεὶς ἐκ νεκρῶν
Röm 7,4: εἰς τὸ γενέσθαι ὑμᾶς ἑτέρῳ, τῷ ἐκ νεκρῶν ἐγερθέντι
Röm 8,34: Χριστὸς [Ἰησοῦς] ὁ ἀποθανών, μᾶλλον δὲ ἐγερθείς
2Kor 5,15: τῷ ὑπὲρ αὐτῶν ἀποθανόντι καὶ ἐγερθέντι
2Tim 2,8: μνημόνευε Ἰησοῦν Χριστὸν ἐγηγερμένον ἐκ νεκρῶν, ἐκ σπέρματος Δαυίδ (Perf.!)

---

[114] S. 1Thess 4,14; 2Tim 2,8 (vgl. Röm 4,24f.; als v.l. Röm 8,34).
[115] S. Röm 6,4.9; 8,34; 14,9; 1Kor 15,3f.; 2Tim 2,8; 1Petr 3,18 (vgl. im Kontext Röm 6,10; 7,4; 2Kor 5,14f.; 13,3f.).
[116] S. Lk 24,34; sonst verschiedentlich als Objekt in Auferweckungsformeln: Röm 4,24; 10,9; 1Kor 6,14; 2Kor 4,14 (Hebr 13,20).
[117] Vgl. Röm 8,32.34; als Objekt in Auferweckungsformeln: 1Thess 1,10.
[118] Zur häufig vertretenen Priorität der eingliedrigen *Auferweckungs*formel in *finiter* (z.B. W. Bousset; H. Conzelmann; R. Deichgräber) oder in *partizipialer* Form (z.B. J. Becker; P. Hoffmann) s. *P. Hoffmann*, Art. Auferstehung II/1, TRE IV (s. Anm. 1), 478–481; zur Ursprünglichkeit der *Auferstehungs*aussage s. *J. Kremer* Art. ἐγείρω, EWNT I (s. Anm. 25), 908f.

(vgl. Joh 21,14: ἐφανερώθη ᾽Ιησοῦς τοῖς μαθηταῖς ἐγερθεὶς ἐκ νεκρῶν).

2) Weitere Auferstehungsaussagen:

a) Mit intransitivem ἀνίσταμαι:
1Thess 4,14: εἰ γὰρ πιστεύομεν ὅτι ᾽Ιησοῦς ἀπέθανεν καὶ ἀνέστη

(vgl. Mk 8,31: καὶ μετὰ τρεῖς ἡμέρας ἀναστῆναι· Mk 9,9f." ὅταν ὁ υἱὸς τοῦ ἀνθρώπου ἐκ νεκρῶν ἀναστῇ ... τὸ ἐκ νεκρῶν ἀναστῆναι· Mk 9,31; 10,34: καὶ μετὰ τρεῖς ἡμέρας ἀναστήσεται
Lk 24,46: παθεῖν τὸν χριστὸν καὶ ἀναστῆναι ἐκ νεκρῶν τῇ τρίτῃ ἡμέρᾳ [V. 7]
Joh 20,9: ὅτι δεῖ αὐτὸν ἐκ νεκρῶν ἀναστῆναι).

b) Mit ζάω (»lebendig werden«, »leben«) im Aor. o. Präs.:
Röm 6,10: ὃ γὰρ ἀπέθανεν, τῇ ἁμαρτίᾳ ἀπέθανεν ἐφάπαξ· ὃ δὲ ζῇ, ζῇ τῷ θεῷ.
Röm 14,9: εἰς τοῦτο γὰρ Χριστὸς ἀπέθανεν καὶ ἔζησεν
2Kor 13,4: καὶ γὰρ ἐσταυρώθη ἐξ ἀσθενείας, ἀλλὰ ζῇ ἐκ δυνάμεως θεοῦ.
Apk 1,18: καὶ ὁ ζῶν, καὶ ἐγενόμην νεκρὸς καὶ ἰδοὺ ζῶν εἰμι εἰς τοὺς αἰῶνας τῶν αἰώνων
Apk 2,8: ὃς ἐγένετο νεκρὸς καὶ ἔζησεν

(vgl. 1Petr 3,18: ὅτι καὶ Χριστὸς ἅπαξ περὶ ἁμαρτιῶν ἔπαθεν ... θανατωθεὶς μὲν σαρκὶ ζωοποιηθεὶς δὲ πνεύματι Act 1,3" παρέστησεν ἑαυτὸν ζῶντα μετὰ τὸ παθεῖν αὐτόν – Act 25,19: περί τινος ᾽Ιησοῦ τεθνηκότος ὃν ἔφασκεν ὁ Παῦλος ζῆν.

C) Zwei- und mehrgliedrige Aussagen

Hierher gehören:
1) die unter B 2a.b aufgeführten zweigliedrigen Aussagen, die von Jesu Sterben resp. Tod und von seiner Auferstehung sprechen – und z.B. Röm 4,25: ὃς *παρεδόθη* διὰ τὰ παραπτώματα ἡμῶν καὶ *ἠγέρθη* διὰ τὴν δικαίωσιν ἡμῶν,

2) die zwei- und mehrgliedrigen Formeln, die von Jesu Auferstehung und seinem Erscheinen sprechen: Lk 24,34 (ὄντως ἠγέρθη ὁ κύριος καὶ ὤφθη Σίμωνι), die viergliedrige Formel in 1Kor 15,3–5 (Christi Sterben, sein Begrabenwerden, seine Auferstehung, sein Erscheinen vor Kephas

und den Zwölfen). In ihnen können jeweils eingliedrige Aussagen aufgenommen und weiterentwickelt sein,

3) die Auferstehungsaussagen in den sog. Passionssummarien: Mk 8,31; 9,31b–d; 10,33f. (par. Mt u. Lk).

[4) Evtl. steht auch hinter dem längeren Markusschluß (Mk 16,9–20) eine geprägte Aufzählung von Erscheinungen des Auferstandenen (vgl. 1Kor 15,3ff.)].

Martin Hauger

Die Deutung der Auferweckung Jesu Christi durch Paulus

Die Auferweckung Jesu von den Toten war von Anfang an Bestandteil der apostolischen Verkündigung und des urchristlichen Bekenntnisses. Nach der Darstellung der Evangelien hat dieses Bekenntnis zur Auferweckung Jesu seinen Ursprung in der Tradition vom leeren Grab und den Berichten von Erscheinungen des Auferstandenen. Paulus wußte sich mit dem Bekenntnis zur Auferweckung Christi einig aufgrund einer ihm selbst zuteil gewordenen Erscheinung des Auferstandenen. Für die Frage nach der paulinischen Deutung der Auferweckung Christi ist es daher sinnvoll, zunächst die Texte zu untersuchen, in denen Paulus von dieser Erscheinung spricht (I, II). Anschließend soll betrachtet werden, wie Paulus das Zeugnis von der Auferweckung in seinen Briefen theologisch zur Geltung bringt (III, IV), um dann in einem letzten Abschnitt auf die Frage nach dem leeren Grab bei Paulus einzugehen (V).

I

Paulus spricht als einziger neutestamentlicher Autor autobiographisch von einer Erscheinung Jesu nach dessen Tod aufgrund eigener Erfahrung.[1] Die Erscheinung des Auferstandenen ist für Paulus Wendepunkt seines Lebens, Grund seiner Berufung zum Apostel der Heiden und Ursprungspunkt seiner Theologie im Sinne einer tiefgreifenden Strukturveränderung seines Denkens[2].

---

[1] 1Kor 9,1; 15,8–10; Gal 1,15f., vgl. auch 2Kor 4,6; Phil 3,8; 1Thess 2,4, ferner die Selbstvorstellung als Apostel in den Briefpräskripten (Röm 1,1; 1Kor 1,1; 2Kor 1,1; Gal 1,1) und einige Stellen, an denen Paulus zur Bekräftigung seiner Argumentation auf die ihm gnadenhaft zuteil gewordene Autorität verweist (Röm 12,3; Röm 15,14–21; 1Kor 3,10; 7,25.40; 2Kor 4,1; Gal 2,7.9; Phlm 8).

[2] Vgl. C. *Dietzfelbinger*, Die Berufung des Paulus als Ursprung seiner Theologie

Paulus hat sein sogenanntes »Damaskuserlebnis«[3] mit Hilfe alttestamentlich-jüdischer Traditionen selbst gedeutet. So hat er in Gal 1,15f. seine Bekehrung im Licht des Sendungsbewußtseins der atl. Propheten, vor allem des Jeremia und des Gottesknechtes in Deuterojesaja, verstanden.[4] Aussonderung, Berufung und Sendung zur Mission bilden für Paulus eine Einheit. War schon der deutero-jesajanische Gottesknecht zu den Völkern gesandt (Jes 49,6), so hat dies auch Paulus für sich in Anspruch genommen, wie der Finalsatz in Gal 1,16 zeigt.[5] Der apologetische Kontext in Gal 1f. verdeutlicht die Intention dieser Aussage: Paulus besteht darauf, daß sowohl sein Evangelium als auch seine apostolische Sendung zu den Heiden auf eine unmittelbare göttliche Offenbarung zurückgehen

---

(WMANT 58), Neukirchen-Vluyn ²1989, 90. Dietzfelbinger hat versucht, diese Strukturveränderung im paulinischen Denken vor allem im Blick auf die Gesetzestheologie, die Christologie und z.T. auch die Eschatologie nachzuweisen, ähnlich auch *S. Kim*, The Origin of Paul's Gospel (WUNT, 2. Reihe 4), Tübingen ²1984.

[3] Ein direkter Hinweis auf den Ort ist nur in der Apg zu finden (vgl. Apg 9,3); in Gal 1 ist im Kontext seiner Bekehrung lediglich von einer (nicht erfolgten) Rückkehr nach Jerusalem (Gal 1,17; vgl. aber Apg 9,26) und einer späteren Rückkehr nach Damaskus aus der Arabia die Rede (vgl. *F. Mußner*, Der Galaterbrief (HThK 9), Freiburg 1988, 84, Anm. 34).

[4] Vgl. die Anspielungen auf Jer 1,5 und Jes 49,1.5. Auch in Röm 15,20f. (vgl. Jes 52,15LXX) und 2Kor 6,2 (Jes 49,8LXX) versteht Paulus seine Sendung in Analogie zum deuterojesajanischen Gottesknecht (vgl. *R. Riesner*, Die Frühzeit des Apostels Paulus: Studien zur Chronologie, Missionsstrategie und Theologie (WUNT 71), Tübingen 1994, 208 u. *Mußner*, Galaterbrief, 81f. (Anm. 3) mit weiterer Lit.).

[5] Die Einheit von Bekehrung und Berufung zur Heidenmission wird von einigen Exegeten bestritten: Paulus habe erst in der späteren Retrospektive beides miteinander verschmolzen (Lit. bei *Kim*, Origin, 58 (Anm. 2)). Für diese Annahme gibt es aber m.E. keine wirklich zwingenden Gründe. Sinnvoll ist allerdings, daß man mit M. Hengel zwischen »dem Verkündigungsauftrag gegenüber ›Heiden‹ und seiner späteren Strategie einer ›weltweiten‹ Völkermission, die von Provinz zu Provinz fortschreitet« unterscheidet, zumal die Anfänge der paulinischen Missionsarbeit weitgehend im dunkeln liegen (vgl. *M. Hengel / A.M. Schwemer*, Paulus zwischen Damaskus und Antiochien (WUNT 108), Tübingen 1998, 158). Ähnlich differenziert Riesner zwischen der in der Christusoffenbarung beschlossenen »Heidenmission als Ziel« und der »Aufnahme der Heidenmission« als später aus der Christusoffenbarung erwachsenen Erkenntnis (Frühzeit, 208 (Anm. 4)). Schwierig einzuordnen ist in diesem Zusammenhang die Tempelvision Apg 22,17–21 (vgl. das spannungsvolle Verhältnis zu Apg 9,29ff. u. Gal 1,17ff.). Prinzipiell kann eine solche Vision nicht ausgeschlossen werden (vgl. 2Kor 12,1). Riesner erwägt, ob Paulus im Anschluß an eine solche Erfahrung und / oder in der Auseinandersetzung mit den Jerusalemer Hellenisten (vgl. Apg 9,29) unter Rückgriff auf Jes 66,18–21 ein geographisches Konzept seiner Mission entwickelt habe, nach welchem die paulinische Mission von Jerusalem ausging (vgl. Röm 15,19). Das wäre mit Gal 1,17 durchaus vereinbar. Unabhängig davon ist in der Apg die Berufung des Paulus zur Völkermission in allen drei Berichten originär mit der Damaskusvision verbunden, wenn auch auf unterschiedliche Weise (vgl. Apg 9,15; 22,15; 26,17).

und nicht Resultat einer (späteren) menschlichen Entscheidung oder Vereinbarung sind.[6] Ein solches Sendungsbewußtsein wird verständlich, wenn man bedenkt, daß für Paulus in seiner Christusbegegnung bei Damaskus die universale, d.h. alle Menschen angehende Bedeutung des Christusereignisses unzweifelhaft geworden ist. Das verdeutlicht eine weitere Beobachtung.

In Gal 1 hat Paulus seine Christusbegegnung mit einem *terminus technicus* aus der Apokalyptik interpretiert.[7] Dort bezeichnet die ἀποκάλυψις θεοῦ zum einen das ausschließlich von Gott herkommende Enthüllungsgeschehen, das den neuen Äon mit sich bringt. Diese Wortbedeutung findet sich bei Paulus und im NT auch sonst öfters.[8] Ἀποκαλύπτω umschreibt zum anderen aber auch die proleptische Enthüllung einer endzeitlichen Realität.[9] In diesem Sinne scheint der Begriff in Gal 1 verwendet, und »das von Gott beschlossene ἀποκαλύψαι τὸν υἱὸν αὐτοῦ [meint] das Sehenlassen des Auferstandenen als des von Gott inthronisierten und also zum Herrscher eingesetzten Gottessohnes«.[10] Paulus hat bei Damaskus im von den hellenistischen Judenchristen verkündigten gekreuzigten Jesus Christus den von Gott erhöhten und verherrlichten Sohn Gottes erkannt, durch den Gott die apokalyptische Weltenwende herbeiführen wird, ja noch mehr, in dem das eschatologische Heil bereits verwirklicht ist. Offenbar bilden die apokalyptisch-eschatologische Dimension des Christusereignisses und die universale, d.h. alle Menschen angehende Bedeutung des Evangeliums für Paulus eine Einheit.[11]

In diesem Zusammenhang ist kurz auf die Licht-Finsternis-Metaphorik von 2Kor 4,6 einzugehen,[12] da auch hier die Bekehrung als endzeitliches

---

[6] Ausdrücklich weist Paulus darauf hin, daß er in diesem Zusammenhang auf eine Beratung mit den Christen in Damaskus (»sofort beriet ich mich *nicht* mit Fleisch und Blut«, vgl. *Mußner*, Galaterbrief, 89f. (Anm. 3)) sowie auf eine Abstimmung mit den Jerusalemer Aposteln bewußt verzichtet hat. Vgl. auch Kim: » Paul defends the legitimacy of his gospel and apostleship ... by showing their divine origin« (Origin, 59 (Anm. 2)).
[7] Vgl. *P. Hoffmann*, Art. Auferstehung II/1, TRE 4, 495.
[8] Vgl. 1Kor 1,7 auch 2Thess 1,7; Röm 8,19; 1Petr 1,7; 4,13.
[9] Vgl. 2Kor 12,1f. ; auch Apk 1,1. Daneben wird ἀποκαλύπτω ganz allgemein für »offenbaren« gebraucht: z.B. Röm 1,17; Phil 3,15 u.ö.
[10] *P. Stuhlmacher*, Das paulinische Evangelium: I. Vorgeschichte (FRLANT 95), Göttingen 1968, 81.
[11] Vgl. *Stuhlmacher*, a.a.O., 82.
[12] Ob 2Kor 4,6 vom Damaskusereignis handelt, ist umstritten (s.u. S. 39, Fußnoten 43f., vgl. auch *Dietzfelbinger*, Berufung, 49 (Anm. 2) mit weiterer Lit). Gleichwohl wird man mit Hengel u. Schwemer sagen können, daß das alles irdische Licht überstrahlende Lichtmotiv in 2Kor 4,4–6 bezogen ist »auf die Verkündigung des Apostels und die dadurch bewirkte Erleuchtung im Herrn, aber doch so, daß damit zugleich auf die ursprüngliche 'Erleuchtung' des ungläubigen Saulus/Paulus

Heilsgeschehen verstanden ist.[13] Der Vers spielt sowohl auf den Schöpfungsbericht (Gen 1,3LXX) als auch auf Jes 9,1LXX an. Schöpfungslicht und eschatologisches Licht fallen hier zusammen. In bildhafter Sprache wird zur Deutung endzeitlichen Geschehens auf die Lichtschöpfung verwiesen.[14] Wenn Paulus an dieser Stelle auch auf seine eigene Bekehrung anspielen mag, so steht dabei doch weniger die spezifische Eigenart seiner Christusvision im Hintergrund als das, was ihn mit allen anderen Christen hinsichtlich des Zum-Glauben-Kommens verbindet (vgl. 3,18: dort ὑμεῖς πάντες. Allenfalls wird man erwägen können, ob Paulus im Rahmen der Verteidigung seines Apostolats darauf hinweisen will, daß für ihn die Bekehrung mit seiner Berufung zusammengehört. Dies hängt davon ab, ob man die Wendung ὁ θεὸς ... ὃς ἔλαμψεν ἐν ταῖς καρδίαις ἡμῶν πρὸς φωτισμὸν τῆς γνώσεως κτλ. transitiv (»Gott..., der es hat Licht werden lassen in unseren Herzen, damit wir [durch die Predigt] zum Leuchten bringen die Erkenntnis ...«)[15] oder intransitiv (»Gott..., der in unseren Herzen erstrahlte zum Leuchten der Erkenntnis ...«)[16] übersetzt.

Paulus konnte außer ἀποκαλύπτειν noch andere Offenbarungstermini zur Umschreibung seiner Erfahrung verwenden. Phil 3,8 spricht von der alles überwältigenden γνῶσις Χριστοῦ Ἰησοῦ. Ferner ist ὤφθη (1Kor 15,8, vgl. 1Kor 9,1) als geprägter Offenbarungsterminus zu nennen. In der LXX wird es häufig für Theophanien verwendet.[17] Es handelt sich hier um ein mit einem Dativ konstruiertes intransitives Passiv[18] (»er ließ sich sehen, erschien dem ...«): Gott ist es, der sich sehen läßt. Damit wird der objektive Charakter der Erscheinung festgehalten, bei der die Initiative ganz auf der Seite Gottes liegt. Die Selbstschließung Gottes in einer solchen Vision ist häufig mit einer Inanspruchnahme des Menschen in einem Akt der Legitimation verbunden.[19] P. Stuhlmacher hat darauf hingewiesen, daß die Auswechselbarkeit und Vergleichbarkeit von Erscheinungs-, Enthüllungs- und Erkenntnisterminologie sich reli-

---

... hingewiesen wird« (Paulus, 70 (Anm. 5)).

[13] Vgl. *H. Windisch*, Der zweite Korintherbrief (KEK 6, Neudr. d. 9. Aufl. v. 1924), Göttingen 1970, 139; *R. Bultmann*, Der zweite Brief an die Korinther (KEK Sonderband), Göttingen 1976, 111; *C. Wolff*, Der zweite Brief des Paulus an die Korinther (ThHK 8), Berlin 1989, 87f.

[14] Vgl. *H. Schwantes*, Schöpfung und Endzeit: Ein Beitrag zum Verständnis der Auferweckung bei Paulus (AVThR 25), Berlin 1963, 32–42 zu 2Kor 4,6.

[15] Vgl. *Bultmann*, 2Kor, 110f. (Anm. 13); *Kim*, Origin, 10 (Anm. 2).

[16] Vgl. *Windisch*, 2. Kor, 138f. (Anm. 13); *Wolff*, 2Kor, 87 (Anm. 13).

[17] Vgl. z.B. Gen 12,7; 17,1; 26,2.24; 35,9 (LXX) u.ö.

[18] Vgl. *C. Wolff*, Der erste Brief des Paulus an die Korinther (ThHK 7), Leipzig 1996, 368.

[19] Vgl. z.B. Ex 3,16; 6,3, aber auch Num 12 (V.6: γνωσθήσομαι und V.8: τὴν δόξαν κυρίου εἶδεν) und Jes 6,1 (εἶδον τὸν κύριον).

gionsgeschichtlich am leichtesten von der jüdischen Apokalyptik her erkläre.[20]
In 1Kor 15 wird aber noch ein weiterer wichtiger Gesichtspunkt deutlich: Paulus hat seine Erscheinung nicht nur im Rahmen alttestamentlicher und frühjüdischer Traditionen als (apokalyptisches) Offenbarungsgeschehen verstanden, sondern sich zugleich in die Reihe der Osterzeugen eingeordnet. Die Verwendung von ὤφθη in 1Kor 15 beruht nicht auf einer freien Formulierung des Paulus, sondern geht ausdrücklich auf eine als Zitat ausgewiesene ältere formelhafte Wendung (V. 3ff.) zurück. Der Apostel hat also seine Erfahrung der Erscheinung mit dem urchristlichen Bekenntnis von Jesus Christus, den Gott von den Toten auferweckt hat, verbunden.[21] Traditionsgeschichtlich betrachtet ist aber bereits die Verbindung von Auferstehungsformel und Erscheinungstradition vorpaulinisch. Zwar ist der Umfang des Traditionsstückes in 1Kor 15,3ff. umstritten, jedoch betrifft die Diskussion lediglich die VV. 6ff. nicht aber V. 5, der im Anschluß an die Auferweckungsformel bereits die Erscheinungen vor Petrus und den Zwölfen nennt.[22] Diese Verbindung lag nahe, denn es ist anzunehmen, daß die Auferweckungsformel selbst deutender Ausdruck der Erscheinungs*erfahrung* vor dem Hintergrund des Kreuzestodes Jesu ist.[23] Paulus hat jedenfalls die Reihe der Osterzeugen ergänzt und seine eigene Erscheinung an die letzte Stelle gesetzt.
Der gleiche Gesichtspunkt scheint auch in 1Kor 9,1 im Hintergrund zu stehen. Paulus verwendet dort eine Formulierung in auffälliger Entsprechung zu einer Osterformel, wie sie in der Erzähltradition der sogenannten Rekognitionserscheinungen[24] begegnet: »Ich habe den Herrn gese

---

[20] *Stuhlmacher*, Evangelium, 76 (Anm. 10).
[21] Die Auferstehungsaussage (Subj. Christus + intrans. Pass. v. ἐγείρω ist Teil einer viergliedrigen Formel, die durch sekundäre Kombination ursprünglich selbständiger Traditionen entstanden ist. Sie stellt eine Variante der eingliedrigen Auferweckungsformel (ὁ θεὸς ἤγειρεν / ὁ ἐγείρας ᾽Ιησοῦν ἐκ νεκρῶν, vgl. z.B. Röm 4,24; 8,11; 10,9; 1Kor 6,14; 2Kor 4,14; Gal 1,1; 1Thess 1,10) dar und gilt allgemein als die älteste Gestalt der Überlieferung von der Auferstehung. Ihre streng theologische Aussagestruktur hat formale (Ps 113,23LXX; Ex 16,6 LXX u.a.) und inhaltliche (2. Benediktion des Schᵉmone-Esre, vgl. u. S. 52) Parallelen in atl. und jüdischen Gottesprädikationen. Die urchristliche Gemeinde hat in Anlehnung an diese Kernsätze des israelitisch-jüdischen Glaubens Gottes Wesen von der Auferweckung Jesu her neu verstanden, vgl. *F. Froitzheim*, Christologie und Eschatologie bei Paulus (fzb 35), Würzburg 1979, 84.
[22] Eine Übersicht über die Forschungslage bietet *Wolff*, 1. Kor, 355ff. (Anm. 18). Zur Kombination von Auferstehungs- und Erscheinungsaussage vgl. auch Lk 24,34.
[23] Vgl. *Hoffmann*: »Hypothetisch kann nur vermutet werden, daß sie [die Auferweckungsformel] ihren Grund in der Ostererfahrung der Jünger hat, wie die allerdings späte Kombination in der Formel I Kor 15,3–5 sowie der Komposition der Ostererzählung zum Ausdruck bringen« (Auferstehung, 487 (Anm. 7)).
[24] Vgl. *G. Theißen / A. Merz*, Der historische Jesus: Ein Lehrbuch, Göttingen 1996, 423f. Theißen unterscheidet bei der Erzählüberlieferung der Evangelien zwischen

hen« (ἑόρακα τὸν κύριον).[25] Auch hier wird wieder das Selbstverständnis des Paulus als Osterzeuge deutlich.

Damit beansprucht Paulus sowohl den inhaltlichen Konsens mit der apostolischen Verkündigung der Osterbotschaft als auch apostolische Autorität.[26] Beides kann und darf m.E. nicht getrennt werden. Es geht Paulus nicht um eine geheimnisvolle, allein ihm zuteil gewordene apokalyptische Sonderoffenbarung, sondern um die allen Aposteln gemeinsame, ihren Dienst begründende Begegnung mit dem Auferstandenen. Paulus verwahrt sich darum gegen den Vorwurf, er sei ein Apostel ἀπ' ἀνθρώπων (Gal 1,1)[27] und lehnt die Verkündigung seiner Gegner als ein ἕτερον εὐαγγέλιον (V. 6, vgl. 2Kor 11,4) ab. Letzteres ist für Paulus ein Selbstwiderspruch. Denn auch das ihm offenbarte und verkündigte »Evangelium ist nur wahr, weil es das ›Evangelium Christi‹ ist, in dem Gott sein eschatologisches, nicht revozierbares Heilshandeln an der Welt effizient kundgetan hat und kundtut. Diese heilsgeschichtliche Zäsur ... schließt jedes ›andere‹ Evangelium als Weisung zum Heil aus.«[28] Apostolischer Konsens und unmittelbar auf Christus zurückgehende Berufung bilden für Paulus eine Einheit.[29] So kann Paulus bei den Gemeinden die Autorität beanspruchen, die seinem besonderen Dienst für die Heiden entspricht.

Es bleibt festzuhalten: Paulus hat sich selbst mit den anderen Aposteln als Osterzeuge des auferstandenen Christus verstanden. Durch die Begegnung mit dem Auferstandenen war Paulus sein Evangelium offenbart worden, das er in Übereinstimmung mit der Verkündigung der übrigen Apostel bei all seinen Missionsunternehmungen verkündigte. Grundlage seines besonderen Dienstes an den Völkern war die Erkenntnis, daß das Christusereignis das eschatologische, alle Menschen angehende Heilsereignis ist.

Auftrags- und Rekognitionserscheinungen.
[25] Vgl. Dietzfelbinger, *Berufung*, 54 ff. (Anm. 2).
[26] Vgl. die Selbstbezeichnung in den Briefpräskripten (Röm 1,1; 1Kor 1,1; 2Kor 1,1; Gal 1,1): ἀπόστολος Χριστοῦ Ἰησοῦ. Konstitutiv für den paulinischen Apostelbegriff sind »die Erscheinung des Auferstandenen und die Beauftragung mit der Evangeliumsverkündigung« (*F. Hahn*, Art. Apostel, [4]*RGG* 1, Sp. 637). Daneben begegnet auch der Gebrauch im weiteren Sinn für 'Gemeindegesandte', vgl. 2Kor 8,23.
[27] Paulus greift mit dieser Wendung höchstwahrscheinlich ein Schlagwort seiner judenchristlichen Gegner auf, vgl. *Mußner*, Galaterbrief, 45f. (Anm. 3). Vermutlich hatten diese ihm vorgeworfen, er sei lediglich ein antiochenischer Gemeindegesandter, vgl. *Stuhlmacher*, Evangelium, 67 (Anm. 10).
[28] *Mußner*, Galaterbrief, 56 (Anm. 3).
[29] Zum Verhältnis von 1Kor 15,1ff. u. Gal 1,11f. vgl. *Stuhlmacher*: »Paulus versteht sein Evangelium ... als traditionsbejahend, aber nicht als an vorpaulinisch-normative Traditionen gebunden« (Evangelium, 70f. (Anm. 10)).

II

In Anbetracht der grundlegenden Bedeutung, die das Damaskuserlebnis für Paulus hatte, stellt sich die Frage, welcher Art diese Erfahrung war, und wie Paulus das sich darin manifestierende Ostergeschehen hinsichtlich seines Ereignischarakters verstanden hat.
Die Auferweckung Christi wird bei Paulus – wie auch sonst im NT – nicht beschrieben. In der Formel 1Kor 15,3–5 ist sie in eine Ereignisabfolge eingebunden, wobei die Bestattung den Tod und die Erscheinungen die Auferweckung bekräftigen, so daß die Formel aus zwei parallel formulierten Aussagepaaren besteht. Die Auferweckung ist räumlich und zeitlich koordiniert: Christus, der gestorben ist und begraben wurde, ist auferweckt, und als der Auferweckte ist er erschienen! Seit Ostern ist Christus nicht mehr tot, sondern er lebt. Freilich ist dieses Leben ein Leben, das das irdische übersteigt, wie es ja keine Rückkehr in die irdische Existenz ist. Christus wurde *nach* seinem Tod und seiner Bestattung auferweckt zu einem neuen, eschatologischen Sein. Die Endgültigkeit des Todes ist endgültig aufgehoben.
Die Formel in 1Kor 15 spricht von der Auferweckung »am dritten Tag«. Die Herkunft dieser Zeitangabe ist umstritten.[30] Die Wendung κατὰ τὰς γραφάς (Pl.) weist jedoch auf eine schriftgelehrte Explikation hin, wohl aus Hos 6,2. Darüber hinaus könnte auch historische Erinnerung eine Rolle gespielt haben, zumindest dann, wenn man der Grabtradition in Mk 16 ein hohes Alter zubilligt oder die erste(n) Erscheinung(en) in Jerusalem lokalisiert;[31] auf die Erscheinungen in Galiläa kann sich die Zeitangabe nicht beziehen, da die Jünger in drei Tagen kaum von Jerusalem nach Galiläa gelangen konnten.
Paulus hat die Formel wohl ebenfalls historisch verstanden, wie der von ihm eingefügte Hinweis auf die noch lebenden Zeugen und die chronologisch angeordnete Vervollständigung der Aufzählung der Christophanien in VV. 6–8 zeigen.[32] 1Thess 4 macht ferner deutlich, daß Totenauferstehung für Paulus auf der Erde stattfindet: Die Toten werden aus ihren Gräbern auferweckt und dann in den Himmel entrückt. Ganz analog hat er sich auch die Auferweckung Christi gedacht, denn er hat sie als Antizipation der eschatologischen Totenauferstehung verstanden. Ostern war für Paulus ein datierbares und lokalisierbares Geschehen.
Freilich war es noch mehr als das, denn die eschatologische Totenauferweckung fällt mit dem Ende des alten Äons und damit auch der Ge-

---

[30] Vgl. jeweils die Übersicht zu den verschiedenen Herleitungsversuchen bei *Wolff*, 1Kor, 364ff. (Anm. 18) u. *Hoffmann*, Auferstehung, 482f. (Anm. 7).
[31] Vgl. *Wolff*, 1. Kor, 367 (Anm. 18).
[32] A.a.O., 360 (Anm. 18).

schichte zusammen (vgl. 1Kor 15,22–24). Entsprechend haben die Begegnungen mit dem Auferweckten für Paulus den Ausnahmecharakter einer Offenbarung und sind zeitlich beschränkt.[33] Paulus sagt ausdrücklich, daß der Auferstandene ihm *zuletzt* erschienen sei (1Kor 15,8). Die Auferweckung ist von den Erscheinungen her historisches Ereignis und zugleich auch unverfügbare göttliche Offenbarung, die nicht bewiesen, sondern nur bezeugt werden kann. Mit dem Ende der Erscheinungen setzt sich das göttliche Offenbarungsgeschehen bis zur Parusie in der auf das apostolische Zeugnis angewiesenen Verkündigung des Evangeliums fort. Dies unterscheidet die in 1Kor 15 aufgezählten Ostererscheinungen von anderen Visionen und Offenbarungen, wie sie Paulus 2Kor 12,1ff. erwähnt.[34]

Im Blick auf die Ostererscheinung des Paulus wurde und wird in der Forschung die Frage kontrovers diskutiert, ob mit der Vision des Paulus bestimmte Sinneseindrücke (optische und / oder akustische) verbunden waren.

W. Michaelis hat das ὤφθη (1Kor 15,5.7) von seinem Gebrauch in der LXX her als *terminus technicus* für die Offenbarungsgegenwart gedeutet, der als solcher ohne Hinweis auf die Art der Wahrnehmung sei.[35] Der Offenbarungscharakter einer mit ὤφθη umschriebenen Vision schließt aber das geschichtlich ereignishafte Sichtbarwerden nicht aus;[36] entsprechend findet sich in 1Kor 9,1 die Aktivform ἑόρακα.[37] Gal 1,12 verwendet das Verb ἀποκαλύπτω. P. Hoffmann hat vermutet, daß Paulus hier im Zusammenhang der Auseinandersetzung um sein Selbstverständnis als Apostel möglicherweise »die genuine Bezeichnung der Ostererfahrung der ersten Zeugen« aufgenommen habe. Demgegenüber sei

---

[33] Vgl. den Beitrag von G. Etzelmüller in diesem Band, v.a. S. 230.
[34] Die Beiordnung von ὀπτασία (Erscheinung od. Gesicht) und der Plural verdeutlichen den eher unprofilierten Gebrauch von ἀποκάλυψις für Offenbarung im ganz allgemeinen Sinn. Die nachfolgende Beschreibung einer solchen Offenbarung legt nahe, daß der Genitiv κυρίου nicht den Inhalt, sondern den Urheber der Offenbarung bezeichnet (genitivus auctoris).
[35] Vgl. *W. Michaelis*, Art. ὁράω κτλ., ThWNT 5, 359.
[36] Bereits *K.H. Rengstorff* hat gegen Michaelis den »objektiven Charakter« der Erscheinungen herausgestellt: »Er [Gott] hat sie [die Jünger] Jesus, den Gestorbenen und Begrabenen und am dritten Tage Auferweckten, mit ihren Augen sehen lassen« (Die Auferstehung Jesu: Form, Art und Sinn der urchristlichen Osterbotschaft, Witten/Ruhr ²1954, 44; vgl. auch den Exkurs zu ὤφθη, ebd., 93–100; ferner: *K. Lehmann*, Zur Frage nach dem ›Wesen‹ der Erscheinung des Herrn in E. Dhanis (Hg.), Resurrexit: Actes du Symposium International sur la Résurrection de Jésus, Vatikanstadt 1974, 306–309; *Hoffmann*, Auferstehung, 492f. (Anm. 7); *Hengel/Schwemer*, Paulus, 65 (Anm. 5)).
[37] Ähnlich wechseln Aktiv u. Passiv schon im AT, z.B. Num 12,6.8; Ri 6,12.22; 13,21f. LXX.

ὤφθη eine sekundäre Gräzisierung mit Hilfe von LXX-Terminologie.[38] Ähnlich meint W. Marxsen, Paulus habe die zunächst allgemein als Offenbarung umschriebene Erfahrung später in Anlehnung an den üblichen Sprachgebrauch als ein Sehen präzisiert.[39] Dabei bleibt allerdings fraglich, ob die beiden Begriffe sich im Blick auf die Art der von ihnen beschriebenen Erfahrungen wirklich präzise voneinander unterscheiden lassen[40]; jedenfalls läßt sich nicht behaupten, daß mit dem Verb »sehen« ein der apokalyptischen Offenbarung ursprünglich fremdes Motiv eingetragen wird.[41] Paulus gibt nirgends eine genaue Beschreibung seiner Christophanie[42], obgleich die Begegnung mit dem Auferstandenen für seine theologische Beurteilung der Auferstehung Christi und der eschatologischen Totenauferstehung von großer Bedeutung ist. Häufig wird in diesem Zusammenhang auf 2Kor 4,6 verwiesen mit dem Hinweis, die Christusvision sei mit einer Lichterscheinung verbunden gewesen.[43] Allerdings spricht Paulus dort von einer inneren Erkenntnis ἐν ταῖς καρδίαις ἡμῶν, die mit seiner Bekehrung verbunden war. Auch der Hinweis auf den »Glanz Gottes im Angesicht Christi« ist nicht zwingend, denn zum einen ist die Lichtmetapher durch die traditionelle Bekehrungsterminologie zumindest mitbedingt und zum anderen nimmt gerade die Rede vom Angesicht Christi kontrastierend 3,7 auf, wo vom Glanz auf dem Angesicht Moses die Rede war. Man sollte darum dieser Stelle nicht zuviel entnehmen wollen.[44]

Es fällt auf, daß Paulus im Unterschied zur Apg kein Wort des Auferstandenen erwähnt. Trotzdem muß dies eine Audition nicht ausschließen.[45] Im NT sind jedenfalls alle Erscheinungen des Auferstandenen im

---

[38] Vgl. *Hoffmann*, Auferstehung, 494 Z. 48ff. (Anm. 7).
[39] Vgl. Die Auferstehung Jesu von Nazareth, Gütersloh 1968, 108.
[40] Vgl. *G. Lüdemann*, Die Auferstehung Jesu: Historie, Erfahrung, Theologie, Stuttgart 1994, 65f.
[41] Vgl. *Mußner*, Galaterbrief, 84 Anm. 38 (Anm. 3). Auch das ἐν ἐμοί (Gal 1,17) schließt ein Sehen nicht aus, möglicherweise steht der Präpositionalausdruck hier nur anstelle eines einfachen Dativs (vgl. *V. Blass, A. Debrunner, F. Rehkopf*, Grammatik des neutestamentlichen Griechisch, Göttingen ¹⁷1990, § 220,1) unter Parallelisierungszwang im Hinblick auf das nachfolgende ἐν τοῖς ἔθνεσιν (vgl. *Mußner*, Galaterbrief, 86f. (Anm. 3)). Im übrigen ist für Paulus die Vision des Auferstandenen in jedem Fall mit einer überwältigenden (inneren) Erkenntnis Christi verbunden (vgl. Phil 3,8 und 2Kor 4,6: ἔλαμψεν ἐν ταῖς καρδίαις ἡμῶν).
[42] Vgl. *Hengel/Schwemer*, Paulus, 65 (Anm. 5); *E.P. Sanders*, Paulus. Eine Einführung, Stuttgart 1995, 44.
[43] Vgl. z.B. Kim mit ausführlicher Begründung, Origin, 5–10 (Anm. 2). Eher skeptisch ist Windisch, 2Kor, 140f. (Anm. 13).
[44] Vgl. auch *J. Becker*, Paulus. Der Apostel der Völker, Tübingen ³1998, 78f.
[45] So z.B. *Becker*, a.a.O., 80 (Anm. 44). Grundsätzliche Skepsis gegenüber einem Reden des Auferstandenen äußert auch *A. Vögtle*, Biblischer Osterglaube: Hintergründe – Deutungen – Herausforderungen, Neukirchen-Vluyn 1999, 72–91

mer auch mit einer Wortoffenbarung verbunden; ähnliches gilt für Gotteserscheinungen im AT.[46]
Schließlich stellt sich im Zusammenhang der Ostererscheinung des Paulus die Frage, ob der Apostel die Tradition des leeren Grabes kannte. Zunächst ist festzustellen, daß es weder in den Formeln noch sonst bei Paulus einen expliziten Hinweis auf das leere Grab gibt. Daß die Formeln nichts vom Grab sagen, ist nicht weiter verwunderlich, sie verzichten überhaupt auf alle historischen Umstände und Details. Das Schweigen des Paulus kann hingegen mehrere Gründe haben, die sich gegenseitig keineswegs ausschließen müssen: Entweder ist die Frage des Grabes für Paulus im Blick auf sein Verständnis der Auferstehung irrelevant (das Grab hätte durchaus voll sein können), oder er hat von der Grabtradition nichts gewußt, oder er hat das leere Grab als selbstverständlich im Gedanken der Auferstehung mit eingeschlossen gedacht. Es bleibt also nur übrig zu fragen, ob das paulinische Verständnis der Auferstehung ein leeres Grab implizit fordert oder nicht.[47] Man muß sich allerdings klar machen, daß damit für die mögliche Kenntnis der Grabtradition durch Paulus nichts gewonnen ist. Aus der Nichterwähnung kann man jedenfalls nichts schließen, weder positiv noch negativ.
Bevor die Frage nach dem leeren Grab beantwortet werden kann, ist demnach zunächst zu klären, wie Paulus die Auferstehung Christi ausgehend von seiner Bekehrungserfahrung verstanden und theologisch in seinem Denken zur Geltung gebracht hat. Ich beginne mit einigen grundlegenden Beobachtungen zur Stellung, die die Auferweckung Christi für das theologische Denken des Paulus hat, und gehe schließlich etwas ausführlicher auf die Frage ein, wie Paulus die Auferstehung Christi theologisch gedeutet hat.

III

Paulus geht davon aus, daß die Auferweckung Christi in der Gemeinde allgemein anerkanntes Bekenntnis ist. Sie wird nicht argumentativ begründet, sondern bezeugt (1Kor 15,5ff.). Glaubwürdig ist sie wegen der Vielzahl der apostolischen Zeugen, deren gemeinsames Zeugnis durch Rückfrage überprüfbar ist (1Kor 15,6). Paulus kann sich deshalb in seinen Briefen weitgehend auf das Zitat geprägter Formeln beschränken, ohne hier weiter ausholen zu müssen.[48] Die Auferweckung Christi wird

---

(»IV. Hat der Erscheinende gesprochen?«).
[46] Vgl. *Kim*, Origin, 57 (Anm. 2); *Michaelis*, ὁράω, 330.357 (Anm. 35).
[47] Vgl. *Wolff*, 1Kor, 364 (Anm. 18).
[48] Das gilt auch für den Röm im Blick auf die dem Paulus persönlich nicht bekannte Gemeinde in Rom.

zum unbestrittenen Ausgangspunkt bzw. zur Voraussetzung seiner verschiedenen theologischen Ausführungen; ihr kommt daher ein *axiomatischer Charakter* zu.
Dies wird auch in 1Kor 15,1–11 deutlich. Es handelt sich um den Abschnitt, in dem Paulus am ausführlichsten auf das urchristliche Bekenntnis der Auferweckung Christi eingeht, weil es im Blick auf die eschatologische Totenauferstehung sozusagen den Fixpunkt seiner Argumentation gegenüber den korinthischen Auferstehungsleugnern bildet. Paulus ruft den Korinthern das von ihm verkündigte apostolische Evangelium ins Gedächtnis (»Egal ob ich oder jene, so haben wir verkündigt und habt ihr geglaubt« (V. 11). Auf diese Weise kann er im folgenden Abschnitt zeigen, daß die Korinther, sofern sie die eschatologische Totenauferstehung leugnen, in einen unaufhebbaren (Selbst-) Widerspruch (V. 29) zu der von ihnen im Glauben angenommenen apostolischen Verkündigung geraten.
Gleichzeitig macht 1Kor 15,1–11 klar, daß Paulus das Recht beansprucht, das Evangelium verbindlich auszulegen,[49] denn der Apostel rechnete sich aufgrund seiner Christuserscheinung zum Kreis derer, auf die das grundlegende Zeugnis des Evangeliums zurückgeht. Darum kommt er in V. 8 auch auf seine eigene Christusoffenbarung zu sprechen. Paulus hat sich Petrus zwar nicht zeitlich, durchaus aber qualitativ als gleichgestellt betrachtet.
Neben dem axiomatischen Charakter der Auferweckung Christi geht Paulus von der *Zusammengehörigkeit von Kreuz und Auferstehung* aus. Schon in der traditionellen Formel 1Kor 15,3–5 stehen Kreuz und Auferstehung nebeneinander, ähnliche mehrgliedrige Formeln finden sich noch an anderen Stellen. Im vorpaulinischen Philipperhymnus hat die Erhöhung des Christus durch Gott ihren Grund in der gehorsamen Selbsterniedrigung Jesu Christi am Kreuz. Man wird davon ausgehen können, daß sich für das Urchristentum die Bedeutung des Kreuzes als Heilsereignis und Handeln Gottes erst vom Osterereignis her erschlossen hat.[50]

---

[49] Vgl. *Wolff*, a.a.O., 353 (Anm. 18).
[50] Vgl. *R. Bultmann*: »Kreuz und Auferstehung gehören zu einer Einheit zusammen« (Neues Testament und Mythologie: Das Problem der Entmythologisierung der neutestamentlichen Verkündigung (Nachdr. d. 1941 ersch. Fassung), München: 1985, 57). Bei Bultmann wird dann allerdings die Einheit so stark betont, daß das Osterereignis jeglichen eigenständigen Charakter zu verlieren droht und mehr oder weniger auf die von Gott gewirkte Kraft der Verkündigung des Gekreuzigten reduziert wird. Die Konsequenz ist, daß sich die Wirklichkeit der Auferstehung als Gottes Möglichkeit am Menschen bei Bultmann praktisch ins Unsagbare hinein verflüchtigt. Vgl. auch *J.C. Beker*. Paul the Apostle. The Triumph of God in Life and Thought, Philadelphia 1997, 194ff.

Deshalb gehört für Paulus das Zeugnis von der Auferweckung Christi als konstitutiver Bestandteil zur glaubenweckenden Verkündigung (1Thess 1,9f.; 1Kor 15,1ff.). Das Zeugnis von Christus (1Kor 1,6) ist die Predigt des Gekreuzigten (1Kor 1,23), aber dieser Gekreuzigte ist es, den die Christen als ihren auferstandenen Herrn in der Parusie erwarten (1Kor 1,8). Die Verkündigung des Kreuzes als Heilsereignis ohne die Auferweckung wäre für Paulus absurd. Ist Christus nicht auferstanden, »so sind wir die elendesten von allen Menschen« (1Kor 15,19), denn die Apostel werden als Lügenprediger entlarvt, die Gläubigen sind noch in ihren Sünden und die Verstorbenen bleiben in ihren Gräbern.

Paulus hat die Zusammengehörigkeit von Kreuz und Auferstehung vor allem von der Soteriologie her durchdacht.[51] Grundlegend ist der vom Sühnegeschehen her verstandene Gedanke der Stellvertretung. Negativ heißt das: Befreiung von der versklavenden Macht der Sünde und des Todes gibt es nur so, daß der Mensch Anteil gewinnt am stellvertretenden Sühnetod Christi. Da aber die Partizipation am Tod Jesu eschatologischen Charakter hat, bedeutet dies für Paulus zwangsläufig positiv, daß auch das Geschick des toten Christus (nämlich die Auferweckung durch Gott) stellvertretenden Charakter hat und folglich die Glaubenden am eschatologischen Leben des Auferstandenen Anteil erhalten. Für Paulus ist darum der Tod Christi nicht allein heilsbegründend, sondern vielmehr in Verbindung mit dessen Auferweckung. Christus ist nicht nur für uns gestorben, sondern er wurde auch für uns auferweckt.[52] Das *pro me* gilt im Blick auf Kreuz *und* Auferstehung. Tod *und* Leben des Christus haben stellvertretenden Charakter. In der Auferweckung Christi kommt das Heilshandeln Gottes durch Christus zu seinem eigentlichen und folgerichtigen Ziel. Was in Röm 5,10 (σωθησόμεθα ἐν τῇ ζωῇ αὐτοῦ) positiv gesagt wird, findet sich negativ gewendet schon in 1Kor 15,17: »Wenn aber Christus nicht auferweckt ist, so ist euer Glaube nichtig, so seid ihr noch in euren Sünden.« Die paulinische Soteriologie ist die theologische Deutung von Kreuz *und* Auferstehung.[53]

---

[51] Vgl. G. *Delling*, Die Bedeutung der Auferstehung Jesu für den Glauben an Jesus Christus. Ein exegetischer Beitrag! In W. *Marxsen* u.a. (Hg.), Die Bedeutung der Auferstehungsbotschaft für den Glauben an Jesus Christus, Gütersloh 1966, 65–90, hier 80–85.

[52] Vgl. 2Kor 5,15 (τῷ ὑπὲρ αὐτῶν ἀποθανόντι καὶ ἐγερθέντι); Röm 4,25 (ἠγέρθη διὰ τὴν δικαίωσιν ἡμῶν); Röm 5,10 (σωθησόμεθα ἐν τῇ ζωῇ αὐτοῦ); vgl. Phil 3,10.

[53] Es ist deutlich, daß bei Paulus die *soteriologische* Deutung der Auferstehung gegenüber der im engeren Sinn *christologischen* Deutung dominiert. Letztere fehlt jedoch keineswegs: Durch seine Auferweckung wurde Christus zum kommenden Herrn erhöht (Röm 1,4) und von Gott in die Stellung eingesetzt, in der er bei der Parusie erscheinen wird. Aber auch als der kommende Herr bleibt er der Retter (vgl. Röm 8,34; Phil 3,20).

Neben dem soteriologisch ausgelegten Zusammenhang mit dem Kreuzesgeschehen ist auffällig, daß Paulus auch in paränetischen Kontexten auf die Auferweckung Christi zu sprechen kommt bzw. von der gegenwärtigen Bedeutung der Auferstehung für die Christen redet.[54] Die Auferstehung Christi als eigenständiges Ereignis neben dem Kreuz wird für Paulus vor allem dadurch bedeutsam, daß in ihr das neue Leben der Christen gesetzt ist.[55] Das gilt sowohl im Sinne der Vergewisserung (»Nun aber ist Christus auferstanden!« Vgl. 1Kor 15,20) als auch im Sinne der (proleptischen) Verwirklichung. Auf letzterem liegt bei Paulus der Hauptakzent.

Die Auferweckung des Christus ist Vorwegnahme des apokalyptisch verstandenen endzeitlichen Heils (er ist ἀπαρχὴ τῶν κεκοιμημένων, 1Kor 15,20), aber der erhöhte Christus bleibt nicht ›im Himmel‹ für sich, sondern er teilt sich in das Unheil der alten Weltzeit hinein mit.[56] Grundlegend hat Paulus dies in seiner Berufung als ἀποκάλυψις Χριστοῦ durch den Empfang des Evangeliums erfahren; diese Selbstmitteilung Christi setzt sich fort in der Verkündigung eben dieses Evangeliums (vgl. 2Kor 3,12–4,6), in der Taufe (Röm 6,1–11) und im Pneumawirken des auferstandenen Herrn (1Kor 15,45). Das Pneuma als ἀρραβών (Röm 8,23; 2Kor 1,22; 5,5) ist sowohl Pfand als auch Angeld auf die noch ausstehende »Erlösung unseres Leibes« (Röm 8,23), d.i. die Auferstehung. Die Auferweckung Christi ist eine dynamische, d.h. den Menschen jetzt und hier schon betreffende Wirklichkeit. Was Gott an Christus getan hat und an den Christen in der eschatologischen Totenauferweckung vollziehen wird, das tut er bereits jetzt im Leben der Christen durch das Pneuma. Zwischen beidem besteht wohl ein gradueller aber kein qualitativer Unterschied. Paulus und mit ihm alle Christen erfahren die δύναμις τῆς ἀναστάσεως Χριστοῦ (Phil 3,10f.)[57] bereits im gegenwärtigen Leben, woran Paulus die Christen auch paränetisch erinnern kann.[58]

---

[54] Vgl. Röm 6,1–11; 7,4; 8,1–17(V.11!); 1Kor 6,14. Zu Röm 6 vgl. *H.-J. Eckstein*, Auferstehung und gegenwärtiges Leben nach Röm 6,1–11: Präsentische Eschatologie bei Paulus?, in: ThBeitr 28, 1997, 8–23.

[55] Vgl. *Delling*, Bedeutung der Auferstehung, 82 (Anm. 51), vgl. ähnlich *K. Berger*, Theologiegeschichte des Urchristentums: Theologie des Neuen Testaments, Tübingen ²1995, 528.

[56] Vgl. *P. Stuhlmacher*, Erwägungen zum Problem von Gegenwart und Zukunft in der paulinischen Eschatologie, in: ZThK 64, 1967, 423–450, hier 430.

[57] Vgl. z. St. *U. Müller*, Der Brief des Paulus an die Philipper (ThHK 11/I), Berlin 1993, 159.

[58] Dabei wird der eschatologische Vorbehalt der noch ausstehenden Vollendung keineswegs aufgegeben und einem enthusiastischen Verständnis der Auferstehung Bahn geebnet: Erkenntnis der δύναμις der Auferstehung gibt es gegenwärtig immer nur zusammen mit der Gemeinschaft der Leiden Christi; und der gegenwär-

Im folgenden Abschnitt geht es darum, diese Deutung der Auferstehung Christi als proleptisch realisierten Durchbruch zum eschatologischen Sein, an dem die Christen durch Taufe und Pneuma bereits gegenwärtig Anteil haben, exegetisch zu konkretisieren.

IV

Offensichtlich konnte Paulus das eschatologische Heil nur so verstehen, daß dabei die Leiblichkeit des Menschen gewahrt bleibt. Vom σῶμα spricht Paulus im Blick auf den ganzen Menschen, sofern er in die Schöpfung eingegliedert ist, von Gott beansprucht wird und in seiner diesseitigen Existenz durch die kosmischen Mächte bedroht ist.[59] Der Begriff bezeichnet die Gemeinschaftsfähigkeit des Menschen, da dieser in seiner Ganzheit als verantwortliche (weil von Gott geschaffene) Person im offenen Gegenüber zu Gott und zum Mitmenschen verstanden wird.[60] Im Blick auf das eschatologische Sein heißt dies für Paulus Totenauferstehung. Der Tod als Negation der Schöpfung wird allein durch einen neuen schöpferischen Akt Gottes aufgehoben, durch den der Mensch wiederum ins Leben gerufen, als personales Individuum in Gemeinschaft gestellt und als Gottes Gegenüber von diesem beansprucht wird.[61] Paulus betont diesen Gesichtspunkt polemisch gegen die Auffas-

---

tigen Erfahrung steht das zukünftige καταντᾶν εἰς τὴν ἐξανάστασιν (V. 11) gegenüber. Zur Frage des eschatologischen Vorbehalts vgl. auch *Stuhlmacher*, Erwägungen, 443f. (Anm. 56).

[59] Vgl. *E. Käsemann*, Anliegen und Eigenart der paulinischen Abendmahlslehre (1947/8) in: Ders. Exegetische Versuche und Besinnungen I, Göttingen 1964, 11–34, hier 29. *R. Bultmanns* berühmte Definition, nach der das Welt- und Gottesverhältnis immer durch ein Selbstverhältnis vermittelt sei und Paulus vom Menschen als σῶμα spreche, sofern »er ein Verhältnis zu sich selbst hat« (Theologie des Neuen Testaments, Tübingen ⁹1984, 196) trägt m.E. eine Paulus nicht angemessene von der Philosophie Heideggers herkommende Begrifflichkeit ein. Vgl. auch die Kritik *F. Neugebauers*: »Die anthropologische Wesensbestimmung des Neuen Testaments ist es eben nicht, daß sich der Mensch zu sich selbst verhält, sondern der Mensch ist das Wesen, zu dem sich Gott in besonderer Weise verhält und verhalten hat« (Die hermeneutischen Voraussetzungen Rudolf Bultmanns in ihrem Verhältnis zur Paulinischen Theologie, in: KuD 5, 1959, 289–305, hier 301).

[60] Vgl. *J. Baumgarten*, Paulus und die Apokalyptik (WMANT 44), Neukirchen-Vluyn 1975, 128; *E. Schweizer*, Art. σῶμα κτλ., ThWNT 7, 1063.

[61] Phil 1, 23 wird öfters als Beleg für eine Preisgabe der Auferstehungsvorstellung in den späten Briefen angeführt. Dagegen sprechen aber schon 3,10f.20f. im selben Brief. Paulus hat zwischen beiden Aussagen offenbar keine Spannung empfunden. M.E. ist auch in diachroner Hinsicht mit einer Konsistenz in den Grundzügen der paulinischen Eschatologie zu rechnen. Das schließt allerdings eine vom jeweiligen situativen Kontext der Briefe her bestimmte Akzentuierung, Entfaltung und Präzisierung der paulinischen Aussagen nicht aus.

sung einiger Korinther, die die Totenauferstehung ablehnten! Es gab in Korinth vermutlich Vertreter eines dichotomischen Menschenbildes, nach dem der Leib als das Vergängliche und Minderwertige erschien, die durch das Pneuma mit göttlicher Kraft begabte Seele hingegen sich der Unsterblichkeit und ihrer Aufnahme in die himmlische Welt unmittelbar nach dem Tod gewiß sein konnte.[62] Die Idee einer Auferstehung ist dann freilich unnötig. Das eschatologische Heil wird individualistisch verstanden; es gründet letztlich in einer der Seele eignenden Qualität. Paulus macht demgegenüber geltend, daß auch im Eschaton der Mensch abhängig bleibt von der gnädigen Zuwendung des Schöpfergottes, der ihn in seiner leiblichen Kreatürlichkeit aus dem Tod rettet und in das Leben der eschatologischen Vollendung in der Gottesgemeinschaft stellt.

In 1Kor 15 sind nun eschatologische Totenauferstehung und Auferweckung des Christus auf das engste miteinander verbunden. Paulus kann die Auferstehung des Christus nur als Antizipation der eschatologischen Totenauferstehung verstehen (VV. 12–34). »Totenauferstehung ist für Paulus (als ehemaligen Pharisäer) eschatologisches Geschehen und kann als solches nicht auf *einen* Menschen beschränkt bleiben.«[63] Auferweckung des Christus und Auferweckung der Toten gehören zusammen, weil es sich um *ein* Ereignis handelt, allerdings in der Weise, daß allein die Auferweckung des Christus die Auferweckung aller anderen Menschen bzw. Christen ermöglicht, weil es ohne Christus kein eschatologisches Heil gibt! Die Ablehnung der Totenauferweckung bedeutet für Paulus daher immer auch Ablehnung der Auferweckung Christi und in letzter Konsequenz Ablehnung des Heilswerkes Christi schlechthin.

Dieser enge Zusammenhang zwischen Auferweckung des Christus und eschatologischer Totenauferweckung erlaubt es nun, ausgehend von den Aussagen über das 'Wie' der Totenauferstehung in VV. 35–49 (58), in Umkehrung der paulinischen Argumentation zurückzufragen nach dem paulinischen Verständnis der Auferweckung Christi.[64] Auf jeden Fall ist

---

[62] Derartige Vorstellungen waren im hellenistischen Judentum verbreitet. Vgl. z.B. die Weisheit Salomos: Der Mensch, der den göttlichen Weisheitsgeist (πνεῦμα σοφίας, Sap 7,7) empfängt, hat Hoffnung auf Unsterblichkeit; seine Seele wird gerettet, der Leib hingegen ist vergänglich (vgl. Sap 2,23; 3,1.4; 8,19–21; 9,15; 16,14). Ähnliche Vorstellungen finden sich bei Philo von Alexandrien. Im 1Kor gibt es einige indirekte Hinweise auf eine solche Haltung in Korinth: die Hochschätzung der σοφία (1,17ff.), die Betonung des Geistbesitzes, ethischer Libertinismus und asketische Tendenzen könnten in der Geringschätzung des Leibes ihren Grund haben. Hatte vielleicht Apollos – nach Apg 18,24ff. ein gebildeter Alexandriner – eine solche Position in Korinth vertreten (1,12; 3,5f.)? Vgl. *Wolff*, 1Kor 421ff. (Anm. 18) u. ausführlich G. *Sellin*, Der Streit um die Auferstehung der Toten (FRLANT 138), Göttingen 1986.

[63] *Wolff*, 1Kor, 378 (Anm. 18). Vgl. Röm 6,5; 8,11; 1Kor 6,14; 2Kor 4,14.

[64] Vgl. H.*Graß*, Ostergeschehen und Osterberichte, Göttingen ⁴1970, 149f.

deutlich, daß die paulinischen Aussagen über den Auferstehungsleib christologisch gefüllt sind.[65] Dabei ist jedoch zu untersuchen, ob und wie Paulus das Sein der auferstandenen Christen und das des auferstandenen Christus unterschieden hat.

Im folgenden sei zunächst der Gedankengang von 1Kor 15,35–49 skizziert.[66]

V. 35 nennt das Thema in Form zweier Fragen: *Wie werden die Toten auferweckt? Mit was für einem Leib kommen sie?*

Im ersten Teil (VV. 36–41) argumentiert Paulus mit zwei Beispielen aus der Schöpfung, um die Möglichkeit einer leiblichen Auferstehung schöpfungstheologisch aufzuzeigen. Das Saatkorngleichnis verdeutlicht zunächst anhand der Diskontinuität zwischen Saat und Wachstum,[67] daß es ein Sterben geben kann, das selbst Voraussetzung eines neuen Lebens ist. Am Beispiel des Saatkorns läßt sich ferner erkennen, daß »Auferstehung« nicht Wiederkehr des alten Leibes, sondern Verwirklichung der von Gott vorbestimmten Leiblichkeit im Sinne einer Schöpfungsvollendung ist.[68] Im Wachstum der Pflanze handelt Gott schöpferisch, was freilich eine empirisch beobachtbare Regelmäßigkeit nicht ausschließt.[69] Nun ist dieser »Auferstehungsleib« der Pflanzen wiederum ein sterblicher Leib. Daß es darüber hinaus noch andere, nämlich »himmlische Leiber« gibt, zeigt Paulus mit seinem zweiten Beispiel, indem er die Schöpfungswerke aus Gen 1,14–27 in umgekehrter Reihenfolge[70] auf

---

[65] Vgl. auch Phil 3,20f. Möglicherweise nimmt Paulus hier fremde Formulierung auf (*J. Becker* vermutet ein »vorgegebenes ›Vertrauenslied‹«, Auferstehung der Toten im Urchristentum (SBS 82), Stuttgart 1976, 109; Kim hält Phil 3,20f. hingegen für »Paul's own composition«, Origin, 156 (Anm. 2)). Die zugrundeliegende Anschauung der Umgestaltung ist Paulus jedenfalls nicht fremd (vgl. *A. Strobel*, Die Leugnung der Auferstehung: Eine historisch-kritische Untersuchung zu 1Kor 15, Regensburg 1971, 170).

[66] Vgl. zum ganzen den ausgesprochen lesenswerten Aufsatz von *C. Burchard*, dem die vorliegende Exegese viel zu verdanken hat: 1 Korinther 15,39–41, in: ZNW 75, 1984, 233–258 [= Ders., Studien zur Theologie, Sprache und Umwelt des Neuen Testaments, Tübingen 1998, 202–222]. Zur kritischen Auseinandersetzung vgl. den Exkurs S. 48.

[67] Vgl. die in der Antike verbreitete Vorstellung vom Samenkorn, das nach der Saat zuerst zugrunde geht, bevor die neue Pflanze wächst, z.B. Plutarch Fragment XI (Ex commentariis in Hesiodum) 84; Hinweis bei *H. Braun*, Das ›Stirb und werde‹ in der Antike und im Neuen Testament, in: Ders., Gesammelte Studien zum Neuen Testament und seiner Umwelt, Tübingen 1971, 140f.

[68] In V. 38 klingt Gen 1,11f. an. Der aus dem Samenkorn entstehende Leib geht auf den von Gott bei der Schöpfung gefaßten Beschluß (ἠθέλησεν im Aorist!) zurück. Vgl. auch 1Kor 3,6; 12,18 u. *Burchard*, 1Kor, 237 (Anm. 66).

[69] Paulus spricht hier – biologisch gesprochen – von Arten (vgl. V. 37b!) und nicht von Individuen; insofern gibt der Text über die Frage nach der personalen Identität in der Auferstehung keine Auskunft.

[70] Durch die Rückläufigkeit werden die zuerst geschaffenen Himmelskörper zuletzt

zählt und verdeutlicht, daß Gott nicht nur den Pflanzen, sondern allen seinen Schöpfungswerken eine je artspezifische Leiblichkeit gibt. Insofern handelt es sich bei den VV. 39–41 um eine Verallgemeinerung von V. 38 auf die gesamte Schöpfung.[71] Die bewußt in die Mitte dieses Abschnitts gestellte Opposition von irdischen und himmlischen Leibern (V. 40) führt die Gegenüberstellung der folgenden Verse ein und teilt zugleich die Schöpfung in zwei Sphären.[72] Die Verschiedenheit der Leiber zeigt sich in ihrer artspezifisch wahrnehmbaren Eigentümlichkeit. Die Begriffe δόξα und σάρξ stellen in diesem Zusammenhang empirische Kategorien dar, innerhalb derer diese Eigentümlichkeit deutlich wird.[73] Sie lassen sich nicht exklusiv dem irdischen bzw. dem himmlischen Bereich zuordnen.[74] Δόξα meint hier lediglich soviel wie 'Glanz' und bezieht sich auf die visuelle Wahrnehmung,[75] die bei den himmlischen Körpern freilich die einzig mögliche Wahrnehmung ist, die der irdische Mensch von ihnen haben kann. Σάρξ hat in erster Linie die physische Beschaffenheit der irdischen Leiber im Blick, ihr Fleisch.[76] Erst beide Beispiele zusammen zeigen die Denkmöglichkeit der Auferstehung[77], mit der das eschatologische Heil – also eine himmlische Leib

---

genannt, wohl weil Paulus auf den neuen Leib hinaus will, der auch ein himmlischer Leib sein wird (V. 48), vgl. Burchard, 1Kor, 237 (Anm. 66).

[71] Vgl. Burchard, ebd.; daß damit auch der in V. 36 beschriebene Vorgang des Säens, Sterbens und Wachsens auf die gesamte Schöpfung übertragen wird, so daß – wie *Burchard* zurückhaltend erwägt – »alle Geschöpfe mutatis mutandis so entstehen« (ebd., 241), erscheint mir eher unwahrscheinlich.

[72] Vgl. *Burchard*, a.a.O., 246 (Anm. 66).

[73] Mehr will Paulus hier nicht sagen. Σῶμα läßt sich dann wie auch sonst als Bezeichnung für den ganzen Menschen verstehen. Weder σάρξ noch δόξα noch πνεῦμα bezeichnen einen »Stoff«, aus dem das σῶμα als dessen »Form« besteht. So z.B. *Bultmann* mit folgendem Kommentar: Paulus rede durch die Argumentationsweise seiner Gegner bestimmt vom σῶμα in 1Kor 15 in »einer für ihn sonst nicht charakteristischen Weise« (Theologie, 193 (Anm. 59)). Zur Kritik vgl. auch *Burchard*, 1Kor, 238f. (Anm. 66).

[74] δόξα haben die himmlischen *und* die irdischen Leiber (vgl. 40b: ἡ τῶν ἐπιγείων sc. δόξα!).

[75] Für Paulus waren die Gestirne wahrscheinlich belebte Geschöpfe. Auch V. 39 spricht nur von der belebten Schöpfung, vgl. aber *A. Schlatter*, der die Frage offenläßt (Paulus der Bote Jesu: Eine Deutung seiner Briefe an die Korinther, Stuttgart ³1962, 434). Zum Vergleich zwischen den Auferstandenen und dem Licht der Sterne vgl. Dan 12,3, auch syrBar 51,10.

[76] Paulus verwendet σάρξ hier wertneutral im Sinn des hebr. *basar* und nicht wie an anderen Stellen (vor allem im Röm) für den der Sünde verfallenen Menschen. Nur aus der Perspektive des heutigen Lesers, der den 1Kor immer schon im Kontext des *corpus paulinum* liest, nicht aber für die Korinther entsteht der Eindruck eines »unfortunate change in view of the special theological connotation *flesh* has in some of his writing« (*C.K. Barrett*, A Commentary on the First Epistle to the Corinthians (BNTC), London 1968, 371).

[77] Insbesondere die VV. 39–41 sagen m.E. weder etwas über die Möglichkeit eines

lichkeit – verbunden ist. Derselbe Gott, der alle Geschöpfe mit ihrer artspezifischen Leiblichkeit erschaffen hat, wird die Christen zum neuen Leben auferwecken und ihnen analog zum Samenkorn den Leib geben, den er ihnen von Anfang an zugedacht hat, nur daß es sich nicht mehr um einen irdischen, sondern um einen himmlischen Leib handeln wird.[78] Gott hat auch die himmlischen Wesen als leibliche erschaffen. »Leiblichkeit ist das Ende der Werke Gottes«.[79] Auferweckung bedeutet daher nicht nur Neuschöpfung, sondern Schöpfungsvollendung, und sie ist als solche Heilsereignis. 1Kor 15 handelt nicht von einer allgemeinen Totenauferweckung (zum Gericht), sondern nur von der Auferweckung der Christen zum Heil.

Diese soeben dargelegte Übertragung der VV. 36–41 auf das eschatologische Auferstehungsgeschehen leistet der zweite Abschnitt (VV. 42-44a).[80] Er besteht aus vier gleich strukturierten Sätzen, von denen der letzte die Hauptaussage enthält, nämlich das in den ersten drei Sätzen fehlende Subjekt: psychischer bzw. pneumatischer Leib. Die Stichworte ψυχικός und πνευματικός führt Paulus hier neu ein, auf ihnen liegt das Hauptgewicht. Sie werden in den vorigen Sätzen durch die Präpositionalausdrücke mit ἐν erläutert. Vergänglichkeit, Verachtung, Schwachheit einerseits und Unvergänglichkeit, Herrlichkeit, Kraft andererseits kennzeichnen jeweils den alten bzw. den neuen Leib. Ψυχικός und πνευματικός bezeichnen nicht den Stoff, aus dem der Leib besteht[81]; denn der jetzige Mensch besteht nicht aus ψυχή, sondern sein kreatürliches Leben ist gekennzeichnet durch eine emotionale Identität, die ψυχή.[82] Ψυχή ist auch nicht ein Bestandteil des Menschen (sonst hieße es wohl eher σῶμα τῆς ψυχῆς), sondern das lebensbestimmende Prinzip; analog gilt das gleiche vom Auferstehungsleib für das πνεῦμα.[83]

Übergangs von der irdischen zur himmlischen Leiblichkeit, noch findet man etwas zum Problem der (Dis-)Kontinuität zwischen irdischen und himmlischen Leibern. In diesem Sinn wurden sie aber bislang von den meisten Auslegern verstanden, vgl. die Übersicht bei *Burchard*, 1Kor 234ff. (Anm. 66).

[78] Vgl. die Formulierung *Burchards*: »Bäume wachsen nicht in den Himmel, Menschen ja«, a.a.O., 253 (Anm. 66).

[79] *Friedrich Christoph Oetinger*, Biblisches und Emblematisches Wörterbuch, 2. Nachdr. d. Ausgabe v. 1776, Hildesheim 1987, 407.

[80] Οὕτως καὶ ἡ ἀνάστασις (V. 42) umgreift die VV. 36–41, wofür σπείρεται in V. 36 u. 42f. spricht.

[81] So aber *G. Strecker*, Theologie des Neuen Testaments, Berlin 1996, 172f.; auch schon *H. Lietzmann*, An die Korinther (HNT 9), Tübingen ⁵1969, 84; dagegen W. G. Kümmel im Anhang des durch ihn hg. Kommentars von Lietzmann, 194f.

[82] Vgl. *P. Stuhlmacher*, Biblische Theologie des Neuen Testaments. Band I: Grundlegung. Von Jesus zu Paulus, Göttingen 1992, 278.

[83] Vgl. *Wolff*, 1Kor, 407 (Anm. 18).

Die Entgegensetzungen der VV. 42ff. bilden einen Schluß *via negationis*: der gegenwärtigen Mangelhaftigkeit wird die zukünftige Vollkommenheit kontradiktorisch gegenübergestellt.[84] Aber die Gültigkeit dieser Entgegensetzung erschließt sich nicht schon aus den schöpfungstheologischen Aussagen von VV. 36–41. Daß es tatsächlich ein σῶμα πνευματικόν gibt, wird erst durch die christologischen Aussagen des dritten Abschnitts (VV. 44b–49) nachgewiesen. Allein die Auferweckung des Christus verbürgt die Gewißheit, daß es für den Menschen eine solche Schöpfungsvollendung tatsächlich gibt und daß der »erste Adam« nicht der letzte ist. Paulus stellt daher den ersten Menschen Adam und Christus als letzten Adam einander antitypisch gegenüber (vgl. V. 22). Was Geistleiblichkeit wirklich umschließt, wird nur von dem letzten Adam her deutlich, der als ›Erstling der Entschlafenen‹ (V. 20) auferweckt worden ist.

In diesem Zusammenhang ist kurz auf die These C. Burchards einzugehen,[85] der behauptet, Paulus werte die Auferweckung Jesu »nicht für die Auferweckung oder Verwandlung der Christen aus ... Er kann zwar aus der Auferweckung Jesu auf unsere Auferweckung schließen ... aber nicht auf die Art des neuen Leibes [der auferweckten Christen]« (253f.). Paulus argumentiere in 1Kor 15,35–49 nur mit Erfahrung und einer »christologisch gelesene[n] Schöpfungsgeschichte« (253). Christus als tätiger Erlöser spiele in diesem Abschnitt keine Rolle (258). Folgt man Burchard an diesem Punkt, so wäre die Auferweckung des Christus kaum mehr als ein Exempel der allein von Gott verbürgten und gewirkten Schöpfungsvollendung und auch dies nur in einer formalen Weise.
Gegen diese Sichtweise erheben sich allerdings einige gewichtige Einwände. Zum einen hätte Paulus dann die Frage in V. 35 (πῶς ἐγείρονται und ποίῳ σώματι) allenfalls spekulativ beantwortet. Denn wie sonst ließen sich die Begriffe ἀφθαρσία, δόξα, δύναμις, πνευματικός (V. 42ff.) inhaltlich füllen außer christologisch von der Auferstehung Christi her? Jedenfalls die letzten drei der genannten Begriffe sind bei Paulus auch sonst christologisch bestimmt.[86] Die himmlische Wirklichkeit läßt sich nicht aus der irdischen ableiten, genauso wenig wie am Samen erkennbar ist, welche Gestalt die spätere Pflanze haben wird.[87] Ferner implizieren die Wendungen »Erstling der Toten« und »letzter Adam« doch wohl, daß es sich bei der Auferweckung des Christus und der Christen um ein gleichartiges Geschehen handelt. Im übrigen schreibt Burchard selbst völlig zutreffend: »Mit ihm [d.h. mit Christus als dem letzten Adam] und erst mit ihm ist die Erschaffung des Menschen zu Ende« (245). Derselbe Gedanke liegt ja auch Röm 6,5 (aus dem

---

[84] Vgl. *Schlatter*: »Freilich ist das Kommende mit dem Gegenwärtigen nicht vergleichbar und nur durch den Gegensatz gegen das zu benennen, was uns jetzt bedrückt« (Paulus, 436 (Anm. 75)).
[85] Vgl. *Burchard*, 1Kor (Anm. 66), Seitenzahlen in Klammern.
[86] Zu δόξα: meist von Gott, von Christus vgl. 1Kor 2,8; 2Kor 3,18; 4,4.6; Phil 3,21; 4,13; zu δύναμις: oft vom Geist bzw. von Gott, von Christus vgl. Röm 1,4; 1Kor 1,24; 1Kor 5,4; 2Kor 12,9; Phil 3,10; zu πνευματικός: Paulus spricht meist vom Geist Gottes, gelegentlich auch vom Geist Christi (Röm 8,9.11; 2Kor 3,17f.; Gal 4,6; Phil 1,19), zwischen beidem differenziert er nicht.
[87] Vgl. *Burchard* selbst, 1Kor, 240 (Anm. 66).

ὁμοιώματι τοῦ θανάτου folgt für Paulus das ὁμοίωμα τῆς ἀναστάσεως), 8,29 und Phil 3,20 zugrunde. Schließlich zeigt gerade die Wendung πνεῦμα ζῳοποιοῦν, daß für Paulus der auferstandene Christus in konstitutiver Weise an der eschatologischen Totenauferweckung beteiligt ist. Darauf ist noch näher einzugehen. Die schöpfungstheologischen Kategorien sprechen jedenfalls nicht gegen eine Beteiligung Christi, da Paulus mit dem Gedanken der Schöpfungsmittlerschaft Christi durchaus vertraut war (vgl. 1Kor 8,6). Burchards Auslegung von 1Kor 15,45 ist m.E. problematisch. Er erwägt, »ob ζῳοποιοῦν bei Christus nicht bedeutet, daß der Geist ihn selber belebt« (244). Aber wie soll man das mit dem ἐγένετο εἰς zusammendenken? Wurde Christus (durch Gott) zum sich selbst lebendigmachenden πνεῦμα? Dieser Gedanke wäre bei Paulus ohne Parallele.[88]

In V. 44b ist die These vorangestellt, die im Anschluß bewiesen werden soll. Dies leistet ein Schriftbeweis (V. 45)[89] mit zwei daraus abgeleiteten Folgerungen (V. 46f. und V. 48f.). V. 46f. wendet sich wohl polemisch gegen eine Lehre, die von einer umgekehrten Reihenfolge der beiden Adam ausging.[90] Die zweite Folgerung (VV. 48f.) verdeutlicht, daß die beiden Adam Begründer und individuelle Repräsentanten derjenigen Menschen sind, die zu ihnen gehören.
Beide Adam stehen einander antitypisch gegenüber, wobei die kontrastierenden Prädikationen (lebendige Psyche – lebendigmachendes Pneuma) die beiden Schlüsselbegriffe aus V. 44 (psychischer Leib – pneumatischer Leib) aufnehmen und in Anspielung auf Gen 2,7 variieren.

---

[88] Konsequent ist in diesem Zusammenhang auch *Burchards* Deutung von Röm 8,11 und Phil 3,21. Röm 8,11 gelte nur von den bei der Parusie noch Lebenden, lasse »sich aber nicht einfach auf gestorbene Leiber übertragen, weil in denen kein Geist wohnt« (a.a.O., 255 (Anm. 66)). Diese Einschränkung ist m.E. aber nicht möglich, weil gerade das Verb ζῳοποιέω in Röm 8,11 vom Gedanken der Totenauferweckung her bestimmt ist. Ähnlich meint *Burchard* im Blick auf Phil 3,20f., Paulus hätte vermutlich sagen können, »daß Christus als πνεῦμα ζῳοποιοῦν ›uns‹ zu σῶμα πνευματικόν umwandelt. Aber kaum ›die Toten‹« (a.a.O., 254 (Anm. 66)). Diese Unterscheidung, daß Gott bei der Parusie die Toten auferweckt, während Christus die noch Lebenden in seine (!) Herrlichkeitsgestalt verwandelt, ist m.E. nicht paulinisch. 1Kor 15,51f. macht im Gegenteil deutlich, daß bei der Parusie *alle* verwandelt werden, wobei der einzige Unterschied zwischen den Verstorbenen und den noch Lebenden darin besteht, daß letztere nicht sterben und darum auch nicht auferweckt werden müssen!
[89] Der ganze Vers wird als Schriftzitat eingeführt (vgl. *Burchard*, a.a.O., 243, Anm. 39 (Anm. 66)), zitiert wird Gen 2,7, wobei Paulus die entscheidenden Begriffe ergänzt (πρῶτος, Ἀδάμ und 44b). Vermutlich greift Paulus auf eine in Korinth bekannte Deutung von Gen 2,7 zurück. Er braucht den Gedanken von den beiden Adam-Gestalten jedenfalls nicht weiter zu begründen oder zu entfalten (vgl. *Wolff*, 1Kor, 409 (Anm. 18)). Vergleichbare Vorstellungen finden sich bei Philo von Alexandrien, der in Gen 1,27 und 2,7 die Erschaffung zweier Menschenklassen sieht: den himmlischen Menschen nach dem Bilde Gottes und den irdischen Menschen aus Erde geformt (*De opificio mundi* 134f. u. *Legum allegoriae* I 31f.).
[90] Vgl. *U. Wilckens*, Der Brief an die Römer: 1. Teilband Röm 1–5 (EKK6/1), Neukirchen-Vluyn ²1987, 308.

Von beiden Adam heißt es, daß sie geworden sind. Im Blick auf den ersten Adam ist deutlich, was gemeint ist: seine Erschaffung aus Erde gemäß Gen 2. Schwieriger ist zu erklären, inwiefern Christus zum πνεῦμα ζῳοποιοῦν geworden ist. Den Präexistenten und den Inkarnierten verbindet Paulus sonst nicht mit Pneumaaussagen.[91] Hinzu kommt, daß für Paulus die Auferstehung eine tiefgreifende Zäsur darstellt: Christus ist durch sie eingesetzt als Sohn Gottes in Kraft (Röm 1,4 – ἐν δυνάμει, vgl. Phil 2,9). Der in der Parusie wiederkommende Christus hat einen Leib der Herrlichkeit (Phil 3,21, σῶμα τῆς δόξης). Nach 2Kor 13,4 wurde Christus gekreuzigt ἐξ ἀσθενείας; jetzt (d.h. als der Auferstandene) lebt er aber ἐκ δυνάμεως (vgl. 1Kor 6,14). Δύναμις und δόξα sind nach 15,42–44 Attribute des in der Auferstehung empfangenen Pneumaleibes, umgekehrt kennzeichnet im selben Zusammenhang ἀσθένεια den psychischen Leib des irdischen Menschen (V. 43). Das heißt, zum πνεῦμα ζῳοποιοῦν wurde Christus nach Meinung des Paulus erst durch seine Auferweckung vom Tod.[92] Trotz der antitypischen Gegenüberstellung darf man daher nicht vergessen, daß Christus wie Adam zuerst ψυχὴ ζῶσα war und dann zuletzt und endgültig – das besagt ἔσχατος im Gegensatz zu einem denkbaren ὕστερος oder δεύτερος – zu einem πνεῦμα ζῳοποιοῦν wurde. In Christus als dem ἔσχατος 'Αδάμ kommt somit die Schöpfung des Menschen zu ihrer Vollendung, und zwar so, wie es Gott von Anfang an vorgesehen hatte, aber wie es bislang durch die Sünde des ersten Adam verhindert worden war.[93] In diesem Sinn gilt schließlich das *wenn – dann* aus V. 44b in Analogie zum Saatkornbeispiel: Ist der psychische Leib ein Same, der in den Tod gegeben wird, dann kann man im Blick auf Gottes Handeln als Schöpfer und Erlöser erwarten, daß aus diesem ›Samen‹ ein neuer (pneumatischer) Leib entstehen wird. Daß dem tatsächlich so ist und was ein pneumatischer Leib ist, wird freilich allein an Christus erkennbar.[94]
Aber warum verwendet Paulus in V. 45 die schwer verständliche Wendung πνεῦμα ζῳοποιοῦν? Analog zu der Wendung ψυχὴ ζῶσα könnte man im Blick auf den letzten Adam πνεῦμα ζῶν erwarten. Statt ζάω verwendet Paulus aber das Partizip von ζῳοποιέω, um die konstitutive Bedeutung, die der Auferstandene für die Auferstehung der Christen hat, zum Ausdruck zu bringen. Wahrscheinlich hat er dabei an

---

[91] Vgl. *Wolff*, 1Kor, 409 (Anm. 18).
[92] Vgl. *Wolff*, 2Kor, 82 (Anm. 13).
[93] Vgl. *Burchard*: »... erst Christus [ist] so, wie Gott den Menschen von Anfang an wollte. Adam blieb durch seine Sünde eine Kreationsruine«, 1Kor, 252 (Anm. 66).
[94] In 1Kor 15,35ff. steht die von der Schöpfungstheologie bestimmte Gedankenführung im Vordergrund. Die hamartiologische Begründung des Todes (vgl. Röm 5,12) und der erlösende Charakter der Auferstehung Christi treten zurück, vgl. aber die triumphierenden Aussagen in VV. 55–57.

die πνοὴ ζωῆς aus Gen 2,7 gedacht (vgl. Röm 8,2: πνεῦμα τῆς ζωῆς): ζωῆς ist Genitivus qualitatis (»lebendiger Atem«), wobei der Satzzusammenhang zeigt, daß dieser von Gott ausgehenden πνοὴ eine belebende Wirkung eignet. πνεῦμα ζῳοποιοῦν ließe sich dann als auf Christus umgedeutete verdeutlichende Paraphrase zu πνοὴ ζωῆς verstehen.[95] Das auffällige ζῳοποιεῖν bot sich an, weil es mit der Totenauferweckung in Verbindung gebracht werden kann: In der 2. Benediktion des Sch°mone-Esre wird Gott als מְחַיֵּה הַמֵּתִים bezeichnet, der die Toten lebendig macht. Paulus greift diese Formulierung in Röm 4,17 auf (τοῦ ζῳοποιοῦντος τοὺς νεκρούς) und formuliert in 1Kor 1,9 analog mit ἐγείρω.[96]

Christus ist der erste von Gott auferweckte Mensch (insofern ist er als ›Prototyp‹ der vollendeten Schöpfung σῶμα πνευματικόν), aber er ist darüber hinaus an der Auferweckung aller anderen Menschen ursächlich beteiligt (seine und nur seine Pneumaexistenz hat lebenschaffende Qualität). Diese Differenz (im Sinne einer Überbietung) zwischen der Auferstehung des Christus und der eschatologischen Totenauferweckung hält die Wendung πνεῦμα ζῳοποιοῦν fest.

Nun sagt Paulus allerdings nirgends, daß Christus die Toten auferweckt; das tut nur Gott der Vater.[97] Inwiefern ist Christus dann aber als πνεῦμα ζῳοποιοῦν am auferweckenden Handeln Gottes beteiligt? Für Paulus ist das Pneuma die Wirkweise des erhöhten Herrn in und an den Christen, und sie ist als solche Bestandteil des Wirkens Gottes.[98] Die Beteiligung des Geistes am eschatologischen Heil konnte Paulus auf verschiedene Weise ausdrücken.

(a) Ζῳοποιέω findet sich außer in 1Kor 15,45 (vgl. V. 36) noch dreimal im Blick auf die Totenauferweckung. Nach 1Kor 15,22 werden ἐν τῷ Χριστῷ alle, die zuvor in Adam gestorben waren, lebendig gemacht (ζῳοποιηθήσονται); ähnlich formuliert Röm 8,11: Gott macht in der Totenauferweckung die sterblichen Leiber durch den in ihnen wohnenden Geist lebendig (ζῳοποιήσει).[99] Röm 4,17 werden Christus bzw.

---

[95] Vgl. *Wolff*, 1Kor, 409 (Anm. 18).
[96] Vgl. E. *Käsemann*, An die Römer (HNT 8a), Tübingen ³1974, 115.
[97] Das ist vom atl.-jüd. Kontext her ganz selbstverständlich (Dtn 32,39; 1Sam 2,6; 2Kön 5,7; Sir 11,14; Sap 16,13; als hymnische Gottesprädikation z.B. im Sch°mone-Esre). Vgl. die beiden Parusieschilderungen 1Thess 4,14.16; 1Kor 15, 22f.
[98] Geistaussagen finden sich sowohl von Gott als auch von Christus; Paulus kann πνεῦμα θεοῦ und πνεῦμα Χριστοῦ aufeinanderfolgend ohne Differenzierung verwenden (vgl. Röm 8,9–11). Eine gewisse Zuordnung lassen Gal 4,6 u. 1Kor 12,4–6 erkennen: Gott wirkt durch den von ihm gesandten Geist seines Sohnes. Vgl. *Wolff*, 2Kor, 82f. (Anm. 13).
[99] Διὰ τοῦ ἐνοικοῦντος πνεύματος, vgl. auch 1Kor 6,14: θεὸς καὶ ἡμᾶς ἐξεγερεῖ διὰ τῆς δυνάμεως αὐτοῦ.

das Pneuma nicht erwähnt, wohl weil vom Glauben Abrahams die Rede ist; stattdessen findet sich interessanterweise ein Hinweis auf die Schöpfermacht Gottes. Vom Pneuma als Lebensmacht sprechen ferner Röm 8,2.6.10; Gal 6,8 und 2Kor 3,6 (τὸ δὲ πνεῦμα ζῳοποιεῖ), an anderen Stellen ist nur vom Leben Jesu die Rede, das uns rettet (Röm 5,10) oder das an unseren Leibern offenbar werden wird (2Kor 4,10).

(b) Neben der Lebendigmachung durch den Geist steht die Vorstellung einer durch Christus bewirkten Verwandlung, durch die die Christen seinem Leib der Herrlichkeit gleichgestaltet werden (Phil 3,21; Röm 8,29).[100] Auch hier spielt das Pneuma des Auferstandenen eine wichtige Rolle, wie in 2Kor 3,12–4,6 deutlich wird: Die Christen sehen im Angesicht Christi Gottes Herrlichkeit (3,18; vgl. 4,6),[101] so wie Mose auf dem Berg Gottes Herrlichkeit gesehen hatte.[102] Das Ansehen des erhöhten Christus bewirkt eine Verwandlung in dasselbe Bild der Doxa des erhöhten Herrn, und diese Verwandlung ist ἀπὸ κυρίου πνεύματος[103] (3,18). Bereits unmittelbar im Vers davor hieß es, daß der Herr Geist ist.[104] In der Schau der δόξα des Auferstandenen erfahren die Glaubenden das verwandelnde Wirken Christi durch dessen Geist und zwar so, daß Christus den Glaubenden Anteil gibt an seiner göttlichen δόξα. Himmlische δόξα-Wirklichkeit und himmlische πνεῦμα-Wirklichkeit des Christus bilden eine Einheit.[105] Von dem auferstandenen Christus heißt es in 2Kor 4 darüber hinaus, daß er Gottes Bild ist (εἰκὼν τοῦ θεοῦ, 4,4, vgl. Gen 1,27). Die Verwandlung der Christen in das Bild der δόξα des Auferstandenen impliziert die Verwandlung in das Bild Gottes. Es ist durchaus denkbar, daß auch hier die schöpfungstheologischen Überlegungen aus 1Kor 15 im Hintergrund stehen und das eschatologische Heil als Schöpfungsvollendung verstanden wird.[106] Zu

---

[100] Vgl. auch 2Kor 5,4f. Dort ist vom zukünftigen Überkleidetwerden die Rede, für das uns das πνεῦμα als Angeld bzw. Pfand gegeben ist.

[101] Paulus denkt dabei nicht an eine mystische Schau, sondern an die glaubenweckende Evangeliumsverkündigung (vgl. 4,4).

[102] Δόξα κυρίου ist in Ex 24,17LXX die Übersetzung von כְּבוֹד יְהוָה.

[103] Verschiedene Übersetzungen dieser Wendung sind möglich (πνεύματος als Gen. objectivus, qualitatis od. appositionis; vgl. *Wolff*, 2Kor, 78 (Anm. 13)), sie »stimmen weithin darin überein, daß der Kyrios durch das Pneuma wirksam wird« (ebd.).

[104] Ἐστίν ist nicht im Sinne einer logischen Identitätsaussage zu verstehen (sonst könnte nicht im unmittelbaren Anschluß wieder vom Geist Christi die Rede sein), sondern es geht um das Wirken des erhöhten Christus durch Gottes Geist (vgl. 1Kor 15,45).Vgl. *Wolff*, 2Kor, 76 (Anm. 13).

[105] Vgl. auch Phil 3,21 (σῶμα τῆς δόξης) mit 1Kor 15,44 (σῶμα πνευματικόν).

[106] Vgl. *W. Grundmann*, Art. σύν μετά mit Genitiv, ThWNT 7, 787f. Vgl. auch *Kim*, der zu dem Ergebnis kommt, Paulus spreche von Christus als εἰκὼν τοῦ θεοῦ »in terms of the personified, hypostatized Wisdom of God (together with his

mindest erscheint es fruchtbar, 2Kor 3,12–4,6 von 1Kor 15 her zu lesen. Der Hauptunterschied zwischen beiden Texten besteht darin, daß es in 1Kor 15 um die futurisch verstandene eschatologische Totenauferstehung geht, in 2Kor 3f. aber um das gegenwärtige Christsein, wobei das Moment der Zukünftigkeit aber nicht ausgeschlossen ist, da gerade der folgende Kontext verdeutlicht, daß das πνεῦμα Angeld der eschatologischen Vollendung ist (vgl. 5,5 und 1,22).[107]

(c) Schließlich spricht Paulus in einer dritten Gruppe von Texten davon, daß wir *mit* Christus auferweckt werden (2Kor 4,14). Grundlegend ist dabei der Gedanke der Stellvertretung, den Paulus vom Kreuz auf die Auferstehung ausdehnt.[108] Durch sie sind Christus und die Christen miteinander verbunden. Diese Zusammengehörigkeit entsteht nach Röm 6 in der Taufe durch die Übereignung des Täuflings an den Herrn, auf dessen Namen er getauft wird. Auch in diesem Zusammenhang begegnen Pneumaaussagen. Implizit stehen sie bei der Taufe im Hintergrund, denn im Zusammenhang der Taufe empfängt der Christ das Pneuma.[109] Die Auferweckten leben *mit* Christus aus der δύναμις bzw. δόξα Gottes (Röm 6,4f.; 8,17; 2Kor 13,4, vgl. 1Kor 6,14).[110] Während in diesem Zusammenhang die Differenz zwischen Christus und den Christen durch den Stellvertretungsgedanken festgehalten wird, betonen die Pneumaaussagen anders als bei der Lebendigmachung oder Verwandlung stärker die Gleichheit: Gott wirkt an Christus und an den Christen in gleicher Weise

---

realization at that time that Christ has superseded the Torah) on the one hand, and in terms of Adam, on the other«, Origin, 267 (Anm. 2).

[107]In futurisch-eschatologischem Sinn spricht Paulus von der Verwandlung in das Bild Christi in Röm 8,29.

[108]Vgl. Röm 6,4f.8; 2Kor 13,4, vgl. auch schon 1Thess 4, 16f. οἱ νεκροὶ ἐν Χριστῷ ἀναστήσονται ... καὶ οὕτως πάντοτε σὺν κυρίῳ ἐσόμεθα (vgl. Grundmann, σύν – μετά, 782ff. (Anm. 106)), ferner Phil 1,23 (σὺν Χριστῷ εἶναι). G. *Barth* und andere haben die These vertreten, daß »der religionsgeschichtliche Hintergrund dieser Vorstellung vom Mitsterben und Mitauferstehen des Glaubenden mit Christus in den hellenistischen Mysterienreligionen zu suchen ist« (G. *Barth*, Der Tod Jesu Christi im Verständnis des Neuen Testaments, Neukirchen-Vluyn 1992, 81). Wie weit die Parallelen wirklich reichen, ist allerdings umstritten, zumal die Quellenlage schwierig ist. U. Wilckens kommt daher zu dem Ergebnis: Die »christologische Begründung der Heilswirkung der Taufe hatte den Sühnetod und die Auferstehung Christi zu ihrem Fundament. Die paulinischen σύν-Aussagen lassen sich durchaus als Interpretation dieser urchristlichen Ansätze verstehen, ohne daß darin der Sache nach neue Momente hinzugetreten sind« (U. *Wilckens*, Der Brief an die Römer: 2. Teilband Röm 6–11 (EKK 6/2), Neukirchen-Vluyn ³1993, 60).

[109]Vgl. 1Kor 12,13; man kann aber nicht einfach sagen, daß die Gläubigen den Geist Gottes erst bei der Taufe empfangen, für Paulus ist das πνεῦμα bereits Voraussetzung des Glaubens (vgl. z.B. 1Kor 2,3–5).

[110]Zum Zusammenhang von Pneumaverständnis u. Dynamis-Begriff vgl. *Wolff*, 2Kor, 80 (Anm. 13).

durch seine pneumatische Dynamis.¹¹¹ Auch hier sind präsentische und futurische Dimension ineinander verschränkt: Röm 6 spricht von der gegenwärtigen Teilhabe am Auferstehungsleben der Christen, die ein Leben κατὰ πνεῦμα ermöglicht (Röm 8 wird dies dann entfaltet). Christen sind – sofern sie am Sein Christi durch das Pneuma Anteil haben – bereits καινὴ κτίσις (2Kor 5,17; Gal 6,15).

Den Zusammenhang von Pneumatologie und Auferstehung Christi hat Paulus möglicherweise erst in der Auseinandersetzung mit den Korinthern entfaltet.¹¹² Indem er die Pneumaerfahrung an die eschatologische Auferstehung bindet, werden alle anderen Pneumaerfahrungen – deren sich die Korinther so sehr rühmen – relativiert. Bis zur eschatologischen Vollendung haben die Christen eben nur einen ἀρραβὼν τοῦ πνεύματος.¹¹³ Das Begriffspaar πνευματικός und ψυχικός hat ja durchaus eine polemische Spitze und taucht schon in 1Kor 2,14f. auf. Insofern ist die pneumatologisch gefaßte Auferstehungstheologie neben der Kreuzestheologie das zweite Korrektiv gegenüber dem Enthusiasmus der Korinther.

V.

Das in den beiden letzten Abschnitten dargelegte theologische Verständnis der Auferstehung führt zurück zu der bereits angeschnittenen Frage nach dem leeren Grab. H. Graß hat die relevanten Stellen ausführlich besprochen.¹¹⁴ Er kommt zu folgendem Ergebnis: »Man wird also die Neuschöpfung der Auferstehungsleiblichkeit nicht als eine *creatio ex nihilo* verstehen dürfen, sie ist, was das Ich anbetrifft eine *recreatio*. Nur das folgt nicht aus dieser Kontinuität zwischen sterbendem und wiedererstehendem Ich, daß Gott sich bei der Bildung der neuen Auferstehungsleib-

---

¹¹¹Röm 6,4; 1Kor 6,14; 2Kor 13,4 sind die einzigen Stellen, an denen die Auferweckung Christi in dieser Weise näher bestimmt wird. Die Verwendung von δύναμις bzw. δόξα zeigt allerdings, daß Paulus hier nicht wirklich trinitarisch denkt, sondern das Pneuma als eine wirkmächtige Eigenschaft Gottes versteht. Das ist ganz jüdisch alttestamentlich gedacht. Vgl. auch Röm 1,4: ἐν δυνάμει und vermutlich auch κατὰ πνεῦμα ἁγιωσύνης sind paulinische Zusätze zu der hier zitierten liturgischen Formel. Die beiden Präpositionalausdrücke sind auf das zu dem Partizip zu denkende grammatikalische Subjekt (Christus als Sohn Gottes) zu beziehen und umschreiben dessen Seinsweise.
¹¹²1Thess 4,13–18 ist vom πνεῦμα nicht die Rede.
¹¹³2Kor 1,22; 5,5, vgl. auch Röm 8,23 (ἀπαρχή τοῦ πνεύματος).
¹¹⁴*Graß*, Ostergeschehen, 150–173 (Anm. 64): 1Thess 4,13ff.; 1Kor 15; 2Kor 5,1–10; Phil 1,23; Röm 8,11; Phil 3,20; Röm 8,18–23; 1Kor 7,29–31; aus Platzgründen kann hier nur einiges Grundsätzliches zur Position von Graß gesagt werden.

lichkeit der Elemente der alten Leiblichkeit bedient.«[115] Graß betont die Diskontinuität zwischen alter und neuer Leiblichkeit, alter und neuer Schöpfung: es gehe um ein *totaliter-aliter*. Die alte Leiblichkeit vergehe mit den Elementen der alten Welt, um einer neuen Schöpfung Platz zu machen (171). Zu 2Kor 5 schreibt Graß: »Während die eine [Leiblichkeit] im Grab zerfällt, ist die andere im Himmel bereits fertig da.«[116] Im Blick auf Christus würde dann freilich gelten, daß die Leerung des Grabes keineswegs *conditio sine qua non* des Auferstehungsglaubens ist. Eine Kontinuität zwischen alter und neuer Schöpfung besteht nur im Blick auf den Menschen als Person, und auch diese Kontinuität wird allein von Gott verbürgt. Graß spricht deshalb von der Auferstehung als *recreatio*. Mit Bultmann ist Graß der Meinung, daß Paulus gegen die Korinther die Auferstehung des σῶμα verteidige, weil es ihm um diese Kontinuität des ›Ich‹ (= σῶμα) gehe. Auferstehung heißt dann, daß die ontologische Struktur des Menschen in seiner Personalität von Gott unter den neuen Bedingungen der eschatologischen Welt wieder erschaffen wird. Dieses Nebeneinander von Diskontinuität und Kontinuität kann Graß so zusammenfassen: »Die ›ἀπολύτρωσις τοῦ σώματος‹, von der Röm 8,23 spricht, ist sowohl Erlösung vom Leibe wie Erlösung des Leibes. Erlösung vom Leibe, sofern darunter das ›σῶμα τοῦ θανάτου‹ verstanden ist. Erlösung des Leibes, sofern auch der neue Mensch seine individuell bestimmte eschatologische Leiblichkeit haben wird, in der er gleichgestaltet sein wird der Eikon des Sohnes Gottes Röm 8,29«.[117]

---

[115] A.a.O., 154; vgl. 163.171 (Anm. 64).
[116] Ebd., 163 (Anm. 64).
[117] A.a.O., 171 (Anm. 64). Kardinalstelle dieser Deutung ist für Graß der schwierige Text 2Kor 5,1–10: Auf mehr als 10 Seiten versucht er, unter Heranziehung von religionsgeschichtlichem Vergleichsmaterial seine Auslegung zu begründen: »Sterben heißt ausgezogen werden und nackt dastehen ... In diesem Zustand des Nacktseins bleibt das Selbst, bis es dann in der Parusie mit der neuen, im Himmel bereitliegenden Leiblichkeit bekleidet wird« (a.a.O., 161). Irdische und himmlische Leiblichkeit sind dann sozusagen ›zwei paar Schuhe‹ und haben nichts gemein; die eine verrottet im Grab, die andere ist im Himmel schon da (vgl. a.a.O., 163).
Der in diesem Fall anzunehmende Zwischenzustand bleibt aber rätselhaft, von einem »Selbst« ist jedenfalls nicht die Rede. Es bleibt bei dieser Deutung vor allem die Spannung zwischen der Furcht vor einem vorzeitigen Tod (als Entkleidung anstelle einer Überkleidung bei der Parusie, VV. 2.4) und den zuversichtlichen Aussagen aus VV. 1.8 im Blick auf eben diesen Tod.
M.E. ist die Auslegung vorzuziehen, nach der Paulus hier gar nicht über den vorzeitigen Tod reflektiert. Vielmehr bekräftigt er die Zusage, daß nach dem Ende unserer sterblichen irdischen Existenz (sei es beim Tod oder bei der Parusie) den Christen eine neue himmlische Leiblichkeit verheißen (V. 1.5–8) ist. Das paßt gut zum vorhergehenden Abschnitt (4,7–18): den jetzigen Leiden steht die Hoffnung auf die kommende Verherrlichung des Leibes bei der Auferstehung gegenüber.

Es ist fraglich, ob H. Graß mit seinem von Bultmann herkommenden Verständnis des σῶμα-Begriffs Paulus zutreffend gedeutet hat. Es sei hier nur an die Kritik E. Käsemanns erinnert: Es gelingt »Bultmann nicht wirklich, sich von der idealistischen Idee der Personalität freizumachen und der tiefen Weltverflochtenheit des Menschen gerecht zu werden. Diese Verflochtenheit kommt bei ihm nur als Verfallenheit des Unglaubens zutage, weshalb 'Eigentlichkeit' ihr antithetisch entspricht und 'Entweltlichung' das Wesen des Glaubens beschreiben kann. In solcher Terminologie setzt sich jene abendländische Tradition fort, welche das geistige Dasein von der Natur abgrenzt und den Stand in der Welt von vornherein weltkritisch bestimmt sein läßt.«[118] Man kann fragen, ob Graß' Deutung von Röm 8,23 durch Röm 7,24 nicht eine Spielart dieser Entweltlichung darstellt. Sie ist schon exegetisch problematisch, denn Röm 7,24 (»wer wird mich erlösen ἐκ τοῦ σώματος τοῦ θανάτου«) ist in der Tat untypisch für den sonstigen Sprachgebrauch des Paulus.[119] Darüber hinaus muß Graß vor allem die zahlreichen, den Zusammenhang von irdischer und himmlischer Leiblichkeit betonenden Verben wie ἀλάσσω (1Kor 15,51), μεταμορφέω (2Kor 3,18), ἐπενδύομαι (2Kor 5,4), μετασχηματίζω (Phil 3,20), ζωοποιέω τὰ

Eine Angst vor Entkleidung ist für Paulus unbegründet (weil überhaupt keine Möglichkeit). Die VV. 2–4 wären dann ein polemischer Seitenhieb gegen die korinthischen Gegner, mit denen Paulus sich bereits 1Kor 15 auseinandergesetzt hatte. Möglicherweise hatten diese (positiv) von der Entkleidung der Pneumaseele beim Tod gesprochen (vgl. *Bultmann*, 2Kor, 132–141(Anm. 13); *P. Hoffmann*, Die Toten in Christus (NTA NS 2), Münster ³1978, 267–285; *Wolff*, 2Kor, 110f. (Anm. 13)). Das Problem eines Zwischenzustandes bleibt freilich auch in diesem Fall ›ungelöst‹, weil unreflektiert. Für Paulus war es ausreichend zu sagen, daß die Toten keinen Nachteil haben gegenüber den bei der Parusie Lebenden (1Thess 4,15), daß Christus auch über die Toten Herr ist (Röm 14,9) und daß der Tod keine die Christusgemeinschaft aufhebende Wirkung hat (Phil 1,23 – vgl. Anm. 61 – ; Röm 8,38f.). Jedenfalls will Paulus selbst für den Fall des vorzeitigen Todes nichts von einer auch nur vorübergehenden entleiblichten Existenzweise wissen. Das ἔχομεν aus V. 1 ist m.E. in Verbindung mit der Rede vom himmlischen Kleid/Bau nicht im Sinne eines Vorhandenseins zu interpretieren. Denn die zukünftige Herrlichkeit wird »an unserem Leibe offenbar« (vgl. 4,10!). Das Präsens ἔχομεν der Apodosis drückt lediglich den generell prospektiven Fall einer sicher zu erwartenden Folge der Protasis (ἐὰν ... καταλυθῇ ...) aus (im Sinne von ›wir erhalten‹), mehr nicht.

[118] Vom theologischen Recht historisch-kritischer Exegese, in: ZThK 64, 1967, 277. Zum Begriff σῶμα s.o. S. 43.

[119] Röm 7,24 geht es nicht um die Befreiung vom Körper. Σῶμα τοῦ θανάτου ist analog zu σῶμα τῆς ἁμαρτίας (Röm 6,6) zu verstehen; es bezeichnet zwar wie sonst bei Paulus auch den ganzen Menschen, hier aber speziell den alten, von der Sünde versklavten Menschen, d.h. im Sinne dessen, was Paulus sonst σάρξ nennt. Insofern ist Röm 7,24 paradox formuliert: Wer wird mich von meinem der Sünde verfallenen Menschsein befreien?

θνητὰ σώματα (Röm 8,11) in ihrer Bedeutung für die Auferstehung relativieren.

Der entscheidende Punkt ist m.E. aber, daß Paulus die Auferstehung Christi nicht als *recreatio*, sondern im oben dargelegten Sinn als eschatologische Schöpfungsvollendung verstanden hat, d.h. als ein den ganzen Menschen (seine Körperlichkeit einschließlich) betreffendes, neumachendes Handeln Gottes an der alten Schöpfung. Auferweckt werden die Toten auf der Erde (1Thess 4,13–18); damit endet freilich der alte Äon (1Kor 15,23f.). In der Totenauferweckung offenbart Gott seine Treue zur Schöpfung; sie wird nicht einfach der Vernichtung preisgegeben, sondern sie wird verwandelt (Röm 8,18–22). Paulus hat die Auferweckung Christi als die die christliche Hoffnung begründende Antizipation dieser Schöpfungsvollendung verstanden. Wenn 1Kor 15,51 davon die Rede ist, daß alle (πάντες) verwandelt werden, dann gilt dies eben auch für Christus. Der Unterschied zwischen Christus und den Christen ist lediglich, daß jener bereits hinter sich hat, was diesen noch bevorsteht, so daß Paulus den auferweckten Christus auch als Erstling der Entschlafenen bezeichnen kann (1Kor 15,20). Der Gedanke eines vollen Grabes ist damit aber kaum zu vereinbaren. Anders gesagt: Paulus hätte nur schwer von Ostern als vorweggenommener Schöpfungsvollendung sprechen können und gleichzeitig den Leichnam im Grab wissen können. Man kann nicht zugleich den Samen (ja nicht einmal einen Rest von ihm) und die Pflanze haben. »Der Erlöser ist der Schöpfer, der nichts zurückläßt – auch keinen Leichnam im Grab.«[120] Das Ende des alten Äons ist vollständig, da ist nichts mehr, was (noch) verwesen könnte. In der Auferstehung Christi ist der neue Äon bereits angebrochen.

---

[120] Vgl. den Beitrag von G. Etzelmüller in diesem Band, S. 235.

Jens Adam

Das leere Grab als Unterpfand der Auferstehung Jesu Christi
Der Beitrag Hans von Campenhausens

Alsbald nach Präskript und Proömium des 2. Korintherbriefs verteidigt sich der Apostel Paulus gegen den Vorwurf, er habe willkürlich, aus Feigheit oder aufgrund unlauterer Überlegungen seine Reisepläne geändert und einen Besuch in der Gemeinde von Korinth gemieden. Dieser Abschnitt (2Kor 1,12–24) verdient deswegen genauere Beachtung, weil sich hier wie auch andernorts Paulus als jemand erweist, dessen Argumentation auch bei Vorwürfen gegenüber seiner eigenen Person eine *theologische* ist.[1] Weil die Botschaft, die Paulus in Korinth verkündet hat, eine zuverlässige Botschaft ist, ist auch der Apostel selbst zuverlässig. Weil das Wort vom Kreuz kein Ja oder Nein, sondern nichts anderes als nur Gottes Ja zum Menschen trotz und wegen dessen tiefster Verfehlung ist, kann kein Zweifel an der Eindeutigkeit der apostolischen Verkündigung sein.[2] Damit jeglicher Zweifel am Grund der apostolischen Verkündigung ausgeräumt wird, greift Paulus auf eine trinitätstheologische Formel zurück, die hinsichtlich des Subjektes der Glauben wirkenden Verkündigung wünschenswert eindeutig ist: ὁ δὲ βεβαιῶν ἡμᾶς σὺν ὑμῖν εἰς Χριστὸν καὶ χρίσας ἡμᾶς θεός, ὁ καὶ σφραγισάμενος

---

[1] Vgl. neben 2Kor 1,12–24, bes. 1,19–22, auch 1Kor 2,1–5; 12,7–10; Gal 1,6–10 u.ö. Zum apostolischen Selbstverständnis des Paulus vgl. *O. Hofius*, Paulus – Missionar und Theologe, in: *J. Ådna/S. J. Hafemann/O. Hofius* (Hg.), Evangelium, Schriftauslegung, Kirche. Peter Stuhlmacher zum 65. Geburtstag, Göttingen 1997, 224–237; *K. Kertelge*, Das Apostelamt des Paulus, sein Ursprung und seine Bedeutung, in: *ders.*, Grundthemen paulinischer Theologie, Freiburg/Basel/Wien 1991, 25–45: 36 Anm. 38.
[2] Vgl. 2Kor 1,17–20.

ἡμᾶς καὶ δοὺς τὸν ἀρραβῶνα τοῦ πνεύματος ἐν ταῖς καρδίαις ἡμῶν (2Kor 1,21f.).[3]

In unserem Zusammenhang interessiert nun vor allem die Formulierung vom ἀρραβών (τοῦ πνεύματος). Es dürfte opinio communis sein, daß damit ein terminus technicus der Rechts- und Geschäftssprache verwendet wird[4], wobei mit der Übersetzung »Unterpfand, Angeld, Anzahlung« mehrere Aspekte deutlich werden: ἀρραβών ist ein die Gesamtzahlung vorwegnehmender Teil als Anzahlung, wobei die Gültigkeit des damit abgeschlossenen Vertrags impliziert und die Verpflichtung zu weiterer Leistung gegenüber dem Empfänger intendiert ist.[5] Für das Verständnis der zitierten Verse heißt das: Gottes אֱמוּנָה für die Glaubenden ἐν Χριστῷ zeigt sich in der Gabe des heiligen Geistes als einer unerschütterlichen Selbstverpflichtung Gottes zum eschatologischen Wohl des Menschen. Der Geist Gottes ist Unterpfand der Auferstehung für den in und durch Christus mit Gott versöhnten κόσμος.[6]

In einer programmatischen Abhandlung, die nach wie vor lesenswert und hinsichtlich ihrer Differenziertheit für die gegenwärtige Diskussion um »das leere Grab« bereichernd ist, hat der Heidelberger Kirchenhistoriker Hans von Campenhausen ein zusammenhängendes Bild über den Ablauf der Ostergeschichte und die Bedeutung des leeren Grabes zu entwickeln gesucht.[7] v. Campenhausen ist bei der Rekonstruktion des Ablaufs der Osterereignisse an der Frage »nach dem einfach Geschichtlichen« interessiert, als der »Frage nach dem geschichtlichen Kern dessen, was die

---

[3] Inwiefern Paulus hier Tradition, etwa eine spezifische Taufterminologie, aufgreift, kann an dieser Stelle offen bleiben; vgl. die Darstellung bei *C. Wolff*, Der zweite Brief des Paulus an die Korinther (ThHK 8), Berlin 1989, 37f. mit Anm. 48.

[4] Dieser Hintergrund liegt bei jeder der drei Stellen, an denen ἀρραβών im NT vorkommt, vor; vgl. neben 2Kor 1,22 und der entsprechenden Parallele 2Kor 5,5 auch Eph 1,14. Ebenso der atl. Befund, vgl. Gen 38,17f.20 LXX.

[5] Vgl. *W. Bauer*, Griechisch-deutsches Wörterbuch zu den Schriften des Neuen Testaments und der frühchristlichen Literatur, hg. v. K. u. B. Aland, 6. Aufl., Berlin/New York 1988, 219 s.v.; so schon bei *H. Cremer*, Wörterbuch der Neutestamentlichen Gräcität, 8. Aufl., Gotha 1895, 172 s.v. (mit klassischen Belegen); vgl. *J. Behm*, Art. ἀρραβών, ThWNT I, 474. Dies bestätigt das βεβαιῶν (2Kor 1,21); vgl. *Wolff*, 2. Korinther (s. Anm. 3), 37.

[6] 2Kor 5,17–19; vgl. dazu *O. Hofius*, »Gott hat unter uns aufgerichtet das Wort von der Versöhnung« (2Kor 5,19), in: *ders.*, Paulusstudien (WUNT 51), 2. Aufl., Tübingen 1994, 15–32, hier besonders 20f.; *ders.*, Erwägungen zur Gestalt und Herkunft des paulinischen Versöhnungsgedankens, in: *ders.*, Paulusstudien (WUNT 51), 2. Aufl., Tübingen 1994, 1–14: 6.

[7] *H. Freiherr v. Campenhausen*, Der Ablauf der Osterereignisse und das leere Grab (SHAW.PH 4/1952), 4. Aufl., Heidelberg 1977. Leichter zugänglich findet sich die Abhandlung in einer allerdings gekürzten Fassung auch in: *B. Klappert* (Hg.), Diskussion um Kreuz und Auferstehung. Zur gegenwärtigen Auseinandersetzung in Theologie und Gemeinde, 2. Aufl., Wuppertal 1967, 190–206.

Überlieferung historisch bezeugt«.[8] Somit legt er eine historische Untersuchung vor, die sich einerseits angesichts der diffizilen Quellenlage der kritischen Bedenken eines solchen Vorgehens durchaus bewußt ist, sich andererseits aber von der *notwendigen* Aufgabe der historischen Rückfrage motiviert und legitimiert weiß.[9] Damit geht der Anspruch einher, die Frage »nach dem wirklichen Ablauf und nach dem inneren Zusammenhang des Geschehens«[10] begründet beantworten zu können, wenn die Antwort darauf auch stets ein Wahrscheinlichkeitsurteil bleiben mag. So kommt v. Campenhausen zu der weitreichenden Aussage: »Petrus vor allem scheint das leere Grab als Unterpfand der erfolgten Auferstehung verstanden und die andern [sc. Jünger] in diesem Sinne beeinflußt zu haben.«[11] Im Kontrast zu den eingangs nur knapp skizzierten paulinischen Aussagen stellt sich dabei die Frage nach der genaueren Intention von v. Campenhausens Darstellung und deren Beurteilung angesichts des neutestamentlichen Befundes. Die theologische Relevanz der historischen Untersuchung deutet v. Campenhausen zumindest an, ohne sie (zunächst) inhaltlich näher zu bestimmen: »Das so gewonnene Ergebnis kann dann (...) auch für das theologische Verständnis der Auferstehungsbotschaft nicht einfach gleichgültig bleiben...«.[12]

Demgemäß soll nun in einem zweiten Teil (II) der Gedankengang v. Campenhausens mit seinen entscheidenden Aussagen referiert werden, um seine Sicht der Dinge anschließend im Dialog mit dem relevanten neutestamentlichen Befund diskutieren zu können (III).[13]

---

[8] *v. Campenhausen*, Ablauf (s. Anm. 7), 7.
[9] Ich differenziere durchgehend möglichst präzise zwischen *geschichtlich* und *historisch*: Der geschichtliche Ablauf eines Geschehens ist der zu einem vergangenen Zeitpunkt tatsächlich erfolgte Ablauf, während die historische Rückfrage nach diesem Ablauf stets Rekonstruktionscharakter hat. Die biblische Darstellung eines Geschehens wäre danach ein aufgrund der (Text-)Quellen möglichst präzises und nachprüfbar zu erhebendes Glaubenszeugnis der alt- und neutestamentlichen Autoren von einem geschichtlichen Geschehen. Daß die Wahrnehmung geschichtlicher Abläufe stets selektiv ist, ist dabei konzediert, macht aber die genannte Differenzierung nicht sinnlos. Eine knappe hermeneutische Reflexion hierzu hat Gerd Theißen vorgelegt: *G. Theißen/A. Merz,* Der historische Jesus. Ein Lehrbuch, Göttingen 1996, 31.116–122.
[10] *v. Campenhausen*, Ablauf (s. Anm. 7), 7.
[11] A.a.O., 51.
[12] A.a.O., 8.
[13] Dieses Verfahren bietet sich u.a. auch deswegen an, weil auf v. Campenhausens Studie des öfteren verwiesen, sein Ergebnis aber selten problematisiert wird; vgl. exemplarisch *W. Pannenberg*, Grundzüge der Christologie, 6. Aufl., Gütersloh 1982, 85–103 (passim); *ders.*, Systematische Theologie II, Göttingen 1991, 398 Anm. 97; *ders.*, Systematische Theologie III, Göttingen 1993, 40 Anm. 80; *J. Ringleben*, Wahrhaft auferstanden. Zur Begründung der Theologie des lebendigen Gottes, Tübingen 1998, 106 Anm. 1. – Die folgenden Ausführungen geben stets, wenn nicht ausdrücklich anders gekennzeichnet, die Sicht v. Campenhausens

II

Von vornherein verdienen v. Campenhausens Prämissen Beachtung, weil sie für die Plausibilität seiner Darstellung grundlegend sind; teilt man jene nicht, wird man dieser kaum folgen können:
1. Ein historisch begründetes Urteil über die geschichtlichen Abläufe der Ostergeschehnisse ist möglich – dies ist angesichts Martin Kählers Einsichten zum geschichtlichen, biblischen Christus nicht selbstverständlich.[14]
2. Diese historische Arbeit ist nicht nur möglich, sondern auch theologisch geboten.
3. Hinsichtlich der Einschätzung der Quellen und ihres jeweiligen historischen Wertes respektive ihrer Glaubwürdigkeit gilt: Das älteste Zeugnis der Ostergeschehnisse, die bei Paulus tradierte Formel 1Kor 15,3bff., verdient gleichsam unwiderlegbaren Respekt.[15] Dem ist das markinische Zeugnis an die Seite zu stellen[16], obgleich der Evangelist Markus kein Augenzeuge der Geschehnisse war und darum auch bei ihm redaktionelle Hinzufügungen eruiert und getilgt werden müssen; seine Priorität als Quelle für die anderen Evangelien macht ihn aber prinzipiell glaubwürdiger, als es die Zeugnisse der anderen Evangelisten sind. Unter jenen verdient nach v. Campenhausen allenfalls der Historiker und Theologe Lukas größere Beachtung[17]; alles darüber hinaus ist von eher legendarischem Charakter.

---

wieder (!).

[14] Vgl. *M. Kähler*, Der sogenannte historische Jesus und der geschichtliche, biblische Christus (ThB 2), 3. Aufl., München 1961. Als Hinweis mag Kählers Anfrage an die Leben-Jesu-Forschung genügen: »Es muß eine gestaltende Macht über die Trümmer der Überlieferung kommen. Diese Macht kann allein die Einbildungskraft des Theologen sein...« (27). Ob dies auch für v. Campenhausen gilt, ist zu fragen. Eine kritische Würdigung Kählers nehmen u.a. vor: *E. Jüngel*, Paulus und Jesus (HUTh), 6. Aufl., Tübingen 1986, 71–77; *G. Koch*, Die Auferstehung Jesu (BHTh 27), Tübingen 1959 (= 2. Aufl. 1965), 100–110. – Die Literatur zum methodischen Problem der Frage nach dem historischen Jesus ist so uferlos wie unerquicklich; einen Großteil davon hat *W. G. Kümmel*, Dreißig Jahre Jesusforschung (1950–1980), hg. v. H. Merklein (BBB 60), Bonn 1985, 2–5, zusammengestellt.

[15] Vgl. *v. Campenhausen*, Ablauf (s. Anm. 7), 10f.: Bei 1Kor 15,3bff. handelt es sich »um ganz einfache, wichtige, bestimmte und bekannte Fakten. Wer ihre Zuverlässigkeit trotzdem bezweifeln will, der muß füglich alles bezweifeln, was im Neuen Testament überliefert ist...«

[16] *v. Campenhausen* folgt der Mehrheitsmeinung und läßt Markus mit 16,8 schließen (vgl. a.a.O., 25 mit Anm. 90).

[17] Vgl. a.a.O., 43 mit Anm. 171.

Das leere Grab als Unterpfand der Auferstehung Jesu Christi   63

4. Dem ist hinzuzufügen, daß sich die Apologetik der späteren Evangelisten gegenüber ihren Gegnern »als ein überaus wirksames, die alte Überlieferung gestaltendes und immer stärker auch umgestaltendes Moment«[18] erweist. –
Bei Paulus findet sich also das älteste Zeugnis und damit zugleich »die zuverlässigste Nachricht, die uns für die Ostererlebnisse der Jünger zur Verfügung steht«[19], nämlich die Formel 1Kor 15,3b–8. Die Überlieferung ist »erfreulich exakt wie betrübend knapp«[20], sie sagt deutlich, was gemeint ist, und Paulus selbst markiert sie als allgemein verbreitete wie anerkannte Tradition (vgl. 15,3a: παρέδωκα γὰρ ὑμῖν ἐν πρώτοις, ὃ καὶ παρέλαβον...).[21] Zudem wird ja durch den Hinweis auf die noch lebenden ἀδελφοί (15,6) die prinzipielle Nachprüfbarkeit jener Tradition (zu paulinischen Zeiten!) betont. Die chronologisch gemeinte Abfolge der Ereigniskette ist deutlich.[22]
Als schwierig erweist sich allerdings schon der Hinweis auf die Auferstehung Jesu Christi am dritten Tage κατὰ τὰς γραφάς. Ist der Bezug auf die Schrift notwendig, um einerseits den Erfüllungsgedanken aufzugreifen und andererseits der Formel eine gewisse Dignität zu verleihen, ohne die das Datum der Auferstehung nach v. Campenhausen kaum Interesse gefunden hätte[23], so weist er darauf hin, daß der tatsächliche Schriftbeweis später eher mühselig zu führen war.[24] Als Folgerung ergibt sich für

---

[18] A.a.O., 31.
[19] A.a.O., 8.
[20] A.a.O., 9.
[21] Der genaue Wortlaut der Formel mag im einzelnen umstritten sein, ihre Kernaussagen sind nach v. Campenhausen deutlich.
[22] Christian Wolff hat die neuere Diskussion um die Formel exkurshaft zusammengestellt: *C. Wolff*, Der erste Brief des Paulus an die Korinther (ThHK 7), Berlin 1996, 355–361.
[23] Die Rede ist ja von den γραφαὶ ἅγιαι (Röm 1,2!); vgl. *G. Schrenk*, Art. γράφω κτλ., ThWNT I, 742–773: 750–752.760f.
[24] Vgl. *v. Campenhausen*, Ablauf (s. Anm. 7), 11; vgl. Mt 12,40 mit Jona 2,1; auch Hos 6,2. – Daß damit ein Schriftbeweis (im weiteren Sinn) intendiert ist, scheint mir (mit *Wolff*, 1. Korinther {s. Anm. 22}, 368; auch *F. Lang*, Die Briefe an die Korinther (NTD 7), 16. Aufl., Göttingen 1986, 210f.; *Ringleben*, Wahrhaft auferstanden {s. Anm. 13}, 88 mit Anm. 188) gegen *v. Campenhausen*, Ablauf (s. Anm. 7), 11, und *J. Roloff*, Neues Testament, 6. Aufl., Neukirchen-Vluyn 1995, 189, evident zu sein; vgl. die Argumentation bei *H. Hübner*, Biblische Theologie des Neuen Testaments Bd. 2. Die Theologie des Paulus und ihre neutestamentliche Wirkungsgeschichte, Göttingen 1993, 198f. Mit »Schriftbeweis im weiteren Sinne« soll die Intention der urchristlichen Verfasser umschrieben werden, die Person und Werk Jesu Christi vornehmlich im Licht der ihnen vorgegebenen Heiligen Schriften zu deuten suchten und also auch Jesu Tod am Kreuz wie seine Auferstehung als schriftgemäße Erfüllung im Sinne des göttlichen δεῖ verstanden (vgl. Mk 8,31par; Lk 24,26f.; Apg 8,30–35).

v. Campenhausen: »›Der dritte Tag‹ [war] irgendwie schon vorgegeben«.[25]

Der *Ort* der Begegnungen ist zunächst allein von Markus her zu gewinnen, wobei er hier mit Matthäus (28,16) übereinstimmt: Der Ort der Erscheinungen Jesu vor den Jüngern ist Galiläa.[26] Dies wird selbst durch das Nachtragskapitel bei Johannes (21,1) gestützt, und indirekt weist auch Paulus darauf hin: Die Erscheinung Jesu vor 500 seiner Anhänger (1Kor 15,6) wäre in Jerusalem schlechterdings nicht denkbar oder müßte, wenn sie denn in Jerusalem stattgefunden hätte, zumindest einen Niederschlag in den Quellen gefunden haben.[27]

---

[25] *v. Campenhausen*, Ablauf (s. Anm. 7), 12 mit Anm. 22: Drei als typische Zahl; drei Tage als die Anzahl der Tage, in der sich die Seele wirklich vom Leib getrennt habe; vgl. neben Joh 11,39 die rabbinischen Belege bei *(H. L. Strack)/ P. Billerbeck*, Kommentar zum Neuen Testament aus Talmud und Midrasch II. Das Evangelium nach Markus, Lukas und Johannes und die Apostelgeschichte, 9. Aufl., München 1989, 544f. (ad Joh 11,39 B); Kritik dazu etwa bei *Wolff*, 1. Korinther (s. Anm. 22) 365 mit Anm. 86. – v. Campenhausen gesteht diese traditionsgeschichtlichen Überlegungen als denkbar zu, hält sie jedoch nicht eo ipso als eine Widerlegung der Möglichkeit, daß die »drei Tage« auch *geschichtlich* vorgegeben gewesen sein können.

[26] Mk 14,28; 16,7.

[27] Vgl. *v. Campenhausen*, Ablauf (s. Anm. 7), 15–20: Als erster in der Reihe der Formel wird *Petrus* genannt. Der historische Wert dieser Nachricht ist nach v. Campenhausen unzweifelhaft und steht in Übereinstimmung mit der Bedeutung jenes Apostels in der Urkirche; selbst bei Lukas, der nach v. Campenhausen stets jerusalemzentriert formuliert und darum zwar die alte Formel Lk 24,34 (s. dazu *H.-J. Eckstein*, Die Wirklichkeit der Auferstehung Jesu. Lukas 24,34 als Beispiel formelhafter Zeugnisse, in diesem Band, S. 1ff.) beläßt, aber eine regelrechte Geschichte der Protophanie Jesu vor Petrus vermeidet, findet sich eine (weitere) Reminiszenz an die erste Erscheinung Jesu gegenüber Petrus in Galiläa, nämlich in der Erzählung vom Fischzug des Petrus am See Genezareth (Lk 5,1–11 [SG]; vgl. dazu Joh 21,1ff.; EvPetr 14,60). Matthäus nimmt die Petruserscheinung in seine »Schlußszene« Mt 28,16ff. mit auf, wahrt so den Ort, vereinfacht aber insgesamt die Ostergeschichte. – Die Erscheinung vor den 11 *Aposteln* ist durchgehend bezeugt, und sie hat ebenso in Galiläa stattgefunden (sie steht ja zwischen der Erscheinung vor Petrus und der vor den 500 Brüdern); möglicherweise geschah diese Erscheinung während einer Mahlsituation, wie häufige Mahlszenen innerhalb der Osterberichte nahelegen könnten (v. Campenhausen nennt u.a.: Lk 24,30f.; Joh 21,12ff.; Mk 16,14). Petrus muß hier als anwesend mitgedacht werden, wobei die genaue Beziehung zur ersten Erscheinung offen bleibt. Die *500 Brüder* wiederum markieren die »Gemeindebildung im großen Stil«, die nun »in Galiläa begonnen« hat (*v. Campenhausen*, Ablauf {s. Anm. 7}, 18). Historische Dunkelheit umhüllt uns hinsichtlich der Erscheinungen vor *Jakobus* wie vor »*allen Aposteln*«. Ganz aus dem Rahmen fällt die Berufung des *Paulus* selbst: Sie erfolgt erst relativ spät, sie wird keinem Jünger oder zumindest Sympathisanten Jesu, sondern einem schnaubenden Christenverfolger zuteil, und sie hat in besonderer Weise heilsgeschichtliche Bedeutung, als daß nun die Heidenmission dezidiert in den Blick kommt.

Andere Erscheinungen als die in der Formel genannten sind damit nicht ausgeschlossen; allein Paulus scheint nach v. Campenhausen keine weiteren gekannt und vorausgesetzt zu haben. Und so muß »das weitaus meiste von dem, was in dieser Hinsicht über die paulinische Überlieferung hinaus schon in den kanonischen und vollends in den apokryphen Evangelien erzählt wird, (...) als legendäre Wucherung angesehen werden und hat auf geschichtliche Glaubwürdigkeit keinen Anspruch.«[28] Paulus mag auch vom leeren Grab in Jerusalem gewußt oder es vorausgesetzt haben; einen expliziten Beleg dafür haben wir bei ihm nicht. Was die Jerusalemer Ereignisse angeht, sind wir demnach auf die Evangelien angewiesen. Diese sind gleichsam mit dem historischen Makel behaftet, jünger als Paulus zu sein und darum legendarische Zusätze, sekundäre Traditionen und Erweiterungen in höherem Maße zu enthalten. Dem ältesten Evangelium (Markus) ist also primär zu folgen.

Danach ergibt sich für v. Campenhausen folgendes Bild: Nach dem Tode Jesu verbargen sich seine Jünger zunächst in Jerusalem. Allein die Frauen konnten von den Ereignissen unmittelbar nach dem Tod Jesu Zeugnis ablegen, weil sie Zeuginnen der Kreuzigung sowie der Grablegung waren. Sie sind es, die nach Markus am Ostermorgen zum Grab gehen in der Absicht, Jesu Leichnam zu salben. Allerdings sind diese Verse für v. Campenhausen einigermaßen merkwürdig: Ein Jüngling – der Deuteengel – taucht am Grab auf (legendarisch!), die Salbung eines schon seit drei Tagen – zumal in Leinwand gewickelten! – Toten ist befremdlich (allein Motivationserklärung für den Gang zum Grab), und die Frauen erscheinen »gedankenlos«, weil ihnen erst unterwegs einfällt, daß sie jemandes Hilfe bräuchten, um den schweren Grabstein wegzurollen (Vorbereitung des Wunders). Reduziert man diese Erzählung auf nüchterne Fakten, so erhält man einen einfachen Tatbestand: Erzählt wird »ein Gang zum Grabe, das sich geöffnet und leer erweist«.[29]

Ernsthafter ist das Problem des Schlußverses Mk 16,8: Die Frauen handeln genau entgegen der Weisung des angelus interpres, zittern und schweigen, anstatt zu frohlocken und zu erzählen. Dieses Schweigen ist für v. Campenhausen fürs erste nur so zu verstehen, »daß die Frauen *zunächst* geschwiegen hätten, so daß die folgenden Geschehnisse also ohne ihr Zutun und ohne Rücksicht auf das leere Grab in Gang kamen.«[30] Sodann aber liegt in jenem Schweigen der Frauen eine apologetische Spitze – das lenkt den Blick aber zunächst auf das Matthäusevangelium.

Jenes greift, von der (sekundären) Erscheinung Jesu vor den Frauen einmal abgesehen, in der Erzählung von den Grabwächtern bzw. dem ver-

---

[28] A.a.O., 20.
[29] A.a.O., 25.
[30] A.a.O., 27.

muteten Leichenraub Vorwürfe der Gegner apologetisch auf. Dieses apologetische Interesse mag dann auch die zahlreichen Ungereimtheiten[31] innerhalb der matthäischen Darstellung erklären.[32]
Aber auch im ältesten Evangelium finden sich nach v. Campenhausen apologetische Tendenzen. So ist zum einen die wiederholte Frage des Pilatus, ob denn Jesus wirklich schon tot sei (Mk 15,44f.), in diesem Sinne zu verstehen (Jesus war eben *nicht* scheintot!). Zum andern gilt dies aber gerade auch für den theologisch anscheinend unbekömmlichen Schluß des Evangeliums: So undenkbar es nach v. Campenhausen ist, daß die Frauen wirklich niemandem ein Wort von der Auferstehungsbotschaft weitersagten, zumal ihnen ja die Verkündigung der Auferstehung aufgetragen war[33], so verständlich wird dieses von Markus überlieferte Schweigen der Frauen[34] im Kontrast zu der Rolle der *Jünger*! »Die Jünger, will der Evangelist sagen, hatten mit dem leeren Grab überhaupt nichts zu tun... Das leere Grab ist ein Geschehen für sich, dessen Zeugnis zu den Erfahrungen, die die Jünger später in Galiläa machen werden, erst nachträglich hinzugetreten ist; es verdient darum doppelt Glauben und Beachtung, die Jünger selbst aber hatten nichts mit ihm zu schaffen.«[35] Allerdings ist damit nicht etwa die ganze markinische Sichtweise apologetisch geprägt, sondern sie ist in ihrer eher spröden Darstellung durchaus glaubwürdig und stimmt ja obendrein in der fehlenden Erwähnung von Christuserscheinungen am Grab in Jerusalem mit dem alten paulinischen Zeugnis gerade überein. –
Demzufolge sind nach v. Campenhausen zwei herausragende und zuverlässig bezeugte Gegebenheiten für eine zusammenhängende Rekonstruktion der Ostergeschichte wesentlich:
1. »Eine Reihe von unbezweifelbaren Christuserscheinungen, die [ausschließlich!] nach Galiläa zu setzen sind«
2. »und die Entdeckung des leeren Grabes zu Jerusalem.«[36]

---

[31] v. Campenhausen erörtert die Schwierigkeiten der Quellenlage a.a.O., 29f.
[32] Ähnliches wäre von Johannes zu sagen: Der Bericht von der Lagerung des Grabtuches und des sorgsam gefalteten Schweißtuches (Joh 20,6f.) kann ebenfalls als Gegenbeweis für einen Leichendiebstahl verstanden werden (man wickelt einen Leichnam, den man rauben will, nicht erst sorgsam aus: Die Erkenntnis findet sich nach v. Campenhausen schon bei Chrysostomos, vgl. a.a.O., 31 Anm. 123). Die Erzählung von Maria Magdalena (Joh 20,11–18) greift dies auf, und sei es, daß der »Gärtner« (Joh 20,15) den Leichnam sozusagen »aus Versehen« weggebracht hat – eine feine Variante der Polemik, gegen die Matthäus anzugehen hatte.
[33] Vgl. Mk 16,7.
[34] Mk 16,8.
[35] A.a.O., 37. Daß die Jünger dann doch irgendwann vom leeren Grab gehört hatten, gehört zu den (gewollten?) Inkonsistenzen bei Markus.
[36] Vgl. a.a.O., 42.

Sowohl Versuche, diese beiden Nachrichten so eng aneinander zu binden, daß die Erscheinungen schließlich in Jerusalem selbst verortet werden, als auch das gegenteilige Unternehmen, alles von den Erscheinungen in Galiläa her zu begründen und die Überlieferung vom leeren Grab ganz zu streichen, entsprechen nach v. Campenhausen nicht dem ältesten Quellenzeugnis, wie es vor allem Paulus und Markus bieten, wobei Lukas ergänzend herangezogen wird. Eine Rekonstruktion der Ostergeschichte muß dies berücksichtigen.

Über die Verfassung der Jünger nach dem Tode Jesu schweigen die Quellen. Naheliegend ist es, daß die Jünger in Jerusalem geblieben waren; mögen sie auch schon das Ende Jesu geahnt oder gespürt haben, so werden sie wohl zunächst im Verborgenen und untereinander versucht haben, das Geschehene zu verarbeiten und zu deuten. Insbesondere nach dem Zeugnis des Lukas (22,31f.) wird dabei Petrus als Initiator einer neuerlichen Glaubenshoffnung gelten dürfen, und unter seiner Führung machen sich die Jünger auf nach Galiläa.[37] Mag dieses Bild auch im einzelnen nicht beweisbar sein, so ist es (nach v. Campenhausen) doch denkbar, und mag die Engelsbotschaft am Grab als solche legendarisch sein, so kann sie doch die Situation genau so geschildert haben, wie sie war. Hinzu kommt, daß die Botschaft vom leeren Grab den Jüngern ja denn doch überbracht worden war und ihre Wirkung gezeigt hat: Wenn Jesus nicht mehr in Jerusalem, der Stadt seiner Kreuzigung war, so würde man ihn am ehesten in seiner Heimat zu suchen und zu finden haben, und so wurde das leere Grab der entscheidende Anstoß für den Aufbruch der Jünger nach Galiläa, wo die Erscheinungen Jesu jeglichen noch vorhandenen Zweifel zerstreuten.

Entsprechend ergibt sich für v. Campenhausen etwa folgender Ablauf der Osterereignisse:[38]

1. Nach Verhaftung und Tod Jesu bleiben die Jünger in Jerusalem, ohne öffentlich aufzutreten.
2. Bald danach (»am dritten Tage«) entdecken Frauen der Anhängerschaft Jesu das geöffnete und leere Grab Jesu; es erfolgen aber keine Erscheinungen Jesu.

---

[37] Vgl. Mk 16,7.
[38] Wobei v. Campenhausen nachdrücklich und wiederholt darauf hinweist, daß sowohl Auslegung und Auswahl wie Kombination der Quellen »immer hypothetisch bleiben« müssen (a.a.O., 50). Gleichwohl herrscht hier keine Willkür, wie seine Gewichtung verdeutlicht: »Unbezweifelbar ist m.E. nur das, was Paulus berichtet. Markus ist, kritisch betrachtet, jedoch gleichfalls eine wertvolle Quelle, und noch Lukas gibt als bewußter Historiker immerhin Nachrichten und Anschauungen weiter, die nicht zu übersehen sind. Alle anderen Evangelien haben nur als Bestätigung oder Fortführung der älteren Berichte einen bescheidenen Wert.« (A.a.O., 50f.)

3. Es kommt zu einer wachsenden Unruhe unter den Jüngern; offenbar versteht Petrus jedoch *das leere Grab als Unterpfand der erfolgten Auferstehung.*
4. Die Jünger ziehen unter Führung des Petrus nach Galiläa und erwarten, dort Jesus wiederzufinden.
5. Dort erscheint Jesus (zeitlich aufeinanderfolgend): vor Petrus, vor den Zwölfen, vor 500 Brüdern, vor Jakobus, vor allen Aposteln. Die letzte Erscheinung Jesu findet möglicherweise schon wieder in Jerusalem statt, wohin sich Petrus, Jakobus, der engere Jüngerkreis und weitere Anhänger Jesu begeben.
6. Schließlich erfolgt die Erscheinung Jesu vor Paulus. –

Der programmatische Satz der Untersuchung v. Campenhausens lautet: »Der entscheidende Anstoß, der alles ins Rollen brachte, war die Entdeckung des leeren Grabes.«[39] Die Frage nach dem Verbleib des Leichnams Jesu bleibt allerdings rätselhaft, und hier endet die »mit historischen Mitteln durchführbare[-] Diskussion«, weil die Annahme einer leiblichen Auferstehung ein Glaubenszeugnis außerhalb »des analogisch Verständlichen« ist.[40] Das Rätsel des Verbleibs von Jesu Leichnam bleibt historisch im Dunkeln, und neben einer ganzen Reihe von spekulativen Möglichkeiten einer Erklärung erscheint für v. Campenhausen gerade das neutestamentliche Zeugnis von einer *leiblichen* Auferstehung Jesu als »ein in jedem Sinne einzigartiges Ereignis..., mit dem der neue ›Äon‹ beginnt und an dem die alte Welt mit ihren Gesetzen darum wirklich endet«.[41] Zugleich aber »erscheint die natürliche Unmöglichkeit, etwas Derartiges als ›wahrscheinlich‹ anzunehmen, eher geradezu als notwendig und theologisch sozusagen ›natürlich‹«.[42]

III

Was wäre demnach der Ertrag der referierten Abhandlung? v. Campenhausen legt eine Darstellung der Osterereignisse vor, wie sie sich ihm aufgrund des neutestamentlichen Quellenstudiums erschließen. Dabei ist die Gewichtung und Zuordnung der einzelnen Texte – mit Rücksicht auf ihr vermutetes Alter – entscheidend. Warum ist diese Untersuchung aber nicht nur historisch, sondern auch theologisch geboten?[43] v. Campenhausen stellt sich zumindest knapp dieser Frage: Zunächst wird – erstens – damit deutlich, daß die Botschaft vom leeren Grab ein geschichtliches

---

[39] A.a.O., 50.
[40] A.a.O., 52.
[41] Ebd.
[42] Ebd.
[43] Vgl. a.a.O., 7f.

Ereignis ist und daß die Auferstehung »unbeschadet ihres aktuellen, Leben wirkenden Sinns (...) immer auch ein wirkliches Ereignis der geschichtlichen Vergangenheit«[44] bleibt. Dabei sieht er – zweitens – apologetisches Interesse hinter dem Versuch, die Auferstehung etwa psychologisch zu erklären[45], ebenso aber in einem Rückzug in die (angebliche) Unentwirrbarkeit der Osterereignisse, die nur als Kerygma zu glauben wären. So liegt – drittens – die Bedeutung der Studie vielmehr in einer für den Glauben willkommenen »Klärung dessen, was sich vernünftig klären läßt«:[46] Ein radikaler (historischer) Skeptizismus hinsichtlich einer möglichen Erschließung der Osterereignisse ist einerseits fehl am Platze und unberechtigt – historisch lassen sich begründete Wahrscheinlichkeitsurteile über eine lückenlos rekonstruierbare Ostergeschichte fällen (nach v. Campenhausen!). Damit ist jedoch andererseits keineswegs ein vermeintlich unbezweifelbarer Beweis der Auferstehungsereignisse gewonnen; jene »Tat Gottes« »bleibt unsichtbar und erschließt sich in ihrer Wirklichkeit immer nur dem Glauben selbst.«[47]

Gleichwohl bleibt trotz der weitgehend vorsichtigen Formulierungen v. Campenhausens ein theologisches Unbehagen. Seinem Zugeständnis folgend, daß sehr viel, wenn nicht alles, an der Gewichtung und Kombination der neutestamentlichen Quellen liegt[48], wird man mit plausiblen Gründen auch eine andere Rekonstruktion der Osterereignisse wagen können.[49] So könnte man ja mit guten Gründen fragen, ob seine strikte

---

[44] A.a.O., 53. Das wird man auch nicht gut bestreiten können und wollen; vgl. dazu die Hinweise bei *A. Dunkel*, Christlicher Glaube und historische Vernunft. Eine interdisziplinäre Untersuchung über die Notwendigkeit eines theologischen Geschichtsverständnisses (FSÖTh 57), Göttingen 1989, 11 mit Anm. 2. Ähnlich auch *B. Klappert*, Diskussion um Kreuz und Auferstehung. Aspekte des Auferstehungsgeschehens, in: *ders.*, Diskussion (s. Anm. 7), 9–52: 9.

[45] In dem Sinn eines scheinbar rationalen Beweises, daß sich der Glaube der Jünger an die Auferstehung Jesu einem realen Vorgang verdanken *müsse*, weil er sonst schlicht nicht plausibel zu machen wäre.

[46] *v. Campenhausen*, Ablauf (s. Anm. 7), 55.

[47] A.a.O., 54f.

[48] *v. Campenhausens* Suche nach »authentischen« Aussagen, legendarischen Ausschmückungen u.a. erinnert zuweilen an die ähnlichen Versuche Bultmanns einer »Scheidung von Tradition und Redaktion« (*R. Bultmann*, Die Geschichte der synoptischen Tradition (FRLANT N.F. 12), 9. Aufl., Göttingen 1979, 3; vgl. auch *v. Campenhausen*, Ablauf {s. Anm. 7}, 44 Anm. 175, wonach sich v. Campenhausen der gegenwärtigen Gestalt und des vorliegenden Sinns der neutestamentlichen Texte sehr sicher ist!). Daß dahinter letztlich die Suche nach mehr oder weniger authentischen Jesus-Logien steht, zeigt sich neuerlich und trotz der hohen hermeneutischen Reflexion in analoger Weise bei *Theißen*, Der historische Jesus (s. Anm. 9), 123 mit 502f.

[49] Vgl. die Darstellung bei *Pannenberg*, Systematische Theologie II (s. Anm. 13), 398–402; mit *Ringleben*, Wahrhaft auferstanden (s. Anm. 13), 106 Anm. 1; Literatur bei *G. Essen*, Historische Vernunft und Auferweckung. Theologie und

Ablehnung von Erscheinungen Jesu in Jerusalem dem Quellenbefund wirklich entspricht. Ist es denn legitim, alles von der Formel 1Kor 15,3–5 her zu interpretieren, nahezu alles darüber hinaus als legendarisch einzustufen und damit wesentliche Aussagen v.a. der Evangelien nicht nur historisch, sondern *theologisch* zu disqualifizieren? Die Evangelisten bezeugen doch nicht nur die Entdeckung des leeren Grabes durch die Frauen, sondern mehrheitlich auch Erscheinungen Jesu vor den Frauen, und zwar in Jerusalem.[50] Das läßt – notabene: im Sinne eines Wahrscheinlichkeitsurteils! – den Schluß zu: Es geht den Evangelisten nicht nur darum, daß die Jünger nichts mit der Entdeckung des leeren Grabs zu tun hatten, sondern auch darum, daß der Auferstandene zuerst den Frauen erschienen ist.[51] Da die Zeugenschaft von Frauen in neutestamentlicher Zeit wenig oder nichts wert war[52], läßt sich deren Fehlen in der alten Formel 1Kor 15,3b–5, die ja gerade die Zuverlässigkeit der Tradition betont[53], durchaus plausibel machen.[54] Sollte diese Folgerung stimmen, würde damit freilich v. Campenhausens Rekonstruktion grundlegend erschüttert sein.[55] Was bleibt, wäre dann der Hinweis, daß die Auferstehung Jesu Christi von den neutestamentlichen Zeugen als ein geschichtliches Ereignis verstanden wird, das in seiner Bedeutung die

---

Historik im Streit um den Begriff geschichtlicher Wirklichkeit (TSTP 9), Mainz 1995, 304 Anm. 34. 305 Anm. 37. 371 Anm. 79.

[50] Vgl. die von U. Braun zusammengestellte Synopse des neutestamentlichen Befundes: *U. Braun*, Das Zeugnis der Auferstehung Jesu nach den vier Evangelisten, in diesem Band S. 335ff. Alle Evangelisten, die von Erscheinungen berichten (Matthäus; Lukas; Johannes), verorten sie in Jerusalem (wobei Matthäus die Erscheinung Jesu vor den Jüngern – nicht vor den Frauen! –, ebenso in Galiläa lokalisiert; vgl. Mt 28,16); dem könnte man Mk 16,9 als (sekundäre) Reminiszenz hinzufügen. Bei zwei von den drei Evangelisten, die überhaupt von einer Erscheinung Jesu berichten, gilt die Ersterscheinung des auferstandenen Jesus den Frauen am Grab (Matthäus; Johannes). Lukas berichtet von der Ersterscheinung vor *Simon* (!), was auch der sonstigen Wertschätzung des dritten Evangelisten für Petrus entspricht und hier möglicherweise parallel mit der (alten) paulinischen Überlieferung geht.

[51] Gegen *v. Campenhausen*, Ablauf (s. Anm. 7), 37.

[52] Vgl. *Billerbeck*, Kommentar II (s. Anm. 25), 441 (ad Joh 4,42 A).

[53] Vgl. 1Kor 15,1f. mit Lk 1,1–4.

[54] Dies gilt prinzipiell auch dann, wenn man die Unabhängigkeit der Formel 1Kor 15,3ff. und der Erzählüberlieferung der Evangelisten vertritt (mit *Theißen*, Der historische Jesus {s. Anm. 9}, 433 Anm. 34; auch *Klappert*, Aspekte {s. Anm. 45}, 12f.; in direkter Aufnahme der Studie von v. Campenhausens *Pannenberg*, Grundzüge {s. Anm. 13}, 85; ders., Systematische Theologie II {s. Anm. 13}, 395ff.).

[55] *Theißen*, Der historische Jesus (s. Anm. 9), 434f., stellt Pro und Contra im Hinblick auf die umstrittene Ersterscheinung ausführlicher (und m.E. im Ergebnis zutreffend) dar. Sein Fazit: »Es ist wahrscheinlicher, daß eine ursprüngliche Tradition von einer Protophanie vor Maria Magdalena unterdrückt wurde, als daß sie erst nachträglich entstanden wäre.« (435)

Grenzen von Vergangenheit, Gegenwart und Zukunft sprengt. Da ja der Rekonstruktion der Osterereignisse – wie sie auch immer aussehen mag – in keinem Fall Beweischarakter für den Glauben zukommt, bleibt zu fragen, ob v. Campenhausen damit einen freilich differenzierten, aber gleichwohl dem eigenen Verdikt unterliegenden Versuch gestartet hat, »die Vernunft so lange einzukreisen, bis ihr vermeintlich nur noch der eine Ausweg bleibt zu glauben«.[56]

Ein noch viel größeres Unbehagen muß aber angesichts der Kernthese v. Campenhausens entstehen, daß das leere Grab von Petrus als Unterpfand der Auferstehung Jesu verstanden wurde, so daß dieser »die unsichere, halbverzweifelte Stimmung der übrigen [sc. Jüngerschaft] von neuem belebte«.[57] Hier drängt sich die Frage auf, ob v. Campenhausen nicht seinem anderen Verdikt unterliegt, nämlich mittels einer »vermeintlich historisch arbeitende[n], psychologische[n] (...) Vernunft«[58] die Auferstehung wenn nicht zu beweisen, so doch psychologisch plausibel zu machen.[59] Hing also der Glaube an die Auferstehung an der Überzeugung Petri? Lassen die Quellen sich wirklich dergestalt deuten, »Petrus habe in den kritischen Tagen nach der äußeren Katastrophe als einziger die Treue gewahrt oder doch nicht alles preisgegeben, vielleicht als erster wieder Hoffnung geschöpft und auch die anderen Jünger zusammengehalten oder wieder zusammengebracht«?[60]

Gegen v. Campenhausen läßt nämlich der gesamte neutestamentliche Befund nicht den Schluß zu, daß durch die Person des Petrus ein Kontinuum des Glaubens gegenüber Person und Werk Jesu Christi vor und nach Kreuz und Auferstehung gegeben wäre. Dies gilt auch nicht für Lk 24,12 bzw. 24,34![61] Im Gegenteil bezeugen die Quellen durchgehend den Osterglauben als das Werk des sich allererst in den Erscheinungen selbsterschließenden Christus; angesichts des leeren Grabes herrschen Unglaube und Zweifel vor.[62] Ferner: Wollte man – im übrigen entbehr

---

[56] *v. Campenhausen*, Ablauf (s. Anm. 7), 55.
[57] A.a.O., 50.
[58] A.a.O., 55.
[59] Diese Kritik übte in ähnlicher Weise schon *H. Graß*, Ostergeschehen und Osterberichte, 2. Aufl., Göttingen 1962, 118f.; vgl. *Pannenberg*, Grundzüge (s. Anm. 13), 102. Ob die ebd. geäußerte Vermutung, die Jünger müßten aus anderen Beweggründen nach Galiläa gezogen sein, stichhaltiger ist, bleibt mir fraglich.
[60] *v. Campenhausen*, Ablauf (s. Anm. 7), 48. – An dieser Stelle hatte auch der Rezensent der 1. Auflage von v. Campenhausens Abhandlung Bedenken: *E. Fascher*, in: ThLZ 80, 1955, 90–91: 91; vgl. ebenfalls die Kritik an v. Campenhausen durch *G. W. Ittel*, Ostern und das leere Grab, Gütersloh 1967, 47.
[61] Darauf beruft sich v. Campenhausen zu Unrecht (a.a.O., 47 mit Anm. 183). Zur genaueren Analyse dieses Verses vgl. *Eckstein*, Wirklichkeit (s. Anm. 27).
[62] Vgl. Mk 16,8; Lk 24,12. Matthäus berichtet von dem Glauben erst in Verbindung mit der Ankündigung des Engels (Mt 28,5–8) und der Erscheinung des Gekreuzigten (28,9). Beim Evangelisten Johannes konkurrieren Petrus und der johanneische

liche – psychologisierende Vermutungen darüber anstellen, wem der Antrieb zum Gang von Jerusalem nach Galiläa am ehesten zuzuschreiben wäre, dann wären hier an erster Stelle die Frauen am leeren Grab zu nennen, die nach einhelligem Zeugnis der Evangelisten die ersten am Grab waren und denen der angelus interpres (resp. die angeli) die Deutung des leeren Grabes vermittelte(n).[63]

Theologisch – nicht etwa historisch! – Entscheidendes hängt damit an der Einschätzung, was denn nunmehr als ἀρραβών der Auferstehung Jesu Christi bezeichnet werden kann. Hier geht es ja um mehr als etwa nur um ein vernachlässigbares Mosaiksteinchen im rekonstruierten Bild vom Gang der Osterereignisse. Das leere Grab mag freilich Unterpfand der Auferstehung Jesu Christi sein. Aber dieses Unterpfand ist eben gerade nicht zu lösen von der Person des Auferstandenen selbst. *Dieser* garantiert als auferstandener Erstling unter den Entschlafenen[64] das Kontinuum von Inkarnation, Kreuz und Auferstehung, und *dieser* verbürgt so selbst als ἀρραβών die Auferstehungsgewißheit der Christen. In ihm und durch ihn verbürgt Gott selbst durch den ἀρραβών des Geistes die Auferstehung aller an ihn Glaubenden.[65]

Man würde also weder der Intention v. Campenhausens noch seiner methodischen Besonnenheit gerecht, wollte man ihn hinsichtlich seiner Rekonstruktion des Ostergeschehens schlicht der bloßen Einbildung oder der hypothetischen Willkür bezichtigen. Im Gegenteil – und diese wissenschaftliche Redlichkeit hebt ihn in der Diskussion um das leere Grab und die Auferstehung Jesu angenehm heraus – benennt v. Campenhausen dezidiert die Grenzen (nicht nur) seiner Untersuchung: »Wer (...) die leibliche Auferstehung [sc. Jesu] annehmen möchte, verläßt den Bereich des analogisch Verständlichen und damit den Bereich jeder mit historischen Mitteln durchführbaren Diskussion. Doch wird dies den, der an Je-

---

Lieblingsjünger miteinander, so daß von Petrus im Gegenüber zum Lieblingsjünger gerade der *Unglaube* ausgesagt wird (Joh 20,6f.8). Vgl. auch *Klappert*, Aspekte (s. Anm. 45), 9: »Der Osterglaube gründet in der Selbstoffenbarung und Selbstbekundung des Auferstandenen, nicht in der Entdeckung des leeren Grabes.«

[63] Hier gilt ähnliches wie o. bei Anm. 51 gesagt: Wenn überhaupt ein Auftrag erteilt wird, nach Galiläa zu gehen, dann ergeht er nach neutestamentlichem Befund an Frauen (Mk 16,7; Mt 28,7.10 {dezidiert durch den Auferstandenen selbst}). Damit ist *nicht* die Frage entschieden, ob zwei unabhängige Traditionslinien (1Kor 15 bzw. Evangelien) vorliegen oder nicht, damit ist auch nichts über das Alter der jeweiligen Traditionen gesagt, und damit ist schließlich auch nicht darüber entschieden, ob die Jünger aus anderen Erwägungen in ihre Heimat Galiläa zurückkehrten und erst nachträglich vom leeren Grab erfuhren.

[64] Vgl. Röm 5,18f.; 1Kor 15,20–22.

[65] Vgl. Eph 1,14 im Kontext von 1,3–12: Der ἀρραβών τῆς κληρονομίας ἡμῶν εἰς ἀπολύτρωσιν (1,14) gilt ἐν ᾧ, in Jesus Christus (1,3f.).

su leibliche Auferstehung glaubt, nicht schrecken. (...) Schwierig ist die Lage nur für den, der den Auferstehungsglauben ernst nehmen möchte, die leibliche Auferstehung aber für überflüssig oder gar für unannehmbar hält. Ihm bleibt nur der einigermaßen peinliche Ausweg, in dem Bekenntnis zum Auferstandenen den alten Christen, in dem aber, was dies Bekenntnis hervorgerufen hat, vielmehr den Juden zu folgen.«[66] Nichtsdestoweniger lehnt er die Rede von einer »Unentwirrbarkeit der erhaltenen Nachrichten«[67], was die Quellenlage anbelangt, zu Recht als unangemessen ab; worin aber die theologische Relevanz der historischen Untersuchung besteht, bleibt gleichwohl merkwürdig offen.[68] Was jedoch die für den Glauben willkommene Klärung dessen, was sich vernünftig klären läßt, angeht, so wird man gegen v. Campenhausens Versuch und gegen ähnliche Versuche anderer die – von ihm als bloße Apologetik verurteilte – Einsicht wachhalten müssen, daß sich im Zeugnis der neutestamentlichen Autoren ein Kerygma ausdrückt – nun freilich nicht so, als ob man sich diesem im Glauben schlicht zu unterwerfen hätte.[69] Aber die im neutestamentlichen Kanon vereinten Stimmen be

---

[66] *v. Campenhausen*, Ablauf (s. Anm. 7), 52. Außer Frage ist, daß es v. Campenhausen hier nicht etwa um eine Diffamierung des jüdischen Volkes geht, sondern er in Aufnahme neutestamentlicher Terminologie »Juden« hier lediglich als Synonym für »nicht an Christus Glaubende« verwendet (vgl. Röm 9,3–5). Trotz des notwendigen Bemühens um gegenseitiges Verstehen im jüdisch-christlichen Dialog ist unverkennbar, daß im Bekenntnis zu Jesus als dem Christus die Scheidelinie des gemeinsam Geglaubten liegt, gerade unter Berücksichtigung von Röm 11,1.

[67] *v. Campenhausen*, Ablauf (s. Anm. 7), 54.

[68] S.o. das bei Anm. 19 gegebene Zitat. v. Campenhausen fährt ebd. (a.a.O., 8) zwar fort: »Diese Seite der Sache [sc. das theologische Verständnis der Auferstehungsbotschaft] laß ich in der Untersuchung selbst völlig beiseite.« Dazu könnte man überlegen: Warum eigentlich – weil Erklärungsnot besteht? Zudem läßt er »diese Seite« ja denn doch nicht ganz beiseite, wie seine drei zugegebenermaßen knappen Begründungen zugunsten der historischen Abhandlung und ihrer theologischen Relevanz zeigen. In einem weiteren Aufsatz zum gleichen Thema und mit analogen Gedankengängen gesteht v. Campenhausen selbst diese Fragestellung als »geradezu notwendig« ein: »Dieser ständige Blick auf die Theologie ist eine geradezu notwendige Folge davon, daß sich die Bedeutung dieses Jesus von Nazareth doch nur dann erschließt, wenn man bereit ist, über das rein historisch Feststellbare hinauszugehen.« (*H. v. Campenhausen*, Tod und Auferstehung Jesu als »historische Fakten«. Thesen, in: *J. M. Hollenbach/H. Staudinger* (Hg.), Moderne Exegese und historische Wissenschaft. Dokumentation der Tagung des Deutschen Institutes für Bildung und Wissen in Niederaltaich vom 6. bis 11.10.1969, Trier 1972, 94–103: 100). Immerhin hat v. Campenhausen damit einen weiteren Blick gegenüber dem Charakter des neutestamentlichen Zeugnisses als W. Reinbold, der ein »rein historisch-analytisches« Vorgehen nicht nur für möglich, sondern auch geboten hält, um »historische[-] ›Kurzschlüsse[-]‹« zu vermeiden: *W. Reinbold*, Der älteste Bericht über den Tod Jesu. Literarische Analyse und historische Kritik der Passionsdarstellungen der Evangelien (BZNW 69), Berlin/New York 1994, 2, auch 222f.

[69] Hier hat *v. Campenhausen* ohne Zweifel Recht (vgl. Ablauf {s. Anm. 7}, 54) –

kunden eben schon als vom Glauben Ergriffene den λόγος τοῦ σταυροῦ⁷⁰, sie bekunden nicht den geschichtlichen Jesus, sondern den biblischen Christus.⁷¹ Die Richtigkeit und Wichtigkeit dieser (nicht neuen) Erkenntnis mahnt die Grenzen der mit historisch-kritischen Mitteln arbeitenden Geschichtswissenschaft an. Die Klärung dessen, was sich vernünftig klären läßt, ist mittels einer sorgfältigen, nachprüfbaren und sich damit der Diskussion stellenden Exegese durchaus zu erbringen.⁷² Sie wird aber stets um die theologische Bedeutung des Zeugnisses zu ringen haben und diese immer wieder neu verständlich zu machen suchen, nicht aber die müßige Jagd nach einem geschichtlichen So-und-nicht-anders-Sein der neutestamentlichen (Zeit-)Geschichte betreiben wollen: »Die Auferstehung impliziert einen historischen Rand, sie wird aber nicht von diesem impliziert.«⁷³ Zugespitzt formuliert hieße das: Losgelöst von ihrer das neutestamentliche Kerygma⁷⁴ erhellenden Funktion ist die Rekonstruk

---

dies würde ja seinerseits wieder dem neutestamentlichen Zeugnis widersprechen.
⁷⁰ 1Kor 1,18.
⁷¹ Wenngleich dies nicht in jedem Fall ein Gegensatz sein muß! Hier stellen sich jedoch Anfragen an *W. Pannenbergs* Sicht der Dinge, der von einer nachprüfbaren Historizität der Auferstehung Jesu spricht (Systematische Theologie II {s. Anm. 13}, 402). Daß Kreuzigung und Auferstehung auch neutestamentlich als ein geschichtliches Ereignis dargestellt und verstanden werden, ist evident; auch Pannenbergs in der Diskussion mit Ernst Troeltsch gewonnene Definition von Historizität will beachtet sein, die sich an der Frage der Analogie geschichtlicher Ereignisse profiliert (vgl. a.a.O., 403f. mit Anm. 113; dazu *Klappert*, Aspekte {s. Anm. 45}, 17f.). Wird man aber damit dem Anspruch der neutestamentlichen Texte gerecht, die gerade das Analogielos-Neue von Person und Werk Jesu Christi betonen (vgl. 1Kor 2,6-9!), freilich als inkarniertem und also geschichtlichem Gottessohn (gegen *Pannenberg*, Grundzüge {s. Anm. 13}, 96; vgl. *W. Marxsen*, Die Auferstehung Jesu als historisches und theologisches Problem, in: *G. Delling/ H.-G. Geyer/W. Marxsen/U. Wilckens* {Hg.}, Die Bedeutung der Auferstehungsbotschaft für den Glauben an Jesus Christus, Gütersloh 1966, 9-39: 18f.; *Ringleben*, Wahrhaft auferstanden {s. Anm. 13}, 47.91)? Darüber hinaus kommt bei Pannenberg jener kerygmatische Aspekt der neutestamentlichen Texte zu kurz, vgl. *H. Kessler*, Sucht den Lebenden nicht bei den Toten. Die Auferstehung Jesu Christi in biblischer, fundamentaltheologischer und systematischer Sicht, Würzburg 1995, 117f.; auch *Klappert*, Aspekte (s. Anm. 45), 23: »Wird nicht verkannt [sc. bei Pannenberg], daß die Jünger, die dieses Ereignis weitergaben, dies eben nicht in Gestalt eines neutralen (historischen) Berichtes, sondern in Gestalt *verkündigender Proklamation* (Kerygma) taten (Sendungsmotiv)?«
⁷² Vgl. hierzu die Anmerkungen von Otfried Hofius: *O. Hofius/H.-C. Kammler*, Johannesstudien (WUNT 88), Tübingen 1996, V.
⁷³ *Klappert*, Aspekte (s. Anm. 45), 52.
⁷⁴ *Dunkel*, Christlicher Glaube und historische Vernunft (s. Anm. 45), 288f., weist am Beispiel der Auferstehung auf die Schwächen des Kerygma-Begriffs im Kontext einer »Theologie der Geschichte« hin, weil »der Begriff des Kerygmas zwar die Normativität des theologischen Deutungsanspruches als solche zum Ausdruck bringt, aber nicht schon selbst die Initiative göttlichen Handelns in der Geschichte beschreibt.« (289). Das ist m.E. in zweierlei Hinsicht, insbesondere vom neutesta-

tion der neutestamentlichen Zeitgeschichte kaum mehr als ein theologisches ἀδιάφορον.[75]

---

mentlichen Sprachgebrauch her, zu modifizieren: Zum einen beschreibt der Begriff selbst natürlich nicht die Initiative des göttlichen Handelns in der Geschichte, impliziert jedoch durch das, was *inhaltlich* durch κήρυγμα ausgedrückt wird, sehr wohl ein Handeln Gottes in der Geschichte, insofern auch der λόγος τοῦ σταυροῦ mit einem geschichtlichen Ereignis verknüpft ist (vgl. Röm 16,25; 1Kor 15,14). Zum anderen vernachlässigt Dunkel den Aspekt der Wirkmächtigkeit des Wortes, der ja gerade auf der Einsicht von Gottes Handeln an und durch geschichtliche(n) Menschen beruht (vgl. Röm 10,17; 1Kor 2,4). Vgl. auch *v. Campenhausen*, Tod und Auferstehung Jesu (s. Anm. 69), 101.

[75] Hierfür sind die Hinweise Karl Barths, die v. Campenhausen expressis verbis ablehnt (Ablauf {s. Anm. 7}, 53 Anm. 207), nach wie vor hilfreich, vgl. *K. Barth*, Die kirchliche Dogmatik IV/2. Die Lehre von der Versöhnung, Zollikon-Zürich 1955, 166f. Barth lehnt darin ja nicht die Klärung dessen, was vernünftig zu klären ist, ab, sondern vertritt gerade eine »möglichst unbefangene und gewissenhafte Erforschung der dieses Ereignis [sc. das Offenbarungsereignis] bezeugenden neutestamentlichen Texte.« (167). Eine andere Frage ist, ob diese Erforschung tatsächlich in der von Barth geforderten Unbefangenheit möglich ist (vgl. kritisch dazu *G. Theißen*, Zeichensprache des Glaubens. Chancen der Predigt heute, Gütersloh 1994, 49ff. {Literatur 49 Anm. 5}; knapp auch bei *T. Söding*, Wege der Schriftauslegung. Methodenbuch zum Neuen Testament unter Mitarbeit von Christian Münch, Freiburg/Basel/Wien 1998, 224f.).

Marianne Sawicki

Catechesis and Resurrection

The texts of the New Testament say that the texts of the New Testament *alone* cannot bring anyone to faith in Jesus as Risen Lord. The Bible says that we need something *more than* a Bible in order to know what Resurrection means.
This is the paradox that faces those who are called into the teaching ministries of the Christian churches. It confronts the volunteers and professionals who work daily with children and with lay adults in our schools and parishes. But it also confronts professors and scholars who try to untangle the puzzles of the ancient texts and to reconstruct the practices and beliefs of the paleochurch, that is, the church living between Calvary and the composition of the first canonical gospel. For the Bible asserts that, even in the first century, narratives alone were incapable of delivering the meaning of Resurrection. The word, the κήρυγμα [kērygma] never stood alone.
My argument in this chapter investigates the claim of Resurrection for Jesus in two steps. First, I ask what this claim may have meant in the time and place when it first was made. This requires a survey of ancient indigenous beliefs and practices involving the human body in process of dying, as well as a thesis about the interplay of memory and recognition. Second, I discuss how such a claim can be faithfully affirmed in the times and places of Christian lives today.[1]

---

[1] This chapter summarizes arguments and evidences that were laid out in detail in: M. *Sawicki*, Seeing the Lord. Resurrection and Early Christian Practices, Minneapolis 1994.

1. Resurrection as indigenous belief in Roman-era Judea

The testimonies to the Resurrection of Jesus that we find in the Bible are of several kinds. For example, they include the credal formulas that Paul repeats, and Paul's accounts of having seen or heard Jesus after Calvary, and the narratives about messengers at the empty tomb, and the accounts of visions of a glorified Jesus in the gospels or in Acts. From these testimonies we glean the claim that Jesus, who died, is living and speaking and acting again. Jesus, who became inaccessible and silent at Calvary, is once more accessible and audible and, by some accounts, even visible as well. The link between the »was« and the »is« of Jesus, at first implied and then made explicit, is made out to be an event of rising from death. This inferred event is both a *transition* from »was« to »is« for Jesus, and a *retention* of the entirety of his »was« within the immediacy of his »is.« However, Scripture offers no direct narration of any such event. Rather, the texts presuppose that resurrection is already a meaningful term in the common repertoire of knowledges about the human body. Thus, what the texts meant to assert is: (a) that what happened to Jesus is a case of resurrection, and (b) that it is a special case of resurrection, different in some respects from other instances of resurrection, which are presupposed as plausible and intelligible to the readers. Jesus has risen as firstfruits through whom all the rest of us will rise (1Cor 15,12–24).

What then, is this »resurrection« as commonly understood in Jerusalem of the first century?

(a) Death and burial in first-century Judea. Human bodies in the first century were biologically and chemically similar in structure to human bodies of the twenty-first century. Culturally, however, they were rather different. We can infer something of first-century Judean experiences of the body from burial practices and from ancient rabbinic texts. These inferences are provisional, and one must be careful not to rely too heavily upon texts and archaeological materials whose date can be contested.[2]

---

[2] The Mishnah, edited about 200 CE in the city of Sepphoris in Galilee, contains teachings from various eras, some as early as Second Temple times and therefore contemporary with Philo Judaeus, Flavius Josephus, and the paleochurch. The Mishnah was not written for the purpose of recording social customs in a scientific, anthropological manner. Nevertheless, such information can be inferred from it. While many of the teachings in the Mishnah are identified with rabbis who are known to have lived during the generations subsequent to that of Jesus, the presumption is that social customs tend to continue unchanged unless other historical factors intervene. Often, the Mishnah intends to preserve information about customs and institutions that no longer existed at the time when it was compiled; for example, information about cultic practices at the Temple in Jerusalem, which was destroyed in 70 CE, information about the court (Sanhedrin)

Nevertheless, the following picture emerges from the sources that we have.

Many residents of first-century Judea expected that the justice of God would be vindicated in a general resurrection of the just at some future time. This belief is associated especially with the Pharisees, a movement for the renewal of religious teaching and observance in Israel. The practice of ossilegium burial among the well-to-do is in accord with this belief, and this practice also helps to fill in the details of what resurrection meant.[3]

Ossilegium involves both a large tomb and a small ossuary, which is just long enough to accommodate the femora [long bones of the thigh] and wide enough for the skull. These and all the bones are placed into the ossuary as the second and final step of this two-stage burial procedure. But first, soon after death, the body has been brought to a family tomb, ordinarily a chamber carved from limestone in the side of a hill. Wrapped in a shroud, the body is laid out upon a shelf. The tomb is sealed, and the body is left to decompose while the surviving family observes periods of ritual mourning. The natural disintegration of the flesh is considered painful, but is regarded as a cleansing from the sins committed during life. After a year, this process is considered complete. The bones, which are thought to retain the individual personality of the deceased, have been purged of all wrongness and are now fit for the general resurrection. The rituals of mourning conclude, and the day of the anniversary of death is a joyful one.

On that day, the tomb is opened again and the rotted flesh is brushed away. The bones may now be stacked into an ossuary and labeled, or they may be placed in a common pit with the bones of other family members. Either way, in this second and final burial the bones are prepared for resurrection, remaining within the people of Israel by virtue of being enclosed in the tomb of a legitimate Israelite patrilineal family.[4] The de-

---

that met in Jerusalem, and information about recording marriage contracts in archives that no longer existed.

[3] *Ossilegium* is discussed in the following works: L.Y. *Rahmani*, Ancient Jerusalem's Funerary Customs and Tombs (four-part series), in: BA 44, 1981, 171–177, 229–235, and 45, 1982, 43–53, 109–119. E. M. *Meyers*/J. F. *Strange*/C. L. *Meyers* (Editors), Excavations at Ancient Meiron, Upper Galilee, Cambridge 1981. B. R. *McCane*, »Let the Dead Bury Their Own Dead«. Secondary Burial and Matt. 8,21–22, in HThR 83, 1990, 31–43.

[4] Thus, the tomb houses and stabilizes the lineage of the family, descended through the line of fathers, paternal grandfathers, and so forth. In this respect it is analogous to the Israelite house. Like the house, the tomb opens periodically to admit new bodies. See the anthropological discussion of the house as a cultural form in: M. *Sawicki*, Crossing Galilee. Architectures of Contact in the Occupied Land of Jesus, Harrisburg 2000.

ceased individual is now ready to receive new flesh from the hand of the Creator, having gotten rid of the old flesh and of the unrighteous deeds and words that saturated the old flesh. The design of ossuaries that have turned up in excavations seems deliberately to mimic, in stone, the design of woven baskets in which scrolls were kept.[5] Ancient texts, most notably those of the Bible, were written on scrolls of animal skin stretched between two spindle-shaped rollers. The analogy to the human body is quite clear. As the long bones of the arms and legs are laid into the ossuary box on the anniversary of death, they are in effect prepared like scroll posts to receive new skin and a new text from God.[6]

The perception of human death as a year-long process is also reflected in Mishnah Sanhedrin 6, which tells what is supposed to happen in cases of capital punishment.[7] This text refers back to judicial practices that had been suspended in the time of Jesus, when the Judean religious court no longer had the power to sentence people to death. But in theory, the court was supposed to retain custody of the body of any executed criminal throughout the first year after death. It took a full year for the death sentence to be carried out, as the sins of the wrong-doer gradually dissolved along with his flesh and blood. The bones were released from custody and returned to the family after they had been naturally cleaned, not before. The Sanhedrin was supposed to maintain a penitential tomb for this purpose. The criminal's family would not be granted access to his body for anointing after death, and they would be forbidden to carry out the customary rituals of mourning.

The Romans executed Jesus. But the empty-tomb stories imply that Judean religious authorities reached a negative judgment about Jesus as well. What was the nature of that judgment? Minimally, we may say this: An account of the teaching activities of Jesus came to the attention of the Sanhedrin or some of its officers, at some point either after Calvary or before; this account received a critical assessment and evoked a condemnation. This need not have been a formal trial, but in the gospels it is *dramatized* as a formal trial for the sake of the »finding« of the empty tomb. The narrative is engineered to contest the authoritative opinion of the Sanhedrin, in whatever form and at whatever time that opinion might have been expressed.

The dramatization was a plausible one, given the laws and customs that were in force in the first half of the first century CE, and that are known

---

[5] The double rosette or double scroll design appears on ossuaries from priestly tombs in Jerusalem. See *Rahmani*, Ancient (note 3).

[6] See *Sawicki*, Seeing (note 1).

[7] Mishnah Sanhedrin 6.5. This information is corroborated in a rabbinic text of uncertain date, Semahot. See D. *Zlotnick*, The Tractate 'Mourning' (Semahot), New Haven 1966. Zlotnick argues for an early dating of this document.

to us from the rabbinic texts that discuss provisions for cases of capital punishment. People would expect that, after the civil and religious condemnations of someone like Jesus, and after the Roman death sentence had been carried out, the Sanhedrin might well petition Pontius Pilate for custody of the criminal's dead body through a court officer like Joseph of Arimathea (Mark 15,43) and then post a guard at the tomb (Matt 27,66). These details from the gospels are fully in keeping with the provisions for the death sentence as recalled in the Mishnah and other rabbinic texts. The judgment of the Judean religious court, according to Mark, was that Jesus was guilty of the capital crime of blasphemy. He deserved to die, which means that he would have to atone for his sin by rotting as we all do, but that he would serve out this sentence in the custody of the Sanhedrin under guard in a penitentiary tomb, without the observance of the usual rites by his family and friends.

Thus, there is a distinction to be made between the Roman verdict and penalty, on the one hand, and the Jewish verdict and penalty, on the other hand. Mark's account does not challenge the Roman verdict as such, for no higher authority intervenes during the Roman phase of the penalty, that is, the crucifixion. The interruption is said to occur specifically at the phase of the punishment that fell under the jurisdiction of the religious court. The penalty that is suspended is the rotting, not the dying.

(b) Judgment overturned. These indigenous beliefs about death and these legal provisions comprise the relevant context that allows us to understand precisely what is being asserted when the gospels claim that this sequence was interrupted in the case of Jesus. The claim that the tomb was opened and emptied on the third day, at the last moment before rotting was thought to commence, is obviously a claim that God has overturned the judgment of the Sanhedrin and commuted the sentence of Jesus. In its own cultural context, known to us from rabbinic texts and from excavations of *ossilegium* burials, this story means to say that there is a last-minute reprieve and the blasphemy charge is vacated. In its own cultural context, an emptied tomb would mean that a higher authority declares that Jesus was not a sinner and so he does not have to rot. His bones are fit for resurrection just as they are. Neither his flesh nor the words that his mouth uttered are sinful. They need no correction.

If we pay due attention to the prevailing legal expectations and to the indigenous cultural experiences of death in first-century Jerusalem, as summarized above, then we can understand the rhetorical effect intended by the assertion that the tomb of Jesus was found empty on the third day. It is not meant to assert a miracle. It is not reporting a jail break. It is claiming divine vindication by a reversal of the judgment of the lower court. The import of this testimony is that the words and deeds of Jesus do not belong to the sinful past of humanity. They belong already to the new world that the Creator will bring into being. The »finding« of an emptied tomb is made by, and reported to, individuals in Jerusalem who presumably are knowledgable about Judean religious jurisprudence as well as the indigenous resurrection beliefs. In its own cultural context, this claim makes little sense as the assertion of a miracle wrought by brute divine force. Rather, it makes sense as the assertion that God has vacated the judgment of the religious court.

If this reversal of judgment is the sense that the testimony to the empty tomb conveyed, in the particular time and place when it was first advanced, and well before the composition of Mark's gospel, then this sense should take precedence over any other interpretation, such as the notion that the Resurrection was a miracle suspending the laws of nature, a kind of flexing of divine muscle to violate the closure of the causal continuum of ordinary space and time. Perhaps it was that too. But the *primary* meaning of the Biblical text must be sought in its own cultural and rhetorical context. Mark's gospel, which is the text in which the story of the emptied tomb first receives its canonical form, does not require us to read the »finding« of the emptiness of Jesus' tomb as evidence of a miracle.

Thus, the primary import of the empty-tomb narratives is that the Sanhedrin is overruled and prevented from carrying out its sentence: the disintegration of the *halachah* of Jesus (his execution being beyond their administrative competence, of course). This much can be affirmed without any appearances or words from a living Jesus. We have it already in Mark 16,4–6. To »see« the emptiness of the tomb, as the women witnesses do, is already to »see« the divine reversal of any judgment that condemns Jesus, and so to grasp his words and deeds as having been divinely vindicated. (This is hard to believe only if one doubts that women of upper-class Judean families, culturally sophisticated and educated enough to be married into the priestly and Herodian lineages that maintained residences and businesses in Galilee, could muster the creativity to frame the death of Jesus in this rhetorical way, in terms of a verdict overturned by an authority higher than Rome and the Sanhedrin.)

That a living Jesus *also* appears and speaks after his death on Calvary is a further claim, and quite another matter. On one hand, the thesis of the emptied tomb does not cancel the death; it cancels only the punishment of rotting to erase alleged sinfulness. On the other hand, the *additional* premise that Jesus rose living from the tomb means to undo his death itself. This premise logically conflicts with other theological strands in the gospel traditions; for example, the notion that something was bought and paid for with the death of Jesus, that is, the notion of sacrifice. Mark's

Catechesis and Resurrection 83

basic premise, the necessity of the death of the messiah, would be undermined by the appearances of a living Jesus after Calvary. If these two premises are combined, then God seems fickle. God first wants Jesus dead, but then cannot abide the death of Jesus and restores his life again. This inconsistency is not found in the oldest text of Mark, which ends at verse 16,8, but only in the later Resurrection accounts. It suggests that two originally independent and incompatible traditions – emptied tomb, and sacrificial death – were welded together to forge a platform for the post-Calvary visible and audible living Jesus, whom neither of the two earlier traditions will support alone. One tradition asserts that it was *wrong* for Jesus to die, since he was innocent. This is the tradition of the discovery of the emptied tomb by women. It displays familiarity with judicial practices in elite religious circles in Jerusalem, and it retains information about the words and deeds of Jesus, for this *halachic* content is precisely what it holds to have been vindicated. The other tradition asserts that it was *right* for Jesus to die, since he was pledged to offer his body and blood as a sacrifice for sin, and he died »for us.« This is the tradition of the last supper with men. It invokes Hellenistic customs of dining, drinking, and promising solidarity in fellowship, but carries little information about the life and teachings of Jesus. These two traditions are contrasting and logically incompatible attempts to make sense out of the death of Jesus. The Judean women's tradition emphasizes the integrity of the words and deeds of Jesus before Calvary, while the Greek men's tradition emphasizes commemoration of the death itself through ritual eating and drinking at a symposion.

(c) Unstable closure. Here is the logical problem addressed by the paleochurch. Was the death of Jesus a bad thing or a good thing? At some point between Calvary and the composition of a passion story, some faction in the paleochurch felt obliged to resolve these conflicting interpretations of the meaning of the execution of Jesus. How was this achieved? Apparently, the women's teaching tradition, which had been carrying the memories of the words and deeds of Jesus as divinely sanctioned, now also accepted the notion of the necessity of his death as well. This event of synthesis, in which the carriers of the women's emptied-tomb tradition first endorsed the premise that the messiah had to die, is dramatized in Mark 14: 3–9. With that pantomime, in Mark's telling of it, the woman who anoints Jesus for death becomes the first to *combine* the notion that Jesus must die with the notion that the words and deeds of Jesus have been divinely approved. Her gesture of approaching the men's table, recognizing Jesus familiarly, and breaking an alabastron of »persuasive« or »faith-inducing« (πιστικῆς [pistikēs]) fluid over his head, is presented as the definitive revelation of Jesus' identity and fate, which Jesus himself then affirms. This combination surely was a rhetorical, catechetical advance beyond the sense of the earlier traditions. It is the final stroke of portraiture that establishes the canonical profile of Jesus for us. In Mark's narrative, this breaking of the alabastron is the first of four breaks that structure the passion narrative:

(1) the bottle at v. 14,3;
(2) the men's supper bread at v. 14,22;
(3) the sanctuary veil at v. 15,38, when the broken body of Jesus dies; and
(4) the tomb at v. 16,4.

The passion narrative derives its sense and its coherence from this assimilation of the cult-symposion tradition into the teaching tradition. The meaningful narration of the death of Jesus becomes possible when the paleochurch finds a way to incorporate »the last supper,« with its associated claims about Jesus as victim, into the coherent catechesis of the remembered words and deeds of Jesus the teacher.

This synthesis is engineered by means of the four breaks. Or more precisely, we should say that it is engineered by events that are represented for us in the four breakages of Mark's passion narrative, events that make possible the coherent telling of this very story. These are events of rupture, events of the violation of perceived closures of various kinds.

(1) The broken alabastron lets loose a persuasive and faith-inducing catechesis in the circle of Jesus' male companions, correcting their memories of him.

(2) The broken bread is multiplied and disseminated at increasingly many, increasingly open tables where the death of Jesus is commemorated.

(3) The shredded veil of the Temple lets the holy out and the unholy in, redefining the terms of the presence of the divine on earth. And therefore,

(4) the breached tomb now takes on a meaning beyond its earlier import, which was the mere undoing of the Sanhedrin's judgment about Jesus. Now the breached tomb acquires cosmic significance. It signals the disruption of human temporality, the rupture of the closure of death itself.

Much more could and should be said about these four breakings, which occur in the dimension of ποίησις [poiēsis] (creative communication) and not in the merely physical world.

We have now come a long way forward in time from Calvary, and we have reached the point when the gospel of Mark is promulgated. This is the end of the pre-canonical church, the paleochurch. When Mark's gospel begins to circulate among the Greek-speaking churches, we enter the era when this text in turn evokes critical revisions by constituents of other ancient versions of traditions about Jesus.

At this stage, the narrative gospel tradition already includes many of its familiar features: an emptied tomb, a last supper, remembered teachings of Jesus, and accounts of his miracles and other deeds. But in this tradition there is not yet any account of a Risen Lord who makes personal appearances. At best, there is only the eminently doubtable promise that a Risen Jesus *might* be seen in Galilee (Mark 14,28;16,7–8).

(d) The joining of memory and recognition. What was going on in Galilee? Two of the most intriguing proposals have to do with performances of the productive presence of Jesus after Calvary. The well-known thesis of the Q document holds that in Galilee and beyond, sayings of Jesus were remembered and recited first by village-hopping teachers using indigenous rhetorical conventions, and then in the cities by Greeks. Gradually those sayings were collected and written down.[8] That text would in turn become part of the canonical gospel tradition when it was used as a source for the expansion of Mark's narrative into those of Matthew and Luke. Live performances of the sayings of Jesus in Galilee were taken as opportunities to hear the real Jesus after his death. Thus, his voice and his *halachah* (or religious law of life) continued after Calvary. The repertoire of sayings continued to expand and adapt to changing circumstances, but this fact merely seemed to support the perception that the spirit of Jesus remained with his friends. Jesus was quite audible after Calvary.

A second recent proposal supports this one. The death of Jesus apparently did not interfere with the efficacy of healings and exorcisms carried out on Jesus' authority by those of his disciples who stayed behind in Galilee when Jesus made his last trip to Jerusalem.[9] They continued to teach and cast out demons as he had instructed them to do, unaware of the events in Jerusalem. When word finally reached them that Jesus had been crucified by the Romans and was now quite dead, the Galilean disciples objected. In their healing and teaching practice, the name of Jesus had not ceased to be efficacious during the interval between the cruci-

---

[8] On the composition of Q, see the following works: *J. S. Kloppenborg/ M. W. Meyer/S. J. Patterson/M. G. Steinhauser*, Q Thomas Reader, Sonoma 1990. *J. S. Kloppenborg*. Literary Convention, Self-Evidence and the Social History of the Q People, in: Semeia 55, 1991, 77–102. *J. S. Kloppenborg*, The Sayings Gospel Q and the Quest of the Historical Jesus, in: HThR 89, 1996, 307–344.

[9] This observation has been made by John Dominic Crossan in several contexts. See *J. D. Crossan*, The Historical Jesus. The Life of a Mediterranean Jewish Peasant, San Francisco 1991. *J. D Crossan*, Jesus. A Revolutionary Biography, San Francisco 1994. *J. D. Crossan*, The Birth of Christianity. Discovering What Happened in the Years Immediately After the Execution of Jesus, San Francisco 1998. See also: *R. J. Miller*, The Jesus Seminar and Its Critics, Santa Rosa 1999.

fixion of Jesus and the arrival of the news of the crucifixion in Galilee. The power of God was still accessible through Jesus, Calvary notwithstanding. Jesus continued to reach out his hands – their hands – to touch people who were suffering.

When and why did this audible and palpable Jesus need to become *visible* as well? To see was a cultural need of the Greeks. Their indigenous legends feature divine epiphanies that are visible. The essence of something, for Greeks, is its visible shape or εἶδος [eidos]. By contrast, in the Hebrew Bible, hearing is more important and persuasive than sight. The ear conveys truth directly to the heart. Israel listens.

With the *visions* of Jesus after Calvary that we find in Matthew, Luke, and especially John, the gospel tradition of Resurrection achieves its canonical Greek form. Sight joins the other kinds of sensory perception that are reported as means of knowing the identity of Jesus and experiencing contact with him after Calvary. In fact, sight now stands in for all other bodily modes of perception. But we must not presume that this »sight« is sudden and self-certifying. Seeing the Lord, according to the gospels, is not automatic; it is a competence supported by catechesis. Those who testify to the Resurrection have a competence for seeing Jesus as the Risen Lord. The gospels are designed to convey that competence to us, the subsequent generations.[10]

Seeing Jesus as Risen Lord has three components. It requires: (1) an authentic memory of Jesus from before Calvary, to specify his identity; (2) an experience of some new event occurring in one's own present circumstances; and (3) an insight in which this present occurrence is recognized as the same Jesus who died at Calvary. Let's consider two examples. In John 20,18, Mary Magdalene articulates the judgment, »I have seen the Lord.« We are presented with an insight that she has reached, based upon her familiarity with Jesus before Calvary and her perception of someone in the garden, initially unknown, whom she recognizes to be Jesus. Of course, Mary had the advantage of having known Jesus for quite some time before he died. The second example is that of a catechumen, a candidate for baptism in a church in the twenty-first century. If he is to reach the insight that Jesus is the Risen Lord, he needs to acquire the other two components as well: an authentic memory and a present experience. That is, he needs to receive catechetical instruction about the things that Jesus actually said and did before Calvary. (Not »what *would* Jesus do,« as a contemporary slogan has it, but »what *did* Jesus do.«) And he also needs to experience the presence and power of the spirit of Jesus in realtime – as a healing, as a reconciliation, as a response to the needs of the hungry or oppressed, as fellowship, or in some other mode of ecclesial existence.

---

[10] This is the thesis argued in *Sawicki*, Seeing (note 1).

This experience is the coming close of something powerfully palpable but indefinite, someone who in John's gospel is called »the one who stands among you whom you do not know.« Initially unrecognized, the Risen Jesus is perceived when the catechumen makes the connection between the definitive memory and the indefinite need or grace confronting him in the here and now.

The catechumen's recognition is in no way inferior to that of Mary Magdalen. It is equally canonical. He sees *the same Jesus* whom she saw, and he »sees« Jesus in precisely the way that the gospels prescribe. Luke associates the ability to recognize Jesus in the Resurrection with the ability to recognize the needs of the hungry and respond to them.[11] Matthew asserts that the Lord is invisible yet real in the hungry, homeless, and naked whom we care for as we fulfill the letter and the spirit of the Law.[12] Already in the first century, already before the gospels were written down, these were defined as authentic ways of »seeing« Jesus as Risen Lord.

The fact that we have gospel texts at all is owing to two needs. There was a need to secure an authentic source for catechesis about who Jesus was, in the fund of words and deeds that identify him before Calvary. There was also a need to illustrate the process of imparting and acquiring the competence to use this information to recognize some realtime experience as the present activity or availability of Jesus as Lord ever after Calvary. But the gospels, as closed texts, cannot supply the third ingredient, the realtime experience. The gospel writers stand on the same side of Calvary as we do. They expect Resurrection appearances to continue in the churches, and they provide the requisite information to insure this possibility.

(e) Definition of Resurrection. This is not to say that all the gospel stories about Jesus are factual historical reports. Mere facts do not produce Resurrection faith. Rather, the gospel stories are the baseline, the best indicator that our forebears could give us, to profile the real Jesus for us. They are given to us so that we can tell the Lord from the impostors and from our own fantasies. They are given to us by people who knew how to see Jesus as Risen Lord. They do not constrain us rationally to assent to their factual status. They are given to us for use as a component in the interpretation of our present reality. For this reality of ours, today, is

---

[11] Hunger and resurrection are linked in the following verses: Acts 6,1–5; 7,55–56; 9,3–9, 18–19; 10,40–41; Luke 8,49–56; 14,1–14; 15,11–12; 16,19–31; 22,15–18; 24,30–45.

[12] The mountain in Galilee where the Lord is to be seen, Matt 28,1–10, 16–20, is the mountain where the new law of Matt 5–7 is observed; compare Matt 25,31–46.

where the Resurrection is. The Risen Lord is not in the past, not in the first century, not in the tomb. He is not there. Conversely, what is there in the past, whatever is secured scientifically by historical research, is not the Risen Lord. (Historical research can help us to understand these matters, of course; but it is not the delivery mechanism for the real Jesus.)

In the gospels, it is the canonical church who is speaking to us. This church already has established what it means to recognize Jesus as Risen Lord, and has already defined Resurrection in the canonical pattern of memory plus experience plus insight, which was sketched above. Catechesis is already an integral component in the meaning of Resurrection for Christians, well before the point in time when the gospels are written down.

Resurrection for Christians is a variant, even a deviant version of Jewish Resurrection belief. In early Judaism, Resurrection is an implication of God's passionate justice. In the nascent Jesus traditions, as we have seen, the Jewish concept was first deployed to contest a verdict of the Sanhedrin (whether a death-sentence against Jesus himself, or a negative assessment of his *halachah*). This gradually expanded into an affirmation of God's power and continuing availability in Jesus after death. The Christian affirmation of the Resurrection of Jesus necessarily involves specific contents and procedures of catechesis. The notion itself makes no sense apart from these, as I have tried to show in this first part of the chapter. Those contents and procedures have realtime components, to which we now turn.

2. Resurrection today and tomorrow.

What we teach about the Resurrection must be a faithful rendering of the testimony of our Christian forebears, the first writers and readers of the canonical gospels. Therefore our teaching must say new things as well as old, just as theirs did. Our teaching of the Resurrection must be about the human future and the present day, as well as about the past.

Catechesis of the Resurrection occurs in three dimensions: as memory of what God has done in Jesus; as diagnosis of the situations, issues, and opportunities that comprise the world in which we live, and as progressive support for and celebration of the personal and social transformations through which God continues to act creatively in this, our one and only reality.

(a) Memory. The gospel texts preserve the official portraits of Jesus. We need to know who he was, so that we can recognize him when he confronts us again in the various modes we have been told to expect: the hungry, the imprisoned, the naked, the lost. We need to know what he said and did, so that we can avoid being misled by the various authorities who claim to speak in his name, and so that we can recognize his voice when it calls to us from high places or low. We need a baseline, »what Jesus did,« in order to rein in our fantasies of »what Jesus would do.«[13] Most importantly, we need to know that he promises to remain available, for this knowledge makes us hungry and thirsty for justice and keeps us eagerly watchful for the appearance of the Lord on a daily basis.

Conversely, forgetfulness makes the doctrine of Resurrection into an antique relic. To see Jesus as Risen Lord was first of all a motivated insight, rather than a caused and involuntary perception. If we forget or even deny that fact, then our catechesis will be less than faithful to the Biblical witness. If the church represses its knowledge that the gospels are interpretive portraits designed in accordance with the conventions of first-century artistic composition, then it disables the gospels from inviting people to recognize Jesus today. The great danger of gospel texts, the danger that mark permanently imposed upon all succeeding Christian generations, is that the texts will contain Jesus too securely. The texts will seal him up, shut his mouth, and become a tomb for him that never opens.

We must remember that the Christian doctrine of Resurrection entirely affirms the Jewish belief of the first century in its understanding of God's intention for the future of human bodies. God may want »our souls to go to heaven,« but the fullness of the New Creation is much more wonderful than that. God intends humans to live bodily with one another forever. Jews who believe in the Resurrection expect this to happen through their family connections with the whole people of Israel, while Christians expect this to happen through their baptism into Jesus Christ. Either way, our bodies in the Resurrection will be these same individually unique bodies that we now are. This is not a fairy tale or a lullaby. It is an imperative to regard all human bodies with profoundly reverent care, not merely insofar as they can think or talk, but especially in regard to their most basic bodily needs.

(b) Prophetic diagnosis. Thus Christian watchfulness for the appearance of the Lord, Christian hope for the Resurrection of the dead, deploys itself in present-day situations where human bodies are placed at risk. The Jesus who is remembered is *not* the real Jesus *unless* he is pointing to abused bodies and directing our attention to inconsistencies between a

---

[13] In the United States, one sees jewelry, shirts, and bumper stickers bearing the letters WWJD. This stands for »What Would Jesus Do?« The imagined behavior of Jesus is presumed to provide guidance in contemporary situations.

theoretical »reign of God« and the practical circumstances in which we are making a living, finding entertainment, raising our children, casting our votes, spending our money, and going to church. The real Jesus has a social agenda: not because he is a politician, but because he is a risen body. Human bodies, by their very nature, are radically dependent upon one another and upon the living environment. Human bodies are knit together in relations of gender, in economic relationships of production and consumption, in the care-giving and care-taking that is traded between older and younger generations. Our bodies are vulnerable to tickles and susceptible to wounds. These are the bodies that God intends to use for the new creation. There are no others.

The Resurrection is about these bodies of ours, in the comfortable West, and it is also about human bodies elsewhere whose labor supports our comforts. Resurrection belief looks for the ultimate victory of divine justice, to be won and exhibited in our own flesh and bones, our own faces and hands. Remember this the next time you look into your checkbook or your mirror, says the catechist, and see the Lord.

(c) Support and celebration. In real life, the moments of sudden insight are few and far between. We spend the rest of our time preparing for them, well or poorly, whether we know it or not. Occasionally the catechesis of the Resurrection can evoke Zen-like flashes of recognition. But for the most part, catechetical work is gradual and methodical. The teaching church prepares people for moments of grace by conveying its memories of Jesus steadily in age-appropriate ways, and also by gently turning people away from practices that impede the reign of God. Christian life ordinarily unfolds in a series of small conversions, minute transformations, little brushes with the accessibility of God's power in Jesus in commonplace everyday events. It is a catechetical task to help people to notice such tiny things, and to identify them for what they are.

The emptied tombs are not in graveyards. The rolled-back stones are to be seen in the little impediments that God removes from our everyday tasks and relationships. Now, the trouble with stones is that they can roll both ways, and when God opens something we are quite capable of sealing it back up again. A catechist must help people to understand that some breaks in routine are breakthroughs, and not all breaches require repair. It takes a flexible teacher to help Christians to become flexible enough to let God roll away the stones that shut us out or in, and then to notice when God has done so. God can be very subtle in the choice of stones for removal and containers for smashing. Yet it's quite remarkable how many teachers and scholars devote their best energy to keeping Jesus contained, that is, keeping his words defined and his deeds confined to safe, familiar themes. They are afraid to let the catechetical alabastron break.

The Risen Lord is always a surprise. He can and will show up where least expected. We await the unexpected when »we look for the Resurrection of the dead and the life of the world to come,« as the creed puts it. Liturgical celebrations, though they follow predictable ritual patterns, must be designed to be open to the circumstances of each new day and to the new things that God plans for that day.

In the first part of this chapter, it was possible to be rather specific about ideas and events in the first century. Belief in the Resurrection of Jesus has a definite content in the New Testament, and we can establish some solid facts about that belief. By contrast, the second part of the chapter has had to be much more vague about details. Social conditions and personal experiences could be mentioned only in rather general terms, and even the empty tomb was troped as an allusion to human relationships.

The asymmetry of the two parts of this chapter reflects the character of Resurrection belief itself. This belief connects a determinate past with an indeterminate future. It takes the act that God accomplished once and for all in Jesus, in very specific circumstances in first-century Jerusalem, and extends that act into a multitude of times and places. Resurrection refers to both: what God did with Jesus, as well as what God does in the particular circumstances of churches in every age who look for and to Jesus as Risen Lord.

Antje Fetzer

Auferstanden ins Kerygma?
Rudolf Bultmanns existentiale Interpretation der Auferstehung

1. Einleitung

Wie viele prägnante Termini und geflügelte Charakterisierungen ist auch die Wendung »auferstanden ins Kerygma«, mit der Rudolf Bultmanns Interpretation der Auferstehung unlöslich verbunden ist, als polemische Zuschreibung entstanden. Ursprünglich als Fundamentalkritik gemeint, die den defizitären Charakter der Bultmannschen Interpretation herausstreichen sollte, wurde sie von dem so Kritisierten jedoch mit völligem Gleichmut aufgenommen:
»Ich akzeptiere diesen Satz. Er ist völlig richtig, vorausgesetzt, daß er richtig verstanden wird. Er setzt voraus, daß das Kerygma selbst eschatologisches Geschehen ist; und er besagt, daß Jesus im Kerygma wirklich gegenwärtig ist [...]. Ist das der Fall, so werden alle Spekulationen über die Seinsweise des Auferstandenen [...] gleichgültig. An den im Kerygma präsenten Christus glauben, ist der Sinn des Osterglaubens.«[1]
Diese Stellungnahme, mit der Bultmann 1959 seinen Vortrag »Das Verhältnis der urchristlichen Christusbotschaft zum historischen Jesus« vor der Heidelberger Akademie der Wissenschaften abschließt, läßt sich als pointierte Zusammenfassung seiner Theologie verstehen. Zum einen spiegelt sie die grundlegende Bedeutung, die Bultmann der Hermeneutik zumißt. Sprachliche Äußerungen sind nicht selbst-verständlich, sie bedürfen der Erläuterung, müssen in ihrem historischen Entstehungszusammenhang gesehen und auf die ihnen zugrundeliegende Weltanschauung

---

[1] R. *Bultmann*, Das Verhältnis der urchristlichen Christusbotschaft zum historischen Jesus, in: Sitzungsberichte der Heidelberger Akademie der Wissenschaften, Philosophisch-historische Klasse, Jg. 1960, 3. Abh., Heidelberg 1960, 5–27, abgedruckt in: *ders.*, Exegetica. Aufsätze zur Erforschung des Neuen Testaments, hg. v. E. Dinkler, Tübingen 1967, 445–469, 469.

befragt werden. Dabei führt die Vielgestaltigkeit und Fremdheit gerade der biblischen Zeugnisse Bultmann nicht zu einer relativistischen Beurteilung des Verstehens. Er setzt voraus, daß es ein »richtiges« Verständnis gibt, und dieses zu erreichen, ist das Ziel des Prozesses wissenschaftlichen Verstehens.[2] Prämisse ist also die Einheit der Wirklichkeit, die sich durch angemessene Methoden der Wahrnehmung in ihrem Wahrheitsgehalt erschließt. Vor diesem Hintergrund lehnt Bultmann Diskussionen um sein Wirklichkeitsverständnis[3] als irreführend ab. Spekulationen über die Seinsweise des Auferstandenen können die tatsächlichen Kernfragen des Glaubens nicht berühren.

Die Sicherheit, mit der Bultmann diese und andere Fragen als irrelevant ausklammert, gründet positiv in der monolithischen Zuspitzung seiner dogmatischen Position. Alleiniges Kriterium christlicher Theologie ist es, ob sie Gottes befreiendes Handeln in Tod und Auferstehung Jesu als von heutigen Menschen erkennbare und erfahrbare Tat der Gnade erschließen kann.[4]

Als zentrale Dimension stellt Bultmann dabei die Begegnung des Menschen mit Gott heraus.[5] Dieses Motiv entfaltet er nach zwei Aspekten. Zum einen ist Begegnung mit Gott für den heutigen Menschen nur möglich, wenn Gott über den Kreuzestod Jesu hinaus im auferstandenen Christus gegenwärtig ist. Deshalb hängt für Bultmann theologisch alles an der *Plausibilisierung des Christus praesens*.[6] Zum anderen ist die Begegnung mit Gott für den Menschen deshalb bedeutungsvoll, weil sie nicht als zufälliges, sondern als auf ihn gerichtetes Geschehen verstanden werden muß. Gottes Heilshandeln trifft den Menschen und vollzieht sich an ihm, weil es den Charakter einer Anrede hat.[7] Folgerichtig ist es das anredende Wort, das verkündigte Kerygma, an dem Bultmann die Gegenwart des Auferstandenen festmacht.

Wenn Christus als im Kerygma präsent geglaubt und das Kerygma als eschatologisches Geschehen aufgefaßt wird, d.h. als Geschehen, das nicht als einmaliges historisches Ereignis bestimmt ist, sondern dem

---

[2] Vgl. *W. Schmithals*, Art. Bultmann, Rudolf (1884–1976), TRE 7, 387-396, 392f.
[3] Vgl. *B. Klappert* (Hg.), Diskussion um Kreuz und Auferstehung. Zur gegenwärtigen Auseinandersetzung in Theologie und Gemeinde, Wuppertal 1967, 72f. und 105.
[4] Vgl. die Leitfrage, die Bultmann im Zuge der Darstellung paulinischer Theologie herausarbeitet: *R. Bultmann*, Theologie des Neuen Testaments, 9. Aufl., durchg. und erg. von O. Merk, Tübingen 1984, 294.
[5] Vgl. Bultmanns Briefwechsel mit Barth, *K. Barth*, GA V/1. Karl Barth – Rudolf Bultmann, Briefwechsel, hg. v. B. Jaspert, Zürich 1971, 320, zit. bei *Schmithals*, Art. Bultmann, 389 (Anm. 2).
[6] Vgl. dazu *J. F. Kay*, Christus Praesens. A Reconsideration of Rudolf Bultmann's Christology, Grand Rapids 1994, 8 u.ö.
[7] Vgl. *Bultmann*, Theologie, 302 (Anm. 4).

Glaubenden gleichzeitig als im Hier und Jetzt geschehend stets gegenwärtig ist[8], so ist für Bultmann die Botschaft der Bibel vollständig zu ihrem Ziel gekommen. Sie ist »verstanden« worden.
Diese Nacktheit des Bultmannschen Glaubensverständnisses ist breit kritisiert worden. Ob ihm beispielsweise Karl Barth die »reichlich humorlose Marburger Tradition« bescheinigt, die konkreten Inhalte der Bibel einer falsch verstandenen Wahrhaftigkeit zu opfern[9] oder sein Schüler Ernst Käsemann gegen das bloße Daß des Gekommenseins[10] den Versuch stellt, synoptische Traditionen über den historischen Jesus als authentisch wiederzugewinnen[11] – Bultmanns Umgang mit der biblischen Überlieferung wurde als verfälschender Reduktionismus angesehen. Darüber hinaus wurde beklagt, seine existentiale Interpretation führe dazu, daß kosmische Weite, Geschichte und Schöpfung aus dem Bereich verantwortender Wahrnehmung herausfielen. Der analytischen Reduktion korreliere eine unbiblische Privatisierung und Spiritualisierung christlicher Existenz.[12]
Diese kritischen Reaktionen deuten an, warum Bultmanns theologisch-hermeneutisches Projekt derzeit nicht mehr die theologische Diskussion bestimmt, wiewohl die nach-bultmannsche Theologie nach dem Urteil von Walter Schmithals Bultmann weder in der neutestamentlichen Exegese noch in den hermeneutisch-systematischen Fragen überholt hat.[13]
Im folgenden möchte ich Bultmanns Verständnis der Auferstehung entfalten. Da die Plausibilität seiner Auferstehungsinterpretation unlöslich mit bestimmten exegetischen und hermeneutischen Vorentscheidungen verknüpft ist, kann auf eine Darstellung dieser »ausführlichen Einleitung«[14] nicht verzichtet werden. Deshalb werde ich im zweiten Abschnitt

---

[8] Vgl. a.a.O., 303 (Anm. 4) und *ders.*, Jesus Christus und die Mythologie, dt. Übers. von: Jesus Christ and Mythology, New York 1958, erstmals abgedr. als Stundenbuch 47, Hamburg 1964, jetzt in: *ders.*, Glauben und Verstehen IV, Tübingen 1965, 141-189, 187.

[9] *K. Barth*, Die Interpretation der Auferstehung durch R. Bultmann, in: *ders.*, Die Kirchliche Dogmatik III, Die Lehre von der Schöpfung, Zweiter Teil, 2. Aufl., Zürich 1959, 524–616, zit. bei *Klappert*, Diskussion, 111 (Anm. 3).

[10] Vgl. *Bultmann*, Verhältnis, 449f. (Anm. 1); *H. Zahrnt*, Die Sache mit Gott. Die protestantische Theologie im 20. Jahrhundert, 9. Aufl., München 1988, 273 Anm. 76.

[11] Vgl. *E. Käsemann*, Das Problem des historischen Jesus, in: ZThK 51, 1954, 125–153.

[12] So kritisch Rudolf Bohren und Jürgen Moltmann, vgl. *Zahrnt*, Sache, 269f.; vgl. auch a.a.O., 272 (Anm. 10).

[13] Vgl. *Schmithals*, Art. Bultmann, 395f. (Anm. 2).

[14] In Anspielung auf *Martin Kählers* bekanntes Diktum, vgl. *ders.*, Der sogenannte historische Jesus und der geschichtliche, biblische Christus, hg. v. E. Wolf (Theologische Bücherei 2), 2. Aufl., München 1956, 60, zit. nach *Klappert*, Diskussion, 35 Anm. 93 (Anm. 3).

Bultmanns Projekt der Entmythologisierung erläutern, um auf dieser Grundlage im dritten Abschnitt die existentiale Interpretation der Auferstehung darzustellen und zu diskutieren.
Die Ergebnisse dieser Untersuchung möchte ich schließlich unter der Fragestellung auswerten, welche Provokation Bultmanns Sicht der Auferstehung für den gesellschaftlichen Umgang mit Tod gegenwärtig bedeutet und inwiefern darin ein Wahrheitselement christlicher Auferstehungshoffnung zum Ausdruck gebracht wird.
Ist Bultmanns Auferstehungsdeutung die »feste Speise«, die den »unmündigen Kindern« besser vorenthalten werden sollte (1Kor 3,2), oder beruht sie auf der überkonsequenten Durchführung der falschen Alternativen zwischen Sachwahrheit und Existenzwahrheit, zwischen Historie und Kerygma?[15] Mit dieser Leitfrage im Hintergrund wende ich mich Bultmanns existentialer Interpretation zu.

2. Das Projekt der Entmythologisierung

2.1 Grundlagen

Erste Voraussetzung für das Projekt der Entmythologisierung ist Bultmanns intensives Studium der neutestamentlichen Texte. Seine theologische Abkehr von den Synoptikern wird nur als Ergebnis dieser Auseinandersetzung verständlich und wirft ein klärendes Licht auf sein erkenntnisleitendes Interesse.
Durch die »Geschichte der synoptischen Tradition« von 1921[16] hatte Bultmann die Formgeschichte der synoptischen Evangelien mitbegründet. Gemessen an den dogmatischen Schlußfolgerungen, müssen diese formgeschichtlichen Studien als Versuch verstanden werden, durch Abschälen der kontingenten Hülle auf den wahren Kern der Sache zu stoßen. Oswald Bayer führt dieses Vorgehen auf Bultmanns kantisches Erbe zurück. Die Suche nach hüllenloser Wahrheit entspreche der Scheidung zwischen dem Empirischen und dem Rationalen.[17]
In dieser hermeneutischen Grundeinstellung wurzelt auch Bultmanns Hochschätzung der historisch-kritischen Methode und der liberalen »Atmosphäre der Wahrhaftigkeit«[18], die er ungeachtet seiner theologischen Abkehr von der liberalen Theologie zeitlebens hochhält. Nur wer

---

[15] So G. Eichholz, a.a.O., 49f. (Anm. 3).
[16] *R. Bultmann*, Die Geschichte der synoptischen Tradition (FRLANT 29), Göttingen 1921.
[17] Vgl. *O. Bayer*, Theologie (Handbuch Systematischer Theologie 1), Gütersloh 1994, 480.
[18] *R. Bultmann*, Glauben und Verstehen I, 6. unv. Aufl., Tübingen 1966, 3, zit. bei *Schmithals*, Art. Bultmann, 389 (Anm. 2).

sich den Verdachtsmomenten gegenüber Inhalten des Glaubens ehrlich und sachgerecht stellt, kann beanspruchen, den Kern der Sache zu suchen und daran Sicherheit gewinnen.[19] Die formgeschichtliche Erschließung der synoptischen Evangelien muß ihn unter dieser Voraussetzung mit der Erfahrung konfrontieren, eine Zwiebel zu schälen.[20] Als theologisch relevant bleibt vom historischen Jesus nicht mehr als das Daß des Gekommenseins.[21]

Bultmann setzt sich deshalb nach Abschluß des Jesusbuches von 1926 nie mehr intensiv mit den Synoptikern auseinander, sondern wendet sich konsequent Johannes und Paulus zu.[22]

Dieses methodische Vorgehen ist paradigmatisch für Bultmanns wissenschaftliches Ethos und wird uns auf anderer Ebene bei der Analyse seiner Auferstehungsinterpretation wieder begegnen. Der Anspruch der Wahrhaftigkeit verpflichtet ihn dazu, alles zur Verfügung stehende Quellenmaterial zur Kenntnis zu nehmen und das gesamte kritische Instrumentarium darauf anzuwenden. Exegetische Ergebnisse müssen diesem Maßstab genügen, Eintragung theologischer Interessen ist auf dieser Ebene zu vermeiden. Das exegetische Ergebnis seinerseits erzwingt aber nicht einfach die theologische Zustimmung: Für Bultmann gibt es nur *einen* theologischen Verstehensprozeß, zu dem systematische und historische Disziplinen in gleicher Weise beitragen.[23] Als Theologe stellt er sich deshalb nicht nur auslegend *unter*, sondern sachkritisch *neben* die biblischen Zeugnisse und beurteilt ihren Beitrag zu der Frage, unter welchen Bedingungen das *eine* Wort in wechselnden geschichtlichen Kontexten verständlich werden kann.[24] Johannes und Paulus vertreten nach diesem Kriterium für Bultmann schlechthin die überzeugendere Theologie.

Bultmanns hermeneutisches Vorverständnis der Bibel läßt sich soweit wie folgt zusammenfassen: Die biblische Botschaft ist nicht vielstimmig, sondern repräsentiert das *eine* Wort. Unter wechselnden Bedingungen

---

[19] Vgl. dazu *R. Bultmann*, Neues Testament und Mythologie. Das Problem der Entmythologisierung der neutestamentlichen Verkündigung [Vortrag 1941 in Alpirsbach], in: *H. W. Bartsch* (Hg.), Kerygma und Mythos I, Hamburg 1948, 15–53, 34: »[...] der christliche Glaube [...] kann seine Selbstgewißheit nur gewinnen, wenn er die Möglichkeit seiner Unmöglichkeit konsequent durchdenkt.«

[20] Vgl. *R. Bultmann*, Jesus, NA der 3. Aufl. mit einem Nachwort von W. Schmithals, Tübingen 1988, 13f.

[21] Vgl. *Zahrnt*, 273 Anm. 76 (Anm. 10).

[22] Vgl. *Schmithals*, Art. Bultmann, 389 (Anm. 2). Die Ergebnisse der Johannes- und Paulusexegese stellt Bultmann vor allem in den Werken: Das Evangelium des Johannes (KEK 2), Göttingen 1941 und: Theologie (Anm. 4) dar.

[23] Vgl. *Schmithals*, Art. Bultmann, 388 (Anm. 2).

[24] Vgl. a.a.O., 393 (Anm. 2).

kleidet es sich in wechselnde Gewänder, ohne seine Bedeutung zu verändern.
Charakteristisch für Bultmanns Hermeneutik, die er in Auseinandersetzung mit Kierkegaard, Schleiermacher und Dilthey entwickelt[25] und die in Heideggers Terminologie ihre begriffliche Zuspitzung erfährt[26], ist die zentrale Bedeutung der *Geschichtlichkeit* des Menschen. »Verstehen ist möglich, weil Autor und Interpret in der einen geschichtlichen Welt leben.«[27] Im Gegensatz zum objektivierenden Umgang mit geschichtlichem Wissen unter dem Vorzeichen der Subjekt-Objekt-Spaltung zielt die Rede von der Geschichtlichkeit des Menschen darauf, die Beschäftigung mit Geschichte als Begegnung mit Lebensmöglichkeiten verstehbar zu machen.[28] Die Frage, die Bultmann an die neutestamentliche Überlieferung stellt, ist deshalb, »ob dem Menschen im Neuen Testament ein Verständnis seiner selbst entgegengebracht wird, das eine echte Entscheidungsfrage für ihn bedeutet.«[29]

2.2 Die Entmythologisierung

Um das Selbstverständnis freizulegen, in dem das Neue Testament heutige Menschen mit der Forderung zur Entscheidung konfrontiert, gilt es zunächst, die Verstehenshindernisse zu beseitigen, die den Zugang zur Botschaft verbauen.
Das grundlegende Hindernis besteht für Bultmann in der Unvereinbarkeit des mythologischen Weltverständnisses des Neuen Testaments mit dem modernen naturwissenschaftlich geprägten Weltbild. Für heutige Menschen sei es nur durch ein sacrificium intellectus möglich, die biblischen Vorstellungen von Präexistenz, Erlösung und endzeitlicher Eschatologie für wahr zu halten.[30] Bultmanns Anliegen ist es, diesen falschen Anstoß[31] durch Entmythologisierung zu beseitigen, um die Begegnung mit dem christlichen Kerygma allererst zu ermöglichen. Der Vorwurf, er

---

[25] Vgl. ebd.; Bayer nennt darüber hinaus Kant und Schelling als prägende Einflüsse auf Bultmanns Ansatz: *Bayer*, Theologie, 479f. (Anm. 17).
[26] Vgl. *Schmithals*, Art. Bultmann, 389 (Anm. 2); *Zahrnt*, Sache, 245ff. (Anm. 10).
[27] *Schmithals*, Art. Bultmann, 393 (Anm. 2).
[28] Vgl. *Bultmann*, Verhältnis, 459 (Anm. 1). In entsprechender Weise definiert Bultmann bereits in: Jesus (1926) seinen Umgang mit der Lehre Jesu: »[...] Jesu Gedanken [...] sind als das verstanden, was sie in der konkreten Situation eines in der Zeit lebenden Menschen sind: als die Auslegung der eigenen [...] Existenz; als der Ausdruck für eine Möglichkeit, diese Existenz zu erfassen; als der Versuch, über die Möglichkeiten und Notwendigkeiten des eigenen Daseins klarzuwerden.« *Bultmann*, Jesus, 12 (Anm. 20).
[29] *Bultmann*, Neues Testament und Mythologie, 28 (Anm. 19).
[30] Vgl. *Bultmann*, Jesus Christus und die Mythologie, 145 (Anm. 8).
[31] Vgl. a.a.O., 157 (Anm. 8).

wolle die christliche Botschaft rationalisieren, beruht auf einem grundlegenden Mißverständnis.
»Entmythologisierung macht erst die wahre Bedeutung von Gottes Geheimnis deutlich. Die Unbegreifbarkeit Gottes liegt nicht auf der Ebene theoretischer Gedanken, sondern auf der Ebene der persönlichen Existenz. Das Geheimnis, für das der Glaube sich interessiert, ist nicht, was Gott an sich ist, sondern wie er mit den Menschen handelt. Dies ist ein Geheimnis nicht für das theoretische Denken, sondern für die natürlichen Wünsche und Begierden des Menschen.«[32]
Deshalb genügt es nicht, das Mythologische in der christlichen Tradition durch Auswahl und Abstriche lediglich zu reduzieren.[33] Die Grenze eines solchen Verfahrens ließe sich nicht schlüssig legitimieren. Vielmehr will Bultmann ernst damit machen, daß es der eigentliche Sinn des Mythos sei, das Weltverständnis des Menschen auszusprechen. Der Mythos veranschaulicht Unweltliches als weltlich, Göttliches als menschlich und gibt damit dem menschlichen Wissen darum Ausdruck, von unverfügbaren Mächten abhängig zu sein. In diesem Charakteristikum liefert er selbst das Motiv zur Kritik seiner objektivierenden Darstellungsweise.
Als die unserer Gegenwart angemessene Form der Entmythologisierung bestimmt Bultmann die *existentiale Interpretation*.[34] Damit entscheidet er sich bewußt für eine philosophische Perspektive, die die menschliche Existenz ohne Rücksicht auf die Beziehung zwischen Gott und Mensch analysiert, und begründet dies mit der Unverfügbarkeit der Gottesidee.[35] Bultmann ist überzeugt, damit keine theologische Weichenstellung vorgenommen zu haben, da er zwischen methodischen und inhaltlichen Voraussetzungen einer hermeneutischen Methode unterscheiden zu können glaubt.[36] Die Existentialanalyse komme nur als Art des Fragens zum Zuge.
Entscheidend ist, daß die Existentialphilosophie nicht mit einem normativen Idealbild operiert (»So mußt du existieren.«), sondern mit der Vorstellung der Eigentlichkeit zeigen will, was existieren kategorial gesehen heißt.[37] Menschliche Existenz ist charakterisiert durch Geschichtlichkeit. Sie wird realisiert, wenn der Mensch jedes »Jetzt« als Augenblick freier Entscheidung wahrnimmt. Damit ist gesagt, daß wahre menschliche Existenz nur im *Vollzug* des Existierens liegen kann. Diesen Vollzug zu

---

[32] A.a.O., 162 (Anm. 8).
[33] Vgl. *Bultmann*, Neues Testament und Mythologie, 22f. (Anm. 19).
[34] Vgl. a.a.O., 169 (Anm. 19).
[35] Vgl. a.a.O., 171 (Anm. 19).
[36] Vgl. a.a.O., 165. So auch *Schmithals*, Art. Bultmann, 389 (Anm. 2): »[...] gerade der (methodische) ›Atheismus‹ der Philosophie des frühen Heidegger ermöglichte die befruchtende Begegnung mit der Theologie.«
[37] Vgl. *Bultmann*, Jesus Christus und die Mythologie, 169f. (Anm. 8).

konkretisieren, bleibt in die eigene Verantwortung des Menschen gelegt.[38] In der Terminologie Heideggers gesprochen existiert der Mensch geschichtlich in Sorge um sich selbst, jeweils im Augenblick der Entscheidung zwischen der Vergangenheit und der Zukunft, zwischen der Gefahr, sich an die Welt des Vorhandenen, das »man«, zu verlieren, und der Chance, seine Eigentlichkeit in der Preisgabe aller Sicherungen zu gewinnen.[39] Im Lichte dieser Analyse läßt sich das christliche Seinsverständnis so aussagen, daß es als Entscheidungsfrage an den Menschen verständlich wird.[40]

Das menschliche Sein außerhalb des Glaubens ist durch die Welt als Sphäre des Sichtbaren und Vergänglichen bestimmt. Während diese Sphäre an sich Gottes gute Schöpfung ist, wird sie zur bedrückenden Macht, wenn der Mensch sein Leben auf sie aufbaut. Die Folge ist, daß der Mensch sich sorgt ($\mu\epsilon\rho\iota\mu\nu\tilde{\alpha}\nu$ 1Kor 7,32f.). Um dieser Sorge entgegenzuwirken, flüchtet er sich in ein unangemessenes Vertrauen in das Verfügbare (Phil 3,3), das seinen extremen Ausdruck im Selbstruhm ($\kappa\alpha\upsilon\chi\tilde{\alpha}\sigma\theta\alpha\iota$) findet. Weil das Sichtbare, Verfügbare aber letztlich vergänglich ist, verfällt dem Tode, wer aus ihm lebt.[41]

Demgegenüber bedeutet menschliches Sein im Glauben, sich an das Unsichtbare, Unverfügbare, Unvergängliche zu halten. Dieses Selbstverständnis wird durch Gottes Handeln in Jesus Christus eröffnet und äußert sich in einer Befreiung von vergangenen Bindungen, der die Preisgabe eigener Sicherheiten entspricht. Dem Glaubenden sind so Zukunft und Gehorsam eröffnet. Diesen Vorgang bezeichnet Bultmann als »Entweltlichung«.[42] In ihm wird die präsentische Eschatologie konkret.

Eschatologisch existieren heißt, offen auf Zukunft hin zu sein und eigene Sicherungen preiszugeben. Im Gegensatz zum Vorstellungsgehalt der jüdischen Apokalyptik verändert sich nach Bultmann nicht die äußere Welt, sondern das eigene Weltverhältnis (1Joh 5,4). Anders als im gnostischen Erlösungsverständnis äußert sich die Befreiung nicht in einem material neuen und bleibenden Zustand, sondern sie muß sich in jeder Situation als Glaubensentscheidung neu vollziehen. Als pointierte Zusammenfassung dieser Exegese kann Bultmanns Auslegung von Gal 5,25 gelten: »Wenn wir im Geist leben, so laßt uns auch im Geist wandeln.« Es ist kein Widerspruch von Paulus, das Leben im Geist gleichzeitig zu konstatieren und zu fordern. »Geist« ist nicht Besitz der

---

[38] Vgl. a.a.O., 170 (Anm. 8).
[39] Vgl. *Bultmann*, Neues Testament und Mythologie, 35 (Anm. 19).
[40] Vgl. zum folgenden a.a.O., 28ff. (Anm. 19).
[41] Aus diesem Zusammenhang folgt auch die Knechtschaft der Angst (Röm 8,15), vgl. a.a.O., 30 (Anm. 19).
[42] A.a.O., 31 (Anm. 19).

Glaubenden, sondern faktische Möglichkeit des Lebens, die in der verantwortlichen Entscheidung stets neu ergriffen werden muß.[43]

3. Die existentiale Interpretation der Auferstehung

Bultmanns Auffassung von der Auferstehung erschließt sich, wenn man ihre exegetischen Hintergründe nachvollzieht. Dies ist möglich anhand der Abhandlung »Karl Barth: Die Auferstehung der Toten«, die Bultmann 1926 über Barths gleichnamige Auslegung des 1. Korintherbriefs verfaßt hat.[44]
Bultmanns abstrahierender Auferstehungsbegriff legitimiert sich nicht als direkte Neuinterpretation des paulinischen Zeugnisses, sondern entsteht gewissermaßen aus einem kritischen Gespräch mit dem Theologen Paulus, das er unter der methodischen Prämisse der »Sachkritik« führt.[45] Er versucht nicht, alle paulinischen Aussagen zu harmonisieren, sondern setzt voraus, daß die eigentliche Intention des Paulus in einem In- und Durcheinander mit zeitgeschichtlichen Aussagen vorliegt.[46] So steht für ihn außer Zweifel, daß Paulus in 1Kor 15 die Historizität des Auferstehungsgeschehens geltend machen will und im Einklang mit der jüdischen Apokalyptik ein endzeitliches Geschehen erwartet.[47] Ebenso deutlich konstatiert er aber die innere Spannung der paulinischen Argumentation.[48]
Daraus erwächst dem Theologen die schwierige Aufgabe, die paulinische Intention von den zeitbedingten Vorstellungsgehalten zu scheiden.[49] Eine solche Exegese bedeutet ein Wagnis, wenn auch ein notwendiges, und erfordert größte methodische Transparenz und Umsicht, denn »[e]s ist doch keine Kleinigkeit, [...] wenn man die ganze ›Schlußgeschichte‹ [d.h. die Erzählung der endzeitlichen Ereignisse] sozusagen weginterpretiert [...].«[50]
Die erste Vorbemerkung zum Verständnis der existentialen Interpretation der Auferstehung lautet deshalb: Bultmanns Auslegung beansprucht

---

[43] Vgl. a.a.O., 33 (Anm. 19).
[44] *R. Bultmann*, Karl Barth, »Die Auferstehung der Toten«, in: *ders.*, Glauben und Verstehen I, Tübingen 1933, 38–64.
[45] Vgl. a.a.O., 52, 54f., 57f. u.ö. (Anm. 44).
[46] Vgl. a.a.O., 57 (Anm. 44).
[47] Vgl. a.a.O., 53f. und 55, 63 (Anm. 44).
[48] Vgl. a.a.O., 52 (Anm. 44): »Es scheint mir nun ebenso sicher, daß Paulus in 1Kor 15 von einer solchen Schlußgeschichte redet, wie daß er in Wahrheit nicht von ihr reden kann und will. M.a.W. man kommt bei 1Kor 15 nicht ohne durchgehende [...] Sachkritik aus.«
[49] Vgl. a.a.O., 57 (Anm. 44).
[50] Ebd.

nicht, allen biblischen Aussagen gerecht zu werden, sondern die *Aussageintention* des Kerygmas zu treffen.
Als zentrale Sachfrage im Blick auf die Auferstehung erweist sich, wie die Identität des irdischen menschlichen Lebens mit dem Auferstehungsleben zu verstehen sei. Bei Paulus wird diese Identität durch den Ausdruck σῶμα (Leib) gekennzeichnet, und an der richtigen Analyse und Interpretation dieses Begriffs möchte Bultmann das Kriterium paulinischer Auferstehungsaussagen gewinnen.[51]
Die folgende Argumentation knüpft sich an den Abschnitt 1Kor 15,35–44a, dessen Funktion Bultmann darin sieht, Paulus' Interpretation des Begriffs σῶμα zu erläutern, der jedoch sachkritisch gesehen zur apologetischen Verschleierung gerät.[52]
Bultmanns Widerspruch entzündet sich an der Analogie zwischen Samen und Pflanze einerseits, Diesseits und Jenseits andererseits. Während zwischen Samen und Pflanze eine direkte Identität bestehe, sie also lediglich verschiedene Erscheinungsweisen desselben Lebewesens darstellten, sei der Mensch diesseits und jenseits in kontradiktorischer Weise verschieden bestimmt, nämlich einerseits als todverfallen, andererseits als lebendig. Die paulinische Argumentation, das σῶμα als Subjekt zu sehen, das die verschiedenen Erscheinungsformen σάρξ und δόξα (Fleisch und Glanz) haben könne, ordne dem σῶμα verschiedene naturhafte Qualitäten zu. Die Auferstehung sei für Paulus deshalb nachvollziehbar, weil es σώματα aus verschiedenen Stoffen gebe.[53]
Daran übt Bultmann Sachkritik, indem er sich positiv auf 1Kor 15,1–34 stützt[54], also Paulus im Widerspruch mit sich selbst zeigt. Wenn das σῶμα sterblich und unsterblich sein könne, dann sei letztlich der Tod nicht ernstgenommen. Der starke Bezug der ζωή (des Lebens) auf die Neuschöpferkraft Gottes sei verleugnet, Leben kein zukünftiges Wunder mehr, sondern das Ergebnis der linearen Transformation einer Substanz. Damit aber rückt die Auferstehungsvorstellung nahe an die Vorstellung der Unsterblichkeit der Seele, die wiederum mit dem Auferstehungsverständnis in 1Kor 15,1–34, besonders V.20–29, radikal unvereinbar ist.[55]
Die zweite Vorentscheidung der existentialen Interpretation der Auferstehung lautet daher: Die *Schärfe des Unterschieds* zwischen dem irdischen Leben und dem Auferstehungsleben ist zu wahren. Die Radikalität

---

[51] Vgl. a.a.O., 58ff. (Anm. 44). Daß er diesen Anspruch im Rahmen des Aufsatzes nicht explizit einlösen wird, steht im Einklang mit seinen wissenschaftlichen Überzeugungen: »Daß wir auch als Kritiker vielleicht nicht weiter kommen als [Paulus], entbindet nicht von der Pflicht zur Kritik.« A.a.O., 52 (Anm. 44).
[52] Vgl. zum folgenden a.a.O., 58ff. (Anm. 44).
[53] Vgl. a.a.O., 60f. (Anm. 44).
[54] Vgl. die Zusammenfassung der Exegese a.a.O., 57f. (Anm. 44).
[55] Vgl. a.a.O., 57 (Anm. 44).

göttlichen Handelns ist nur wahrnehmbar, wenn die Radikalität des Todes und seine unlösliche Verknüpfung mit unserem irdischen Leben erfaßt wird. Identitätsvorstellungen, die eine materiale Kontinuität zwischen diesem und jenem Leben beschwören, verschreiben sich den todverfallenen Strukturen der Zuständlichkeit und sind abzulehnen. Von hierher erhellt sich auch Bultmanns zentrale Schwierigkeit mit der Vorstellung *leiblicher* Auferstehung. Wenn der Leib als zuständliche Größe aufgefaßt wird, steht die Vorstellung dem eschatologischen Postulat der Zukunftsoffenheit entgegen.[56]

Deshalb hängt für Bultmann alles am Verständnis des σῶμα. Seine eigene Interpretation deutet er an, wenn er Barth zustimmt, der die Pointe der Leibvorstellung in der Gottesfrage sieht. Weil ich Leib bin, habe ich keinen Schlupfwinkel vor Gott. Gottes Herrsein erstreckt sich auf meine ganze Existenz.[57] Eschatologisch existieren heißt für Bultmann, zum Gehorsam befreit zu sein, der diesem Herrsein gerecht wird. Es bedeutet, offen auf Zukunft hin zu sein und eigene Sicherungen preiszugeben. Alle auf Dauer gestellten Seinskonzepte verfallen unter diesem Kriterium dem Verdikt der Selbstsicherung. Das Auferstehungsleben ist nie ein Gegebenes.[58]

Bultmanns exegetisches Urteil über 1Kor 15 fordert deshalb, die Verse 35–44a als unangemessen auszuklammern. An konkreten paulinischen Aussagen zum Auferstehungsleben bleibt somit nur das σὺν Χριστῷ εἶναι aus 1Thess 4,17 und Phil 1,23. Damit wird die Auferstehung inhaltlich unmittelbar auf die kerygmatische Christologie bezogen: »In gewissem Sinne, d.h. sofern wir zu Christus gehören, *sind* wir Auferstandene, sind ἀπαρχή, sind καινὴ κτίσις [...].«[59]

In der Auslegung zu den Versen 1Kor 15,20–22, die er für die zentrale paulinische Aussage zur Auferstehung hält, deutet Bultmann schließlich das Motiv der Erstlingschaft und Repräsentanz Christi, indem er formuliert: »[...] unsere Auferstehung ist mit der Auferstehung Christi Wirklichkeit [...].«[60]

Damit sind wir auf die existentiale Interpretation der Auferstehung Christi verwiesen, die Bultmann in Umrissen in seinem programmatischen Aufsatz »Neues Testament und Mythologie« (1941) vorstellt.[61] Mit Bezug auf Röm 4,25 – »Wegen unserer Verfehlungen wurde er hingegeben, wegen unserer Gerechtmachung wurde er auferweckt.« – argu-

---

[56] Vgl. die Kritik an der Zuständlichkeit, die den Aufsatz wie ein roter Faden durchzieht: a.a.O., 42, 46, 50, 55, 56, 58, 61, 64 (Anm. 44).
[57] Vgl. a.a.O., 62 (Anm. 44).
[58] Vgl. a.a.O., 64 (Anm. 44).
[59] A.a.O., 64 (Anm. 44).
[60] A.a.O., 53 (Anm. 44).
[61] *Bultmann*, Neues Testament und Mythologie, 47ff. (Anm. 19).

mentiert Bultmann, Kreuz und Auferstehung bildeten als kosmisches Geschehen eine Einheit.[62] Erst im Lichte des Interpretaments der Auferstehung werde sichtbar, daß das Kreuz »nicht als ein menschliches Sterben ins Auge gefaßt werden soll, sondern als das befreiende Gericht Gottes über die Welt, das als solches den Tod entmächtigt [...].«[63] Damit ist aber gerade abgewiesen, die Auferstehung als beglaubigendes Mirakel zu verstehen. Sie ist kein historisches Ereignis, sondern der »*Ausdruck der Bedeutsamkeit des Kreuzes*«.[64]

Mit diesem Spitzensatz scheint die Wirklichkeit und damit die substanzielle Relevanz der Auferstehungsvorstellung preisgegeben. Vor dem Hintergrund der beiden Vorentscheidungen, die in diese Auferstehungsinterpretation eingehen, ergibt sich jedoch ein anderes Bild.

Erstens: Inwiefern trifft Bultmann die Intention des paulinischen Auferstehungsdenkens?

Mit der Auferstehung eröffnet Gott dem Menschen die ζωή, das heißt das Leben aus dem Glauben jenseits alles Vertrauens auf das Fleisch (Phil 3,3). Das Sorgen endet, das Rühmen findet in Gott den einzig angemessenen Bezugspunkt (1Kor 1,31). Indem Bultmann die Auferstehung als hermeneutischen Schlüssel zum Kreuzesgeschehen deutet, sieht er sie genau in der Funktion, dem Menschen Gottes Befreiungstat zu eröffnen, indem sie ihm das Leben aus dem Unverfügbaren allererst möglich macht.

Die Übereinstimmung mit der paulinischen Intention ist deutlich. Es könnte jedoch eingewandt werden, bei Bultmann sei durch Kreuz und Auferstehung lediglich die Entscheidungsfrage gestellt, nicht die Entscheidungsmöglichkeit zugeeignet. Das hieße meines Erachtens jedoch, Bultmann mißzuverstehen. Deutlich betont er in »Neues Testament und Mythologie«, daß der Unterschied zwischen der existentialen Philosophie und einer existential interpretierenden Theologie genau darin bestehe, daß dem Philosophen der Aufweis der Natur des Menschen bereits als hinreichend gelte, die Verwirklichung wahrer Existenz herbeizuführen, während die Theologie auf die Notwendigkeit der Heilstat Gottes hinweise, die allein den Menschen aus dem geschlossenen Kreis seiner Weltverfallenheit befreien könne.[65] Die Kritik wäre also dahingehend zu relativieren, daß das Motiv des Entscheidungsrufs die menschliche Selbstverantwortung stärker betont als die göttliche Zueignung.

---

[62] Vgl. a.a.O., 48 (Anm. 19).
[63] Ebd.
[64] A.a.O., 47f. (Anm. 19).
[65] Vgl. a.a.O., 38f. (Anm. 19).

Zweitens: Wie wird in Bultmanns Auferstehungsinterpretation die radikale Unterschiedenheit von irdischem Leben und Auferstehungsleben zu Bewußtsein gebracht? Der naheliegende Vorwurf ist, Bultmann vermeide den Fehler der Überbetonung der Kontinuität zwischen Diesseits und Jenseits durch den noch größeren Fehler, dem Jenseits jede Realität abzusprechen. Es ist nicht von der Hand zu weisen, daß Bultmann jede material leibliche Auferstehungsvorstellung ablehnt. Nicht umsonst ordnet er sowohl Christi Auferstehung als auch die endzeitliche Auferstehung der Toten motivisch der kosmischen Mythologie zu, die den naturwissenschaftlich geprägten Menschen vor massive Verstehensprobleme stelle.[66] Dennoch kann meines Erachtens nicht geurteilt werden, daß Bultmann nicht von einem realen Auferstehungsleben spreche. Das Auferstehungsleben ist vielmehr *präsentisch eschatologisch* gedeutet. Es wird als durch den Glauben eröffnete Dimension des Lebens gedacht, die keinesfalls nur ein anderer Befindlichkeitszustand des diesseitigen Lebens ist. Der konkrete Lebensvollzug gehört bei Bultmann genau deshalb zum eschatologischen Geschehen[67], weil in ihm historisch Feststellbares und – nur dem Glauben erkennbar – überzeitlich Bedeutsames in derselben Weise zusammenliegen wie in Kreuzestod Jesu, Glauben der ersten Jünger, Verkündigung, Kirche und den Sakramenten. Die Verweigerung gegenüber einer endzeitlichen Paradiesvorstellung bringt radikal zum Ausdruck, wie unlöslich das irdische Leben der Selbstsicherung tatsächlich mit dem Tod als Grenze aller menschlichen Möglichkeiten verbunden ist.

Die radikal präsentische Auslegung der Zukunft Gottes ist diejenige Grundentscheidung der Bultmannschen Entmythologisierung, durch die sie sich so grundsätzlich von anderen Auslegungen unterscheidet, daß sie im Diskurs beinahe unvermittelbar wird. Indem Bultmann die Vorstellung des linearen Zeitverlaufs als Mythos kennzeichnet, schneidet er sich von einem Traditionsstrom ab, der in der historischen Linearität des Heilsgeschehens gerade das Charakteristikum der jüdischen und christlichen Heilsvorstellungen gesehen hatte. Heilsgeschichte, Endzeit, personale Kontinuität über den Tod hinaus, Zukunftshoffnung müssen in Bultmanns Interpretation neu gedeutet werden, ohne daß auf die Entwicklungsoffenheit einer fortschreitenden Geschichte rekurriert werden könnte.[68]

---

[66] Vgl. a.a.O., 16 (Anm. 19).
[67] Vgl. a.a.O., 49 (Anm. 19); vgl. auch Barth bei *Klappert*, Diskussion, 107 (Anm. 3).
[68] Vgl. *Günther Bornkamms* Vorwurf, Bultmanns hermeneutischer Ansatz könne das sachliche Anliegen der apokalyptischen Eschatologie letztlich nicht erfassen, *ders.*, Mythos und Evangelium, in: TEH NF 26, 1953, 26f., zit. bei *Klappert*, Diskussion, 74.

Meines Erachtens ist hier die tiefste Aporie der theologischen Bemühung um die Eschatologie berührt: Bleiben wir im Modus des linearen Zeitverlaufs, so stehen uns Interpretationsräume offen, das Vertrauen in Gottes Liebeshandeln zu nähren und im Austausch mit unserer Alltagssituation zu entwickeln. Wir halten dabei aber an der Zuverlässigkeit der Verlaufsvorstellung fest, bleiben also in gewisser Weise kognitiv gesichert. Nehmen wir dagegen die Perspektive der existentialen Interpretation ein, gelingt es uns, die Entsicherung, die durch Gottes Handeln in Jesus Christus möglich wird, in drastischer Weise auszusagen. Der Preis ist jedoch die Abstraktion von der Vielfalt und Entwicklungsoffenheit der Gotteserfahrung und die Ausblendung der außermenschlichen Schöpfung.

Für Bultmann gibt es keine endzeitliche Zukunft, in die hinein die Auferstehung eine Brücke schlagen würde. Dennoch ist die Auferstehung als Kontaktpunkt zwischen Diesseits und Jenseits nicht ohne Wohin. Dieses Wohin erschließt sich, wenn wir Bultmanns Weigerung nachvollziehen, die Auferstehung als Beglaubigung der Wunderhaftigkeit göttlichen Handelns zu deuten.

Die Auferstehung ist zur Beglaubigung ungeeignet, da sie kein historisches Ereignis, sondern selbst Gegenstand des Glaubens sei, und ein Glaube nicht durch einen anderen gesichert werden könne.[69] Der Auferstehungsglaube, der damit in den Blick genommen ist, ist der Glaube an das Kreuz als Heilsereignis.[70] Wie aber kommen wir dazu, an das Kreuz als Heilsgeschehen zu glauben? Bultmanns klare Antwort lautet: »*Christus, der Gekreuzigte und Auferstandene, begegnet uns im Wort der Verkündigung*, nirgends anders.«[71]

Hier schließt sich der darstellende Kreis. Bultmanns Bemühung um die Plausibilisierung des Christus praesens mündet in seine emphatische Kerygmavorstellung, die die Gegenwart Christi unlöslich und exklusiv mit dem verkündigenden Wort verbindet. Jesus ist *auferstanden ins Kerygma*.

Diese Wendung ist oft als drastische Verkürzung der christlichen Auferstehungshoffnung verstanden worden. Können wir uns dieser Meinung anschließen? Meines Erachtens ist bei der Antwort auf diese Frage zwischen einem analytischen und einem konstruktiven Gesichtspunkt zu differenzieren.

Analytisch gesehen ist Bultmann zuzugestehen, daß er die Andersartigkeit des Auferstehungslebens in geradezu erschütternder Radikalität denkt.[72] Er bricht mit unseren Selbstsicherungsmöglichkeiten sozusagen

---

[69] Vgl. *Bultmann*, Neues Testament und Mythologie, 49 (Anm. 19).
[70] Vgl. a.a.O., 50 (Anm. 19).
[71] Ebd.; vgl. auch *Bultmann*, Theologie, 301 (Anm. 4).
[72] Vgl. dazu *Bultmann*, Karl Barth: Auferstehung, 41f. (Anm. 44).

auf der Metaebene. Nicht nur den Gehalt bestimmter Vorstellungswelten stellt er infrage, sondern das »Sich-Vorstellen« an sich. Die existentiale Interpretation konfrontiert jede Form des Festhaltens mit dem Verdikt der Todverfallenheit. Jeder Zustand ist von zeitlicher Dauer und deshalb vergänglich. Demgegenüber wird die jeweilig aktuelle Entscheidung, die nur den Augenblick ergreift und keine Objektivierung beansprucht, mangels Dauer vom Tode nicht bedroht. Bultmanns existentiale Interpretation des christlichen Kerygmas ist darin fruchtbar, daß sie die Bedrohlichkeit des Todes in radikaler, weil alltagsfremder Weise sichtbar macht. Sie stellt eine Lesart dar, die sich dem kulturprägenden Denkschema des progressiven Verlaufs sperrt und in dieser Verfremdungsperspektive die Bedeutsamkeit der Auferstehungsverkündigung neu zu Bewußtsein bringt. Vor diesem Hintergrund kann ich die Aussage »auferstanden ins Kerygma« nicht als ermäßigendes »Nur« verstehen, wenn auch der anthropozentrische Blickwinkel des Ansatzes eine deutliche Einschränkung des Geltungsbereichs bedeutet. Konstruktiv gesehen scheint es mir geboten, die existentiale Interpretation nur als eine Verstehensmethode unter vielen anzuwenden. Zum einen wäre es paradox, Bultmanns griffige Formulierungen als Lehrsätze zu postulieren. Auch auf der methodischen Ebene muß für die existentiale Interpretation gelten, was sie als formalen Inhalt vertritt – die Betonung der Entscheidung in jedem Augenblick und die Kritik des Zuständlichen.[73] Zum anderen läßt sich die Begegnung mit geschichtlichen Möglichkeiten nur durch Bereitstellung einer bunten Vielfalt von Lebenszeugnissen (und Theoriekonzepten) sichern. Die existentiale Interpretation müßte, wenn sie im obigen Sinne als kanonischer Ansatz mißver-

---

[73] Für seine *materialen* Ergebnisse lehnt Bultmann selbst ein kanonisches Verständnis bereits in »Jesus« (1926) ausdrücklich ab: »[...] weil die folgende Darstellung für den Leser natürlich nicht ohne weiteres eine Begegnung mit der Geschichte sein kann, sondern zunächst nur – im besten Falle – eine Orientierung über *meine* Begegnung mit der Geschichte, stellt sich für ihn die ganze Darstellung zunächst nur als Betrachtung dar, über deren Art ich ihn orientieren muß. Ob er bei der Betrachtung stehen bleibt, ist seine Sache.« *Bultmann*, Jesus, 9 (Anm. 20).

[73] Fragt man nach den metatheoretischen Implikationen dieser Position, liegt es nahe, sie – über Bultmann hinausgehend – reflexiv auf sein Gesamtprojekt anzuwenden und im angedeuteten Sinne weiterzuentwickeln. Dadurch erschließt sich die Möglichkeit, die perspektivische Anthropozentrik des Ansatzes im Kontext eines vielfältigen Methodenkanons mit anderen Perspektiven zu kontrastieren und in fruchtbare Kommunikationsverhältnisse zu bringen.

[73] Ein solches Vorgehen liegt zwar nicht in Bultmanns Intention, jedoch eröffnet er selbst den Freiraum zu dieser Überschreitung, wenn er in »Jesus Christus und die Mythologie« implizit auf die Begrenztheit des eigenen Blickwinkels reflektiert und urteilt: »[...] daß nur der Glaube Gott selber sehen oder fassen kann, [heißt] nicht, daß Gott außerhalb des Glaubens nicht existiert.« A.a.O., 180 (Anm. 8).

standen würde, genau das unterbinden, dem sie sich verdankt: die Lebendigkeit des Verstehensprozesses.

4. Schluß

Wenden wir uns abschließend meiner kritischen Leitfrage zu. Ist Bultmanns existentiale Interpretation der Auferstehung die schwer verdauliche »feste Speise« oder fußt das ganze Konzept auf falschen oder zumindest in falscher Weise verabsolutierten Alternativen?
Bultmann beherrschte als Neutestamentler das exegetische Material wie wohl kaum ein zweiter Theologe dieses Jahrhunderts. Warum setzt er gewissermaßen eine »spanische Wand« um seine formgeschichtlichen Ergebnisse zu den synoptischen Evangelien, indem er eine Christologie vertritt, die an Jesus von Nazareth gänzlich uninteressiert ist?
Die Antwort ist wohl, daß Bultmanns analytischer Geist gepaart mit dem liberalen Ideal exegetischer Aufrichtigkeit und den theologischen Impulsen der Dialektischen Theologie eine Perspektive generierte, in der Unterschiede als Unvereinbarkeiten erschienen. Der Rigorismus seines Ansatzes, sowie die schroffe Gegenübersetzung von Sachwahrheit und Existenzwahrheit, historischer und geschichtlicher Fragestellung wurzeln hier.
Andererseits ist es eben dieser Herangehensweise zu verdanken, daß Bultmann das Problem, wie der christliche Glaube unter den Bedingungen des zwanzigsten Jahrhunderts vertreten werden könne, so scharf zu formulieren wußte. Hat er dabei die Relevanzfrage gegen die historische Frage ausgespielt, anstatt sie konstruktiv zueinander in Beziehung zu setzen?
Meine Einschätzung ist es, daß Bultmann mit dem Konzept der *einen* Botschaft der Vielfalt der neutestamentlichen Verkündigung nicht gerecht werden konnte. Dennoch hat seine Hermeneutik auf ein Generalthema geführt, das den Intentionen des Corpus Paulinum und der Johanneischen Schule präzise Ausdruck verleiht.[74]
Aufschlußreich ist es nun, daß Bultmann exakt aufgrund seines Anspruchs, zu heutigen Menschen zu reden, mit seiner Auferstehungsdeutung theologisch stärkeren Anstoß erregt als die näher an allgemeinmenschlichen Sehnsüchten gelagerte In-Aussicht-Stellung des Paradieses.
Bultmanns Lesart fördert in ihrer Radikalität zutage, daß die christliche Auferstehungstradition nicht nur im Motiv der Leiblichkeit für Menschen der deutschen Gegenwartsgesellschaft anstößig ist. Indem er die

---

[74] Vgl. *Schmithals*, Art. Bultmann, 390 (Anm. 2).

Schärfe der Unterschiedenheit von irdischem Leben und Auferstehungsleben betont, setzt er sich ungebrochenen Kontinuitätsvorstellungen entgegen, die in Anlehnung an die antike griechische Vorstellung der Unsterblichkeit der Seele Trost vermitteln wollen.

Daß dieser ganz und gar kein christlicher Trost ist, hat bereits Oscar Cullmann in seinem Beitrag »Unsterblichkeit der Seele oder Auferstehung der Toten?« ausführlich gezeigt.[75] Die christliche Auferstehungshoffnung und der Trost, den sie angesichts des Todes vermittelt, beziehen sich nicht in erster Linie auf die personale Kontinuität zwischen diesem und jenem Leben, sondern auf *Gottes neuschöpferische Kraft*. Die Identität des personalen Lebens im Diesseits mit dem personalen Leben im Jenseits ist allein durch Gottes verläßliche Zusage gewährleistet, genau diese irdischen Leiber zu verwandeln (1Kor 15,42ff.). Der Tod ist tatsächlich das Ende menschlicher Selbstsicherung, das Auferstehungsleben gänzlich Gottes Gabe.

Traditionell verweist die christliche Kritik an der Seelenunsterblichkeit auf die Leiblichkeit der Auferstehung. Nicht ein immaterieller Teil des Menschen lebe weiter, während der materielle unwiederbringlich vergehe, sondern der ganze Mensch werde zu einer neuen Leiblichkeit restituiert.[76] Bultmanns Auslegung kann verständlich machen, warum diese Deutung der Leiblichkeit einem Abgleiten in die Vorstellung der Seelenunsterblichkeit unter den Bedingungen der Gegenwart nicht mehr wirksam begegnen kann.

Die material leibliche Auferstehung ist ein Skandalon, das sich unter der Hörerwartung moderner Menschen schnell auf den einzigen, weil tröstlichen Gedanken reduziert, man werde die Verstorbenen wiedersehen. Der Vorstellungsgehalt leiblicher Kontinuität bleibt Ansatzpunkt für wie auch immer geartete Sehnsüchte nach Fortsetzung des diesseitigen Lebens. Bultmann setzt dem konstruktiv die völlige Vorstellungsarmut des Auferstehungslebens entgegen. Indem er den σῶμα-Begriff als Gehorsamsforderung auslegt, die dem Herrsein Gottes korreliert, durchkreuzt er jede substanzhafte Kontinuitätsvorstellung, an die eine vergegenständ-

---

[75] *O. Cullmann*, Unsterblichkeit der Seele oder Auferstehung der Toten?, NA, Stuttgart 1986.
[76] Vgl. *K. Barth*, Die Auferstehung der Toten. Eine akademische Vorlesung über 1. Kor 15, München 1924, 66, zit. bei *Bultmann*, Karl Barth: Auferstehung, 53 (Anm. 44): »[E]ine nach dem Tode fortlebende Seele, das läßt sich ohne Störung eines einheitlichen Weltbildes wenigstens trefflich behaupten, wenn auch vielleicht nicht beweisen. Auferstehung des Leibes aber, desselben Leibes, den wir offenkundig sterben und vergehen sehen, Behauptung also nicht einer Dualität von Diesseits und Jenseits, sondern einer Identität beider, aber nun doch nicht gegeben, nicht direkt festzustellen, nur zu hoffen, nur zu glauben, gerade das ist offenbar die erbarmungslose Zerreißung jener Einheit, Skandal und Unvernunft und religiöser Materialismus [...].«

lichende Deutung des jenseitigen Lebens anknüpfen könnte. Damit legt er die ganze Härte des Todes frei und macht im Gegenzug das Wunder der göttlichen Gnade neu bewußt.

Als der amerikanische Homiletiker James F. Kay Anfang der neunziger Jahre einem Kollegen erzählte, er arbeite an einem Buch über Bultmann, erhielt er die überraschte Antwort: »Why?«[77]
Ich möchte die Logik dieser Frage umkehren. Meine These ist, daß Bultmann auch deshalb in der theologischen Diskussion vernachlässigt wird, weil er die Bedeutung von Kreuz und Auferstehung vor dem Hintergrund einer Todesvorstellung entwickelt, die in ihrer Intensität unerträglich ist. Ich möchte dafür plädieren, diesen Anstoß der Bultmannschen Interpretation in der gegenwärtigen Diskussion um die Auferstehung wachzuhalten.

---

[77] Vgl. *Kay*, Christus Praesens, XI (Anm. 6).

Luise Burmeister

Auferstehung in die Nachfolge
Dietrich Bonhoeffers nicht-religiöse Interpretation der Auferstehung[1]

Das Grab war leer. Für Bonhoeffer ist dies Tatsache, ja historisches Faktum, aber dennoch kein Beweis für die Auferstehung. Beweis kann und soll das leere Grab auch nicht sein, vielmehr ist, was der Welt ein unlösbares Rätsel aufgibt, für den Glauben Zeichen. Das leere Grab, es soll als Folge der Auferstehung, nicht als ihre Voraussetzung dem Glauben Hilfe sein, Hilfe, das Wunder der leiblichen Auferstehung zu glauben, über die wir uns, wie Bonhoeffer zugeben muß, zwar keine detaillierte Vorstellung machen können, die aber eben doch durch das leere Grab manifestiert wird.[2] Christus ist auferstanden mit demselben Leib, mit dem er Mensch war und doch mit einem neuen Leib. Mit dem Leib ist er auferstanden, mit dem er die Menschheit angenommen hat, damit er die Menschheit mit hindurchtragen kann durch Tod und Auferstehung, hinein in die Gemeinschaft mit Gott, mit einem anderen Leib, weil es zwischen Tod und Auferstehung keine Kontinuität gibt, sondern Auferstehung allein aus dem freien Willen Gottes, aus dem Nichts der Schöpfung als Neuschöpfung hervorgeht.[3] Dennoch ist weder das Christentum als solches, noch die Auferstehung als Erlösungsreligion oder -mythos zu

---

[1] Ich nehme in meinem Aufsatz Bezug auf D. Bonhoeffer, *Sanctorum Communio. Eine dogmatische Untersuchung zur Soziologie der Kirche*, hg.v. J. v. Soosten, DBW 1, München, 1986; ders., *Schöpfung und Fall*, hg.v. M. Rüter und I. Tödt, DBW 3, München, 1989; ders., *Nachfolge*, hg.v. M. Kuske und I. Tödt, DBW 4, Gütersloh, ²1994; ders., *Ethik*, hg.v. I. Tödt, H. E. Tödt, E. Feil und C. Green, DBW 6, München, 1992; ders., *Widerstand und Ergebung. Briefe und Aufzeichnungen aus der Haft*, hg.v. C. Gremmels, E. Bethge und R. Bethge in Zusammenarbeit mit I. Tödt, DBW 8, Gütersloh, 1998; ders.»Betrachtungen zu Ostern: Auferstehung«, in: *Konspiration und Haft. 1940–1945*, hg.v. J. Glenthoj (†), U. Kabitz, W. Krötke, DBW 16, Gütersloh, 1996.
[2] Vgl. D. Bonhoeffer, Ostern, 473.
[3] Vgl. ders., Schöpfung und Fall, 33.

verstehen. Denn solche vertrösten auf ein besseres Jenseits, sehen und lehren »eine letzte Ausflucht ins Ewige«[4], das Christentum aber weist den Menschen ans Diesseits, weist ihn in und an sein Leben. Die Auferstehung ist für diese Welt da. Das Leben muß ganz und gar – mit allen Tiefen – durchlebt werden. Wer in der Nachfolge steht, teilhat an der Auferstehung, der muß auch das Kreuz tragen. Wer aber so in der Welt steht, als Glied am Auferstehungsleib, der kann weder der Welt verfallen noch wird er ihr entfliehen wollen, »denn er hat mitten in der alten Schöpfung die neue Schöpfung Gottes erkannt«[5], er ist auferstanden in die Nachfolge.

Doch um der Argumentation Bonhoeffers zu folgen, wollen wir seine Gedanken in vier Schritten einer genaueren Betrachtung unterziehen:

1. Die Auferstehung Christi
2. Der Auferstehungsglaube
3. Die Bedeutung der Auferstehung für den Menschen
4. Auferstehung in die Nachfolge

1. Die Auferstehung Christi

Christus ist auferstanden. Bonhoeffer läßt nicht nur keine Zweifel an diesem für ihn historischen Faktum aufkommen, auch eine potentielle Abwehr solcher Gedanken findet bei ihm keinen Raum. Seine Sicherheit nimmt Bonhoeffer aus dem Zeugnis der Schrift. Wer so ehrlich das Erstaunen, ja den Zweifel der Jünger ob der Auferstehungsbotschaft Christi berichtet, obgleich dessen Gegner nur auf die Falsifizierung der Berichte warteten, der muß die Wahrheit schreiben: Das Grab war leer, Christus ist auferstanden und zwar leiblich. Wäre die leibliche Auferstehung kein historisches Faktum, die Gegner der Jünger hätten nicht gezögert, das volle Grab als Gegendarstellung zur Auferstehung anzuführen. Es unterblieb aber.[6] Bonhoeffer gesteht zu, daß das »Wie« der Auferstehung, das »Wie« des leeren Grabes der Welt ein Rätsel ist und bleiben muß, aber er betont auch, daß es dem Glauben zum Zeichen werden kann, zum gottgegebenen Zeichen für die leibhaftige Auferstehung. Aber eben nur der Glaube vermag dieses Wunder anzunehmen, vermag das leere Grab als Folge der Auferstehung, nicht als deren Voraussetzung, zu verstehen, als bestätigende Hilfe für die Annahme des Wunders Gottes.[7]

---

[4] Ders., Widerstand und Ergebung, 500.
[5] Ders., a.a.O., 473.
[6] Vgl. ders., Ostern, 473.
[7] Vgl. ebd.

Auferstehung in die Nachfolge 113

Warum aber ist die Leiblichkeit der Auferstehung so wichtig? Bonhoeffer sieht gerade darin, daß Christus mit seinem menschlich-natürlichen Leib auferstanden ist, den Ausdruck dafür, daß Gott nicht zerstören will, was er geschaffen hat, sondern daß er seine Geschöpfe, die Kreatur, bejaht.[8] Aber nicht nur der Kreatur im allgemeinen, sondern auch den Menschen im besonderen wird ein Ja Gottes zugesprochen in der Auferstehung Christi. Weil Christus stellvertretend für uns am Kreuz gestorben ist, weil er die menschliche Natur angenommen hat und in ihr gestorben ist, deshalb ist unsere Schuld gesühnt, deshalb aber widerfährt uns mit ihm auch die Auferstehung. Dies gilt es im Glauben an Gottes Wort anzuerkennen, denn nur im Wort ist die Wahrheit der Auferstehung wahr.[9]

Gott bejaht in Christi Auferstehung dessen Heilswerk, vollbracht im Kreuz für die Menschen.[10] Er bejaht es aber nicht aus Zwang, nicht aus irgendeiner Notwendigkeit. Die Auferstehung Christi geschieht vielmehr allein aus Gottes freiem Willen. Es gibt – so ist Bonhoeffer überzeugt – keine Kontinuität zwischen Tod und Leben Jesu Christi: »Es ist schlechterdings kein Übergang, kein Kontinuum zwischen dem toten und dem auferstandenen Christus als die Freiheit Gottes, die am Anfang aus dem Nichts sein Werk schafft.«[11] Gott schafft in der Auferstehung Christi die neue Schöpfung. Und so, wie Gott die erste Schöpfung aus dem Nichts am Anfang geschaffen hat, also ohne Grund, ohne Zwang, einfach aus seinem freien göttlichen Willen heraus, so will Bonhoeffer auch die neue Schöpfung von Gott geschaffen sehen. Auferstehung kann aber, wenn die Analogie gelten soll, überhaupt nur Neuschöpfung sein, wenn eben auch sie – die Auferstehung – aus dem Nichts geschieht. Hierzu ist es dann notwendig, im Tod Christi das Hereinbrechen des Nichts in die Gottheit zu sehen.[12] Gefragt werden muß aber, ob diese Analogie von Schöpfung aus dem Nichts des freien Willens und Neuschöpfung aus ebendemselben Nichts des freien Willens, die die Parallelität der Schöpfungsakte von Schöpfung und Neuschöpfung deutlich hervorhebt, wirklich trägt. Denn ist das Nichts, aus dem Neuschöpfung geschieht, dasselbe Nichts wie das, aus dem heraus Gott die Schöpfung erschaffen hat, dann muß, da das Tun aus diesem Nichts jeder Voraussetzung entbehrt, das Kreuz Christi auch als Möglichkeit ohne Auferstehung gedacht werden können. Denn das in Gott hereinbrechende Nichts, das absolute

---

[8] Vgl. a.a.O., 472.
[9] Vgl. ders., Nachfolge, 220 (Anm. 10).
[10] Vgl. ders., Ostern, 471.
[11] Ders., Schöpfung und Fall, 33.
[12] Vgl. a.a.O., 34.

Nichts, läßt auch ein dieses Nichts übergreifendes Wollen Gottes als Voraussetzung der Auferstehung nicht zu.

Bonhoeffer selbst schreibt, daß Gottes Liebe die Gemeinschaft will und sich deshalb in Christus den Menschen schenkt.[13] Dieser Wille ist m.E. als Selbstbindung Gottes zu verstehen, was unterstrichen wird von der Behauptung Bonhoeffers, daß Gott, der »der Urgrund alles Seins«[14] ist, nicht »der Tod des wirklichen Seins werden«[15] will. Einen Vermittlungsversuch zwischen den beiden divergierenden Positionen in Bonhoeffers Denken könnten wir darin sehen, daß er schreibt: »Das ist die Botschaft des Evangeliums selbst, daß Gottes Freiheit sich an uns gebunden hat, daß seine freie Gnade allein an uns wirklich wird, daß Gott nicht für sich frei sein will, sondern für den Menschen.«[16] Diese Aussage kann allerdings auch nachösterlich interpretiert werden, so daß diese Bindung Gottes Wirklichkeit wird gerade in der bzw. durch die Auferstehung Christi, so daß dann die Möglichkeit des Kreuzes ohne Ostern durchaus nach Bonhoeffers Denkschema doch noch gegeben sein müßte. Von Heilstat Christi wäre dann aber nicht zu sprechen, denn, so Bonhoeffer selbst: »Wäre Christus im Tode geblieben, so wäre dieses Todesurteil noch in Kraft«[17], gemeint ist »das Todesurteil über uns und unsere Sünden«[18], das in Christi Tod vollstreckt wurde. »Weil aber Christus auferweckt ist vom Tode, darum ist das Urteil über uns aufgehoben, und wir sind mit Christus auferstanden (...). Das ist kein Erfahrungsurteil, sondern ein Urteil Gottes, das im Glauben an Gottes Wort anerkannt werden will.«[19]

2. Der Auferstehungsglaube

»Die Auferstehung Jesu Christi fordert den Glauben.«[20] Bonhoeffer bringt mit dieser prägnanten Aussage auf den Punkt, was die Aussage der Evangelien zur Hoffnung werden läßt: es ist der Glaube. Was den Glauben wirkt, bleibt nicht offen. Allein das Zeichen des leeren Grabes vermag nicht Glauben an die Auferstehung zu wirken. Vielmehr muß eben dieser Glaube ja schon da sein, um das Zeichen als solches zu verstehen und als Hilfe zu fassen. Und so werden wir an das Wort verwiesen. Das Wort erschließt dem Menschen die Geschichte Jesu

---

[13] Vgl. ders., Sanctorum Communio, 112.
[14] Vgl. a.a.O., 198.
[15] Ebd.
[16] Ders., Schöpfung und Fall, 59.
[17] Ders., Ostern, 472.
[18] Ebd.
[19] Ebd.
[20] A.a.O., 473.

Auferstehung in die Nachfolge

Christi und läßt uns in ihr die Geschichte der neuen Menschheit ablesen, was nichts anderes heißt, als daß Wort und Geschichte Christi zusammen dem Glauben erschließen, daß die in Christus gesetzte neue Menschheit dadurch, daß er, Christus, die Menschheit angenommen hat, mit ihm und in ihm vom Menschenleib zum Auferstehungsleib wird.[21] Das Wort also ist der Schlüssel. Daß dieser greifen kann, das wirkt der heilige Geist, denn im »Worte bringt der heilige Geist die in Christi Kreuz und Auferstehung offenbar gewordene Liebe Gottes an die Herzen der Menschen. (...) Der heilige Geist aber bewegt den Menschen derart, daß er, indem er Christus ins Herz gibt, Glaube und Liebe schafft.«[22] Letztendlich ist es also der heilige Geist, der der Forderung der Auferstehung nach Glauben entspricht, indem er ihn in den Herzen der Menschen schafft.
Was aber bedeutet die Auferstehung für die Menschen?

3. Die Bedeutung der Auferstehung für den Menschen

Der heilige Geist wirkt nun aber nicht nur Glauben in dem Menschen. Vielmehr kommt durch den heiligen Geist Christus »in« den Menschen«.[23] In Christus ist aber »die ganze neue Menschheit gesetzt«.[24] Was die neue Menschheit ist oder wie ihre Geschichte, ihre Vergangenheit und ihre Zukunft aussehen, das läßt sich ablesen am Leben Jesu. In ihm wird durch Kreuzestod und Auferstehung der Menschenleib zum Auferstehungsleib. Der Tod, der Geschichte in ihrem zeitlichen Ablauf konstituiert dadurch, daß er ein Ende setzt, wird überwunden, Vergangenheit und Zukunft sind nicht mehr getrennt. Der alte Mensch, der dem Tod verfallene Adam, wird zum Christusmenschen, zum Auferstehungsleib.
Da Christus aber in seiner Menschwerdung die Menschheit angenommen hat und nicht den einen Menschen Jesus, deshalb ist in seinem Tod und in seiner Auferstehung die Menschheit durch die Stellvertretung Christi in die Gemeinschaft mit Gott hineingezogen. »In Christus ist die Menschheit real in die Gottesgemeinschaft hineingezogen«[25], aktual aber wird die Gottesgemeinschaft für die Menschen durch den heiligen Geist konstituiert, denn die Geschichte Christi erschließt sich uns nur durch das Wort, dessen Verstehen im Glauben aber der Geist wirkt. Für den Menschen, der nun vom Geist durchwirkt aktual in die Gottesgemeinschaft hineingezogen ist durch Christus, bedeutet dies Teilhabe in Chri-

---

[21] Vgl. ders., Sanctorum Communio, 92.
[22] A.a.O., 106.
[23] Ebd.
[24] A.a.O., 92.
[25] Ebd.

stus an dessen Tod und Auferstehung. Der Mensch stirbt als einzelner, der er in seiner individuellen Schulderkenntnis vor Gott ist, wie auch als Kollektivperson, die er gerade durch die Annahme der eigenen Menschheit in eben dieser Schuld wird, mit in Christi Tod. Und der Mensch wird aus Gottes Freiheit heraus, weil teilhabend an Christus, mit diesem auferweckt. Aus dem Adamsleib des Menschen wird so in Christus der Auferstehungsleib des Menschen, der Mensch wird in die Gottesgemeinschaft gestellt. Deshalb mußte in Christi Leben die gesamte Geschichte, also die vom Tod konstituierte Geschichte, die Trennung von Vergangenheit und Zukunft, dargestellt sein, damit sie durch seine Auferstehung überwunden werden kann.

Die neue Menschheit ist in Christus gesetzt[26], sie wird in Christus zusammengeschaut als eine Gemeinschaft, eine Kollektivperson, als eine Gemeinde. Da es aber Gottesgemeinschaft nur durch Christus gibt, gibt es Gottesgemeinschaft nur in der Gemeinde, in der Kirche. Ein individualistisches Verständnis von Kirche wird unmöglich. »Im Worte bringt der heilige Geist die in Christi Kreuz und Auferstehung offenbar gewordene Liebe Gottes an die Herzen der Menschen. Er stellt sie in die Gottesgemeinschaft hinein. In Christus selbst aber ist die Kirche gesetzt. Kommt Christus durch den heiligen Geist ‚in' den Menschen, so kommt die Kirche ‚in' den Menschen.«[27] Auferstehung, Teilhabe am Auferstehungsleib ist also nur durch Christus möglich, also nur für den Menschen, der glaubt.

Die Frage, wie das Gericht Gottes vorzustellen ist, wenn aber die Gottlosen nicht auferstehen, weil sie nicht in Christus sind, streift Bonhoeffer nur, um sie als nicht beantwortbar auszuklammern.[28] Mit seinem Denkschema ist die Auferstehung des ungläubigen Menschen allerdings auch tatsächlich nicht vereinbar.[29]

Trotz allem ist aber die Gemeinschaft auch in der Kirche noch eine zerbrechliche. Die Vollendung der Gemeinschaft bringt erst das Eschaton; doch auch da nicht als ein Verschmelzen der Einzelnen ineinander, sondern als »Willensgemeinschaft freier Personen«.[30] Diese Form der Gemeinschaft ist für Bonhoeffer Seligkeit. Und aus dieser eschatologischen Bedeutung der Auferstehung heraus wird deutlich, warum eine leibliche Auferstehung für Bonhoeffer unabdingbar ist: Wird die Vollendung der Auferstehung als innigste Gemeinschaft, als »Willensgemeinschaft freier Personen«[31] gedacht, so muß nach Bonhoeffers Personbegriff, der den

---

[26] Vgl. ebd.
[27] A.a.O., 106.
[28] Vgl. a.a.O., 195.
[29] Vgl. ebd.
[30] A.a.O., 197.
[31] Ebd.

Leib notwendig voraussetzt, um Gemeinschaft konstituieren zu können, auch im Eschaton leibhaftige Gemeinschaft gegeben sein können, Auferstehung muß als leibliche gedacht werden. Diese Leiblichkeit ist als pneumatische zu verstehen, da sich die Auferstehung nicht nur auf Einzelpersonen sondern auch auf die Kollektivpersonen ihrer Gemeinschaft, auf ihre Geistgemeinschaft, erstreckt.

4. Auferstehung in die Nachfolge

Der Mensch ist also durch das Wirken des heiligen Geistes, der ihm den Glauben an das Wort von der Auferstehung erschlossen hat, hineingenommen in den Auferstehungsleib, der in Christus geworden ist. Da aber, damit Auferstehungsleib werden kann, der alte Mensch, der dem Tod verfallene Adam, sterben muß, was »in der Begegnung mit Christus«[32] geschieht, kann man dieses Wirken des heiligen Geistes auch mit dem Ruf identifizieren, der den Menschen aus den Bindungen der Welt heraus eben in die Christusgemeinschaft ruft und das ist Taufe.[33] »Der Ruf in die Nachfolge Jesu, die Taufe auf den Namen Jesu Christi ist Tod und Leben.«[34] Der Ruf wirkt das Mitsterben in Christus und wirkt das Mitauferstehen, das Leben in Christus.

Dem Tod voran geht das Leiden. Christus hat stellvertretend für die Menschheit gelitten und so hat die neue Menschheit durch die Teilhabe an Christus in der Gemeinschaft mit ihm auch Teil am Prinzip der Stellvertretung.[35] Nur so ist recht zu verstehen, daß »der Christ zum Träger von Sünde und Schuld für andere Menschen«[36] werden kann. Der dem Ruf in die Nachfolge folgt, ist zum Tragen gerufen, wie Christus getragen hat. Doch ist das Tragen in der Nachfolge Tragen im Getragensein der Teilhabe an Christus, weil wir durch die Taufe Glieder am Leibe Christi geworden sind und in ihm, dem Leibe Christi, »von Gott in Ewigkeit angenommen«[37] sind. Der Grund dafür, daß Gott uns in Christus annimmt, ist in seinem Für-uns-Sein zu sehen. Gott bindet sich in seiner Freiheit an uns. Dieses Sein-für ist Ausdruck der göttlichen Freiheit. Weil wir aber an Christi Leib Anteil haben, in ihm leben, gibt Gott uns Anteil an dieser seiner Freiheit, wodurch wir zu seinem Ebenbild werden.[38] Wir sind im Leibe Christi »,wie Christus' geworden«[39], d.h.

---

[32] Ders., Nachfolge, 81.
[33] Vgl. a.a.O., 221.
[34] A.a.O., 81.
[35] Vgl. ders., Sanctorum Communio, 92.
[36] Ders., Nachfolge, 81.
[37] A.a.O., 227.
[38] Vgl. ders., Schöpfung und Fall, 59.
[39] Ders., Nachfolge, 303.

wir sind ihm gleichgestaltet in Tod und Auferstehung. Auch wenn es dennoch ein »ernster Unterschied (ist), ob wir hier sind oder dort«[40], soll heißen, Glieder am Leibe Christi eben hier auf Erden oder im Himmel, also in der unverbrüchlichen Gemeinschaft mit Gott, derer der Mensch erst im Eschaton teilhaftig werden kann, trennt der Tod, da in Christi Auferstehung der Tod des Todes, der doch die Geschichte in ihrem zeitlichen Ablauf konstituiert, gegeben ist, für uns zwar empirisch Vergangenheit und Zukunft, nicht aber im Glauben. Das heißt, daß durch die Teilhabe am Leibe Christi, und somit durch die Teilhabe an seinem Tod und an seiner Auferstehung, die neue Menschheit gegeben ist, Auferstehungsleib geworden ist, der alte Mensch gestorben ist, wir durch die Taufe auferstanden sind, wenn auch das Eschaton noch aussteht. Da Taufe aber Ruf in die Nachfolge ist, können wir von der Auferstehung in die Nachfolge sprechen, Auferstehung in die Nachfolge, die ihrer Vollendung im Eschaton harrt.

Eine Auferstehung in die Nachfolge (also deutlich vor dem Eschaton) weist den Menschen aber an das Diesseits. Das Christentum vertröstet nicht auf ein besseres Jenseits, sondern weist den Glaubenden, das Glied am Leibe des auferstandenen Christus, an den Nächsten. Es konstituiert die Gemeinschaft mit ihm darin, daß die Gemeinde am Kreuz als Leib Christi und somit als eine gerechtfertigt wird. Durch die Rechtfertigung wird die Gemeinde und mit ihr der Einzelne hineingenommen in die Gemeinschaft mit Gott. Hierdurch wird auch Gemeinschaft der Menschen untereinander konstituiert[41], sie stehen nicht mehr als Einzelne in ihrer Schuld in Einsamkeit.[42]

Da Gemeinschaft aber nur in Beziehung gegeben sein kann, Beziehung ihrerseits aber auf Freiheit, die Freiheit für den anderen ist, beruht, ist also mit der Konstitution von Gemeinschaft mit Gott und den Menschen in der Auferstehung auch Freiheit mitgesetzt und zwar die Freiheit, die das Ebenbild der göttlichen Freiheit ist, die Freiheit-für ist. »Das Freisein des Menschen für Gott und den anderen Menschen und das Freisein des Menschen von der Kreatur in seiner Herrschaft über sie ist die Ebenbildlichkeit des ersten Menschen.«[43] Die in der Auferstehung neu geschaffene Ebenbildlichkeit des Menschen zu Gott ist es also gerade, die den Menschen an seinen konkreten Nächsten weist, die den Menschen ans Diesseits weist. Der Mensch, der in der Taufe der Welt gestorben ist, ist eben in der Taufe frei geworden für die Welt, ist auferstanden in die Nachfolge der Stellvertretung, der göttlichen Freiheit-für.

---

[40] A.a.O., 234.
[41] Vgl. ders., Sanctorum Communio, 100.
[42] Vgl. a.a.O., 93.
[43] Ders., Schöpfung und Fall, 63.

Auferstehung in die Nachfolge

Das Zentrum des Auferstehungsglaubens kann so nicht mehr die Überwindung der Todesgrenze sein, da diese in Christi Auferstehung überwunden ist, ja der Tod als Trennung von Vergangenheit und Zukunft überwunden ist. Das Diesseits wird also nicht etwa aufgelöst[44], sondern der aus der Auferstehung Lebende wird gerade an sein Leben auf der Erde verwiesen, in die Nachfolge gestellt, die er in ihren Ansprüchen nur leben kann im Glauben, d.h. aber in der Teilhabe an Tod und Auferstehung Christi, was die Teilhabe, das Teil-sein am Leibe Christi bedeutet. Daß der Glaube und die Auferstehung nur durch Christus, dessen Leib die sanctorum communio, die von ihm gesetzte Kirche ist, möglich ist, macht deutlich, daß das Christentum keine Religion im individualistischen Sinne ist.[45]

Das Nicht-Religiöse im metaphysischen Sinne am Christentum ist gerade sein durch den Leib Christi konstituierter Gemeinschaftsaspekt und das deutliche Gewiesen-Sein nicht an ein metaphysisch-jenseitiges Höchstes, sondern an den Nächsten im Diesseits, dadurch, daß Jesus »nur ›für andere‹«[46] da ist und so das Lebensprinzip der neuen Menschheit im Leibe Christi das der Stellvertretung ist.[47] In der Hinwendung zum Nächsten erfahren wir Transzendenz, da gerade im Freisein-für-den-anderen die Ebenbildlichkeit Gottes im Menschen als Ausdruck der Freiheit-für-den-anderen wieder hergestellt wird in der Diesseitigkeit der Nachfolge, der Gemeinschaft am Leibe Christi in Tod und Auferstehung.

Auferstehung ist Auferstehung in die Nachfolge, das Eschaton »nur« die Vollendung der in der Kirche noch zerbrechlichen Gemeinschaft mit Gott in die »höchste Potenzierung personalen Lebens«.[48]

---

[44] Vgl. ders., Widerstand und Ergebung, 501.
[45] Vgl. a.a.O., 414.
[46] A.a.O., 558.
[47] Vgl. ders., Sanctorum Communio, 92.
[48] A.a.O., 197–198. In der Ethik (DBW 6, 160) drückt Bonhoeffer den Gedanken wie folgt aus: »Christliches Leben ist der Anbruch des Letzten in mir, das Leben Jesu Christi in mir. Es ist aber immer auch Leben im Vorletzten, das auf das Letzte wartet.«

Daniel Munteanu

Die universale Bedeutung der Auferstehung Christi in der Orthodoxie
Die neopatristische Synthese Dumitru Stăniloaes[1]

Dumitru Stăniloae gehört zu den größten orthodoxen Theologen unserer Zeit.[2] Seine Theologie der Auferstehung ist für die ganze Orthodoxie repräsentativ, denn sie verkörpert eine originale neopatristische Synthese. In ihr begegnen sich in symphonischer Weise vor allem die Theologien Athanasius' und Maximus Confessors und die Theologie Cyrills von Alexandria.

Während Cyrill von Alexandria die *theozentrische* Richtung des Werkes Christi als Opfer für die Sünde der Welt unterstreicht, akzentuieren Athanasius und Maximus Confessor die gnadenhafte *anthropozentrische* Dimension des Todes und der Auferstehung Christi, nämlich deren vergöttlichende Wirkungen auf seine menschliche Natur und auf den ganzen Kosmos.

Stăniloae verbindet in seiner Auferstehungstheologie diese zwei Hauptaspekte des Werkes Christi[3], indem er den Tod und die Auferstehung Christi als eine Einheit betrachtet. Das Erlösungswerk Christi endet nicht mit seinem Tod. Zwischen Tod und Auferstehung besteht nicht nur eine notwendige Aufeinanderfolge, sondern auch eine gegenseitige Präsenz

---

[1] Die Hauptwerke Stăniloaes, die hier zitiert werden, sind: Orthodoxe Dogmatik, Band I, Gütersloh 1984; Band II, Gütersloh 1990; Band III, Gütersloh 1995. Ab hier ODI, ODII und ODIII.

[2] Vgl. O. *Clément*, Le Pére Dumitru Stăniloae et le Génie de l'Orthodoxie Roumaine, 82, in: Persoana si comuniune. Prinos de cinstire Parintelui Profesor Academician Dumitru Stăniloae la implinirea virstei de 90 de ani, Sibiu 1993, (82–89); vgl. D. *Stăniloae*, Le Genie de l'Orthodoxie, Paris 1985, Avant-propos vom Métropolite Damaskinos de Suisse, 8: »Le Père Dumitru Stăniloae est certainement... un des tout premiers théologiens et spirituels du monde chrétien«.

[3] *Stăniloae*, Invatatura ortodoxa despre mintuire si concluziile ce rezulta din ea pentru slujirea crestina in lume, in: Ortodoxia 2/1972, 205, (195–212).

des einen Ereignisses im anderen. Der Tod Christi ist der Anfang seiner Auferstehung und die Auferstehung trägt in sich die Präsenz des Kreuzes.[4] Sowohl Athanasius und Maximus als auch Cyrill von Alexandria trennen den Tod Christi als erlösendes Ereignis nicht von seiner Auferstehung und Menschwerdung. Durch die Menschwerdung wird die Menschheit mit der Gottheit in der Hypostase Christi aufgrund der Liebe Gottes untrennbar und für immer vereinigt. Der Zweck und das vollkommene Ergebnis dieser Liebe zeigt sich in der Auferstehung, welche diese Vereinigung für die Ewigkeit vollendet. Das göttliche und unsterbliche Subjekt akzeptiert den Tod in seinem Leib, um ihn zu besiegen. Der Sohn Gottes ist Mensch geworden und gestorben, um sich mit uns vollkommen und für die Ewigkeit zu vereinen.[5]

Die Verbindung des anthropozentrischen mit dem theozentrischen Aspekt der Soteriologie hebt den inneren Zusammenhang von drei fundamentalen Dimensionen des Erlösungswerkes Christi hervor. Das Werk Christi entfaltet sich in drei Richtungen, die in ihrer Korrelation einheitlich bleiben: 1. auf seine menschliche Natur, »die er mit seiner Gottheit erfüllt, und von Affekten, Leiden und Tod als Folgen der Erbsünde befreit«; 2. auf uns Menschen, »indem er uns an der Vergöttlichung teilnehmen läßt und uns durch seine menschliche Natur Kräfte überträgt« und 3. auf Gott, »um ihn durch die Versöhnung mit uns zu verherrlichen, indem er uns mit göttlichem Glanz überkleidet« (ODII, 89–90). Durch seine Menschwerdung, Kreuzigung und Auferstehung vollbringt Christus das stellvertretende Opfer und die Erlösung für uns alle.

Die besondere Bedeutung der Theologie Stăniloaes besteht darin, daß sie das Gleichgewicht zwischen den drei oben genannten Dimensionen der Erlösung wahrt. Dadurch schafft er eine kohärente, inhaltsreiche und soteriologisch orientierte Theologie der Auferstehung.

1. Die anthropozentrische Richtung

Obwohl in der Theologie des heiligen Athanasius[6] und des heiligen Maximus Confessor die theozentrische Richtung der Soteriologie nicht

---

[4] Vgl. *D. Stăniloae*, Crucea in teologia si cultul bisericii ortodoxe, in: Ortodoxia, 3/1975, (405–414); vgl. *ders.*, Legatura interioara dintre moartea si invierea Domnului, in: Studii Teologice 5–6/ 1956, 275, (275–287); vgl. *ders.*, ODII, 121, (Anm. 1). Sowohl Athanasius und Maximus Confessor als auch Cyrill betonen die Menschwerdung des Logos als Anfang seiner Auferstehung und damit die Interdependenz zwischen seinem Tod (Kreuz) und seiner Auferstehung.
[5] Vgl. Stăniloae, Invatatura ortodoxa, 205, (Anm. 3).
[6] Vgl. *Athanasius*, Über die Menschwerdung, in: Eine Auswahl patristischer Werke in deutscher Übersetzung, *O. Bardenhewer/Th. Schermann/K. Weyman* (Hg.), München 1913, I, 95. 108. 110.

fehlt, konzentrieren sich beide auf die vergöttlichenden Wirkungen der Menschwerdung, des Todes und der Auferstehung Christi.

Die neopatristische Synthese Stăniloaes erscheint uns heute als besonders wichtig, soweit in ihr zwei wesentliche Stimmen der patristischen Orthodoxie zum Ausdruck kommen. Zu den bedeutsamsten Erscheinungen der Kirchengeschichte gehört nicht nur die machtvolle Persönlichkeit des Athanasius, sondern auch die des Maximus Confessor. Beide verteidigen in ihren geschichtlich unterschiedlichen Kontexten die Trinitätslehre, besonders die Christologie. Athanasius als mächtigster Verfechter des Nicänums[7] akzentuierte in seinem Kampf gegen den Arianismus, der ihn zum »Vater der kirchlichen Theologie«[8], zum »Vater der Orthodoxie«[9] gemacht hat, die Gottheit Christi. Maximus Confessor dagegen betonte in seiner theologischen Bekämpfung des Monothelismus primär die Ganzheit der Menschheit Christi.[10]

Jedoch lehnen beide Theologen jede doketische und sabellianische Auffassung der Person Christi ab. Nur wenn der Erlöser wahrer Gott und wahrer Mensch ist, kann die Erlösung« wirkliche Wiederherstellung der Gotteskindschaft sein.[11]

1.1 Der heilige Athanasius der Große

Für das westliche Denken kann es paradox oder unsystematisch erscheinen, wenn man über die Auferstehung schreiben will und mit der Inkarnation anfängt. Aufgrund einer inneren Logik befinden sich aber diese beiden Ereignisse in der Tat in einem Interdependenzverhältnis. Der heilige Athanasius geht in seinem Werk *Über die Menschwerdung des Logos*, das als »klassische Darstellung der altkirchlichen Erlösungs-

---

[7] Vgl. *R. Seeberg*, Lehrbuch der Dogmengeschichte, II, 4. Graz 1953, 70.
[8] *J. A. Möhler*, Athanasius der Große, Mainz ²1844, 273.
[9] *D. Stăniloae*, Fiul si Cuvintul lui Dumnezeu, prin care toate s-au facut si se refac, in: Ortodoxia 2/1983, 168, (168–176); vgl. *Sf. Atanasie cel Mare*, Scrieri Partea a doua, Eiführung von Dumitru Stăniloae, Bucuresti 1988, 5: »Durch die Verteidigung der Homousie des Sohnes mit dem Vater hat der heilige Athanasius den gnostischen Bemühungen das Christentum zum Pantheismus zu führen ein Ende gesetzt, indem er die Ewigkeit der menschlichen Person behauptet hat«.
[10] *W. D. Hauschild*, Lehrbuch der Kirchen- und Dogmengeschichte, 1 Alte Kirche und Mittelalter, Gütersloh 1995, 197: Hauschild betrachtet Maximus Confessor als »Märtyrer der christologischen Orthodoxie« und als »den bedeutensten Theologen des 7. Jhs«; vgl. *H. U. v. Balthasar*, Die kosmische Liturgie. Das Weltbild Maximus des Bekenners, zweite, völlig veränderte Auflage, Einsiedeln 1961, 12. 66.
[11] Vgl. *Athanasius*, Vier Reden gegen die Arianer, 216, in: Eine Auswahl, (Anm. 6); vgl. *V. Karayiannis*, Maxime le Confesseur, Paris 1993, 235; vgl. *J. M. Garrigues*, Maxime le Confesseur. La charité, avenir divin de l'homme, Paris 1976, 113; vgl. *D. Stăniloae*, Introducere, in: Atanasie cel Mare Partea a doua, Bucuresti 1988, 12.

lehre«[12] bezeichnet wird, sogar weiter und spricht zuerst vom Sündenfall. Athanasius handelt vom Ursprung der Menschen im Zusammenhang mit der Menschwerdung des Logos, weil der Logos um unseres Heils willen Mensch geworden ist. Wir Menschen sind nach Athanasius »die Ursache seiner Verkörperung (ἐνσωματώσεως)«, weil unsere Schuld »Anlaß zu seiner Herabkunft gegeben und unsere Sünde die Menschenliebe des Logos herausgefordert hat« (87). Aufgrund ihrer ontologischen Beschaffenheit führte die Abkehr von Gott die Menschen an den Rand des Nichtseins (87; vgl. ODI, 376). Da die Gnade des Logos die fundamentale Grundlage unserer Existenz bildet, ruft die Sünde als Ablehnung der Teilnahme am Logos unseren Tod hervor. Durch die Menschwerdung des Logos geschieht hingegen die Übernahme und die Vernichtung des Todes.

Der immaterielle Logos Gottes, der alles in allem erfüllt, war der einzige, der das Sterbliche zur Unsterblichkeit führen und zugleich die Ehrenschuld beim Vater einlösen konnte. Er kommt in unsere Welt, obwohl »er auch vorher uns nicht ferne stand«, und läßt sich aus Liebe in sichtbarer Gestalt zu uns herab. Durch die Aneignung des Leibes und die Gnade der Auferstehung vernichtete er den Tod im Menschen. Die Menschwerdung des Logos hat die göttliche mit der menschlichen Natur verbunden und damit deren Heil und Vergöttlichung gesichert.[13]

Der unsterbliche Logos nahm einen sterblichen Leib an, um das stellvertretende Opfer zu bringen. Durch die Menschwerdung des Logos wird die Macht des Todes gebrochen und tritt die Auferstehung des Lebens ein. Christus hat dem Gesetz wider uns ein Ende gesetzt und in uns einen neuen Anfang des Lebens gegründet, »indem er uns die Hoffnung der Auferstehung gab« (95). Der Logos Gottes kam persönlich zu uns, »um als Bild des Vaters den ebenbildlich erschaffenen Menschen wiederherzustellen« (99).

Athanasius begründet die Auferstehung mit seiner kosmischen Christologie, in welcher der Logos Lebensprinzip und der »Lenker des Alls« genannt wird, der alles belebt, erleuchtet und ernährt (104, 135). Durch ihn ist die Schöpfung aus dem Nichts ins Dasein getreten (137; vgl. ODI, 305). Er war nicht nur in allem, sondern auch außerhalb des Alls, nicht nur in seinem Leib, sondern auch außerhalb des eigenen Leibes (103). Als Logos war er nicht »an den Leib gefesselt, sondern er war Meister über ihn, so daß er sowohl in diesem als auch in allen anderen war und sogar außerhalb der Dinge und im Vater allein ruhte. Und das Wunderbare daran war, daß er wie ein Mensch lebte und als Logos alles belebte und als Sohn mit dem Vater war« (104). Er hat sich nicht als

---

[12] *J. Lippl*, Einleitung, XX, in: Eine Auswahl, (Anm. 6).
[13] Vgl. *Athanasius*, Vier Reden, 218, (Anm. 11).

Mensch, sondern als Sohn Gottes offenbart, als Gott-Logos. Auch in seinem leiblichen Tod und in seiner leiblichen *Auferstehung* als »*Hauptpunkt unseres Glaubens*« wird Christus als Gott und Sohn Gottes erkannt (107).
Christus, »das Leben Selbst«, »der Logos, der alles regiert und allein der wahre eingeborene Sohn des Vaters« ist, hat sich als Herr auch über den Tod erwiesen, »indem er seinen eigenen Leib in Unverderblichkeit als Erstlingsfrucht der Auferstehung aller aufwies« (107). Athanasius betont, daß Christus im Auferstehungsprozeß aktiv war (115; vgl. ODII, 131). Christus wurde nicht nur vom Vater auferweckt, sondern er trug selbst zu seiner Auferstehung bei. Durch die Einwohnung des Logos Gottes geschieht nicht nur die Bewahrung des Leibes vor der Verwesung, sondern auch die Aufhebung des Todes und der Verwesung (108). Nach Athanasius tritt der Tod infolge der Schwäche der menschlichen Natur ein (109). Christus starb zur Sühne für uns alle, er stand unversehrt wieder auf, weil sein Leib der Leib des Lebens selbst war (110).
Die Auferstehung als »Zeichen des Triumphes über den Tod« sollte allen vor Augen geführt werden, um allen die Gewißheit zu verschaffen (111). Sein Tod mußte öffentlich sein, damit die Auferstehung Eingang in den Glauben finden konnte. Wäre sein Tod in der Verborgenheit erfolgt, so wäre auch seine Auferstehung geheim und unbezeugt geblieben. Drei Tage nach seinem Tod folgt die Auferstehung, um die Wirklichkeit seines Todes und implizit seiner Auferstehung zweifellos zu machen (115–116).
Athanasius beweist die Wirklichkeit der Auferstehung durch ihre Folgen. Seit der Auferstehung Christi fürchten diejenigen, die an Christus glauben und »Zeugen der Auferstehung werden« (116) den Tod nicht mehr (1Kor 15,55). Christus hat das Kreuz (und den Tod) endgültig entkräftet und besiegt, so daß der Tod durch das Zeichen des Kreuzes und durch den Glauben an Christus »mit Füßen getreten« wird. In Athanasius Theologie hängen Kreuz und Auferstehung zusammen. Das Kreuz war der Weg zur Erlösung und zur Auferstehung und die Kraft der Auferstehung strahlt schon über dem Kreuz. Das Kreuz wurde deshalb zum Zeichen des Sieges über den Tod. Die Auferstehung Christi bedeutet auch den Tod des Todes. Die Wirksamkeit der Auferstehung in der Geschichte konstituiert für Athanasius einen Beweis der Auferstehung selbst, denn sie kann nicht in der Macht eines Toten liegen. Der Sohn Gottes lebt und wirkt das Heil aller (121). Die Zeugen seiner Auferstehung sind die Werke dieses Tempels des Lebens (122).
Die Inkarnation des Logos bedeutet auch die Bekleidung des menschlichen Leibes mit der Unsterblichkeit. Christi Leib trägt das Leben als Hülle und ist mit dem Leben bekleidet. Er ist für die ganze Schöpfung der Weg zur Unsterblichkeit und zum ewigen Leben (Is 11, 9; Kol 2, 15;

141-142). »Denn er wurde Mensch, damit wir vergöttlicht würden. Er offenbarte sich im Leibe, damit wir zur Erkenntnis des unsichtbaren Vaters gelangten; er ließ sich den Frevel seitens der Menschen gefallen, damit wir die Unsterblichkeit ererbten« (152).[14] Durch die Menschwerdung und Auferstehung Christi wurde uns die Teilnahme an der Trinität ermöglicht. Christus, der seinen Leib durch den Heiligen Geist geheiligt hat, vergöttlicht die Menschen, indem er ihnen seinen Geist mitteilt. Wir werden durch Christus in abbildlicher Weise das, was er war. Athanasius bezeichnet dieses neue Verhältnis, das Gott durch Christus für uns herstellt, als θεοποίησις.[15] Stăniloae bewertet in seiner Theologie der Auferstehung, Athanasius' Kategorie der Teilnahme als Grundvoraussetzung des Lebens und der Vergöttlichung (vgl. ODI, 368). Unter dem Einfluß von Athanasius identifiziert Stăniloae die Erkenntnisstufe mit der Gemeinschaftsstufe (vgl. ODI, 358). Der Fortschritt in der Erkenntnis gleicht dem Fortschritt in der Verwirklichung unseres Existenzsinnes in Gott als direkte Gemeinschaft mit ihm. Christus hat uns die Erkenntnis Gottes und das ewige Leben gebracht (96-98; Eph 3, 17-19). Stăniloae versteht die Auferstehung wie Athanasius als Vergeistigung des menschlichen Leibes. »Das Wort hat die Leibesgestalt angenommen, damit wir den Heiligen Geist erhalten. Gott wurde ein Leibträger, damit der Mensch ein Geistträger werde«.[16] Durch den Heiligen Geist erfüllt sich das Ziel der Welt und der Offenbarung, nämlich unsere Auferstehung mit Christus. Diese Auferstehung heißt aber Fortschritt in der Ähnlichkeit mit dem Sohn und gleichzeitig Fortschritt in unserer Vergeistigung (vgl. ODI, 47). Die höchste Form der Erkenntnis ist die Liebe. Sie führt zur Gottesgemeinschaft und zum ewigen Leben. In Übereinstimmung mit Athanasius betrachtet auch Stăniloae die Gemeinschaft mit Gott als Unsterblichkeit, als ständige Neuheit und Freiheit (vgl. ODI, 376). Die Liebe hat auf unseren Leib verklärende Wirkungen und aus ihr erwächst die Auferstehung.

Stăniloae spricht Athanasius eine entscheidende Rolle in der Überwindung des Pantheismus und in der Begründung einer personalistischen Theologie zu. Athanasius' Schöpfungslehre zeigt, daß das Geschaffene nur in Beziehung zum Ungeschaffenen existieren kann. Das Geschaffene lebt mittels der ununterbrochenen und aktiven Kraft Gottes (vgl. ODI, 305). Deshalb konnte nach Athanasius nur der personale Sohn durch seine Menschwerdung die ewige und personale Existenz des Men-

---

[14] vgl. Gegen die Arianer. Dritte Rede, 287
[15] Vgl. *Athanasius*, Vier Reden, 41. 91. 79, (Anm. 11).
[16] *Stăniloae*, ODI, 47, (Anm. 1); vgl. *S. Athanasii*, De incarnatione Dei Verbi, et contra arianos, in: P.G. 26, 996 C: »Αὐτὸς οὖν ἐστι Θεὸς σαρκοφόρος, καὶ ἡμεῖς ἄνθρωποι πνευματοφόροι«.

schen sichern. Die Erlösung heißt ontologische Wiederherstellung und Erhebung des Menschen in die Vergöttlichung. Aus diesem Grund verbindet auch Stăniloae in der Entfaltung seiner Soteriologie Anthropologie und Christologie eng miteinander.[17]
In Übereinstimmung mit Athanasius sieht Stăniloae die Erlösung als Vergöttlichung und als Sieg über den Tod durch die Verstärkung der Natur. Die Erlösung heißt nichts anderes als Vereinigung der Geschöpfe mit Gott, der die Quelle des Lebens ist. Diese Vereinigung bewirkt unsere Vergöttlichung, indem der menschliche Leib Träger der göttlichen Kräfte wird.[18] Stăniloae versteht deswegen die Askese und die Synergie als Fundament der *subjektiven Erlösung*, der persönlichen Aneignung der *allgemeinen Erlösung* Christi durch den Glauben. Die Erlösung ist für Stăniloae kein forensischer Akt, sondern eine heiligende Verwandlung der menschlichen Natur.[19]
Die Auferstehung ist das Ziel der Menschwerdung (110). In Christus findet die Menschheit ihre Erfüllung, Vollendung und Ewigkeit. Die Menschwerdung des Sohnes zeigt, daß die Menschheit Natur des göttlichen Subjekts sein kann, und daß Gott sich durch die menschliche Natur als ihr Subjekt manifestieren kann. Der Sohn Gottes bringt uns den Sinn der Existenz und das göttliche Leben als Überfülle, als unendliche Existenz und vollendete Gemeinschaft.[20]
In Athanasius' Denken begründet Stăniloae seine Theologie der vergeistigten Materie (vgl. ODIII, 336-338). In der Menschwerdung des Sohnes zeigt sich, daß die Materie und der menschliche Leib Medium der Gegenwart Gottes werden können. Der menschgewordene Sohn Gottes eröffnet uns immer neue Stufen der Erkenntnis und des Lebens in Ewigkeit.[21] Aus diesem Grund ist die *Auferstehung Christi* »*die vollkommene Logik der Existenz*«.[22]

1.2 Der heilige Maximus Confessor

Maximus Confessor wird als »der universalste Geist des 7. Jahrhunderts und vielleicht (als) der letzte selbständig denkende Theologe der byzanti-

---

[17] Vgl. *D. Stăniloae*, Studiu introductiv, in: *Sf. Atanasie cel Mare*, Scrieri, Partea I, Bucuresti 1987, S. 26.
[18] Vgl. *S. Ahanasii*, Oratio III contra Arianos, in: P.G. 26, 389.
[19] Vgl. *S. Athanasii*, Oratio de Incarnatione Verbi, in: P.G. 25, 176; vgl. *D. Stăniloae*, Invatatura Sfintului Atanasie cel Mare despre mintuire, in: Studii Teologice, 5–6/1973, 336, (328–340); vgl. *ders.*, ODII, 129–142, (Anm. 1).
[20] Vgl. *Stăniloae*, Studiu introductiv, in: Atanasie cel Mare, 22–26, (Anm. 16).
[21] Vgl. *Stăniloae*, Introducere, in: Atanasie cel Mare, II, 16–17, (Anm. 11).
[22] *D. Stăniloae*, Invierea lui Hristos, logica deplina a existentei, in: Convorbiri Literare, 12 aprilie 1990; vgl. *ders.*, Iisus Hristos lumina lumii si indumnezeitorul omului, Bucuresti 1993.

nischen Kirche« betrachtet.²³ Hans Urs von Balthasar hält ihn mit Recht für ein Genie, der in seiner Person die Mystik und die Metaphysik vereinte und die Bewahrung des Erbes von Chalzedon bis zum Martyrium verteidigte. Im Sinne des chalzedonischen Dyophysitismus vertritt Maximus gegen die monergistischen und monothelistischen Konzeptionen die vollständige Menschheit Christi (Dyotheletismus). Wenn Christus keinen menschlichen Willen hätte, dann wäre seine Menschheit genauso wie sein Erlösungswerk unvollständig. In der Hypostase Christi werden die menschliche und die göttliche Natur vereinigt, aber nicht vermischt (ἀσυγχύτως). Maximus hält sich in der Mitte zwischen Nestorius und Eutyches, zwischen Zweipersonenlehre und Einnaturlehre, indem er sowohl die »Zertrennung« (διαίρεσις) als auch die »Zusammenziehung« (συναίρεσις) vermeidet.²⁴

Die Chalzedonische Definition bekräftigte die Einheit der Person Christi in zwei Naturen als wahrer Gott und wahrer Mensch mit Vernunftseele und Leib. Das impliziert die doppelte Konsubstantialität, nämlich die Wesenseinheit mit dem Vater als der Gottheit und die Wesenseinheit mit uns als der Menschheit. Christus wird als ein und derselbe, in oder aus zwei unvermischten (ἀσυγχύτως), unverwandelten (ἀτρέπτως), ungetrennten (ἀδιαιρέτως) und unzerteilten (ἀχωρίστως) Naturen erkannt. Der Unterschied der Naturen wird wegen der Einheit der Person nicht aufgehoben. Die Eigentümlichkeit (ἰδιότης) jeder Natur wird bewahrt und gleichzeitig vereint in der Person oder Hypostase des Sohnes Gottes.²⁵

In der hypostatischen Union wird der menschliche Wille nicht beseitigt oder vermischt mit dem göttlichen Willen, sondern vergöttlicht. Christus will sowohl als Gott als auch als Mensch die Erlösung der menschlichen Natur herbeiführen. Die Vergöttlichung geschieht dann durch die unvermischte Vereinigung des Willens von dem, der vergöttlicht, mit seinem vergöttlichten Wesen. Das, was vergöttlichte, und das, was vergöttlicht wurde, waren ohne Zweifel zwei. Christus tötete den Tod in sich auch als Mensch, denn obwohl er Mensch war, hatte er einen natürlichen Willen, geprägt vom göttlichen Willen und nicht gegen diesen, denn »nichts Natürliches, auch die Natur selbst nicht, widersetzt sich dem Verursacher der Natur«. Christus befreite uns vom Verderben der Natur, das an uns

---

²³ Vgl. *H. G. Beck*, Kirche und theologische Literatur im byzantinischen Reich, München 1959, 436; vgl. *B. S. Osb*, Zur Soteriologie des Maximus Confessor, in: Maximus Confessor. Actes du Symposium sur Maxime le Confesseur, Fribourg, 2-5 septembre 1980, *F. Heilzer/Ch. Schönborn (Hg.)*, Fribourg 1982, 239, (239–246).
²⁴ Vgl. *V. Balthasar*, Die kosmische Liturgie, 48. 51. 55. 207, (Anm. 10).
²⁵ Vgl. *A. Riou*, Le Monde et l'Eglise selon Maxime le Confesseur, Paris 1973, 95; vgl. *Hauschild*, Lehrbuch, 184, (Anm. 10).

»durch den Widerspruch unseres Willens gegenüber Gott deutlich wurde«, indem er unseren natürlichen Willen in seiner eigenen, göttlichen Natur wiederherstellte (vgl. ODII, 37).[26] Maximus bestimmt den Willen als geistiges Strebensvermögen einer Natur in ihrer Tendenz zur Erfüllung ihres eigenen Seins und zur Verwirklichung ihrer selbst.[27] Die unvermischte Einheit der zwei Naturen mit dem ihnen eigenen Willen ist das Mysterium der hypostatischen Union Christi.[28] Maximus versucht, diese Vereinigung durch die Idee einer Verwandtschaft (imago Dei), einer Polarität oder einer Entsprechung zwischen der menschlichen und der göttlichen Natur nach dem Modell der perichoretischen Einheit zwischen dem Leib und der Seele zu begründen.[29] Er erklärt die Konvergenz der Menschheit mit der Gottheit in der Person Christi durch eine integrale Konformität des menschlichen Willens mit dem göttlichen Willen und durch eine ursprüngliche Übereinstimmung des göttlichen Willens mit dem menschlichen natürlichen Willen. Die göttliche Kenosis und die Vergöttlichung sind komplementär. Die Gottesgemeinschaft ist eigentlich die Verwirklichung des Menschseins, denn Gott will nur das, was der Mensch will, wenn sein Wille nicht gegen die Natur handelt. Christus wollte mit dem menschlichen Willen das gleiche wie mit dem göttlichen Willen und umgekehrt. Die Konvergenz der Willen wird nicht nur durch die Einheit der Person verwirklicht, sondern auch durch ihre innere Konformität.[30]

Maximus nennt die hypostatische Weise, nach der die vom Logos angenommene menschliche Natur subsistiert, »Enhypostasie«. Die enhypostasierte Natur bewahrt all ihre Eigenschaften und Energien in der menschlichen Existenz Jesu. Die menschliche Natur Christi wird im Sohn enhypostasiert, angenommen, in die trinitarische Existenzweise, in die Quelle des Lebens und der Unsterblichkeit eingeführt.[31] Die gegenseitige Durchdringung der beiden Naturen bedeutet eine gegensei-

---

[26] Vgl. *S. M. Confessoris*, Opuscula theologica et polemica, in: P.G. 91, 80. 77. 61.
[27] Vgl. *G. Bausenhart*, »In allem uns gleich außer der Sünde«. Studien zum Beitrag Maximus' des Bekenners zur altkirchlichen Christologie, Mainz 1992, 148.
[28] Vgl. *Confessoris*, Opuscula theologica, 468 D, (Anm. 25).
[29] Vgl. *L. Thunberg*, Microcosm and Mediator. The theological anthropology of Maximus the Confessor, Lund 1965, 32-33; vgl. *D. Stăniloae*, Fiul lui Dumnezeu, Fiul Omului, in: Mitropolia Moldovei si Sucevei, 9–12/1980, 732, (733–763): zwischen Gottheit und Menschheit besteht eine Konvergenz, welche die hypostatische Union überhaupt ermöglicht.
[30] Vgl. *Confessoris*, Opuscula theologica, 77 C (Anm. 25); vgl. *Stăniloae*, Fiul lui Dumnezeu, 743, (Anm. 28).
[31] *S. M. Confessoris*, Liber Asceticus, in: P.G. 90, 912 B: »ὁ μονογενὴς τοῦ Θεοῦ Υἱὸς, ὁ προαιώνιος λόγος ὁ ἐκ Θεοῦ πατρὸς, ἡ πηγὴ τῆς ζωῆς καὶ τῆς ἀθανασίας, ἐπέφανεν ἡμῖν τοῖς ἐν σκότει καὶ σκιᾷ θανάτου καθημένοις«; vgl. *ders.*, Opuscula teologica, 205 A C, (Anm. 25); vgl. *Garrigues*, Maxime le Confesseur, 171–177, (Anm. 11).

tige Einprägung der einen Natur in die andere. Die menschliche Natur und ihr Wille finden dadurch ihren wahren Horizont der Verwirklichung. Aufgrund einer anthopozentrischen Kosmologie betrachtet Maximus das Menschsein Christi, das eine kosmische Mittelfunktion besitzt, als Vollendung des Menschseins überhaupt. Das Ich Christi überschreitet in sich die ontologische Grenze zwischen Ungeschaffenem und Geschaffenem. Durch die Menschheit und in der Menschheit eint und rettet der Logos den gesamten Kosmos, indem er den Menschen heilt. Sein mystischer Leib wird zum »Milieu«, zum umfassenden Horizont unserer Vergöttlichung. Maximus versteht die Erneuerung des Menschen durch Christus als eine »Reaktivierung seiner eigenen Dynamik, insbesondere seiner Fähigkeit zur ἀγάπη«.[32]

Der Dynamismus der Welt wird in der Person Christi wiederhergestellt. Der Logos ist Mensch geworden, um in den Menschen das Bewußtsein des Sinnes der Bewegung und die Bewegung selbst in ihrer Authentizität und unendlichen Perspektive zu restaurieren. Der Sohn Gottes als Ursprung und Ziel des gesamten Kosmos nahm menschliche Natur an, indem er in sich selbst die unendliche Perspektive der Bewegung der Schöpfung geöffnet hat, um uns zu offenbaren, daß er selbst der Ursprung und der Zweck unserer Bewegung ist.[33]

Die Menschwerdung (σάρκωσις) und die Vergöttlichung (θέωσις) bedingen sich gegenseitig. Diese Synthese Christi erscheint auf Grund dessen als Ziel und Zweck der Welt.[34] Die menschliche Natur Christi ist eine vergöttlichte Natur, durchdrungen von göttlichen Energien schon seit der Menschwerdung. Maximus erklärt das durch die *communicatio idiomatum* und durch die *Perichorese*.[35] Die Perichorese, ein Zentralbegriff seiner Theologie, meint die gegenseitige Beziehung zwischen den beiden Naturen Christi, ihr Ineinander-Sein und ihre gegenseitige Durchdringung. Diese Gegenseitigkeit impliziert, daß die göttlichen Taten

---

[32] Vgl. *F. Heinzer*, Gottes Sohn als Mensch. Die Struktur des Menschseins Christi bei Maximus Confessor, Freiburg Schweiz 1980, 157-162. 188; vgl. *S. M. Confessoris*, Ambiguorum liber, in: P.G. 91, 1308 D, ab hier Ambiguorum.

[33] Vgl. *D. Stăniloae*, Dinamica creatiei in Biserica, in: Ortodoxia, 3–4/1977, 284, (280–291).

[34] Vgl. *S. M. Confessoris*, Quaestiones ad Thalasium, in: P.G. 90, 621 B: »ἐν Χριστῷ τὴν ἀρχὴν τοῦ εἶναι καὶ τὸ τέλος εἰλήφασιν« ; vgl. *V. Lossky*, The mystical theology of the eastern church, London 1974, 136: Lossky glaubt, daß Maximus der Meinung wäre, die Menschwerdung auch ohne den Sündenfall stattgefunden hätte, denn sie verkörpert die Erfüllung der Schöpfung Gottes; vgl. *Stăniloae*, Fiul lui Dumnezeu, 734, (Anm. 28).

[35] Vgl. *J. Meyendorff*, Byzantine Theology. Historical Trends and Doctrinal Themes, London 1974, 151–167.

Christi in einer menschlichen Weise vollbracht wurden, denn sie sind im Leib vollbracht worden.[36]
Da Christus, der Gott-Logos, die Hypostase der beiden Naturen ist, die mit ihren Eigenschaften und Kräften in realer Weise subsistieren, entsteht zwischen diesen zwei Naturen eine reale Kommunikation ohne Vermischung und ohne Trennung der Idiome bzw. Eigenschaften und Wirkungen (vgl. ODII, 51). Maximus unterstreicht die Bedeutung der einen Person Christi in der Kommunikation der Eigenschaften der beiden Naturen und für die Vergöttlichung (vgl. ODII, 50; Opuscula, 105 B). Er spricht sogar von einem einzigen »theandrischen« Wirken und von einer einheitlichen und vollkommenen Verbindung beider Naturen (συμφυσία), ohne dabei das menschliche und göttliche Wirken zu vermischen (vgl. ODII, 53). Mit den Kräften seiner göttlichen Natur durchdringt der Sohn Gottes seine menschliche Natur, nicht um sie aufzuheben, sondern um sie zu vollenden. Sein Leib als Tempel des Gott-Logos wird darüber hinaus durch den Heiligen Geist geheiligt (vgl. ODII, 44). Die Vergöttlichung der menschlichen Natur geschieht bis zu einem gewissen Grad bereits innerhalb der irdischen Existenz. Sie wird nach der Auferstehung vollkommen (vgl. ODII, 52. 58).
Auch Stăniloae versteht das Heilswerk Christi nicht forensisch als juristischen Satisfaktionsakt im Namen der Menschen, sondern als Wiederherstellung, Heiligung und Vergöttlichung der menschlichen Natur Christi und durch sie derer, die an ihn glauben (vgl. ODII, 102. 105). In Übereinstimmung mit Maximus erkennt Stăniloae Christus als wahren Mittler, der uns mit Gott durch die Gemeinschaft und Gnade des Heiligen Geistes vereint (vgl. ODII, 97). Der Heilige Geist wird uns durch den Auferstehungsleib Christi vermittelt (vgl. ODII, 99).
Im Konsens mit Maximus betrachtet auch Stăniloae den Sinn des Todes Christi in der Befreiung der menschlichen Natur von den Affekten, Leiden und Tod als Folgen der Erbsünde (vgl. ODII, 89-90). Diese Befreiung und Auferstehung geschieht nicht in einem äußerlichen Akt, sondern durch den Sieg der menschlichen Natur selbst, von innen nach außen.
Maximus Confessors kosmische Theologie der Vergöttlichung[37] wird von Stăniloae als Fundament seiner Auferstehungstheologie verwendet. Die intersubjektive Gemeinschaft mit Gott, die leibliche und verklärende Konsequenzen hat, führt uns zur Auferstehung und zum ewigen Leben. Durch die Auferstehung Christi wurde uns die ewige Gemeinschaft Gottes als unsterbliches und unendliches Leben eröffnet (vgl. ODI, 79). Die Voraussetzungen der Auferstehung liegen in einem asketischen Leben und in der aktiven Partizipation an der Gemeinschaft Gottes in Christus

---

[36] Vgl. L. *Thunberg*, Microcosm and Mediator, 21–37, (Anm. 28).
[37] Vgl. A. *Louth*, Maximus the Confessor, London/New York, 1996, 63–77.

durch den Heiligen Geist. Stăniloae versteht das als Weg unserer Vergeistigung. Seine Auferstehungstheologie gründet auf der korrelativen Interdependenz zwischen Liebe, Erkenntnis und Sein in der Gemeinschaft mit Gott. Die intersubjektive Gemeinschaft rettet die unendlichen Interferenzen und Kommunikationsstufen und bewahrt die Personen vor ihrer Auflösung. »Das unendliche Fortschreiten in der Gemeinschaft mit Gott bedeutet zugleich ein unendliches Fortschreiten in seiner Erkenntnis und in der Teilhabe an ihm« (ODI, 358).

Von Maximus übernimmt Stăniloae die Perspektiven und die Begründung einer Theologie der Bewegung. Gott selbst hat den geschaffenen, bewußten Wesen die Bewegung eingeprägt, als einziges Mittel, durch welches sie zur Ruhe in die Ewigkeit Gottes vordringen können (vgl. ODI, 165.) Der Sinn aller Bewegung und mithin der Sinn der Zeit liegt im Streben nach der völligen Vereinigung mit Gott und nach der Ruhe in seiner Fülle (vgl. ODI 306).[38] In Christus verwirklicht sich die vollkommene und gegenseitige Durchdringung von Mensch und Gott. Mit seiner Hilfe können auch die Menschen dieses Einigungswerk aktualisieren und damit ihr ewiges Leben erreichen. Christus befreit die Menschen, indem er alle Bewegungen einer einzigen Bewegung unterwirft, nämlich dem Wunsch, Gott näherzukommen, um seine Liebe in ihrer Fülle zu erfahren (vgl. ODI, 157).[39]

Stăniloae begründet in Maximus´ Denken seine Vorstellung von Theologie der Askese als aktiver Beteiligung des Menschen im Auferstehungsprozeß. Daher sieht er die Ruhe in der göttlichen Ewigkeit auch als Ergebnis der Anstrengung des Menschen, die höchsten Stufen der Gottesliebe zu erreichen, an (vgl. ODI, 166). Ebenso wie Maximus glaubt Stăniloae, daß Christus Mensch wurde, um die Bewegung der Welt wiederherzustellen. Durch den Fall ist die Bewegung der Welt als Einheitsdynamik mit Gott schwach geworden. Christus kommt, um den Abstand, die Diastase zwischen Gott und uns zu überwinden. »Denn solange die Kreatur in ihrem Willen nicht mit dem Willen Gottes übereinstimmt, bleibt der Abstand zwischen ihr und ihm bestehen. Indem sich das Geschöpf zu Gott hinbewegt, kommt sein Wille mit seinem Wesen, in das Gott die Liebe zu ihm eingepflanzt hat, in Einklang, und damit wächst die Kraft für diese Bewegung« (ODI, 254). Der Sohn Gottes erfüllte die menschliche Natur mit seiner göttlichen Liebe zum Vater und verwirklichte damit die vollkommene Vereinigung der Menschen mit Gott und dadurch ihre Vollendung. Das Ergebnis ist die Auferstehung und das ewige Leben (vgl. ODI, 255).

---

[38] Vgl. Ambiguorum, 1308 D
[39] Vgl. Ambiguorum, 1193–96.

Die Auferstehung Christi verleiht der Geschichte einen dynamischen Charakter, indem er ihr ein Ziel gibt. Die Teilnahme an seiner Auferstehung wurde zum Ziel aller Menschen. In Christus kam Gott in die Zeit, um die Menschheit auf ihrem geschichtlichen Weg in die Ewigkeit zu begleiten.[40] Aufgrund der ontologischen Beziehung zwischen Mensch und Kosmos und zwischen der menschlichen und göttlichen Natur in Christus umfaßt die Vergöttlichung der menschlichen Natur Christi auch die Erlösung des Weltalls. Das Mysterium der Auferstehung verbirgt in sich den Zweck, für welchen Gott alles geschaffen hat.[41] Aus diesem Grund bezeichnet Stăniloae unser Wachstum in der Auferstehung als Fortschritt in der Vereinigung mit dem auferstandenen *Christus*, der *unsere Zukunft* ist.[42]

2. Das Leben in der Auferstehung aus der Kraft des Opfers Christi.
Die theozentrische Auferstehungstheologie Cyrills von Alexandrien

Die Theologie Cyrills von Alexandrien erweist sich als eine Brücke zwischen der östlichen und der westlichen Soteriologie. Cyril versteht den Tod Christi sowohl als juristische Annahme oder Begleichung unserer Sünden (Röm 3,25) als auch als Akt der Vollendung seiner menschlichen Natur (Phil 2,9). Indem Christus den Tod als Strafe für unsere Sünden annahm, bekräftigte, verklärte und heilte er seine menschliche Natur.[43] Die logische Folge ist nicht nur seine Auferstehung, sondern auch die derer, die an ihn glauben.[44] Indem Cyrill die Erlösung ontologisch versteht, als Verwandlung der menschlichen Natur durch ihre Vereinigung mit Gott, verbindet er das Juristische mit dem Ontologischen im Opfer Christi. Christus opfert sich nicht nur um eine juristische, sondern auch um eine heilige und heiligende Einlösung für die Menschen zu erlangen.[45]
Cyrill von Alexandrien entfaltet die Idee des Todes Christi als stellvertretendes Opfer, das dem Vater gebracht wird, damit wir durch seine Reinigung rein werden. Cyrill meint, daß wir keinen Zugang zum Vater

---

[40] Vgl. *I. Balan*, Convorbiri duhovnicesti II, Bucuresti 1988, 117.
[41] Vgl. Ambiguorum 1309.
[42] Vgl. *D. Stăniloae*, Conceptia ortodoxa despre traditie si despre dezvoltarea doctrinei, in: Ortodoxia, 1/1975, 7, (5–14).
[43] Vgl. *S. Cyrill A. A..*, De Adoratione in Spiritu et veritate. Lib. IX, in: P.G. 68, 617–620.
[44] Vgl. *D. Stăniloae*, Anm. 127 b, in: *Sf. Chiril al Alexandriei*, Scrieri Partea I, Inchinare in Duh si in Adevar, Bucuresti 1991, 109; vgl. *Stăniloae*, Invatatura ortodoxa, 203, (Anm. 3).
[45] Vgl. *Stăniloae*, Note, in: *Sf. Chiril al Alexandriei*, Scrieri, 304. 303. 516, (Anm. 40).

haben, es sei denn im Zustand des reinen Opfers (vgl. ODIII, 41). Da alle Menschen sündig waren, konnte nur Christus allein als sündloser Mensch und als reines Opfer zum Vater eingehen (vgl. ODII, 81). Das wahre Opfer impliziert in sich Reinheit. Diese Reinheit ist aber auch ein Ergebnis des Opfers.[46] Indem Gott das Opfer annimmt, heiligt er es, durchdringt es mit seinem Geist. Das Opfer selbst wird zu einer neuen Existenzweise erhoben und vergöttlicht. Das Gleiche geschieht mit dem Opfer Christi. Durch sein Opfer führt er seine menschliche Natur zu einer neuen Existenzweise, unterschieden von jener vor dem Tod und der Auferstehung, zu einem Zustand der vollkommenen Durchdringung mit dem Heiligen Geist. Sein Tod als Opfer für uns bedeutet auch eine ontologische Erhebung seines Menschseins in die Gemeinschaft Gottes hinein, eine »Bekräftigung« und »Einprägung« durch den Geist Gottes, aufgrund der Vernichtung der Sünde in sich.[47]
Cyrill zeigt, daß wir nur in einem Opferzustand bei Gott Einlass haben. Einerseits ist Christus als Mensch schon als Opfer am Kreuz in einen neuen Seinszustand in Gott erhoben worden, andererseits bleibt er bei Gott im Opferzustand auch nach der Auferstehung, um uns durch die Annahme seines Zustandes den Eintritt zu Gott zu ermöglichen. Zwischen Opfer und Gott besteht keine äußerliche Beziehung, sondern eine Beziehung der Gemeinschaft und inniger Kommunikation. Durch sein Opfer hat sich Christus zugleich selbst als Mensch vollendet. Nun kann er auch andere heiligen und vollenden. Die Erlösung heißt Reinigung von den Sünden, Überwindung der Feindschaft zu Gott und Teilnahme am göttlichen Leben (vgl. ODII, 104–105).
Der Tod Christi als Weg für uns zur Auferstehung zeigt die innere Korrelation zwischen Tod und Auferstehung. Christus, der sich für uns geopfert hat, unterlag dem Tod (ἐν θανάτῳ) und beherrschte ihn zur gleichen Zeit (ὑπὲρ θάνατον). Da sein Tod einen Akt von geistlicher Kraft darstellte, wurde sein Leib, als Leib des Lebens selbst, mit den lebendigen Energien des Sohnes Gottes erfüllt.[48]
Cyrill akzentuiert vor allem die Vergöttlichung des Leibes Christi durch die Menschwerdung (vgl. ODII, 57). Durch seine Menschwerdung, Tod und insbesondere durch seine Auferstehung gewinnt Christus in seiner menschlichen Natur den Heiligen Geist, der nach dem Sündenfall ver-

---

[46] Vgl. *Stăniloae*, Legatura interioara, 284, (Anm. 4): Cyrill betont, daß auf griechisch das Opfer (ἱερεῖον) auch heilig oder geheiligt bedeutet (ἱερουργούμενον).

[47] A.a.O.; vgl. *Staniloae*, ODIII, 68, (Anm. 1); vgl. *S. Cyrilli A. A..*, De adoratione in Spiritu et veritate. Lib. VII, in: P.G. 69, 517 C: »Προσκεκόμικε γὰρ ἑαυτὸν ἱερεῖον ἄμωμον ὑπὲρ ἡμῶν τῷ Θεῷ, καὶ νοητὸν ὁλοκαύτωμα«; 584 D: »καὶ κάκοσμον τῆς ἁμαρτίας τοῦ κόσμου παραλύων ἐν ἑαυτῷ.«

[48] Vgl. *S. Cyrill A. A.*, Glaphyrorum, in: P.G. 69, 561 A; vgl. *ders.*, In Joannis Evangelium lib. III, in: P.G. 73, 521; ab hier Glaph.

loren ging, wieder. Das Zurückbringen des Heiligen Geistes in seine menschliche Natur trug zu ihrer Wiederherstellung bei. Christus als vollkommenes Selbstopfer des Menschen heiligt die menschliche Natur und durchdringt sie mit der Liebe Gottes als Quelle des Lebens. Christus, das Leben und der Schöpfer des Lebens hat in uns Wohnung genommen. Christus besitzt den Heiligen Geist als einen »Strahl seines Wesens«. Sein Leib strahlt den ganzen Glanz des Geistes aus (ἐλλάμπει δέ τὸ πνεῦμα, vgl. Glaph., 497; vgl. ODII, 98). Sein Leib ist eine Quelle des göttlichen Lebens, eine Quelle von Kraft und Reinheit geworden. »Christus erlöst uns durch das Wirken des Geistes« (ODII, 136; Glaph., 549 B). »Christus wohnt durch die Mitteilung des Geistes vollkommen in uns. (...) Indem er sein Blut für uns vergoß, hob er den Tod auf und vernichtete die Verwesung; und so macht er uns zu den Seinen, zu solchen, die nicht mehr ihr eigenes Leben, sondern das seine leben« (ODII, 139; Glaph., 425 A, 437 B).

Als unser Hohepriester hat er auch uns in geistiger Weise Gott dem Vater als süßen Wohlgeruch dargebracht. Wir wurden auch »seines Wohlwollens reichlich gewürdigt und erhielten die feste Gewähr dafür, daß der Tod keine Macht mehr über uns haben werde« (ODIII, 125; Glaph., 72–73).

Stăniloae widmet dem heiligen Cyrill von Alexandrien einen besonderen Raum in seiner Dogmatik. Cyrills Theologie des Opfers und der Heiligung entspricht Stăniloaes Vorstellungen über die Auferstehung als Vergeistigung der Materie. Da Christus für alle Mensch geworden ist, hat er sich uns alle zueigen gemacht und das gesamte menschliche Wesen mit sich emporgehoben (vgl. ODIII, 347). Das ist, Stăniloaes Meinung nach, der Grund für die Auferstehung aller. »Die Seligkeit aber hängt von der willentlichen Zustimmung jedes einzelnen zu ihm ab« (ODIII, 348). Das asketische Sterben in Christus führt zur Auferstehung mit ihm. Deswegen verwandelt Christus das »Sein zum Tode«, das nach Heidegger das menschliche Dasein kennzeichnet, in ein »Sein zum Leben« (vgl. ODIII, 193).

Stăniloae sieht in Übereinstimmung mit Cyrill die Vertiefung des Opferzustandes als Vertiefung der Gemeinschaft mit Gott und als Entfaltung des neuen Lebens in Christus, weil der Opferzustand nichts anderes ist, als »der Zustand des Absterbens des alten Menschen der Sünde und des Auferstehens des Neuen Menschen, der in Christus in Reinheit und mit Werken der Liebe lebt« (ODIII, 65; 90). Wir nehmen die Kraft für die Tugenden als ständiges Opfer und Leben für Gott und für die Nächsten aus der Kraft des Opferzustandes Christi. Wir bringen uns sogar durch die Tugend zusammen mit Christus ständig Gott als Opfer dar (vgl. ODIII, 41–42). Christus hilft uns, als heiliges Opfer an seinem Zustand

teilzunehmen und uns zu heilen.[49] Stăniloae versteht wie Cyrill die Heiligkeit als Opferzustand, nämlich als einen Zustand der Liebe (vgl. ODII, 210), denn das Opfer ist die Voraussetzung der Gemeinschaft (vgl. ODII,108). Die Bedingung der Erlösung liegt in der Annahme des Opferzustandes Christi (vgl. ODII, 171).
Cyrill nennt die Zeit der Auferstehung den achten Tag, den endgültigen Tag im Leben der Menschheit, der Anfang der Neuschöpfung, das endgültige Ruhen der auferstandenen Schöpfung in Gott. Der achte Tag beginnt mit der Auferstehung sowohl für Christus als auch für uns, denn er ist der Tag ohne Ende oder die Ewigkeit selbst. Da Christus in sich schon seit seiner Geburt die Kraft der Auferstehung hatte, kann man sagen, daß der achte Tag mit seiner Menschwerdung beginnt. Durch seine Menschwerdung kommt die Ewigkeit in die Zeit.[50] Indem er die menschliche Natur mit der göttliche Natur in seiner Person eint, stellt er den Beginn der allgemeinen Auferstehung dar. Sein Tod als heiliges und heiligendes Opfer ist das Mittel zur Überwindung des Todes, denn »in ihm ist alle Vollkommenheit durch die Heiligung im Geist« (ODII, 113; Glaph., 542). Diejenigen, die an Christus glauben, werden den Tod, genauso wie er, als einen Schlaf von kurzen Dauer erfahren (ODII, 118; Glaph., 220 B).

3. Stăniloaes Diskussion mit der modernen evangelischen Theologie

Stăniloae beschränkt sich in seiner Darstellung nicht nur auf die Auseinandersetzung mit der patristischen Theologie, sondern versucht im ökumenischen Geist in den Dialog mit der evangelischen Theologie einzutreten. So verwendet er, um die Wirklichkeit der Auferstehung Christi zu beweisen, die Argumentation B. Klapperts.[51]
Stăniloae versteht die Transformation des Leibes Christi durch die Auferstehung, von der auch Klappert spricht, als Pneumatisierung, wodurch der Leib eine besondere Transparenz erhält und Licht und Herrlichkeit ausstrahlt. Das wird als Kommunikationsweise der brennenden Liebe Gottes betrachtet, die sich durch den Auferstehungsleib mitteilen kann.

---

[49] Vgl. *D. Stăniloae*, Jertfa lui Hristos si spiritualitatea noastra prin impartasirea de ea in sfinta liturghie, in: Ortodoxia, 2/1983, 115, (104–118).
[50] Vgl. *Stăniloae*, Anm. 455, in: *Sf. Chiril al Alexandriei*, Scrieri, 399, (Anm. 40).
[51] Vgl. *Stăniloae*, ODII, 123–129, 127, (Anm. 1): Stăniloae schließt sich der Meinung von H. von Campenhausen an, daß, obwohl die geschichtliche Forschung mit ihren Mitteln die Auferstehung an sich als Ereignis nicht erfassen kann, sie doch in der Lage ist, »bis zu den Ostererscheinungen und zum leeren Grab vorzudringen«; vgl. *B. Klappert*, Diskussion um Kreuz und Auferstehung, Wuppertal 1971, 14–25; vgl. *H. v. Campenhausen*, Der Ablauf der Ostereignisse und das leere Grab, Heidelberg 1961, 7.

Als σῶμα πνευματικόν verwandelt und übersteigt Christus die getrennte oder objektivierende Existenzweise. Aus diesem Grund kann er nicht innerhalb der Bedingungen dieser Existenz begriffen werden. Als geistdurchdrungene Materie ist der Leib des auferstandenen Christus real, auch wenn er nicht objektiviert werden kann. Stăniloaes Meinung nach können wir nur durch den Glauben in diese neue, pneumatisierte Ordnung eintreten (vgl. ODII, 125-126). Trotzdem gibt Stăniloae Pannenberg[52] recht, wenn er sagt, daß die Tatsache der Auferstehung nicht erst dem Glauben zugänglich sei, sondern »einem jeden, der Augen hat, zu sehen«, denn es geht hier um ein historisches Ereignis, das die »Sprache der Tatsachen« spricht (ODII, 127).

Die Auferstehung weist auf die Beziehung der Geschichte zur Transzendenz, zum Übergeschichtlichen, zur pneumatisierten Ordnung hin, die höher ist als die geschlossene immanente Kausalität. Nach Stăniloae ist die Auferstehung Christi tief in der Geschichte verwurzelt, denn sie gibt der Geschichte ihren Sinn und Ziel.[53] Sie orientiert die Geschichte auf die höhere Ordnung des unvergänglichen Lebens, in dem kein Tod mehr existiert. Sie ist der Beginn der Wirkung einer Pneumatisierungskraft, welche die Geschichte auf die Ebene des Übergeschichtlichen und der Spiritualität erhebt (vgl. ODII, 128).

Durch die Auferstehung Christi wird ein Existenzinhalt höherer Ordnung geöffnet, »der die allergrößte Rückwirkung auf die Geschichte ausübt«. Das ist die innerhalb der Geschichte wirksame und neue pneumatische Kausalität (vgl. ODII, 129). Die Verbindung zwischen Auferstehung und Geschichte zeigt sich nicht nur in der übergeschichtlichen Kausalität, welche die Auferstehung in der Geschichte bewirkt, »sondern auch durch die Rolle, die sie bei der Einführung einer neuen Lebensweise innerhalb der Geschichte spielte und spielt« (ODII, 129). Die Auferstehung eröffnet den Zugang zu einer neuen Existenzweise, indem ihr Inhalt das geschichtliche Leben bereichert und verklärt. Der eigentliche Sinn der Auferstehung besteht nach Stăniloae in ihrer Wirkung auf die geschichtliche Menschheit. Die geistliche Ausstrahlungskraft des auferstandenen Leibes Christi hat in der Geschichte der Welt eine verändernde Wirkung (vgl. ODII, 129). Als Anfang der neuen Schöpfung bezieht der auferstandene Christus alle, die an ihn glauben, in ganz aktueller, wirklicher Weise in den Opferungs- und Auferstehungszustand seines Leibes ein (vgl. ODII, 140). In Christus haben wir das verwirklichte eschatologische neue Le-

---

[52] Vgl. *Stăniloae*, Fiul lui Dumnezeu, 752, (Anm. 28); vgl. *W. Pannenberg*, Offenbarung als Geschichte, Göttingen 1965, 95.
[53] Vgl. *D. Stăniloae*, Teologia euharistiei, in: Ortodoxia, 3/1969, 348, (343-363): Stăniloae beschreibt den Leib Christi als der neue Äon, auf dem in verborgene Weise auch unsere Leibern vorwärtsgehen; vgl. *ders.*, Pastele, sarbatoarea luminii in ortodoxie, in: Studii Teologice, 5-6/1975, (349-358).

ben. Aus diesem Grund eröffnet uns nur die Auferstehung den Horizont der ewigen Existenz, und nur die Kraft des Auferstandenen hilft uns, in diesen Horizont der Gemeinschaft mit Gott, als unendlicher Liebe und Überfülle des Seins, einzutreten.

André Kendel

»Die Historizität der Auferstehung ist bis auf weiteres vorauszusetzen.«
Wolfhart Pannenbergs Verständnis der Auferstehung und seine Bewertung der einschlägigen biblischen Überlieferungen

Die Historizität der Auferstehung ist nach Wolfhart Pannenberg bis auf weiteres vorauszusetzen.[1] Dieser durchaus streitbaren Aussage Konturen zu verleihen und sie vor dem Hintergrund der biblischen Texte zu diskutieren, ist das Ziel dieses Aufsatzes.

Nicht die Diskussion um Pannenbergs These der Historizität der Auferstehung soll aufgearbeitet werden, sondern Pannenbergs eigene Entfaltung und Differenzierung seiner These über eine Zeitspanne von gut 25 Jahren. Im Mittelpunkt des Interesses steht, wie Pannenbergs Verständnis von Wirklichkeit seine Beurteilung und Rezeption der einschlägigen biblischen Texte prägt und umgekehrt, wie seine Beurteilung der biblischen Texte zur Auferstehung Jesu Christi mit seinem Verständnis von Wirklichkeit einhergeht.

Dabei gehe ich so vor, daß ich Pannenbergs frühe Überlegungen zur Wirklichkeit der Auferstehung[2] im ersten Teil dieses Aufsatzes vorstelle, um sie dann im zweiten Teil mit seinen späten Überlegungen[3] zu vergleichen und zu kontrastieren. Besonders im Blick wird dabei Pannenbergs Bewertung der einschlägigen biblischen Überlieferungen sein.

---

[1] *W. Pannenberg*, Grundzüge der Christologie, Gütersloh 7. Aufl.1990, 103.
[2] *Pannenbergs* frühe Überlegungen finden sich primär in seinen »Grundzüge[n] der Christologie« von 1964, heute 7. Aufl. 1990, und in seinem Aufsatz »Ist Jesus wirklich auferstanden?«, in: Geistliche Woche der Ev. Akademie Mannheim, 1964, 23-33.
[3] Seine späten Überlegungen finden sich in: *Pannenberg*, Systematische Theologie Bd. 2, Göttingen 1991.

Der Ertrag dieser Gegenüberstellung wird in einem dritten Teil gebündelt.

1. Pannenbergs frühe Überlegungen zur Wirklichkeit der Auferstehung

1.1 Grundlegende Entscheidungen von Pannenbergs Auferstehungschristologie

Pannenberg nähert sich der Frage nach der Wirklichkeit der Auferstehung von zwei Seiten, deren Zusammenführung zugleich das Programm seiner Christologie darstellt. Die eine Seite beinhaltet traditionsgeschichtliche und systematische Untersuchungen, die andere historische und exegetische. Die Zusammengehörigkeit der beiden Untersuchungsstränge sucht Pannenberg über die Untrennbarkeit von Faktum und Bedeutung zu plausibilisieren.[4]

Erwarten könnte man, daß er seine historischen und exegetischen Untersuchungen auf der Seite des Faktums verortet, die traditionsgeschichtlichen und systematischen auf der Seite der Bedeutung. Jedoch zeigt sich, daß Pannenberg den traditionsgeschichtlichen Horizont durch historisch-exegetische Untersuchungen zu erfassen sucht, und umgekehrt die historischen Untersuchungen von systematischen Überlegungen bestimmt werden.

Dieses Vorgehen des wechselseitigen Durchdringens der beiden Seiten im Sinne seiner These der Einheit von Faktum und Bedeutung ist in gleicher Weise zentral wie problematisch.

Nach Pannenberg rechtfertigt es sich – kurz gefaßt – dadurch, daß die Geschichte Jesu Christi ihren Sinn in sich selber trage. »Dadurch tritt der geschichtliche Zusammenhang, in dem die irdische Geschichte Jesu stattgefunden hat, nicht als etwas Äußerliches zu ihr hinzu, sondern wird von ihr selbst als Sinnhorizont beansprucht.«[5]

Um Jesus Christus und sein Wirken umfassend zu verstehen, muß nach Pannenberg der Zusammenhang zwischen dem historischen Jesus und den christologischen Traditionen aufgezeigt werden. Die Wirkungsgeschichte gehört zur geschichtlichen Wirklichkeit jeder bedeutenden Ge-

---

[4] Der traditionsgeschichtliche Ansatz seiner Christologie besagt, daß die Geschichte Jesu Christi ihre Bedeutung in den urchristlichen Texten und in der Theologiegeschichte entfaltet. Er unterläuft damit m.E. die Unterscheidung zwischen Schrift und Tradition, zwischen norma normans und norma normata. Vgl. dazu auch: *Roger E. Olson*, The Human Self-Realization of God: Hegelian Elements in Pannenberg's Christology, in: PrSt 13 (1986), 207–233.

[5] *Pannenberg*, Christologie, 10.

stalt hinzu. Somit entfalten die christologischen Traditionen die Bedeutung des Auftretens Jesu Christi. Erst durch eine Interpretation der christologischen Traditionen – als Entfaltung der dem Auftreten und Geschick Jesu eigenen Bedeutsamkeit – ist die historische Erscheinung Jesu richtig erfaßt.[6] Die urchristlichen Aussagen, daß Jesus der Messias, der Sohn Gottes ist, sind Entfaltungen der Auferstehungsbotschaft und nicht dem Ereignis von außen zugefügt.

Die Christologie soll also den Übergang von der Geschichte Jesu zu den christologischen Aussagen, von der Historie zu dogmatischen Bestimmungen, begründen. Entscheidend ist dabei, welche Bedeutung dem Christusgeschehen zur Zeit des Urchristentums verliehen wurde.[7] Die historisch zu eruierende Bedeutung der urchristlichen Zeit ist nach Pannenberg die zu bewahrende und immer wieder zu plausibilisierende Bedeutung der Auferstehung, ohne die nur mißverstanden werden kann, was damals geschehen ist und was es bedeutet.

Damit hat es die Christologie nicht nur mit der Darstellung des Christusbekenntnisses der Gemeinde zu tun, sondern vor allem mit seiner Begründung aus dem Wirken und dem Geschick Jesu.[8] Ihr kommt die Aufgabe zu, nach der inneren sachlichen Notwendigkeit der christologischen Entwicklung im NT zu fragen. Dazu muß sie nach Pannenberg hinter die neutestamentliche Christologie zurückgehen zu dem Grunde, auf den diese verweist: Die Geschichte Jesu. Dabei ist zu fragen, inwiefern die Geschichte Jesu den Glauben an ihn begründet hat.[9]

Durchführbar erscheint Pannenberg dieses Programm allerdings nur, wenn gezeigt werden kann, daß die Geschichte Jesu sich als Gottes Offenbarung erweist. Anders kann sie den Glauben an Jesus Christus nicht begründen.[10] Das bedeutet letztlich, daß sich der Offenbarungscharakter der Geschichte Jesu Christi allgemein erweisen lassen muß.[11]

---

[6] So möchte Pannenberg mit seiner auch hier im Hintergrund stehenden These der Untrennbarkeit von Faktum und Bedeutung den historischen Positivismus überwinden, aber dennoch nicht den Rahmen der Geschichte verlassen.
[7] Pannenberg betont, daß, auch wenn diese Bedeutungsverleihung auf dem Boden der damaligen geistigen Voraussetzungen geschah, damit »doch auch eine Wegweisung für die gegenwärtige systematische Aufgabe gegeben« sei. Vgl. *Pannenberg*, Christologie, 24.
[8] Vgl. a.a.O., 22.
[9] Diese Bestimmungen hat Pannenberg in Anlehnung an Paul Althaus formuliert. Vgl. *Paul Althaus*, Die christliche Wahrheit, Gütersloh 1947.
[10] Pannenberg, Christologie, 23: »Nur wenn der Offenbarungscharakter nicht als ein Zusätzliches zu den Geschehnissen hinzukommt, sondern ihnen innewohnt, nur dann können sie den Glauben begründen. Und eben das hat die Christologie zu zeigen.«
[11] Vgl. *Pannenberg* (Hrsg.), Offenbarung als Geschichte, Göttingen 5. Aufl. 1982, die 3.These, 98.

Die Bedeutung eines bestimmten Ereignisses entspringt laut Pannenberg dem geistesgeschichtlichen bzw. traditionsgeschichtlichen Horizont seiner Zeit.[12] Dieser wird über historische und exegetische Untersuchungen eruiert.[13] Da die apokalyptische Zukunftserwartung den traditionsgeschichtlichen Horizont zur Zeit des Urchristentums bildete, wird von diesem die Bedeutung der Auferstehung Jesu konstituiert. Die »richtige« Bedeutung der Auferstehung ist somit durch den ursprünglichen Kontext gegeben.[14]
Dieser geistesgeschichtliche Horizont ist nach Pannenberg auch normativ für die folgenden Zeiten und Epochen, denn er dient als kritische Instanz gegenüber den verschiedenen systematischen Bestimmungen der Auferstehung.[15] Das Geschehen der Auferweckung Jesu verliert da seine ihm ursprünglich innewohnende Bedeutung, wo die apokalyptische Zukunftserwartung verlorengeht.[16] Die Formulierung der dem Ereignis »innewohnenden« Bedeutung wählt Pannenberg, um die Einheit von Faktum und Bedeutung herauszustreichen.[17]

---

[12] Synonyme des geistesgeschichtlichen Horizontes sind für Pannenberg der traditionsgeschichtliche Zusammenhang oder der Erwartungshorizont.
[13] Vgl. *Pannenberg*, Christologie, 416: »Wie dieser Kontext beschrieben wird, das ist Sache historischer Urteile, die prinzipiell modifizierbar bleiben.«
[14] Vgl. anders: *Hans Dieter Betz*, Das Verständnis der Apokalyptik in der Theologie der Pannenberg-Gruppe, in: ZThK 65 (1968), 257–270. Betz kritisiert nicht nur das einheitliche Verständnis der Pannenberg-Gruppe von Apokalyptik, sondern verweist auch darauf, daß die Apokalyptiker gerade das als Problem erkannt haben, was die Pannenberg-Gruppe versucht zu verknüpfen. Vgl. dazu a.a.O. 269: »Man kann wohl sagen, daß die Apokalyptiker die Theologen waren, die die Problematik des Verhältnisses von Weltgeschichte und Offenbarung entdeckt haben. Das Dilemma dieser Theologen ist nahe verwandt unserer gegenwärtigen Frage, welchen Sinn die Geschichte überhaupt hat.«
[15] Dies ist eines der vielen Beispiele des Übergangs von historischen zu systematischen Bestimmungen, wobei jewuls zu prüfen ist, welche Bestimmung die andere dominiert.
[16] Vgl. *Pannenberg*, Christologie, 61.
[17] Vgl. a.a.O., 62ff. die sechs Punkte der der Auferweckung »innewohnenden« Bedeutung:
1. »Wenn Jesus auferweckt ist, dann ist das Ende der Welt angebrochen.«
2. »Wenn Jesus auferweckt ist, dann kann das für einen Juden nur bedeuten, daß Gott selbst das vorösterliche Auftreten Jesu bestätigt hat.«
3. »Durch seine Auferweckung von den Toten rückte Jesus so nahe mit dem Menschensohn zusammen, daß sich die Einheit nahelegte: der Menschensohn ist kein anderer als der wiederkommende Jesus.«
4. »Wenn Jesus von den Toten auferweckt, zu Gott erhöht ist, und wenn damit das Ende der Welt angebrochen ist, dann ist in Jesus Gott endgültig offenbar.«
5. »Aus der eschatologischen Auferweckung Jesu als Auferweckung des Gekreuzigten ist der Übergang zur Heidenmission motiviert.« »Besonders die letzte Folgerung wirft ein Licht auf das Verhältnis zwischen den Erscheinungen des Auferstandenen und den von ihm gesprochenen Worten: Was die urchristliche Tradition als Worte des Auferstandenen überliefert, ist seinem Inhalt nach als

Diese ist auch für den Glauben von entscheidender Bedeutung, denn bruta facta lösen keinen Glauben aus, sondern nur die Bedeutung, die einem Ereignis innewohnt. Die Bedeutung des Auferstehungsereignisses ist uns sprachlich vermittelt. Damit stellt sich die Frage nach dem Verhältnis zwischen einem Ereignis und seinem sprachlichen Ausdruck bzw. seiner sprachlichen Vermittlung.

Die Einheit von Geschehen und Wort in den Erscheinungen des Auferstandenen ist wesentlich verantwortlich dafür, daß dieses Geschehen Glauben begründen konnte.[18] Aber auch das, was die urchristlichen Traditionen als Worte des Auferstandenen überliefern, ist seinem Inhalt nach »als Explikation der der Auferweckung selbst eigenen Bedeutung zu verstehen«.[19]

Dennoch ist die Rede von der Auferstehung nach Pannenberg metaphorisch, weil die gemeinte Wirklichkeit und die Weise, wie von ihr geredet wird, wesentlich verschieden sind. Die gemeinte Wirklichkeit entzieht sich der Erfahrung des Menschen, der diesseits des Todes lebt. Sie ist so einzigartig, daß wir nur indirekt von ihr reden können.[20] Deswegen dient der jedermann bekannte Vorgang des Gewecktwerdens und Aufstehens vom Schlafe als Gleichnis bzw. metaphorischer Ausdruck für das ganz unbekannte Geschick, das die Toten erwartet.[21]

Explikation der der Auferweckung selbst eigenen Bedeutung zu verstehen.«
6. »In den Erscheinungen des Auferstandenen gehören Wort und Geschehen in der Weise zusammen, daß sie denselben Inhalt zum Ausdruck bringen. Die Worte des Auferstandenen fügen zu der dem Ereignis innewohnenden Bedeutung nichts Neues hinzu, sondern sagen seine Bedeutung aus.«

[18] Vgl. a.a.O., 69.

[19] A.a.O., 68. Auch das Evangelium des Paulus ist nach Pannenberg »Auslegung der ihm widerfahrenen Erscheinung des Auferstandenen«. Daß Pannenberg zugleich die in den Evangelien überlieferte Tradition nicht als »Explikation der der Auferweckung eigenen Bedeutung« anerkennt, steht in Spannung zu seinen eigenen Ausführungen.
Nicht nachvollziehbar erscheint mir auch, wie Pannenberg die Ostererscheinungen im Vergleich zum Kreuzesgeschehen bewertet (vgl. Christologie, 69). Denn die Ostererscheinungen sind in Pannenbergs Einschätzung weitgehend eindeutige Geschehnisse, das Kreuzesgeschehen sei dagegen als dunkel und rätselhaft empfunden worden und habe dadurch unterschiedliche Auslegungen veranlaßt. Diese verschiedenen Bewertungen Pannenbergs können kaum anders denn als Setzungen begriffen werden, um seine eigene Konzeption zu stützen.

[20] Auch wenn das Wirklichkeitsverständnis zur Zeit des Urchristentums noch nicht durch die Naturwissenschaften geprägt war, so hat die Rede von der Totenauferstehung nach Pannenberg eine nicht alltägliche Wirklichkeitserfahrung zum Ausdruck gebracht (vgl. a.a.O., 71).

[21] Der Ausdruck »Auferweckung von den Toten« meint, so Pannenberg, kein Mirakel, sondern eine ganz »bestimmte Wirklichkeit«, die vom nachexilischen Judentum in Verbindung mit dem Endgeschehen erwartet wurde (vgl. a.a.O., 69).

Die allgemeine Totenauferstehung ist nach Pannenberg der zentrale Inhalt der apokalyptischen Zukunftserwartung und damit der Bedeutungshorizont der Auferstehung Jesu. Diese allgemeine Auferstehungserwartung zeigt sich in den urchristlichen Texten. In 1Kor 15,16 z.B. bezeichnet Paulus die Erwartung einer allgemeinen Totenauferstehung als Voraussetzung für die Anerkennung der Auferstehung Jesu. Darauf bezieht sich Pannenberg, wenn er zu erweisen versucht, daß die allgemeine Auferstehungserwartung auch heute vorausgesetzt werden muß, um Jesu Auferstehung zu erläutern. Sie ist dabei heute als anthropologische und philosophische Wahrheit zu begründen und zu plausibilisieren.[22]

Daß die Vorstellung einer allgemeinen Totenauferstehung für das Verständnis der Botschaft von der Auferstehung Jesu bedeutsam gewesen ist, zeigt sich für Pannenberg daran, daß das urchristliche Missionskerygma die apokalyptische Erwartung auch in die neuen heidenchristlichen Gemeinden hineingetragen hat.[23] Deswegen formuliert er auch für uns folgende Bedingung: »Nur wenn die allgemeine Erwartung einer künftigen Auferweckung aller Menschen vom Tode, sei es zum Leben oder zum Gericht, auch für uns noch eine Wahrheit enthält, ist es sinnvoll, die Frage auch der Auferstehung Jesu als historisch ernst zu nehmende Frage überhaupt zu stellen.«[24]

Erst durch diese allgemeine Erwartung kommen wir der urchristlichen Situation nahe, in der die Frage nach Jesu Auferstehung gestellt und beantwortet worden ist.[25]

Pannenberg stützt sich in seiner Forderung auf die Annahme, daß sich der Mensch nicht ohne den Gedanken der Totenauferstehung verstehen könne, da die letzte Bestimmung des Menschen über den Tod hinaus zu suchen sei. Deswegen könne man auch heute die Vorstellung der Aufer-

---

[22] A.a.O., 84: »In irgendeiner Form ist allerdings die Annahme eines Zusammenhangs von Totenauferstehung und Weltende sinnvoll, weil eine allgemeine Auferstehung der Toten nicht innerhalb der jetzigen Welt denkbar ist, andererseits aber der Mensch nicht ohne seine Welt verstanden werden kann.«

[23] Vgl. a.a.O., 79: »Die Begründung der Erkenntnis von der Bedeutung Jesu bleibt an den ursprünglichen apokalyptischen Horizont der Geschichte gebunden, der durch die Geschichte zugleich auch modifiziert worden ist. Fällt dieser Horizont weg, dann geht die Begründung des Glaubens verloren, dann wird die Christologie zur Mythologie, und sie hat keine Kontinuität mehr zu Jesus selbst und zum Zeugnis der Apostel.«

[24] A.a.O., 27.

[25] M.E. fordert Pannenberg hier eine im Kern bestehende Gleichheit der historischen Situation. Auch wenn die Plausibilisierung der Erwartung einer allgemeinen Totenauferstehung eine andere ist als damals, müsse sie wie damals bestehen, um Jesu Auferstehung und seine Bedeutung richtig zu verstehen. Damit setzt Pannenberg zum einen eine Trennung von Form und Inhalt historischer Ereignisse voraus und erhebt letztlich zum anderen die ungeschichtliche Forderung, daß die Erwartung einer allgemeinen Totenauferweckung über zweitausend Jahre bestehe.

weckung von den Toten als eine philosophische und anthropologische Wahrheit vermitteln.[26] Sie ist nach Ansicht Pannenbergs allerdings nicht in der Vorstellung der Unsterblichkeit der Seele zu suchen. Vielmehr muß an der Einheit von Leib und Seele festgehalten werden, denn dies sei der Inhalt der biblischen Auferstehungshoffnung. Damit, so schränkt er ein, ist die apokalyptische Vorstellungswelt zwar nicht gerechtfertigt, aber sie läßt sich als anthropologisch und philosophisch sinnvoll und relevant auch für heutiges Denken erweisen.[27]

Im Zusammenhang dieser Ausführungen stellt sich die Frage, ob nicht genau dieses Vorhaben, nämlich die Rede der Totenauferstehung als philosophisch sachgemäßen Ausdruck der menschlichen Bestimmung zu begründen, Pannenbergs eigener Diagnose widerspricht, daß die Rede von der Auferstehung der Toten auch im Urchristentum jenseits der nachvollziehbaren Erfahrung stand.[28]

1.2 Die Osterüberlieferungen als Indizien für die Historizität der Auferstehung

Die Osterüberlieferungen des Urchristentums sind nach Pannenberg auf zwei voneinander unabhängige Traditionsstränge verteilt: Die Überlieferungen von den Erscheinungen des Auferstandenen und die Überlieferungen von der Auffindung des leeren Grabes.[29] Die Unabhängigkeit der beiden Traditionen ist für Pannenbergs Argumentation von Bedeutung, weil sie seine These von der Historizität der Auferstehung stützt, insofern zwei unabhängige Indizien auf denselben Sachverhalt verweisen. Dabei bezieht er sich auf die ältesten und damit seiner Meinung nach historisch zuverlässigen Quellentexte in 1Kor 15 und Mk 16. Sowohl 1Kor 15 wie auch Mk 16 ist für ihn als historischer Beweis gedacht und gestaltet.[30]

In den anderen Evangelien sieht er hingegen die Tendenz, beide Überlieferungen einander anzunähern. Deswegen seien sie historisch unzuverlässig und werden von ihm nicht zur Beantwortung der Frage nach der Wirklichkeit der Auferstehung herangezogen.

---

[26] Dabei verweist er u.a. auf den Begriff der Weltoffenheit, den er als Gottoffenheit interpretiert. Vgl. *Pannenberg*, Was ist der Mensch?, Göttingen 7. Aufl. 1985. Vgl. auch: Pannenberg, Anthropologie in theologischer Perspektive, Göttingen 1983, 40ff.
[27] Vgl. *Pannenberg*, Christologie, 84.
[28] Vgl. a.a.O., 96 und *Pannenberg*, Systematische Theologie Bd. 2, Göttingen 1991, 388.
[29] Vgl. *Pannenberg*, Christologie, 85.
[30] Vgl. *Pannenberg*, Ist Jesus wirklich auferstanden?, 24.

Das bedeutet: Pannenberg stützt sich in seiner Argumentation auf die Wahrscheinlichkeit seiner historisch-rekonstruktiven Überlegungen. Nachdem er die Unabhängigkeit der beiden Traditionen als historisch zutreffend bestimmt hat, zieht er diese als Beleg für die Historizität der Auferstehung heran und kommt auf diesem Wege zu seiner Bewertung weiterer biblischer Texte über die Auferstehung.
Hinsichtlich der Erscheinungsüberlieferungen des Auferstandenen hebt er Paulus (letztlich auch die lukanische Apostelgeschichte) aus den kanonischen Texten heraus, hinsichtlich der Grabtradition Mk 16. Den anderen neutestamentlichen Überlieferungen attestiert Pannenberg einen literarischen bzw. legendären Charakter. In ihnen läßt sich seiner Ansicht nach kaum ein historischer Kern finden. Deswegen sind sie in der Frage nach der Wirklichkeit der Auferstehung nicht heranzuziehen.[31]
Im Sinne einer Tendenzkritik fordert Pannenberg für den Umgang mit neutestamentlichen Texten, vom Zeugnis der Apostel auf Jesus selbst zurückzuschließen, indem man die jeweilige Situationsbezogenheit der neutestamentlichen Texte zu erkennen sucht und gleichsam in Abzug bringt.[32]
Das Zurückgehen hinter die Texte des NT auf Jesus selbst ist seiner Ansicht nach darüber hinaus auch um der Einheit der Schrift willen unumgänglich. Die Versuche, die Einheit der Schrift gerade in den verschiedenen Zeugnissen zu suchen, sind dagegen nach Pannenberg zum Scheitern verurteilt.[33] Die Einheit der Schrift wird für ihn nur deutlich im Zurückgehen hinter das Kerygma der Apostel, also im Zurückgehen hinter die biblischen Texte auf den historischen Jesus.[34]

1.3 Paulus als privilegierter Zeuge der Auferstehung?

Für die Beantwortung der Frage nach den Erscheinungen des Auferstandenen stützt sich Pannenberg zunächst ausschließlich auf den paulinischen Bericht in 1Kor 15,1–11, da die Evangelien die Erscheinung des Auferstandenen seiner Meinung nach nicht historisch exakt wiedergeben.[35] So stellen sie z.B. die Leibhaftigkeit der Erscheinungen heraus,

---

[31] Vgl. *Pannenberg*, Christologie, 85.
[32] Vgl. a.a.O., 17.
[33] Vgl. a.a.O., 18: »Solange man nur die verschiedenen Zeugnisse vergleicht, wird man sogar im ähnlich Klingenden noch Gegensätze konstatieren müssen.«
[34] Vgl. ebd.: »Die innere Einheit der neutestamentlichen Schriften wird also gerade dann zugänglich, wenn sie als historische Quelle und nicht nur als Predigttext genommen werden. Als historische Quelle sagen sie nämlich nicht nur, was früher einmal geglaubt wurde, sondern sie lassen zugleich auch etwas erkennen über Jesus selbst, an den der Christ glaubt.«
[35] Ob die von Pannenberg gebrauchte Gattungsbezeichnung »Bericht« für 1Kor 15

um ihre Wirklichkeit zu betonen. Pannenberg hält aber die Leibhaftigkeit der Erscheinungen für eine nachträgliche Eintragung in die Überlieferungen.[36]
Der paulinische Bericht könne dagegen als historisch exakt bewertet werden, weil er in großer Nähe zu den Ereignissen der Auferstehung selbst stehe. Wenn man Pannenbergs Rekonstruktion folgt, war Paulus 6-8 Jahre nach der Auferstehung in Jerusalem.[37] Dort habe Paulus mit den anderen Zeugen der Auferstehung gesprochen, um die ihm widerfahrene Erscheinung zu vergleichen.[38] Davon könne man ausgehen, weil für Paulus wie für die anderen der Hinweis auf die Erscheinung des Auferstandenen der Grund ihres Apostolats war.[39] Pannenberg argumentiert also mit der zeitlichen Nähe des Paulus zur Auferstehung Jesu Christi, um damit die historische Verläßlichkeit der Erscheinungserzählungen zu unterstreichen.
Die zweite Stütze seines Arguments für die historische Zuverlässigkeit und damit auch für die Überlegenheit der paulinischen Briefe gegenüber den Evangelien bezieht sich darauf, daß Paulus die ihm vorliegenden Formelstücke (1Kor 15,3b–5) aus den ersten Jahren nach Jesu Tod in 1Kor 15 zusammengefügt habe.[40] Dabei hebt Pannenberg lediglich auf das Alter der Formelstücke ab, das die historische Zuverlässigkeit des paulinischen Textes garantieren soll, nicht aber auf die damit m.E. in gleicher Weise angesprochene literarische Tätigkeit des Paulus. Es ist jedoch zu fragen, ob sich an der Tatsache, daß Paulus verschiedene Überlieferungsstücke zusammengearbeitet hat, nicht eher seine theologische Intention oder auch die zu Formeln verfestigte Überzeugung der er-

---

zutreffend ist, bleibt zu fragen.

[36] Vgl. *Pannenberg*, Ist Jesus wirklich auferstanden?, 29.

[37] Vgl. *Pannenberg*, Christologie, 87: »In Anbetracht des Alters der von Paulus angeführten Überlieferungen und der Nähe des Paulus zu den Ereignissen ist die Annahme, daß Erscheinungen des Auferstandenen von einer Reihe von Gliedern der urchristlichen Gemeinde wirklich erfahren und nicht etwa erst durch spätere Legendenbildung frei erfunden worden sind, historisch gut fundiert.«

[38] Das Damaskuserlebnis wird allerdings bei Paulus selbst nur im Galaterbrief (Gal 1,12.16) erwähnt. Für eine ausführlichere Fassung des Damaskuserlebnisses stützt sich Pannenberg auf die ca. 30 bis 40 Jahre später geschriebene Apostelgeschichte (Apg 9; 22; 26).

[39] Vgl. *Pannenberg*, Ist Jesus wirklich auferstanden?, 28.

[40] Vgl. a.a.O., 28: »Wir haben es hier auf jeden Fall mit einer Reihe ganz kurz nach den Ereignissen geprägter, wirklich sorgfältig überlieferter Formulierungen zu tun.« Von einer literarischen Tätigkeit, die gerade im Zusammenstellen von Überlieferungsstücken besteht, geht Pannenberg zu diesem Zeitpunkt noch nicht aus. Erst im zweiten Band seiner Systematischen Theologie von 1991 räumt Pannenberg eine gewisse literarische Tätigkeit auch des Paulus ein. Vgl. Teil 2 dieses Aufsatzes.

sten Christen ablesen läßt, als die historische Zuverlässigkeit dieses Textes. Letztlich, so argumentiert Pannenberg weiter, haben wir in den paulinischen Äußerungen den einzigen Bericht eines Mannes, der den Auferstandenen selbst gesehen hat. »Von den übrigen Zeugen der Auferstehung Jesu sind uns ja offenbar keine persönlichen, schriftlichen Aufzeichnungen überliefert.«[41] Deswegen müssen wir uns an die paulinischen Äußerungen halten, um nähere Erkenntnisse über die Erscheinungen zu bekommen.[42]

So war sich Paulus nach Ansicht Pannenbergs sicher, daß die ihm widerfahrene Christuserscheinung nicht mit einem wiederbelebten Leichnam zu verwechseln, sondern eine Wirklichkeit anderer Art war.[43] Auch hätte Paulus die Auferstehung selbst als Verwandlung in eine andere Wirklichkeit verstanden und nicht Auferstehung und Verwandlung als zwei verschiedene Akte betrachtet.

Diese Vorstellung sei ihm jedoch nicht durch den Eindruck der Erscheinung des Auferstandenen selbst zuteil geworden. »Die traditionelle, in der Apokalyptik wurzelnde Enderwartung gab Paulus erst die Möglichkeit, das besondere Geschehen, das ihm wie zuvor den Jüngern Jesu widerfuhr, als ein Geschehen von der Seinsart des Auferstehungslebens zu bezeichnen.«[44]

Das aber bedeutet, daß Pannenberg in diesem Zusammenhang kein selbstevidentes Ereignis annimmt, das die Bedeutung schon an sich oder in sich trägt. Vielmehr verleiht erst der geistesgeschichtliche Horizont, innerhalb dessen die Erscheinungserfahrung gemacht wird, dem Ereignis die entsprechende Bedeutung, die dann auch Paulus wiedergibt.[45]

Dieser Argumentation nach scheint Paulus als »privilegierter Zeuge« wieder an Bedeutung zu verlieren. Nicht seine persönliche Erfahrung ist

---

[41] *Pannenberg*, Christologie, 72.
[42] Doch sind in Pannenbergs Argumentation letztlich die paulinischen Schriften nicht deswegen von Bedeutung, weil Paulus sie geschrieben hat, sondern weil sich in ihnen der allgemeine Erwartungshorizont der Zeit am ursprünglichsten ausgedrückt hat.
[43] A.a.O., 73.
[44] A.a.O., 77.
[45] Vgl. Pannenberg, Ist Jesus wirklich auferstanden?, 26. Diese Beschreibung legt den Gedanken nahe, daß die Bedeutung dem Ereignis von außen zukommt. Dies bestreitet Pannenberg aber in anderem Zusammenhang, wenn er wie oben ausgeführt (vgl. auch: *Pannenberg*, Christologie, 62ff.), von der dem Ereignis »innewohnenden« Bedeutung spricht. M.E. besteht hier eine Spannung in Pannenbergs Denken. Zum einen bestimmt er den geistesgeschichtlichen Horizont explikativ, zum anderen konstitutiv. Lediglich explikativ ist der Horizont dann, wenn er von der dem Ereignis »innewohnenden« Bedeutung spricht. In dieser Beschreibung ist der geistesgeschichtliche Horizont lediglich derjenige, der die innewohnende Bedeutung verdeutlicht. Konstitutiv ist der Horizont dann, wenn Pannenberg davon spricht, daß der Horizont dem Ereignis seine Bedeutung *verleiht*.

von Bedeutung, sondern daß er den geistesgeschichtlichen Horizont aufgrund seiner zeitlichen Nähe zum Auferstehungsereignis repräsentiert. So gesehen, interpretiert dann nicht er das Erscheinungsereignis, sondern die Geschichte selbst interpretiert es mit Hilfe seiner Person. Wenn Paulus von seiner Erscheinung als einer Erscheinung des auferstandenen Christus berichtet, dann auf Grund des Erwartungshorizontes seiner Zeit, und nicht allein auf Grund der Erscheinung selbst. Die Erscheinung und der Erwartungshorizont sind für Pannenberg die beiden Konstituenten der Auferstehungserkenntnis. Die Erscheinungen selbst haben – wie noch ausgeführt wird – den Erwartungshorizont lediglich geringfügig modifiziert.

1.4 Vom Faktum der Erscheinungen zu ihrem Inhalt

Nach Pannenberg ist damit zu rechnen, daß die Apostel tatsächlich Erscheinungserfahrungen hatten. Die subjektive Visionshypothese ist seiner Meinung nach nicht plausibel[46], obwohl die Erscheinungen, die Paulus zuteil wurden, durchaus als »außerordentliche Schau« oder als »Vision« bezeichnet werden können, da die Begleiter des Paulus die Erscheinungen nicht so wahrnehmen konnten wie dieser selbst.[47]
Wird der Ausdruck »Vision« auf die Ostererscheinungen angewendet, muß nach Pannenberg allerdings berücksichtigt werden, daß das Urchristentum selbst zu unterscheiden wußte zwischen ekstatischen Schauungen und den grundlegenden Begegnungen mit dem Auferstandenen.[48]
Deswegen sei mit dem Ausdruck »Vision« für die Erscheinungen nur etwas über die subjektive Erfahrungsweise gesagt, nicht aber über die objektive Realität des in dieser Form erfahrenen Geschehens.
Seit David Friedrich Strauß wurde immer wieder versucht, die Erscheinungserlebnisse der Jünger unter Ausklammerung der Frage nach der Auferstehungswirklichkeit aus sonstigen seelischen und historischen Voraussetzungen auf seiten der Jünger zu erklären. Diese Erklärungen sind nach Pannenberg jedoch fehlgeschlagen.[49] Zum einen sind die Ostererscheinungen nicht aus dem Osterglauben, sondern umgekehrt der Osterglaube aus den Ostererscheinungen zu erklären. Zum anderen spricht gegen die subjektive Visionshypothese, daß es eine Mehrzahl

---

[46] *Pannenberg*, Christologie, 92ff.
[47] Vgl. Apg 22,9; 26,13. Eine Vision zeichnet sich nach Pannenberg dadurch aus, daß jemand sieht, was andere nicht sehen (vgl. a.a.O., 90).
[48] Vgl. a.a.O., 91.
[49] Vgl. *David Friedrich Strauß*, Das Leben Jesu, kritisch bearbeitet I-II. Reprographischer Nachdruck Tübingen 1835–1836, Darmstadt 1969. Vgl. auch: *Pannenberg*, Christologie, 93.

von Erscheinungen in zeitlicher Streuung gab. Nach Pannenberg kann man mindestens drei Erscheinungen unterscheiden, die mit zeitlichem Abstand stattgefunden haben:[50]
1. Die Erscheinung vor Petrus, die wohl erst nach dessen Rückkehr nach Galiläa stattgefunden hat.
2. Die Erscheinung vor Jakobus, der offenbar nicht zu den ersten der nach Jerusalem zurückkehrenden Anhänger Jesu gehörte, sondern erst später zur Jerusalemer Gemeinde stieß.
3. Die Erscheinungen vor Paulus drei Jahre nach dem irdischen Ende Jesu in Jerusalem.[51]

Dazwischen sind die Erscheinungen vor den Zwölfen, vor allen Aposteln und vor fünfhundert Brüdern anzusetzen. Diese Erscheinungen können allerdings zeitlich nicht näher bestimmt werden.
An der Tatsache der Erscheinungen sei also kein begründeter Zweifel angebracht, denn auch die meisten Historiker würden davon ausgehen, daß die von Paulus berichtete Erscheinung tatsächlich stattgefunden hat.[52] Den Inhalt dieser Erscheinungserfahrungen näher auszumachen, ist dagegen schwieriger.[53] Um Genaues über den Inhalt der Erscheinungen zu erfahren, bezieht sich Pannenberg auf Apg 9. Allerdings nur dann, wie er betont, wenn die Apostelgeschichte sich mit Paulus' eigenen Aussagen im Galaterbrief deckt.
So gelangt Pannenberg zu fünf Punkten, die seiner Ansicht nach den Inhalt der paulinischen Erscheinung näher beschreiben.[54]
1. Für Paulus ist die Beziehung der Erscheinung zum Menschen Jesus zweifellos deutlich gewesen.
2. Paulus hat bei Damaskus einen Geistleib und keinen irdischen Leib gesehen.
3. Die Erscheinung war keine auf Erden stattfindende Begegnung, sondern eine Erscheinung vom Himmel her. »Dieser Zug in der Damaskuserzählung in Apg 9 entspricht ganz der Tatsache, daß für die ältesten Zeugnisse im NT Auferstehung und Entrückung Jesu in den Himmel zusammenfallen.«[55]
4. Die Damaskuserscheinung hatte den Charakter eines Lichtphänomens.

---

[50] Vgl. a.a.O., 94.
[51] Vgl. a.a.O., 93.
[52] Vgl. *Pannenberg*, Ist Jesus wirklich auferstanden?, 29.
[53] Vgl. *Pannenberg*, Christologie, 88.
[54] Vgl. *Pannenberg*, Ist Jesus wirklich auferstanden?, 29.
[55] Vgl. *Pannenberg*, Christologie, 89. Pannenberg bezieht sich mit dieser Aussage auf Phil 2,9; Apg 2,36; 5,30; Mk 14,62.

5. Die Christophanie des Paulus war mit einer Audition verbunden. In dieser Audition war das paulinische Evangelium der Gesetzesfreiheit und der Heidenmission zu hören.

Da mit Ausnahme der Lichterscheinung diese Merkmale auch für die anderen Erscheinungen zuträfen, lautet Pannenbergs These: Die in Apg 9 beschriebene Erscheinung ist die »Urgestalt« der Erscheinungsberichte.[56]

1.5 Das leere Grab

Der zweite Strang der Osterberichte beinhaltet nach Pannenberg die Überlieferungen vom leeren Grab. Sein Hauptargument für die Historizität des leeren Grabes ist, daß die Jünger Jesu nicht Jesu Auferstehung hätten verkündigen können, wenn sie ständig durch die Anschauung des Grabes widerlegt worden wären. Das Auferstehungskerygma hätte sich nicht in Jerusalem halten können, wenn das Grab nicht wirklich leer gewesen wäre. Selbst die Juden, so Pannenberg, teilten mit ihren christlichen Zeitgenossen die Überzeugung des leeren Grabes. Nur über den Grund wurde gestritten.[57]

Paulus, auf den Pannenberg sich primär – mit Ausnahme der Apostelgeschichte – in der Frage nach der Wirklichkeit der Auferstehung stützt, überliefert zwar keinen Bericht vom leeren Grab, doch spreche dies nicht gegen »die Nachricht«. »Denn das leere Grab betrifft nicht die Parallelität zwischen dem Christusgeschehen und dem Geschick der Glaubenden, die Paulus in seinen Briefen immer wieder darlegt.«[58] Deshalb interessierte Paulus die Nachricht vom leeren Grab im Gegensatz zur Jerusalemer Gemeinde nicht. Doch müsse auch Paulus nach Ansicht Pannenbergs mit »dem Leerwerden« des Grabes gerechnet haben, da man in seinem Überlieferungsbereich von der leiblichen Auferstehung der Toten ausging.[59]

Pannenberg argumentiert hier mit dem Interesse des Paulus, das ihn eine bestimmte Selektion vornehmen läßt. Nur trägt er dieser Beobachtung dann nicht mehr Rechnung, wenn er die paulinischen Texte als historisch exakte Berichte charakterisiert, die gerade nicht wie die Evangelien von bestimmten Interessen geprägt sind.

Die ursprüngliche Gestalt des Berichtes vom leeren Grab ist nach Pannenberg in Mk 16,1–8 erhalten.[60] Auch der Verfasser des Markusevan-

---

[56] Vgl. a.a.O., 89.
[57] Vgl. Pannenberg, Ist Jesus wirklich auferstanden?, 31. Vgl. auch a.a.O., 98.
[58] A.a.O., 97.
[59] Vgl. *Pannenberg*, Ist Jesus wirklich auferstanden?, 30.
[60] Vgl. *Pannenberg*, Christologie, 97: »Die Grabestradition, die als einzige Osterge-

geliums habe die Erscheinungstradition gekannt, jedoch nicht aufgenommen, da ihm die Passionsgeschichte mit der Grabesauffindung als Jerusalemer Lokaltradition bereits abgeschlossen vorlag.
Pannenberg geht davon aus, daß die grundlegenden Erscheinungen in Galiläa stattgefunden haben und als Tradition neben der Jerusalemer Grabestradition existierten. Selbst die Rückkehr der Jünger nach Jerusalem sei unabhängig von der Entdeckung des leeren Grabes erfolgt. Die Jünger haben vom leeren Grab erst nach ihrer Rückkehr aus Galiläa in Jerusalem Kenntnis genommen.[61]
Aus diesen Überlegungen folgert Pannenberg, daß die Erscheinungsüberlieferungen und die Grabesüberlieferungen unabhängig voneinander entstanden seien. Das stützt seine These der Historizität der Auferstehung Jesu. Sie sei »bis auf weiteres vorauszusetzen«.[62]
Deutlich wird an diesen Überlegungen allerdings auch, daß Pannenberg an keiner eingehenden Analyse der Texte vom leeren Grab interessiert zu sein scheint, sondern sich zur Unterstützung seiner These der Historizität der Auferstehung auf genannte allgemeine historische Erwägungen verläßt.[63]

1.6 Die Aufgabe des Historikers

Pannenberg erwartet vom Historiker, daß er den geschichtlichen Zusammenhang der Ereignisse, die zur Entstehung des Urchristentums geführt haben, rekonstruiert.[64] Der Historiker kann und soll mit seinen Methoden herausfinden, was wirklich war. Dabei soll die Gesamtheit des in Frage kommenden Belegmaterials in den Blick genommen werden. Das Geschehen, welches das Belegmaterial am besten erklärt, ist als wirklich zu postulieren. Ob diese begründeten Hypothesen über die Wirklichkeit

---

schichte allen Synoptikern gemeinsam ist, liegt in ihrer ursprünglichsten erhaltenen Form in Mk 16 vor.«
[61] Vgl. *Pannenberg*, Christologie, 102. Diese Rekonstruktion ist eine der Voraussetzungen dafür, die biblischen Überlieferungen als Indizien für die Historizität der Auferstehung Jesu Christi zu lesen.
[62] A.a.O., 103.
[63] Vgl. a.a.O., 99. Wenn man Pannenbergs eigene These ernst nimmt, daß die christologische Tradition – welche sich zunächst in den biblischen Überlieferungen manifestierte – die Bedeutung des Christusgeschehens entfaltet, dann befremdet die Abqualifizierung verschiedener biblischer Überlieferungen. Damit unterscheidet er nicht nur nicht zwischen norma normans und norma normata, sondern scheint die Schrift als norma normata zu betrachten (vgl. Anm. 4). Zum anderen bleibt die These, daß diese Bedeutung nur in den bestimmten paulinischen, markinischen oder lukanischen Texten entfaltet ist, unbegründet.
[64] Vgl. *Pannenberg*, Christologie, 95.

»*Die Historizität der Auferstehung ist bis auf weiteres vorauszusetzen*« 153

letztlich zutreffen, so Pannenberg, kann erst am Ende der Zeiten mit Sicherheit verifiziert oder falsifiziert werden.
Entscheidend sei allerdings, mit welchen Voraussetzungen ein Historiker dieser Aufgabe nachkommt.[65] Besonders relevant für die Untersuchung der Auferstehung Jesu Christi ist natürlich, was ein Historiker grundsätzlich für möglich hält. Welche Möglichkeiten er dabei in Rechnung stellt, so Pannenberg, hängt von dem Wirklichkeitsverständnis ab, das er mitbringt.[66] Deswegen fordert er von den Historikern, daß sie die Möglichkeit, daß Tote auferstehen, in ihre Rekonstruktion einbeziehen, solange der zu untersuchende Überlieferungsbestand nichts anderes nahelege.
Nun fragt man sich jedoch, ob sich Historiker auf eine solche Forderung sinnvollerweise einlassen können bzw. welche historisch allgemein akzeptierte Rekonstruktion der Ereignisse Pannenberg dann erwartet.
Pannenberg dürfte angesichts dieser Frage auf seine Definition eines historischen Ereignisses verweisen: »Wenn die Entstehung des Urchristentums, die abgesehen von anderen Überlieferungen auch bei Paulus auf Erscheinungen des Auferstandenen zurückgeführt wird, trotz aller kritischen Prüfung des Überlieferungsbestandes nur verständlich wird, wenn man es im Licht der eschatologischen Hoffnung einer Auferstehung von den Toten betrachtet, dann ist das so Bezeichnete ein historisches Ereignis, auch wenn wir nichts Näheres darüber wissen. Als historisch geschehen ist dann ein Ereignis zu behaupten, das nur in der Sprache der eschatologischen Erwartung aussagbar ist.«[67]
Die Sprache bzw. Ausdrucksweise, in der ein bestimmtes Ereignis gefaßt und überliefert ist, kann also nach Pannenberg nicht als Argument gegen die Historizität des Ereignisses angeführt werden.[68] Damit wird die Form, in der uns ein Ereignis zugänglich ist – bei den biblischen Überlieferungen die Sprache – vom Inhalt getrennt und als nicht aussagekräftig erklärt für die Wirklichkeit, die beschrieben wird. Diese Annahme scheint mir hinderlich angesichts der theologischen Aufgabe, die Wirklichkeit der Auferstehung zu vermitteln. Denn die verschiedenarti-

---

[65] Vgl. ebd.
[66] Vgl. ebd. Da wir m.E. immer implizit von einem bestimmten Wirklichkeitsverständnis ausgehen, ist die interessante Frage, wie wir dazu kommen und wie es modifiziert werden kann.
[67] Ebd.
[68] Heißt das aber nicht, daß wir einen unsprachlichen Zugang zu einem Ereignis brauchen? Dies ist bei vergangenen Ereignissen schwierig, wenn man sich zudem auf nichts Vergleichbares wie die Archäologie beziehen kann. Vgl. hierzu die Warnung Manfred Oemings vor einer Überbewertung der Archäologie. *Manfred Oeming*, Bedeutung und Funktionen von »Fiktionen« in der alttestamentlichen Geschichtsschreibung, in: EvTh 44 (1984), 254–266.

gen biblischen Überlieferungen eröffnen uns in ihrer Verschiedenheit Zugänge zur schwer zu erfassenden Wirklichkeit der Auferstehung.

2. Pannenbergs späte Überlegungen zur Wirklichkeit der Auferstehung

2.1 Die Mehrdeutigkeit des Verhältnisses von Faktum und Bedeutung

Wie Pannenberg in den sechziger Jahren immer wieder betonte, sind für ihn das Faktum der Auferstehung Jesu und dessen Bedeutung nicht voneinander zu trennen, vielmehr müsse die Bedeutung aus dem Faktum entfaltet werden.[69] In seiner »Systematische[n] Theologie« räumt er gut zwanzig Jahre später ein, daß diese Regel zwar allgemein gelte, das Ostergeschehen aber ein spezieller Fall dieser allgemeinen Regel sei.[70] Dies ist kritisch zu hinterfragen, da Pannenberg seine These der Untrennbarkeit von Faktum und Bedeutung primär am Ostergeschehen entwickelt und plausibilisiert hat.

Daß die Bedeutung von Ereignissen nicht immer eindeutig mit ihnen verbunden ist, lasse sich – so Pannenberg in seiner »Systematische[n] Theologie« – daran ablesen, daß sowohl die Überlieferungen vom leeren Grab als auch die Überlieferungen der Erscheinungen als mehrdeutig wahrgenommen wurden.[71] Als Beispiele führt Pannenberg die Erzählung vom leeren Grab in Joh 20,13 und Mt 28,13 und die Erzählung von der Erscheinung des Auferstandenen in Lk 24,39 an, deren Bedeutung offensichtlich nicht eindeutig mit den Ereignissen verbunden sei.

Damit wird deutlich, daß sich Pannenbergs These der Einheit von Faktum und Bedeutung angesichts der verschiedenen biblischen Überlieferungen als problematisch erweist. Pannenberg zieht daraus aber nicht den Schluß, wie es m.E. geboten wäre, daß die Wirklichkeit der Auferstehung verschiedene Dimensionen hat, die in den verschiedenen biblischen Texten überliefert werden. Vielmehr geht er von einer im Text zwar verborgenen, aber dennoch gegebenen Eindeutigkeit aus, die sich dann zeigt, wenn man den im Text »sich bekundenden Sachverhalt als

---

[69] Dabei stellt sich für ihn die Frage, womit einzusetzen sei. Ohne die Bedeutung zu eruieren, weiß man nicht, um was für ein Ereignis es sich bei der Auferstehung eigentlich handelt. Wenn man aber noch nicht weiß, ob dieses Ereignis überhaupt stattgefunden hat, ist es freilich müßig, seiner Bedeutung nachzugehen. Vgl. *Pannenberg*, Systematische Theologie Bd. 2, 385. In der Christologie setzt er, wie aus der Gliederung hervorgeht, mit der Bedeutung ein.
[70] Vgl. *Pannenberg*, Systematische Theologie Bd. 2, 386, Anm. 57: »Nicht immer ist die Bedeutung von Ereignissen so eindeutig mit ihnen verbunden.«
[71] In der Christologie hält Pannenberg lediglich die Überlieferung vom Tod Jesu für mehrdeutig. Vgl. *Pannenberg*, Christologie, 69.

Auferstehung« identifiziert.⁷² Das bedeutet: Auf der Ebene der Texte kann zunächst durchaus eine Mehrdeutigkeit gegeben sein, die nahelegt, daß Faktum und Bedeutung nicht eindeutig miteinander verbunden sind. Sobald man aber hinter den Text schaue, auf den ihm zugrunde liegenden Sachverhalt, könne nicht nur eine Eindeutigkeit hergestellt werden, sondern sei »die im Text behauptete Eindeutigkeit gegeben«.⁷³

2.2 Modifikationen des einen Verstehenshorizontes

Pannenberg beschreibt, wie sich seinem Theorieansatz nach ein Erkenntnisvorgang vollzieht. Danach sei ein allgemeiner Vorstellungsrahmen notwendig, um überhaupt etwas als etwas Bestimmtes erkennen und identifizieren zu können. Dann aber modifiziert der einzelne Erkenntnisgegenstand den an ihn herangetragenen allgemeinen Vorstellungsrahmen.
In dieser Weise seien die jüdischen Vorstellungen von der eschatologischen Auferstehung der Toten durch die – in den Ostererscheinungen begegnende – Wirklichkeit Jesu Christi verändert worden.⁷⁴
Bei dieser Beschreibung wird deutlich, daß Pannenberg den Erkenntnisvorgang als zweistellige Relation denkt, nämlich als den Horizont und als das Ereignis selbst. Dem erkennenden Subjekt scheint darin keine konstitutive Rolle zuzukommen. Es ist vielmehr ein Teil des Horizontes, wird aber von Pannenberg nicht in seiner die Erkenntnis mitprägenden Rolle reflektiert.
Damit wird nachvollziehbar, warum Pannenberg von Modifikationen des einen Bezugsrahmens der jüdischen Vorstellungen durch die Erscheinungen selbst spricht, anstelle von verschiedenen theologischen Deutungen der Erscheinungen. Für ihn sind die verschiedenen Deutungen der Erscheinungen des Auferstandenen als Modifikationen des einen gültigen Bezugsrahmens zu betrachten.⁷⁵
Mit diesen Modifikationen meint er z.B. den Gedanken der Erhöhung eines Menschen zu Gott in Verbindung mit der Auferstehung eines Toten. Dies kannte die jüdische Tradition nicht. Doch Jesu Auferstehung wird genau so verstanden. Ein anderes Beispiel: Die jüdische Erwartung eschatologischer Totenauferstehung rechnete nach Pannenberg nicht mit der Auferstehung eines Einzelnen vor dem Ende dieses Äons.⁷⁶ Diese

---

⁷² Vgl. *Pannenberg*, Systematische Theologie Bd. 2, 386.
⁷³ Ebd.
⁷⁴ A.a.O., 391.
⁷⁵ Mit dieser Konzeption schließt Pannenberg ein Nebeneinander von verschiedenen Traditionen aus.
⁷⁶ Vgl. *Pannenberg*, Systematische Theologie Bd. 2, 391f.

Ansicht finde sich noch in den Anfängen des Urchristentums, das zunächst die überkommene Erwartung übernahm. »Erst mit dem Ausbleiben der anfänglich als unmittelbar bevorstehend erwarteten Parusie Jesu als Messias und Menschensohn gewöhnte sich die Christenheit an den Gedanken der eschatologischen Auferstehung eines Einzelnen inmitten der noch nicht beendeten Geschichte dieser Welt.«[77]

2.3 Pannenbergs Bewertung der biblischen Texte zur Auferstehung

Die biblischen Zeugnisse sind, so Pannenberg, entscheidend für das Zutrauen zur »Faktizität der christlichen Botschaft« von der Auferstehung Jesu.[78] Sie lassen sich, wie dargestellt, auf zwei Traditionsstränge aufteilen, die Erscheinungserzählungen und die Erzählung vom leeren Grab, die Pannenberg in seiner Christologie als voneinander unabhängig und gleichwertig ansieht.[79] Beide verweisen für sich – vor allem aber zusammen – auf die Historizität der Auferstehung.

In seiner »Systematische[n] Theologie« betont er zwar noch die Unabhängigkeit der beiden Traditionen, differenziert sie aber jetzt in ihrer Wertigkeit.[80] Die Tradition vom leeren Grab hat in dieser Einschätzung nur eine unterstützende und klärende, nicht aber eine konstitutive Funktion für seine These der Historizität der Auferstehung. Damit bewertet er gegenüber seinen Ausführungen in den »Grundzüge[n] der Christologie« die Erscheinungstradition höher als die Tradition des leeren Grabes. Pannenbergs Begründung dafür lautet: »Da das Faktum des leeren Grabes für sich genommen mehrere Deutungen zuläßt, gewinnt es erst in Verbindung mit den Erscheinungsberichten des Auferstandenen sein Gewicht für die Gesamtthematik.«[81]

Nach dieser Bewertung bilden nun die Erscheinungsberichte für ihn die Grundlage des christlichen Osterzeugnisses.

Zur weiteren Untersuchung der Erscheinungstraditionen bezieht er sich wie in seinen »Grundzügen der Christologie« auf 1Kor 15, weil hier die älteste Gestalt der Erscheinungstraditionen vorliege.[82] Doch möchte er in

---

[77] A.a.O., 392.
[78] Vgl. a.a.O., 395: »Entscheidend für das Zutrauen zur Faktizität der von der christlichen Botschaft behaupteten Auferstehung Jesu bleiben die urchristlichen Zeugnisse von den Erscheinungen des Auferstandenen vor seinen Jüngern in Verbindung mit der Entdeckung des leeren Grabes Jesu in Jerusalem.«
[79] Vgl. *Pannenberg*, Christologie, 85.
[80] Vgl. *Pannenberg*, Systematische Theologie Bd. 2, 395.
[81] Vgl. ebd. Pannenberg verweist nun in seiner Argumentation auf Joh 20,13f. und Mt 28,13.
[82] Das Problematische daran ist, daß in 1Kor 15 die Erscheinungen zwar genannt sind, aber in keiner Weise beschrieben werden.

der Frage des Alters und des historischen Wertes der verschiedenen Erscheinungsberichte differenzierter urteilen als er das in der Christologie getan hat.[83] Pannenberg räumt jetzt eine gewisse literarische Tätigkeit des Paulus ein, zumindest insoweit, als er die ihm vorliegenden verschiedenen Angaben zusammenstellte.[84]

Auch den Evangelien gesteht Pannenberg nun zu, daß ihnen ein alter, historisch relevanter Kernbestand zugrunde liegen könne. Dennoch müsse man mit einem erheblich späteren Stadium der Traditionsbildung und mit legendärer und teilweise tendenziöser Ausgestaltung von Einzelzügen rechnen.[85]

Wie schon in seinen frühen Veröffentlichungen bleibt Pannenberg bei seiner Überzeugung, daß in Apg 9 »die Urgestalt« der Erscheinungsberichte zu finden sei.[86] Zur Begründung führt er an:[87]

Erstens gehen die ältesten Zeugnisse im NT davon aus, daß Auferstehung und Entrückung Jesu in den Himmel ein einziges Geschehen bildeten.[88] Damit müßte sich, so folgert er, die Selbstbekundung des Auferstandenen aus der Verborgenheit des Himmels ereignet haben.

Zweitens haben die Jerusalemer Jünger die apostolische Beauftragung des Paulus anerkannt. Eine Beauftragung als Apostel setzt eine Erscheinung des Auferstandenen voraus. Dem steht allerdings entgegen, wie Pannenberg selbst einräumt, daß gerade Lukas der paulinischen Erscheinung und damit Paulus nicht denselben Rang zubilligt wie den vor der Himmelfahrt Jesu überlieferten Begegnungen der Jünger mit dem Auferstandenen.[89] Diese Ungereimtheit möchte Pannenberg mit dem Hinweis ausräumen, daß die scharfe Unterscheidung zwischen dem Zeitabschnitt vor und nach der Himmelfahrt Jesu bei Lukas eine nur ihm eigentümliche Abweichung von der ursprünglichen Auffassung sei, wonach Auferstehung und Erhöhung zusammenfallen.[90] Letzteres ist sicher richtig, nur fragt man sich, warum Pannenberg dann die Urgestalt der Erscheinungen gerade in der lukanischen Apostelgeschichte vermutet.

---

[83] Vgl. *Pannenberg*, Systematische Theologie Bd. 2, 396, Anm. 83.
[84] Vgl. a.a.O., 395.
[85] Als Beispiel nennt Pannenberg Lk 24,39ff, wobei er Apg 9 als zuverlässigen Bericht über die Eigenart der Erscheinungsberichte auffaßt.
[86] Vgl. *Pannenberg*, Systematische Theologie Bd. 2, 397.
[87] Vgl. a.a.O.
[88] Vgl. *Pannenberg*, Systematische Theologie Bd. 2, 397. Pannenberg bezieht sich mit dieser Aussage auf Phil 2,9 und Apg 2,36; 5,30f. Unverständlich bleibt jedoch der Verweis auf die beiden Stellen der Apostelgeschichte, die kaum zu den ältesten Überlieferungen gehören.
[89] Ebd.
[90] Vgl. ebd.

Hinsichtlich der Tradition vom leeren Grab räumt Pannenberg im Gegensatz zu seinen Ausführungen in der Christologie ein, daß Zweifel angebracht seien, ob die Aussagen im Sinne eines einfachen Geschichtsberichts aufzufassen sind.[91] Allerdings könne die heute vorliegende Gestalt der Erzählung »einzelne historisch relevante Erinnerungen bewahren, so besonders die Rolle der Frauen bei der Auffindung des Grabes, aber auch die Erinnerung daran, daß die ersten Erscheinungen des Auferstandenen nicht am Grabe, sondern in Galiläa stattfanden«.[92] Selbst wenn, wie Pannenberg nun einräumt, die Überlieferung vom leeren Grab im Licht des Osterglaubens entstanden sei, habe sich die historische Auffindung des leeren Grabes unabhängig von dem Geschehen der Erscheinungen ereignet.[93]

Anhand dieses Arguments zeigt sich, daß Pannenberg die Form der Überlieferung vollständig von ihrem dahinter liegenden sachlichen Kern löst bzw. lösen möchte. Dieses Vorgehen erscheint mir wenig plausibel. In seinem Verweis auf die literarische Tätigkeit des Paulus zeigt Pannenberg selbst ein Bewußtsein davon, den sprachlichen Charakter der neutestamentlichen Texte noch unzureichend reflektiert zu haben. Diese Reflexion gilt es noch zu leisten.

2.4 Die biblische Rede von der Auferstehung als Behauptung

Die Notwendigkeit einer noch zu leistenden Reflexion über den Charakter der biblischen Überlieferungen zeigt sich auch in Pannenbergs siebtem Punkt der von ihm diskutierten Probleme der christlichen Osterbotschaft. Darin bezeichnet er die Rede von der Auferstehung Jesu als »Behauptung, daß Jesus auferstanden ist«.[94]

---

[91] Vgl. a.a.O., 398.
[92] A.a.O., 399. Pannenberg bezieht sich auf Rudolf Peschs Kritik an der These der Historizität des leeren Grabes. Vgl. *Rudolf Pesch*, Das leere Grab, in: IKaZ 13 (1984), 271–283.
Nach Pesch setzt die Erzählung des leeren Grabes den Glauben an Jesu Auferweckung am dritten Tag voraus. Das schließe die Vorstellung aus, sein Leichnam sei noch im Grab zu finden. Es handele sich daher um eine »konstruierte Erzählung«, die das Inszenieren einer vorgegebenen Wahrheit bezwecke.
[93] Die Grabestradition ist nach Pannenberg aus drei Gründen für das Ostergeschehen von Bedeutung. Erstens spricht die Grabestradition gegen die These, daß es sich in den Erscheinungen des Auferstandenen nur um Halluzinationen handelte. Zweitens verwehrt die Tradition vom leeren Grab eine spiritualistische Verflüchtigung der Osterbotschaft. Gleichwohl läßt sie dem Gedanken einer Verwandlung der irdischen Leiblichkeit Jesu in die eschatologische Wirklichkeit eines neuen Lebens Raum. Drittens hat die Grabesgeschichte die Funktion einer Bestätigung, daß der in den Erscheinungen Begegnende wirklich Jesus ist. Vgl. *Pannenberg*, Systematische Theologie Bd. 2, 402.
[94] Ebd.

Dabei ist jedoch zu fragen, ob die Rede von der Auferstehung, wie z.B. in der Formel in 1Kor 15,3b–5 oder in den anderen Erscheinungserzählungen, überhaupt den Status einer Behauptung hat. Meiner Ansicht nach versuchen die Ostertexte vielmehr zum Glauben bzw. zum christlichen Bekenntnis zu führen und sind nicht als Behauptungen gestaltet.[95] Doch nur wenn man die Rede von der Auferstehung Jesu in den biblischen Überlieferungen als Behauptung liest, ist Pannenbergs These nachvollziehbar, daß allein die Rede von der Auferstehung bereits einen Anspruch auf Historizität impliziere.[96]

Für Pannenberg beinhaltet jede Aussage, die ein Ereignis als in der Vergangenheit tatsächlich geschehen behauptet, einen historischen Anspruch und setzt sich somit der historischen Prüfung aus. Dies tue sie, weil sich das Ereignis der Auferstehung *in* der Welt vollzogen habe und zwar im Grab Jesu in Jerusalem, vor dem Besuch der Frauen am Sonntagmorgen.[97] Selbst wenn das Ereignis der Auferstehung einen Übergang von dieser Welt in ein neues unvergängliches Leben bei Gott behaupte, sei es doch in dieser Welt geschehen und setze sich damit als Behauptung der historischen Kritik aus.

2.5 Pannenbergs Erläuterungen zu seiner These der Historizität der Auferstehung

Pannenberg faßt die These der Historizität der Auferstehung in seiner »Systematische[n] Theologie« in vier Punkten zusammen.[98] Diese möchte ich abschließend vorstellen.

1. »Historisch« heißt für Pannenberg nicht analog oder gleichartig mit einem sonst bekannten Geschehen. Vielmehr ist der Anspruch auf Historizität nach Pannenberg identisch mit dem Anspruch auf Tatsächlichkeit.[99]

Pannenberg betont, eine Tatsachenbehauptung über ein vergangenes Geschehen impliziere unvermeidlich einen historischen Anspruch. Es stifte deswegen auch nur Verwirrung, wenn dieser Anspruch verleugnet, aber an der Tatsachenbehauptung festgehalten werde.[100]

---

[95] Diese Aussage formuliert lediglich ein Desiderat, beansprucht aber nicht, ein hinreichendes Argument zu sein.
[96] Vgl. *Pannenberg*, Systematische Theologie Bd. 2, 402.
[97] Vgl. ebd.
[98] Vgl. a.a.O., 403f.
[99] A.a.O., 403: »Die Frage der Gleichartigkeit mit anderem Geschehen mag für das kritische Urteil über das Recht solcher Behauptungen eine Rolle spielen, ist aber nicht Bedingung des mit der Behauptung verbundenen Wahrheitsanspruchs selber.«
[100] A.a.O., 405.

2. Pannenberg stellt heraus, daß die Andersartigkeit der eschatologischen Wirklichkeit des Auferstehungslebens gegenüber der Wirklichkeit dieser vergehenden Welt nicht den Anspruch auf Historizität berühre. Umgekehrt aber liege der theologische Wert der Behauptung der Historizität der Auferstehung Jesu darin, festzuhalten, daß das neue eschatologische Leben in dieser unserer Welt und Geschichte stattgefunden hat.[101]
3. Pannenberg hebt den grundsätzlich antizipatorischen Charakter aller Behauptungen hervor. Das bedeutet für die Behauptung der Historizität der Auferstehung, daß die Faktizität des Auferstehungsereignisses bis zur eschatologischen Vollendung der Welt umstritten sein wird. Das Wirklichkeitsverständnis einer vergehenden Welt werde durch die in Jesus angebrochene, neue eschatologische Wirklichkeit herausgefordert. Die fehlende Allgemeinheit der neuen Wirklichkeit verstärke noch die Herausforderung und die Infragestellung.
4. Pannenberg macht auf das Wechselverhältnis aufmerksam, das zwischen einem bestimmten Verständnis von Wirklichkeit und einer Beurteilung der Historizität der Auferstehung besteht. Zu welchem Urteil jemand im Hinblick auf die Historizität der Auferstehung Jesu komme, hänge über die Prüfung der Einzelbefunde hinaus davon ab, von welchem Wirklichkeitsverständnis der Urteilende sich leiten läßt.[102]
Ein historisches Urteil müsse, so Pannenberg, an den Indizien orientiert sein und nicht auf einer dogmatischen Vorentscheidung beruhen. Gleichwohl orientiert sich auch die historische Rekonstruktion, wie er einräumt, an einem allgemeinen Verständnis der Wirklichkeit, welches sich ständig wandelt.[103]
Obwohl Pannenberg die Abhängigkeit des Urteils über die Auferstehung von einem bestimmten Verständnis von Wirklichkeit betont, fordert er dennoch eine grundsätzliche Unvoreingenommenheit in der Beurteilung der christlichen Osterbotschaft.[104] Diese Forderung ist jedoch aufgrund des von ihm selbst herausgestellten Wechselverhältnisses zwischen Wirklichkeitsverständnis und der Beurteilung der Einzelbefunde letztlich nicht einzulösen. Statt dessen ergibt sich m.E. die Frage, wie ein alltägliches Verständnis von Wirklichkeit durch die biblischen Osterüberlieferungen kritisiert und möglicherweise modifiziert werden kann.

---

[101] Vgl. a.a.O., 404.
[102] Vgl. a.a.O., 403.
[103] Vgl. a.a.O., 405: »Sicherlich orientiert sich historische Rekonstruktion gemeinhin an einem common-sense-Verständnis von Wirklichkeit, einem Wirklichkeitsverständnis, das durchaus im Fluß ist und beispielsweise neue wissenschaftliche Perspektiven in sich aufnehmen kann, sobald sie in hinreichender Breite rezipiert worden sind.«
[104] Vgl. a.a.O., 405.

3. Zusammenfassung der kritischen Überlegungen

Pannenbergs Verständnis der Historizität der Auferstehung, die bis auf weiteres vorauszusetzen sei, spiegelt sein Verständnis von Wirklichkeit wider. Er bestimmt Wirklichkeit als Geschichte und zwar so, daß auch ein eschatologisches Ereignis wie die Auferstehung Jesu Christi historisch ist. In der Gegenüberstellung seiner Überlegungen zur Wirklichkeit der Auferstehung von 1964 und 1991 habe ich versucht, insbesondere seinen Umgang mit und seine Bewertung der einschlägigen biblischen Texte herauszustellen. Dabei wird deutlich, daß seine Bewertung der biblischen Texte durch sein Verständnis der Wirklichkeit geprägt ist. Da wir immer – bewußt oder unbewußt – von einem bestimmten Verständnis von Wirklichkeit[105] ausgehen, ist m.E. die entscheidende Frage, wie wir zu unserem Verständnis von Wirklichkeit kommen und wie es durch die biblischen Schriften modifiziert werden kann. Pannenbergs Verständnis von Wirklichkeit als Geschichte ist aber nicht derart, daß es die verschiedenen Dimensionen der Auferstehungswirklichkeit, die durch die biblischen Texte versprachlicht sind, aufnehmen kann. Vielmehr führt sein Verständnis der Wirklichkeit dazu, in problematischer Weise bestimmte biblische Texte als historisch getreu und damit wertvoll zu qualifizieren. Andere wiederum werden als literarisch bzw. legendär bezeichnet und damit als irrelevant für die Frage nach der Wirklichkeit der Auferstehung übergangen.[106]

In seiner Christologie von 1964 hebt Pannenberg u.a. das Alter der Formelstücke in 1Kor 15, 3b–5 hervor und begründet damit die historische Zuverlässigkeit dieses Textes.[107] In seiner »Systematische[n] Theologie« von 1991 räumt er dann allerdings auch eine gewisse literarische Tätigkeit des Paulus ein.[108] Doch zieht er aus dieser Einsicht keine ausreichenden Konsequenzen für seine Argumentation. Denn auch der Charakter des Berichts, den Pannenberg für 1Kor 15 allgemein annimmt, ist nicht überzeugend. Daß er der aktiven literarischen Tätigkeit des Paulus, der seine Adressaten und Zuhörer überzeugen möchte, nicht ausreichend Rechnung trägt, ist umso bemerkenswerter, als er im Zusammenhang der Tradition vom leeren Grab mit dem Interesse des Paulus argumentiert.[109]

---

[105] Gerade auch den sogenannten Common sense würde ich als ein solches bezeichnen.
[106] Vgl. Abschnitt 1.2.
[107] Vgl. Abschnitt 1.3.
[108] Vgl. Abschnitt 2.3.
[109] Vgl. Abschnitt 1.5.

Pannenbergs Unterbewertung der literarischen Aktivität des Paulus korrespondiert mit seiner Unterbewertung der erkenntnistheoretischen Konstruktivität im Wahrnehmen der Erscheinung des Auferstandenen. Nicht Paulus selbst interpretiert nach Pannenberg das Erscheinungserlebnis, sondern der geistesgeschichtliche Horizont interpretiert es mit Hilfe seiner Person.[110]

Diese Unterbewertung der Aktivität bzw. Konstruktivität des Paulus ist ebenso fragwürdig wie die Qualifizierung einiger biblischer Texte als historisch zuverlässig, anderer als literarisch bzw. legendär und damit irrelevant für die Frage der Wirklichkeit der Auferstehung. Pannenbergs Unterscheidung zwischen historischen und literarischen Texten des NT ist m.E. angesichts des Charakters biblischer Texte nicht zu halten. Vielmehr vermitteln gerade auch die von ihm als literarisch bzw. legendär eingestuften Texte nicht zu übergehende Dimensionen der Auferstehungswirklichkeit.

Wenn man Pannenbergs eigene These ernst nimmt, daß die christologische Tradition – welche sich zunächst in den biblischen Überlieferungen manifestierte und dann in der Theologiegeschichte – die Bedeutung des Christusgeschehens entfaltet, dann befremdet die Abqualifizierung bestimmter biblischer Überlieferungen. Da seine Bewertung von einer bestimmten historisch rekonstruierten ursprünglichen Bedeutung erfolgt, nimmt er seine eigene These, daß sich die Bedeutung des Christusereignisses in *den* biblischen Schriften entfaltet, teilweise zurück. Sie müßte dann lauten: nur in bestimmten für ihn historisch zuverlässigen biblischen Texten ist die Bedeutung des Christusereignisses entfaltet, in anderen nicht. Anders läßt sich nicht begründen, warum er sich in der Frage nach der Wirklichkeit der Auferstehung nur auf die paulinischen und markinischen Texte und für den Inhalt der Erscheinungen lediglich auf Apg 9 stützt.

Das kritische Potential der biblischen Schriften kommt in Pannenbergs Überlegungen zu kurz. Denn innerhalb seines traditionsgeschichtlichen Ansatzes korrigieren nicht die verschiedenen biblischen Überlieferungen die Bedeutungen des Christusereignisses, sondern die Bedeutung des Christusereignisses entfaltet sich nach ihm weiter in den theologiegeschichtlichen Manifestationen. Damit unterläuft er die Unterscheidung von Schrift und Tradition.[111] Die Unterscheidung zwischen der Schrift als *norma normans* und den theologiegeschichtlichen Bestimmungen als *norma normata* verliert an Bedeutung.

---

[110] Vgl. Abschnitt 1.3.
[111] Vgl. Abschnitt 1.1.

Durch Pannenbergs Dispensierung großer Teile der Auferstehungsüberlieferungen in den Evangelien wird die Vielschichtigkeit der Auferstehungswirklichkeit reduziert. Pannenbergs Anliegen, die Wirklichkeit der Auferstehung zu sichern, führt – paradoxerweise trotz universalgeschichtlicher Konzeption – zu einer Reduktion derselben. Durch seine Bestimmung der Historizität der Auferstehung nimmt Pannenberg dieser Wirklichkeit die in den biblischen Überlieferungen vermittelte Vielschichtigkeit.

Bernd Oberdorfer

»Was sucht ihr den Lebendigen bei den Toten?«
Überlegungen zur Realität der Auferstehung in Auseinandersetzung mit Gerd Lüdemann[1]

Am lustigsten fand es die »Tageszeitung«, vulgo: *taz*. »Skandal im göttlichen Sperrbezirk« titelte sie am 22.2.1994 in Anspielung auf ein thematisch ganz anders gelagertes Lied der Gruppe »Spider Murphy Gang« und referierte amüsiert den nach Auffassung des Autors offenkundig völlig anachronistischen »Zoff um die Auferstehung Jesu«, der von der Vorabberichterstattung über Gerd Lüdemanns Buch »Die Auferstehung Jesu. Historie, Erfahrung, Theologie« (Göttingen 1994) ausgelöst worden war.[2] Ohne Rücksicht auf Grenzen des Geschmacks brachte sie ihre Einschätzung der strittigen Frage sarkastisch auf den Punkt: »Nicht die Gräberfelder von Sarajewo, nicht die Wundmale gekillter brasilianischer Straßenkids oder die unaufhaltsame politische Grablegung Helmut Kohls bilden das Thema Nummer eins, sondern ob und wie der Nazarener vor knapp zweitausend Jahren entfleucht ist.« Mit spürbarem innerem Kopfschütteln ließ der Autor in der Folge Leserbriefe der Düsseldorfer »Rheinischen Post« Revue passieren, in denen sich s.E. »Auferstehungsfetischisten« unter der Maxime Gehör verschafften: »Wir wollen unseren guten alten Wunderglauben behalten«. Daß dabei auch ernster zu nehmende Argumente wie die eines »Rudi B. aus Mönchengladbach (...), der zwischen ›leiblicher‹ und ›körperlicher‹ Auferstehung unterschieden wissen will und bloß an erstere glaubt«, nicht anders denn

---

[1] Der folgende Beitrag ist erstmals veröffentlicht worden in: KuD 46 (2000), 237–252. Er stellt die für den Druck erweiterte und überarbeitete Fassung des Habilitationsvortrags dar, den ich am 15.7.1999 vor der Evangelisch-Theologischen Fakultät der Ludwig-Maximilians-Universität München gehalten habe. Für kritische Hinweise danke ich Herrn Dr. Jörg Lauster.
[2] *O. Cless*, Skandal im göttlichen Sperrbezirk. Verwest oder nicht? Zoff um die Auferstehung Jesu, in: taz, 22.2.1994.

als die Verwirrung nur noch steigernde Skurrilitäten wahrgenommen werden können, wundert nicht.

Nun verdankt sich die Reduktion der Auferstehungsthematik auf die knappe Frage »Verwest oder nicht?« (so noch einmal die *taz*) keineswegs nur der Ignoranz christlich ungebildeter Journalisten. Vielmehr ist der Grund dafür bereits in der Pressemitteilung gelegt, mit der die Universität Göttingen am 22.1.1994 über das bevorstehende Erscheinen von Lüdemanns Buch informierte.[3] Sie beginnt mit einem Lüdemann-Zitat, das sich im Buch selber dann gar nicht wörtlich fand, nämlich: »Das Grab war voll und nicht leer«, und referiert Lüdemanns »brisante These« mit den Worten: »Die christlichen Kirchen haben zu allen Zeiten bis in die Neuzeit hinein daran festgehalten, daß Jesus wirklich auferstanden ist und daß die Hoffnungen der Christen auf ein Leben nach dem Tode sich auf die Auferstehung Jesu gründen. Für Lüdemann ist diese Sicht nicht mehr zeitgemäß.« In dieser zugespitzten Formulierung wurde Lüdemanns These schon vor Erscheinen des Buches heftig diskutiert und vor allem kritisiert. Ersetzt man »wirklich auferstanden« durch »leiblich« oder besser »physisch auferstanden«, entsprach die Pressemeldung freilich durchaus Lüdemanns Position, der seinen Fachkollegen gerade vorwarf, sich vor dieser in seinen Augen unter den Bedingungen des modernen Wahrheitsbewußtseins und Wirklichkeitsverständnisses unvermeidlichen Konsequenz in wolkige Kerygma-Formeln oder in einen Tatsachenfundamentalismus zu flüchten. Warum kam der Vandenhoeck & Ruprecht-Verlag dann aber erst angesichts der offenkundig völlig unerwarteten Medienresonanz (und vor allem deren christentumskritischer Ausrichtung) zu der Erkenntnis, daß das Werk nicht in sein Verlagsprogramm passe, und stellte dem Autor die Zweitauflage an anderem Ort anheim?[4] Nun, Lüdemanns Buch enthält zwar die These vom vollen Grab, dies aber im Modus einer historischen Hypothese und im Zusammenhang umfassender und detaillierter exegetischer Rekonstruktionen. Auf dieser Ebene bietet es im übrigen, wie Rezensenten dann auch enttäuscht, beruhigt oder süffisant feststellten, wenig, was nicht schon von anderen gesagt worden wäre. Ganz von der Hand zu weisen ist das Argument des Verlegers darum nicht, daß durch den Genuswechsel von der strittig zu diskutierenden wissenschaftlichen Untersuchung zur Schlagzeile die Außenwirkung von Lüdemanns Position (und damit auch die des Verlages!) eine qualitative Veränderung erfahren habe, die er nicht mitzutragen bereit sei. Daß Lüdemann in der Folge diese Verän-

---

[3] Neue Deutung des »Osterereignisses«: Göttinger Theologe legt Untersuchung über die Auferstehung vor. Georg-August-Universität Göttingen. Presseinformationen. Herausgegeben durch den Präsidenten, Nr. 15/1994 (21.1.).
[4] Sie erfolgte noch 1994 im Stuttgarter Radius-Verlag.

derung von der innerwissenschaftlichen Diskussion zur Christentumskritik sukzessive mitvollzogen und sich angeeignet hat, bestätigt dies nur. Doch ich möchte mich im folgenden nicht mit der Rezeptionsgeschichte von Lüdemanns Buch beschäftigen (obwohl das ein interessantes Thema wäre). Vielmehr will ich zunächst seine Konzeption in thetischer Verdichtung noch einmal systematisch rekonstruieren. In einem zweiten Schritt will ich skizzieren, wie in dem Auferstehungsbuch Lüdemanns drei Jahre später öffentlich proklamierter Abschied vom Christentum bereits angelegt ist. Drittens will ich benennen, wo ich die entscheidenden kritischen Punkte bei Lüdemann sehe, und von da aus schließlich viertens eigene Überlegungen zur Realität der Auferstehung entwickeln.

1. Ostern als visionär revitalisierte Erinnerung an den sündenvergebenden Jesus: Lüdemanns historische und theologische Deutung des Ostergeschehens

Lüdemanns Ausführungen offenbaren nicht von selbst ein kohärentes Konzept. Sie müssen deshalb gewissermaßen skelettiert werden. Dabei wird das Grundgerüst eines Gedankengangs erkennbar, den ich im folgenden zu einer Sequenz von Thesen verdichtet darstellen möchte:[5]
1. Die Vorstellung der Rückkehr eines Verstorbenen ins Leben ebenso wie die Erwartung einer zukünftigen allgemeinen Totenauferweckung erscheint mit dem modernen, von der Naturwissenschaft geprägten Wirklichkeitsverständnis nicht mehr als vereinbar.
2. Nach heutigem Wissen ist es daher ausgeschlossen, daß Jesus *in diesem Sinne* »auferstanden« ist.
3. Genau die Vorstellung einer Rückkehr ins Leben ist aber in den biblischen Geschichten vom leeren Grab impliziert und zum altkirchlichen Bekenntnis »auferstanden von den Toten« geronnen.
4. Diese Geschichten lassen sich aber rekonstruieren als sekundäre weltbildabhängige Rationalisierungen eines ursprünglicheren Geschehens: nämlich der visionsförmigen Erscheinung Jesu vor den Jüngern nach seinem Tod und seiner Bestattung.
5. Aufgrund ihrer weltbildhaften Voraussetzungen mußten die Jünger diese Erscheinung als ›objektive‹ Begegnung mit Jesus erfahren und verstehen.
6. Diese ›Objektivität‹ setzte die Frage nach dem Verbleib des Leichnams aus sich heraus, die nach Maßgabe des damaligen Weltbildes nicht anders als mittels der Annahme einer *leibhaften Auferstehung* i.S. einer *Wiederbelebung* beantwortet werden konnte.

---

[5] Belege im Text beziehen sich auf die *Erstauflage* des Auferstehungsbuches.

7. Doch schon die Annahme der ›Objektivität‹ der Begegnung in den Visionen ist nach modernem Wirklichkeitsverständnis unhaltbar, und zwar aus zwei Gründen:
a) Jesus ist tot, und ein Toter kann nicht mehr im realen Gegenüberstand begegnen; eine Begegnung ist nurmehr *geistig* – in der Erinnerung oder in der Konfrontation mit dem ›Werk‹ des Verblichenen – möglich. Das ist bei Jesus nicht anders als bei Goethe.
b) Visionen sind psychologisch als Produkte der Einbildungskraft ohne externes Korrelat zu verstehen.
8. Lüdemann konstatiert also eine doppelte ›Fehlkonkretion‹ der frühen Christen: Erstens objektivierten sie das Produkt ihrer eigenen Phantasie zur real begegnenden Person. Zweitens vergegenständlichten sie die ›Lücke‹ zwischen Jesu Bestattung und seiner als real-physisch aufgefassten Erscheinung vor den Jüngern durch die Geschichte vom leeren Grab.
9. Aus der Unhaltbarkeit dieser Objektivierungen folgt aber: Der Realitätsgehalt des Visionserlebnisses muß *historisch* anders bestimmt werden, als das die Jünger taten. Die Jünger *meinten* zwar Jesus zu sehen und *mußten* das nach damaligem Wirklichkeitsverständnis auch meinen, aber unter heutigen Verstehensbedingungen ist es evident, daß ihnen nicht *wirklich* Jesus begegnet ist.
10. Die Bedeutung der Visionen muß aber auch *theologisch* anders bestimmt werden, da die Hoffnung auf eine zukünftige leibliche Auferstehung in der Moderne ihren religiösen Sinn verloren hat.
11. Die Rekonstruktion der Christusvisionen hat daher eine mehrschichtige Aufgabe: Sie muß a) nach Maßgabe der gegenwärtigen Kriterien historischer Forschung den *faktischen Kern* des Geschehens herausarbeiten (Was ist damals wirklich geschehen?), und sie muß b) an diesem Kern eine in der Gegenwart plausible *religiöse Bedeutung* aufzeigen.
12. Besonders am zweiten Teil der Aufgabe entscheidet sich, ob wir heute »noch Christen sein (können)« (216). Denn wenn es nicht gelingt, die Christusvisionen der Jünger so zu rekonstruieren, daß ihnen ein gegenwartsrelevanter religiöser Sinn zugeschrieben werden kann, dann bleibt nur eine faktisch *religionskritische* historische Rekonstruktion eines pathologischen *Seelenphänomens*.
13. Anhand dieser Vorgaben ergibt sich Lüdemanns historische Interpretation der biblischen Dokumente in einem zwanglosen Gefälle.
a) Die Geschichten vom leeren Grab müssen als spät und damit als für das historische Verständnis des Ursprungs des Christentums bedeutungslos ausgeschieden werden. Die Berichte von den Christuserscheinungen sind die entscheidenden Zeugnisse.

b) Diese Christuserscheinungen müssen als strikt *innerseelische* Phänomene ohne externes Korrelat aufgefasst werden: als *Visionen*. Dies nötigt zu einer prinzipiellen Bevorzugung der Zeugnisse von Erscheinungen vor *Einzelnen* gegenüber Zeugnissen von Gruppenerscheinungen, bei denen ja immerhin eine *intersubjektive* Gemeinsamkeit des Gesehenen unterstellt werden muß. Daraus folgt die Regel: Gruppenerscheinungen müssen aus Einzelerscheinungen genetisiert werden. Lüdemann greift dafür auf Erkenntnisse der Massenpsychologie zurück.

c) Die Entstehung des Christentums muß deshalb auf ursprüngliche Erlebnisse von Individuen zurückgeführt werden, die diese Individuen als Begegnung mit dem Auferstandenen gedeutet haben. Als solche ursprunggebende Individuen macht Lüdemann Petrus und Paulus namhaft.

d) Diese Doppelung ist deshalb unproblematisch, da Lüdemann aufzeigt, daß die Christusvisionen dieser beiden *strukturanalog* gewesen seien.

e) Wegen ihres innerseelischen Charakters können, ja müssen diese Ursprungsvisionen mit den Mitteln der *Tiefenpsychologie* gedeutet werden, wobei Lüdemann sich besonders auf C.G. Jung beruft.

f) Bei Paulus konstatiert er einen »Christuskomplex«, der daher rührt, daß Paulus als Saulus in der Jesusverkündigung der Urgemeinde ein Messiasbild begegnet, das seinen eigenen tiefsten, uneingestandenen Wünschen entspricht. Durch besonders thora-treues Leben und durch Verfolgung der Christen versucht er dies zu verdrängen. Im Damaskus-Erlebnis kommen aber die verborgenen Wünsche machtvoll zum Durchbruch. Seine Befreiung vom durch Gesetz, Sünde und Tod bewirkten Druck erlebt Paulus als Begegnung mit dem thora-kritischen, sündenvergebenden und trotz Tod lebenden Jesus (vgl. 111f).

g) Ein ähnlicher Übergang findet bei Petrus statt. Petrus ist deshalb besonders wichtig, weil Lüdemann bei der Rekonstruktion *seiner* Christusvision an neueren psychologischen Forschungen zur Bewältigung des Todes naher Angehöriger anknüpfen kann. Mit den mittlerweile berühmt gewordenen 43 Witwen und 19 Witwern verbinden Petrus »drei Faktoren, die eine Trauerarbeit *behindern*: 1. Ein plötzlicher Tod [sc. des nahen Angehörigen], 2. eine ambivalente Beziehung zum Verstorbenen, die mit Schuldgefühlen verbunden war, und 3. eine abhängige Beziehung« (128; Herv. von mir). All dies trifft auf die Jünger zu, in besonderem Maß aber auf Petrus, bei dem Lüdemann seine Verleugnung Jesu ins Zentrum stellt. Insofern kann die Christusvision des Petrus als »ein Stück Trauerarbeit« und Schuldverarbeitung gelten. Allerdings muß Lüdemann selbst einräumen, daß die Begegnung mit dem verblichenen Angehörigen in der Trauerarbeitsforschung als Ausdruck einer unzulässig verkürzten, mithin *gestörten* Trauerarbeit aufgefasst wird, da der Hinterbliebene den Verstorbenen nicht ›loslassen‹ kann und durch dessen Ob-

jektivation einen »Abbau der Realitätskontrolle« vollzieht, um »den Verlust abzuwehren«. Konsequenterweise erwägt Lüdemann, ob nicht »die Vision des Petrus ein Wahnglaube bzw. Wunschdenken, ja eigentlich Beispiel einer *mißglückten* Trauerarbeit (sei), weil sie den Trauerprozeß abrupt abschneidet« (127; Herv. von mir). »Die durch die drei genannten Faktoren behinderte Trauer« ist merkwürdigerweise nach Lüdemann nun aber »bei Petrus durch eine Vision enorm gefördert, ja in einem Epiphaniemoment zusammengedrängt« worden (ebd.). Heißt das, daß in der Christusvision im Unterschied zur Gattenvision die Trauerarbeit zugleich verkürzt *und vollendet* worden ist?!
h) Jedenfalls bewirkt die als Begegnung mit dem lebendigen Jesus verstandene Christusvision bei Petrus wie bei Paulus, daß »das Schuldgefühl durch die Gnadengewißheit abgelöst« wurde (123). Anders ausgedrückt: Petrus wie Paulus beziehen das Bild des sündenvergebenden Jesus auf ihre aktuelle Situation und erfahren die Sündenvergebung als gegenwärtig gültig. Das Bekenntnis ›Jesus lebt‹ ist dann die weltbildhaftmythische Formulierung für die Aussage: Jesus (bzw. der von Jesus verkündigte Gott) vergibt mir auch die Sünde, ihn im Stich gelassen (Petrus) bzw. ihn und seine Anhänger bekämpft (Paulus) zu haben.[6]
i) Weil der Inhalt der Visionen die befreiende Erfahrung der Sündenvergebung durch lebendige Evokation des sündenvergebenden Jesus ist, kann Lüdemann sagen, daß Ostern an Petrus und Paulus geschieht – *und nicht an Jesus.* Der ›nachösterliche Jesus‹ ist derselbe wie der ›vorösterliche‹, er bzw. sein befreiendes Wirken ist jetzt nur auf andere, nämlich geistige Weise präsent. Genau in diesem, metaphorischen Sinne kann man dann auch sagen, er sei lebendig.
j) Die elementare Befreiungserfahrung des Petrus und des Paulus ist ansteckend. Sie erfasst andere, die dann ähnliche Befreiungserfahrungen machen, und vor allem: die eben dies als *Christusvision* erfahren. Da Lüdemann nicht umhin kommt zuzugestehen, daß in den Gruppenerscheinungen alle Beteiligten der Überzeugung waren, Jesus zu begegnen, muß er diese Erscheinungen als Massenhysterie deuten. Die Erscheinung vor »mehr als fünfhundert Brüdern auf einmal« (1Kor 15,6) identifiziert er mit Pfingsten, wofür er geltend macht, daß in der frühen Christenheit Christus »zum Teil« mit dem Geist identifiziert worden sei.
14. Was ist nun der religiöse Sinn der dergestalt rekonstruierten Erfahrung, die die Jünger selbst als leibliche Auferstehung (und d.h. nach Lü-

---

[6] Man muß im übrigen nur einen Schritt weitergehen und sagen:» › Jesus lebt‹, das ist eine Chiffre für die Aussage: Auch nach dem schlimmsten Versagen ist ein Neuanfang möglich« – dann ist man einer Ablösung der so beschriebenen Erfahrung von christlich-religiösen Chiffrierungen nahe, wie Lüdemann sie offenkundig in den vergangenen Jahren vollzogen hat. Vgl. unten 2.

demann: als physische Rückkehr ins Leben) interpretiert haben, was »wir« aber nicht mehr können? Anders gefragt: Warum »(k)önnen wir noch Christen sein«, obwohl wir an die Auferstehung Jesu als Grund des Glaubens nicht mehr glauben können? Nach Lüdemann ist dies möglich, weil die österliche Erfahrung nichts anderes ist als die revitalisierte und definitiv in Geltung gesetzte Erinnerung an den Menschen Jesus.[7] Die von Lüdemann rekonstruierten »Strukturmerkmale der Ostererfahrung der Sündenvergebung, der Erfahrung des Lebens, der Erfahrung von Ewigkeit (sind bereits) in Wort und Geschichte Jesu enthalten« (ebd.). Am »historischen Jesus« also – so Lüdemann weiter –, »wie er mir durch die Texte vorgegeben ist und durch historische Rekonstruktion als Person begegnet, fällt (...) die Entscheidung des Glaubens, nicht am auferstandenen Christus, wie ich ihn mir erwünscht habe oder wie er z.B. als Symbol des Selbst archetypisch allen Menschen zugänglich ist« (220). Unter Berufung auf Wilhelm Herrmann und vor allem auf Emanuel Hirsch skizziert Lüdemann nun die religiöse Bedeutung Jesu, und zwar so, daß diese weder von der Annahme einer physischen Auferstehung noch von der Hoffnung auf eine endzeitliche allgemeine Totenauferweckung abhängig ist. Entscheidend ist Hirschs Begriff vom »Ewigkeitsglauben«, der in Jesus seinen Grund findet und sich »in ständigem Gespräch mit und Angerührt-Sein von« der Geschichte Jesu erschließt. Reale, innige, bewegende Begegnung mit der (historisch rekonstruierten!) konkreten Person Jesu also statt wolkiger Mythologeme, das ist Lüdemanns Vorschlag.[8]

Fragt man allerdings näher nach dem religiösen Inhalt, der sich in dieser Begegnung mitteilen soll, so bleiben Lüdemanns Antworten kaum weniger wolkig. Von einer »wahrhaftige(n) Gemeinschaft mit Gott« ist da die Rede (219; mit Herrmann) oder von einer »Deutung des Todesgeheimnisses durch den Glauben an ein ewiges Leben« als einem »überwissensmäßige(n) Erahnen eines Jenseits der gewußten Welt«, das von der »Dämonie der Diesseitsverknüpfung« zu befreien vermag (221; mit Hirsch). In dunklen Worten deutet Lüdemann sodann an, welche »Glaubensgedanken« (220) sich an die »blutige Tatsache des Kreuzes« (218) anknüpfen können. »Der Glaube erkennt im Kreuz Jesu (...) die Hinnahme des Todes als Lebensakt.« (ebd.) Dies impliziert historisch, »daß Jesus von Nazareth den Tod als Leben hingenommen hat« (ebd., Anm. 700). Der Glaube »erkennt das tiefste heimlichste ›Ja‹ Gottes dort,

---

[7] »Die Erfahrung von der *uneingeschränkten Gnade Gottes*, die Petrus im persönlichen Umgang mit Jesus gemacht hatte, wurde zu Ostern *unwiderruflich gemacht*« (218; Hervorhebungen von mir).
[8] »Jesus ergreift, beugt, erhebt und beseligt, liebt mich durch alle Schichten der Tradition hindurch« (220).

wo das Herz zunächst nichts als das ›Nein‹ vernimmt. Er schaut eine schlechthin verborgene Ewigkeit, eine schlechthin verborgene Gnade und eine immer gewährende Freiheit dort, wo der neutrale Beobachter nur den Tod Jesu am Kreuz sieht« (218f).

2. Warum wir keine Christen mehr sein können – Lüdemanns Weg zum Abschied von Jesus

In der skizzierten Verbindung von (1.) Versatzstücken der lutherischen Tradition (verborgene Gegenwart Gottes sub contrario), (2.) Bultmannscher Objektivierungskritik, (3.) auf Herrmann und Hirsch zurückgehender Glaubensunmittelbarkeit in der personalen Begegnung mit dem Menschen Jesus und (4.) historischem Rationalismus ist der Kern von Lüdemanns Vorstellung eines Christentums, das mit dem wissenschaftlichen Weltbild der Moderne vereinbar ist, erreicht. Allerdings bleibt gänzlich unbeantwortet, *warum* »der Glaube« sich in dieser Weise vom so verstandenen Jesus ›anrühren‹ lassen soll. Und man fragt sich vor allem, warum es für diese vage Form eines weltüberwindenden Ewigkeitsvertrauens der Vermittlung durch die Jesus-Tradition bedürfen sollte. Allenfalls der Aspekt der personalen Begegnung unterscheidet die christliche Religion von irgendeinem anderen »überwissensmäßige(n) Erahnen eines Jenseits der gewußten Welt«. In gewisser Weise liegt die Ablösung dieses Ewigkeitsvertrauens von der christlichen Tradition sogar im Gefälle von Lüdemanns Konzeption. Denn wenn die biblischen Darstellungen der Auferstehungserscheinungen nur weltbildhafte und mythische Einkleidungen einer historisch rekonstruierbaren religiösen Erfahrung sind, dann legt sich natürlich die Frage nahe, warum nicht auch Jesu Bezug auf *Gott* nur als weltbildgebundene Chiffre verstanden werden muß, die für die Erfahrung selbst nicht konstitutiv ist. Der Gedanke der Erhaltung einer ›elementaren Personwürde‹ könnte dann von seinem Bezug zu einem konkreten religiösen Symbolsystem losgelöst werden, allenfalls noch in einer allgemeinen Religiosität verankert bleiben, deren Inhalt ein elementares Gehaltensein, ein fundamentales Wirklichkeitsvertrauen oder Wertgefühl ist, für die aber weder die christliche Tradition noch auch nur der Gottesgedanke notwendig ist.

Diesen Weg ist Lüdemann offenkundig in den vergangenen Jahren gegangen. In einem »Brief an Jesus«, der sein Buch »Der große Betrug. Und was Jesus wirklich sagte und tat« einleitet, konstatiert er 1998 jedenfalls bündig: »Meine Versuche, durch Interpretation die Wirklichkeit Deiner ›Auferstehung‹ als Erfahrung von Vergebung, als Erfahrung von Ewigkeit und als Erfahrung des Lebens zu bestimmen, mußten (...) scheitern, weil diese Erfahrungen auch abgesehen von Deiner Person und Deiner ›Auferstehung‹ gemacht werden können und nicht von dem, was du Gott nanntest, abhängen.«[9] Der Rekurs auf den geschichtlichen Jesus offenbart nicht mehr das singuläre Urbild eines auch heute noch tragfähigen Ewigkeitsvertrauens, sondern einen Propheten, dessen Botschaft in ihrem Kern ganz einem heute obsoleten Welt- und Gottesbild verhaftet geblieben ist und dessen Hoffnungen zudem von der Wirklichkeit dementiert worden sind – vom »Humbug Deiner ›Auferstehung‹«[10] ganz zu schweigen. Deshalb muß »religiös Schluß sein mit uns beiden (...) – endgültig«.[11]

3. Rückfragen

Mit diesem in der Semantik moderner Partnerbeziehung gekleideten Abschied von Jesus beansprucht Lüdemann nur besonders radikal und besonders wahrhaftig ernst zu machen mit den allgemein anerkannten Resultaten der historisch-kritischen Exegese und mit den unhintergehbaren Implikaten des neuzeitlichen Wirklichkeitsverständnisses und Wahrheitsbewußtseins. In der Tat ist weder zu bestreiten, daß Lüdemann exegetisch in vielen Einzelentscheidungen wie in konzeptionellen Grundlagen durchaus im Rahmen von Positionen bleibt, die in der neuzeitlichen historischen Kritik vertreten werden konnten, noch ist seinem Vorgehen eine innere Konsequenz abzusprechen. Gleichwohl ist seine Argumentationskette (schon 1994) an nahezu jeder Stelle anfechtbar und keineswegs alternativelos. Um dies zu verdeutlichen, will ich ansetzen an drei m.E. zentralen Beobachtungen:
Erstens unterstellt Lüdemann, daß die Jünger (und mit größerer Unbekümmertheit und Krudheit dann die biblischen Autoren) sich ihre innerlich-geistige Christusvision zu einer solchen physischen Wiederbelebung verobjektiviert hätten. Nun wird aber in den neutestamentlichen Texten die österlich-nachösterliche Begegnung mit Jesus *nirgends* als schlichte Wiederherstellung des status quo ante geschildert. Gerade die besonders ›realistischen‹ Darstellungen oszillieren in ganz eigentümlicher Weise zwischen Wiedererkennen und irritierender Fremdheit, zwischen Verkennung der Gestalt und Wiedererkennen anhand symbolischer Gesten (Emmaus!), zwischen Anwesenheit und Entzogenheit, zwischen Erinnerung und Beauftragung, und es ist gewiß kein Zufall, daß der ›*Vorgang*‹ der Auferstehung nirgends beschrieben wird. Lüdemanns

---

[9] *G. Lüdemann,* Der große Betrug. Und was Jesus wirklich sagte und tat, Lüneburg 1998, 9–18, hier: 16f.
[10] A.a.O., 16.
[11] A.a.O., 18.

Objektivierungsthese ist daher zumindest in der Form, die er ihr gegeben hat, an den Texten nicht ausweisbar.

Zweitens bestimmen alle biblischen Aussagen zur Auferstehung diese unisono als *Handeln Gottes an Jesus*, das allen Erscheinungen vor den Jüngern bedingend vorausgeht. So wahr sich Ostern konstitutiv als Erschließungwiderfahrnis der Jünger ereignet, so wahr ist dadurch nicht aus-, sondern eingeschlossen, daß als Grund dieses Widerfahrnisses ein Geschehen an Jesus gedacht und bekannt wird. Lüdemanns Wirklichkeitsverständnis sieht indes die Kategorie »Handeln Gottes« gar nicht vor.

Drittens schließlich wird mit großer Selbstverständlichkeit in den Osterzeugnissen durchweg Jesus als das unverfügbare *Subjekt seiner Selbstvergegenwärtigung* genannt, die zudem als gänzlich unerwartet beschrieben wird. Dies kontrastiert in der Bewegungsrichtung diametral einer Deutung, die die Ostererscheinungen als aus dem Innern der Seele aufsteigende Erkenntnis dechiffriert.[12]

Für Lüdemanns Position selbst hätten diese Beobachtungen vermutlich keine Konsequenzen, beansprucht er doch, sie rekonstruieren zu können als Implikate eines vormodernen Wirklichkeitsverständnisses bzw. als Momente eines mehrstufigen Reflexions- und Rationalisierungsprozesses, der ausgeht von der ursprünglichen visionsförmigen Evidenzerfahrung, daß die Botschaft des vorösterlichen Jesus vom vergebenden Gott auch trotz und nach seinem Tod noch gilt. Die schillernde Gestalt der Ostererzählungen etwa ließe sich dann erklären als Ausdruck des Bedürfnisses, die zur Begegnung mit einem physisch Wiederbelebten rationalisierte Evidenzerfahrung durch legendarisch-mirakulöse Ausschmückung atmosphärisch an ihre ursprüngliche Visionsförmigkeit rückzubinden. 1994 war Lüdemann noch überzeugt, daß seine Rekonstruktion dieser Erfahrung theologisch so tragfähig sei, daß »wir« auch ohne den Rekurs auf die problematischen Resultate des beschriebenen Reflexionsprozesses »noch Christen sein« können. 1998 hingegen war ihm die Verbindung einer existentiellen Gehaltenheitserfahrung mit Jesu Verkündigung vom vergebenden Gott brüchig geworden. In dem bereits zitierten »Brief an Jesus« konstatiert er zurecht: »In meinen Versuchen, an Dich anzuknüpfen und Dich als Grundlage meines Lebens zu verstehen, lebte ich heimlich doch von Ostern, von Deinem österlichen Bild, das

---

[12] Damit ist natürlich noch nicht jedes ›visionäre‹ Verständnis der Ostererscheinungen ausgeschlossen. Aber auch deren Deutung als innerpsychische Erschließungserfahrungen müsste zumindest berücksichtigen, daß die einschlägigen Texte als Subjekt dieser Erschließung den Erhöhten selbst (z.B. Act 9) bzw. Gott (Gal 1,16) nennen.

auf dem Dogma der Kirche beruht.«[13] In der Tat sind Lüdemanns Skizzen eines dogmenfrei-jesuanischen Christentums ohne weiteres als wenig explizierte Schwundstufe der dogmatischen Christologie erkennbar, von der sie zumindest den Autoritätsanspruch Jesu borgten. Lüdemanns Selbstkritik ist daher von seinen eigenen Voraussetzungen her nur konsequent.

Allerdings muß man diese Voraussetzungen nicht teilen. Weder sein historischer noch sein theologischer Umgang mit den Quellen des Auferstehungszeugnisses noch gar sein Verständnis neuzeitlicher historischer Rationalität sind über jeden Zweifel erhaben. Ich möchte dies aber nicht direkt entfalten[14], sondern im Medium einer Deutung der Auferstehungswirklichkeit, die das Verhältnis von ursprünglicher Erfahrung, sprachlicher Interpretation und ›Wirklichkeit‹ anders bestimmt, als Lüdemann das tut. Ich konzentriere mich dazu auf die Frage der *Leiblichkeit* der Auferstehung.

4. Die Auferstehung Jesu als Vorwegereignung der Vollendung im Vorläufigen und die ihr angemessene metaphorisch-reale Sprache

Zunächst möchte ich eine argumentative Grundfigur Lüdemanns übernehmen, sie aber anders besetzen. Lüdemann interpretiert die von ihm als ursprünglich angesehenen Visionen als Applikation von Jesu Vergebungszuspruch auf die nachkarfreitägliche Situation der *Jünger*. Weiter dürfte es jedoch führen, den Komplex der Osterzeugnisse als Applikation von Jesu Reich-Gottes-Verkündigung auf das nachkarfreitägliche Geschick *Jesu selbst* zu verstehen.[15]

Um dies zu verdeutlichen, gehe ich von der Überlegung aus, daß die Erwartung einer endzeitlichen Totenauferweckung essentiell zu Jesu Heilsbotschaft gehörte, ja daß sie im Zentrum seines Verständnisses von Gott als einem *Gott des Lebens* stand. Dies hat Joachim Ringleben jüngst anhand der Perikope von der Sadduzäerfrage (Mk 12,18–27 par) eindrücklich herausgearbeitet.[16] »Gott ist nicht der Toten, sondern der Lebendi

---

[13] *Lüdemann*, Der große Betrug, a.a.O., 15f.
[14] Zum Erfordernis einer »Metakritik der neuzeitlichen Geschichtswissenschaft« bzw. eines »metakritische(n) Diskurs(es) mit der historischen Vernunft« vgl. die Rezension von *G. Essen*, in: ThRev 90 (1994), Sp. 480–485, hier: 485.
[15] Ingolf U. Dalferth (Der auferweckte Gekreuzigte. Zur Grammatik der Christologie, Tübingen 1994, 69) spricht von der »*Anwendung der Botschaft Jesu von Gottes Heil schaffender und Leben eröffnender Nähe auf Jesus selbst*«. Zum Begriff der »Anwendung« in diesem Zusammenhang vgl. ders., Volles Grab, leerer Glaube? Zum Streit um die Auferweckung des Gekreuzigten, in diesem Band 279-311, hier:303, Anm. 54.
[16] Vgl. *J. Ringleben*, Wahrhaft auferstanden. Zur Begründung der Theologie des

gen Gott«, heißt es in der lukanischen Fassung (Lk 20,38) als Konsequenz aus dem Schriftbeweis für die Auferstehung, »denn ihm leben sie alle.« Wenn das aber so ist, dann ist der Gedanke, daß Gott Jesus nicht im Tode lassen würde, nicht nur ein beliebiges Element des weltanschaulichen Hintergrunds der Jünger, mit dem sie ihre österliche innere Evidenzerfahrung verobjektivieren konnten (aber nicht mußten), sondern dieser Gedanke muß ein konstitutives Element jener österlichen Evidenzerfahrung selbst sein. Anders gesagt: Daß Jesu Botschaft weitergilt und durch seinen Tod nicht dementiert ist, das wird nicht evident ohne die Gewißheit, daß er nicht im Tode geblieben ist.

Zurecht hat Ingolf U. Dalferth freilich darauf aufmerksam gemacht, daß von der Erwartung einer allgemeinen endzeitlichen Totenauferweckung keine direkte Linie führe zu der Überzeugung, daß Jesus als Einzelner inmitten der unvollendeten Geschichte auferstanden sei. Die allgemeine Möglichkeit impliziert nicht als solche bereits die konkrete Wirklichkeit.[17] Die Auferstehung Jesu war mithin weder erwartbar noch gleichsam deduzierbar. Es war nicht von vornherein klar, daß es so kommen würde, so daß die Jünger ganz gelassen auf das Eintreffen hätten warten können. Die Überzeugung, daß Jesus lebt, mußte *Widerfahrnischarakter* haben. *Wenn* diese Überzeugung sich jedoch einstellte, und wenn sie die Authentizität von Jesu Botschaft erneut in Kraft setzte, dann mußte die Gestalt jenes Evidenzwiderfahrnisses gleichsam unmittelbar mit der Auferstehungsvorstellung verbunden werden. Ein Zurück hinter diese Verschmelzung zu einer vermeintlich ›reineren‹ Gestalt (etwa der ›Erhöhung‹) erscheint mir historisch und theologisch kaum möglich.

Gerade die Unerwartbarkeit der voreschatologischen Auferstehung eines Einzelnen macht es m.E. auch unwahrscheinlich, daß »Auferstehung« *nur* als nachgängige Interpretationsfigur, als sekundäres Reflexionskonstrukt fungierte. Genau die irritierende Einzigartigkeit des Phänomens setzte allerdings ipso facto einen weitergehenden Interpretationsprozess aus sich heraus, der im Horizont des biblisch geprägten und von Jesus spezifisch akzentuierten Wirklichkeitsverständnisses die Implikationen des Widerfahrnisses herausarbeitete, und zwar nicht nur im Blick auf das Sein Jesu, sondern wesentlich und ineins damit auch im Blick auf seine Bedeutung für die Adressaten der Erscheinungen. Die biblischen Auferstehungszeugnisse dokumentieren dann gewissermaßen verschiedene Formen und Stufen einer Mischung von Unmittelbarkeit und Reflexion.

---

lebendigen Gottes, Tübingen 1998, 11–27.
[17] Vgl. *Dalferth*, Der auferweckte Gekreuzigte, a.a.O. [Anm. 15], 62, bes. Anm. 47.

»*Was sucht ihr den Lebendigen bei den Toten?*« 177

Wenn das stimmt, wenn also »Auferstehung« den unmittelbaren Bedeutungshof jener österlichen Begegnungswiderfahrnisse darstellt, dann verdienen jene Osterzeugnisse verstärkte Beachtung, die die *Leiblichkeit* des Auferstandenen in den Blick nehmen. Die historische und theologische Priorisierung der unanschaulich-gestaltlosen, der Licht-Erscheinungen wird fragwürdig.

Via negationis wird die Leiblichkeit in den Erzählungen vom leeren Grab thematisch. Anders als Lüdemann halte ich es für unwahrscheinlich, daß sie nicht jedenfalls einen historischen Kern enthalten. Daraus folgt keineswegs, daß sie als ›Beweise‹ für die Historizität der Auferstehung dienen könnten; für die Erklärung des leeren Grabes gibt es viel zu viele Alternativen, deren historische Plausibilität nicht ohne weiteres von der Hand zu weisen ist (Leichenraub, unbekanntes Massengrab usw.).

Es scheint aber, daß diese Erzählungen als solche Beweise auch gar nicht dienen *sollen*. Ihre eigentliche Pointe wird vielmehr erst im Zusammenhang mit den Erscheinungserzählungen deutlich: Sie illustrieren die *Entzogenheit* des irdischen Leibes Jesu und verhindern dadurch ein doketisches Auseinandertreten zwischen dem verwesenden Körper Jesu einerseits und seinem dann rein spirituell zu verstehenden Fort- oder Neubestehen andererseits. Insofern ist die Beantwortung der Frage »Verwest oder nicht?« kein theologisches Adiaphoron. Es gibt vielmehr gute Gründe zu behaupten: *Das Grab muß leer gewesen sein.*[18]

---

[18] Dieser Satz zieht theologisch deutende Konsequenz aus der historischen Einsicht, daß für die frühen Christen »im Horizont der jüdisch-apokalyptischen Tradition« »das leere Grab ein notwendiges Implikat der Auferweckung« gewesen ist (so zu Recht *I. U. Dalferth*, Volles Grab, leerer Glaube?, a.a.O. [Anm. 51], 301,vgl. 295, Anm. 42). Dalferth allerdings bestreitet diese Konsequenz entschieden: »(...) daß Jesus auferweckt wurde, muß nicht bedeuten, daß sein irdischer Leib nicht mehr im Grab sein *könnte*« (296f, Herv. von mir). Nach Dalferth »scheinen« zwar »alle historisch zugänglichen Informationen dafür zu sprechen, daß es [sc. das Grab] leer gewesen ist« (298, Anm. 47). Dennoch »schließt« s.E. die konstitutive Entsprechung der Auferweckung Jesu und der allgemeinen Totenauferweckung »die Verwesung seines Leibes faktisch ein« (298). Da Dalferth offenkundig Auferweckung generell als *kopräsent* zur (fortdauernden!) Verwesung des Leibes denkt, muß er zumindest auf der prinzipiellen *Möglichkeit* insistieren, »*daß der auferweckte Gekreuzigte im Grab verwest ist*« (298). Weil nun aber die Bestreitung des Verwesungsschicksals für Jesus nach Dalferth negiert, »daß er unseren Tod gestorben ist und tot war wie wir« (ebd.), und deshalb identisch ist mit »Doketismus und Bestreitung der soteriologischen Relevanz von Jesu Tod und Auferweckung« (298f), müßte Dalferths Position konsequenterweise auf die weiter gehende historische Behauptung hinauslaufen, daß Jesu Leichnam auch nach Ostern weiterverwest ist, wenngleich dies aus kontingenten Gründen (etwa der Unauffindbarkeit des Grabes) weder für Jünger noch für Gegner nachprüfbar war. Indes dürfte Dalferths Kopräsenzannahme kaum haltbar sein. Denn der Auferstehungsglaube ist nicht das Resultat des Versuchs, die »zwei scheinbar inkompatible(n) Aussagen«

Wenn ich dieses anti-doketische Motiv für einen wenngleich zweitrangigen und unselbstständigen, so doch notwendigen Aspekt des Auferstehungsglaubens halte[19], dann bedeutet dies keineswegs, daß ich einem krud-materialistischen »Auferstehungsfetischismus« das Wort reden wollte. Im Gegenteil zeigen gerade die Erzählungen von den konkreten österlich-nachösterlichen Begegnungen mit Jesus ebenso wie die Überlegungen des Paulus zum Auferstehungsleib in 1Kor 15, daß die Realität der Auferstehung durchaus nicht in linearer Kontinuität zur irdischen Existenz gedacht ist: Es geht immer um eine *transformierte* Leiblichkeit (vgl. 1Kor 15,51!), die sich zudem nur in einer sehr spezifischen Weise erschließt. Diesem entscheidenden Aspekt müssen wir uns nun genauer zuwenden.

Wie bereits gesagt, berichten die Ostererzählungen keineswegs von einer freudigen Wiederbegegnung mit einem kurzzeitig Abwesenden und einer umstandslosen Wiederaufnahme der durch den Zwischenfall des Kreuzes nur kurzfristig unterbrochenen Lebensgemeinschaft. Die tiefe Verstörung, die die Begegnung mit Jesus bei den Jüngerinnen und Jün-

---

(304) »›Jesus ist tot‹ und ›Jesus lebt‹« (304) »*gleichzeitig* als zwei je für sich unbestreitbar erfahrungsbegründete Sachverhalte vertreten und bekennen (zu) können« (304; Herv. von mir). Die Aussage »Jesus lebt« ist vielmehr nur mit der Aussage »Jesus ist wirklich gestorben (bzw. war wirklich tot)« vereinbar, nicht aber mit der Behauptung: »Jesus ist weiterhin tot.« Dem entspricht auch, daß der Auferweckungsgedanke durchaus schlüssig mit der Vorstellung einer (wie auch immer transformierenden) Restitution der verwesten Leiber verbunden werden kann (vgl. plastisch die – ursprünglich freilich nicht auf Auferstehung bezogene – Metaphorik in Ez 37; auch in 1 Kor 15 ist eine eschatologische *Leiblichkeit* vorausgesetzt).

[19] Warum »die Erzählung vom leeren Grab« eo ipso »pseudophysikalisch (...) mißbraucht« ist, wenn sie der »Verkündigung des auferstandenen Christus« als »conditio sine qua non« zugeordnet wird (so E. *Jüngel*, Thesen zur Grundlegung der Christologie, in: ders., Unterwegs zur Sache, München 1972, 274–295, hier: 287; zustimmend zitiert bei Dalferth, a.a.O. [Anm. 50], 301), vermag mir nicht einzuleuchten. Die von Dalferth gestellte und vehement verneinte Frage, »ob die *Möglichkeit*, daß es [sc. das Grab] nicht leer war, die Wahrheit des Bekenntnisses der Auferweckung Jesu durch Gott unmöglich machen würde« (298, Anm. 47), erscheint mir schon als Fragestellung unangemessen. Es kann theologisch doch nicht um die abstrakte Möglichkeit gehen, daß Gott Jesus auch in einer Weise auferweckt haben *könnte*, die mit seiner fortdauernden Verwesung vereinbar ist, wenn anders Theologie einem unhintergehbaren *Faktum* nach-denkt, das uns nur über die biblischen Zeugnisse zugänglich ist. Wenn nun aber (wie auch Dalferth anerkennt) für die frühen Christen die österlichen Erscheinungen die Annahme des leeren Grabes implizierten (und zwar durchaus als »conditio sine qua non«!) und sich also (*gegen* Dalferth, a.a.O., 301) »für die Erscheinungszeugen« durchaus etwas »geändert« hätte, »wenn das Grab nicht leer gewesen wäre«, (nämlich die *Glaubwürdigkeit* der Erscheinungen), dann spricht m.E. mehr dafür als dagegen, diesem Zusammenhang auch in der Gegenwart bis zum Erweis des Gegenteils theologische Sachhaltigkeit zuzugestehen.

gern stattdessen auslöst, erklärt sich auch nicht aus der schieren Tatsache, daß ein Totgeglaubter plötzlich wiedererscheint, als wäre nichts geschehen. Die Erzählungen stellen vielmehr die Erscheinung Jesu selbst in einem merkwürdigen, durchaus nicht harmonisierten Oszillieren von Konkretheit und Entzogenheit, von identifizierbarer Alltäglichkeit und geradezu gespenstischem Schein, von Empirisch-Erwartbarem und Überempirisch-Mirakulösem dar, und ebenso changiert die Reaktion der Jüngerinnen und Jünger zwischen Erkennen und Verkennen, zwischen Schrecken, Spott, Unglauben und ergebener Anbetung.[20] Auch im Erzählduktus, in der literarischen Form verschmelzen konkrete Darstellung, metaphorisch-legendarische Ausgestaltung und theologische Deutung zu einer untrennbaren Einheit.

Trifft es nun zu, daß die Erwartung endzeitlicher Totenauferweckung den ursprünglichen Verständnishorizont der österlichen Widerfahrnisse der Jünger bildet, dann erweisen sich diese Erzählungen in Form und Inhalt jedoch als überraschend sachgemäß. Wenn nämlich die Totenauferweckung als Werk Gottes am gesamten Gottesvolk am Ende der Geschichte erwartet wird, dann kann die reale Begegnung mit dem Gekreuzigten, so sie denn als Auferstehung verstanden wird, nur als zutiefst verstörende singuläre Vorwegereignung des *Endes* der Geschichte *inmitten* der Geschichte erscheinen.[21] Dies bestimmt ihren ontologischen Charakter und ihren epistemologischen Status.

Denn wenn mit der Auferstehung Jesu nicht die allgemeine Totenauferweckung einher geht, dann ist damit eine als solche bereits irritierende *Differenz* zur endzeitlichen Erwartung angezeigt. Es kam anders, als erwartet. Diese Differenz entsteht aber erst daraus, daß die Weise der österlichen Erscheinung Jesu strukturell und inhaltlich jener allgemeinen Erwartung *entspricht*. Denn sonst käme man ja gar nicht auf die Idee, die österliche Erscheinung mit der endzeitlichen Totenauferweckung zu vergleichen und einen Unterschied festzustellen. Noch einmal anders gesagt: Wenn Jesus nicht so erschienen wäre, wie man sich die endzeitliche Totenauferweckung erwartete, wäre es nicht weiter aufgefallen, daß außer ihm keine weiteren Toten auferweckt wurden.

Nun kommt aber noch eine Schwierigkeit hinzu: Wie am ausführlichsten in 1Kor 15 erörtert wird, wird das endzeitliche Sein selbst in Kontinuität

---

[20] Auf die systematischen Implikationen dieses Sachverhalts hat besonders Michael Welker aufmerksam gemacht. Vgl. ders., Auferstehung, in: Glaube und Lernen 9 (1994), 39–49; ferner jetzt ders., Was geht vor beim Abendmahl?, Stuttgart 1999, 22–31.

[21] Das Motiv der antizipierten Vollendung der Bestimmung des Menschen im Zusammenhang der vollendeten Geschichte der Schöpfung steht bekanntlich im Zentrum des Auferstehungsverständnisses von Wolfhart Pannenberg. Vgl. etwa ders., Systematische Theologie, Bd. 2, Göttingen 1991, 385–405, bes. 392f.

und Diskontinuität zur irdischen Existenz beschrieben. »Es wird gesät verweslich und wird auferstehen unverweslich«, heißt es bei Paulus. »Es wird gesät ein natürlicher Leib (σῶμα ψυχικόν) und wird auferstehen ein geistlicher Leib (σῶμα πνευματικόν)« (1Kor 15,42b.44a). Die endzeitliche Existenz erscheint als diskontinuierliche, der göttlichen Neuschöpfung verdankte Identität, als transformierte Leiblichkeit. Gilt dies auch für Jesus, dann *kann* seine österliche Existenz, gerade *weil* er als auferstanden verstanden wird, gar nicht als unveränderte physische Wiederbelebung begriffen und dargestellt werden. Die Alternative, die Lüdemann aufbaut und die manche seiner Gegner mit ihm teilen – entweder Jesus ist physisch wiederbelebt worden, oder er lebt nur im Geist der an ihn Glaubenden weiter –, diese Alternative ist falsch gestellt. Sie kann einem Sachverhalt nicht gerecht werden, der nur als zugleich innergeschichtlich und ›endgeschichtlich‹ erschließbar ist und zu dessen Verständnishorizont es *wesentlich* gehört, daß er nur von Gott selbst herbeigeführt werden kann.

Der spezifische Charakter der Auferstehung Jesu als singuläre Vorwegereignung der allgemeinen Bestimmung des Menschen und als definitiver Selbstweis Gottes unter den Bedingungen der Kontingenz hat nun, wie bereits erwähnt, die Konsequenz, daß dieses Ereignis innergeschichtlich weder als Ereignis unter kategorial gleichen Ereignissen verstanden noch daß es aus theologischen Prämissen gleichsam deduziert werden kann. Die Deutung der Begegnungen mit Jesus als Begegnungen mit dem *Auferstandenen* versteht sich also nicht von selbst. In den biblischen Ostererzählungen ist das dadurch zum Ausdruck gebracht, daß der Auferstandene sich selbst den konsternierten Jüngern allererst *erschliessen* muß.

Gerade wegen der kategorialen Einzigartigkeit *bleibt* die Auferstehung aber ein irritierendes Phänomen, das die Nachbarschaft des Unglaubwürdig-Mirakulösen nie verliert. Dies bestimmt auch die *Sprachgestalt* des Redens von der Auferstehung: Sie kann gar nicht anders als *metaphorisch-real* sein. *Metaphorisch* ist dieses Reden, weil die Auferstehung als singuläre Vorwegereignung des Zukünftigen und mithin als gegenwärtige Zukunft nur mit den sprachlichen Mitteln der Gegenwart, mit den gegenwärtig verfügbaren Hoffnungsbildern beschrieben werden kann. *Real* ist es hingegen, weil es sich bei der Auferstehung um ein Ereignis *in* der Zeit handeln muß. Die von Lüdemann als unredliches Ausweichen kritisierte Unschärfe bei der Beantwortung der Frage »Was ist damals ›eigentlich‹ passiert?« hält dann jedenfalls eher ein Bewußtsein für die komplexe Wirklichkeit der Auferstehung wach als Lüdemanns eigener Versuch, diese Wirklichkeit auf die eine Dimension der naturwissenschaftlich nachprüfbaren Empirie zurückzuführen. Diese Unschärfe ist aber auch allen gegenläufigen Versuchen vorzuziehen, die Wirklichkeit der Auferstehung auf die Dimension der *Bedeutung* zu reduzieren und die Frage nach dem Faktum zu verabschieden, wie das etwa bei Willi Marxsen geschieht.

Unzureichend wäre es freilich genauso, die Auferstehungswirklichkeit gleichsam objektivistisch so von ihrer Erscheinung vor den Jüngern und für die Jünger zu trennen, daß die subjektive Aneignung dem Geschehen äußerlich bliebe. Auferstehung, Erscheinung des Auferstandenen und gläubige Aneignung sind irreduzibel-unterschiedene Aspekte eines gleichwohl einheitlichen Zusammenhangs. Gerade daß in der Auferstehung Jesu antizipatorisch die allgemeine Bestimmung der Menschen zur Anschauung kommt, impliziert ja die Bedeutung dieses Geschehens für jeden und jede Einzelne, und die Versprachlichung dieser Anschauung schließt immer das subjektiv-intersubjektive Moment der Entfaltung ihrer Bedeutung ›*für mich*‹ bzw. der Entfaltung ihrer umfassenden Bedeutung ›*aus meiner Perspektive*‹ ein. Schon der vorlaufende (nicht vorläufige, sondern das Ende vorweg nehmende) Charakter der Auferstehung bringt es mit sich, daß das Reden von ihr in keiner metaphorisch-realen Sprachgestalt definitiv zur Ruhe kommt, und initiiert immer neue Versprachlichungsbemühungen. Die Dimension der subjektiv-intersubjektiven Aneignung steigert dann aber noch einmal die Vielfalt möglicher Ausdrucksformen. Diese Vielfalt findet freilich darin ihre Grenze und ihre Einheit, daß die Aneignungen rekursiv anknüpfen an die ursprünglichen Zeugnisse. Es entsteht dadurch ein dichtes syn- und diachrones Beziehungsfeld von Verweisen auf den ›auferweckten Gekreuzigten‹, worin dieser in vielfältig differenzierter (und keineswegs notwendig homogener!) Weise vergegenwärtigt und gegenwärtig wird.

Weil nun der Auferweckte erkennbar mit dem Gekreuzigten identisch ist, setzt die Begegnung mit ihm von Anfang an einen Prozess der österlich qualifizierten *Erinnerung* an den irdischen Jesus in Gang, der schon die Gestalt der Evangelien, ebenso aber das beschriebene Beziehungsfeld der Vergegenwärtigungen bestimmt. Das Auferstehungszeugnis beschränkt sich also nicht auf die isolierte Evokation der Hoffnung auf eine der Auferweckung Jesu als ihrem Ermöglichungsgrund analoge Totenauferstehung, sondern es evoziert zugleich, ja impliziert geradezu ein »lebendiges Gedächtnis«[22] von Jesu Verkündigung und Wirken.[23] *Le*

---

[22] M. Welker, Was geht vor beim Abendmahl?, a.a.O. (Anm. 20), 29.
[23] Deshalb erscheint die Identifikation von Auferstehung und vergewisserter Erinnerung (Marxsens ›Die Sache Jesu geht weiter‹ ebenso wie Lüdemanns ›Jesu Vergebungszuspruch gilt auch mir‹) nur als reduktionistische und einseitige Überzeichnung eines an sich zutreffenden Sachverhalts, den Welker unter Aufgreifen von Jan Assmanns Überlegungen zum »kulturellen Gedächtnis« und zur Bedeutung des »Kanons« angemessener zu fassen versucht. Er bestimmt Auferstehung als

bendig ist dieses Gedächtnis deshalb, weil es »nicht nur ein Erinnern, sondern auch ein Erleben, Bezeugen und Erwarten«[24] ist, das »entzündet« wird durch die (ihrerseits bereits ›österlich‹ motivierte und imprägnierte) sprachliche und symbolische Repräsentation von »Zügen des historischen Jesus«.[25] Die Erinnerung gewinnt dann selbst vorausweisende, Verhalten und Haltungen inspirierende und konturierende Qualität. Sie gibt der Hoffnung damit ihre konkrete Gegenwartsgestalt.

In der Osterausgabe der »Süddeutschen Zeitung« begrüßte Joachim Kaiser 1999 mit einem schon drucktechnisch herausgehobenen Artikel emphatisch den neuen Chefdirigenten der Münchener Philharmoniker.[26] Unter dem Titel »Die Liebe zu den Noten« rühmte er James Levines »Werktreue aus Realismus und Liebe«, die indes »keineswegs dazu (führe), daß alle Interpretationen sich mehr oder weniger ähneln.« Denn: »Große Kunst ist immer *gebunden-vieldeutig.*« Was für die Wahrheit und die Vergegenwärtigung »großer Kunst« gilt, sollte das für die Botschaft von Jesus Christus nicht gelten? Es gibt jedenfalls auch im Blick auf sie eine *Un*gebundenheit, die *nicht* frei macht zum Verstehen, und eine *Ein*deutigkeit, die der Wahrheit *nicht* näher kommt. Im Kern, so scheint es mir, ist es dieses Streben nach dem Ungebunden-Eindeutigen, das Gerd Lüdemanns Programm zum Scheitern bringt. Die Wirklichkeit des Glaubens ist ›vielspältiger‹, komplexer und darum auch interessanter, als Lüdemann uns glauben macht. Sie muß dann freilich auch zum Klingen gebracht werden. Die Münchener Hörer können mit eigenen Ohren entscheiden, inwieweit James Levine das in *seinem* Metier gelingt. Inwieweit gelingt es in *unserem*?

Etablierung eines auf Jesus bezogenen komplexen kulturellen Gedächtnisses, das sich in der Kirche als dem sozialen »Leib Christi« konkretisiert. Die Gegenwart des Auferstandenen findet dann im Abendmahl ihre größte Verdichtung. Noch nicht ganz deutlich ist allerdings, wie Auferstehung in diesem Modell als diesen Kommunikations- und Aneignungsprozessen bedingend vorausgehendes *Handeln Gottes an Jesus* ausgesagt werden kann. Es müsste gesichert werden, daß Jesus nicht gewissermaßen nur ›ins kulturelle Gedächtnis auferstanden‹ ist.

[24] *Welker*, Abendmahl?, a.a.O., 28.
[25] A.a.O., 29.
[26] *J. Kaiser*, Die Liebe zu den Noten. James Levine ist der neue Chef der Münchner Philharmoniker – eine Annäherung, in: SZ 77/1999 (3./4./5. April 1999), 16.

Günter Thomas

»Er ist nicht hier!«
Die Rede vom leeren Grab als Zeichen der neuen Schöpfung

»Das Problem ist hier nicht die Frage, ›Was sind die Fakten?‹, sondern vielmehr die Frage, ›Wie sind die Fakten so zu beschreiben, damit sie eine bestimmte Weise ihrer Erklärung und nicht eine andere sanktionieren?‹«[1]

»Wir wissen, es ist derselbe Leib – denn das Grab ist leer; und es ist ein neuer Leib – denn das Grab ist leer. Wir wissen, Gott hat die erste Schöpfung gerichtet und er hat eine neue Schöpfung in der Gleichheit der ersten geschaffen. Nicht eine Christusidee lebt fort, sondern der leibliche Christus. Das ist Gottes Ja zur neuen Kreatur mitten in der alten. In der Auferstehung erkennen wir, daß Gott die Erde nicht preisgegeben, sondern sich zurückerobert hat.«[2]

Vorbemerkungen

Die periodisch aufflackernden theologischen Debatten um die Auferweckung Jesu Christi spitzen sich regelmäßig auf die Frage zu, ob das Grab voll geblieben und Jesus darin verwest sei oder ob es leer gewesen sei, weil er auferweckt wurde. Dabei wird – wie unlängst in den von Gerd Lüdemann wieder entfachten Auseinandersetzungen – zumeist die Glaubwürdigkeit der Osterbotschaft als solche an die Frage geknüpft, ob

---

[1] *H. White*, Auch Klio dichtet oder Die Fiktion des Faktischen. Studien zur Tropologie des historischen Diskurses. Einführung von Reinhart Koselleck, Stuttgart 1991, 159f.
[2] *D. Bonhoeffer*, Ostern: Auferstehung Christi als Gottes Ja zu aller Kreatur, in: ders., Predigten – Auslegungen – Meditationen 1925–1945, Bd. 2, München 1985, 356. Zu Bonhoeffers Verständnis der Auferstehung siehe auch den Beitrag von Luise Burmeister in diesem Band.

das leere Grab wohl ein historisches Faktum sei.³ Nachdem die systematisch-theologische Diskussion um die Auferstehung in den 60er Jahren ihren letzten Höhepunkt erlebt hat⁴, mehren sich in den letzten Jahren wieder die systematischen Beiträge zum Thema.⁵ Hierbei läßt sich die Tendenz erkennen, daß die Rede vom leeren Grab eher als Problemanzeige, denn als erschließungsfähige theologische Präzisierung des Auferstehungsgeschehens gesehen wird. Am leeren Grab theologisch festzuhalten in dem Sinn, daß Jesus nicht verwest ist, sei, so die provokante Behauptung Ingolf Dalferths, »Doketismus und Bestreitung der soteriologischen Relevanz von Jesu Tod und Auferweckung.«⁶

Die historischen Rückfragen nach dem leeren Grab drohen, so die im folgenden vertretene These, die Pointe der Rede vom leeren Grab zu verfehlen, weil schon die Fragen als *ausschließlich* historische falsch gestellt werden. Wird über der Frage nach dem sogenannten Faktum aber die theologische Rückfrage nach der theologischen Aussage und Erkenntnis in der Rede vom leeren Grab verabschiedet, so führt dies zu problematischen Verkürzungen in der Entfaltung der Wirklichkeit der Auferstehung. Gegenüber einer ausschließlich historischen Rückfrage wie auch gegenüber einer systematischen Erübrigung wird daher hier eine Orientierung an der *neutestamentlichen Rede vom leeren Grab* vorgeschlagen: Was soll theologisch über die Wirklichkeit der Auferstehung ausgesagt werden, wenn von Jesus von Nazareth gesagt wird, daß

---

³ Siehe *G. Lüdemann*, Die Auferstehung Jesu. Historie, Erfahrung, Theologie, Göttingen 1994, und Lüdemanns eigene Weiterentwicklung, wie sie greifbar ist in *ders.*, Der große Betrug. Und was Jesus wirklich sagte und tat, Lüneburg 1989, insbes. 9–18. Zur Auseinandersetzung mit Lüdemann siehe den Beitrag von Bernd Oberdorfer in diesem Band.
⁴ Für Darstellungen und Analysen der verzweigten Diskussion siehe *B. Klappert* (Hg.), Diskussion um Kreuz und Auferstehung. Zur gegenwärtigen Auseinandersetzung in Theologie und Gemeinde, Wuppertal 1967; *H.-G. Geyer*, Die Auferstehung Jesu Christi. Ein Überblick über die Diskussion in der gegenwärtigen Theologie, in: *F. Viering* (Hg.), Die Bedeutung der Auferstehungsbotschaft für den Glauben an Jesus Christus, Gütersloh 1967⁴, 91–117; *G. Essen*, Historische Vernunft und Auferweckung Jesu. Theologie und Historik im Streit um den Begriff geschichtlicher Wirklichkeit, Mainz 1995.
⁵ Siehe *J. Ringleben*, Wahrhaft auferstanden. Zur Begründung der Theologie des lebendigen Gottes, Tübingen 1998; *I. Dalferth*, Kreuz und Auferweckung. Das Wort vom Kreuz, in: *ders.*, Der auferweckte Gekreuzigte. Zur Grammatik der Christologie, Tübingen 1994, 38–84; *ders.*, Volles Grab, leerer Glaube? Zum Streit um die Auferweckung des Gekreuzigten, in diesem Band 279-311; *H. Kessler*, Sucht den Lebenden nicht bei den Toten. Die Auferstehung Jesu Christi in biblischer, fundamentaltheologischer und systematischer Sicht, Düsseldorf 1987². Die neueren exegetischen Beiträge sind rezipiert in dem jüngst erschienenen Band von *F. Avemarie /H. Lichtenberger (Hg.)*, Auferstehung – Resurrection, Tübingen 2001.
⁶ *Dalferth*, Volles Grab, 297 (Anm. 46).

sein Grab leer gewesen sei? Geht es hier theologisch um ein »sprechendes Zeichen«, so ist anzugeben, *wofür* es ein Zeichen ist.[7]
Die folgenden Ausführungen sind nicht voraussetzungslos. Die Befragung der Rede vom leeren Grab geht von der theologischen Einsicht aus, daß in Christus, d.h. im Ereignis von Kreuz und Auferstehung, die ›neue Schöpfung‹ Gottes anbricht. Die ›neue Schöpfung‹ ist neben dem ›Reich Gottes‹ und dem ›jüngsten Gericht‹ eines der eschatologischen Leitsymbole des christlichen Glaubens, das trotz verschiedener Überschneidungen mit den anderen beiden Symbolen unverzichtbare eigene Aspekte zur Sprache bringt.[8] Das leere Grab ist, so die hier zugrundegelegte Erwartung, mehr als »eine theologische Satire über die Blamage des Todes«, insofern es als ein Zeichen der neuen Schöpfung ein Erschließungspotential für das theologische Verstehen der neuen Schöpfung hat.[9]
Hierzu sind zwei Vorabklärungen notwendig. Die erste dieser Klärungen besteht in der Differenzierung der Hinsichten und Perspektiven, in denen nach dem leeren Grab gefragt werden kann (I.). Die zweite, direkt daran anschließende Klärung führt die Unterscheidung zwischen Wahrnehmungen und der Kommunikation des Evangeliums ein, um deutlich zu machen, daß sich die theologische Reflexion zunächst nur auf Kommunikation, nicht aber auf historische Ereignisse beziehen kann (II.). Für die Erschließung der Rede vom leeren Grab für die Wirklichkeit der neuen Schöpfung wird dann in einem ersten Schritt der wechselseitige Interpretationszusammenhang von leerem Grab und Erscheinungen beleuchtet (III.1.). Dies führt zu Überlegungen, vom leeren Grab ausgehend das Osterereignis als Geschehen der Treue Gottes zu beschreiben (III.2.). Daran schließt sich die Frage an, wie die Ereignishaftigkeit der

---

[7] Für ein Verständnis des leeren Grabes als »sprechendes Zeichen« siehe *K. Barth*, KD III/2, 542f. u. IV/1, 351. Die Differenz zu Barth liegt darin, daß hier die ›Rede vom leeren Grab‹ als Zeichen verstanden wird. Zur Überlieferung des leeren Grabes als »äußeres Zeichen für die ›Auferstehung Jesu‹« vgl. auch *J. Moltmann*, Der Weg Jesu Christi. Christologie in messianischen Dimensionen, München 1989, 244.

[8] Der Zusammenhang zwischen dem leeren Grab, der Leiblichkeit der Auferstehung und dem eschatologischen Symbol des Jüngsten Gerichts wird in dem Beitrag von Gregor Etzelmüller in diesem Band ausgeleuchtet.

[9] *E. Jüngel*, Thesen zur Grundlegung der Christologie, in: *ders.*, Unterwegs zur Sache. Theologische Bemerkungen, München 1972, 287. Mit den folgenden Überlegungen zum Zusammenhang der Rede vom leeren Grab und der neuen Schöpfung wird weder der Anspruch vertreten, das leere Grab allein oder auch die Auferstehung allein erschließe hinreichend die Wirklichkeit der neuen Schöpfung. Allerdings wird versucht zu belegen, daß der Aspekt des leeren Grabes lohnt, beleuchtet zu werden. Bewußt ausgeklammert sind an dieser Stelle die pneumatologischen Aspekte der neuen Schöpfung.

Auferstehung zu begreifen ist, d.h. was die Bedeutung der scheinbar paradoxen Beschreibung des Nichtbeschreibbaren ist (III.3.a), wie sich dieses Ereignis zum ›Leben‹ Jesu verhält (III.3.b) und welche Temporalstrukturen es aufweist (III.3.c). In materialer Hinsicht zeigt die Rede vom leeren Grab eine Veränderung der prekären geschöpflichen Einheit von Leben und Tod an (III.4.) und erschließt die Schöpfung als *creatura viatorum* (III.5.). Angesichts des theologischen Anspruchs der Rede vom leeren Grab wird im letzten Abschnitt nochmals die Frage nach dem sogenannten historischen Faktum aufgegriffen werden (IV).

1. Vier Typen theologischer Anfragen an die Rede vom leeren Grab

Die Frage nach dem leeren Grab kann in mindestens vier Fragehorizonte gestellt werden, die nicht vollständig unverbunden sind, aber dennoch zu unterscheiden sind und zu unterschiedlichen Problematisierungen des leeren Grabes führen:
1. Im Horizont von Überlegungen zur Historizität des Auferstehungsgeschehens kann nach dem *historischen Faktum* des leeren Grabes gefragt werden, d.h. nach seiner Wahrscheinlichkeit, nach der Verläßlichkeit der schriftlichen Zeugnisse und nicht zuletzt nach den Grenzen der Geschichtswissenschaft in der Erfassung singulärer Ereignisse. So kann, beispielsweise von dem sogenannten echten Markusschluß ausgehend, die Rede vom leeren Grab als Legendenbildung des 1. Jhs. begriffen werden, die nicht deutlich vor das Jahr 70 n.Chr. zurückreicht.
2. Davon zu unterscheiden ist die ideen- und religionsgeschichtliche Fragestellung, ob die zeitgeschichtlich verbreitete Vorstellung der Auferweckung resp. Auferstehung von den Toten notwendig mit der *Vorstellung eines leeren Grabes* verbunden gewesen ist, ob eine Auferstehung auch ohne das leere Grab denkbar ist und was die historische Bedeutung der Vorstellung des leeren Grabes ist. Offensichtlich verbinden die neutestamentlichen Bekenntnisformeln wie auch Paulus (1Kor 15, 12–19) die Auferstehung nicht explizit mit einem leeren Grab. Darüberhinaus scheinen einige außertestamentarische Belege (äthHen 22 und Jub 23,31) eine Verbindung von Auferstehung und leerem Grab auszuschließen.
3. Bezogen auf die neutestamentlichen Zeugnisse der Auferstehung Jesu kann die historisch-philologische Frage aufgeworfen werden, ob *die literarischen Zeugnisse* vom leeren Grab historisch ›ursprünglich‹ sind oder ob historisch relativ ›spät‹ zu lokalisierende Erzählungen vorliegen. Erweisen sich die literarischen Zeugnisse als ›später‹, so sind scheinbar die historisch früheren als sachgemäßere und zugleich theologisch verläßlichere zu privilegieren. Werden das paulinische Selbstzeugnis der

Christusvision vor Damaskus und die Auseinandersetzung im 1. Korintherbrief als historisch ›frühere‹ literarische Zeugnisse eingestuft, so werden von ihnen aus die Erzählungen der Erscheinungen und die vom leeren Grab als theologisch von nachgeordneter Bedeutung für die Erschließung des Auferstehungsgeschehens betrachtet.

4. Ausgehend vom Faktum der neutestamentlichen Rede vom leeren Grab kann nach der *systematisch-theologischen Bedeutung der Rede vom leeren Grab* für ein gegenwärtiges Verstehen des Auferstehungsereignisses gefragt werden. In diesem Fall wird die Bedeutung des literarischen Zeichens des leeren Grabes analysiert und davon ausgehend beurteilt, ob es sich um ein notwendiges, ein kontingentes oder gar ein für das theologische Verstehen des Auferstehungszeugnisses irreführendes Zeichen handelt. Gibt das leere Grab Anlaß für ein historisierendes Mißverständnis des Auferstehungsgeschehens und leistet es einer fragwürdigen Relativierung des Kreuzesgeschehens Vorschub, so muß es, so das Argument, als irreführendes Zeichen angesehen werden. Und ist die Erwähnung des leeren Grabes kein Bestandteil der frühen Bekenntnisformeln, kann dieses keinen theologischen Beweis für die Auferstehung leisten. Sind darüber hinaus die Erscheinungen auch nicht notwendig an die Lokalität des leeren Grabes gebunden, so scheint dieses Zeichen theologisch bedeutungslos zu sein.[10]

Die ersten drei Anfragen repräsentieren alle *historische* Fragestellungen, entweder bezogen auf das empirische ›Faktum‹, auf die religionsgeschichtliche Vorstellung oder auf die literarische Überlieferung. Auf allen drei Ebenen wurden und werden gegen eine Relativierung der Rede vom leeren Grab entsprechende Gegenargumente angeführt. So hat Hans von Campenhausen gezeigt, daß auf der Basis der neutestamentlichen Texte auch die Historizität des leeren Grabes plausibilisiert werden kann bzw. für den Historiker dieses Faktum vergleichsweise adäquat belegt ist.[11] Die historische Faktizität des Grabes kann darüber hinaus Teil eines Auferstehungsgeschehens sein, das von der Ausweitung des der historischen Forschung zugrundeliegenden Wirklichkeitsverständnisses ausgeht.[12] Auch die Tatsache, daß die frühen Bekenntnisformeln wie

---

[10] Die verbreiteste Strategie der Entledigung der theologischen Bedeutung der Rede vom leeren Grab ist die Feststellung, daß die Überlieferung vom leeren Grab »für sich genommen theologisch nicht aussagekräftig« ist. So exemplarisch *Dalferth*, Volles Grab, 295 (Anm. 5). Allerdings ist die Schlußfolgerung aus dieser zweifellos richtigen Feststellung nicht überzeugend.

[11] Siehe *H. v. Campenhausen*, Der Ablauf der Osterereignisse und das leere Grab, Heidelberg 1966³. Für eine umsichtige und ausgewogene Darstellung der Diskussion um das leere Grab siehe *G. Theißen/A. Merz*, Der historische Jesus, Göttingen 1997², 435–443.

[12] So im Anschluß an v. Campenhausen *W. Pannenberg*, Grundzüge der Christologie,

auch 1Kor 15 nicht explizit vom leeren Grab sprechen, erfordert nicht zwingend den Rückschluß, daß dieses definitiv außerhalb der Vorstellung von Auferstehung liegt. Ebenso hält der Verweis auf Belegstellen für eine Entkoppelung von Auferstehung und leerem Grab einer näheren Betrachtung nicht stand.[13] Und nicht zuletzt vermag die dem dritten Einwand zugrundeliegende Annahme, die späteren Zeugnisse seien hinsichtlich ihrer systematischen Erfassung des Ereignisses per se die inadäquateren, nicht zu überzeugen.[14] Darum gehe es, so die Gegenkritik, »nicht an, die Grabestradition (unter Berufung auf Paulus) pauschal als theologisch nebensächliche späte apologetische Legendenbildung abzutun«.[15]

Obwohl es zwischen diesen drei historischen Fragehorizonten und der systematisch-theologischen Verstehensbemühung einen Resonanzraum gibt, ist letztere *nicht unmittelbar* an die Fragen und Befunde der historischen Forschung angekoppelt. Zugespitzt formuliert: Selbst dann, wenn a) das leere Grab kein ›historisches Faktum‹ sein sollte, wenn es b) religionsgeschichtlich nicht notwendiges Implikat der Vorstellung der Auferstehung sein sollte und wenn c) die Rede von ihm nicht die historisch ›ursprüngliche‹ theologische Redeweise vom Ostergeschehen widerspiegeln sollte, selbst dann erübrigt sich die Frage nach der heute greifbaren und formulierbaren Bedeutung des unbestreitbaren *Faktums der Rede*

Gütersloh 1969³. Für Pannenbergs Auseinandersetzung mit E. Troeltschs Verständnis von Geschichte und historischer Forschung siehe *ders.*, Heilsgeschehen und Geschichte, in: *ders.*, Grundfragen systematischer Theologie, Bd. 1, Göttingen 1967, 22–78; ders., Systematische Theologie, Bd. 2, Göttingen 1991, 403–405.

[13] Zwei Problemdifferenzierungen müssen hier berücksichtigt werden; so die Frage, ob die spezifische Qualität der Auferstehungsleiblichkeit ein leeres Grab erforderlich macht oder ob davon unabhängig andere Gründe dies erfordern oder nahe legen. Die richtige Beobachtung, daß die ›Materialität‹ des Auferstehungsleibes nicht die Aufnahme der ›Materialität‹ des irdischen Leibes erfordert, läßt nicht den Schluß zu, der Körper brauche nicht auferweckt zu werden. Davon zu unterscheiden ist die Frage, ob die Gleichzeitigkeit des vollen Grabes und eines Seins bei Gott die Zeit vor oder nach der allgemeinen Totenauferstehung betrifft. Die Belegstellen aus äthHen 22 und Jub 23,31 betreffen die Zeit davor, ebenso Phil 1,21ff. Auch Mk 12,18f. impliziert nicht, Jesus vertrete die Auffassung, die Patriarchen Israels seien auferstanden bei Gott, während doch die vollen Gräber verehrt werden. Mk 12,18ff schließt nicht die Auferstehung der Körper oder eine spezifische Körperlichkeit aus, sondern die Wiederholung irdischer Sozialformen nach dem Verwandlungsgeschehen. Der Vorwurf einer falschen substanzontologischen Orientierung im Verweis auf die leibliche Auferstehung verfehlt die schöpfungstheologische Pointe des Auferstehungsgeschehens.

[14] Begreift sich die historische Forschung reflexiv selbst als konstruktiven Versuch, ein Ereignis oder eine Ereignisserie adäquat zu erfassen, so würde sie sich durch diese Annahme selbst den Boden entziehen.

[15] So *P. Stuhlmacher*, Biblische Theologie des Neuen Testaments, Bd. 1, Göttingen 1992, 175.

vom leeren Grab in den Evangelienerzählungen nicht. Dann stellt sie sich vielmehr umso dringlicher, insbesondere dann, wenn erkannt wird, daß das leere Grab schon für die neutestamentlichen Zeugen nicht den Charakter eines jegliche Irritationen ausschließenden und zweifellos evidenten Beweises oder Beleges im Raum des ›historisch Feststellbaren‹ hatte, d.h. aber die Texte schon immer ›mehr als Historisches‹ sagen wollten – ohne daß mit der Rede vom leeren Grab der Anspruch verbunden ist, die Fülle der Auferstehungswirklichkeit auszusagen.[16]

2. Die Wahrnehmung von Ereignissen und die Kommunikation des Evangeliums

Warum ist die strikte und enge Kopplung der systematisch-theologischen Frage nach der Bedeutung der Rede vom leeren Grab von der historischen Frage zu lockern? Gegenüber der Fixierung auf das historische Ereignis ›leeres Grab‹ ist zunächst festzuhalten, daß die Evangelien *Texte* sind, d.h. verschriftlichte religiöse Kommunikation zum Zwecke der religiösen Kommunikation, Evangeliumskommunikation zum Zwecke der Evangeliumskommunikation. Alle Unterscheidungen von ›historischem Ereignis‹ und ›historischer Quelle‹ kommen nicht umhin, diese Unterscheidung *innerhalb dieser Texte* zu machen, die (sicherlich in verschiedener Gewichtung) selbst diese Unterscheidung nicht als *primäre* auf sich selbst anwenden: Sie reden nicht nur von historischen Ereignissen und ›naturalen‹ Prozessen, sondern schließen vielfältigere und umfassendere Wahrnehmungen ein. Diese Texte beschreiben vielmehr sedimentierte Kommunikation und wollen im gezielten Spiel mit der Grenze zwischen Beschreibung und Beschriebenem selbst neue Evangeliumskommunikation und Wahrnehmungen auslösen. Die vielfältigen einfachen oder auch komplexen individuellen und sozialen Wahrnehmungen, die zu dieser Kommunikation führten und führen, sind in diesen Texten nicht unmittelbar greifbar, wiewohl sie aus ihnen hervorgingen. Greifbar und belegt sind die Kommunikationsprozesse der verschiedenen Evangelien, die selbst metakommunikative Beschreibungen

---

[16] Entsprechend plädiert Francis Schüssler Fiorenza hinsichtlich dieser Texte dafür »that we should first explore the meaning disclosed by these texts as part of a fundamental theological argument before we reduce them to sources for a historical reconstruction of the genesis of Christian faith. Moreover, we should not make a theoretical reconstruction of the meaning of these texts as if the meaning of the language and metaphors in these texts were determined by historical reconstruction.« (*F. Schüssler Fiorenza*, The Resurrection of Jesus and Roman Catholic Fundamental Theology, in: *S. T. Davis/D. Kendall/G. Collins (Hg.)*, The Resurrection. An Interdisciplinary Symposium on the Resurrection of Jesus, Oxford 1997, 213–248, hier 231.)

sind, d.h. Kommunikation *über* die damalige Kommunikation des Evangeliums. Da der Zusammenhang zwischen menschlichen Wahrnehmungen und sozialen Kommunikationsprozessen grundsätzlich und unausweichlich kontingent (nicht willkürlich!) ist, kann die Rückfrage nach den über Wahrnehmungen in die Kommunikation eingegangenen ›historischen Ereignissen‹ nur stets die Kontingenz der Kommunikation mitreproduzieren (›Es hätte auch anders und anderes gesagt werden können.‹) und zu Wahrscheinlichkeitsurteilen führen.
Aufgrund dieses Zusammenhangs zwischen ›Ereignis‹, Wahrnehmung und Kommunikation kann sich systematisch-theologische Reflexion als Orientierung gegenwärtiger Glaubenskommunikation nur auf Kommunikation, und d.h. auf die neutestamentliche *Rede vom leeren Grab* als Implikat der theologischen Entfaltung der Auferstehungswirklichkeit beziehen.[17] Sicherlich ›verweist‹ diese Rede wie alle Evangelienrede auch auf extratextuelle, ›historische‹ Ereignisse, aber zugleich führen diese Texte innerhalb der Glaubensgemeinschaft der Kirche den Anspruch mit sich, auch etwas über Gottes Wirklichkeit und Handeln wahrheitsfähig auszusagen.[18]

---

[17] In analoger Weise unterscheidet Anton Vögtle »zwischen dem Glauben, die Auferweckung Jesu schließe die Aufhebung des im Grabe liegenden Leichnams ein, und der eventuell empirischen Feststellung, das Grab sei leer.« Vgl. *A. Vögtle*, Biblischer Osterglaube. Hintergründe, Deutungen, Herausforderungen, Neukirchen-Vluyn, 1999, 50, ähnlich *J. Kremer*, Art. Auferstehung Christi, in: LThK³ I, 117–118.

[18] Methodisch impliziert diese Frage, daß auf der Basis der neutestamentlichen Texte und orientiert am Zeichen der Rede vom leeren Grab die im Auferstehungsgeschehen erschlossene und zur Geltung kommende Wirklichkeit eine ›Redeskription‹ erfährt, d.h. perspektivisch und aus unserer Gegenwart expliziert wird. Selbstverständlich kann das komplexe Auferstehungsgeschehen summarisch vereinfacht oder in seiner Grundstruktur als ›Handeln Gottes an Jesus‹ und darin an der Welt beschrieben werden. Dieses Verfahren einer dichten Neubeschreibung unterscheidet sich aber von einem Vorgehen, das ›hinter‹ die ›metaphorische Rede von der Auferstehung Jesu‹ bzw. die ›gleichnishafte Rede‹ von der Auferweckung zu greifen beansprucht und als das eigentliche Interpretandum dieser kontingenten sprachlichen Interpretationen und Bilder dann aber nur vage Chiffrierungen bietet: Jesus habe ›Anteil am Leben Gottes‹ bzw. der tote Jesus lebe ›durch, bei und mit diesem Gott‹. Vgl. dazu *C. Schwöbel*, Art.: Auferstehung. 2. Dogmatisch, RGG⁴, 924–926, und *Dalferth*, Kreuz und Auferweckung, 77 (Anm. 5).

3. Die Rede vom leeren Grab als ›sprechendes Zeichen‹ der neuen Schöpfung

3.1 Das leere Grab als Korrelat der Leiblichkeit des auferstandenen Christus

Alle vier Evangelien erzählen nicht nur vom leeren Grab, sondern berichten mehr oder weniger direkt auch von Erscheinungen des Auferstandenen bei den Jüngerinnen und Jüngern. Paulus dagegen hatte vor Damaskus eine Christusvision, die ihn nach seiner eignen Auffassung in die Gruppe der Zeugen des Auferstandenen einreihte und die er auch terminologisch analog beschreibt.[19] Diese Christusvision wird von vielen Exegeten und manchen Systematikern als hermeneutisches Paradigma für ein Verstehen der nachösterlichen Erfahrung der Jüngerinnen und Jünger behandelt.[20] Gegenüber diesem Zugang über die Spuren der Auferstehung bei Paulus soll im folgenden der Weg beschritten werden, die Rede vom leeren Grab im spezifischen Zusammenhang mit den Erscheinungserzählungen der Evangelien zu betrachten.[21]

Die Erscheinungserzählungen offenbaren eine eigentümliche Erfahrungsstruktur. Sie setzen nicht nur eine imaginäre, vorgestellte (wie bei Visionen) sondern eine ›reale‹ Differenz zwischen erfahrenden Menschen und einem erfahrenen Gegenüber voraus. Die Schreiber der Evangelien tragen – innerhalb der erzählenden Interpretation wohlgemerkt – in das Ereignis der Erscheinung eine Unterscheidung ein: die Unterscheidung zwischen Wahrgenommenem und Wahrnehmenden.[22] Indem sie eine Begegnung berichten, unterstellen sie eine wie auch immer geartete Leiblichkeit und Sinnenfälligkeit dessen, der jemandem erschie-

---

[19] Siehe 1Kor 9,1 u. 1Kor 15,8. Vgl. *C. Dietzfelbinger*, Die Berufung des Paulus als Ursprung seiner Theologie, Neukirchen 1985, 51–64.

[20] Vgl. für viele exemplarisch *H. Grass*, Ostergeschehen und Osterberichte, Göttingen 1962, 186–196, auf seiten der Dogmatik *W. Pannenberg*, Grundzüge der Christologie, Gütersloh 1976⁵, 90ff. und *ders.*, Systematische Theologie. Bd. 2, 396ff. (Anm. 12).

[21] Damit soll nicht behauptet werden, für Paulus sei das Grab theologisch unbedeutend. Ganz im Gegenteil verklammert in 1Kor 15, 3-5 der Ausdruck "daß er begraben worden ist" [καὶ ὅτι ἐτάφη] Tod und Auferweckung. Siehe *G. Kittel*, Das leere Grab als Zeichen für das überwundene Totenreich, in: ZThK 95, 1998, 379-409, 470; ebenso *M. Hengel*, Das Begräbnis Jesu bei Paulus, in: *F. Avemarie / H. Lichtenberger (Hg.)*, Auferstehung–Resurrection, 119-183, 130 (Anm. 186). Die Möglichkeit einer unmittelbaren Entrückung in den Himmel wird damit ausgeschlossen, denn die Auferweckung schließt den Leib des toten Jesus mit ein.

[22] Auch hier ist nochmals daran zu erinnern: In relativer Unabhängigkeit von der historischen Frage bleibt die Frage, was der Sinn dieser Unterscheidung innerhalb der literarisch-erzählerischen Interpretation für das gegenwärtige Verstehen des Evangeliums ist.

nen ist. Gegenüber der unbestreitbaren persönlichen, sozusagen privaten Evidenz der visionären Einsicht setzen die Erzählungen den Auferstandenen der gesteigerten Strittigkeit *und* der gesteigerten Evidenz sozialer öffentlicher Wahrnehmung und der Zweifelhaftigkeit von Erscheinungen aus.[23] Für die Entstehung der Gemeinde dürfte es von Bedeutung sein, daß ausser Joh 20, 14–18 in allen ausgeführten Erscheinungserzählungen der Evangelien die Erscheinungen des Auferstandenen gegenüber mehreren Menschen stattfinden. Dabei ist aber zu bedenken, daß die ›relative Öffentlichkeit‹ der Jüngerinnen und Jünger nicht durchgehend auf die Erscheinung mit Glauben reagiert.
Die Strittigkeit und Zweifelhaftigkeit der Erscheinungen resultiert aus der eigentümlichen Leiblichkeit und Sinnenfälligkeit des Auferweckten. Während das leere Grab für sich allein Anlaß zu Wiederbelebungsvorstellungen geben könnte, finden sich in den neutestamentlichen Texten keine Spuren solcher Vorstellungen.[24] Die Texte machen durchgehend deutlich, daß Christus in einer *anderen* Gestalt gegenwärtig ist.[25] Gegen diese einfache Kontinuität auf der Ebene der Leiblichkeit spricht schon der Umstand, daß bei Lukas (Lk 24,16; 24,37) wie auch bei Johannes (Joh 20,14; 20,20; 20,25; 21,4; 21,12) gleich mehrfach der auferstandene Jesus gerade *nicht* nur durch den Anblick seiner leiblichen Erscheinung erkannt wird, d.h. die neue Leiblichkeit eben *nicht* der vorösterlichen sozusagen ›zum Verwechseln ähnlich‹ ist.[26] Schon diese Texte machen ebenso klar, daß in diesen Erzählungen die Pointe der Leiblichkeit der Erscheinungen nicht eine schlichte Sicherstellung der Kontinuität der personalen Gestalt ist.[27] Während die Erscheinungen hinsichtlich der

---

[23] Die Tatsache der Strittigkeit und der Zweifel hinsichtlich den Erscheinungen betont *M. Welker*, Auferstehung, in: Glaube und Lernen 9, 1994, 39–49.
[24] Eine solche Interpretation scheint Lüdemann den neutestamentlichen Texten zu unterstellen. Siehe *Lüdemann*, Auferstehung Jesu, 216, Anm. 691 (Anm. 3).
[25] Dies hebt besonders hervor *Welker*, Auferstehung, 39–49 (Anm. 23); *ders.*, Was geht vor beim Abendmahl?, Stuttgart 1999, 22–31. Die implizierten, mitberichteten Zweifel lassen es fraglich erscheinen, daß Visionen sozusagen den einzigen historischen ›Kern‹ der Erscheinungsberichte ausmachen, Paulus darum das einzige Modell abgibt.
[26] Beachtenswert ist, daß selbst ein Text wie Lk 24,36–49, der ein massives Interesse an einer physischen Leiblichkeit des Erscheinenden dokumentiert, letztlich die Rekognition über die Auslegung der Schrift laufen läßt.
[27] Sicher kann die Identität Jesu über den Tod hinaus nur durch Gott gesichert werden, aber diese richtige Feststellung darf nicht gegen die ebenso richtige Beobachtung gewandt werden, daß diese Identität keine körperlose sein soll und keinen doppelten Körper impliziert: Der Leib des Auferstandenen, so der Anspruch der Erscheinungserzählungen und der Rede vom leeren Grab, ersetzt den Leib des historischen Jesus ›restlos‹, ›rückstandslos‹. So sehr es um die Sicherstellung der *Kontinuität* von Jesu Identität geht, so sehr geht es auch um die *Verkörperung* dieser Identität.

Leiblichkeit also eine *Differenz* implizieren, markiert das leere Grab als ›Leerstelle‹ die *Kontinuität* zwischen der Leiblichkeit des vorösterlichen und des österlichen Jesus. Der Leib des Gekreuzigten wird weder wiederbelebt kontinuiert noch ›ersetzt‹, er wird vielmehr auf eine schwer beschreibbare und schwer faßbare Weise, mit Anzeichen der Differenz *und* Kontinuität, verwandelt und sinnenfällig zugänglich. Auffallenderweise schweigen sich die Texte der kanonisierten Evangelien über den Vorgang dieser Verwandlung übereinstimmend aus und verweisen nur auf das doppelte Resultat: Die Erscheinungen des Auferstandenen und das leere Grab.

Die mit der Rede vom leeren Grab betonte ›Abwesenheit‹ des alten Leibes und des alten Körpers zeigt an, daß dieser mit seiner Geschichte in der Leiblichkeit des Auferstandenen nicht abgestreift oder hinter sich gelassen, sondern aufgenommen ist. Die Leid- und Todesgeschichte Jesu ist an dem Leib des Auferweckten sichtbar, d.h. öffentlich und bleibend eingezeichnet: In Joh 20,20 und 20,25 wird der Auferstandene von den Jüngern an den Wundmalen als Identitätsmerkmalen erkannt. Seine Vergangenheit bleibt in der Fülle seines Lebens eine gegenwärtige Vergangenheit.

In diese Leiblichkeit des Auferstandenen zeichnet die Tradition der 40 Tage und der anschließenden Himmelfahrt eine wichtige Unterscheidung und Entwicklung ein.[28] Obgleich der Christus der Erscheinungen die Raumgrenzen überschreitet, so wird doch *nicht* eine Art Ubiquität ausgesagt. Der Auferstandene ist an verschiedenen Orten präsent, aber nicht zu gleicher Zeit. Die Wirklichkeit des Auferstandenen ist noch eine zeitlich und räumlich relativ begrenzte. Sie ist einerseits wirklich räumlich und zeitlich, andererseits ist sie aber nicht zeitlich kontinuiert wie eine ›natürliche‹ Person, noch räumlich omnipräsent wie eine ›himmlische‹ Person. Erst die Himmelfahrt zeigt eine Universalisierung der Vergegenwärtigung an, die darum nicht primär als Entfernung, sondern als Entschränkung seiner Gegenwart zu lesen ist.[29] Aus der Perspektive der himmlischen Zukunft Christi und seiner Herrlichkeit betrachtet, sind darum die Erscheinungen Selbstbegrenzungen und Zurücknahmen dieser universalen Herrlichkeit zugunsten der verängstigten und

---

[28] Für eine Deutung der 40 Tage siehe *Barth*, KD III/2, 528–555, und den Beitrag von G. Etzelmüller in diesem Band. Die eschatologische Dimension der Himmelfahrt hebt hervor *D. Farrow*, Ascension and Ecclesia, Edinburgh 1999. In dem lukanischen Himmelfahrtssymbol fließen Motive der Erhöhung und der Entrückung zusammen. Siehe *A.W. Zwiep*, Assumptus est in caelum, in: *F. Avemarie / H. Lichtenberger* (Hg.), Auferstehung – Resurrection, 323-349 (Anm. 5).

[29] Dieser Zusammenhang zwischen Entzug und potentiell ausgeweiteter Präsenz findet sich schon in den Verarbeitungen der Eliatradition. Siehe *F. Crüsemann*, Elia – die Entdeckung der Einheit Gottes, Gütersloh 1997, Kap. V.

zweifelnden Jüngerinnen und Jünger, um sie sozusagen ›niederschwellig‹ in die Auferstehungswirklichkeit einzubeziehen. Der Universalisierung durch die Himmelfahrt korrespondiert dann jedoch die ›Re-lokalisierung‹ des irdischen Leibes Christi durch das in vielfältigen lokalen und realen Gemeinschaften präsente Geistwirken. Himmelfahrt und Pfingstgeschehen bieten daher gegenüber den Erscheinungen eine Differenzierung der Auferstehungswirklichkeit.

Diese raumzeitliche Begrenzung in den Erscheinungen ist folgenreich für das Verständnis bzw. die Lokalisierung des *Lebens* des Auferstandenen. Das Leben des Auferstandenen wird unterbestimmt, wenn es nur als Anteilgabe am Leben Gottes oder als Leben »durch Gott, bei Gott und mit Gott« erfaßt wird.[30] Der Auferstandene ist – in neuer Gestalt – während der 40 Tage als der den Jüngerinnen und Jüngern Erscheinende der *bei ihnen* Lebende und eben nicht direkt, unmittelbar und ausschließlich ›bei Gott‹ Lebende. Darum korrespondiert in der ›Logik‹ der Erscheinungserzählungen dieser ›Anwesenheit‹ in Raum und Zeit das leere Grab. Auch wenn der Auferstandene der Erscheinungen nicht in der Kontinuität, Verfügbarkeit und interaktiven Zugänglichkeit des vorösterlichen Jesus präsent ist, wird den neutestamentlichen Erzählungen von den Erscheinungen des Auferstandenen die Spitze genommen, wenn sie ausschließlich dahingehend interpretiert werden, daß den Jüngerinnen und Jüngern offenbart bzw. evident wird, daß der Auferstandene ›bei Gott lebt‹.[31] Die Erscheinungserzählungen spielen, abgesehen von Joh 20,17[32], nicht auf die Differenz zwischen ›dort bei Gott sein‹ und ›hier nur erscheinen‹ an, d.h. der Erscheinende ist nicht uneigentlich oder in irgendeiner verminderten Weise ›präsent‹. Der sich offenbarende Auferstandene zeigt nicht ›hier‹, daß er eigentlich ›dort‹ bei Gott ist. Das Ereignis der Auferstehung ist daher kein *Entzug* Christi in die himmlische Wirklichkeit, sondern ein neues Kommen, in gewisser Weise eine Fortsetzung der Inkarnation.[33] Die Wirklichkeit des Auferstandenen kommt in den Erscheinungen *in* die Wirklichkeit der Jüngerinnen und Jünger *und* stiftet in diesem Ereignis, indem er mit seiner Gegenwart er-

---

[30] So *Dalferth*, Kreuz und Auferweckung, 77 (Anm. 5); ähnlich *Schwöbel*, Auferstehung, 926 (Anm. 18) und *W. Härle*, Dogmatik, Berlin/New York 1995, 314, der formuliert: »Jesus Christus hat Anteil an dem Leben Gottes, das die Macht des Todes überwindet.«

[31] Für diesen Verweis auf das Leben des Auferstandenen bei Gott würden die Erscheinungen der Engel genügen. Aber selbst der Engel in Mk 16,6 verweist auf die Präsenz des Auferstandenen in Galiläa.

[32] Johannes verdichtet am Ostersonntag Himmelfahrt und Pfingsten in ein Ereignis.

[33] Darum faßt Barth treffend das im Ostereignis Geschehene in dem »Begriff der *Parousie* Jesu Christi« zusammen. Siehe *Barth*, KD IV/3, 337. »Das *Ostereignis* ist ... sein *neues Kommen als der zuvor Gekommene*« (a.a.O., 335).

läutert (Lk 24,13–35), Glauben weckt, tröstet (Joh, 20,19f) und beauftragt eine grundsätzlich neue, verwandelnde Rahmung *ihrer* Wirklichkeit.[34] Wenn, aus der Perspektive der Jüngerinnen und Jünger betrachtet, Christus *hier* mitten unter ihnen ist, kann er nicht *dort* im leeren Grab sein, wenn er hier lebt, kann er nicht dort tot sein.[35] Die Aufhebung dieser relativ ›lokalen Präsenz‹ wird in der lukanischen Theologie mit der Himmelfahrt angezeigt, insofern der Himmel der Bereich der geschöpflichen Wirklichkeit ist, der die verschiedenen Zeiten, Räume und Kulturen überspannt.[36] Die Erscheinungen halten ein Moment fest, in dem die *Unterscheidung* zwischen himmlischem Christus und der gegenwärtigen Macht des Geistes noch nicht getroffen ist.[37] Die

---

[34] Geht die Beschreibung der Erscheinungen zu schnell von einer Ineinssetzung von Auferstehung und Erhöhung (Himmelfahrt) und zugleich von dem vermeintlich historisch ursprünglichen Fall von Visionserfahrungen aus, so droht der Aspekt der dynamischen Verschränkung der Wirklichkeiten in den Erscheinungserfahrungen verloren zu gehen. Die Vision öffnet, bildlich gesprochen, ein Fenster in eine *andere* Wirklichkeit, ohne daß die *eigene* hierdurch verändert wird. Die Vision zeigt einen ›Austritt‹, die Erscheinung ein ›Kommen‹ bzw. einen ›Eintritt‹ an.
Diese differenzierte Leiblichkeit des Auferstandenen und seine spezifische Präsenz unter den Menschen lassen die beiden vielfach angewandten theologischen Verfahren, a) die Erscheinungserzählungen anhand der paulinischen Christusvision vor Damaskus und b) die Leiblichkeit des Auferstandenen anhand der paulinischen Aussagen über den Geistleib der zukünftig Auferstehenden aus 1Kor 15, zu ›lesen‹, mit deutlichen Fragezeichen versehen. Die Erscheinungserzählungen der Evangelien scheinen hinsichtlich der Präsenz als auch der Charakteristik der Leiblichkeit eine andere Aussageintention zu bieten.

[35] Vor dem Hintergrund dieser differenzierten Präsenz in den Erscheinungen erscheint es äußerst fraglich, ob die Auferstehung Jesu Christi als abduktive Lösung der kognitiven Spannung aus »den beiden für sich genommen unvereinbaren Aussagen: ›Er ist tot‹ – ›Er lebt‹« begriffen werden kann. So *Dalferth*, Kreuz und Auferweckung, 67 (Anm. 5) und *ders.*, Volles Grab, 291 (Anm. 5), der dabei faktisch Überlegungen von *J. Moltmann*, Theologie der Hoffnung, München 1980 [11], 180, weiterentwickelt. Für Moltmann entspringt die Verkündigung der Jünger von der Auferstehung »aus dem Vergleich ihrer widersprüchlichen Christuserfahrungen.« Die Parallelisierung von ›Er ist tot‹ und ›Er lebt‹ als »gleichzeitig ... für sich unbestreitbar erfahrungsbegründete Sachverhalte« (*Dalferth*, Volles Grab, 304) ist allerdings nur möglich durch die Ausfällung der temporalen Dimension: Wer erfährt ›Er lebt‹, für den ist die Erfahrung ›Er ist tot‹ keine gegenwärtige Gegenwart mehr, sondern eine gegenwärtige Vergangenheit. Die Erfahrung ›Er lebt‹ verändert sofort die andere in ein ›Er ist *nicht mehr* tot‹, ›Er war tot‹. Beide Erfahrungen sind daher nicht *gleichzeitig* in der gleichen Modalität gegenwärtig. Erfahrung des Lebens führt aber sofort eine radikale Asymmetrie in die Konstellation ein. Die Erfahrung des Todes wird mit der Erfahrung des Lebens eine andere, denn zwischen dem Tod und dem neuen Leben ist kein Patt. Die Rede vom leeren Grab markiert präzise den Übergang von ›Er ist tot‹ zu ›Er ist nicht mehr tot‹ – nicht von sich aus, sondern nur unter der Voraussetzung der Erfahrung ›Er lebt‹.

[36] Siehe *M. Welker*, Schöpfung und Wirklichkeit, Neukirchen 1995, 56–68.

[37] Die »himmlisch-geschichtliche Existenzform« Christi und seine »irdisch-geschichtliche Existenzform« in der Gemeinde sind noch nicht unterschieden. So die Zuord-

Leiblichkeit des Auferstandenen der Erscheinungen ist – zumindest in der Theologie des Lukas – daher noch nicht die Leiblichkeit des Erhöhten, der in Kommunikation und Handlung der Kirche sich leiblich vergegenwärtigt.[38] Erst nach der Himmelfahrt ist die Gemeinde als Leib Christi in den Prozeß der Neuschöpfung miteinbezogen. Die Emmausgeschichte (Lk 24,13–35) differenziert diese unterschiedlichen Gegenwarten präzise: Der leiblichen Erscheinung korrespondiert ein Nichterkennen, während die erkennende Vergegenwärtigung in Brot und Wein das *Ende* der Erscheinung impliziert. Die leiblichen Erscheinungen und die Vergegenwärtigung in Brot und Wein sind *nicht zugleich* zu haben. Sie sind *sachlich* und *zeitlich* zu unterscheiden und doch präzise aufeinander bezogen. Denn erst der in Brot und Wein Vergegenwärtigte läßt den dann Abwesenden als den auferstandenen Christus erkennen, läßt *post festum* die nichterkannte Erscheinung *als* Erscheinung des Auferstandenen erkennen.

3.2 Das Ostergeschehen als Ereignis der Treue Gottes

Die Auferweckung Jesu Christi aus dem Tod ist eine schöpferische Tat Gottes. Obgleich das Ereignis dieser Tat auch den Glauben der Jüngerinnen und Jünger einschließt, ist es zunächst und in strikter zeitlicher Ordnung eine Tat *an der Person Jesu* und als solche zugleich der Anbruch der neuen Schöpfung. Die Rede vom leeren Grab präzisiert an dieser Stelle exemplarisch das Verhältnis zwischen ›alter‹ und ›neuer‹ Schöpfung. Sie ist ein Zeichen der liebenden und rettenden Treue des neuschöpferischen Gottes zur ›alten‹ Schöpfung. Drei Fehlorientierungen werden ausgeschlossen:
a) Das leere Grab als äußeres Zeichen eines Ereignisses macht – innerhalb der narrativen Konstruktion der Evangelien wohlgemerkt, nicht schon als sogenanntes historisches Faktum – deutlich, daß die neue Wirklichkeit, die mit dem Osterereignis gesetzt wird, nicht einfach eine andere, *neue Deutung derselben alten Wirklichkeit* ist, d.h. eine göttliche oder menschliche Neuperspektivierung des Alten. Die neue Wirklichkeit ist in ihrer letzten Entfaltung *mehr* als eine neue Erfahrung *mit* der alten Wirklichkeit, mehr als eine neu interpretierende Erfahrung *mit* der Er-

---

nung in *Barth*, KD IV/1, 738. Die Himmelfahrt *ist* diese Unterscheidung, die eine raumzeitliche Erweiterung (Himmel) *und* eine Verleiblichung dieser Präsenz (Kirche) erzeugt.

[38] Daß die Erscheinung, die Paulus vor Damaskus hatte, von einer anderen Beschaffenheit war als die, von denen die Evangelien berichten, ist auf der Ebene des lukanischen Textes stimmig - was auch immer historisch der Fall gewesen sein mag.

fahrung und auch *mehr* als ein neuer metakommunikativer Rahmen, der Menschen eine neue Wahrnehmung ermöglicht.

b) Das Zeichen des leeren Grabes schließt in Verbindung mit den Erscheinungserzählungen auch die Annahme einer einfachen Wiederbelebung aus, die eine schlichte *Kontinuierung der bisherigen leiblich-vergänglichen Existenz* implizieren würde.

c) Aber auch die entgegengesetzte Vorstellung einer *vollständigen Diskontinuität* auf der Ebene des Geschöpflichen, derzufolge das Alte spurlos vernichtet und durch das Neue vollständig ersetzt wird, wird durch die Rede vom leeren Grab faktisch ausgeschlossen. Ein solches auf die Vernichtung konzentriertes Denken, wie es sich z.B. dogmatisch in der Lehre der *annihilatio mundi* herauskristallisiert hat, wird faktisch korrigiert.[39]

Während die erste und zweite Zuordnung die Faktizität und Ereignishaftigkeit des Neuen unterbestimmen, bleibt im letzten Fall die Kontinuität unzureichend erfaßt. Besonders deutlich wird die Problematik dieser Diskontinuität, wenn die ›erste‹ Schöpfung *und* das schöpferische Handeln Gottes am toten Jesus als die ›zweite‹ Schöpfung in direkter Parallele als *creatio ex nihilo* betrachtet werden. So ist beispielsweise für Dietrich Bonhoeffer »der Gott der Schöpfung, des schlechthinnigen Anfangs ... der Gott der Auferstehung. ... Der tote Jesus Christus des Karfreitags – und der auferstandene κύριος des Ostersonntags, das ist Schöpfung aus dem Nichts, Schöpfung vom Anfang her.«[40] Wird dieses Geschehen als *creatio ex nihilo* bezeichnet, so wird damit sicherlich zu Recht ausgesagt, daß diese Tat ganz eine Tat der Freiheit Gottes ist und von keinerlei geschöpflichen Möglichkeiten und Bedingungen abhängt, die diese Freiheit begrenzen könnten. Denn der Begriff schließt »jede Vorgabe, jede äußere Notwendigkeit, jeden inneren Zwang, aber auch jede latente Potentialität einer Urmaterie und jeden innergöttlichen Ursprung aus« und drückt »die souveräne, durch ›nichts‹ bedingte Freiheit aus, kraft der Gott die kreatürliche Wirklichkeit ins Dasein ruft«.[41]

---

[39] Für den Hintergrund und die Entfaltung des Begriffs als »substantielle Vernichtung aller nicht vernunftbegabter Kreatur« bei Johann Gerhard siehe *K. Stock*, Annihilatio Mundi. Johann Gerhards Eschatologie der Welt, München 1971, hier 27.

[40] So exemplarisch für die dogmatische Tradition in seiner frühen Phase *D. Bonhoeffer*, Schöpfung und Fall, (DBW 3), München 1989, 33. Ähnlich *Moltmann*, Theologie der Hoffnung, 206 u.ö. (Anm. 35); *E. Jüngel*, Gott als Geheimnis der Welt, Tübingen 1982, 296. Im Jahr 1971 formuliert Jüngel 1971 allerdings noch anders: »Dieser neue Mensch ist nicht aus dem Nichts, das am Anfang war, geschaffen, sondern aus der aus Selbstzerstörung und Schuld resultierenden Nichtigkeit und Vernichtung ...« (*E. Jüngel*, Tod, Stuttgart 1971, 140).

[41] *C. Link*, Art. Creatio ex nihilo. II. Dogmatisch, RGG⁴, Sp. 487.

Bedenkt man jedoch den differenzierten Zusammenhang zwischen Auferweckung, leerem Grab und Erscheinungen, erscheint es zweifelhaft, die neuschöpferische Tat Gottes an Jesus als eine *creatio ex nihilo* in einer direkten Parallele zur voraussetzungslosen Schöpfung ›am Anfang‹ zu verstehen. Hierbei sind mehrere Aspekte zu bedenken:

a) Das leere Grab zeigt an, daß die neue Schöpfung ein Handeln Gottes *an* der alten, todverfallenen Schöpfung ist, die gerade durch dieses neue Handeln zur alten wird. Die Neuschöpfung an Christus nimmt darum auf sinnenfällige Weise den ganzen, leiblichen, am Kreuz gestorbenen Jesus auf. Sie nimmt darin die alte Schöpfung in ihrer Gebrechlichkeit und mit ihrer Geschichte der sündigen Zurückweisung der Nähe Gottes auf. Das ›volle Grab‹ als Spur und Dokument dieses gewaltsamen Todes und der leidvollen Vergänglichkeit in der alten Schöpfung ist der erste und der paradigmatische ›Ort‹, an dem die neue Schöpfung *in* der gegenwärtigen Realität der alten Schöpfung geschieht. Der ›Ort‹ selbst ist als ›leerer Raum‹ in der alten Schöpfung dennoch raum-zeitlich lokalisierbar.

b) Die Betonung einer *creatio ex nihilo* als eines voraussetzungslosen Schaffens aus Freiheit droht den zentralen Bezug zu Gottes eigener Geschichte mit Jesus in diesem Schöpfungsgeschehen zu übersehen: Die Schöpfung am Ostermorgen ist ein Handeln an der Person, am Geschick und an der Geschichte Jesu. Hierin setzt Gott sich selbst seine eigene Treue gegenüber Jesus von Nazareth voraus.[42] Im Unterschied zur ›anfänglichen‹ *creatio ex nihilo* ist der Schöpfer in dem schöpferischen Handeln an Christus an seine Verheißungen, an die Geschichte seiner eigenen Selbstbindungen und nicht zuletzt an Jesu Reden und Handeln gebunden. Die *creatio nova* steht in der Geschichte Gottes mit der Welt und mit Christus und ist darum nicht voraussetzungslos, sondern eminent voraussetzungsreich. Der Neuanfang der *creatio nova* ist Teil der langen Auseinandersetzung Gottes mit der menschlichen Verstrickung in Sünde und Unheil und der darin zum Zuge kommenden liebenden und treuen Zuwendung Gottes. Darum *reagiert* und *antwortet* das neuschöpfende Handeln im Gegensatz zur Schöpfung ›am Anfang‹ auf das

---

[42] Für eine Sicht der Auferstehung als »eschatologische[s] Treuegeschehnis Gottes« siehe *Moltmann*, Theologie der Hoffnung, 182 (Anm. 35). Allerdings liegt der Akzent bei Moltmann auf den Verheißungen Gottes, nicht auf der Realität der Schöpfung. Schon Karl Barth hält fest, daß »in Jesu Christi Auferstehung Gottes feierliche Bekundung seiner der Welt und dem Menschen zugewendeten Treue« geschehen sei (*Barth*, KD IV/3, 345).

Leben und Schicksal Jesu und in ihm das der ganzen Schöpfung.[43] Die *creatio nova* ist zugleich eine *creatio nova ex vetere*.

Ist die Person Jesu als ›Wort Gottes‹ nur als historisch kontingente *leibhafte* Person zu denken, so muß sich auch die rettende Treue Gottes an dieser ganzen leibhaftigen Person in ihrer ›Materialität‹ erweisen. Bliebe Jesu Körper auch nach seiner vollendeten Auferweckung noch im Grab, so zeigte dies eine Abstoßung, eine Verabschiedung und ein Abstreifen der ›Materialität‹ der alten Schöpfung an und nicht zuletzt auch ein Ende von Gottes Gang in diese ›Materialität‹, diese Leiblichkeit und diese Geschichte.[44] Auch der Körper, der am Kreuz hing, ist vom Tod nicht zu halten (Act 2,31). Die differenzierte Leiblichkeit des Auferstandenen zeigt ohne Zweifel eine radikale Andersheit der Materialität an, während das leere Grab eine untergründige, relative Kontinuität ausdrückt.[45] Aber das Bekenntnis zu dem ganzen leibhaftigen Christus hat wie schon die Rede von der Inkarnation einen wichtigen schöpfungstheologischen Aspekt: Die Treue Gottes gegenüber der Schöpfung, die sich in der Rede von der Menschwerdung und Inkarnation ausdrückt, wird in der neuschöpferischen Auferweckung nicht aufgekündigt.[46] Die Rede vom leeren Grab markiert unzweideutig, daß sich das Bekenntnis Gottes zu Jesus auf genau diese Person bezieht, deren Körper am Kreuz verendet ist und deren Identität in ebendiesem Körper ›verkörpert‹ war. Gerade im Licht der Einsicht, daß menschliche Identität nicht vom menschlichen Körper abzulösen ist, zeigt die Rede vom leeren Grab an, daß sich Gott mit dem ganzen, körperlichen Menschen Jesus im Ereignis der Auferweckung identifiziert.

c) Die Rede vom leeren Grab wirkt in Verbindung mit den Erscheinungen einer triumphalistischen Negation des Kreuzes entgegen, insofern sie eine Treue Gottes zu seiner eigenen Selbstfestlegung im *gekreuzigten Jesus* anzeigt. Der neuschöpferische Gott weicht von dieser seiner Selbstdefinition im gekreuzigten Jesus nicht ab und auch der auferweckte Gekreuzigte wendet sich nicht gegen seine eigene Geschichte.

---

[43] Der Gedanke der Bestätigung steht im Zentrum der Auferweckungsdeutung Wolfhart Pannenbergs. Siehe *Pannenberg*, Systematische Theologie, Bd. 2, 385–405, bes. 386f. (Anm. 12) und *U. Wilkens*, Auferstehung. Das biblische Auferstehungszeugnis historisch untersucht, Stuttgart 1970, 162, für den Jesu »Verkündigung und Lehre mit endzeitlicher Gültigkeit ins Recht gesetzt« werden.

[44] Im Kontext der menschlichen Auferweckungshoffnung hält Pannenberg auf der Basis der Einheit von Seele und Leib fest, »daß auch eine Zukunft über den Tod hinaus für ihn nur als leibliche Erneuerung gedacht werden kann.« Siehe *W. Pannenberg*, Systematische Theologie, Bd. 3, Göttingen 1993, 616.

[45] Selbst bei Paulus wird 1Kor 15,50 (»... Fleisch und Blut das Reich Gottes nicht ererben können...«) eine Verwandlung vorausgesetzt, insofern Paulus gegen die Vorstellung einer völligen Diskontinuität argumentiert.

[46] Das leere Grab ist hierin in präziser Weise das Korrelat der Inkarnation.

Die Rede vom leeren Grab verankert die neue Schöpfung so im Leben von Jesus von Nazareth, daß »die Zukunft der qualitativ neuen Schöpfung ... durch die Leidensgeschichte Jesu mitten in der Leidensgeschichte der verlassenen Welt schon begonnen« hat.[47] Die narrativen Konstruktionen der Evangelien bieten nicht nur eine auffallende Unscheinbarkeit des Erscheinenden, sondern auch keinerlei Distanzierung des Auferstandenen von den Gruppen und Kräften, die ihn ans Kreuz gebracht haben.

3.3 Die Ereignishaftigkeit der Auferstehung und die Beobachtung des leeren Grabes

3.3.1 Das leere Grab und die Nichtbeschreibbarkeit des Geschehens

Inwiefern ist das Ostergeschehen als eigenes Ereignis zu verstehen und in welcher Perspektive betrachtet ist es dies? Ist es ein Geschehen an den Jüngern und damit für diese »der Ausdruck der Bedeutsamkeit des Kreuzes«[48], ein Geschehen in Gott oder an Jesus? Ist es ein historisches oder ein geschichtliches Ereignis? Und ist es ein eigenes Ereignis, zu welcher Geschichte gehört es? In jüngster Zeit hat Ingolf Dalferth die Auffassung vorgetragen, die Rede von der Auferweckung spreche »von keinem anderen Geschehen nach oder neben dem Kreuz, sondern von eben diesem anders«. Die Auferweckung Jesu durch Gott sei damit »kein historischer Sachverhalt, und sei er von noch so unvergleichlicher Einzigartigkeit«.[49] Aus diesem Grunde seien »Kreuz und Auferweckung ... nicht zwei geschichtliche Ereignisse in zeitlicher Folge«.[50] Für das Verhältnis von Glaube und Geschichte folge: »Das Kreuz, nicht die Auferweckung verankert den Glauben in der Geschichte.«[51] Dalferth stellt sich mit dieser Auffassung in die lange Reihe der Theologinnen und Theologen, für die die Auferweckung kein besonderes geschichtliches Ereignis ist, weil es entweder nur ein Ereignis im Leben der Jünger oder ein Ereignis im Leben Gottes ist.[52]

---

[47] *J. Moltmann*, Der gekreuzigte Gott. Das Kreuz Christi als Grund und Kritik christlicher Theologie, München 1972, 156.
[48] So *R. Bultmann*, Neues Testament und Mythologie. Das Problem der Entmythologisierung der neutestamentlichen Verkündigung, Nachdruck der 1941 erschienenen Fassung, München 1985, 58.
[49] *Dalferth*, Kreuz und Auferweckung, 44 u. 79 (Anm. 5).
[50] *Dalferth*, Volles Grab, 286 (Anm. 15).
[51] Ebd.
[52] Diese Ahnenreihe ist lang. Sie reicht vom Karl Barth der 2. Auflage des Römerbriefes, für den »die Erweckung Jesu von den Toten kein Ereignis von historischer Ausdehnung neben den anderen Ereignissen seines Lebens und Sterbens ist, sondern die ›unhistorische‹ ... Beziehung seines ganzen historischen Lebens auf seinen

Gegenüber diesen Alternativen zeichnen die vermeintlich nur mythologischen und legendenhaften Erzählungen vom leeren Grab ein äußerst differenziertes Bild, das auch Aufschlüsse über die spezifische Ereignishaftigkeit der Auferweckung und des Anbruchs der neuen Schöpfung zu geben vermag. Die Grabeserzählungen halten daran fest, daß die Auferweckung in der Tat ein Ereignis in zeitlicher Folge (Raum und Zeit betreffendes Ereignis) zur Kreuzigung ist, wenngleich nur die negative Spur, sozusagen die Rückseite dieses Ereignisses feststellbar ist und das Ereignis in seiner ganzen Fülle, Komplexität und Herrlichkeit auch von den Jüngerinnen und Jüngern nicht beschrieben werden kann. Wie wird die Erkenntnis eines realen Geschehens, das sich der direkten Beschreibung entzieht, festgehalten?

Die Evangelienerzählungen vom leeren Grab sind risikoreiche narrative Inszenierungen einer Leerstelle, d.h. des Nichtbeschreibbaren und doch Geschehenen.[53] Dabei wird diese *Nichtbeschreibbarkeit des Nichtbeschreibbaren* auf verschiedene Weise narrativ in Szene gesetzt. Anhand der Erzählungen bei Markus und Matthäus sei dies kurz angedeutet. Im ursprünglichen Markusschluß verweist der Text durch die Engelserscheinung vorwärts über sich hinaus auf die zukünftige Erscheinung Jesu in Galiläa (Mk 16,7) und zurück auf die geschehene Auferstehung (Mk 16,6) – ohne daß der Vorgang selbst erzählte Gegenwart wird und damit jemals erzählerisch-performativ reproduziert werden könnte. Die Grabeserzählung steht bei Markus *zwischen* zwei *nichterzählten* Geschichten: der Auferweckung und den Erscheinungen. Die Auferstehung selbst ist im Zeitsystem der Jüngerinnen einerseits ein irgendwie datierbares Ereignis, andererseits ist sie in der temporalen Ordnung des Evangeliums nicht narrativ lokalisierbar – obwohl doch die Frauen ›sehr früh‹ sich aufmachen. Für Markus widersteht die Auferstehung wie die Erscheinungen der Erfassung durch eine narrative Ordnung. Beide Geschehnisse erlauben nur die indirekte Mitteilung durch den Engel. Die Lichtgestalt, die den Frauen begegnet, macht ihnen aber deutlich, daß sie für den Hervorgang aus dem Grab definitiv zu spät kommen. Ohne durch die Begegnung mit dem Auferstandenen in die Wirklichkeit der Auferstehung einzutreten, ist für die Jüngerinnen und Jünger in der alten Schöpfung zunächst nur der gezielte Abbruch der alten Schöpfung evi-

---

Ursprung in Gott« (Römerbrief, 2. Aufl., München 1922, 175) über Rudolf Bultmann und Eberhard Jüngel bis Sally McFague, für die gilt: »The resurrection is a way of speaking about an awareness that the presence of God in Jesus is a permanent presence in our present« (*S. McFague*, Models of God. Theology for an Ecological Age, Philadelphia 1987, 59).

[53] Für die Erzeugung der narrativen Leerstelle siehe *F. Watson*, ›He is not here‹. Towards a Theology of the Empty Tomb, in: *S. Barton/G. Stanton* (Hg.), Resurrection. Essays in Honour of Leslie Houlden, London 1994, 95–107.

dent: Das Grab ist leer. Die Einsicht in das leere Grab unter Absehung der Erscheinungen führt bei Markus zu Entsetzen und Furcht: Ohne die Erscheinung des Auferstandenen ist diese Leerstelle ungemein vieldeutig.

Matthäus geht einerseits in der erzählerischen Ausgestaltung weiter und andererseits steigert er die narrative Beschreibung des Nichtbeschreibbaren. Die Frauen, die auf dem Weg zum Grab sind, treffen dort rechtzeitig ein, um die spektakuläre Ankunft eines Engels zu erleben. Diese narrative Technik des ›zufälligen Zusammentreffens‹ ist gezielt eingesetzt. In einem beeindruckenden Geschehen wälzt der Engel den Stein beiseite und setzt sich darauf. Man könnte annehmen, der Stein werde weggerollt, damit die Evangelienleser und die sie repräsentierenden Frauen gemeinsam direkt beobachten können, wie Jesus aus dem Tode erweckt wird. Warum sonst sollten die Frauen genau in dem Augenblick am Grab eintreffen, in dem der Stein beiseite gerollt wird? Doch statt daß durch die geöffnete Grabestür jemand herauskommt oder jemand hineingeht, verkündet der Engel, Jesus sei auferstanden – schon *bevor* der Stein machtvoll weggerollt wurde. Bei Matthäus kommen selbst die ›pünktlichen‹ Zeuginnen der himmlischen Grabesöffnung *zu spät*. Erst auf dem Rückweg begegnen die Frauen der Erscheinung des Auferstandenen, sozusagen dem Perfektum der Auferstehung, allerdings in deutlich weniger spektakulärer, ja geradezu unscheinbarer Gestalt – ohne Belege und Zeichen seiner Macht.[54] Sowohl die spektakulärere Engelserscheinung mit der Graböffnung als auch die unspektakuläre Erscheinung des Auferstandenen auf dem Rückweg vom Grab rahmen die narrative Leerstelle: Das Ereignis der Auferstehung selbst ist prinzipiell nicht beobachtbar und bezeugbar – selbst für Matthäus, der doch ein Interesse an der Bezeugung des Auferstandenen hat. Das Evangelium baut narrativ die Erwartung einer direkten Zeugenschaft der Auferstehung auf, die es im letzten Augenblick gezielt verweigert zu erfüllen. Obwohl spektakuläre Engelserscheinungen und Wunder fraglos erzählt werden können, gilt dies nicht für die Auferstehung Jesu.

Was sind die Implikationen dieser narrativen Inszenierung einer Leerstelle? Zwei Aspekte sind hervorzuheben:

1. Vor dem Hintergrund dieser Erzählstrategien ist es sicherlich richtig festzuhalten, daß der Vorgang der Auferstehung in der Narration *initial* eine schöpferische Tat Gottes ist, an der die Menschen mit ihren Möglichkeiten vollständig *unbeteiligt* sind, ja auch nicht als Beobachter und

---

[54] In Aufnahme von Beobachtungen von *M. Welker*, Das Reich Gottes, in: EvTh 52, 1992, 497–512, 510 u.ö., kann man von einer auffallenden ›Unscheinbarkeit‹ des Auferstandenen in den Erscheinungen sprechen. Siehe auch den Beitrag von M. Welker in diesem Band.

Zeugen einbezogen sind. Sie könnten dieses Ereignis noch viel weniger begreifen als sie die Erscheinungen des Auferstandenen erfassen können.[55] Die Erkenntnis der Nichtbeschreibbarkeit des Ereignisses führt nun aber nicht zu der Feststellung, die Auferstehung sei »wesentlich göttlich«, während »alle historischen Sachverhalte ... ihren Ort in der Welt« haben.[56] Indem die Evangelien das nichtbeschreibbare Ereignis *am leeren Grab* lokalisieren, halten sie die Ereignishaftigkeit, ja die Tatsächlichkeit des Nichtbeschreibbaren fest und deuten auf die Spur bzw. die Rückseite dieses Ereignisses in Raum und Zeit: Das Grab ist leer, ›er ist nicht hier‹.[57] Die Auferweckung als eschatologische Tat Gottes ist zweifellos ein Ereignis in multiplen ›Wirklichkeiten‹ und eben darin zumindest in einer bestimmten Hinsicht auch eine Tat *in* der Welt.[58] Die Wirklichkeit der neuen Schöpfung beginnt in der Auferstehung sozusagen lokal: in diesem Grab. Damit unterlaufen die Erzählungen strikt die falsche Alternative ›beobachtbares, aber punktuelles Mirakel‹ oder ›kein historisches Ereignis in der Welt, sondern Handeln Gottes *an* der

---

[55] Dieser Ausschluß der Zeugen dürfte vor dem Hintergrund der Traditionen zu betrachten sein, für die die direkte Schau Gottes und seiner Herrlichkeit für den Menschen fatale Konsequenzen hat. Die Geschichten vom leeren Grab radikalisieren in gewisser Weise das Geschehen in Ex 33,12–23, insofern dort Mose von Gott selbst geschützter, faktisch aber nichts sehender Zeuge der vorübergehenden Herrlichkeit Gottes wird. Mose wird Zeuge eines Geschehens, das er nicht sehen kann – allerdings darf er ›hinterherschauen‹. Strukturell analog dürfen die Osterzeugen am leeren Grab Gottes Handeln, der lebendigmachenden Verherrlichung Jesu, ›hinterherschauen‹.

[56] *I. Dalferth*, Kreuz und Auferweckung, 79 (Anm. 5), hierin die Tradition Bultmanns aufnehmend, für den es in der Auferstehung um die Erschließung der »Bedeutsamkeit als eines geschichtlichen Ereignisses« geht und »der Auferstehungsglaube ... nichts anderes ist als der Glaube an das Kreuz als Heilsereignis« (*Bultmann*, Neues Testament und Mythologie, 55, 60f. (Anm. 48)).

[57] Das leere Grab ist darum – im narrativ-theologischen Diskurs der Evangelien wohlgemerkt – das sinnenfällige Zeichen, daß die Auferstehung *nicht* nur ein noetisches Ereignis ist, nicht nur ein Anerkennen Gottes und ein Erkennen des Menschen und nicht ein »Wechsel der Bezugsrahmen, in denen Jesus erfahren und in denen von ihm und seinem Kreuz geredet wird«. (*Dalferth*, Kreuz und Auferweckung, 81 (Anm. 5)) Die von dem leeren Grab bezeugte Tatsächlichkeit ist auch mehr als die einer Offenbarung des Gekreuzigten, da sie eine neue Tat der Schöpfung ist. Dieser Konzeption eines Offenbarungsereignisses ist, wie Wolfhart Pannenberg zu Recht kritisiert (*Pannenberg*, Systematische Theologie, Bd. 2, 387 (Anm. 12)) über weite Strecken auch Karl Barth in der KD verpflichtet. Siehe *Barth*, KD III/2, 546, für den die Osterzeit »die Zeit der Offenbarung des Geheimnisses der ihr vorangehenden Zeit des Lebens und Sterbens des Menschen Jesus« ist.

[58] Die Präsenz dieses Ereignisses in verschiedenen Wirklichkeiten kann man sich anhand der systemtheoretischen Bestimmung von Mehrsystemereignissen verdeutlichen. Mehrsystemereignisse sind solche Ereignisse, die in verschiedene Systeme eingehen und hierdurch in differenten Ereignisreihen und Systemgeschichten zum Stehen kommen.

Welt‹.⁵⁹ Die Auferweckung ist den anderen Fällen von Gottes Heilshandeln darin analog, daß es strukturell ein Ereignis *in* der menschlichen Wirklichkeit und zugleich ein Ereignis *an* dieser Wirklichkeit ist – wenngleich »mit einem schmalen ›historischen‹ Rand«.⁶⁰ Sie unterscheidet sich von diesen anderen Handlungen darin, daß in dem *initialen Augenblick* dieses Ereignisses die Menschen nicht mit einbezogen sind und dieses Ereignis endgültigen Charakter und universale Relevanz hat. Und dennoch beharren sie auf einem lokal und temporal bestimmbaren Beginn (›am 3. Tag‹), der festhält, daß die menschliche Wirklichkeit – passiv – von Anfang an in die Wirklichkeit der Auferweckung einbezogen ist.

2. Der zweite Aspekt dieser narrativen Inszenierung betrifft den Zusammenhang zwischen dem Ereignis und seiner Deutung durch Engelgestalten. Die Rede vom leeren Grab erinnert in dieser eigentümlichen narrativen Gestaltung an eine elementare Bedrohung. Hält man sich vor Augen, daß – in einer kulturanthropologischen Perspektive betrachtet – das (volle) Grab ein prominenter Ort der öffentlichen Erinnerungskultur ist, die das kulturelle Gedächtnis fokussiert und am Leben hält, so markiert das *leere* Grab zunächst die Bedrohung ebendieses lebendigen Gedächtnisses des Lebens und des Wirkens Jesu.⁶¹ Das leere Grab *für sich genommen* erbringt keine Evidenz für die Auferstehung, sondern dokumentiert, indem es z.B. die Salbung als kulturelle Technik des erinnernden Verabschiedens durch die Frauen unmöglich macht, zunächst eine *Gefährdung der kulturellen Erinnerung*. Das leere Grab vernichtet die geordnete kulturelle Erinnerung des Alten – ohne Neues und Zukünftiges freizusetzen. Indem das Grab Jesu leer ist, ist zunächst der Ort und der ›Haftpunkt‹ der öffentlichen Erinnerung dieses Menschen zerstört und die letzte sinnenfällige Spur seines Lebens genommen.

An diesem Wendepunkt des leeren Grabes wird die gefährdete Erinnerung durch die Deutung der Engel so neu geformt, daß sie mit neuen Temporalhorizonten versehen wird. Die Erinnerung am Grab eines Toten zielt primär auf die Vergangenheit dieses Menschen, die, im Modell

---

⁵⁹ Darum dürfte Richard Swinburnes Plädoyer für das »original miracle of the Resurrection« (*R. Swinburne*, Revelation. From Metaphor to Analogy, Oxford 1992, 145) nicht überzeugen, da vor allem auch das zweite, neben der Kriterium der »background evidence« zu stehen kommende Kriterium »historical evidence from reports of witnesses that it happened« eben von den Evangelien *nicht* gedeckt wird. (a.a.O., 112) Die genannte falsche Alternative prägt in ihrer scharfen Zurückweisung eines ›Mirakels *in* der Welt‹ den Entwurf Dalferths (*Dalferth*, Kreuz und Auferweckung, 79ff. (Anm. 5)).

⁶⁰ *Barth*, KD III/2, 535.

⁶¹ Für den Zusammenhang zwischen Auferstehung und kulturellem Gedächtnis siehe den Beitrag von M. Welker in diesem Band.

mehrfach modalisierter Zeit gedacht, eine Vergegenwärtigung ›vergangener Gegenwart‹ oder bestenfalls eine ›gegenwärtige Vergangenheit‹ sein kann. Das leere Grab verweist jedoch zusammen mit der Ankündigung der Erscheinungen durch den Engel auf eine *zukunftsoffene Erinnerung* Jesu, weil das leere Grab nun als die Spur des Auferweckungsgeschehens gesehen werden kann. Die Erinnerung an Jesus, sein vorösterliches Leben und Wirken wird so umgeformt, daß konkrete Zukunftserwartungen und *zukünftige Erfahrungen* mit ihm freigesetzt werden. In der narrativen Szenerie in Mk 16,1–8 plaziert die Ankündigung der Erscheinungen in Galiläa den auferweckten Gekreuzigten gerade durch den Entzug des *gegenwärtigen* Toten (leeres Grab) in der *zukünftigen* Erfahrung (Erscheinung). Diese ist nicht frei von Erinnerungen des vorösterlichen Jesus, wie die Rekognitionsmomente der Erscheinungserzählungen verdeutlichen. Aber die Pointe der Auferweckung ist, daß der Auferweckte *als Lebender* erfahren werden soll, nicht nur lebendig erinnert. Weil er gegenwärtig lebt, wird sein vergangenes Leben gegenwärtig neu erinnert.[62] Umgekehrt betrachtet wird Jesus so erinnert, daß er als lebendig erfahren wird: »Was sucht ihr den Lebenden bei den Toten?« (Lk 24,5) Tote werden erinnert, Lebende werden gegenwärtig als lebendig erfahren, auch wenn die gegenwärtige Erfahrung erinnerungsgesättigt ist und die Geschichte des Erfahrenen mit sich führt.[63] Die Öffnung und Wende der Erinnerung hin zur Zukunft geschieht an dem Punkt, an dem das leere Grab zur Spur des unbeschreiblichen Ereignisse wird.

3.3.2 Das Ereignis der Auferstehung im ›Leben‹ des Gekreuzigten

Ist die Auferweckung Jesu ein Ereignis, das nicht nur als eine Erschliessung der Bedeutung seines Todes verstanden werden kann, so stellt sich unmittelbar die Frage, ob es ein Ereignis des ›Lebens Jesu‹ und seiner Sendung ist. Gehört dieses ›Ereignis‹ zur Geschichte und Existenz Jesu

---

[62] Pneumatologisch formuliert bringt sich der Auferstandene im Wirken des Geistes selbst zur Erinnerung, aber eben unter Inanspruchnahme von kulturellen resp. rituellen Kommunikationsprozessen des kulturellen Gedächtnisses.

[63] Hierin könnte die Grenze einer Rekonstruktion der Auferstehung anhand des Modells des kulturellen Gedächtnisses liegen, obgleich das kulturelle Gedächtnis auch Erwartungen freisetzt und prägt. Das systematisch-theologische Sachproblem dürfte in der Verbindung von Erinnerung und aktueller Geisterfahrung liegen, und nicht umsonst verbindet die Feier des Abendmahls die Erinnerung mit der ereignishaften Inszenierung einer *gegenwärtigen* sinnlichen Erfahrung. Vgl. hierzu *Welker*, Abendmahl (Anm. 25). Im Kontext des kulturellen Gedächtnisses ist zu fragen, ob und wie es möglich ist, daß eine lebendige Erinnerung eine solche Intensität gewinnen kann, daß die erinnerte Person als personal lebend gedacht wird bzw. gedacht werden muß.

oder ist es ein ›Metaereignis‹ *zur* Ereignisserie seines Lebens? Die Rede vom leeren Grab legt ersteres nahe: Die Auferstehung ist ein Teil des Gesamtereignisses ›Jesus Christus‹, ist Teil des sich differenzierenden Ereignisses, in dem Gott sich selbst offenbart und ›ausspricht‹. Die vielfältigen Versuche, die Auferstehung resp. Auferweckung Jesu als Erschließung der Bedeutung seines Todes und der Bestätigung seines Anspruchs zu verstehen, machen dagegen – kommunikationstheoretisch betrachtet – aus der Auferstehung eine Metakommunikation *über* die Kommunikation seines Lebens und Sterbens. Diese mag a) von den Jüngern geäußert werden (»die Sache geht weiter...«) oder b) von Gott selbst gesprochen werden, und die Jünger stimmen dann in diese göttliche ›Perspektive‹ auf Jesus ein. Es bleibt in dieser Sicht ein (menschliches oder göttliches) Interpretationsgeschehen von etwas anderem.

Daß es sich bei der Frage nach der Ereignisserie, der die Auferstehung zugehörig ist, um keine überflüssige Frage, sondern um eine elementare christologische Weichenstellung handelt, kann man sich an folgendem christologischen Kernsatz Eberhard Jüngels verdeutlichen: »Gott ist vollständig definiert in dem gekreuzigten Jesus von Nazareth.«[64] Erschließt die Auferweckung die Bedeutung dieses Definitionsereignisses, so gehört sie, wie Jüngel faktisch deutlich macht, selbst nicht zu dem Ereignis der Definition selbst, sondern erläutert und erschließt dieses in sich *vollständige* Definitionsgeschehen *als* Definitionsgeschehen.[65] Die Auferweckung sagt nichts direkt über Gott aus, sondern nur in der metakommunikativen Indirektheit, daß sie Gottes Selbstdefinition in dem Gekreuzigten erschließt, d.h. die Bedeutung des Todes Jesu offenbart. Entsprechend dieser Position ist die Ostererfahrung der Jünger dann die Erfahrung der Erschließung und Evidenz einer Deutung, wobei als ›Restereignis‹ irgendwie die Tatsache mitgeführt wird, daß Jesus nun in Gottes Leben aufgenommen sei. So berechtigt die religionskritischen Anliegen dieser Konzentration auf das Kreuz sind[66], so problematisch hoch ist der Preis, der für diese Verlagerung der Auferweckung auf das

---

[64] *E. Jüngel*, Das Sein Jesu Christi als Ereignis der Versöhnung Gottes mit einer gottlosen Welt: Die Hingabe des Gekreuzigten, in: *ders.*, Entsprechungen. Gott – Wahrheit – Mensch, München 1980, 276–284, hier 277.

[65] In unübertrefflicher Eindeutigkeit stellt Schleiermacher fest, daß »die Tatsachen der Auferstehung und der Himmelfahrt Christi ... nicht als eigentliche Bestandteile der Lehre von seiner Person aufgestellt werden« können. Schleiermacher meint »jedem, der mit dogmatischen Sätzen verkehrt, die Einsicht zumuten [zu können], daß der richtige Eindruck von Christo vollständig vorhanden sein kann und auch gewesen ist, ohne eine Kunde von diesen Tatsachen.« (*F. Schleiermacher*, Der Christliche Glaube. Nach den Grundsätzen der Evangelischen Kirche im Zusammenhange dargestellt, Bd. 2., (hrsg. von M. Redeker), Berlin 1960, §99, S. 82ff.).

[66] Siehe exemplarisch *Dalferth*, Kreuz und Auferweckung, 39–44 (Anm. 5).

Terrain der göttlichen/menschlichen Erschließung/Interpretation gezählt zu werden droht: Daß in Jesus von Nazareth auch Gottes Wille und Ziel für die Zukunft des Kosmos als neuer Schöpfung erschlossen wird, ist nur dann aussagbar, wenn er sich in Kreuz *und* Auferstehung des Jesus von Nazareth vollständig definiert hat. Doch dazu muß die Auferstehung *mit* Ereignis dieses Wortes, d.h. Teil der sich in Jesus von Nazareth aussprechenden Kommunikation Gottes sein. Jesu »Inkarnation wird folglich durch seine Auferstehung vollendet, nicht in seinem Kreuzestod.«[67] Die Auferstehung ist, den ›seltsamen Schleifen‹ der Logik vergleichbar, einerseits ein Moment *in* der Geschichte Jesu und *zugleich* Ereignis *über* seine Geschichte, sozusagen ihr metakommunikativer Kommentar, der doch zugleich auch Teil des Kommentierten ist. Daß die Auferweckung Teil der Geschichte des leibhaftigen Jesus von Nazareth ist, darauf verweist lapidar die Rede vom leeren Grab, die das ›Leben‹ Jesu nicht mit dem Tod enden läßt, sondern Gottes neuschöpferisches Auferweckungshandeln für die Erfahrung der Jüngerinnen und Jünger das *relativ* abschließende ›Ereignis‹ in diesem ›Leben‹ sein läßt. Dieses Leben setzt sich nach dem relativen Abschluß in der Sendung der Jüngerinnen und Jünger in verwandelter Form fort. Die Auferweckung ist damit beides: ein ›Ereignis‹ der Geschichte Jesu Christi und zugleich ein metakommunikatives ›Ereignis‹ *an* der Geschichte Jesu Christi, in dem Gott sich zu ihm bekennt und ihn als Christus offenbart.

3.3.3 Die Temporalstruktur des Auferstehungsereignisses

In temporaler Hinsicht stellt das leere Grab in der narrativ-theologischen Entfaltung eine scharfe Markierung dar. Die Auferweckung resp. Auferstehung Jesu hat tatsächlich stattgefunden. Die neue Schöpfung aus dem Tode ist wirklich angebrochen. ›Er ist nicht hier‹ bedeutet, diese alte Wirklichkeit ist *in Christus* nicht mehr ›wirklich‹, ein neuer Morgen der Schöpfung hat begonnen. Die alte Schöpfung ist in der Person Christi ›spurlos‹ beendet, vollständig verwandelt. Das leere Grab zeigt präzise an, daß es ›in Christus‹ keine Gleichzeitigkeit des Alten und des Neuen gibt, weil in ihm die Verfalls- und Todesgeschichte nicht mehr weitergeht, ja schon ihr definitives Ende gefunden hat.[68] Die das Leben der

---

[67] *Moltmann*, Der Weg Jesu Christi, 272 (Anm. 7). Siehe auch den Beitrag von Daniel Munteanu in diesem Band.
[68] Eben diese theologische Pointe wird verfehlt, wenn die die Verwesung einschließende Auferstehung der Christen im Rückschluß die theologische Annahme erforderlich macht, daß auch die Auferweckung Jesu Christi seine Verwesung einschließen muß, das Grab darum voll gewesen sein muß, wenngleich es historisch aus ganz anderen Gründen leer gewesen sein könnte. So *Dalferth*, Volles Grab, 298f. (Anm. 47).

Jüngerinnen und Jünger auszeichnende ›Gleichzeitigkeit des Ungleichzeitigen‹ unterscheidet dieses vom Leben des Auferstandenen, insofern in Christus deren Zukunft schon vorweggenommen ist. Die Begegnungserfahrung der Jünger als ›Gleichzeitigkeit des Ungleichzeitigen‹ ist darum zugleich Differenzerfahrung, die zu Proskynese (Mt 28,9), Verweigerung der Berühung (Joh 20,17) oder Entzug (Lk 24,31) führt. Wie verhält sich nun diese relative Gleichzeitigkeit des Neuen, die die Erscheinungen anzeigen, zu der relativen Abgeschlossenheit des Ereignisses in der Rede vom leeren Grab? Instruktiv ist diesbezüglich eine Auseinandersetzung zwischen Jürgen Moltmann und Wolfhart Pannenberg. »Die Auferstehung Christi ist ein eschatologisches Ereignis... Wer die Auferstehung Christi wie seinen Kreuzestod ›historisch‹ nennt, übersieht die neue Schöpfung, die mit ihr beginnt, und verfehlt die eschatologische Hoffnung.«[69] Mit dieser polemischen Spitze gegen Wolfhart Pannenberg hat Jürgen Moltmann deutlich auf den Aspekt der grundsätzlichen *Zukunftsoffenheit* und *Unabgeschlossenheit* der Auferstehung hingewiesen. Diese Offenheit hin zu Gottes zukünftigem neuschöpferischen Handeln und der allgemeinen Totenauferstehung impliziert für Moltmann aber zugleich eine bestimmte *Einschränkung* bezüglich der Rede von Jesu Auferstehung als ›historisch‹. Die Auferweckung Jesu spricht »die Sprache der Verheißung und der begründeten Hoffnung, aber ... noch nicht die Sprache der vollendeten Tatsachen.«[70] In seiner Replik hat Wolfhart Pannenberg darauf insistiert, Moltmann müsse eigentlich sagen, daß »die in der Auferstehung Jesu angebrochene Wirklichkeit des neuen Lebens ... noch nicht vollendet [sei], daher auch dieses Ereignis noch strittig [sei], das aber dennoch als bereits geschehen behauptet wird und als bereits eingetreten die christliche Hoffnung zur ›begründeten Hoffnung‹« mache. Darum drohe bei Moltmann »das von Paulus betonte *perfectum* der Auferstehung Jesu (1Kor 15,12ff) doch verflüchtigt« zu werden.[71] Faktisch werfen Moltmann und Pannenberg die Frage nach der inneren temporalen Struktur des Auferstehungsereignisses auf. Ist die Auferstehung ein noch nicht abgeschlossenes *eschatologisches* Ereignis, oder ist sie ein abgeschlossenes *historisches* Ereignis, deren angebrochene Wirklichkeit aber noch nicht vollendet ist? Ist sie ein *historisches* Ereignis in dem Sinne, daß es »in vielfältige Wirklichkeiten orientierend hineinwirkt, verändernd, Realität bewegend, Realität verdichtend, vernetzend«?[72] Oder ist sie kein Ereignis der Welt,

---

[69] *Moltmann*, Der Weg Jesu Christi, 236 (Anm. 7).
[70] A.a.O., 245.
[71] *Pannenberg*, Systematische Theologie, Bd. 2, 404 (Anm. 12).
[72] So *Welker*, Auferstehung, 44 (Anm. 23). Die Denkform des kulturellen Gedächtnisses hebt zweifellos die Unabgeschlossenheit des Ereignisses vor.

›einst einmal geschehen‹, sondern nur ein Ereignis in Gott ›ein für allemal geschehen‹, das eine »letztgültige Wahrheit und Bestimmtheit *der Welt insgesamt* ans Licht« bringt und daher in Relation zu *jedem* weltlichen Ereignis steht?[73] Eine Antwort auf diese Fragen eröffnet sich, wenn die Auferstehung als ein Ereignis in multiplen Bezugssystemen und damit auch in multiplen Zeitsystemen gesehen wird.

Orientiert man die Überlegungen zur Zeitstruktur des Auferstehungsereignisses ausschließlich an der Kreuzigung und der Rede vom leeren Grab und faßt zugleich Gottes Verhältnis zu der Person Jesus von Nazareth ins Auge, so ist mit Wolfhart Pannenberg das definitive *Perfektum* der Auferstehung hervorzuheben. Das Grab war voll und ist jetzt leer, und als der Erscheinende bestätigt Jesus im nachhinein den Satz des Engels ›Er ist nicht hier‹. Ein tatsächliches Ereignis wird als abgeschlossenes erinnert. Nimmt man hingegen Jesu Beziehung zu den Jüngerinnen und Jüngern in den Blick, so eröffnet die Verknüpfung der Rede vom leeren Grab mit den Erscheinungen des Auferstandenen eine andere Perspektive: Die entmutigten Jüngerinnen und Jünger werden in das Ereignis einbezogen und bekommen Anteil an dieser Auferstehungswirklichkeit. Indem ihre Zeit mit der Zeit des Auferstandenen gekoppelt wird, bekommen sie Anteil an dessen Zukunft. Die als Berufungsgeschichten verbundenen Erscheinungserzählungen gehen nochmals deutlich einen Schritt weiter, da sie den Horizont dieser Wirklichkeit sozial (›alle Völker‹) und temporal (›alle Tage bis an das Ende der Welt‹) ausdehnen, ja universalisieren. Indem bei Matthäus der Auferstandene den ausgesandten Jüngerinnen und Jüngern zusagt, ›alle Tage‹ bei ihnen zu sein, wird der damit einsetzende Prozeß der Mission und Kirchenbildung Moment der dynamisch sich ausbreitenden neuschöpferischen Auferstehungswirklichkeit.[74] Dieser Prozeß, der auch als »kulturell-geschichtliche[s] Ereignis«[75] betrachtet werden kann, schließt die vielgestaltige Aktivität der Zeuginnen und Zeugen aller Zeiten und Regionen mit ein.[76] Insofern

---

[73] *Dalferth*, Kreuz und Auferweckung, 78 (Anm. 5).
[74] An dieser Stelle muß nochmals die theologisch auffällige Tatsache hervorgehoben werden, daß die Evangelienerzählungen die Auferstehung Jesu nicht mit Auferstehungshoffnungen der Jüngerinnen und Jünger verbinden, sondern mit Berufung und Mission, d.h. mit der Grenzen überschreitenden und in vielfältige kulturelle und biographische Kontexte eingehenden Kommunikation des Evangeliums. Ökonomisch reformuliert: Nicht der individuelle religiöse Profit der Auferstehung für die Jünger steht im Vordergrund, sondern die räumliche, zeitliche und soziale Ausdehnung der Auferstehungswirklichkeit in Raum, Zeit und Kulturen.
[75] *Welker*, Abendmahl, 28 (Anm. 25).
[76] Hierin liegt das Wahrheitsmoment von Ernst Troeltschs Hervorhebung des Kultes, der für die »Überlieferung und Lebendighaltung des Christusbildes« verantwortlich ist. An diesem Punkt liegt für Troeltsch jedoch explizit kein theologischer, sondern nur ein sozialpsychologischer Zusammenhang vor. Siehe *E. Troeltsch*, Die Bedeu-

die lebendige Erinnerung des Kreuz und Auferstehung einschließenden ›Lebens‹ Jesu und die aus dieser Erinnerung erwachsenden Erwartungen selbst Teil dieses Ereignisses sind, ist das Ereignis der Auferstehung noch unabgeschlossen. Dabei geht von dem initialen, abgeschlossenen Ereignis die Kraft und Dynamik des unabgeschlossenen Ereignisses aus. Gerade das die Zeugenschaft der Jüngerinnen und Jünger ausschließende leere Grab zeigt eine unüberspringbare *Differenz* zwischen a) dem initialen, abgeschlossenen Ereignis und b) der kommunikativen Ausbreitung der Auferstehung durch Wiederholungshandlungen (z.B. Feier des Abendmahls, Predigt) oder durch verstetigte Handlungszusammenhänge (z.B. der Diakonie) an: In die Ausbreitung in vielgestaltige Kontexte sind die Jüngerinnen und Jünger durch ihre Beauftragung elementar eingeschlossen und werden zugleich an die Zukunftsoffenheit ihres Tuns erinnert.[77] Der Zusammenhang zwischen beiden Ereignisformen ist an der Feier des Abendmahls erkennbar. Der gedenkende Rückbezug auf die Mahlfeier mit Jesus wird durch das abgeschlossene ›initiale‹ Ereignis der Auferweckung so verwandelt, daß Brot und Wein als natürlich-kulturelle Schöpfungsgaben immer wieder zu Gaben der neuen Schöpfung werden, in denen der auferstandene Christus sich zukunftsorientiert (1Kor 11,26) kommunikativ vergegenwärtigt.[78]
Der zukunftsoffene Kommunikationsprozess der Christus gedenkenden und vergegenwärtigenden Kirche ist als konfliktträchtige Gestaltgewinnung der Auferstehungswirklichkeit unter den schon bestrittenen aber noch immer prägenden Bedingungen der alten Schöpfung nicht ohne einen Horizont. Der sachliche sowie temporale Horizont dieses Prozesses

tung der Geschichtlichkeit Jesu für den Glauben (1911), in: *ders.*, Die Absolutheit des Christentums, Gütersloh 1985², 132-180, 146 ff.

[77] Diese Differenz in der Ereigniskette bzw. der internen Struktur des einen Ereignisses Auferstehung hat eine Analogie in der theologischen Rede von der Schöpfung. Wie Michael Welker beobachtet hat, ist die Schöpfung nach Gen 1 u.a. durch eine Reaktivität des schaffenden Gottes und eine ihr korrespondierende Eigenaktivität gekennzeichnet – ein Aspekt, der in der Vergangenheit vielfach nicht hinreichend bedacht wurde (*Welker*, Schöpfung, Kap.1 (Anm. 36)). Dieser geschöpflichen Beteiligung an der Schöpfung entspricht die Beteiligung der Jünger am Prozess der Auferstehung durch die Arbeit am kulturellen Gedächtnis, d.h. durch die Feier des Abendmahls und nicht zuletzt durch den vielgestaltigen ›Dienst an der Versöhnung‹. Allerdings ist in der sogenannten Schöpfung ›am Anfang‹ wie auch in der Neuschöpfung initial, d.h. ›am Anfang‹ die geschöpfliche Wirklichkeit *nicht* produktiv und kreativ beteiligt. Hierin dürfte die *particula veri* der Rede von einer *creatio ex nihilo* in beiden Fällen liegen.

[78] Zum Zusammenhang von Brot und Wein und neuer Schöpfung vgl. *D. Bonhoeffer*, Vorlesung: Christologie, in: *ders.*, Berlin 1932-1933, (DBW 12), Gütersloh 1997, 282f. Ähnlich *Welker*, Abendmahl, 177 (Anm. 25). Die eschatologische Dimension des Abendmahl hebt hervor *G. Wainwright*, Eucharist and Eschatology, New York 1981.

wird durch die Symbole der Wiederkunft Christi, eines neuen Jerusalem sowie eines neuen Himmels und einer neuen Erde angezeigt.[79] Aber auch angesichts der noch gegenwärtigen Wirksamkeit von Tod, Vergänglichkeit und Gewalt kann Kirche nicht davon absehen: »Mit der Auferstehung Christi ... beginnt die neue Schöpfung pars pro toto am Gekreuzigten.«[80] und setzt sich in der Gestaltgewinnung und Ausbreitung der Auferstehungswirklichkeit fort.

3.4 Die Aufhebung der prekären Einheit von Leben und Tod – oder: Der Tod des Todes

Innerhalb der alten Schöpfung ist der Noahbund ein Zeichen der Treue Gottes dafür, daß die Auseinandersetzung zwischen Tod und Leben in den kulturellen und natürlichen Lebensrhythmen zugunsten des Lebens entschieden wird (Gen 8,21ff.). In den kulturellen wie natürlichen Rhythmen und Zyklen der Regeneration und Reproduktion manifestiert sich eine permanente Auseinandersetzung zwischen Tod und Leben zugunsten des Lebens.[81] Die Generativität, d.h. die Aufforderung »seid fruchbar und mehret euch und füllet die Erde« wird zum sinnenfälligen Zeichen dieser Durchsetzung des Lebens, das als gesegnetes Leben sich steigern und ausbreiten kann. Nicht umsonst bezieht sich der Segen Gottes vielfach auf die Steigerung und Verstetigung dieser Durchsetzung des Lebens[82] und nicht umsonst sind die entsprechenden Prozesse und

---

[79] Karl Barth hat daher in KD IV/3, 335ff. von der dreifachen Parousie Christi, d.h. von einem Sichtbarwerden »in verschiedenen Formen« gesprochen. Allerdings insistiert er darauf, daß »in allen diesen Formen ein einziges Ereignis« ist. (A.a.O., 338). Die Problemkonstellationen der Debatten um den antizipatorischen Charakter der Auferstehung vorwegnehmend, betont er, das Osterereignis sei die »Ur- und Grundgestalt« der folgenden Formen und zugleich habe in diesem das Osterereignis angehoben und es sei »in diesem in seiner Ganzheit als in seiner Ur- und Grundform anschaulich und begreiflich« geworden. Die Prägung der ›nachösterlichen‹ Ereignisserie bzw. Formgestalten kann Barth aber nur metaphorisch beschreiben. Das Ganze der Wiederkunft habe »in allen seinen Formen den Charakter, die Farben, die Akzente des Osterereignisses.« (A.a.O., 338f.) Die Dimensionen der Vergangenheit (Bezug auf das Kreuz), Gegenwart (aktuelles neues Leben) und Zukunft (Auferstehung) verknüpft auch die Anwort auf die 45. Frage des Heidelberger Katechismus: »Was nützt uns die Auferstehung«, wenngleich in der individualistischen Engführung dieses Textes.

[80] *Moltmann*, Der Weg Jesu Christi, 119 (Anm. 7).

[81] Der priesterschriftliche Schöpfungsbericht in Gen 1 spiegelt die Einordnung der Finsternis (Gen 1,2) in die Rhythmik von Tag und Nacht zugunsten der Schaffung eines Lebensraumes.

[82] Siehe *M. L. Frettlöh*, Theologie des Segens. Biblische und dogmatische Wahrnehmungen, Gütersloh 1999³, 353–367; *D. Greiner*, Segen und Segnen. Eine systematisch-theologische Grundlegung, Stuttgart 1998, 266–272.

Phänomene Ausgangspunkt naturreligiöser Vorstellungen.[83] Die »Einheit von Leben und Tod zugunsten des Lebens«[84] kennzeichnet die alte Schöpfung, der der Schöpfer trotz des bleibend ›bösen Herzens‹ des Menschen treu bleibt – wenngleich er *sich selbst* (sic!) mit dem Regenbogen als Bundeszeichen immer wieder an diese Treue erinnern (Gen 9,14–16) muß.[85] Der weder von den Mächten des Chaotischen noch den Gewalttaten der Menschen freien ›alten Schöpfung‹ gilt das bewahrende und Gemeinschaft suchende Handeln Gottes zugunsten des Lebens.[86]

Das Ereignis der Auferweckung des Gekreuzigten als Ereignis der neuen Schöpfung geht über diese schöpfungstheologisch greifbare ›Einheit von Leben und Tod zugunsten des Lebens‹ weit hinaus. Zwischen dem Tod und dem Leben besteht im neuen Leben kein Patt und keine nur *relative* Asymmetrie zugunsten des Lebens. Alfred North Whiteheads Beobachtung: »Leben ist Räuberei«[87] wird, so zutreffend sie für die fragile Einheit von Leben und Tod in der ›alten Schöpfung‹ ist, der ›neuen Schöpfung‹ nicht mehr gerecht.[88] In ihr setzt sich das Leben nicht auf Kosten des unfreiwilligen Todes anderen Lebens fort.[89] Weil der Tod als de

---

[83] Siehe *B. Gladigow*, Art. Natur/Umwelt und Art. Naturreligiosität, in: Metzler Lexikon Religion, Bd. 2, Stuttgart 1999, 539–547.

[84] Diese Formel wird hier in signifikant anderer Weise verwendet als von Jüngel, für den sie die Liebe und damit den Gott, der die Liebe ist, charakterisiert. Siehe *Jüngel*, Gott als Geheimnis, 434 u. 446 (Anm. 40), variiert als »Einheit von Tod und Leben zugunsten des Lebens«, 409.

[85] Für den Regenbogen als »ein Zeichen der Liebe und Treue Gottes gegen seine Schöpfung, das ihn ›erinnert‹«, siehe *B. Jakob*, Das erste Buch der Tora, Berlin 1934, 257. Als »Metapher für die Ausübung der Herrschaft des Schöpfergottes« interpretiert ihn *E. Zenger*, Gottes Bogen in den Wolken. Untersuchungen zu Komposition und Theologie der priesterlichen Urgeschichte, Stuttgart ²1987, 131.

[86] Ohne daß die Einsicht der Band ›Dire Straits‹ in den Rang von Theologie erhoben werden muß, charakterisiert ihr Diktum »there is always sunshine after rain« doch treffend diese ›nachnoachitische‹ kreatürliche Lebensgewißheit des *relativen* Sieges des Lebens über den Tod in der in Treue bewahrten Schöpfung.

[87] Siehe *A. N. Whitehead*, Prozeß und Realität. Entwurf einer Kosmologie, Frankfurt/M. 1979 (orig. 1929), 204. In diesem Zusammenhang verweist Whitehead darauf, daß sog. ›lebende Gesellschaften‹ in einer Wechselwirkung mit ihrer Umwelt andere Gesellschaften zerstören, um Nahrung zu gewinnen. »Im Falle lebender Gesellschaften nimmt diese Wechselwirkung die Form der Räuberei an.« (Ebd.) Anderes Leben wird zum Opfer (im Sinne von ›victim‹!) des Räubers. Für aktuelle Diskussionen dieses Problems im Spannungsfeld von Biologie und Theologie siehe *H. Kessler* (Hg.), Leben durch Zerstörung? Über das Leiden in der Schöpfung. Ein Gespräch der Wissenschaften, Würzburg 2000.

[88] Schöpfungstheologisches Korrelat dieser Veränderung ist – in der Logik des eschatologischen Symbolismus – die Tatsache, daß es in der Stadt Gottes (Apk 22,5) keine Nacht mehr geben wird.

[89] Die Lebensgewährung durch freie Selbstzurücknahme ist damit nicht ausgeschlossen, sondern ist in Wahrheit unter den Bedingungen der ›alten Schöpfung‹ der

struktive Macht überwunden wurde, markiert der Geschehenszusammenhang von Kreuz und Auferstehung den ›Tod des Todes‹.

Um diesen Übergang zu erfassen ist es hilfreich, sich im Gespräch mit dem Entwurf E. Jüngels den Zusammenhang zwischen dem Tod am Kreuz und dem Ereignis der Auferstehung zu vergegenwärtigen. Die Identifikation Gottes mit dem Gekreuzigten führt, so Jüngel, dazu, daß Gott »den Tod Jesu erträgt« und hierdurch »die Ewigkeit seines Seins mit dem Kreuzestod Jesu belastet.«[90] Doch wie ist in dieser Konstellation der Sieg des Lebens über den Tod zu denken und warum ist »das Ereignis jener Identifikation als Offenbarung des Lebens des gekreuzigten Gottes zu verstehen«? (G408) Zwei Aspekte sind hier hervorzuheben. In der Identifikation Gottes mit Jesus definiert Gott »den toten Jesus als lebendigen Gottessohn« und definiert sich damit zugleich selbst.[91] Hierin erfährt Gott eine Selbstunterscheidung, insofern er als ›Gott der Sohn‹ die Verlassenheit von ›Gott dem Schöpfer‹ erleidet. Wie kommt es aber zur Überwindung des Todes, die Jüngel als Auferstehung bezeichnen kann? Zu ihr kommt es dadurch, daß »das Leben den Tod in sich aufgenommen hat«. (G499) Gott als Liebender kann sich, so Jüngel, auf die Härte des Todes in dieser Identifikation einlassen und sich dem Tod ›aussetzen‹. Aber indem »Gott den Tod *erlitten* hat, hat nicht der Tod sich behauptet. Sondern gerade so, den Tod erleidend, hat Gott sich behauptet.« (V120) Insofern Gott »an sich eine Verneinung duldet«, schafft er »in seinem Sein Raum ... für anderes Sein.« (V120) In diesem Prozess des Erleidens wird der Tod um seine Macht gebracht. Der Tod wird »verändert«, d.h. »dazu *bestimmt*, ein Gottesphänomen zu *werden*.« (V123) Indem Gott da ist, wo der Tod hinkommt, tötet Gott den Tod: Denn Gott hat den Tod aufgenommen »in das Leben, das Gott selber ist«. (V123) Jüngel entfaltet in prägnanter Weise eine sich auf das Kreuzesgeschehen konzentrierende Auseinandersetzung mit dem Tod – letztlich unter strikter Absehung von einem Auferstehungsverständnis, das durch das leere Grab informiert ist. Faßt man die Rede vom leeren Grab ins Auge, so wird man jedoch fragen müssen, ob die Auferstehung Jesu »auf keinen Fall« bedeuten kann, »daß der den Tod erleidende Gottessohn den Tod *hinter* sich gelassen habe und wieder ins Leben *zurückgekehrt* sei.«[92] Kann man angesichts des leeren Grabes sagen, daß »der den Tod auf sich nehmende Gott ... den Tod für immer auf sich genommen« hat? (V123) Während es unbestritten ist, daß es sich bei der Auferweckung um keine

---

Anbruch der ›neuen Schöpfung‹. Siehe *Welker*, Das Reich Gottes, 497–512 (Anm. 54). Auf der Grundlage der von S. Brandt herausgearbeiteten systematischen Differenzierung zwischen ›victim‹ und ›sacrifice‹ im Opferbegriff kann deutlich gemacht werden: Die neue Schöpfung schließt den Lebensraub der ›victimization‹ aus, aber die Lebensgabe des ›sacrifice‹ ein. Siehe *S. Brandt*, Opfer als Gedächtnis. Zu einem evangelischen Verständnis von Opfer, Münster 2000. Mit Blick auf Whiteheads Diktum stellt sich dann die Frage, wie, durch wen und von welchem Standpunkt aus in kulturellen und natürlichen Prozessen Lebensraub und Lebensgabe unterschieden werden können, d.h. wie die Wirklichkeit der alten Schöpfung von den realen Zeichen der neuen Schöpfung abgegrenzt werden kann.

[90] *Jüngel*, Gott als Geheimnis, 471 (Anm. 40). Seitenangaben im Text mit dem Kürzel G verweisen auf diesen Band.

[91] *E. Jüngel*, Vom Tod des Lebendigen Gottes. Ein Plakat, in: *ders.*, Unterwegs zur Sache. Theologische Bemerkungen, München 1972, 105–125, hier 119. Seitenangaben im Text mit dem Kürzel V verweisen auf diesen Text.

[92] Jüngel argumentiert an dieser Stelle so, als sei die Alternative eine ›Wiederkehr des Gleichen‹, d.h. ein Kreislauf von Leben und Tod. Ähnlich *Jüngel*, Tod, 141 (Anm. 40).

Rückkehr handelt, ist bei Jüngel doch zu fragen, ob hier nicht die Gefahr droht, daß die Dynamik und Dramatik zwischen Karfreitag und Ostern stillgestellt wird zugunsten einer Verewigung oder gar Vergöttlichung des Todes, dessen Vernichtung aber im Horizont des Kreuzes allein – unter Absehung der Ereignishaftigkeit der Auferstehung – nicht mehr gedacht werden kann. Hat Jesus den Tod *nicht* hinter sich gelassen und *bleibt* dieser ein Gottesphänomen, so muß gefolgert werden, daß auch die neue Schöpfung vom Tod nicht befreit ist. Zu betonen, daß »das Leben den Tod in sich aufgenommen hat« läßt offen, was diese Aufnahme für Jesus von Nazareth bedeutet, hält er doch in der trinitarischen Selbstunterscheidung zwischen Vater und Sohn durch den Tod die Differenz zwischen beiden offen. Entspricht, wie Jüngel betont, die Aufnahme des toten Jesus in das Leben Gottes schon der Auferstehung, so wird es fragwürdig wie die Ostererzählung (Lk 24,5) zu sagen: »Was sucht ihr den Lebenden bei den Toten?« In E. Jüngels Entwurf müßte der Engel die Aufforderung »Sucht die Toten bei dem Lebendigen« aussprechen, denn letztlich ist es Gott, der die Affizierung mit dem Tod ›überlebt‹. Nicht die qualitativ neue Lebensgabe im Akt der Neuschöpfung ist das Ziel der Auseinandersetzung Gottes mit dem Tod, sondern dies, daß »Gott sich behauptet«. (V120) Obwohl der Tod als gegenwärtige Vergangenheit Teil der Geschichte Jesu – und damit *auch* Teil der Geschichte Gottes – bleibt, besteht, so wird man zurückfragen müssen, doch der Kern der Ostererzählungen darin, daß Jesus von Nazareth nicht mehr tot ist, sondern lebt. Dem Satz aus dem vielfach und auch von Jüngel zitierten Osterlied Luthers »wie ein Tod den andern fraß...« steht nicht umsonst der andere voran: »Es war ein wunderbarer Krieg, da Tod und Leben rungen; das Leben behielt den Sieg, es hat den Tod verschlungen.«[93] In Jüngels trinitätstheologischer Funktionalisierung des Todes kann der ›Tod des Todes‹ als Geschehen der Verwandlung des Todes aber nicht zu einer definitiven Überwindung des Todes führen. Daß sich im Kreuzesgeschehen Gott mit dem toten Jesus von Nazareth »identifiziert« hat und »im Tode Jesu die Berührung des Todes« erträgt, ist ohne Zweifel ein wesentliches Prozessmoment in dem ›Ereignis‹ Jesus von Nazareth.[94] Gilt allerdings der Satz: »Auferweckung Jesu von den Toten besagt, daß Gott sich mit diesem toten Menschen identifiziert hat« (G497), so wird die innere Dynamik von Kreuz und Auferstehung weitgehend abgeblendet. Ist es doch speziell die Rede vom leeren Grab, die beansprucht zu sagen: Gott identifiziert sich nicht tatenlos, folgenlos und dauerhaft mit dem Tod, sondern führt den Tod des Todes herbei.

Inwiefern trägt die Rede vom leeren Grab dazu bei, die göttliche Auseinandersetzung mit dem Tod zu erschließen? Insofern Jesus für andere in den Tod geht und sein Tod zugleich der Selbstdurchsetzung und vermeintlichen Steigerung der Kräfte des politischen, kulturellen und religiösen Lebens dient, stellt dieser Tod eine abgründige, zutiefst ambivalente Radikalisierung der geschöpflichen ›Einheit von Leben und Tod zugunsten des Lebens‹ dar. Schlaglichtartig zeigt er hierin die Verfassung der sündigen Welt *und* die liebende Hingabe Gottes an. Das leere Grab läßt die Brechung dieser Radikalisierung, die in Jesu freier Lebenshingabe besteht, nochmals in einem anderen Licht erscheinen. Nicht ein an-

---

[93] Siehe EG 101, 4 bzw. EKG 76, 4.
[94] So die Formulierungen in *Jüngel*, Tod, 136ff. (Anm. 40). Die Terminologie einer Identifikation Gottes »mit dem gekreuzigten Jesus, seinem Kreuz und seiner Ohnmacht« verwendet auch *Moltmann*, Der gekreuzigte Gott, 156.

deres Leben setzt sich durch den Tod dieses Lebens fort, sondern dieses Leben des Jesus von Nazareth wird dem Tod entrissen. Damit verhält sich Gott in einer äußerst *differenzierenden* Weise zum Kreuz: Gott identifiziert sich mit Jesu Lebenshingabe und verneint doch zugleich dessen Tod, insofern er die Folge der machtvollen Selbstdurchsetzung von Recht, Politik, Religion und Common sense ist. Am Kreuz identifiziert sich Gott differenziert mit dem Schicksal des Gekreuzigten, um ihn als Folge dieser Differenzierung letztlich vom Tode zu erretten, um an ihm den sinnlosen Tod verneinend zu überwinden – ohne den Tod Jesu als freie Lebensgabe abstrakt zu negieren.

Der Tod des Todes macht es aber notwendig, das Dokument des Todes, den irdischen, toten Leib mit zu verwandeln. Das volle Grab mit dem verwesenden Leichnam wäre ein sinnenfälliger Beleg des dauerhaften Sieges des Todes.[95] Die Rede vom leeren Grab verweist darum nicht auf die Rückgängigmachung des Todes Jesu, sondern auf eine differenzierende Überwindung der Todesmacht an der Stelle, die den scheinbar lokalen, aber dennoch definitiven Sieg des Todes über diese Leben dokumentiert: den toten Körper des Gewaltopfers im Sinne eines ›victim‹. Hier muß, in der mythischen Sprache des Osterliedes, der Tod vom Leben verschlungen werden. Dieses ›Verschlingen‹ der Todesmächte prägt die Identität des vieldimensionalen Lebens des Auferstandenen.

Denkt man für einen Augenblick im alten traditionellen christologischen Modell der Zwei-Naturen-Lehre, so betrifft die Auferweckung ebenso wie das Kreuz die Einheit von göttlicher und menschlicher ›Natur‹ und kann so in dieser Einheit der Anfang der neuen Schöpfung sein. Würde die ›menschliche Natur‹ nicht in das Ereignis der Auferweckung hineingenommen, so müßte das Kreuz als Auflösung bzw. Ende dieser Einheit gedacht werden. Die mit der menschlichen ›Natur‹ verbundene Leiblichkeit des Christus wäre eine transitorische Angelegenheit. Gottes Gang in die menschliche Wirklichkeit würde zur Episode, nicht aber zum Beginn einer dynamischen Entfaltung.

So berechtigt das ›religionskritische‹ Anliegen ist, das Kreuz als »paradoxe Korrektur« der menschlichen Erwartungen und Sehnsüchte nach »Heil, nach Ganzheit und Güte, Göttlichkeit, Gemeinschaft und Glück« zu erfassen, so darf es doch nicht zu einem falschen Friedensschluß mit den zerstörerischen und destruktiven Formen der Vergänglichkeit, der leidvollen Endlichkeit, der gewaltsamen ›Victimisierung‹ und des un-

---

[95] Barth insistiert aus diesem Grunde darauf, daß es sich bei der »Gotteserscheinung um die ganze wahrnehmbare Existenz des Menschen Jesus handelte und handeln mußte, darum war auch die ›Natur‹, d.h. Jesu Leib an diesem Ereignis beteiligt.« (KD III/2, S. 541) Wäre die ›Natur‹ nicht beteiligt, so würde dies im Rückschluß die Problematisierung der ›gottmenschlichen‹ Identität Jesu nahelegen.

schuldigen Todes führen.⁹⁶ Die Tat der Auferweckung des Gekreuzigten wehrt zugleich einer Bagatellisierung und Funktionalisierung des Todes, denn sie faßt den Tod in seiner Vernetzung mit Gewalt, Unrecht, Krankheit, d.h. als furchtbares Ende und als Gottesferne ins Auge. Sie sieht, daß Leben anderes Leben mißbraucht und tötet, d.h. Leben unentrinnbar mit dem Tod vernetzt ist. Daß der Tod Jesus nicht halten kann, macht deutlich, daß das ewige Leben der neuen Schöpfung dieser räuberischen Verflechtung von Leben und Tod entnommen ist. Das Leben der neuen Schöpfung bedarf nicht mehr des tödlichen Zugriffs auf anderes Leben.

3.5 Das leere Grab als Zeichen der creatura viatorum

»Neue Schöpfung ist in Jesu Christi Auferstehung geschehen. Und eben daß sie dort geschehen ist, ist ernst zu nehmen.«⁹⁷ Doch welche Dimensionen der ›alten Schöpfung‹ sind in dieses Geschehen eingeschlossen? Viele systematisch-theologische Ausführungen der letzten Jahrzehnte werden vor dem Horizont naturwissenschaftlich geprägter Wirklichkeitsverständnisse und des neuzeitlichen Geschichtsverständnisses und deren Kritik theologischer Erkenntnisansprüche nicht müde hervorzuheben, daß die Auferstehung nicht als ein ›naturhaftes‹ Geschehen, nicht als Mirakel innerhalb der Wirklichkeit dieser Welt zu verstehen sei und darum auch nicht eine Rückkehr in dieses Leben impliziere.⁹⁸ Sosehr die entschiedene Zurückweisung mirakelhafter Wiederbelebungsvorstellungen und fragwürdiger frommer Unsterblichkeitsphantasien ihr Recht hat, so sehr steht die Abblendung jeglicher ›naturalen‹ Dimension im Auferstehungsgeschehen (und die damit einhergehende scheinbare Konfliktfreiheit mit den Naturwissenschaften) in der Gefahr, eine Dimension des Auferstehungsgeschehens zu verschütten, die über die Veränderung menschlicher Existenz hinausreicht.⁹⁹

---

⁹⁶ Zu dieser Korrektur siehe *Dalferth*, Kreuz und Auferweckung, 490 (Anm. 5), aber auch Jüngel, für den es darauf ankommt, »im Gekreuzigten den menschlichen Gott zu erkennen, der darin gleichermaßen göttlich und menschlich ist, daß er dem Menschen verwehrt, Gott zu werden, und ihn dazu befreit, Mensch und nichts als Mensch zu sein« (*Jüngel*, Gott als Geheimnis, 125 (Anm. 40)).
⁹⁷ *Barth*, KD IV/3, 346. Das Geheimnis und Wunder der Erneuerung der Schöpfung, d.h. eines »neuen Himmels und einer neuen Erde« (Apk 21,1; 2Petr 3,13; Jes 65,17; Jes 66,22), wird durch die Auferstehung Jesu in der Osternacht vorweggenommen (Hengel, a. a. O., 183 (Anm. 21).
⁹⁸ Zur Abwehr eines »pseudohistorisch« und »pseudophysikalisch« verstandenen Geschehens vgl. *Jüngel*, Thesen, 287 (Anm. 9).
⁹⁹ Der Begriff ›Natur‹ wird im folgenden mit Anführungsstrichen versehen, da durch die Verzeitlichung der Natur einerseits und die Erkenntnis der ›naturalen‹ Grundlagen von Kultur andererseits die klassischen strikten Distinktionen ›Natur versus Geschichte‹ oder ›Natur versus Kultur‹ fraglich geworden sind. Die Anführungs-

Eine der theologischen Pointen der Rede vom leeren Grab ist, daß das Ereignis der Auferstehung auch in die Tiefen ›naturaler‹ Prozesse reicht und damit eine kosmologische Dimension hat.[100] Das leere Grab zeigt innerhalb des Auferstehungszeugnisses an, daß die in Christus schon vollendete neue Schöpfung auch die Verwandlung der alten Schöpfung in ihren sogenannten ›natürlichen‹ Prozessen beinhaltet.[101] Damit geht die Dimensionierung der neuen Schöpfung weit über neue existenzbestimmende Selbstverständnisse und Gefühle wie auch über menschliche Kommunikationsprozesse hinaus, denn sie entspricht in ihrem ›Umfang‹ – sozusagen spiegelbildlich – der alten Schöpfung in deren ganzen kosmologischen Weite. Diese kosmologische Dimension bildet den Horizont des komplexen, zeitlich, sachlich und sozial differenzierten Auferstehungsereignisses. Seine theologische Chiffrierung als ›eschatologisches Handeln Gottes am toten Jesus‹[102] muß vor dem Hintergrund der Rede vom leeren Grab diese ›naturale‹ Dimension, d.h. den physikalischen Kosmos mit einschließen können.[103] In dieser Dimensionierung

striche spiegeln die Einsicht, daß die Grenzen zwischen den Dualen ›Natur und Geschichte‹, ›Natur und Geist‹, ›Natur und Freiheit‹ oder ›Natur und menschliches Selbstverständnis‹ nur als Ebenenunterscheidungen zu ziehen sind. Alle Akte des menschlichen Denkens, der Ausbildung neuer Selbstverständnisse und der Ausbildung von leibgebundener personaler Identität vollziehen sich bei aller relativen Selbständigkeit emergenter Ebenen *notwendig* auch im Medium physikalischer, biologischer, chemischer und neurophysiologischer Prozesse. Auf sie verweist der Ausdruck ›naturale‹ Prozesse.

[100] Jürgen Moltmann ist einer der wenigen gegenwärtigen westlichen Theologen, die den kosmischen Zusammenhang zwischen Auferstehung und neuer Schöpfung hervorheben. Moltmann hat diese gegenüber der ›Theologie der Hoffnung‹ deutlich greifbare Akzentverschiebung wohl unter dem Einfluß ostkirchlich-orthodoxer Theologie und der ökologischen Krise vorgenommen. Siehe *Moltmann*, Der Weg Jesu Christi, 268–286 (Anm. 7); ders., Gott in der Schöpfung. Ökologische Schöpfungslehre, München 1985, 78–82. Trotz vielfältiger und fundamentaler Differenzen zu der hier zugrundeliegenden theologischen Orientierung bleibt es für die erste Hälfte des 20. Jahrhunderts der Verdienst von Paul Althaus, Walter Künneth und Karl Heim, an dieser kosmologischen Dimension beharrlich festgehalten zu haben. Siehe *P. Althaus*, Die letzten Dinge. Lehrbuch der Eschatologie. 8.Aufl., Gütersloh 1961, 340–365; *W. Künneth*, Theologie der Auferstehung, 4.Aufl., München 1951, 140–156 u. 247–251; *K. Heim*, Jesus der Weltvollender. Der Glaube an die Versöhnung und Weltverwandlung. 3.Aufl., Hamburg 1952, 206–213 und ders., Weltschöpfung und Weltende, Hamburg 1952, 134, 167f. u.ö.

[101] Wenn Paulus in 2Kor 5,17 hervorhebt, daß die Glaubenden als Gemeinschaft und als einzelne ›in Christus‹ schon an der neuen Schöpfung partizipieren – eben weil sie in ihm schon gegenwärtig ist, obwohl ›unser nichtiger Leib noch nicht verwandelt und seinem verherrlichten Leib gleichgestaltet‹ ist (Phil 3,21), so schließt er diese ›naturale‹ Dimension nicht aus, sondern ein.

[102] *Schwöbel*, Auferstehung, 925 (Anm. 18).

[103] Daß sich an dieser Stelle fruchtbare als auch problematische Spannungen mit naturwissenschaftlichen Wirklichkeitsverständnissen und insbesondere mit der vielbeschworenen »Situation des modernen Menschen« ergeben können, ist zu

liegt das systematische Recht, von einer neuen ›Schöpfung‹ zu reden, die auch das Seufzen der Kreatur (Röm 8,18ff.) aufnimmt und die ernstnimmt, daß die Erneuerung der Schöpfung das menschliche Selbstbewußtsein und Selbstverhältnis einschließt, aber sich bei weitem nicht darin erschöpft. Ist Christus der Erste der neuen Schöpfung unter Einschluß der Dimension der ganzen Leiblichkeit, so wird mit der Auferstehung aus der gesamten Schöpfung eine *creatura viatorum*.[104] Sicherlich zeigt das leere Grab nur die ›Rückseite‹ dieser Veränderung – der tote Jesus ist nicht mehr hier, unter den Toten – ohne zu demonstrieren, wie und worin im Detail diese Veränderung vor sich geht. Daß das Auferstehungsgeschehen das Grab ›leert‹, zeigt jedoch an, daß die ganze gebrechliche und todverfallene ›Natur‹ in den Prozeß der Neuschöpfung hineingenommen wird.[105] In ihrem diakonischen und ökologischen Handeln wendet sich die *ecclesia viatorum* darum dem beschädigten, kranken und vom Tod gezeichneten Leben zu. Hierdurch nimmt sie einerseits das ›Seufzen der Schöpfung‹ wahr und richtet andererseits

---

erwarten. Soweit ich es sehe, lassen sich diese Spannungen aber nur durch zwei überaus fragwürdige Strategien vermeiden: 1. Entweder man reduziert die Dimensionierung der Neuschöpfung auf eine neues Selbstverständnis und die Schaffung des Glaubens, und lockert dadurch den Konnex zwischen Schöpfung und Neuschöpfung. 2. Oder aber Schöpfung und Neuschöpfung werden so angenähert oder gar konfundiert, daß Gottes schöpferisches Handeln abstrakt und totalisierend als Dependenzrelation gefaßt wird, differenzierte Handlungstypen nicht mehr aussagbar sind und somit eine spezifisch kosmologische Dimension schon im Schöpfungshandeln ›am Anfang‹ ausgefällt wird. So *Dalferth*, Kreuz und Auferstehung, 58f., für den »Gottes Handeln ... wesentlich und nicht nur in einer Hinsicht ein *creare ex nihilo*« ist. Gegen eine solche Konzeption gibt Jon D. Levenson zu bedenken: »The image of God's creating out of nothing leads rather easily to a conception of God as against nothing: there is nothing he is against.« (*J. D. Levenson*, Creation and the Persistence of Evil. The Jewish Drama of Divine Omnipotence, Princeton 1994², xxv)

[104] An dieser Stelle muß zumindest die Frage aufgeworfen werden, ob die Gleichnisse der neuen Schöpfung bzw. die partikularen Realisierungen in der Zeit der ›Gleichzeitigkeit des Ungleichzeitigen‹ nicht auch bis in die Dimensionen biologischer Prozesse hineinreichen. Zur differenzierten Erschließung der Gegenwärtigkeit und Zukünftigkeit dieser Dimension müßte nicht nur die Motivgeschichte des ›eschatologischen Tierfriedens‹ wie auch die neutestamentlichen Heilungsgeschichten untersucht werden, sondern auch das Gespräch mit den Naturwissenschaften gesucht werden. Die Frage wäre hierbei, ob den theologisch beschreibbaren Differenzen zwischen den Prozessen der bewahrten und gesegneten ›alten Schöpfung‹ und der ›neuen Schöpfung‹ analoge Differenzen in sogenannten natürlichen Prozessen entsprechen.

[105] Hierin ist der natürliche Kosmos nicht mehr nur »Schauplatz der großen Gnaden- und Heilstaten Gottes« (*Barth*, KD III/3, 55), sondern selbst schon hineingenommen in das Drama der Versöhnung und Erlösung. Vgl. *J. Moltmann*, Gott in der Schöpfung, München 1985, 75, der hier zu Recht I. Barbours Frage an Barth »But does not nature participate in a more direct way – is it not, in fact, part of the drama?« anführt.

»Gleichnisse der neuen Schöpfung mitten in Alltäglichkeiten dieser erschöpften Welt« auf.[106]

4. Das leere Grab – das literarische Zeugnis und das historische Faktum

Am Ende dieser Überlegungen zum Zeichencharakter der Rede vom leeren Grab ist nochmals die Frage nach dem sogenannten historischen Faktum des leeren Grabes aufzuwerfen. Wäre es denkbar, daß das leere Grab nur in der *Rede* vom leeren Grab existiert, d.h. *nur* ein literarisches Zeichen im Diskurs ist, das nicht auch auf ein ›leeres Grab‹ außerhalb der ›Rede vom leeren Grab‹ verweist, d.h. nur intra- und intertextuelle Verweise kennt? Könnte es sein, daß diese Rede nur eine Aussage über die Vollmacht und Zukunft Jesu Christi und Gottes schöpferische und neuschöpferische Macht ist, eine dichte Chiffre oder eben eine kreative Metapher, die in verschiedene Aussagekontexte hinein entfaltet wird? Ist die Rede vom leeren Grab eine Interpretation des Auferstehungsereignisses, der kein ›reales‹ leeres Grab zu korrespondieren braucht? Ist das leere Grab in dieser Rede ein innertextuelles Symbol, dessen Bedeutung entfaltet zu werden verdient, bei dem aber die Suche nach einer Korrespondenz in der ›extratextuellen Welt‹ allerdings einem Kategorienfehler gleichkommen würde, weil es sich hier eben um eine ›Karte‹, nicht aber um ein ›Territorium‹ handelt?[107] Auf diese Fragen kann eine historische und eine systematisch-theologische Antwort gegeben werden.
1. In einer *historischen* Betrachtungsweise erscheint es, wie schon vielfach bedacht wurde, wenig wahrscheinlich, daß sich die Botschaft vom leeren Grab in Jerusalem hätte halten können, wenn der einfache Gang zu Jesu Grab (auch Jahrzehnte später) grundsätzlich eines anderen belehrt hätte.[108] Man könnte sogar sagen, daß gegenüber einer Entrückung oder einer Vision die Behauptung eines leeren Grabes eine äußerst risikoreiche Behauptung ist, da sie Nachprüfungen und gegenläufige Inter-

---

[106]*Moltmann*, Der Weg Jesu Christi, 119 (Anm. 7). Anerkennt man die Brüchigkeit der alten Schöpfung und eine permanente bedrohliche Gegenwart des Chaotischen und Lebensabträglichen auch in der sogenannten Natur, so offenbart sich eine fragwürdige theologische Vereinseitigung in der Rede von der ›Bewahrung der Schöpfung‹. Eine Zurückweisung zerstörerischer Eingriffe des Menschen darf den Blick nicht für Selbstzerstörungen in der ›Natur‹ verdecken, die u.a. durch Krankheiten wie Krebs oder Autoimmunerkrankungen unübersehbar vor Augen geführt werden.
[107]Zum Problem der Verwechslung von Karte und Territorium siehe *G. Bateson*, Ökologie des Geistes, Frankfurt 1981, insbes. 241–261; theologisch instruktive religionsgeschichtliche Studien bietet *J. Z. Smith*, Map is not Territory, Chicago/London 1993.
[108]Für eine Abwägung der historischen Gründe zugunsten des leeren Grabes siehe *Theißen/A. Merz*, Der historische Jesus, 435–439 (Anm. 11).

pretationen geradezu provoziert. Sie war für die Verbreitung der Botschaft der Jesusbewegung ideenpolitisch äußerst ›*unö*konomisch‹ und drohte offensichtlich ›kontraproduktiv‹ zu wirken.[109] Nicht zuletzt dürfte der Umstand, daß das leere Grab schon im Neuen Testament durchgehend *nicht* als Beweis stilisiert wird, sondern schon dort mehr Fragen aufwirft als ›empirische Belege‹ zu liefern, dafür sprechen, daß es sich hier um eine Rede handelt, die nicht ohne ernstzunehmenden historischen Anhalt ist.[110]

2. Für den *systematisch-theologischen* Diskurs gilt zweifellos, daß aus einer theologischen Einsicht kein ›historisches‹ Faktum erschlossen werden kann. Gleichwohl kann ein theologisch informiertes Wirklichkeitsverständnis einen Möglichkeitshorizont für Ereignisse eröffnen. Wenn sich nun in der Einheit von Kreuz und Auferstehung Gottes unüberbietbarer Wille zur Befreiung des Sünders, zur dauerhaften Gemeinschaft mit diesem, zur Überwindung des Todes und zur neuen Schöpfung dokumentiert, so kann auch für Jesus von Nazareth der Tod nicht das letzte Wort haben. Wenn die *Rede* vom leeren Grab *wahr* sein sollte und sich Gottes neuschöpferisches Handeln differenziert mit dem Tod dieses Jesus von Nazareth auseinandersetzt, so muß die Theologie *notwendig* mit der *realen Möglichkeit* rechnen, daß das Grab leer war – und zwar nicht aus ›irgendwelchen‹ Gründen, sondern weil Gott in Jesus von Nazareth in der Welt *an* der Welt handelt und der Beginn der Neuschöpfung der Welt *in* dieser Welt eine Spur hinterlassen hat. Am leeren Grab kann mit Recht gesagt werden: ›Er ist nicht hier‹, denn Gott hat »die Erde nicht preisgegeben, sondern sich zurückerobert.«[111]

---

[109]Christian Dietzfelbinger sieht in dieser Offenheit für »böswillige und skeptische Mißdeutungen des leeren Grabes« den Grund dafür, daß man sich »hütete ... die Tradition vom leeren Grab zur Basis für die Osterverkündigung der Kirche werden zu lassen.« Hierin sieht er »das weitgehende Schweigen des Neuen Testaments über das leere Grab ... begründet.« (*C. Dietzfelbinger*, Johanneischer Osterglaube, in: ThSt(B)138, 1992, 16).

[110]In diesem Zusammenhang kann das Fehlen eines Grabkultus nicht als Gegenargument gelten, da ein solcher Grabkult zugleich ein theologisches Mißverstehen der Osterbotschaft implizieren müßte.

[111]*Bonhoeffer*, Ostern, 356 (Anm. 2).

Gregor Etzelmüller

»Ich lebe, und ihr sollt auch leben!«
Die Leiblichkeit des Auferstandenen und ihre Bedeutung für die Eschatologie

An der Auferstehung Jesu Christi als eschatologischem Ereignis gewinnt der christliche Glaube die Sprache, in der er seine Hoffnung kommuniziert. Dementsprechend hat auch die neu entfachte Diskussion um die Auferstehung Jesu Christi eschatologische Implikationen. So hat sich Gerd Lüdemann am Ende seiner Monographie über die Auferstehung Jesu[1] die Frage gestellt: »Wie hältst du es mit dem wohl wichtigsten Gedanken des Glaubens, der Hoffnung auf Auferstehung, konkret gesprochen: Wie hältst du es mit deiner eigenen Zukunft, nach deinem eigenen Tode?« (220) Diese Frage zeigt, daß, wo um die Auferstehung Jesu Christi gestritten wird, auch die Eschatologie auf dem Spiel steht.
Bedeutet aber, ein Ereignis geschichtlich zu verstehen, zugleich nach der Zukunft, auch nach der unabgegoltenen Zukunft in diesem vergangenen Ereignis zu fragen, dann läßt sich auch die Auferstehung Jesu Christi nur so geschichtlich verstehen, daß man nach der Zukunft dieser Auferstehung fragt. »Was man historisch von der Auferstehung Christi wissen kann, darf darum nicht von den Fragen, was man von ihr hoffen darf und was man in ihrem Namen tun soll, abstrahiert werden. Erst in der Einheit von Wissen, Hoffen und Tun wird die Auferstehung geschichtlich verstanden.«[2]

---

[1] G. *Lüdemann*, Die Auferstehung Jesu. Historie – Erfahrung – Theologie, Göttingen 1994.
Im Folgenden werden Nachweise von Zitaten aus diesem Werk im Text gegeben.
[2] J. *Moltmann*, Der Weg Jesu Christi. Christologie in messianischen Dimensionen, München 1989, 259; vgl. 258–263.

Die Auferstehung Jesu Christi formt also nicht nur unsere Rede von seiner Zukunft, sondern zugleich bestimmt die Zukunft Jesu Christi unser geschichtliches Verständnis seiner Auferstehung.

Man kann sich diese doppelte Bezogenheit an 1Kor 15 verdeutlichen, wo Paulus einerseits ausführt, daß, wer die Auferstehung Christi ohne die ihr eigene Zukunft verstehen will, sie nicht verstehen kann (vgl. 1Kor 15, 12–19), andererseits aber selbst an der Auferstehung Jesu Christi die Sprache seiner Eschatologie gewinnt (vgl. 1Kor 15,20–28). Nach Lüdemann zeigt sich in diesem Kapitel »ein Gesamtverständnis der Auferstehung Jesu, das diese nur im Rahmen der jüdischen Apokalyptik sehen kann und nicht in einem hellenistischen Epiphaniedenken, nach dem der erhöhte Jesus im Geist gegenwärtig ist, ohne daß die Horizontale in Sicht käme« (52). Für Paulus ist die Vorstellung der Leiblichkeit der Auferstehung unaufgebbar für ein rechtes Verständnis sowohl der Auferstehung Jesu Christi als auch unserer zukünftigen Auferstehung.

Im Folgenden möchte ich den Aspekt der Leiblichkeit der Auferstehung innerhalb des doppelten Zusammenhanges von Auferstehung Jesu Christi und seiner Zukunft, der zukünftigen Auferstehung der Toten bedenken. Nur in diesem Zusammenhang scheint mir eine Diskussion der Leiblichkeit der Auferstehung Sinn zu machen. Betrachtet man die Auferstehung Jesu Christi unter Ausblendung ihres eschatologischen Zusammenhanges, so degeneriert die Frage nach der Leiblichkeit des Auferstandenen zu der archäologischen, aber archäologisch wohl kaum mehr zu beantwortenden Frage, ob das Grab Jesu leer ist. Diskutiert man dagegen die Frage der Leiblichkeit der Auferstehung der Toten allein im Rahmen einer futurischen Eschatologie, so droht die Antwort entweder spekulativ oder biblizistisch zu werden. Sie verliert aber auf alle Fälle den Bezug zur biblisch bezeugten Wirklichkeit des Auferstandenen.

1. Wie die Hoffnung ihre Sprache verliert –
zum sprachlosen Ewigkeitsglauben Emanuel Hirschs und Gerd Lüdemanns

Lüdemanns Monographie ist ein gutes Beispiel dafür, wie sich die Hoffnung auf die eigene Auferstehung vom Glauben an den Auferstandenen löst. Obwohl Lüdemann es für wahrscheinlich hält, daß der Leichnam Jesu im Grab verwest sei (216), und die Auferstehung Jesu Christi auf visionäre, ekstatische Erfahrungen Petri und Pauli zu reduzieren versucht (vgl. 124–129, 210f.), hält er dennoch eine vage Hoffnung auf die Auferstehung der Toten für möglich. Zwar seien dem heutigen Menschen die Ostererfahrungen der Apostel als ekstatische Erfahrungen nicht mehr nachvollziehbar, wohl aber als Erfahrung der Vergebung der Sünden, des Lebens und der Ewigkeit verständlich, wie Lüdemann in Anschluß an

Emanuel Hirsch die Ostererfahrungen der Jünger interpretiert (vgl. 213). Aufgrund dieser Erfahrungen lasse sich aber am Glauben an das ewige Leben festhalten. Dieser Glaube ist für Lüdemann nämlich nicht in der Auferstehung Jesu Christi begründet[3], sondern in einem transzendentalen »Erahnen eines Jenseits der gewußten Welt« (Hirsch) und der »im Glauben erfahrene(n) Einheit mit Gott« (vgl. 221f.). Lüdemann schließt sich damit systematisch an Hirsch an, in dessen 1940 erschienener Monographie[4] auch die Ergebnisse der historischen Rekonstruktion Lüdemanns im wesentlichen vorausgenommen sind.[5] Auch Hirsch bestimmt die Vision Petri als »Begnadigung aus tiefer Schuld« (50), als Erfahrung des Lebens im Geiste (vgl. 62f.) und als Erfahrung der Ewigkeit: »Das heißt aber, der im Ostergeschehen werdende Glaube ist seinem Grundwesen nach Ewigkeitsglaube« (74).

Da aber dieser Glaube in seinem Werden an der »damalige(n) naiv-mythische(n) Anschauungsweise« Anteil gehabt hätte, hätte er sich die Auferstehung als leibliche vorgestellt (vgl. 55f.) und den leiblich Auferstandenen zugleich als den Kommenden geglaubt. »Die die Gemeinde erschaffenden Erscheinungen des Herrn und sein Kommen, um das Reich aufzurichten, sind gleichsam nur zwei Momente eines einzigen Akts« (68). Die leibliche Auferstehung Jesu und seine Parusie in der Zeit gehören nach Hirsch für die frühen Christen unauflösbar zusammen. Hirsch hat m.E. damit die – wenn man einmal so pauschal reden darf – frühchristliche Anschauung richtig beschrieben.

---

[3] Vgl. auch Lüdemanns jüngsten Rückblick auf seine Monographie: »Meine Versuche, durch Interpretation die Wirklichkeit Deiner ›Auferstehung‹ als Erfahrung von Vergebung, als Erfahrung von Ewigkeit und als Erfahrung des Lebens zu bestimmen, mußten aber scheitern, weil diese Erfahrungen auch abgesehen von deiner Person und Deiner ›Auferstehung‹ gemacht werden können und nicht von dem, was du Gott nanntest, abhängen.« (*G. Lüdemann*, Der große Betrug. Und was Jesus wirklich sagte und tat, Lüneburg 1998, 16 f. Das Zitat ist einem »Brief an Jesus« entnommen.).

[4] Die Auferstehungsgeschichten und der christliche Glaube, Tübingen 1940; wieder abgedruckt in und im Folgenden zitiert nach: *E. Hirsch*, Osterglaube. Die Auferstehungsgeschichten und der christliche Glaube. Mit anderen Arbeiten Emanuel Hirschs zu den Auferstehungsberichten des Neuen Testaments neu hg. von *H. M. Müller*, Tübingen 1988, 23–179.
Im Folgenden werden Nachweise von Zitaten aus diesem Werk im Text gegeben.

[5] Vgl. a.a.O. nur 63f. Eine interessante Differenz findet sich freilich im Hinblick auf die Tradition vom leeren Grab. Hirsch rekonstruiert eine Erstfassung des Markusevangeliums, die er für historisch glaubwürdig hält und die berichtet habe, daß die Frauen eine Veränderung am Grabe festgestellt hätten, dann aber geflohen seien, ohne die Sache zu untersuchen. Deshalb sei historisch anzunehmen, daß mit dem Grab etwas geschehen sei. Folglich ist für Hirsch »der kirchliche Ostermythus vom Hervorgehen der belebten Leiche aus dem Grabe [...] nicht durch historische Kritik allein zu überwinden. Seine Überwindung bei Christen ist allein von der Vollmacht lauteren und lebendigen Glaubens zu erhoffen.« (a.a.O., 60).

Nun folgt aber dieser historisch-phänomenologischen Beschreibung bei Hirsch eine theologische Interpretation. Dabei gehe es nicht darum, »die Lehre des Neuen Testaments so zu erneuern, daß sie als Antwort auf die gegenwärtigen Fragen der Christenheit verstanden und angeeignet« werde, wie Hirsch in ausdrücklicher Abgrenzung gegen die Reformatoren betont (105). Der Gebrauch der biblischen Überlieferungen geschehe vielmehr »in völliger Freiheit und Selbständigkeit« (106). Wir hätten uns einzugestehen, daß wir nicht so wie Jesus denken (vgl. 105–111: Nicht so wie Jesus denken), d.h., daß für uns z.B. eine leibliche Auferstehung undenkbar sei. Damit erübrige sich für uns zugleich die Erwartung der Wiederkunft Jesu Christi[6], die zudem durch den Fortgang der Geschichte widerlegt sei (107). Für uns könne der Glaube nicht mehr die Form eines Endglaubens haben. Es habe aber auch der frühchristliche Glaube, indem er die Widerlegung seines Endglaubens überwunden habe, deutlich gemacht, daß er eigentlich nicht End-, sondern Ewigkeitsglaube war (vgl. 80f). Der phänomenologisch als Endglauben zu beschreibende Glaube ist also in »tieferer Durchklärung« (74), in theologischer Interpretation als Ewigkeitsglaube zu bestimmen.

Als solcher »scheidet [er] sich innerlich von jeder irdischen Erwartung und geht auf das, was in Wahrheit kein Auge schauen und kein Ohr vernehmen kann« (75). Hirsch will mit diesem Satz eine Tendenz des frühchristlichen Endglaubens beschreiben, die er als Durchbruch eines neuen Glaubens gegenüber der alttestamentlich-jüdischen Religion versteht. Freilich habe diese Tendenz »den jüdischen Gedankenwust« (83) bis heute nur mühsam durchdrungen.

Hirsch beschreibt mit dieser Tendenz aber zugleich, was er für die durch die Neuzeit gebotene Transformation des christlichen Glaubens hält. Der christliche Glaube habe sich spätestens in der Neuzeit von einem Endglauben zu einem sich auf die schlechthin verborgene Ewigkeit richtenden Glauben zu transformieren. Die Neuzeit trägt mit ihrer Kritik des überlieferten Christentums, ihrem »seit der Reformation gewordnen neuen Wahrheitsbewußtsein« (93) nach Hirsch geradezu dazu bei, daß sich jene frühchristliche Tendenz nun endlich durchsetzen kann.

Es ist zu fragen, was diese tendenzielle Veränderung des Ewigkeitsglaubens mit sich bringt. Greift man Hirschs Unterscheidung zwischen Grundwesen und Geschichtsgestalt einmal auf, stellt sich die Frage, was mit dem Ewigkeitsglauben geschieht, wenn er seine Form als Endglaube verliert.

---

[6] Vgl. *Lüdemann*, Betrug, 11 (Anm. 3): »Deine Wiederkunft fällt aus, da Deine Auferstehung gar nicht stattfand, sondern nur ein frommer Wunsch war. Das ist deswegen sicher, weil Dein Leib im Grab verwest ist, wenn er überhaupt ins Grab gelegt und nicht von Geiern und Schakalen aufgefressen wurde.«.

Zum ersten löst er sich von »jeder irdischen Erwartung« (75). Das bedeutet aber zweierlei: zum einen die Aufgabe der alttestamentlichen Eschatologie mit ihrer Hoffnung auf die sichtbare Durchsetzung des Reiches Gottes »auf Erden« (74; vgl. 74f.). Jeder Versuch, die neutestamentliche Eschatologie in ihren kanonischen Zusammenhang mit der Hoffnung der Väter und Mütter Israels zu stellen, kann daher nur als Rückfall »in die verirdischte jüdische Gestalt der Reichshoffnung« angesehen werden (vgl. 82).[7] Die Aufgabe jeder irdischen Erwartung führt also zur Zerstörung der Einheit des Kanons und der Ökumene mit Israel. Der so verstandene Ewigkeitsglaube definiert sich geradezu durch seinen »Unterschied gegen die alttestamentlich-jüdische Religion« (74).

Zum anderen aber bedeutet die Ausscheidung jeder irdischen Erwartung die Aufkündigung der Treue zur Erde. Glaube wird dann als Entweltlichung verstanden und die Macht des Glaubens in seiner »von den Banden des Diesseits freimachende(n) Gewalt« gesehen.[8]

Daß sich der Ewigkeitsglaube von aller irdischen Erwartung löst, bedeutet nach Hirsch, daß er sich auf die schlechthin verborgene Ewigkeit richtet (vgl. 116). Denn alles Sichtbare ist irdisch und zeitlich. Die Ewigkeit dagegen sei verborgen; »die Ewigkeit ist uns das schlechthin in Gestaltlosigkeit Verborgene.« (100) Indem Hirsch einseitig betont, daß sich der Glaube auf die schlechthin verborgene Ewigkeit richtet, verkennt er, daß der Glaube vom Sehen der Apostel herkommt.

Das aber stellen gerade die Evangelien heraus: Der leiblich Auferstandene erscheint den Jüngern in Herrlichkeit, so daß es von ihnen heißen kann, sie sahen seine Herrlichkeit (Joh 1,14). Der leiblich Auferstandene ist damit die leibliche Manifestation des Ja Gottes zu den Menschen, des göttlichen Willens, den Menschen seine Herrlichkeit zukommen zu lassen. Wo man diese leibliche Manifestation bestreitet, da bleibt als das Sichtbare allein das Kreuz – und das Ja Gottes unter diesem Kreuz verborgen. »Das tiefste heimlichste Ja Gottes ist da, wo das Herz nichts als Nein versteht und vernimmt. Dadurch wird das Gottesverhältnis herausgenommen aus aller irdischen Kundbarkeit: es hat seine Wahrheit in der verborgnen Ewigkeit« (116). Und diese Ewigkeit enthüllt sich auch nicht in den Erscheinungen des leiblich Auferstandenen.

Die Leugnung der Leiblichkeit der Auferstehung und die damit verbundene Annahme der schlechthinnigen Verborgenheit der Ewigkeit führt so

---

[7] So fällt nach Hirsch jede Erwartung eines Triumphes Christi über seine Feinde in der Geschichte »vom Glauben an Jesus den Herrn in einen christlich überdeckten jüdischen Messianismus zurück« [Osterglaube, 117 (Anm. 4)]. Entsprechend gilt Hirsch der Chiliasmus als eine in die Kirche eingedrungene »Pest« (vgl. a.a.O., 86).

[8] Vgl. *E. Hirsch*, Ewigkeitsglaube [1971], in: *ders.*, Osterglaube, 206–222 (Anm. 4), 217.

zu einer unkommunizierbaren Subjektivität des Glaubens. Die christliche Hoffnung verliert mit der Leugnung der Leiblichkeit des Auferstandenen ihre Sprache. Weil wir nicht sagen können, woran wir glauben – das Gottesverhältnis ist ja aller Kundbarkeit entzogen –, können wir den Glauben nicht kommunizieren, wird der Glaube zu einer inneren, unaussprechlichen »Gewißheit der göttlichen Liebe, welche das Evangelium im Herzen zu erwecken vermag« (102).

Damit ist es dem Glauben aber unmöglich, dem natürlichen »Erahnen eines Jenseits der gewußten Welt« (221) eine bestimmtere Form zu geben. Der Glaube kann, wird er auf eine innere Gewißheit reduziert, inhaltlich nur vage bleiben.[9] Dies bedeutet aber, daß der Glaube nur die natürliche Ahnung eines Jenseits dupliziert. Die Differenz beider kann deshalb letztlich eingeebnet und der Glaube als »ein solches Erahnen« verstanden werden (221).

Gott erschließt sich allein dem Gewissen – und zwar als schlechthin verborgene und unaussprechliche Wirklichkeit. Gott wird so zum Herrn der Gewissen und der Ewigkeit, zugleich aber allem Irdischen entzogen. Lüdemann ist an dieser Stelle ein guter Erbverwalter der Theologie Hirschs: Zwar kann nach ihm das transzendentale Denken ein Jenseits erahnen und der Glaube eine Gemeinschaft mit Gott erfahren, aber als Gott der Geschichte kommt Gott in der Theologie Lüdemanns nicht in Betracht. »Für Lüdemann ist Gott [in der Geschichte] nur so lange erwägbarer Faktor, als er zur Erklärung von Phänomenen benötigt wird.«[10] Das heißt aber, ein geschichtlich handelnder Gott wird mehr und mehr überflüssig.

Die Ausrichtung des Glaubens auf die schlechthin verborgene Ewigkeit führt also zum einen zur Sprachlosigkeit des Glaubens und zum anderen zur »Aufteilung des Wirklichkeitsganzen in einen sakralen und einen profanen [...] Bezirk«[11]: Leib und Gewissen, Geschichte und Ewigkeit stehen sich gegenüber.

2. Die Wiedergewinnung der Welt in der leiblichen Auferstehung Jesu Christi – Karl Barths Göttinger Vorlesung über 1. Korinther 15

Mit dieser Aufspaltung der Wirklichkeit ist aber die Diskussion um die Leiblichkeit der Auferstehung zu 1Kor 15 zurückgeführt, genauer: zur Position der Gegner in Korinth. Einige in Korinth haben damals die Auf-

---

[9] Vgl. Hirschs Rede von der »Schwebeform eines auf das Unendliche es wagenden Glaubens« (a.a.O., 220).
[10] So zurecht *I. U. Dalferth*, Volles Grab, leerer Glaube? Zum Streit um die Auferweckung des Gekreuzigten, in diesem Band 279-311, 293.
[11] Vgl. *D. Bonhoeffer*, Ethik, hg. von *I. Tödt* u.a., DBW 6, München 1992, 42.

erstehung geleugnet (V. 12), andere sich aber zugleich für die Verstorbenen taufen lassen (V. 29). Was aber in Frage stand, bei allen Anstoß erregte, war die von Paulus betonte und verteidigte Leiblichkeit der Auferstehung. »Gerade hier prallt ihr christlicher Monismus unversöhnlich auf die Diskontinuität, auf die Dialektik des paulinischen Denkens, auf das Nein, das sie in seiner Botschaft ihrer Hoffnung [...] entgegengestellt sehen. Das Fortleben nach dem Tode, das auch sie annehmen, muß doch nur ein geistiges, immaterielles sein! Warum? Nun natürlich, damit es *neben* diesem jetzigen leiblichen Leben Raum hat, in einer befriedigenden Gesamtweltanschauung.«[12] Christlicher Monismus, der mit seinem schiedlich-friedlichen Nebeneinander von Diesseits und Jenseits die Krisis verstellt, die die Auferstehung für diese Welt bedeutet – so hat Karl Barth in seiner Göttinger Vorlesung über die Auferstehung der Toten 1923 die Position der Gegner in Korinth bezeichnet. Gott werde von ihnen nicht als die die ganze Welt angehende Krisis wahrgenommen, sondern auf die Sphäre des Unsichtbaren beschränkt. Die universale Hoffnung auf das Reich Gottes werde durch die individuelle Hoffnung auf eine Fortdauer nach dem Tode ersetzt. Religiöser Individualismus und Verachtung der sichtbaren Wirklichkeit seien die Folgen.[13] Demgegenüber betone Paulus, daß sich die christliche Hoffnung nicht individualisieren und partikularisieren lasse, um einen gott-freien Raum zu gewinnen, in dem die Menschen getrost unter sich bleiben können. »Das ist's, was die christliche Hoffnung so dringlich, so aktuell macht, daß sie so ganz und gar nicht ein sogenanntes besseres Teil, ein Geistiges des Menschen für sich angeht, sondern den Menschen, wie er leibt und lebt, *dieses* Vergängliche, *dieses* Sterbliche. Nichts ist gleichgültig, kein Härlein auf unserem Haupte, das nicht auch dazu gehörte!« (123).

Die Betonung der Leiblichkeit macht deutlich: Es geht in der Auferstehung nicht nur um einen Teil der Wirklichkeit, sondern um den ganzen Menschen, die ganze Wirklichkeit, um die sichtbare wie die unsichtbare. Die Betonung der Leiblichkeit in diesem Sinne – das war der in Göttingen damals notwendig anzumeldende Protest Barths gegenüber allen Theologien, die die Wirklichkeit um einer einheitlichen Weltanschauung willen letztlich aufspalten.[14] Es war aber die Schwäche dieses Protestes,

---

[12] *K. Barth*, Die Auferstehung der Toten. Eine akademische Vorlesung über 1Kor. 15, München 1924, 65 f.
Im folgenden werden Nachweise von Zitaten aus diesem Werk im Text gegeben.
[13] Vgl. a.a.O., 67f.; insbesondere das ausführliche Zitat von Friedrich Zündel (68).
[14] Wie wenig freilich dieser Protest von den angesprochenen Theologen damals verstanden worden ist, zeigt Hirschs Replik von 1971, die zwar Barth nicht explizit nennt, wohl aber dessen genannte Vorlesung im Blick hat: »Es war kaum noch nötig, daß nach dem Ersten Weltkriege die junge dialektische Theologie, indem sie Feuerbachs Religionskritik auf den Schild hob und einen geradezu fanatischen Kampf gegen die Unsterblichkeitsidee begann, in die gleiche Kerbe

daß sie die leibliche Auferstehung Jesu Christi nicht als geschichtliches Ereignis faßte. »Schöpfung, Auferstehung Christi und das Ende aller Dinge sind hier als ein einziges Geschehen begriffen« – als das Geschehen des ewigen Ursprungs (115). Da Barth die Auferstehung Jesu Christi nicht als ein Ereignis in der Zeit versteht, bleibt auch bei ihm die von ihm behauptete Identität von Diesseits und Jenseits eine verborgene, die »nur zu hoffen, nur zu glauben« ist (66).

Damit verkennt aber auch Barth in seiner Vorlesung von 1923, daß nach evangelischer Überlieferung die Jünger die Identität des Gekreuzigten mit dem Auferstandenen nicht nur glaubten, sondern sahen (vgl. nur Joh 20,24–29). Indem aber die verborgene Identität sichtbar wird, wird zugleich eine Verwandlung offenbar. Die Auferstehung setzt nicht nur die Identität des künftigen Lebens mit diesem Leben, sondern bedeutet zugleich die Verwandlung dieses Lebens. Die Betonung der Leiblichkeit soll deshalb nicht nur die Identität in der Verwandlung herausstellen, sondern zugleich deren Effektivität: es geht um die Verherrlichung des Leibes, eine am Leib sichtbar werdende Verwandlung.[15] Diese sichtbare Verwandlung hat Barth damals nicht zu fassen bekommen: »Die Toten! das sind wir. Die Auferstandenen! das sind wir nicht. Aber eben darum handelt es sich in der Auferstehung der Toten, daß das, was wir nicht sind, identisch gesetzt wird mit dem, was wir sind: Die Toten lebendig, die Zeit Wirklichkeit, das Seiende Wahrheit, die Dinge real. Nicht anders

---

hieb. Der dabei die theologischen Meinungsmacher beherrschende Wahn, als ob man mit der Vernichtung des idealistisch-humanen Glaubens an ein ewiges Leben einen Weg bahne für die krasseste mythologische Form des Glaubens an eine Auferstehung des Fleisches am Jüngsten Tage, ist von der Geschichte dann schnell widerlegt worden.« [*E. Hirsch*, Ewigkeitsglaube, 212 (Anm. 8)].

[14] Zugleich sieht man an diesem Aufsatz von Hirsch sehr schön, wie die Suche nach einer einheitlichen Weltanschauung bei ihm zur Aufspaltung der Wirklichkeit führt: »Nur das Eine ist philosophisch wahr und unwidersprechlich, daß der Gedanke einer ewigen Vollendung der Gottes Gegenwart in sich erfahrenden einzelnen Persönlichkeit in das unerfahrbare, uns ewig als transkosmisch verborgene Geheimnis der Gottheit hinein keiner einzigen zwingenden wissenschaftlichen Einsicht widerspricht.« (a.a.O., 219).

[15] Vgl. die eschatologische Aussage Pauli: »Allezeit tragen wir das Sterben Jesu an unserem Leibe, damit auch das Leben Jesu an unserem Leibe offenbar werde.« (2Kor 4,10) Dieser Aussage entspricht auch Röm 8, wo die Offenbarung der Sohnschaft (V. 19) mit dem »Loskauf unseres Leibes« (V. 23) gleichgesetzt wird, wobei es sich nach V. 24 um ein sichtbares Ereignis handelt. Man wird deshalb V. 18 dahingehend verstehen dürfen, daß die Herrlichkeit am Leib offenbar werden wird.

[15] Entsprechend heißt es von Jesus in der Verklärungsgeschichte: »Da ward er verwandelt vor ihnen und seine Obergewänder wurden glänzend, sehr weiß, wie kein Walker auf Erden so zu weißen vermag.« (Mk 9,2f.) Interessant ist, daß sich die Verklärung nicht nur auf den »natürlichen« Leib, sondern auch auf den »kulturellen« (die Gewänder) bezieht.

als in Hoffnung gegeben das alles, also nicht zu vollziehen diese Identität« (60).

3. »Ich war tot, und siehe, ich bin lebendig in alle Ewigkeit« – zu Ingolf U. Dalferths These, daß die Verwesung Jesu theologisch zu lehren sei

Die Auferstehung der Toten als Paradigma der Rechtfertigung der Gottlosen – dieser Ansatz des frühen Barth ist in der jüngsten Diskussion um Lüdemanns Thesen von Ingolf U. Dalferth wieder aufgegriffen worden. Barths auf die Menschen bezogene doppelte Wirklichkeitsansage findet sich bei Dalferth als Ausdruck der Erfahrungen der Jünger, die beides erfahren haben, »daß Jesus am Kreuz gestorben war und daß er ihnen als lebender Herr wirkkräftig erschienen war. Diese Erfahrungen stehen in einer fundamentalen kognitiven Spannung und nötigen im Blick auf Jesus zu den beiden für sich genommen unvereinbaren Aussagen: ›Er ist tot‹ – ›Er lebt‹.«[16] Die Jünger hätten diese kognitive Spannung durch »kreative Abduktion«, durch einen »Rekurs auf das wirklichkeitsveränderndende und wirklichkeitserneuernde Handeln Gottes« gelöst (299, Anm. 48). Dieser Rückgriff auf Gottes rechtfertigendes Handeln wäre auch durch ein volles Grab Jesu nicht in Frage gestellt worden. Das volle Grab hätte nur die kognitive Spannung vergrößert (vgl. 293f.). Nähme man wirklich beide Erfahrungen (Jesus ist tot – Jesus lebt) ernst, dann müßte man sogar sagen, daß Jesu Leichnam verwest sei. »Christus könnte von Paulus nicht als der bekannt werden, der als erster der Entschlafenen von den Toten auferweckt ist (1Kor 15,20), wenn er nicht genauso tot gewesen wäre wie die übrigen Entschlafenen – und das schließt die Verwesung des Leibes faktisch ein. Anderes zu behaupten wäre Doketismus« (298).

Gottes rechtfertigendes Handeln, das uns lehrt, uns als simul iustus et peccator zu verstehen, hilft zugleich verständlich zu machen, warum beides wahr ist: Jesus ist tot – Jesus lebt![17] Das erste ist historisch wahr, das zweite eschatologisch (vgl. 285; 306); das erste in der Zeit, das zweite in der Ewigkeit. Mittels dieser Unterscheidungen lassen sich zwei für sich genommen widersprüchliche Aussagen auf eine Wirklichkeit beziehen.

---

[16] *I. U. Dalferth*, Grab, 291. Im Folgenden werden Nachweise von Zitaten aus diesem Aufsatz im Text gegeben.

[17] Daß Dalferth in diesem Zusammenhang mit einer rechtfertigungstheologischen Figur arbeitet, wird ganz deutlich in ders., Der auferweckte Gekreuzigte. Zur Grammatik der Christologie, Tübingen 1994, 56–59.

Es gelingt Dalferth so, die Identität des Auferstandenen mit dem Gekreuzigten zu wahren. Er meint damit auch das Anliegen der biblischen Texte gewahrt zu haben, die die Leiblichkeit des Auferstandenen betonen. »Wo sie betont wird, geht es um die wiederidentifizierbare Identität des Auferweckten mit dem Gekreuzigten« (307).
An der Leiblichkeit soll aber biblisch nicht nur die Identität des Auferstandenen sichtbar werden, sondern zugleich die Verwandlung offenbar werden. Dieser zweite Aspekt wird aber von Dalferth nicht entfaltet. Deshalb kann er ausführen, daß der Leichnam Jesu im Grab hätte verwesen können, ohne daß diese Verwesung den Glauben an die Auferweckung in Frage gestellt hätte. Dalferth kann mit dieser Möglichkeit rechnen, weil er meint, die Jünger hätten zwei Aussagen gemacht: Jesus ist tot – Jesus lebt! Beide Aussagen »waren nicht so aufeinander bezogen, daß die zweite die erste korrigierte, aufhob oder als falsch erwies« (291). Nun ist es zweifellos richtig, daß die zweite Aussage für die Jünger die erste nicht in dem Sinne als falsch erwies, daß sie zu überlegen begannen, ob Jesus vielleicht nur scheintot gewesen wäre. Dennoch hat m.E. die zweite Aussage auf die erste korrigierend eingewirkt. Zumindest hat aber die Schlußfolgerung aus beiden Aussagen dazu geführt, daß der Zeitmodus der ersten Aussage verändert worden ist. Es hieß nicht mehr »Jesus ist tot«, sondern »Jesus war tot«.[18] Die Aussage von der Auferweckung impliziert, daß Jesus nicht mehr tot ist: »Er ist auferweckt, er ist nicht hier« (Mk 16,6).
Dalferth scheint mir diesen Zusammenhang zu übersehen, weil er zum einen das Osterbekenntnis auf die Formulierung »auferweckt durch Gott« (302) bringt und zum anderen »das Bild von der Auferweckung dem von der Auferstehung hermeneutisch und theologisch« vorzieht (287). Das urchristliche Osterbekenntnis lautet aber: »Gott hat Jesus *von den Toten* auferweckt« (vgl. Röm 4,24; 10,9; 1Thess 1,10; Kol 2,12[19]). Dieses Bekenntnis impliziert, daß Jesus nicht mehr tot ist. Weil Jesu Zeit im Grab begrenzt war, konnte man auch sachgemäß davon reden, daß Gott Jesus Christus nicht hat die Verwesung sehen lassen (Apg 2,27). Diese Aussage ist keinesfalls doketisch, wie Dalferth meint (vgl. 297), sondern wehrt vielmehr einem doketischem Mißverständnis des Auferstandenen.
Den frühchristlichen Bekenntnissen der Auferweckung Jesu stehen zudem solche von der Auferstehung Christi zur Seite (vgl. Apg 26,23;

---

[18] Vgl. Apk 1,18: »Ich war tot, und siehe, ich bin lebendig in alle Ewigkeit«.
[19] Daß das ἐκ νεκρῶν fester Bestandteil der Auferweckungsformel ist und nur wegfällt, wenn es sich z.B. durch die Erwähnung der Grablegung erübrigt, betonen *K. Wengst*, Christologische Formeln und Lieder des Urchristentums (StNT 7), Gütersloh 1972, 32f. und P. Hoffmann, Art. Auferstehung II/1 Neues Testament, TRE 4, 478–513, 479ff. 482.

Röm 1,4; 1Thess 4,14; 1Petr 1,3). Man wird hier nicht aus Angst vor einem Synergismus die Rede von der Auferweckung der von der Auferstehung vorziehen dürfen, sondern beachten müssen, daß dem göttlichen Handeln des Auferweckens das menschliche des Auferstehens entsprechen soll.[20]
Historisch wird man deshalb sagen müssen, daß die Annahme des leeren Grabes für die frühen Christen eine denknotwendige Implikation des Glaubens an den Auferstandenen gewesen ist.[21]
Über diese historische Feststellung hinaus scheint mir aber diese für die frühen Christen denknotwendige Implikation auch für heutige theologische Orientierung fruchtbar zu sein: Sie kann zum einen verhindern, daß man die Erfahrungen der Jünger mit Hilfe der aus der Rechtfertigungslehre übernommenen Beschreibung des simul iustus et peccator falsch synthetisiert. Da in der christlichen Gemeinde nicht bekannt wird, daß Jesus tot ist, sondern daß er gestorben ist für unsere Sünden (vgl. nur 1Kor 15,3), geht es eben nicht darum, »inwiefern beides, ›Jesus ist tot‹ und ›Jesus lebt‹, so zusammen bekannt werden kann, daß sich beide Aussagen nicht wechselseitig aufheben« (304).
Zum anderen aber wehrt die im Glauben an den Auferstandenen implizite Annahme des leeren Grabes einem doketischen Mißverständnis des Auferstandenen. Sie tut dies im Einklang mit den Osterlegenden der Evangelien. Sie problematisiert mit ihnen zusammen auch Dalferths Satz, daß »Jesus nicht in dieses geschichtliche Leben, sondern in das ewige Leben Gottes auferweckt wurde« (306). Der Satz ist insofern richtig, als er die Auferweckung Jesu kategorial von der des Lazarus unterscheiden will, deutlich machen will, daß Jesu Auferstehung keine Verlängerung seines irdischen Lebens meint. Ich halte diesen Satz dennoch für problematisch, insofern er die Geschichte und das ewige Leben Gottes einfach gegenüber zu stellen scheint.[22] Demgegenüber wollen die neutestamentlichen Osterlegenden verdeutlichen, daß Jesus Christus dieses ewige Leben Gottes nach seiner Auferstehung in der Zeit gelebt hat. »Vierzig Tage ließ er sich sehen unter ihnen und redete vom Reiche Gottes« (Apg 1,3). Auch für Lukas geht es dabei nicht um eine vierzigtägige Verlängerung des Lebens Jesu. Auch in diesem Summarium hält er daran fest, daß der Auferstandene eine Erscheinung war. Da das ewige Le-

---

[20] Vgl. Moltmann, Weg, 270 ff. (Anm. 2).
[21] Das scheint weitgehender Konsens exegetischer Forschung zu sein: vgl. Lüdemann, Auferstehung, 213 (Anm. 1).
[22] Vgl. auch die entsprechende Kontrastierung bei *Dalferth*, Gekreuzigte, 79 (Anm. 17): »Alle historischen Sachverhalte haben ihren Ort in unserer Welt, sind also wesentlich weltlich, die Auferweckung ist aber wesentlich göttlich.« Aufgrund dieser Kontrastierung fährt Dalferth fort: »In diesem Sinne ist die Auferweckung also kein historisches Ereignis in der Welt« (a.a.O. 80).

ben reicher ist als unser irdisches, hat es in der Geschichte die Form der Erscheinung.[23] Darf man diese Erscheinungen als den Modus des ewigen Lebens verstehen, den es hat, wenn es sich in der Geschichte vergegenwärtigt, so kann man sagen, daß Jesus Christus, indem er in jenen 40 Tagen erschienen ist, das ewige Leben Gottes in der Zeit gelebt hat.

4. Die Wiedergeburt zu einer lebendigen Hoffnung durch die Auferstehung Jesu Christi

»Der besondere Inhalt der besonderen Erinnerung der apostolischen Gemeinde an diese besondere Zeit [jene 40 Tage] bestand darin, daß der *Mensch Jesus* in dieser Zeit *offenkundig in der Weise Gottes* unter ihnen gewesen war.«[24] Dieser besonderen Erinnerung folgt Barth in seiner dogmatischen Erschließung der Wirklichkeit des Auferstandenen in KD III/2. Barth betont dabei die Leiblichkeit des Auferstandenen in zwei aufeinanderfolgenden Schritten: Zunächst betont er die Leiblichkeit, um deutlich zu machen, daß es sich bei dem Auferstandenen wirklich um den Menschen Jesus handelt: »Eben die Berührbarkeit des Auferstandenen stellt es sicher: er ist kein Anderer als der eine und ganze Mensch Jesus, der als solcher nicht Seele oder Geist in abstracto, sondern Seele seines Leibes und also auch Leib ist« (537). Die Leiblichkeit sichert also für Barth die Identität des Auferstandenen mit dem Menschen Jesus. Aber nicht die Leiblichkeit und damit die Identität des Auferstandenen machen für Barth das Wesen dieser Auferstehung aus. Leiblichkeit und Identität an sich unterscheiden ja nicht die Auferweckung Jesu von der des Lazarus.

Die vierzig Tage der Osterzeit sind vielmehr dadurch bestimmt, daß Jesus sich in ihnen sehen ließ (Apg 1,3) – und zwar in seiner Herrlichkeit (Joh 1,14; vgl. Joh 2,22 mit 12,62; 2,19 mit 13,32 und 7,39 mit 20,22): »Jetzt aber geschah es, daß sie seine Herrlichkeit schauten. Die Gegenwart Gottes in der Gegenwart des Menschen Jesus war jetzt, in diesen vierzig Tagen, gerade kein paradoxes Faktum« (538). Und wie geschichtlich dieses Sehen des Auferstandenen zur Evangelienbildung geführt hat, so läßt sich systematisch sagen: Durch dieses Evangelium von den 40 Tagen gewinnt die christliche Hoffnung die Konkretion ihrer Sprache.

Wie aber dieses Evangelium unserer Hoffnung Sprache verleiht, kann man sich noch einmal am Aspekt der Leiblichkeit verdeutlichen. Barth hat in KD III/2 die Leiblichkeit nicht nur in der Funktion gesehen, die

---

[23] Vgl. *M. Welker*, Auferstehung, in: Glaube und Leben 9 (1994), 39–49, 43.
[24] *K. Barth*, Kirchliche Dogmatik III/2, Zollikon-Zürich 1948, 537.
Im Folgenden werden Nachweise von Zitaten aus diesem Band im Text gegeben.

Identität des Auferstandenen zu wahren. Gerade von dem Charakteristikum dieser 40 Tage her, d.h. von der Offenbarung der Gegenwart Gottes in der Gegenwart des Menschen Jesus her, erschließt sich Barth eine weitere Dimension der Leiblichkeit: Weil »Gott selbst, der Schöpfer, zuvor verborgen in der Niedrigkeit dieser Kreatur, im Tode dieses Menschen, in dessen Auferstehung offenbar wurde, darum mußte dieses Ereignis wirklich und wahrnehmbar auch die ›Natur‹ umfassen, mußte diese Auferstehung auch leibliche Auferstehung sein« (541).
Sieht man einmal von der problematischen Formulierung dieses Satzes ab[25], so verdeutlicht er, daß Gott sich offenbart, indem er sich in seiner Treue zur Schöpfung offenbart. Gott will nicht Gott sein ohne seine Geschöpfe. Der Erlöser ist der Schöpfer, der nichts zurückläßt – auch keinen Leichnam im Grab.
Gott offenbart sich aber nicht nur als Gott, der mit seinen Geschöpfen sein will, sondern der darüber hinaus für seine Geschöpfe dasein, ihnen seine Herrlichkeit vermitteln will. Die Herrlichkeit Gottes auf dem Angesichte Jesu, die Paulus auf den Schöpfer zurückführt (vgl. 2Kor 4, 6[26]), ist der Anfang der neuen Schöpfung. Gott bleibt seiner Schöpfung nicht bloß treu, indem er sie Tag für Tag erneuert, sondern er will sie verwandeln von einer Herrlichkeit zur andern (vgl. 2Kor 3,18).
In dieser Herrlichkeit hat der Auferstandene in jenen 40 Tagen sich sehen lassen. Die Jünger haben in dieser Zeit schon in die neue Schöpfung hineingeschaut (vgl. 586). Damit ist aber zugleich gesagt, daß es sich bei diesen 40 Tagen nicht einfach um ein Ereignis der Vergangenheit handelt, sondern vielmehr um die der ganzen Schöpfung bestimmten Zukunft. Es hieße diese 40 Tage ebionitisch mißverstehen, wollte man sich ihrer einfach erinnern, ohne sie auch als seine Zukunft zu erwarten. »Wer auf dieses Ereignis zurückblickte, der mußte doch eben in dieser Erinnerung vorausblicken auf dasselbe Geschehen, das dort angehoben hatte, jetzt nur eben unterbrochen sein konnte – dann aber, wenn die Zwischenzeit ihren Zweck erfüllt, die Existenz und Sendung der Gemeinde ihren Dienst getan hatte, zu ihrem Ziel kommen mußte« (587).
Deshalb sind wir durch die Auferstehung Jesu Christi von den Toten wiedergeboren zu einer lebendigen Hoffnung (vgl. 1Petr 1,3). Und so verweigern die Engel bei der Himmelfahrt den Jüngern, in einer einfach auf Vergangenes gerichteten Erinnerung zu verharren, sondern verweisen sie auf die Zukunft des Kommens Christi (vgl. Apg 1,11). Der zum Himmel Fahrende ist kein Abschied Nehmender, sondern ein sein Kom-

---

[25] Ich halte die Formulierung deshalb für problematisch, weil sie nahelegt, Schöpfung einfach mit Natur gleichzusetzen und ferner Natur und Leib so zu verbinden, daß der Geist auf einer anderen Ebene zu stehen kommt.
[26] Vgl. dazu *Moltmann*, Weg, 277 (Anm. 2).

men Ankündigender (vgl. 544f.). Diese Hoffnung auf Christi Kommen gründet aber im Sehen des Auferstandenen durch die Jünger.[27] Indem in jenen 40 Tagen die Herrlichkeit Jesu Christi kein verborgenes Paradox war, sondern sichtbar wurde, ist unsere Hoffnung aufgerichtet worden. »Denn wir sind nicht ausgeklügelten Fabeln gefolgt, als wir euch kundgetan haben die Kraft und das Kommen unseres Herrn Jesus Christus, sondern wir haben seine Herrlichkeit gesehen« (2Petr 2,16[28]).
Die Erscheinungen des Auferstandenen, das Sehen des Auferweckten begründet aber nicht nur die christliche Hoffnung, sondern bestimmt sie auch inhaltlich. »Dieser Jesus, der von euch weg zum Himmel aufgenommen wurde, wird *so* kommen, wie ihr ihn habt gen Himmel fahren sehen« (Apg 1,11[29]). Das Sehen des leiblich Auferstandenen bestimmt also die christliche Hoffnung dahingehend, daß sie erstens Jesus Christus in seiner Leiblichkeit erwartet und zweitens dieses Kommen als ein Kommen in der Zeit versteht.
Christliche Hoffnung richtet sich deswegen »in erster Linie nicht aus der Zeit hinaus oder über die Zeit hinweg, sondern auf die Zeit: daß aus nichtiger Zeit richtige Zeit, aus vergeudeter erfüllte Zeit werde.«[30] In dieser Transformation der Zeit verbürgt uns aber die Leiblichkeit des Kommenden seine Identität mit dem gekreuzigten Menschen Jesus. Jesus Christus wird nicht als ein ganz anderer kommen, sondern als der, der die Wundmale an seinem Leibe trägt (vgl. Joh 20,25.27; Apk 5). An seinem Leibe wird so für uns sichtbar, daß der, der als Richter kommt, derjenige ist, der sich für uns zuvor dem Gericht Gottes selbst dargestellt hat.
Indem er aber in seiner verherrlichten Leiblichkeit kommen wird, an der den Jüngern der Anfang der Neuschöpfung offenbar geworden ist, ist er die Verheißung, daß auch unsere Leiber verwandelt werden sollen: »Un-

---

[27] Wie *R. Pesch* herausgestellt hat, betont Lukas besonders die *Augenzeugenschaft* der Jünger: »Durch die Himmelfahrt, deren Augenzeugen sie werden, ist ihnen Jesu Wiederkunft verbürgt« (Die Apostelgeschichte, EKK V/1, Zürich u.a. 1986, 74; vgl. 73f.).

[28] Der Satz bezieht sich zwar auf die Verklärung, gehört aber in unseren Zusammenhang, da er die Verbindung von Sehen der Herrlichkeit Christi und Erwartung seines Kommens verdeutlicht.

[29] Dabei betont Lukas nicht nur die Identität des Entrückten mit dem Wiederkommenden (*dieser* Jesus), sondern auch die Analogie von Himmelfahrt und Wiederkunft. Pesch hat darauf aufmerksam gemacht, daß Lukas entsprechend der Verkündigung der Engel, daß Jesus so wiederkommen werde, wie er gen Himmel gefahren ist, die Endzeitrede Jesu gegenüber Mk und Mt korrigiert habe. So heißt es Lk 21,27, daß der Menschensohn »in einer Wolke« kommen werde, während Mk 13,26 und Mt 24,30 von den Wolken im Plural reden [vgl. *Pesch*, Apostelgeschichte, 74 (Anm. 27)].

[30] *G. Oblau*, Gotteszeit und Menschenzeit. Eschatologie in der Kirchlichen Dogmatik von Karl Barth, NBST 6, Neukirchen 1988, 33.

ser Bürgerrecht aber ist im Himmel; woher wir auch erwarten den Heiland, den Herrn Jesus Christus, der unseren nichtigen Leib verwandeln wird, daß er gleich werde seinem verherrlichten Leibe« (Phil 3,20f; vgl. 2Kor 4,10).

Wie sich die christliche Hoffnung darauf richtet, daß aus nichtiger Zeit richtige, erfüllte Zeit werde, so auch darauf, daß aus unserem – wie Luther übersetzt – nichtigen Leib ein verherrlichter werde. In beidem aber bleibt die christliche Hoffnung – gerade in ihrer Erwartung einer endgültigen Transformation – der Schöpfung treu. Es handelt sich dabei um eine Treue zur Erde, die darin gründet, daß Gott selbst, wie er in der Auferweckung Jesu Christi offenbart hat, seiner Schöpfung treu bleibt.

Andreas Schüle

Gottes Handeln als Gedächtnis
Auferstehung in kulturtheoretischer und biblisch-theologischer Perspektive

1. Einleitung

Nach einer EMNID-Umfrage des Jahres 1997[1] glauben rund 53 Prozent der Bundesdeutschen, daß mit dem Tod ›alles aus‹ sei, während etwa 43 Prozent dem zustimmen können, daß es ›ein Leben nach dem Tod‹ gibt. Von dieser letzten Gruppe wiederum sind es etwa dreißig Prozent, die sich dieses Weiterleben als ›Auferstehung‹ vorstellen. Zwar läßt sich anhand der bloßen Werte nicht ersehen, was die Fragenden und was die Befragten jeweils mit dem Wort ›Auferstehung‹ verbanden, jedenfalls mochte sich ein weitaus größerer Teil (53 Prozent) eher darauf einlassen, daß die ›Seele‹ des Menschen ›in irgendeiner Form weiterlebt‹.
Aufschlußreich an diesen Werten ist vor allem, daß von zehn Befragten im Ergebnis runde neun entweder keine Erwartungen an ein Leben nach dem Tod haben oder aber diese Erwartungen im relativ unbestimmten, voraussetzungs*armen* Bereich eines ›irgendwie Weiterlebens‹ belassen – und dies durchaus nicht als trostlose Perspektive empfinden. In dieses Stimmungsbild paßt ein eindrücklicher und nachdenkenswerter Liedtext der Kölner Gruppe BAP; dessen Refrain lautet: ›Niemals geht man so ganz, irgendwas von mir bleibt hier, es hat seinen Platz immer bei dir.‹ Darin artikuliert sich Bescheidenheit, aber auch ein Anspruch: nicht die Fülle eines Lebens bleibt, nur etwas davon – und wer weiß wie viel.

---

[1] Entnommen aus R. *Sachau*, Weiterleben nach dem Tod. Warum immer mehr Menschen an Reinkarnation glauben, Gütersloh 1998, 21 (Umfrage im Auftrag von DS – Das Sonntagsblatt, Hansisches Druck- und Verlagshaus, Hamburg 1997, Tabelle 5, 17–32.).

Aber wenigstens das soll nicht anonym sein, sondern einen Platz haben – dort, wo es fehlt und vermißt wird.
Das macht deutlich, daß sich das christliche Auferstehungsverständnis im Umfeld dieser skeptisch bis verhalten erwartungsoffenen Gestimmtheit vor allem als äußerst voraussetzungs*reiche* Haltung gegenüber der existentiellen Leitdifferenz von Leben und Tod darstellt. Daraus läßt sich weiter schließen, daß diese Leitdifferenz und ihre Bearbeitung innerhalb des christlichen Zeichensystems anders wahrgenommen wird als im Bezugsrahmen anderer Selbst- und Weltverständnisse.[2] Man kann im kulturellen ›mainstream‹ der westlichen Moderne offenbar Perspektiven gelingenden Lebens entwickeln, ohne der Todesgrenze das letzte Wort über dieses Gelingen lassen zu müssen – »das *Leben* genügt sich selbst; es erscheint nicht mehr wie ein Traum wie eine große Illusion. Es hat gewissermaßen seine negative Bestimmung verloren. Es hat jetzt einen positiven Sinn.«[3]
Wer dagegen von Auferstehung redet, meint in jedem Fall etwas anderes als einen sich selbst genügenden Lebenszyklus. Aber eben wegen dieses ›anders‹ wird er auch erklären müssen, *was* er meint, denn er wird dabei keine *ad-hoc*-Evidenz auslösen oder sich auf den Instinkt des modernen Menschenverstandes verlassen können. Das Verständnis der Auferstehung ergibt sich nicht in Ableitung aus einer vorgeordneten Epistemologie, Ontologie oder Kosmologie, sondern sie selbst ist sachlich *Voraussetzung* und inhaltlich *definierendes Merkmal* des christlichen Wirklichkeitsverständnisses.
Was mit ihr steht und fällt, ist bei Paulus in Gestalt der berühmten *deductio ad absurdum* des Auferstehungskapitels im ersten Korintherbrief festgehalten: „Ist aber die Auferstehung der Toten nichts, so ist auch

---

[2] Was nicht heißt, daß der individuelle und kulturelle Umgang mit dieser Leitdifferenz selbst ein spezifisch ›religiöses‹ Thema behandelt. In einigen Entwürfen gegenwärtiger Religionssoziologie wird die Bewältigung sog. „großer Transzendenzen", etwa in Gestalt der Konfrontation mit dem Tod, speziell als Aufgabe der Religion in modernen, funktional autonomisierten Gesellschaften verstanden (vgl. P. Berger/T. Luckmann, Die gesellschaftliche Konstruktion der Wirklichkeit. Eine Theorie der Wissenssoziologie, Frankfurt M. 1966, 41f.; *T. Luckmann*, Die unsichtbare Religion, Frankfurt M. 1991, 77–86.108–116; *D. Pollack*, Was ist Religion? Versuch einer Definition, in: ZfR 3, 1995, 163–190). Jedoch ist die Frage, ob etwa das Kunst- oder Erziehungssystem explizit religiös kommunizieren, wenn die Leitdifferenz von Leben und Tod in ihrem Horizont begegnet – oder ob vielmehr *die Art und Weise* ihrer Plazierung und Bearbeitung innerhalb des Religionssystems charakteristisch anders ausfällt (– was dann freilich als funktionsspezifischer Beitrag der Religion für die Gesellschaft angeboten werden kann).
[3] So die zusammenfassen Formulierung zum Lebensverständnis des »neuzeitlichen Bürgertums« in der klassischen Darstellung von *B. Groethuysen*, Die Entstehung der bürgerlichen Welt- und Lebensanschauung in Frankreich I, Halle an der Saale 1927, 127 (Herv. A.S.).

Christus nicht auferstanden. Ist aber Christus nicht auferstanden, so ist unsere Predigt vergeblich, so ist auch euer Glaube vergeblich." (1Kor 15,13f.). Wichtig ist die Argumentationslogik: wie Jesu Auferstehung zu verstehen ist, welchen Wirklichkeitsgehalt sie hat, kann nicht von der Frage nach *unserer* Auferstehung abgelöst werden. Was auch immer am Ostermorgen geschah oder auch nicht geschah – es ist nicht um seiner geschichtlichen Ereignishaftigkeit willen interessant. Auferstehung ist im paulinischen Denken deswegen von vornherein ein komplexes Geschehen, weil Paulus die *Auferstehung Jesu* nicht abtrennt von *Auferstehung als gelebter Glaubenswirklichkeit* der Seinen, der Christinnen und Christen.
Auferstehungsglaube ist nicht Jenseitsglaube und Auferstehung entsprechend nicht auf etwas beschränkt, das uns einmal nach unserem leiblichen Tod widerfahren wird. Daß Gott vom Tod errettet, ist kein Aussage, die an das Ende unserer physischen Existenz gebunden ist. Tot sein kann man mitten im Leben (2Kor 2,10). Und so wird auch die Teilhabe an der Auferstehung nicht erst an dieser Grenze zum Thema des Glaubens. Das ›Angeld‹ des Geistes am Auferstehungsleben Jesu (2Kor 1,22; 5,5) ist eine umfassende ontologische Bestimmung, die die physische und geschichtliche Konstitution geschöpflichen Lebens einbegreift. Wenn Paulus von Auferstehung spricht, dann antwortet dies gerade nicht auf die EMNID-Frage ›Was kommt nach dem Tod?‹. Natürlich *kann* man so fragen. Aber wer so fragt, muß wissen, daß er dabei eine kategoriale Unterscheidung von Leben und Tod einführt, die vom Wirklichkeitsverständnis des Auferstehungsglaubens nicht in derselben Weise vollzogen wird.
Man kann vermuten, daß genau hier die Wahrnehmungsschwierigkeiten ansetzen, mit denen die gegenwärtige Auferstehungsdiskussion wesentlich zu tun hat. Die folgenden Überlegungen werden entsprechend nicht von der quasi-objektiven Frage ausgehen, ob oder inwiefern man die Auferstehung Jesu als historisches Ereignis mit Gerd Lüdemann zu widerlegen oder mit Wolfhart Pannenberg zu affirmieren hat. Sie wollen vielmehr versuchen, das Wirklichkeitsverständnis aufzuhellen, innerhalb dessen der christliche Glaube von Auferstehung spricht und innerhalb dessen die Auferstehung Jesu als Ereignis begriffen wird.
Dies wird in zwei Argumentationsgängen geschehen: im ersten soll Auferstehung im Kontrast zu kulturtheoretischen Konzepten von ›objektiver Unsterblichkeit‹ und existentialistisch verstandener ›radikaler Endlichkeit‹ dargestellt werden. Diese vergleichende Perspektive erfolgt anhand zweier formaler Unterscheidungskriterien:
1. inwiefern die Leitdifferenz von Leben und Tod als ein Verhältnis von *Kontinuität und Diskontinuität* gefaßt wird und

2. inwiefern diese ontologische Verhältnisbestimmung epistemologisch auf die Formung von *Erwartungshaltungen und Erfahrung* einwirkt.

Die Überlegungen des zweiten Teils werden diese formalen Unterscheidungen inhaltlich aus biblisch-theologischer Perspektive aufnehmen. Die notwendige Beschränkung in der Auswahl der biblischen Traditionen ergibt sich dabei sinnvoll in Abstimmung mit den neutestamentlichen Beiträgen dieses Bandes. Ich will der – in der Exegese wie der Systematik – längst vertretenen These nachgehen, wonach das Verständnis der neutestamentlichen Auferstehungszeugnisse wesentliche erkenntnisleitende *Voraussetzungen* in den Traditionen des *Alten Testaments* hat. Diese Einschätzung halte ich für vollständig richtig. Im Gegensatz zu den Projekten biblischer Theologie, die etwa durch G. v. Rad, H. Gese und P. Stuhlmacher repräsentiert werden, denke ich allerdings nicht, daß sich die Verbindung beider Testamente auf traditions*geschichtlichem* Wege herstellen läßt. Statt dessen will ich versuchen, mit den im ersten Teil getroffenen Unterscheidungen an den alttestamentlichen Diskurs um die Leitdifferenz von Leben und Tod heranzugehen. Dabei wird sich zeigen, daß die Verhältnisbestimmungen von Kontinuität und Diskontinuität, Erwartung und Erfahrung dort eine besondere Nähe zu den neutestamentlichen Auferstehungszeugnissen aufweisen, wo im Alten Testament vom *Gedächtnis Gottes* die Rede ist, wo die Gegenwart Gottes in geschöpflichem Leben und Sterben die Vorstellung begegnet, daß Gott ein *Gedächtnis hat* und daß Gott *gedenkt*.

Meine These wird sein, daß die Analogie in der Rede von Gottes Gedenken und Gottes Auferstehungshandeln dazu helfen kann, das Wirklichkeitsverständnis, das sich im Neuen Testament an der *Auferstehung Jesu* und der *Anteilgabe an seinem Auferstehungsleben* dokumentiert, vom Alten Testament her klärend und bereichernd zu erschließen.

2. Objektive Unsterblichkeit, radikale Endlichkeit und Auferstehung. Eine kulturtheoretisch-systematische Annäherung an die Bearbeitung der Leitdifferenz von Leben und Tod

2.1 Objektive Unsterblichkeit

There will later be some memories about my life. And there may later be thoughts that are influenced by mine, or things done as the result of my advice. My death will break the more direct relations between my present experiences and future experiences, but it will not break various other relations. This is all there is to the fact that there will be no one living who will be me. Now that I have seen this, my death seems to me less bad.[4]

Es ist eine nüchterne, unprätentiöse Perspektive auf den Tod, die der britische Philosoph Derek Parfit in diesen Zeilen ausdrückt – eine Perspektive ohne Hoffnung heischende Spekulation und dennoch alles andere als von frustriertem Realismus zeugend: Was vom Menschen bleibt, ist nicht die Fülle seines gegenwärtigen Lebens in ihren vielfältigen Beziehungsgeflechten und Erfahrungen. Nach dem Tode eines Menschen gibt es niemanden, der dessen Existenz im Bewußtsein eines ›Ich bin dieses Leben‹ fortsetzen könnte. Wohl aber gibt es ein Bleiben und Fortwirken dieser Existenz in vielen anderen konstitutiven Vernetzungen, sie behält Wirklichkeitswert, wenn auch nicht den eines Erfahrung machenden Subjekts. Und gerade darin liegt Parfits Pointe: lebendige Wirklichkeit ist nicht ausschließlich an leibliche Präsenz oder den Identität stiftenden Kern eines Bewußtseins gebunden. Parfit denkt Existenz in prozessualen Kategorien, eher im Rahmen einer dynamischen als einer substanzialen Ontologie. Wohl endet mit dem Tod dieser Prozeß als etwas, das subjektives Empfinden und Erfahren einschließt, aber er prägt andere Subjektivierungsprozesse, geht als objektives Datum ein in andere Referenzen von Empfinden und Erfahren. Es bleibt eine Vitalität, ein Weiterleben in Gestalt der Mit- und Nachwelt, das die Dauer des physischen Lebens und die öffentliche Präsenz und Wirksamkeit eines einzelnen Bewußtseins um ein Vielfaches überbieten kann und das in seiner Wirksamkeit ebenso ambivalent ausfallen kann wie das Leben, das von einer bewußt reflektierenden Person ausgeht.

Wenn also Leben formal durch prozessuale Übergänge von physischem und psychischem *Empfinden*, subjektivem *Bewußtsein* und objektivierendem *Gedächtnis* beschrieben werden kann, dann besteht keine Veranlassung, diese Elemente ontologisch gegeneinander auszuspielen. Es gibt, das ist die für Parfit trostreiche Einsicht, keinen objektiven Grund anzunehmen, daß sensuelles Empfinden oder bewußte Reflexion mehr als die Netzwerke eines kollektiven Gedächtnisses unsere Existenz bestimmen. Die Konsequenz einer solchen dynamischen Ontologie ist, daß Begriffe wie Leben und Tod, die dem gesunden Menschenverstand als scharf gegeneinander abgegrenzt erscheinen, an Selbstverständlichkeit und Evidenz verlieren, ins Fließen geraten. Leben und Tod erscheinen nicht mehr als absolute, sondern als kontextrelative, kulturell konditionierte Begriffe, die durch unterschiedliche Gewichtung und Verknüpfung der beteiligten Elemente konstituiert werden.

---

[4] D. *Parfit*, Reasons and Persons, Oxford 1984, 281.

Nun ist eine solche prozessuale Ontologie weder dazu angetan noch darauf ausgerichtet, die physiologischen und psychologischen Tatsachen einer vergehenden Leiblichkeit und eines endlichen Empfindungs- und Reflexionsvermögen in vage Transformationen zu überführen und dabei die schlechthin unverzichtbaren, kulturell spezifischen Normierungs- und Orientierungsleistungen von Begriffen wie Leben und Tod der Beliebigkeit eines ›live as you please and die if you want‹ preiszugeben. Sie sensibilisiert allerdings dafür, daß die Prozesse unseres individuellen Empfindens, der Aktivität unseres Bewußtseins und der Objektivierungen, die wir im kollektiven Gedächtnis unserer sozialen Umgebungen erfahren, nicht in einem a priori synchronisierten Verhältnis zueinander stehen. So sind unsere Empfindungen und deren Intensität nicht in bestimmter Weise an das Hinzukommen von Bewußtsein gebunden. Schmerz und Glücksempfinden, Aggression und Enthusiasmus sind die bekanntesten Beispiele hierfür und das nicht erst, seit uns die Biologie über die vielfältigen Kausalverhältnisse aufgeklärt hat, die zur Ausschüttung von Adrenalin und Endorphinen führen.

Wir können fühlen und empfinden, ohne dies reflexiv einholen zu müssen, und wir können uns umgekehrt unserer Gefühle bewußt werden, ohne diese dabei je aktuell empfinden zu müssen. Parfit ist nun in besonderer Weise daran interessiert zu zeigen, daß entsprechende Asymmetrien und Phasenverschiebungen auch für die Vernetzungen unseres Fühlens und Denkens mit den Strukturen des kollektiven Gedächtnisses gelten, an denen wir beständig prägend und gestaltend teilnehmen und in die wir auch dann noch konstitutiv eingebunden sind, wenn wir nicht mehr aktiv auf deren Entwicklung einwirken.

Ähnliche Gedanken sind innerhalb der angelsächsischen Philosophie des letzten Jahrhunderts vor Parfit besonders von Alfred North Whitehead vorgetragen worden, wenngleich hier im Rahmen einer umfassenden Prozeßmetaphysik. Whitehead spricht von ›*objektiver Unsterblichkeit*‹ (›objective immortality‹).[5] Jede Entität, und das heißt für Whitehead: jede organische Einheit, die zu Wahrnehmungen, zu sinnlichem Erfassen (›prehension‹) fähig ist, konstituiert sich, indem sie ihre Umgebungen, die sich für sie als Horizont von realen Möglichkeiten (›potentialities‹)

---

[5] Grundlegend für diesen Gedanken sind folgende Texte (zitiert nach den deutschen Ausgaben): *A.N. Whitehead*, Prozeß und Realität. Entwurf einer Kosmologie, Frankfurt M. 1979, 25.124–128.396–398.619–627; *ders.*, Wie entsteht Religion?, Frankfurt M. 1990, 116–119. Dazu einführend *M. Hampe*, Alfred North Whitehead, München 1998, 170–174; zur Interpretation objektiver Unsterblichkeit im Zusammenhang von Whiteheads Gotteslehre vgl. *M. Welker*, Universalität Gottes und Relativität der Welt. Theologische Kosmologie im Dialog mit dem amerikanischen Prozeßdenken nach Whitehead, Neukirchen-Vluyn (2. Aufl.) 1988, 109–137.

darstellen, zu einer wirklichen Welt (›actual world‹) synthetisiert. Es gibt wirkliche Welten, weil es wirkliche wahrnehmende, empfindende, reflektierende Entitäten gibt, und es gibt reale Möglichkeiten, weil die subjektiven Erlebnisse und Erfahrungen dieser Entitäten zugleich als objektive Ordnungs- und Orientierungsstrukturen in alle künftigen aktuellen Welten eingehen. Diese objektive Unsterblichkeit ist der Grund dafür, daß sich Wirklichkeit über den bloßen Moment hinaus erstreckt, daß sie nicht in die leere Pluralität unvermittelter Einzelinstantiierungen von Erleben und Erfahren zerfällt.

Parfits und Whiteheads Interessen sind erkenntnistheoretischer, ontologischer und, bei Whitehead, explizit metaphyischer Art. Beide bieten, anders als vergleichsweise Henri Bergson oder William James, keinen ausgearbeiteten Lebens- und Todesbegriff an. Vor allem Whitehead bedient sich jedoch keiner ›unschuldigen‹ Terminologie, wenn er dezidiert von *Unsterblichkeit* spricht statt, was für die Architektur seines Systems zunächst ausreichend wäre, von objektiver *Fortdauer* oder *Kontinuität*. Am Begriff der Unsterblichkeit hängt der *Wertecharakter* des Möglichen.[6] Im Prozeß des Werdens und Vergehens aktueller Welten geht es nicht einfach um die Emergenz von Daten aus Daten, von neuen subjektiven Formen aus alten, sondern darum, daß sich in diesen Prozessen des Werdens und Vergehens, in der Vielfalt endlicher Wahrnehmungen, deren Perspektive einmal abbricht, komplexe Netzwerke von ästhetischen und moralischen Werten entfalten, die von anderer raumzeitlicher Struktur sind als diese Prozesse selbst.[7]

Trotz ihrer spekulativen Gestalt innerhalb dieser Theorien ist die Vorstellung von objektiver Unsterblichkeit alles andere als eine intellektuelle Spielerei fernab von allem, was dem gesunden Menschenverstand

---

[6] Dazu besonders Whiteheads letzter Aufsatz: Immortality, in: The Philosophy of *A.N. Whitehead*, *P.A. Schilpp* (Hg.), La Salle 1947, 682–700.

[7] Es kann hier nur erwähnt werden, daß dieser Punkt einen der nach wie vor am wenigsten erschlossenen Bereiche der Whiteheadschen Kosmologie berührt, den man als ›Reformulierung der platonischen Ideenlehre aus dem Geiste der Mathematik‹ bezeichnen könnte. Whitehead hat durch sein gesamtes Schaffen hindurch immer wieder an dem Gedanken aus Platons Timaios gearbeitet, wonach die Gesetze der Mathematik auch die Gesetze der *Natur* und das heißt in Whiteheads Metaphysik: auch die Verhältnisgesetze von *Werten* enthalten. Dem sind vor allem das Kapitel über ›Abstraktion‹ in *Wissenschaft und moderne Welt* und die Theorie der Ausdehnung in *Prozeß und Realität* gewidmet. Ihrem Stil nach eher aphoristisch sind die späten Aufsätze über ›Immortality‹ und ›Mathematics and the Good‹ (in: The Philosophy of A.N. Whitehead, 666–681, s. Anm. 6). Aufschlußreich hierzu ist *M. Hampe*, Whiteheads Entwicklung einer Theorie der Ausdehnung, in: *ders./ H. Maaßen* (Hg.), Prozeß, Gefühl und Raum-Zeit. Materialien zu Whiteheads ›Prozeß und Realität‹ Bd. 1, Frankfurt M. 1991, 220–243.

noch als zumutbar erscheint. Das Gegenteil dürfte der Fall sein. Unsere Gegenwartskultur vermittelt in vielfältiger Weise als naheliegend und unmittelbar einleuchtend, daß jede individuelle Lebensgestalt in unverwechselbarer und unwiederholbarer Weise auf universale Prozesse einwirkt und diese, wenn vielleicht auch nur in minimalem Ausmaß, bleibend beeinflußt. Von daher beziehen beispielsweise popularisierende Lesarten der ›Chaostheorie‹ ihre Faszination: Die Erkenntnis, daß die Interdependenzen unserer Ökosysteme so dicht verfugt sind, daß der Flügelschlag eines Schmetterlings in Australien eine kausale Wirkungskette auslösen kann, die im Lauf weniger Tage auf der anderen Seite des Globus einen Wirbelsturm verursacht, macht jede Entität im Kosmos über ihre raumzeitliche Stelle und über ihre subjektive Befindlichkeit hinaus zu einer konstitutiven Größe für das Ganze. Ähnlich holistischer Vorstellungen bedient sich seit langem und mit bleibendem Erfolg die Science-Fiction-Industrie: Es ist eine offenbar reizvolle und inzwischen in nahezu allen denkbaren Varianten durchgespielte Vorstellung, Reisen in die Vergangenheit unternehmen zu können, – gerade wenn dabei die Annahme leitend ist, daß jede kleinste Veränderung im Gefüge der Vergangenheit die Möglichkeitshorizonte der Gegenwart völlig neu disponiert.

Es wäre eine eigene Untersuchung wert, der Vielgestaltigkeit inkulturierter Muster objektiver Unsterblichkeit genauer nachzugehen – von den gelegentlich hilflosen Vertröstungen mancher Grabrede, daß der Verstorbene in unseren Gedanken und Erinnerungen weiterleben wird, hin zu den emotionalisierten Ewigkeitseinspielungen der Medien- und Unterhaltungstechnologien à la ›My heart will go on‹.[8] Der *kulturelle Erfolg* solcher Muster dürfte daran hängen, daß auf der Basis einer *ontologisierten Unsterblichkeit* die *Gewißheit* einer zwar hochgradig kontingenten, aber schließlich doch *irreduziblen Bedeutsamkeit individueller Lebensgestalt* garantiert wird. Damit ist einerseits weniger, aber an entscheidender Stelle erheblich mehr angeboten als, vergleichsweise, in Kants Lehre von der unsterblichen Seele als Vernunftpostulat – weniger, insofern Kant die *Seele* als unsterblich postulierte und damit einen *aktiven* Modus des Empfindens, Wahrnehmens und Teilnehmens am universalgeschichtlichen Prozeß der Versittlichung annahm; aber mehr, insofern Kant der Unsterblichkeit lediglich den Status eines Postulats einräumte, das nicht wie die Vernunft selbst transzendental begründet werden kann. Unsterblichkeit ist nicht mit unserem Dasein als vernunftbegabte Wesen mitgesetzt, sondern allenfalls ein möglicher abgeleiteter Gedanke daraus.

---

[8] So der Titelsong des Erfolgsfilmes ›Titanic‹.

In dynamischen Ontologien ist über die Vorstellung objektiver Unsterblichkeit dagegen die *bedeutungsvolle Kontinuierung* unserer Existenz gewissermaßen schon im Bauplan von Sein und Werden enthalten, und eben daraus lassen sich Potentiale individueller und kultureller Hoffnungsperspektiven schöpfen – mit Parfits Worten: »Now that I have seen this, my death seems to me less bad.«

2.2 Radikale Endlichkeit

Wie einleuchtend, wie überzeugend und verallgemeinerungsfähig aber ist Parfits Schlußfolgerung? Muß man, selbst wenn man dem Programm einer dynamischen Ontologie und dessen Implikat der objektiven Unsterblichkeit im wesentlichen zustimmt, zur selben Einschätzung gelangen? Anders gefragt: es mag ja sein, daß dem Werden und Vergehen von Entitäten, der wechselseitigen Konstitution von realen Möglichkeiten und wirklichen Welten Kontinuierungsprozesse eignen, die man als Unsterblichkeit bezeichnen kann – aber warum sollten vor allem diese zugleich auch unserem individuellen Selbstverständnis und unseren kulturellen Selbstbeschreibungen zugrunde liegen? Parfit räumt ein, daß es nach unserem physischen Tod keine subjektive Instanz mehr gibt, die sich unser objektives Weiterleben im Sinne eines ›Ich bin dieses Leben‹ zuschreibt. Ebenso ließe sich freilich umgekehrt ansetzen: Was sollte mich dazu bewegen, mir heute die Aussicht zu meinem Selbstverständnis zuzurechnen, daß meine Gegenwart in einer Weise objektiviert wird, die dann weder durch mein Fühlen noch durch mein Bewußtsein weiterhin beeinflußt werden kann? Allein der Gedanke an prozessuale Kontinuierung sichert nicht dagegen, daß die Gedanken, die ich gedacht habe und die Gefühle, die mich bewegt haben, in Lebensverhältnisse eingehen, von denen ich gerade nicht mehr sagen können wollte, daß ich dieses Leben bin.

So und ähnlich könnten Einwände existentialistischer Provenienz gegen die individuelle Aneignung und eine kulturrelevante Ausarbeitung des Gedankens an objektive Unsterblichkeit lauten. Dieser nötigt uns demnach eine Perspektive auf, die jenseits unserer Erfahrungsmöglichkeiten liegt, die wir als fühlende, denkende, mit der Kraft eines Bewußtseins ausgestattete Wesen gar nicht einnehmen können. Und eben weil diese Vorstellung von Unsterblichkeit nicht mehr erfahrungsbezogen kontrolliert werden kann, ist sie notorisch anfällig für romantische Schwärmerei, ideologische Verbrämung oder gezielte strategische Manipulation. Sie tendiert dazu, die Unterschiede zwischen unserem individuellen Erleben, unseren aktiven Handlungs- und Gestaltungsmöglichkeiten und den Objektivierungen, denen wir passiv ausgesetzt sind, zu nivellieren.

Das existentiale A priori, dem der frühe Heidegger die eindrückliche Bestimmung eines ›Vorlaufens zum eigenen Tod‹ gab,[9] kann jede Form von Fortdauer des Lebens über die physische Todesgrenze hinaus – sei es als unsterbliche Seele im Sinne Kants, sei es als Whiteheads objektive Unsterblichkeit – letztlich nur als trügerische Ausweichmanöver verstehen, die uns die Erkenntnis unserer *radikalen Endlichkeit* verstellen und uns damit um die Möglichkeit bringen, ohne Netz und doppelten Boden die Sinntiefe unserer Gegenwart und unseres Gegenwärtigseins zu ermessen. Erst eine radikal gedachte Endlichkeit enthüllt die ›Eigentlichkeit‹ unserer Existenz und dringt so zu deren wahrhafter Freiheit und Kreativität durch.[10] Was zählt, ist die präzise raumzeitliche Stelle eines erfahrenden und gestaltenden Ich, an der Sinn und Bedeutung entstehen. Mit dem Tod dieses Ich entfällt nicht nur dessen perzeptive und kreative Aktivität, sondern eben auch dessen raumzeitliche Stelle und damit jede Möglichkeit der Kontinuierung im Sinne objektiver Unsterblichkeit.

Trotz der Komplementarität von objektiver Unsterblichkeit und radikaler Endlichkeit haben beide Positionen jedoch darin einen gemeinsamen Nenner, daß sie konstitutiv in *ontologische* Programme eingebunden sind. Es handelt sich nicht um ›abgeleitete Begriffe‹, die über die ›Fakten‹ unseres Daseins hinaus noch etwas über deren Sinn oder Sinnlosigkeit aussagen; vielmehr nehmen beide jeweils Systemstellen ein, die nicht auch anders besetzt werden können.[11] Das heißt weiter, daß diese Ontologien dort, wo sie kulturell wirksam werden, ganz bestimmte Deutungsmuster für den individuellen Umgang und die soziale Verständigung über die Frage nach Leben und Tod bereitstellen.

Beide sind schließlich auch darin vergleichbar, daß sie für diese Deutungsmuster Erfahrungsevidenz reklamieren. Der Tod ist nicht die Grenze, für die völlig neue Kategorien in Anschlag zu bringen sind, an der unser Denken noch einmal ganz neu ansetzen muß, an der uns eine Einstellung wider alles Erleben und Erfahren abverlangt wird. Trotz der konträren Bewertung der ontischen Differenz von Leben und Tod haben Prozeßdenken und Existentialismus darin ein gemeinsames programmatisches Interesse, daß diese *ontische Differenz* nicht als *ontologischer Dual* durchschlägt, sondern im Zusammenhang *eines* Wirklichkeitsverständnisses gedacht werden kann.

---

[9] *M. Heidegger*, Sein und Zeit, Tübingen 1986 (16.Aufl.), 260–269.
[10] *Heidegger*, Sein und Zeit, 266 (Anm. 9).
[11] Das gilt insbesondere für Whitehead, der ›objektive Unsterblichkeit‹ neben dem Prinzip der Relativität als Teil seines Kategorienschemas definiert, während dagegen ›Gott‹ unter die aus diesem Schema abgeleiteten Begriffe fällt. Auch Gott ist objektiv unsterblich, aber er ist weder Grund noch Garant dieses Prinzips (vgl. Prozeß und Realität, 79–82).

2.3 Auferstehung

Im Gegensatz dazu repräsentiert der Auferstehungsglaube des Christentums gegenwärtig keine Vorstellungen über die Differenz und den Zusammenhang von Leben und Tod, die metaphysische Rückendeckung oder commonsensuelle Präferenz für sich verbuchen kann oder auf dem florierenden Markt spiritueller Sinnangebote eine beachtenswerte Rolle spielt. Wer von Auferstehung spricht und dabei auf die biblisch-christlichen Traditionen rekurriert, wird sich schnell damit konfrontiert finden, daß er dies, wie I.U. Dalferth gelegentlich formuliert, unter den Bedingungen der „Endphase des kulturgeschützten Christentums" tun muß.[12] Dies wird je nach theologischer Schulrichtung Bedauern oder Begeisterung auslösen, dies wird aber nicht darüber hinwegtäuschen können, daß nach dem Ende kultureller ›Hegemonie‹ das theologische Verständnis der Auferstehung *Jesu von den Toten* und der Auferstehung *der Toten* nun alles andere als klar und unverstellt zutage tritt. Die Kontroverse um die neo-rationalistischen Thesen G. Lüdemanns entfachte sich keineswegs am Konflikt zwischen Kirche und Kultur, Theologie und Wissenschaft; sie war ›hausgemacht‹ und sie war ein neuer Streit um alte Argumente, die aber – und darin liegt zumindest ein analytischer Gewinn der Kontroverse – seit der Zeit des Fragmentenstreits theologisch offenbar nicht zureichend abgegolten wurden, um das Wirklichkeitsverständnis des Auferstehungsglaubens auch apologetisch kraftvoll darlegen zu können.

In unterschiedlichen Entwürfen neuzeitlicher Theologie läßt sich der Versuch beobachten, Auferstehung gerade im Rahmen objektiver Unsterblichkeit oder radikaler Endlichkeit zu explizieren.[13] Das Problem

---

[12] Vgl. *I.U. Dalferth*, Gedeutete Gegenwart. Zur Wahrnehmung Gottes in den Erfahrungen der Zeit, Tübingen 1997, 10.

[13] Darauf kann hier allerdings nur summarisch hingewiesen werden. Ernst Troeltsch verstand, Gedanken Schleiermachers aufnehmend, die Auferstehung als Übergang der geschichtlichen Person Jesu zum „Objekt" des Christuskultes. Der Kult, das Gedächtnis der Gemeinde, ist die Daseinsweise des Auferstandenen. Im Kult kontinuiert die Gemeinde das Leben Jesu, dessen Prägekraft sie ihre Gestalt verdankt. Anders als Schleiermacher hob Troeltsch für sein Auferstehungsverständnis nicht auf das besondere Gottes*bewußtsein* Jesu ab, das sich als Urbild im „Gesamtleben" der Gemeinde *geschichtlich* entfaltet. *Kontinuität* wird bei Schleiermacher als Kontinuität eines Bewußtseins gedacht, das Moment der *Transformation* als Übergang von *der urbildlichen Manifestation dieses Bewußtsein* in der Person Jesu zu dessen *kulturgeschichtlicher Wirksamkeit im Leben der Gemeinde*. Troeltsch verändert diesen Ansatz dahin, daß das Leben Jesu mit den in ihm verkörperten Wertvorstellungen („der unendliche Wert der menschlichen Seele") nun als *objektives Datum* in neue, vielfältig mögliche Bewußtseins- und Kultursynthesen eingeht. Und indem er diesem synthetisierenden Prozeß den Auferstehungsgedanken zuordnet, lehnt er ihn der Sache nach eng an das oben skizzierte Verständnis ob-

besteht allerdings darin, daß das Verhältnis von Kontinuitäten und Diskontinuitäten, von Transformation und Unterbrechung *im Fall der Auferstehung* von beiden Deutungsmustern charakteristisch abweicht: Auferstehung verlangt Kontinuierungsprozesse ins Auge zu fassen, die sehr viel mehr einschließen als die objektivierten Formen, die das kollektive Gedächtnis unserer Nachwelt von uns aufnimmt. Auferstehung richtet sich vielmehr auf eine integrale Verbindung *von Gefühl, Bewußtsein und Gemeinschaft*. Es geht nicht um blindes Fühlen, pure Emotionalität oder ein geisterhaft waberndes Bewußtsein, und es geht schließlich nicht um das Nebeneinander unverbundener Einzelschicksale, sondern um die Vollgestalt gemeinschaftlichen Lebens. Diese integrale Verbindung aller ihrer Teilkomponenten ist gemeint, wenn die biblischen Traditionen von *leiblicher – somatischer – Auferstehung* sprechen.[14]

Gegenüber objektiver Unsterblichkeit ist weiterhin auch das transformatorische Moment der Auferstehung anders aufgefaßt: die Auferbauung dieses Auferstehungsleibes ist nicht das evolutionäre Ergebnis organischer, kognitiver, historischer Prozesse und deren wechselseitiger Vernetzungen, vielmehr erscheinen diese Prozesse selbst innerhalb einer Transformation, die in paulinischer Diktion als *Verwandlung (Metamorphosis)* verstanden wird (vgl. 1Kor 15,51f.) und deren Wirksamkeit nicht anders als allein im Handeln Gottes begründet liegt.[15] Menschli

---

jektiver Unsterblichkeit an.
Zur konträren Deutung der Auferstehung Jesu und der Teilhabe an seinem Auferstehungsleben im Sinne radikaler Endlichkeit vgl. in diesem Band den Beitrag von *Antje Fetzer* zu Rudolf Bultmann.

[14] Wo dieses umfassende Verständnis von Leiblichkeit nicht wahrgenommen wird, ist die Reduktion auf eine pseudorealistische Diskussion um volle und leere Gräber unausweichlich, der dann allein alle Beweislast aufgebürdet wird, ob Jesus auferstanden ist oder nicht. Diesbezüglich bringt der ursprüngliche Schluß des Markusevangeliums eine entscheidende Erkenntnis: die Frauen am Grab sehen zwar, daß dieses leer ist (Mk 16,5) und sie hören sogar die Verkündigung des Engels (Mk 16,6f.), aber beides vermittelt noch keine Evidenzerfahrung und keine Gewißheit über die Auferstehung Jesu. Die Tradition vom leeren Grab führt in ihrer markinischen Gestalt nicht zur Akklamation des ›Christus ist auferstanden‹, sondern bleibt ambivalent: „ ... denn sie fürchteten sich"(Mk 16,8). Insofern steht eine Auferstehungstheologie, die primär von einer historischen Kritik der Grabestraditionen ausgeht – sei es, um diese zu falsifizieren (Lüdemann), sei es um ihre Tragfähigkeit nachzuweisen (Pannenberg) –, in der Gefahr einer unterbestimmten Ausgangsbasis. Das Auferstehungsgeschehen in seiner *kanonischen* Darstellung verlangt vielmehr bereits *im Ansatz* den Zusammenhang von Grabestraditionen, Erscheinungsgeschichten, Mahlfeiern des Auferstandenen und Geistausgießung (Joh 20,22) zu berücksichtigen. Als Vorstoß in diese Richtung verdient besonders die Arbeit von *J. Ringleben*, Wahrhaft auferstanden. Zur Begründung der Theologie des lebendigen Gottes, Tübingen 1998 Beachtung.

[15] Das ist auch der thematische Fokus der neueren Auferstehungsdiskussion, vgl. *I.U. Dalferth*, Der auferweckte Gekreuzigte. Zur Grammatik der Christologie, Tübingen 1994, 31–33 u.ö.; *Ringleben*, Wahrhaft auferstanden, 28–54 (Anm. 12);

ches wie jedes andere kreatürliche Dasein hat von sich aus keinen ›Antrieb‹, keine ›Tendenz‹ zur Auferstehung. Formal gesprochen bezeichnet Auferstehung demnach *das Handeln Gottes als einen dynamischen Prozeß der Verwandlung, der Natur und Geschichte einbegreift, der aber selbst nicht aus natürlichen und geschichtlichen Prozessen abgeleitet werden kann.*[16]
Insofern gehört zur Auferstehung ein *Moment der Diskontinuität* konstitutiv hinzu. Auch hier fällt die Näherbestimmung jedoch anders aus als sie von existentialistischen Lesarten einer radikalen Endlichkeit ins Auge gefaßt wird. Die Auferstehung Jesu konfrontiert uns nicht mit unserer eigentlichen Existenz, die wir zwangsläufig verfehlen, solange wir das kerygmatische ›Jetzt‹, den Augenblick freier Entscheidungsmöglichkeit in der Konfrontation mit dem Wort Gottes gegen die Sicherungen unserer natürlichen und geschichtlichen Prägungen eintauschen und damit verfehlen. Das Moment der Diskontinuität liegt nicht zwischen Eigentlichkeit und Uneigentlichkeit, Sicherung und Entsicherung. In diesen Konstellationen ist vorausgesetzt, daß wir zu etwas vorstoßen, das als transzendentale Bestimmung unserem Dasein immer schon zugrundeliegt und das wir entweder erreichen oder aber verfehlen können.
Die Kategorien, in denen die neutestamentlichen Traditionen Auferstehung als diskontinuierliches Geschehen darstellen, sind dagegen die von *alt* und *neu* – von altem und neuem *Menschen* (Röm 6,6; Eph 4,23f.; Kol 3,9), alter und neuer *Kreatur* (2Kor 5,17; Gal 6,15) und schließlich alter und neuer *Schöpfung* (2Petr 3,13; Apk 21,1). Zwar muß Altes und Neues weder notwendig noch ausschließlich im Verhältnis von Diskontinuität verstanden werden. Die Bedingungen eines schwachen Verständnisses von Innovation könnten bereits mit Vorstellungen erfüllt werden wie der von Modifikation, Restitution oder Entfaltung des Bestehenden. Wir haben meist sehr präzise Vorstellungen davon, was wir als neu erwarten und akzeptieren. Ein neues Gesetz etwa muß bestimmten Anforderungen entsprechen, die sich aus einer spezifischen gesellschaftlichen Bedürfnislage ergibt. Die Entstehung neuer Arten, von der die Evolutionstheorie spricht, steht in einer Kette konditionierender Kausal- und Anpassungsverhältnisse, die sehr genau begrenzen, was das Neue sein kann – und was nicht.

G. *Sauter*, Zugänge zur Dogmatik. Elemente theologischer Urteilsbildung, Göttingen 1998, 34f. und *Chr. Schwöbel*, Art. Auferstehung (5. Dogmatisch), RGG Bd.1 (4.Aufl.), 919–921.

[16] Insofern freilich auch Natur und Geschichte theologisch als kreatives und soteriologisches Handeln Gottes zu explizieren sind, stellt sich als weiterführende dogmatische Aufgabe, Kontinuität und Diskontinuität *im Handeln Gottes selbst* anhand des Zusammenhangs von Schöpfung, Erlösung, Heiligung *und* Auferstehung darzustellen.

Es ist leicht ersichtlich, daß damit der an der Auferstehung entspringende Begriff des Neuen jedoch noch nicht zureichend erfaßt wird. Dieser ist gerade nicht durch die Erwartungen gesättigt, die sich aus unseren unterschiedlichen Wissens- und Erfahrungsvorräten, aus den uns prägenden Gen- und Sozialcodes definieren. Die Auferstehung Jesu und die Art und Weise, in der wir an ihr teilhaben, in der diese bereits gegenwärtig ›Gestalt‹ in uns gewinnt (Gal 4,19), enthält eine Evidenzerfahrung, die nicht mit unseren individuellen wie kulturellen, natürlich wie historisch konnotierten Erwartungshaltungen zur Deckung kommt. Die Diskontinuität des Auferstehungsgeschehens und der Grund der Rede von Innovation ist in diesem Hiatus von Erwartung und Erfahrung begründet, und dies nicht, weil wir mit beschränkten und letztlich inadäquaten Wahrnehmungs- und Verstehensmöglichkeiten auskommen müssen. Damit ist kein anthropologisches Defizit angesprochen, das behelfsmäßig durch Wunderglauben kompensiert werden müßte. Vielmehr lassen auch hier die neutestamentlichen Zeugnisse keinen Zweifel daran, daß die Auferstehung *als Handeln Gottes* diese Diskontinuität einschließt.

Zusammengefaßt: In welchem Maße es gelingt, die Leitdifferenz von Leben und Tod im Sinne des neutestamentlichen Auferstehungsgeschehens zu explizieren, hängt daran, wie genau der Zusammenhang von Kontinuität und Diskontinuität im Auferstehungs*handeln* Gottes erfaßt werden kann und wie präzise Konvergenzen und Divergenzen gegenüber anderen Formen dargestellt werden können, die dieselbe Leitdifferenz bearbeiten. Um diese Unterscheidungen leisten zu können, ist, so meine *materiale* These, die Beschäftigung mit dem Alten Testament ebenso hilfreich wie unverzichtbar. Meine darüber hinausgehende *systematische* These wird die sein, daß die Vorstellung vom Auferstehungshandeln Gottes besonders bei Paulus und in den Erscheinungsgeschichten der Evangelien dort eine strukturelle und sachliche Parallele hat, wo im Alten Testament vom Gedenken und vom Gedächtnis Gottes die Rede ist.

3. Unsterblichkeit, Endlichkeit und Auferstehung im Alten Testament

3.1 Die endzeitliche Totenauferweckung der Apokalyptik als kanonischer Schlüssel zur Auferstehung?

Wer nach Auferstehung im Alten Testament fragt, wird, zumindest was die Begrifflichkeit anbelangt, vor allem auf zwei Texte verwiesen: die sogenannte ›Jesajaapokalypse‹ (Jes 24–27), und den Schluß des Danielbuches (Dan 12,2ff.). Deren Gemeinsamkeit besteht in mehrerer Hinsicht: beide Texte zählen zu den jüngsten Schichten des Alten Testaments und beide zehren von der geistigen Atmosphäre der Apokalyptik. Wenngleich sich die Jesajaapokalypse weniger sicher datieren läßt als das Danielbuch, ist die Wahrscheinlichkeit groß, daß beide Texte bereits in die Seleukidenzeit (200–135 v. Chr.) fallen. Wir befinden uns damit, historisch gesehen, am Rande des alttestamentlichen Kanons.

Das hat zu weitreichenden Schlußfolgerungen vor allem bei den Exegeten geführt, die an einer gesamtbiblischen Theologie im Rahmen einer traditionsgeschichtlichen Verbindung beider Testamente interessiert sind. Gerhard von Rad hat davon gesprochen, daß mit dem Gedanken an Auferstehung ein ›Vakuum‹ gefüllt werde, das für die Theologie des Alten Testaments bezeichnend, ja grundlegend wichtig sei: „Das Totenreich blieb ein undefinierbares Drittes zwischen Jahwe und seiner Schöpfung. ... Vielleicht liegt in diesem theologischen Vakuum, um dessen Freihaltung von jeglicher Füllung durch sakrale Vorstellungen Israel geradezu geeifert hat ..., eines der größten Rätsel des Alten Testaments? Erst an seinem äußersten Rand werden Weissagungen laut, daß Gott den Seinen eine Auferstehung vom Tode bereiten werde."[17] Es ist der Respekt vor dem lebendigen Gott, der es verbietet, die Todesgrenze mit jedweden religiösen Vorstellungen, mit jeglicher sakraler Praxis, mit Verdienst- und Vergeltungssanktionismus in einen Bereich hinein zu verlängern, der allein Gottes, nicht aber des Menschen ist.

Von Auferstehung und ewigem Leben zu reden, stand demnach im Verdacht, schließlich doch vom verbotenen Baum des Lebens essen, den letzten und tiefsten Unterschied zwischen Gott und Mensch aufheben zu wollen. Ohne daß v. Rad dies betont, liegt es in der Fluchtlinie seiner Theologie, daß erst das neutestamentliche Auferstehungsgeschehen an die Stelle des alttestamentlichen Schweigens tritt: Auferstehung wird erst dort ein möglicher Gedanke, wo ihm die Einsicht in den Tod nicht allein als biologisches Ende, als Abbruch sozialer Interdependenzen oder als metaphysisches Nichts, sondern als Anerkennung inkommensurabler Endlichkeit vorausgeht. Endlichkeit als theologische Erkenntnis und nicht nur als biologische Offensichtlichkeit ist die notwendige Voraussetzung des Auferstehungsglaubens, der nun am Rande des alttestamentlichen Kanons in apokalyptischer Vorausschau aufleuchtet und zur Brücke ins Neue Testament wird. Die kanonische Verklammerung der beiden Testamente hat systematisch damit die Dialektik von Endlichkeit und Auferstehung zum Hintergrund.

---

[17] *G. v. Rad*, Theologie des Alten Testaments Bd. 2, München 1987 (9. Aufl.), 372.

Programmatisch analog, nun allerdings im Rahmen einer stärker traditionsgeschichtlichen Analyse durchgeführt, sind die Ansätze Hartmut Geses und Peter Stuhlmachers. Gese begreift die Auferstehung Christi im Licht eines Offenbarungs- und Erkenntnisprozesses, der wiederum in der Entwicklung des alttestamentlichen Todesverständnisses wurzelt: „Die apokalyptische Erwartung", verstanden als Erwartung der Auferstehung der Toten, „ist eine göttliche Verheißung, keine eigenmächtige Hoffnung, sie ist die Summe der Prophetie ...".[18] Stuhlmacher nimmt diesen Gedanken der fortschreitenden Offenbarung Jahwes auf und ordnet diesen in einem mehrstufigen Entwicklungsschema an:[19] Am Anfang steht das „exklusive Gegenüber des einen Gottes zu seinem Eigentumsvolk", das sich besonders gegenüber den kanaanäischen Lebens- und Todesvorstellungen habe durchsetzen müssen. Jahwe allein ist der Herr des Lebens, er führt in die *Scheol* und wieder herauf. Es geht um die Machtfülle Jahwes, die sich gerade an der Todesgrenze erweist, ohne daß daraus bereits Schlußfolgerungen im Blick auf Unsterblichkeit und Auferstehung gezogen würden. Eine weiterführende Erkenntnis ergibt sich erst mit dem einschneidenden Ereignis des babylonischen Exils. Hier wird nun nicht mehr nur darauf abgehoben, daß der Tod keine Grenze des göttlichen Herrschaftsanspruches darstellt, sondern es verdichtet sich die Einsicht darum, daß es für den Einzelnen und das ganze Volk Israel ein Fortleben gibt (Hes 37), ein Sein bei und mit Gott, eine Teilhabe an Gottes Herrlichkeit, die der Endlichkeit enthoben ist (Ps 73,24–26). Im Auferstehungsglauben manifestiert sich nach Stuhlmacher schließlich, daß der Tod selbst besiegt, die Leitdifferenz von Leben und Tod aufgehoben wird: „Er vernichtet den Tod auf immer, und der Herr Jahwe wischt ab die Tränen von jedem Angesicht und nimmt seines Volkes Schmach hinweg von der ganzen Welt" (Jes 26,19). Die Offenbarungsgeschichte kommt dort an ihr Ziel, wo alle Wirklichkeit allein durch die Gegenwart des lebendigen Gottes gesetzt und bestimmt wird. *Es ist diese Gegenwart Gottes, die in sich die Differenz von Gottesnähe und Gottesferne aufhebt und der ein Bleiben vor Gott entspricht, das nicht mehr von dieser Differenz bestimmt ist.*
Zweifellos erfaßt diese Zielbeschreibung Kerngedanken des alttestamentlich-eschatologischen Lebensverständnisses, aber es ist die Frage, ob gerade die alttestamentlichen *Auferstehungstexte* hierfür den Beleg abgeben. Die Probleme bestehen vor allem in folgender Hinsicht:

---

[18] *H. Gese*, Zur biblischen Theologie. Alttestamentliche Vorträge, Tübingen (3. Aufl.) 1989, 53.
[19] *P. Stuhlmacher*, Biblische Theologie des Neuen Testaments Bd. 1, Göttingen (2.Aufl.) 1997, 162–179.

Dan 12 und Jes 24–27 enthalten eine ausschließlich futurische Erwartung der Auferstehung. Sie sind *darin* typische Vertreter der Apokalyptik, daß sie auf ein Geschehen am Ende der Tage blicken, das jedoch in apokalyptischer Geschichtslogik zeitlich abschätzbar wird und über das man mittels des visionären Charismas einzelner bereits etwas Definitives sagen kann. Die Zeit bewegt sich auf das visionär Offenbarte zu, ohne daß dieses selbst schon in der Zeit anbricht. Es gibt eine göttliche Vorsehung, die die Geschichte auf den Punkt hin lenkt, von dem als dem Ende der Tage (*acharit hajjamim*) und das heißt: als dem Ende der Zeit gesprochen wird. Die *apokalyptische Auferstehung ist dasjenige Ereignis, das das Ende der Zeit qualifiziert*:

Und viele, die unter der Erde schlafen, werden aufwachen; einige zum ewigen Leben, andere zu ewiger Schmach und Schande. Die Lehrer aber werden leuchten wie der Glanz des Himmels, und diejenigen, die viele zur Gerechtigkeit gewiesen haben, wie die Sterne auf immer und ewig (Dan 12,2f.).

Um dies schon jetzt zu wissen, bedarf es der besonderen Vision, die außerhalb des geschichtlichen Raum-Zeit-Kontinuums stattfindet. Die geschichtliche Zeit selbst trägt keinerlei Züge dieser endzeitlichen Bestimmung an sich, die verheißene Auferstehung stiftet keine Wirklichkeit, die hier und jetzt bereits sinnfällig erfahrbar wäre. Und genau das unterscheidet sie von der expliziten Auferstehungs*erfahrung*, die die Evangelien anhand der Erscheinungen und der Mahlfeiern des Auferstandenen einholen und die Paulus als Anteilhabe, ›als Angeld‹ am Auferstehungsleben Jesu bezeichnet. Zwar finden sich auch im Neuen Testament bekanntlich apokalyptische Auferstehungsszenarien. Auffällig ist jedoch, daß dabei zwar von der Auferstehung der Toten die Rede ist, die *Auferstehung Jesu* jedoch nicht innerhalb des apokalyptischen Ereignishorizontes liegt bzw. nicht von der apokalyptischen Geschichtsdeutung erfaßt wird.[20] In der Offenbarung des Johannes wird zwar über das Bild des Lammes der Bezug zum Opfertod Jesu hergestellt (Apk 5,6.12), die Auferstehung, genauer: die beiden Auferstehungen (Apk 20f.) dagegen betreffen allein die Menschen und sie entscheiden über das Herrschen mit Christus oder aber das Erleiden des Zweiten Todes.

Insofern die alttestamentlichen Auferstehungstexte Aufnahme in das Neue Testament gefunden haben, betrifft dies gerade nicht die Deutung der Auferstehung *Jesu*. Im Rahmen der Apokalyptik liegen andere Christologien näher: der Kreuzestod kann als das Leiden und Sterben des Gerechten begriffen werden. Dem korrespondiert die *Parusie* (nicht die

---

[20] Einzig Apk 1,5 erlaubt mit der Bezeichnung Jesu als ›Erstgeborenem von den Toten‹ den Bezug zu seiner Auferstehung.

Auferstehung!) dieses Gerechten als des Menschensohnes, dessen Kommen zum Gericht am Ende der Zeiten der Gerechtigkeit zum Durchbruch verhelfen wird (Apk 22,20).
Wenn man, wie dies neben v. Rad und Gese vor allem K. Koch unternommen hat, die Apokalyptik als Brücke vom Alten zum Neuen Testament wählt, dann führt diese im Blick auf die Auferstehung zu *einer Auferstehung der Toten dem wiederkehrenden Christus entgegen.* Das entspricht denn auch der Konzeption von 1Kor 15, 22f.: »Denn wie sie in Adam alle sterben, so werden sie in Christus alle lebendig gemacht werden. Ein jeder aber nach seiner Ordnung: als Erstling Christus; danach, wenn er kommen wird, die die Christus angehören ...«. Die Auferstehung Jesu gewährleistet, daß auch die Seinen am Ende der Zeit auferstehen werden.
Was Paulus in *diesem* Zusammenhang jedoch nicht thematisiert, was aber seine Auferstehungschristologie insgesamt charakterisiert, ist die *Gegenwart* des Auferstandenen vor der Parusie, die die Erfahrungswirklichkeit des Glaubens bestimmt. Der Auferstandene ist nicht nur der zum Endgericht Wiederkehrende, sondern der Gegenwärtige, an dessen Auferstehungsleben die Seinen teilhaben. Genau diese Erfahrungsgegenwart jedoch liegt außerhalb des apokalyptischen Deutungsschemas. Wo die Apokalyptik eine Eschatologie entwirft, die in programmatischer Weise die Verifikation durch Erfahrung zurückweist und insofern gerade *gegen* alle Erfahrung aufgebaut werden kann, betonen Paulus und die Erscheinungstraditionen in den Evangelien umgekehrt den Erfahrung stiftenden Charakter der Auferstehungsgegenwart Christi.
Für die Apokalyptik läßt sich damit dreierlei festhalten:
1. der Auferstehungsgedanke entspringt daran, daß Gott seiner *Gerechtigkeit* zum Durchbruch verhelfen wird.[21] Bei Jesaja begegnet die Auferstehungshoffnung (Jes 26,19) im Zusammenhang weisheitlich anmutender Reflexionen über Gerechtigkeit.[22] Daniel dagegen entwirft ein Gerichtsszenario, dem eine allgemeine Auferstehung vorausgeht, aber nur

---

[21] Dazu *P.D. Miller*, Judgment and Joy, in: *J. Polkinghorne/M. Welker* (Hg.), The End of the World and the Ends of God, Harrisburg 2000, 157–162.

[22] Z.B. Jes 26,7.10; auf die komplizierte redaktionelle Schichtung des Kapitels insgesamt kann hier nur summarisch hingewiesen werden. Auffällig ist, daß im selben gedanklichen Zusammenhang die Auferstehung nicht nur behauptet, sondern ebenso explizit auch bestritten wird (26,14). Die m.E. wahrscheinlichste Lösung ist, daß die Auferstehungsthematik insgesamt erst sekundär in Jes 26 Eingang gefunden hat, erst dann also, als sie zum Gegenstand einer Kontroverse wurde, die sich im tanachischen Kanon noch in der Frontstellung von Daniel und Qohelet erkennen läßt. Um so zentraler fällt freilich aus, woran diese Kontroverse festmacht, und dies ist in Jes 26 eindeutig die Frage nach der Gerechtigkeit, die vor Gott Bestand hat.

die Gerechten verlassen das Gericht auch zu ewigem Leben,[23] während die Frevler zu ewiger Verdammnis bestimmt sind (Dan 12,2). Damit ist aber gleichzeitig auch die implizite Kontinuität angezeigt, die zwischen altem und neuem Äon besteht.

2. Diese Gerechtigkeit hat eine ›Instanz‹, die ihr zum Durchbruch verhilft: das Gedächtnis Gottes. Jesaja knüpft die Auferstehung der Gerechten explizit daran, daß sie ein *Gedächtnis vor Gott* haben (26,8), bei Daniel kommt das Gedächtnismotiv in gleichsam ›substantialisierter‹ Form durch die *Bücher* zum Ausdruck, die zum Gericht herangezogen werden (Dan 7,10) und in denen die Namen der Erretteten aufgeschrieben sind (Dan 12,1).[24] Kennzeichnend für diese Form des Gedächtnisses ist, daß hierbei zwischen einer aufnehmenden, selegierenden und behaltenden Erinnerung auf der einen und einer effektiven, Wirklichkeit gestaltenden Kraft auf der anderen Seite unterschieden wird. Erst das Gericht *am Ende der Zeit* ›aktiviert‹ die Erinnerung zu einem lebendigen, effektiven Gedächtnis. Das bringt besonders das Motiv des Buches zum Ausdruck: zunächst wird verzeichnet, rubriziert, was am Maßstab der Gerechtigkeit Gottes gemessen Beständigkeit hat, aber erst durch das Gericht, wenn diese Bücher *geöffnet* werden, entfaltet das Aufgeschriebene Konsequenzen, wird die Gerechtigkeit Gottes zur unumstößlichen Norm einer neuen kosmischen Ordnung. Gottes Gedächtnis bildet das Kontinuum, das die alte und die neue Welt verbindet, aber die jeweilige Art und Wirksamkeit dieses Gedächtnis ist zur Zeit der alten und der neuen Welt charakteristisch unterschieden.

Schließlich ist 3. zentral, daß in dieser Konzeption der Auferstehung und ihrer Abstimmung der Kontinuitäten und Diskontinuitäten von ›alt‹ und ›neu‹ eine enorme Erwartungshaltung erzeugt wird. Das Kommende kann als Kontrast zur gegenwärtigen Erfahrung bereits imaginiert werden, selbst wenn seine Erfüllung außerhalb der erlebten geschichtlichen Zeit liegt.[25] Dies ist möglich, weil das Kommende freigehalten wird von

---

[23] Wobei damit noch nicht automatisch eine *allgemeine* Auferstehung der Gerechten gemeint sein muß, sondern diese bei Daniel möglicherweise auf die Gerechten *in Israel* beschränkt bleibt (zur Diskussion vgl. *K. Koch*, Das Buch Daniel, Darmstadt 1980, 240–244).

[24] Dan 7,10 allein erwähnt nur, daß im Gericht (die) Bücher aufgeschlagen werden. Man könnte damit auch an den Protokollvorgang der Verhandlung, also an zunächst ›leere‹ Bücher denken. Die Erwähnung von Büchern, in denen die Namen der Gerechten verzeichnet sind in 12,1, legt freilich den Zusammenhang nahe (vgl. auch Apk 20,12).

[25] Dies wird zur Erwartungs*sicherheit* gesteigert durch die für die Apokalyptik charakteristische geschichtliche Argumentationsform als *vaticinium ex eventu*: dadurch daß auch die schon geschehene Geschichte in den Modus der Voraussage einbezogen wird, erhält das tatsächlich noch Ausstehende denselben Evidenzgestus.

jedem präsentischen Erfahrungswert und jedem Anspruch auf eine immanente, transformierende Wirksamkeit. Als theologisches Problem der apokalyptischen Auferstehungsvorstellung bleibt damit der Zusammenhang von Erwartung und Erfahrung zu notieren – ein Problem, weil ebenso jede Ideologie *for better or worse* die Diskontinuität des Neuen über eine von Erfahrung abgeschirmte emphatische Erwartungshaltung einführen wird.[26]

3.2 Qohelets Transzendentalisierung des Himmels

Es entbehrt nicht einer gewissen Dramatik, die der alttestamentliche Kanon erzeugt, daß zeitlich vielleicht nur durch wenige Jahre von den Autoren der frühen Apokalyptik getrennt der ›Prediger Salomo‹ jeder Erwartung einer Auferstehung eine kaum deutlicher zu machende Absage erteilt[27] (Koh 9,5f.):

Die Lebenden erkennen, daß sie sterben werden, die Toten aber erkennen überhaupt nichts mehr. Sie erhalten keine Belohnung mehr, denn die Erinnerung an sie ist in Vergessenheit versunken. Liebe, Haß und Eifersucht gegen sie, all dies ist längst erloschen. Auf ewig haben sie keinen Anteil mehr an allem, was unter der Sonne getan wurde.[28]

Es ist ohne weiteres verständlich, daß die Traditionsgeschichte hierin nicht unbedingt den Übergang zum neutestamentlichen Auferstehungsglauben gesucht hat. Es ist eher, wie Norbert Lohfink treffend mutmaßt, für heutige – und damalige – Zeitgenossen so, daß „Koh die verruchtgeliebte Hintertür" darstellt, „durch die sie jene skeptisch-melancholischen Empfindungen ins Bewußtsein einlassen können, denen am Haupteingang, wo Tugendpreis und Jenseitsglaube auf dem Namensschild stehen, der Zugang nicht gestattet würde."[29]

Qohelet vertritt eine radikale Endlichkeit, wonach nichts Lebendigem eine Fortdauer, eine Bleibe beschert ist – alles „fährt an ein und denselben Ort" (3,20). Was dem Tod das Gepräge des Endgültigen gibt und die Toten von jeder weiteren Lebensmöglichkeit abschneidet, ist die Tat-

---

[26] Auf die unscharfe Grenzziehung zwischen Theologie und Ideologie bei Daniel vor dem Hintergrund der Verfolgung der orthodoxen Juden zur Zeit Antiochus' IV. Epiphanes hat besonders *J.J. Collins*, Daniel. With an introduction to apocalyptic literature, Grand Rapids 1984, 102–104 hingewiesen.

[27] Zum Verhältnis Qohelets zur Apokalyptik vgl. *L. Rosso-Ubigli*, Qohelet di fronte all'apocalittica, in: Henoch 5, 1983, 209–234, die eine Polemik Qohelets gezielt gegen den apokalyptischen Jenseitsglauben sieht.

[28] Übersetzung aus *N. Lohfink*, Kohelet (Die Neue Echter Bibel 1), Würzburg 1993 (4.Aufl.), 66.

[29] *Lohfink*, Kohelet, 5 (Anm. 28).

sache, daß es kein Gedächtnis gibt, das sie dem Leben nahe halten könnte, und das heißt in letzter Konsequenz: daß Gott ihrer nicht gedenkt. Es mag ein Hinweis zum Verständnis der Position Qohelets sein, die ihn von weiten Teilen der alttestamentlichen Traditionen unterscheidet, daß für ihn die ganze Dimension von Gedächtnis und Gedenken nur noch im Modus des Vergessens begegnet. Ob Menschen gedenken, etwas in Erinnerung behalten, ist unerheblich, denn es ist unstet und vergänglich wie ihre ganze Existenz, und auch Gott kommt kein Gedächtnis zu, *denn Gott ist im Himmel* (5,1a), und das heißt für den Prediger: er ist Garant der ewigen Ordnungen, der kosmischen Konstanten und Rhythmen, deren Beständigkeit und Unveränderlichkeit nicht den Formungs- und Veränderungsprozessen des Gedenkens unterworfen ist, sondern nun transzendental gesetzt werden.

Daß alles seine Zeit, aber keine Veränderung hat, ist gegen modernes Empfinden gerade kein Defizit, sondern die Bedingung der Möglichkeit dafür, daß es geschöpfliches Leben *auf Erden* gibt (5,1b).[30] Gottes Handeln zeigt sich in der Beständigkeit dieser Ordnungen (3,11.14). Das erklärt, warum für Qohelet die Unterscheidung von alt und neu keinen systematischen Stellenwert besitzt. Daß es „nichts Neues gibt unter der Sonne", liefert, negativ gesagt, die Evidenz für das wirksame Handeln Gottes und damit für die Möglichkeit gültigen Lebens vor Gott. Die Dinge dann zu ergreifen, wenn sie ihre Zeit, ihren *Kairos* haben, sich in die ewigen Ordnungen und Rhythmen einzufinden, statt durch die Suche nach Neuem dem Haschen nach Wind zu verfallen und damit am im wörtlichen Sinne Unwesentlichen hängenzubleiben, ist die Vorbedingung, aber auch die Eröffnung zu eigener geschöpflicher Entfaltung und damit zu gültigem Leben (9,6-10). Daß nichts davon über den Tod hinausträgt, schränkt diese Erkenntnis gerade nicht ein, sondern macht sie allererst zugänglich. Dem Bewußtsein der eigenen radikalen Endlichkeit korrespondiert die Einsicht in das Handeln Gottes am Menschen, und jeder Gedanke an Auferstehung und ebenso an objektive Unsterblichkeit bedeutet schon im Ansatz, sich der Ewigkeit Gottes entgegenzusetzen. Die Frage, ob Erfüllung, ob ›Glück‹[31] möglich sei, bejaht der Prediger. Die weltgestalterischen Möglichkeiten des großen Salomo, in dessen Rolle er sich versetzt (2,3-11), sind durchaus nicht auf Treibsand gebaut und ein Haschen nach Wind; dazu würden sie erst, wollte er sich dadurch einen ›Vorteil‹ verschaffen (2,11), wollte er der eigenen Endlichkeit, der Tatsache, daß eines Tages nichts von Glanz und Macht auch

---

[30] Das hat m.E. zu Recht N. Lohfink gegen die auch in der Exegese verbreitete Ansicht betont, wonach die berühmte Passage Qoh 3,1-10 einem pessimistisch desillusionierten Lebensgefühl Ausdruck gebe (vgl. a.a.O., 30-33).

[31] ›Glück‹ hier für hebr. *tob*.

des größten Königs bleibt, zu entkommen suchen. Der einzige Vorteil, den es unter der Sonne gibt, ist der, daß man eben darum *wissen* kann (2,13f.). Auch das Wissen fügt der Spanne eines Lebens keinen Deut hinzu, aber es befreit zu der Erkenntnis, daß unter den Bedingungen eines transzendentalisierten Himmels in allem *je zu seiner Zeit* der Keim gültigen Lebens liegt.

Nun ist Qohelet gewiß nicht als ›antiker Existentialist‹ mißzuverstehen, dazu ist sein Rekurs auf eine fest gefügte Weltordnung zu ausgeprägt, aber es besteht eine Strukturanalogie im *kairologischen* Ansatz, an dem die Unterscheidung von gelingender und verfehlter Existenz entspringt. Die gegenüber den Apokalyptikern vollzogene Hinwendung von dem äonenübergreifenden Gedächtnis Gottes zu einem transzendentalisierten Himmel hat beträchtliche Folgen: sie tendiert dazu, Gott und Himmel zu verwechseln[32] bzw. Gottes Handeln auf die Exekutive der ewigen, himmlischen Ordnungen zu beschränken. Wenn Qohelet vom Gott *im* Himmel spricht, dann ist durchaus noch nicht klar, wie dieses ›in‹ Gott und Himmel zu unterscheiden erlaubt[33] und wie Anfang und Ende der Werke, die Gott tut (3,11), gegenüber den Rhythmen und Wirkzusammenhänge der himmlischen Ordnung ausgezeichnet sind.[34] Daß Gott den Himmel *bewegt*[35] (und nicht nur ›rangiert‹), daß der Himmel wie die Erde ein Geschöpf ist und darum beständig in das gestaltende und verändernde Handeln Gottes einbezogen ist, kann und will der Prediger nicht sagen. Seine aus Erfahrung und Anschauung gewonnenen Prämissen, daß Gott im Himmel ewig, der Mensch dagegen endlich ist, bedingen und stützen einander.

---

[32] In Auseinandersetzung mit Whitehead hat M. Welker auf die „Verwechslung von Gott und Himmel" hingewiesen, die sich auch in der späten Weisheit findet (vgl. *M. Welker*, Universalität Gottes und Relativität der Welt. Theologische Kosmologie im Dialog mit dem amerikanischen Prozeßdenken nach Whitehead, Neukirchen-Vluyn 1988 (2.Aufl.), 130ff.

[33] Daß bei Qohelet die Aussagen über Gott die Aussagen über die Welt systemisch bedingt nicht überschreiten können und man insofern allenfalls vom ›Urhebergott‹ sprechen kann, hat vor allem *D. Michel* immer wieder betont (vgl. *ders.*, Vom Gott, der im Himmel ist. Reden von Gott bei Qohelet, in: ThViat 12, 1973/74, 87–100; *ders.*, Qohelet, Darmstadt 1988, 100).

[34] Es ist von der Qohelet-Forschung weitgehend übereinstimmend festgestellt worden, daß gerade die Passagen dieses Buches, die Gott eine eigene Form des Handelns zuschreiben, wie z.B. die des Richtens (11,9; 12,14) teils aus sprachlich und metrischen Gründen (so in 11,9) teils aus offensichtlichen inhaltlichen Spannungen heraus auf Redaktionen zurückzuführen sind; vgl. dazu den forschungsgeschichtlichen Überblick bei *Michel*, Qohelet, 17–21 (Anm. 33). So ist gerade am Gedanken radikaler Endlichkeit gemessen die Aussicht auf ein für die Zukunft angekündigtes Gericht nur schwer unterzubringen.

[35] Vgl. Ps 60,4; Jes 13,13; 51,15 par Jer 31,35; Hag 2,6.21.

Auferstehung wird für die Apokalyptik in demselben Maße ein notwendiger Gedanke, in dem sie für Qohelet unmöglich wird. Die Diskontinuität zwischen präsentischer Erfahrung und futurischer Erwartung wird apokalyptisch aufgefangen durch das Gedächtnis Gottes, das dem jetzt nur Erwarteten einmal zum Status der Erfahrung verhelfen wird. Was innerhalb der Vision als Entwurf, als Imaginat subsistiert, wird einmal so wirklich sein wie die jetzige Welt. Bei Qohelet wird diese Konstellation dadurch von vornherein konterkariert, daß es für ihn grundsätzlich keine Erwartung gibt, die nicht erfahrungsgesättigt wäre – oder aber sie gerät zum ›Haschen nach Wind‹.

Was beide Entwürfe je auf ihre Art ausschließen, ist 1. eine *transformierende*, verwandelnde Wirksamkeit Gottes, die solche Erwartungen stiftet, die sich zugleich an einem beständigen Wandel unserer Erfahrungswirklichkeit ausweisen, und 2., daß dieser Wirksamkeit Gottes eine Kreativität eignet, die nicht der Leitdifferenz von Leben und Tod unterworfen ist.

Um einem Mißverständnis vorzubeugen: es geht mir nicht darum, Apokalyptik und Qohelet als Scylla und Carybdis darzustellen, zwischen denen nun das liegen müßte, was dann auch im Blick auf das Neue Testament angemessen als Auferstehung zu bezeichnen wäre. Beide vertreten Anliegen, die ein theologisch umfassendes Verständnis des Handelns Gottes einschließen muß: Die Eigenständigkeit und Unverfügbarkeit dieses Handelns gegenüber den *dynameis* und *teloi* der Geschichte, aber ebenso dessen Erfahrungsevidenz im geschichtlichen Horizont der Zeit. Die Frage ist damit, wie beide Anliegen in *einem* gedanklichen Zusammenhang erfaßt werden können, d.h. ohne das erfahrungswirksame Handeln Gottes auf ein gänzlich ausstehendes Jenseits oder aber auf ein verabsolutiertes Diesseits zu reduzieren. Im Alten Testament wird – das soll im Folgenden gezeigt werden – dieser Zusammenhang dort ins Auge gefaßt, wo die Semantik des ›Gedenkens‹ und des ›Gedächtnisses‹ als Modus des kontinuierlich wirksamen, verwandelnden und neuschöpferischen Handelns Gottes entfaltet wird.

4. Gottes Gedächtnis

4.1 Erinnerung und Gedächtnis

Die hebräische Wurzel ZaKaR vereint auf sich ein differenziertes Bedeutungsspektrum: Sie erfaßt zum einen den Bereich des Erinnerns und hat damit, komplementär, den Begriff des ›Vergessens‹ neben sich (Gen 40,23; Ps 9,13; 137,5f.). ›Erinnere dich!‹ heißt immer und zugleich auch ›Vergiß nicht!‹ (Dtn 9,7; Ps 103,2), und dabei wird auf ein kognitives Vermögen rekurriert, das uns die Möglichkeit verschafft, unsere Lebensräume einzurichten und zu gestalten. Unsere Erinnerung wie unsere Fähigkeit zu vergessen definieren den Horizont, innerhalb dessen dies geschieht.[36] Häufig hat *ZaKaR* deshalb auch in der Unterweisung, im Lernen und Lehren die Konnotation des Erinnerns: es geht darum, Erinnerungs- als Lebensräume zu schaffen, und es geht darum, wie und wovon diese Räume besetzt werden (Dtn 15,15; 24,18).

Anders sitzt der Akzent in dem Fall, der hier als *Gedenken* bezeichnet wird. Die semantische Basis bildet nicht ein komplementäres Begriffspaar, vielmehr sind es graduelle Unterschiede der *Intensität* und *Effektivität*, die dem Gedachten eignen. Während Erinnerung die individuelle und kollektive Fähigkeit bezeichnet, vergangene Ereignisse der Gegenwart verfügbar zu halten, richtet sich das Gedenken auf die *Formung* des Erinnerten und die *Wirksamkeit*, die es freisetzt.[37] Nicht alles, was wir erinnern, prägt in gleicher Weise unsere Gegenwart und die Erfahrungen, die wir gegenwärtig neu machen. Es gibt Erinnerungen, die nicht nur auf dem Zeitstrahl, sondern auch angesichts ihrer kulturprägenden Ausstrahlungskraft immer weiter in die Vergangenheit zurücksinken und schließlich nur noch ein Schattendasein führen. Der homerischen Mythologie nach ist der Hades im wesentlichen eine Schattenwelt, in der die Vergangenheit zwar ›objektiv‹ aufbewahrt wird, jedoch nicht mehr Anteil am lebendigen Gedenken hat. Der Seher Teiresias muß erst vom Blut geschlachteter Tiere trinken, bevor er dem Odysseus etwas weissagen, bevor er also in die wirkliche, geschichtliche Welt hinein sprechen kann.

Gedächtnisse sind antikem Verständnis nach nicht nur Raster, in die hinein etwas abgelegt wird, die auf Speicherung oder Archivierung angelegt sind.[38] In der neueren Gedächtnisforschung ist immer wieder der ge-

---

[36] Zur Thematik vgl. *A. Assmann*, Erinnerungsräume. Formen und Wandlungen des kulturellen Gedächtnisses, München 1999.
[37] Vgl. in diesem Sinne schon die auf Aristoteles zurückgehende Unterscheidung von *Anamnesis* (Erinnerung) und *Mnemosyne* (Gedächtnis); dazu *D. Harth*, Das Gedächtnis der Kulturwissenschaften, Dresden 1998, 79f.: »Beide durch gemeinsame Grenzen vereinte Konzeptionen ... unterscheiden sich indessen von einer älteren, in mythologischen, poetischen Symbol- und Bildkomplexen aufbewahrten Überlieferung. Die in diesem Kontext auftretenden Zeichen und Bilder zielen zum einen auf das Vermögen der *Anamnese*, das gleichsam archäologische Ausgraben latenten Wissens, zum anderen – unter dem Namen *Mnemosyne* – auf ein *produktives*, von der Einbildungskraft (*imaginatio*) unterstütztes Vermögen, früher Erlebtes im Licht späterer Erfahrungen um- bzw. neuzugestalten« (Herv. belassen).
[38] Wobei zu bemerken ist, daß die Metaphorik von Magazin, Speicher, Archiv usf. weitgehend im Gegensatz zum modernen Sprachgebrauch ein aktiv formendes und gestaltendes Vermögen bezeichnet. Dazu aufschlußreich ist die Sektion ›Memoria‹ in: Archiv für Begriffsgeschichte 9, 1964, 11–44.

genwärtig naheliegende Vergleich mit Computern und Datenträgern angestellt worden, die strukturell so konfiguriert sind, daß sie passende Informationen aufnehmen können. Die sowohl natur- wie kulturwissenschaftlich angemeldete Kritik an diesem Modell[39] richtet sich jedoch darauf, daß Gedächtnisse – gleich ob als neuronale oder kulturelle Konfigurationen – nicht von *inhaltlichen* Bestimmungen gelöst und allein auf selektive, speicherfähige *Strukturen* begrenzt werden können. Gedächtnisse lassen sich nicht von den Erinnerungen abstrahieren, aus denen sie ›bestehen‹. Sie zeichnen sich jedoch dadurch aus, daß sie diese Erinnerungen in eigene Formzusammenhänge überführen. Gedächtnisse ›organisieren‹ die Semantik unserer Erinnerungen in einer Weise, in der sie zugleich erfahrungsprägend auf die Gegenwart einwirken.

Für das Alte Testament wie für seine Umwelt gehört die sachliche Unterscheidung zwischen Erinnerungs(/Vergessens)- und Gedächtnis-Semantik zu den charakteristischen kulturellen Merkmalen. Das wird beispielsweise deutlich am Verbot der Verehrung von Fremdgöttern. Dies wird im Bundesbuch (Ex 23,13) formuliert als ein Verbot, dieser Götter zu *gedenken*. Daß dabei nicht bloß um Erinnerung geht, ist dem Erzählfaden des Pentateuch nach schon dadurch klar, daß Israel, aus Ägypten kommend, gar keine ›Erinnerung‹ an diese Götter haben kann. Zu diesen aber gehört eine kulturell institutionalisierte, rituell eingespielte Gedächtnissphäre, und an dieser zu partizipieren, bedeutet unweigerlich, ihnen zu Macht und Einfluß zu verhelfen. Gedenken steht hier in einem umfassenden Sinn für jede Art der Kontaktaufnahme sei es durch Ritus, Opfer oder Gebet, die entsprechend als Formen angesehen werden, in denen diese Götter ihr Gedächtnis ausprägen.

Stärker formalisiert ausgedrückt ist Gedächtnis demnach als *konnektive Struktur* ausgezeichnet. Es kombiniert und modalisiert Bezugsrichtungen, die euklidischer Grammatik nach als ›Gedenken‹ und als ›Gedachtwerden‹ üblicherweise den *genera verbi* der Aktivität und der Passivität zugewiesen werden.[40] Dies führt semiotisch allerdings zu Fehlbezeichnungen, wenn diese Bezugsrichtungen auf ein ›Subjekt‹ und ein ›Objekt‹ des Gedenkens festgeschrieben werden. Gedenken ist nicht allein ein subjektiv-aktiver Modus, der sich auf ein Objekt richtet, sondern schließt selbst Objektivierungen ein, die sich aus der Wirksamkeit des

---

[39] Dazu insgesamt der Band *S.J. Schmidt* (Hg.), Gedächtnis. Probleme und Perspektiven der interdisziplinären Gedächtnisforschung, Frankfurt/M. 1991.

[40] Die altsemitischen Sprachen, darunter das Hebräische, haben hierfür eine eigene Stammform: den sog. ›Tolerativ‹ (›Niphal‹); eine seiner Funktionen besteht darin, zugleich Aktivität und Passivität auszudrücken, z.B. ›ich will gefunden werden‹ (Jer 29,4). Diese Stammform ist auch für *ZaKaR* häufig belegt; das Deutsche kann dies allerdings nur annähernd durch die Kombination eines unpersönlichen Passivs mit *genitivus obiectivus* wiedergeben: ›man wird eurer gedenken‹ (z.B. Ez 21,29).

Gedachten ergeben. Präziser gefaßt eignet jedem der in diese Struktur eingebundenen Bestandteile zugleich ein rezeptives und ein effektives Moment. Mit dem Mitteln diskursiver Grammatik zusammengefaßt: Das Gedachte empfängt die belebende Zuwendung des Gedenkens, und dem Gedenkenden erschließt sich die wirksame Gegenwart des Gedachten. Umgekehrt ist nun die Aussage, daß etwas ›kein Gedächtnis hat‹ gleichbedeutend damit, daß es nicht in solche konnektiven Strukturen eingebunden ist. Der Zustand schließlich, der dann gegeben ist, wenn keinerlei rezeptive und effektive Gedächtnisprozesse mehr bestehen, erfüllt eines der alttestamentlichen Kriterien für *Tod*, denn im Tod ist kein Gedächtnis mehr (Ps 6,6; Ps 9,7).

4.2 Gedächtnis und Grab

Mit dem Gedächtnis erweist sich damit eine Größe als definierend für das Verständnis von ›Tod‹ und ›Leben‹, die nicht auf die Präsenz physischer Empfindungen oder eines reflektierenden Bewußtseins beschränkt ist. Das „Vakuum", von dem v. Rad spricht und das im Alten Testament an der Stelle ausgeführter Jenseitsvorstellungen stehe, setzt freilich voraus, daß man genau eine solche Fortsetzung von Fühlen und Denken als maßgeblich erachtet – wenngleich in einer transzendenten Welt.
Denkt man die Leitdifferenz von Leben und Tod allerdings im Rahmen konnektiver Gedächtnisstrukturen, bemißt sich unsere Teilhabe am Leben und das Unterworfensein unter den Tod daran, wie wir in diese Gedächtnisstrukturen eingebunden sind. Die imaginäre Ausgestaltung der Todessphäre erfolgt dann nicht in Form einer Gegenwelt wie in Gestalt des ägyptischen Totengerichts. Wie Jan Assmann gezeigt hat, entspringt die Vorstellung vom Totengericht an der Sphäre des Grabes[41] und richten sich damit auf die physische und psychische Präsenz eines Menschen und seines Fortlebens in anderen kosmo-ontologischen Dimensionen.
Mit dem Verständnis des Todes als dem Ende gedächtnishafter Präsenz und Wirksamkeit geht im Alten Testament dagegen die Vorstellung eines Daseins im Jenseits nicht oder zumindest nicht in signifikanter Weise einher.[42] Die Institution, die ein Weiterleben ermöglicht, ist das Ge

---

[41] Vgl. dazu *J. Assmann*, Ma'at. Gerechtigkeit und Unsterblichkeit im Alten Ägypten, München 1990, 122ff.
[42] Damit soll nicht behauptet werden, daß es in Israel solche Vorstellungen nicht gab und daß diese keinerlei Spuren im Alten Testament hinterlassen hätten. Das ist offensichtlich der Fall, wenngleich deren Gewicht für den Bezugsrahmen des Alten Testaments umstritten ist (nach wie vor maßgeblich *Chr. Barth*, Die Errettung vom Tode. Leben und Tod in den Klage- und Dankliedern des Alten Testaments, neu hg. v. *Bernd Janowski*, Stuttgart 1997). Die sowohl von der alttestamentlichen

denken der Mit- und Nachwelt, und erst wenn dieses verblaßt oder gänzlich abreißt, kann im eigentlichen Sinne von Tod die Rede sein. Das Grab allerdings und alles, was sich in und hinter ihm auftun könnte, liefert in diesem Zusammenhang keine produktive Form, denn an ihm haftet nichts, das dieses Gedächtnis stützt, das eine besondere Erkenntnis oder einen besonderen Anlaß zur Hoffnung stiftet: „So viel der Sterbende zu sagen hat, so wenig bedeutet sein Grab".[43] Daß sich das Alte Testament wie im Fall der Mose-Tradition spröde gegenüber einer spirituellen Relevanz des Grabes zeigt, wird häufig damit in Zusammenhang gebracht, daß hier die Gefahr der Übernahme ›heidnischer‹ Ritual- und Kultpraktiken besonders stark gewesen sei. Welches Abgrenzungsbedürfnis auch immer bestanden haben mag, im Fall des Mose wird deutlich, daß das offen signalisierte Desinteresse an seinem Grab (Dtn 34,6) damit zusammenhängt, daß nicht dieses, sehr wohl aber seine *schriftlich* festgehaltenen *Worte* (Dtn 1,1; Neh 13,1) Haftpunkt des Gedenkens an ihn wurden.[44]

Das bestätigt sich auch im Blick darauf, daß ebenso in Texten außerhalb des Alten Testaments der Bereich des Grabes an keiner Stelle als Ort des Gedenkens und des Gedächtnisses bezeichnet wird. Ähnliches gilt auch für die Epigraphik: zwar verfügen wir über einen – begrenzten – Bestand an Memorialinschriften, doch sind diese gerade *keine* Grabinschriften. Dagegen ist alles, was ein wohlhabender Jerusalemer Bürger seiner Nachwelt am Grabe zu sagen hat, folgendes: „Dies ist das Grab des [...]jahu, des Haushofmeisters. Hier ist kein Silber und kein Gold, nur seine Gebeine und die Gebeine seiner Dienerin mit ihm. Verflucht sei der Mensch, der dies öffnet."[45] Sicherlich wird man *auch* vor diesem Hintergrund die eher schwachen Auferstehungserwartungen der neutestamentlichen Traditionen an das ›leere‹ Grab einzuschätzen haben.

Exegese als auch von der Religionswissenschaft festgehaltene Differenz besteht allerdings darin, daß von der Deutung des Todes als Verlust der Teilhabe an einem konnektiven Gedächtnis keine intrinsischen Verbindungen zu anderen Todeskonzeptionen bestehen – als Schwellensituation im Übergang zu einer jenseitigen Welt oder als Aktualisierung der Leib-Seele-Unterscheidung im Sinne einer unsterblichen Seele. *Assmann*, Ma'at, 124 (Anm. 41) u.ö. unterscheidet hierbei zwischen ›Fortdauer‹ im Blick auf das Gedächtnis und ›Unsterblichkeit‹ im Blick auf die Idee des Totengerichts.

[43] *Wolff*, Anthropologie des Alten Testaments, München 1990 (5. Aufl.), 152. Diese These wird auch durch die neuere archäologische Forschung gestützt, vgl. R. *Wenning*, Bestattungen im königszeitlichen Juda, in: ThQ 177, 1997, 82–93.

[44] Dazu immer noch *Wolff*, Anthropologie, 152–154 (Anm.43) und weiterhin S. *Schroer/Th. Staubli*, Die Körpersymbolik der Bibel, Darmstadt 1998, 231f.

[45] Vgl. *J. Renz*, Handbuch der althebräischen Epigraphik II/1, Darmstadt 1995, 21.

4.3 Gedächtnis und Unsterblichkeit

There will later be some memories about my life. And there may later be thoughts that are influenced by mine, or things done as the result of my advice. My death will break the more direct relations between my present experiences and future experiences, but it will not break various other relations.

Dieser eingangs schon zitierte Satz Derek Parfits ist seinem zeitlichen Abstand nach vielleicht sehr viel weiter entfernt vom alttestamentlichen Verständnis des Gedächtnisses als im Blick auf seinen ideellen Gehalt. Mit der Vorstellung von Unsterblichkeit, die keine physische Präsenz und keine reflexives Bewußtsein voraussetzt, lassen sich in der Tat die Zusammenhänge erfassen, die alttestamentlich als Gedächtnis bezeichnet werden. Unsterblichkeit hängt an der Fortdauer dieses Gedenkens, ähnlich wie wenn bei Parfit eigentlich erst dann von Tod die Rede sein kann, wenn keine Gedanken mehr existierten und keine Handlungen mehr geschähen, die von meinem Einfluß leben. Und hier wie dort wird dadurch eine Irritation erzeugt, daß objektive bzw. gedächtnishafte Unsterblichkeit gleichrangig mit der Endlichkeit von Bewußtsein und Körperlichkeit dargestellt werden – eine Irritation dann, wenn diese Trias in aufklärerischer Manier ausgehend vom Bewußtsein als integraler anthropologischer Kategorie kontrolliert werden soll.

Und noch in einem anderen Punkt sind die ›moderne‹ und die ›antike‹ Vorstellung von Unsterblichkeit einander vergleichbar: beiden eignet ein dynamisches Element, dessen Kreativität auf der *Vermittlung von Kontinuität* beruht. Im Alten Testament läßt sich dies an viele Stellen ablesen:

O daß doch meine Worte aufgeschrieben würden,
o daß (sie) doch in ein Buch eingraviert würden –
mit eisernem und bleiernem Griffel,
auf ewig sollen sie in Fels eingemeißelt werden. (Ijob 19,23)

Absalom aber hatte sich noch zu Lebzeiten eine Säule aufgerichtet, die im Tal der Könige steht, denn er sprach: ›Ich habe keinen Sohn, um meinem Namen ein Gedächtnis zu stiften‹ (*hazkir*). Da nannte er die Säule nach seinem Namen, und so wird sie bis heute das ›Mal Absaloms‹ genannt. (2Sam 18,18)

Es sind die Tage des Purim-Festes, welche nicht übergangen werden sollen unter den Juden, und ihr Gedächtnis (*zikram*) soll nicht umkommen bei ihren Nachkommen. (Est 9,28)

Nachkommenschaft, Ritual und Festkalender, Stelen und Inschriften aus Stein sind unterschiedliche *Medien*, die dem Gedächtnis eine je spezifische Form der Kontinuität verleihen: familiäre und genetische Codes

kontinuieren anders als rituale Performanz, Bilder wieder anders als Sprache. Eine Morphologie des kulturellen (wie des natürlichen) Gedächtnisses könnte genau an diesem Punkt ansetzen, um die Differenzierung von Gedächtnisprozessen anhand ihrer unterschiedlichen Kontinuierungsmuster herauszuarbeiten.[46]
Wichtig für unseren Zusammenhang ist vor allem, daß es sich bei dem umrissenen und freilich erweiterbaren Spektrum tatsächlich um *Medien des Gedächtnisses* handelt und nicht um das *Gedächtnis selbst*. Dies festzuhalten erlaubt und erfordert nun, den charakteristischen Unterschied zwischen Unsterblichkeit im Rahmen prozessualer Ontologien auf der einen und der Kontinuität des Gedächtnisses auf der anderen Seite zu erkennen: für Whitehead und Parfit wären Nachkommenschaft und die Existenz von Texten, die etwas über mein Leben aussagen, bereits Instanzen von Unsterblichkeit, objektivierte Effekte, die von meiner (vergangenen) physischen und psychischen Präsenz stimuliert sind. Diese münden beständig in immer neue Objektivierungen ein, die wiederum die Ordnungsstrukturen jeder möglichen wirklichen Welt bilden. Objektive Unsterblichkeit ist insofern das intrinsische Ordnungsprinzip offener kosmologischer Prozesse. Wir alle vereinen in uns eine Fülle solcher Objektivierungen natürlicher ebenso wie kultureller Art und geben, subjektiv geformt, eine eben solche Fülle weiter.
Die Ausbildung eines *Gedächtnisses* beruht dagegen auf der *Verstetigung* von Ereignissen und Ereigniskonstellationen *innerhalb* dieser Prozesse und bedarf daher eigener Konstitutionsmechanismen. Die systemanalytische Soziologie hat hierfür den Begriff der ›operativen Schliessung‹ vorgeschlagen. Gemeint ist, daß innerhalb von Fließbewegungen, seien diese evolutionärer, historischer oder biographischer Art, bestimmte Einheiten gebildet und gegenüber beliebiger Dekomposition in neuen Ereigniskonstellationen stabil gehalten werden. Man kann sich dies tatsächlich gut am Bild eines Flusses verdeutlichen, auf dessen Oberfläche sich Strudel bilden, die sich trotz der Bewegung des Wassers insgesamt verstetigen und dann gleichsam mitzuschwimmen scheinen, obwohl sie in jedem Moment neu konstituiert werden müssen, um nicht wieder zu *zer*fließen.
Gedächtnisprozesse erfordern solche Mechanismen der operativen Schließung, weil sie sich weder daraus ergeben noch dadurch erhalten, daß Gesellschaften etwa ihre lebenswichtigen Sozialformen wie Familie, Wirtschaft oder Politik in bestimmter Weise einrichten. Gedächtnisse

---

[46] Dies in Angriff genommen zu haben, ist das wesentliche Verdienst der Arbeit von *Aleida Assmann* (vgl. Anm. 36).

müssen all diese Funktionen erfassen und in einer spezifisch geschlossenen Form bearbeiten.
Tradition und Traditionspflege als eines der wichtigen Beispiele kultureller Gedächtnisleistungen können durch radikale Abgrenzung bzw. Selbstghettoisierung zustande kommen. Wo auf diese Option rekurriert wird, geht es darum, möglichst undurchlässige Innen-Außen-Demarkationen zu schaffen. Fundamentalismen – seien sie pazifistischer oder totalitärer Natur – normieren den Übergang von außen nach innen möglichst hochschwellig und definieren umgekehrt den Übergang von innen nach außen als Übergang ins Ungewisse, Unsichere, Gefährliche oder Chaotische. Oder aber es wird die Struktur und Semantik der Tradition so eingerichtet, daß sie ihre Identität innerhalb ihrer gesellschaftlichen Umgebung reproduziert, und das heißt: indem sie diese Umgebung perspektivisch bearbeitet, rekursiv auf sie einwirkt und damit kulturell prägend wirksam wird. Für diesen zweiten Fall läßt sich sinnvoll nicht nur von Demarkation, sondern von operativer Schließung und damit auch von Gedächtnisleistungen sprechen. Dabei bezeichnet ›operativ‹ genauer die kulturbildende Bearbeitung vorfindlicher Umgebungen und ›Schließung‹ die Konstitution einer spezifischen Identität.
Dies geschieht häufig durch Temporalisierung, weshalb Definitionen von Gedächtnis meistens zeitliche Kategorien wählen und etwa von einem Akt der *Vergegenwärtigung von Vergangenem* sprechen. Im Grunde aber hat jedes Medium des Gedächtnisses eigene Formen der operativen Schließung: Schrift etwa tut dies durch Öffentlichkeitswechsel, Nachkommenschaft durch biographische Genealogie, Ritual durch Performanz. Meine Lebensgeschichte wird charakteristisch unterschiedlich ausfallen, je nachdem ob ich sie der Lebenspartnerin, dem Jugendfreund oder dem Arbeitgeber erzähle oder sie gar auf der Psychocouch einer TV-Talkshow zum besten gebe, – aber sie wird in jeder dieser Konstellationen nicht beliebig variieren.
Fassen wir zusammen, so sind für das Gedächtnis folgende Merkmale charakteristisch: gegenüber dem Code von Erinnern und Vergessen unterliegt das Gedächtnis der Differenzierung 1. nach *Arten und Graden der Intensität*. Diese Arten und Grade hängen 2. an der *konnektiven Struktur* des Gedächtnisses, genauer: an der Rezeptivität und Effektivität von Gedenken und Gedachtem. Um diese Konnektivität zu verstetigen und stabil zu halten, bedarf es schließlich der *operativen Schliessung* von Gedächtnisinhalten.
Ein wichtige Erkenntnis aus dieser Auffächerung von Gedächtnisprozessen ist, daß deren Zustandekommen keinesfalls selbstverständlich ist. Jeder dieser Faktoren und deren Abstimmung insgesamt ist mit erheblichen Kontingenzrisiken behaftet. Die Stabilität des Gedächtnisses ist ge-

genüber dessen Fragmentierung im Zuge politischen, gesellschaftlichen und kulturellen Wandels die zunächst unwahrscheinlichere Annahme, weil dieser Wandel für jeden der beteiligten Faktoren anders ausfällt. Zwar sind Gedächtnisprozesse gerade dadurch charakterisiert, daß sie Transformationsvorgänge verschiedener Art und Richtung zu bündeln und in einen emergenten Formzusammenhang zu bringen in der Lage sind, aber dies geschieht notwendigerweise von innerhalb des Flusses der Veränderung und Wandlung und führt damit immer auch *das Moment von Kontingenz* und damit *den Ansatz zur Destruktion* mit sich. Neben ihren formalen Merkmalen ist diese Ambivalenz von Dynamik und Störanfälligkeit merkmalhaft für Gedächtnisprozesse, und auch dies gilt es mitzubedenken, wenn das Alte Testament dem Handeln Gottes explizit den Modus des Gedächtnisses zuschreibt.

4.4 Gottes Handeln als Gedächtnis

Auch Gott gedenkt. So jedenfalls legt sich das Alte Testament in seiner Vorstellung von Gott fest, wenn es auf ihn die Wurzel *ZaKaR* anwendet. Dabei fällt zunächst auf, daß im unmittelbaren Umfeld der Texte, die von Gottes Gedächtnis handeln, die Aussage, daß Gott *redet*, auffällig zurücktritt. Sprache und Sprechen ist gegenüber Gedächtnis und Gedenken ein distinkt unterschiedener Modus der Präsenz, der Wirksamkeit und damit auch der Personalität Gottes. Dieser Unterschied zeigt sich etwa daran, daß sich in der prophetischen Tradition der Exils- und Nachexilszeit verstärkt Metareflexionen finden, die die Vorstellung von Gottes Sprechen und Gottes Wort in eine eigene Bildwelt kleiden. Bei Deuterojesaja ist dies die des ›Fruchtbarkeitszyklus‹:

Gleichwie der Regen und der Schnee vom Himmel fällt und dahin nicht wieder zurückkehrt, sondern das Land befeuchtet und es ›gebären‹ und sprossen läßt ... so ist mein Wort, das aus meinem Mund hervorgeht: es kehrt nicht leer zu mir zurück, sondern tut, was mir gefällt, und vollbringt, wozu ich es sende. (Jes 55,10f.)

Ein anderes, ungleich drastischeres Bild ist bei Jeremia, das vom Feuer und vom Schmiedehammer:

›Ist nicht mein Wort wie ein Feuer, Spruch Jahwes, und wie ein Hammer der Felsen zerschlägt?‹ (Jer 23,29)

Das ›Wort‹ ist hier in fast hypostatischem Sinne eine eigene Größe, die zwar ganz von Gott her bestimmt ist, die sich aber von ihm lösen und seinen Willen ausführen kann. Auch hier ist ohne Zweifel jeweils eine Aussage über Gottes Handeln gemacht, aber es geht sehr viel mehr darum, *daß* Gott handelt und *wie* er handelt, weniger dagegen, *woran* er handelt. Entsprechend kommt diese Aussage zur Geltung, ohne daß erwähnt werden muß, *was* Gott sagt und *zu wem* er spricht. Eine solch hypostasierte Vorstellung fehlt im Bezug auf das Gedächtnis. Es ist nie in einem absoluten Sinn die Rede davon, daß Gott gedenkt, und so fehlt auch eine dem Wort Gottes analoge *Meta*-phorik.

Zum Gedächtnis gehört eine andere Ebene der Begriffs- und Bildwelt und so ist auch das Verhältnis von Gott und seinem Gedächtnis ein anderes. Was gemeint ist, läßt sich in seiner Grundstruktur am deutlichsten anhand von Erzähltexten erkennen, die Gottes Handeln als ›Gedenken‹ bezeichnen. Im Elia-Zyklus begegnet dies in der Erzählung von der ›Witwe zu Sareptah‹ (1Kön 17,17–24): Auf seiner Flucht vor den Nachstellungen des Königshauses nimmt Elia Quartier bei einer Frau, dem Wohnort nach eine Phönizierin, von der berichtet wird, daß sie Witwe ist und daß sie einen Sohn hat; dieser erkrankt plötzlich und stirbt. Die Reaktion dieser Frau darauf zu Elia: »Was haben wir miteinander zu schaffen, Mann Gottes? Bist du zu mir hereingekommen, *damit meiner Sünde gedacht und mein Sohn getötet würde?*« (1Kön 17,18). Es liegt nahe, daß die Sünde, von der hier die Rede ist, auf etwas sehr Konkretes Bezug nimmt – wahrscheinlich stammt der Sohn aus einer außer- oder unehelichen Beziehung.[47] In jedem Fall versteht die Frau das Kommen Elias zugleich als Heimsuchung Gottes, der sie nun für die Verfehlung zur Rechenschaft zieht. Das lange zurückliegende Unrecht tritt in die Gegenwart ein und wird vergolten, indem es den Tod des Kindes mit sich bringt. Diesen Wirkzusammenhang schreibt die Frau nun *Gott* als Handeln zu und bezeichnet dieses Handeln als *Gedenken*.

Ohne überhaupt beschuldigt zu werden, versteht die Frau als *Sünde*, was sie getan hat, und als ebenso selbstverständlich erscheint ihr, daß diese Sünde eine bestimmte Schuld- und Strafimplikation mit sich führt, die nun ausgelöst wird. An ihrer sehr persönlichen Situation wird damit zugleich ein religiös und kulturell eingespieltes Verhaltens- und Normsystem exekutiert, und auch dies schreibt sie implizit dem Gedächtnis Got-

---

[47] Analog zu 2Sam 12, 15–18, der Erzählung von Davids erstem Sohn mit Bathseba, der auf Nathans Ankündigung hin stirbt. Historisch und systematisch stellt sich gegenwärtig die Auslegung von 1Kön 17,17–24 wenig präzise dar. Zu Recht betont wird die Querverbindung zu der motivgeschichtlich verwandten Erzählung von Elisa und der Sunamiterin (2Kön 4, 1–37), gerade das überschüssige Element des Gedächtnisses der Sünde bleibt dabei allerdings unbeleuchtet, wenn man sich nicht mit der allgemeinen Auskunft begnügen will, es handle sich um »divine punishment for some obscure sin« (*J. Gray*, I & II Kings. A Commentary, London 1963, 341). Zwar kann der Zusammenhang, daß Gott tötet, wer sich vor ihm verfehlt, auch in unspezifischer Weise hergestellt werden (vgl. Gen 38, 7.10). Jedoch gilt sonst, daß die Strafe in einem bestimmten Begründungs- und Entsprechungsverhältnis zur Schuld steht (vgl. 1Sam 14, 37–43; 2Sam 21,1, dazu *A. Schmitt*, Die Totenerweckung in 1Kön 17, 17–24, in: VT 27, 1977, 472).

Gottes Handeln als Gedächtnis

tes zu. Wie Gott handelt, wird erwartet aus den Erfahrungen, die das soziale Milieu vermittelt.
Bekanntlich nimmt die Geschichte jedoch eine andere Wendung: nicht am Tod, sondern am erneut geschenkten Leben des Kindes erweist sich Gottes Handeln, und damit ist implizit gesagt, daß sein Gedächtnis die Biographie dieser Frau anders wahrnimmt, anders sequenziert, anders ›operativ schließt‹ als dies im Kontext der für ihren Lebensraum maßgeblichen sozialen Normvorgaben geschieht. Mit dem ›Hereinkommen‹ des Gottesmannes eröffnet sich ihr ein *Erfahrungs*zusammenhang, der sich nicht aus einem vorgegebenen *Erwartungs*horizont heraus ableiten läßt. Ihre eigene Existenz und die ihres Sohnes, die sie mit dem Begriff der Sünde qualifiziert hat, wird hineingenommen in das schöpferische, geschichtswirksame Handeln Gottes, das Elia ankündigt und das sich mit seinem Auftreten bereits vollzieht.
Allerdings wäre dieser Erzählung die eigentliche Pointe genommen, wollte man sie im Kausalschema von *Sünde-Vergebung-neues Leben* interpretieren. Tatsächlich ist weder davon die Rede, daß das Selbstverständnis der Frau als Sünderin auf einer kulturell eingespielten Rollentypik beruht, die durch Gottes Eingreifen nun als verfehlt entlarvt und korrigiert würde, noch umgekehrt von der Vergebung (versus Zurechnung) einer – auch vor Gott – objektiv bestehenden Schuld. Das wird dann verständlich, wenn wir die Beobachtung hinzunehmen, daß die Semantik des Gedächtnisses nicht an einem binären Code orientiert ist. Die Aussage, daß Gott gedenkt, richtet sich nicht darauf, daß er sich einer Sache erinnert, eine andere dagegen vergißt, daß er eine – wie auch immer qualifizierte – Schuld entweder vergibt oder zurechnet, sie hat vielmehr zum Gegenstand, daß Gott in den Zusammenhängen geschöpflichen Lebens eine Wirklichkeit stiftet, die durch solche duale Abstraktionen selbst nicht zureichend erfaßt wird: Die Zusage an die Frau zur Zeit der Dürre, daß das ›Mehl im Kad nicht verzehrt werden und es an Öl im Krug nicht mangeln soll‹ nimmt sie als erste hinein in das Handeln Gottes, das mit dem Karmelurteil und der erneuten Fruchtbarkeit des Landes zur Entfaltung kommt, und eben durch dieses *Hineingenommensein in die Kreativität Gottes* ergibt sich die wirksame, bleibende Darstellung ihres Lebens, *erhält dies ein Gedächtnis*.
Das diskontinuierliche Moment dieses Geschehens liegt in seiner Unableitbarkeit. Es gibt keinen kausalen oder konditionalen Zusammenhang, der die Lebensgeschichte dieser ausländischen (!) Frau in die Geschichte Gottes mit seinem Volk überführt. Von daher erklärt sich zum einen das Motiv des Mißverständnisses, der Fehldeutbarkeit dessen, was eigentlich geschieht, wenn Gott handelt, wenn Gott gedenkt. Von daher speist sich aber auch die befreiende, schöpferische Perspektive gegenüber den

›unmißverständlichen‹ Erwartungshaltungen eines gegebenen sozialen Umfeldes.

Dieser *Diskontinuität in der Erwartung* steht andererseits eine *Kontinuität der Erfahrung* gegenüber. Die transformierende Hineinnahme individueller Lebensgestalt in Gottes Kreativität erlaubt gerade *im schöpferischen Prozeß der Verwandlung* die Kontinuität der Selbstzuschreibung i.S. eines ›es geschieht an *meinem* Leben‹, ›*Ich bin* dieses Leben‹. Am Ende der Erzählung um die Witwe steht die Einsicht: ›Nun erkenne ich, daß du ein Mann Gottes bist und das Wort Gottes aus deinem Mund wahrhaftig ist‹ (1Kön 17,24). Auch hier will die Pointe richtig verstanden sein: Es geht nur in abgeleiteter Instanz darum, daß der Mann Gottes sich im Vorfeld des eigentlichen Ereignisses seiner Mission durch Wunder ausweist.[48] Das ›Wort‹, das hier Bestätigung findet, und dessen Wahrhaftigkeit – *aemaet* – bezieht sich sehr konkret darauf, was der Frau als Darstellung ihrer gegenwärtigen Lebenswirklichkeit zugesagt wird: ›Das Mehl im Kad soll nicht verzehrt werden und es an Öl im Krug nicht mangeln‹ und ›dein Sohn lebt‹. Beides bezeichnet sie als *aemaet*, als die maßgebliche Bestimmtheit ihres Lebens durch Gottes *Gedächtnis*, das sich ihr als Erfahrungszusammenhang erschließt.

4.5 Kult und Gedächtnis

Nicht zu verwechseln ist dieses Motiv der Hineinnahme mit der Anteilgabe an einem teleologisch gerichteten, universalgeschichtlichen Prozeß. Gottes Gedächtnis ›enthält‹ nicht das fertige Bild einer Wirklichkeit, das sich nun in die geschöpfliche Zeit und in den geschöpflichen Raum hinein ergießt und am Ende dieses universalen Werdensprozesses aus der Retrospektive so erscheinen wird wie Gott es schon immer vor Augen hatte. Außerhalb der Apokalyptik begegnet das Gedächtnismotiv in keinem geschichtsteleologischen Kontext. Das Gedächtnis Gottes hat seinen Gegenstand in *der* Welt, die durch geschöpfliches Fühlen, Denken und Handeln bestimmt ist, aber indem es diese in andere Ereigniszusammenhänge, andere Verhältnisse von Kausalität und Wirksamkeit überführt, stiftet es zugleich eine Erfahrungswirklichkeit, die neuschöpferisch auf dieses Denken, Fühlen und Handeln zurückwirkt.

Eine genauere Analyse der Wortfelder, in denen die Gedächtnissemantik vorkommt, würde zeigen können, daß diese in besonderer Weise den Charakter der erfahrungsnahen, lebensgeschichtlich spezifischen und verifizierbaren Kreativität ausdrücken.[49] Daß Gott gedenkt, erschließt

---

[48] Das freilich die Standardinterpretation in den einschlägigen Kommentaren.
[49] Als besonders gut abgrenzbarer Bereich sei nur auf die hebräischen Personennamen verwiesen: eine der größten Gruppen des Onomastikons verwendet als verba-

sich der Schöpfung in der Teilhabe an der Wirklichkeit *so*, wie sie sich in Gottes Gedächtnis darstellt und wie sie neuschöpferisch auf *unsere* Gestaltungsformen von Wirklichkeit, unser Fühlen, Denken und Handeln zurückwirkt. Wichtig für mein Argument ist nun vor allem, daß diese lebensnahe Kreativität des Gedächtnisses Gottes nicht von der Leitdifferenz von Leben und Tod erfaßt wird. Das zeigt sich alttestamentlich besonders an Texten des Kultes. Die Gegenwart Gottes im Kult stiftet einen Gedächtniszusammenhang, der es erlaubt, daß endliche, sterbliche Wesen sich zugleich als in eine Wirklichkeit hineingenommen erfahren, die selbst nicht mit Kategorien der Endlichkeit und Sterblichkeit erfaßt wird:

Meine Tage sind wie ein Schatten und wie Gras bin ich zum Vertrocknen bestimmt, du aber, Jahwe, bleibst beständig auf ewig, – dein Gedächtnis währt von Zeitalter zu Zeitalter. (Ps 102,12)

Was zunächst klingt wie Qohelets kategorischer Dual – ›Gott ist im Himmel, du aber auf Erden‹ – erweist sich bei genauerem Hinsehen als mehrstellige ontologische Dynamik: geschöpfliches Leben ist einem Prozeß des Werdens und Vergehens unterworfen, der eine in sich abgeschlossene Einheit bildet. Der Psalmist fragt nicht nach der Kontinuierung dieses Lebens in anderen Lebensprozessen, deren Emergenz es stimuliert haben mag und in denen es somit objektiv unsterblich gegenwärtig ist. Er nötigt allerdings zu denken, daß *dieser* Werdens- und Vergehensprozeß zugleich in eine anders temporalisierte Dynamik einbezogen ist: Gottes Gedächtnis ist ewig. Das bedeutet gegenüber Qohelet aber nicht, daß es Bestand und Wiederkehr des immer Selben verkörpert. Der hier vorausgesetzte Ewigkeitsbegriff ist in sich selbst dynamisiert: seine Bestimmtheit als ›ewig‹ liegt in einer Entfaltungs- und Entwicklungsdynamik, die nicht mehr durch die Codes von zeitlich/ewig, beständig/vergänglich beschrieben werden kann – sie entfaltet sich „von Zeitalter zu Zeitalter". Die Vergänglichkeit und Sterblichkeit der geschöpflichen Welt wird damit nicht mehr in Opposition zu Gottes Ewigkeit gesetzt. *Als* Lebende und Sterbende sind wir in Gottes Gedächtnis

les Element die Wurzel *ZaKaR* (z.B. *Zakarjahu* = Jahwe hat gedacht; *Jizkorjahu* = Jahwe hat gedacht/möge gedenken), und in ihrer syntaktischen Struktur gehören diese Namen zu einer Gruppe, die u.a. auf den Wurzeln *BRK* (G/D-Stamm) ›segnen‹ und *HYY* (H-Stamm) ›lebendig machen‹ aufgebaut sind. Daran ist leicht ersichtlich, daß das Gedenken 1. eine Aktivität Gottes bezeichnet und 2. diese Aktivität inhaltlich parallel zu der des Segnens und Lebendig-Machens zu bestimmen ist (zur Verbindung von Gedächtnis- und Segenssemantik vgl. auch Prv 10,7). Diese Semantik wird über den Namen nun *personal* attribuiert, und das heißt, daß die damit konnotierte Aktivität dem Namensträger oder der Namensträgerin als Bestimmung seines oder ihres Lebens zugeschrieben wird.

ewig – und das heißt gerade nicht: ›verewigt‹ wie im Gencode unserer Nachkommen oder den Aufzeichnungen, die die Welt so oder so von uns haben mag, sondern als hineingenommen in die neuschöpferische Kreativität Gottes, die uns als kognitive, emotionale und soziale Erfahrung zukommt und damit in derselben Weise umfassend ausfällt wie unsere kreatürliche Existenz:

Vor Zeiten hast du die Erde gegründet,
das Werk deiner Hände sind die Himmel,
diese werden vergehen, du aber bleibst bestehen,
sie werden abgetragen sein wie ein Obergewand,
wie ein Gewandstück wirst du sie auswechseln,
und sie werden verwandelt werden.
Du bist es, dessen Jahre nicht enden,
deine Knechte werden Wohnung finden
und ihre Kinder festen Bestand vor dir haben.
(Ps 102, 26–29)

Der wesentliche Gedanke dieses sprachlich enorm verdichteten Textes besteht darin, daß seine Ewigkeitsaussagen über Gott in keinem *ausschließenden* Kontrast zu den Vergänglichkeitsaussagen über die Schöpfung stehen. Es gibt eine Bestimmtheit geschöpflichen Lebens, die nicht durch die Leitdifferenz von Leben und Tod erfaßt wird, ohne diese Leitdifferenz selbst zu negieren. Menschen – wie die ganze geschöpfliche Welt – werden vergehen, ihnen allen ist ein Grab bestimmt, *das voll bleibt* – daran läßt der Psalmist keinen Zweifel. Und dennoch kann er sagen, daß es ein festes Bestehen vor Gott gibt, dessen Ort für den Beter von Ps 102 der Tempel auf dem Zion, der Kult und das Leben der Kultgemeinschaft ist, wo Gottes Gedächtnis gegenwärtig und belebend wirksam ist.[50]

Die geschöpfliche Teilhabe an Gottes Ewigkeit ist schließlich Thema eines Textes, der ebenfalls in den Rahmen der Kulttheologie gehört: der priesterschriftliche Schöpfungsbericht, der in der Einsetzung des *Sabbats* kulminiert (Gen 2,1–3). Auch hier zeigt sich das Verhältnis von Kontinuität und Diskontinuität des Handelns Gottes, dem wir inzwischen mehrfach begegnet sind. Die schöpfungstheologische Kontinuität des Sabbats erweist sich daran, daß er als der siebte Tag explizit in eine numerischen Reihe mit den ersten sechs gestellt wird. Gottes Ruhe und Gottes Segen gehören vollendend zu den einzelnen Schöpfungswerken und deren komplexer Interdependenzen hinzu, die sich von der Scheidung von Licht und Dunkel bis hin zur Erschaffung des Menschen auf-

---

[50] Die Vorstellung des Tempels als ›Haus des Lebens‹ und deren religionsgeschichtliche Parallelen faßt C. *Barth*, Errettung vom Tode, 36–41 (Anm. 42) treffend zusammen.

bauen.⁵¹ Jedoch – das bezeichnet die Diskontinuität – es fehlt die Tagesformel: der siebte Tag entsteht nicht aus dem Wechsel von Abend und Morgen. Damit liegt er nicht innerhalb der geschöpflichen Zeit, und das heißt genauer: die Vollendung der Schöpfung hat eine andere zeitliche Signatur als das Sechs-Tage-Werk.⁵² Sie steht nicht am Ende einer temporalen Sequenz oder eines kausalen Nexus, in dem jedes Moment jedes folgende bedingt. Die Schöpfungswerke sind bereits am Ende des sechsten Tages als ›sehr gut‹ bezeichnet worden; es fehlt ihnen nichts, was noch hinzugefügt werden müßte. Abend und Morgen ist der Rhythmus aller Schöpfungswerke. Darin haben sie ihre eigene Bestimmung, ihre Beständigkeit und Vergänglichkeit, ihre eigene Würde, und dennoch bilden sie nicht die *vollendete* Schöpfung.

Walter Zimmerli hat das Verhältnis von Kontinuität und Diskontinuität, das den siebten Tag im Schöpfungsganzen bestimmt, zu fassen versucht, indem er von einem »Raum im Zeitablauf« sprach, »auf dem Segen liegt, der aber als Heiliges ausgesondert ist aus allen anderen Bereichen der Zeit.«⁵³ Die Metapher des Raumes hat darin ihre Berechtigung, daß am siebten Tag Jahwe den Auftrag zum Tempelbau gibt (Ex 25,8). Der Tempel ist gleichsam das Geschöpf des siebten Tages und er zentriert nach priesterschriftlicher Vorstellung den raumzeitlichen Kosmos.⁵⁴

Überträgt man diesen Gedanken auf das Sieben-Tage-Werk selbst, so wird deutlich, daß die Vollendung nicht den *Schluß*punkt, sondern die *Mitte* des Schöpfungsgeschehens bezeichnet. Die Zeitfigur ist nicht die eines Strahls, sondern die einer *Corona*. Gottes Sabbatsegen und seine Sabbatheiligung richten sich entsprechend nicht auf ein Handeln Gottes, das noch aussteht, das Vergangenheit und Gegenwart der Schöpfung auf eine vor ihr liegende Zukunft hin orientiert. Die Annahme, daß Vollendung als ein Geschehen zu denken ist, das sich in einem Prozeß folgestrukturierter Zeit ereignet oder einen solchen Prozeß voraussetzt, ist fast eine Selbstverständlichkeit unseres Zeitempfindens. Der siebte Tag allerdings verlangt eine Zeitlichkeit zu denken, die sich daraus ergibt,

---

⁵¹ Vgl. *M. Welker*, Was ist Schöpfung. Gen 1 und 2 neu gelesen, in: EvTh 51, 1991, 208–224.

⁵² Zur umfangreichen Diskussion um die Interpretation von Gen 2,1–3 hat *B. Janowski*, Gottes Gegenwart in Israel. Beiträge zur Theologie des Alten Testaments, Neukirchen-Vluyn 1993, 232–237 die Hauptargumente zusammengestellt. Zur Funktion speziell von Gen 2,1 als ›Zusammenfassung‹ von 1,26–31 oder aber als ›Überschrift‹ von 2,2f. vgl. *E. Zenger*, Gottes Bogen in den Wolken. Untersuchungen zu Komposition und Theologie der priesterschriftlichen Urgeschichte, Stuttgart 1983 (2.Aufl.), 66–71.

⁵³ *W. Zimmerli*, Der Mensch im Rahmen der Natur nach den Aussagen des ersten biblischen Schöpfungsberichtes, in: ZThK 7, 1979, 145.

⁵⁴ Darauf haben innerhalb der jüngeren Forschung vor allem *B. Janowski*, Gottes Gegenwart, 214–246 und *E. Zenger*, Gottes Bogen, 170–177 (Anm 52) hingewiesen.

daß Gott die in ihren eigenen Formen, Rhythmen und in ihrer eigenen Kreativität geschaffene und für gut befundene Welt durch Segen und Heiligung hineinnimmt in die Vollendung der Schöpfung, für die der Sabbat steht. Dieser enthält nichts, was es ›materialiter‹ nicht schon gäbe. Vollendung besteht weder in einem Hinzufügen noch in einem Abändern oder Wegnehmen, das wird durch die ›Ruhe Gottes von seinen Werken‹ betont. Und dennoch ist der siebte Tag nicht ohne Gottes Aktivität.

5. Zusammenfassung

Ebensowenig wie die moderne Welt kennt das Alte Testament nur *eine* Form, die existentiale Leitdifferenz von Leben und Tod zu bearbeiten. Objektive Unsterblichkeit, radikale Endlichkeit und Auferstehung sind die drei systematischen Konzepte, die wir zugrunde gelegt hatten, um die inhaltlich freilich umfangreicheren Formen des Umgangs mit Leben und Tod zu erfassen.

Die Auferstehung vom Tod ist eine Vorstellung, die auf dem Weg der Apokalyptik Eingang in den biblischen Kanon gefunden hat. Sie ist motiviert von der Überzeugung, daß Gott seiner Gerechtigkeit trotz aller Widerständigkeit des Weltgeschehens am Ende der Zeit zum Sieg verhelfen wird. Die *Auferstehung* der Leiber ist daher das notwendige Implikat der *Aufrichtung* von Gottes Gerechtigkeit: Es geht weder darum, diese Gerechtigkeit abstrakt ins Recht zu setzen, noch lediglich um den Vorgang einer physisch-psychischen Reanimation.[55] Die apokalyptische Vorausschau richtet sich auf konkrete Lebensverhältnisse, in denen Gottes Gerechtigkeit zu einer umfassend leiblichen Wirklichkeit wird.

Auch innerhalb der neutestamentlichen Traditionen ist dieser apokalyptische Horizont beibehalten. Der wesentliche Unterschied besteht jedoch darin, daß das entscheidende Ereignis, die Auferstehung Jesu, aus der apokalyptischen Geschichtsdeutung herausfällt. Jesus wird nicht erst am Ende der Zeit auferstehen und die Seinen mit ihm. Er ist vielmehr der Auferstandene und als solcher gegenwärtig. Das aber bedeutet, daß die *Erfahrungswirklichkeit des Glaubens* wesentlich von der *Gegenwart des Auferstandenen* bestimmt und als solche theologisch zu entfalten ist.

Diesen Erfahrungswert füllt allerdings nicht die Apokalyptik, sondern – das war unsere systematische These – die Rede vom Gedächtnis Gottes, die besonders in der Kulttheologie des Alten Testaments ihren Ort hat. Dieses Gedächtnis, das das Hineingenommensein der Schöpfung in Gottes vollendende Kreativität bezeichnet, hat strukturelle und sachliche

---

[55] Vgl. dazu den Beitrag von *M. Welker* in diesem Band.

Parallelen zu den neutestamentlichen Aussagen über die Teilhabe am Auferstehungsleben Jesu. Es geht jeweils um die Partizipation an einem neuschöpferischen Geschehen, das nicht durch die Unterscheidung von Leben und Tod qualifiziert wird, ohne dadurch jedoch die Endlichkeit und Sterblichkeit geschöpflicher Wesen aufzuheben.
Wenn bei Paulus von der Auferstehung Jesu die Rede ist, dann geschieht dies in dem Bewußtsein, daß es dabei nicht um ein erratisches Eingreifen Gottes geht, das an einer bestimmten Raum-Zeit-Stelle der Geschichte einem einzelnen Wesen widerfahren ist, sondern daß sich hieran in der für den christlichen Glauben maßgeblichen Form ausweist, *wie Gott an seiner Schöpfung handelt*. Insofern ist von Belang, daß die Aussagen über Jesu Auferstehung von Semantiken der *Partizipation* begleitet werden: das gilt für die Mahlfeiern des Auferstandenen (nicht für die Grabestraditionen!) in den Evangelien im Prinzip ebenso wie für die paulinische Vorstellung vom *Angeld des Geistes* an Jesu Auferstehungsleben.
Wenn dies aber der Fall ist, und es hierbei um Gottes Handeln in umfassend gültigem Sinn geht, dann muß dieses Handeln gleichermaßen geschöpfliches *Leben* wie geschöpfliches *Sterben* einbegreifen: »Leben wir, so leben wir dem Herrn, sterben wir, so sterben wir dem Herrn, so wir nun leben oder sterben so sind wir des Herrn« (Röm 14,8); diese Aussage, die Paulus direkt mit der Auferstehung Jesu verbindet (Röm 14,9), ist von gesamtbiblischer Reichweite, sie wäre ebenso in der Sprache der Kultpsalmen sinnvoll verständlich. Sich *lebend* und *sterbend* als ›dem Herrn *seiend*‹ zu erfahren, erfordert ein Wirklichkeitsverständnis, das gleichermaßen Gegenstand des Alten wie des Neuen Testaments ist. Dies führt – das war die analytische Ausgangsbasis – auf Verhältnisbestimmungen unserer *Erfahrungen* und unserer *Erwartungen* anhand von *Kontinuität* und *Diskontinuität*, die innerhalb der biblischen Traditionen im Blick auf das Handeln Gottes als Gedächtnis und Auferstehung in analoger Weise getroffen werden.

Ingolf U. Dalferth

Volles Grab, leerer Glaube?
Zum Streit um die Auferweckung des Gekreuzigten[1]

You can never be too dead for resurrection
Graffiti in Glasgow

1. Die Auferstehungsdebatte

Am 2. und 3. Mai 1985 wurde an der Liberty University in Lynchburg, USA, vor 3000 Personen eine öffentliche Debatte über die Frage durchgeführt: »The Historicity of the Resurrection: Did Jesus rise from the dead?«.[2] Neben den beiden Hauptkontrahenten, dem Proponenten Gary R. Habermas und dem Opponenten Antony Flew, war eine ganze Gruppe weiterer Gesprächsteilnehmer auf beiden Seiten des Pro und Contra beteiligt, Experten für Wunderfragen, Historiker, Philosophen, Theologen. Zwei Expertenkommissionen verfolgten die Debatte und äußerten sich anschließend einerseits zur Stärke und Überzeugungskraft der Sachargumente und andererseits zur Argumentationstechnik der Debattenteilnehmer. Die Entscheidung beider Kommissionen fiel eindeutig aus: Die Palme für die besseren Argumente und die überzeugendere Argumen-

---

[1] Die folgenden Überlegungen wurden am 4. November 1996 auf Einladung der evangelisch-theologischen Fakultät in Bern vorgetragen. Ich war gebeten worden, meine Überlegungen zum christlichen Auferweckungsbekenntnis in *I.U. Dalferth*, Der auferweckte Gekreuzigte. Zur Grammatik der Christologie, Tübingen 1994, im Blick auf die von G. Lüdemann aufgeworfenen Fragen weiterzuführen und insbesondere auf den Streit um das leere Grab und das damit verbundene Problem der theologischen Relevanz der Leiblichkeit Jesu einzugehen. Ich danke den Teilnehmern der anschließenden Diskussion sowie den Mitgliedern des Hermeneutischen Zirkels in Zürich für ihre kritischen und eben deshalb hilfreichen Kommentare.

[2] *T. L. Miethe* (Hg.), Did Jesus rise from the dead? The Resurrection Debate, Gary R. Habermas and Antony G. N. Flew, New York, NY 1987, XIII.

tation ging klar an die Verteidiger der »physical resurrection of Jesus«.³ Und das wurde auch von den später als Kommentatoren hinzugezogenen Auferstehungs-Experten James I. Parker, Wolfhart Pannenberg und Charles Hartshorne bestätigt. Nur Hartshorne blieb im Blick auf die gesamte Fragestellung skeptisch und stellte fest: »My metaphysical bias is against resurrections«.⁴ Aber abgesehen davon konnten die 3000 Zuhörer bzw. die vielen tausend Leser der anschließend publizierten Debatte mit der Gewißheit nach Hause gehen bzw. das Buch zuschlagen, daß der Auferstehungsglaube wieder einen beeindruckenden Sieg im Wettstreit der Argumente davongetragen habe.

Szenenwechsel nach Deutschland. Im Frühjahr 1994 wurde unter großem Pressewirbel Gerd Lüdemanns Buch *Die Auferstehung Jesu. Historie, Erfahrung, Theologie* publiziert. Das Echo war und ist beträchtlich, die Thesen werden weit und kontrovers diskutiert⁵ – erstaunlicherweise. Denn sachlich findet sich nichts Neues in Lüdemanns Ausführungen. Anders als die Auferstehungsexperten der Liberty University und im Trend des historistischen Jesus-Seminars in den USA, das seit 1985 mit farbigen Kügelchen über die historische Echtheit, Unechtheit oder diesbezügliche Unentscheidbarkeit von Jesu Worten und Taten abstimmt⁶, kommt Lüdemann freilich zu genau entgegengesetzten Schlußfolgerungen: »*Das Grab Jesu war nicht leer, sondern voll, und sein Leichnam ist nicht entwichen, sondern verwest.*«⁷ Das, so Lüdemann, sei ein »unumgängliche[r] Schluß« aus den historisch erhebbaren Tatsachen, und deshalb sei jetzt »die Dogmatik gefordert, aus einer veränderten Lage Konsequenzen zu ziehen«. Die müßten nicht unbedingt gleich auf die Verab-

---

³ A.a.O., XIf.
⁴ A.a.O., 142.
⁵ Vgl. aus der weitgespannten Debatte die Rezensionen von G. *Essen*, in: ThRv 90, 1994, 480–485; A. *Lindemann*, in: WzM 46, 1994, 503–513 und E. *Schweizer*, in: ThLZ 119, 1994, 804–809, sowie die Beiträge in A. *Bommarius* (Hg.), Fand die Auferstehung wirklich statt? Eine Diskussion mit Gerd Lüdemann. Mit Beiträgen von Gerd Lüdemann, Klaus Berger, Hugo Staudinger, Michael Murrmann-Kahl und Alexander Brommarius, Düsseldorf/Bonn 1995; U. *Luz*, Aufregung um die Auferstehung Jesu. Zum Auferstehungsbuch von G. Lüdemann, in: EvTh 54, 1994, 476–482; W. *Pannenberg*, Die Auferstehung Jesu – Historie und Theologie, in: ZThK 91, 1994, 318–328; R. *Slenczka*, »Nonsense« (Lk 24,11). Dogmatische Beobachtungen zu dem historischen Buch von *Gerd Lüdemann*, »Die Auferstehung Jesu. Historie. Erfahrung. Theologie«, Göttingen 1994, in: KuD 40, 1994, 170–181; H. *Verweyen* (Hg.), Osterglaube ohne Auferstehung? Diskussion mit Gerd Lüdemann, Freiburg/Basel/Wien 1995; G. *Lüdemann*, Die Auferstehung Jesu. Historie. Erfahrung. Theologie, Göttingen 1994.
⁶ Vgl. R. W. *Funk*, Jesus befreien. Die US-Debatte um den Mann aus Nazareth, in: EK 29, 1996, 512–515.
⁷ G. *Lüdemann/A. Özen*, Was mit Jesus wirklich geschah. Die Auferstehung historisch betrachtet, Stuttgart 1995, 127.

schiedung des christlichen Glaubens hinauslaufen. Auch wenn das Grab voll gewesen sei, müsse der Glaube nicht gleich leer sein. Man könne ja trotzdem weiterhin die Überzeugung vertreten, »*daß die im Glauben erfahrene Einheit mit Gott über den Tod hinaus anhält*«.[8]

Doch in welchem Sinn und mit welchem Recht können Christen diese Überzeugung vertreten? Was soll die »im Glauben erfahrene Einheit mit Gott über den Tod hinaus« denn sein? Können Christen so etwas vertreten, ohne sich zur Auferweckung des Gekreuzigten zu bekennen? Und wozu bekennen sie sich eigentlich, wenn sie das bekennen? Zum leeren Grab? Zur Gegenwart eines Gespenstes? Was glauben die Amerikaner denn bewiesen und was meint Lüdemann widerlegt zu haben?

2. Wirklichkeit und Methode

»Was mit Jesus wirklich geschah« – so sagt es Lüdemann. Und was »wirklich geschah«, das – so präzisiert der Untertitel seiner Schrift – zeigt sich, wenn man »die Auferstehung historisch betrachtet«. Das klingt nur für den allerersten Moment plausibel. Niemand würde sich an Historiker wenden, um Aufschluß über die Zusammensetzung des Wasserstoffmoleküls, den genetischen Code der Tomate oder die Winkelsumme im Dreieck zu erhalten. Bei der Auferstehung Jesu scheint das anders zu sein. Doch ist sie denn ein historisches Phänomen, wie hier unterstellt wird? Und erschließt etwa nur historische Forschung Wirklichkeit?

Das erste meinen auch manche Theologen. Das zweite aber wird niemand ernsthaft behaupten wollen. Doch gerade wenn man – was immer das heißen soll – »rein historisch ... nach dem ›Wie‹ der Auferstehung Jesu«[9] fragt, wie Lüdemann das will, wird man auch nur rein historische Antworten erhalten, und dasselbe gilt, wenn man »historisch« durch »empirisch« oder »wissenschaftlich« ersetzt. All diese Adverbien markieren Methoden, mit deren Hilfe Wissenschaften das präparieren, was sie als Wirklichkeit erfassen. Was sie so erfassen, wird erfahrungsgemäß *wirklich* genannt, sofern es nach den Kriterien dieser Methoden eher für wahr als für falsch zu halten ist. Methoden sind insofern erfahrungsbezogene Wirklichkeitsindikatoren, systematisierte Umgangsweisen mit bestimmten Arten von Erfahrungen auf der Basis solcher Erfahrungen. Sie leben von dieser zirkulären pragmatischen Rechtfertigung. Aber wo Wirklichkeit auf das *beschränkt* wird, was sich so erfassen läßt, wird Wissenschaft zur Ideologie.

---

[8] A.a.O., 129.
[9] A.a.O., 13.

Es gehört zu den kritischen Aufgaben der Theologie, gegen derartige historische, empirische, wissenschaftliche Engführungen des Wirklichkeitsverständnisses Einspruch zu erheben. Das Leben umfaßt mehr als die Wissenschaften auf ihre methodisch abstrahierende, selegierende und präparierende Art und Weise erfassen. Und ›Gott‹ steht für mehr als das, was das Leben umfaßt.[10]

Auf dieses Mehr zielt die Theologie: Sie ist weder eine empirische oder historische Wirklichkeitswissenschaft noch eine Möglichkeitswissenschaft wie die Philosophie noch bloße phänomenologische Reflexionsform menschlicher Lebenspraxis, aus der sich diese ausdifferenzieren. Sie hat es mit all dem zu tun, ohne in einem oder allem zusammen auf-

---

[10] Aus diesem Grund sind alle Theologieprogramme so fragwürdig, die die Pointe der »neuzeitliche[n] Dogmatik« unbeirrt von allen dagegen sprechenden Erfahrungen der vergangenen Jahrhunderte auch heute noch dahingehend bestimmen, daß die Theologie die »Inhalte ... der christlichen Religion« an der wissenschaftlich beschriebenen Welt auszuweisen und »nach der Möglichkeit einer *Entsprechung* zu suchen« habe, um so »den Sinn und die Bedeutung dieser Inhalte – im Einklang mit lebensweltlicher Erfahrung – zu verstehen und zu erklären« (*M. Rössler*, Rezension zu I. U. Dalferth, Der auferweckte Gekreuzigte, in: ThLZ 121, 1996, 1187–1190, 1189f.). Wer Theologie so auf die Suche nach Entsprechung und Einklang mit lebensweltlicher Erfahrung und ihrer methodisch ausdifferenzierten Fortbestimmung in den Wissenschaften festlegt, macht eine dunkle »lebensweltliche Erfahrung« und die reduktiven Abstraktionen wissenschaftlicher Welterfassung zu Entscheidungsinstanzen für den Sinn sogenannter »Inhalte der christlichen Religion« und sucht Glaube und Theologie damit an Erfahrungspraktiken zu orientieren, die so verstanden werden, daß sie die Erfahrungspraxis des Glaubens gerade ausblenden. Damit wird nicht nur suggeriert, lebensweltliche Erfahrung oder wissenschaftliche Welterfassung seien etwas Unproblematischeres als Glaubenserfahrung, sondern es werden auch die kritischen Pointen der Glaubenspraxis gegenüber anderen Erfahrungspraktiken systematisch verspielt. Wer versucht, das Neue permanent so am Alten auszuweisen und von ihm her zu verstehen, daß es bestenfalls als eine Version des Alten verständlich werden kann, sollte sich nicht wundern, daß damit kein dauerhaftes Interesse zu wecken ist und christlicher Glaube seine Orientierungskraft einbüßt. Das ganze so ausgerichtete Theologieprogramm ist darauf angelegt, sich selbst überflüssig zu machen und mit jedem Windhauch einer anderen Meinung in sich zusammenzufallen. Wer vom Glauben nicht mehr erwartet als einen christlichen Kommentar zur lebensweltlichen Erfahrung, erwartet zu wenig von ihm. Das heißt gerade nicht, daß christlicher Glaube gegenüber Lebenswelt (oder Geschichte oder Wissenschaften oder Philosophie oder...) opak wäre. Doch ein erhellendes Licht auf (z.B.) lebensweltliche Erfahrungen wirft er nicht deshalb, weil er sich in deren Horizont ausweisen kann und sich an ihnen »bewährt«, sondern weil und insofern diese in seinem Horizont so verstanden, interpretiert und ausgelegt werden, daß sie unter dem Gesichtspunkt des eschatologisch Neuen in das differenziert werden, was an ihnen als alt überwunden und deshalb auch von uns zu verabschieden ist, und das, was als von Gott initiiertes Neues an ihnen aufzunehmen, fortzusetzen und zu verstärken ist. Erst durch diese Differenzierungsleistung wirkt Glaube lebensorientierend, nicht dadurch, daß er »im Einklang mit lebensweltlicher Erfahrung« (a.a.O., 1190) von dieser her erklärt wird.

zugehen, weil es ihr um das geht, ohne das es nichts von all dem geben könnte: Gott. Das ist kein isoliertes Thema. Indem Theologie nach Gott fragt, hat sie es auch mit Geschichte, Gedanken und Lebensvollzügen zu tun. Aber sie ist weder bloß Historie noch bloß Philosophie noch bloß Phänomenologie der Lebenswelt. Was aber ist sie dann?

Die Antwort kann in einem Wort gegeben werden: *Glaubensverantwortung*. Christlicher Glaube verlangt nach denkender Verantwortung, weil er gelebt wird und nicht gelebt werden kann, ohne alle Dimensionen des Lebens, also auch das Denken, zu bestimmen. Denken aber ist keine bloß solitäre, sondern eine gemeinschaftliche Angelegenheit, und *christliche Theologie* ist die im Glauben selbst gründende gemeinsame Bemühung, den Glauben denkend zu verstehen und öffentlich zu verantworten.

Glaubensverantwortung erschöpft sich also nicht im Verstehen des Glaubens. Man kann verstehen, was Christen glauben, und auf die eine oder andere Weise auch, warum sie das glauben, ohne diesen Glauben verantworten zu wollen oder verantworten zu können. Man kann den Glauben aber nicht verantworten, ohne diesen verständlich zu explizieren und Gründe für den Inhalt und Vollzug des Glaubens anzugeben. Wer glaubt, hat Gründe – für das, was er glaubt, und dafür, daß er es glaubt; und diese Gründe lassen sich nennen und kritisch diskutieren. Gründe aber haben neben einem Sachbezug stets auch einen doppelten Personbezug: Sie sind Gründe *für etwas*, Gründe *von jemandem* und Gründe *für jemanden*. Wer einen Grund für etwas anführt, möchte damit jemanden von der Berechtigung dessen überzeugen, was er (sei es hypothetisch, sei es affirmativ) vertritt. Das kann nicht gelingen, wenn als Grund etwas angeführt wird, was dunkler ist als das, was mit ihm begründet werden soll. Aber es kann und muß auch nicht alles allen gegenüber mit denselben Gründen begründet werden: Was die einen überzeugt, muß deshalb keineswegs auch andere überzeugen. Was freilich niemals jemanden und niemanden jemals überzeugt, ist kein guter Grund. Doch was damals und dann ein guter Grund war, muß keineswegs auch hier und heute ein solcher sein. Nach Gründen ist vielmehr immer wieder neu zu fragen – nach den hier und heute überzeugenden Gründen.

Welche das sind, wird immer wieder strittig sein, und deshalb gibt es Theologie nicht ohne Streit der Argumente. Doch dabei sind Differenzen zu beachten. Gründe sind etwas anderes als das, was sie begründen wollen oder sollen, und Widerspruch gegen die für (oder gegen) den Glauben angeführten *Gründe* kann, muß aber nicht Widerspruch gegen (oder Plädoyer für) den *Glauben* sein. Die Widerlegung einer Begründung ist nur dann Widerlegung des damit Begründeten, wenn sich keine anderen und besseren Gründe anführen lassen oder wenn das zu Begründende unmöglich wahr sein kann, wenn die Begründung falsch ist. Werden die Gründe widerlegt, mit denen jemand über den Glauben Rechenschaft ablegt, muß es aber nicht zwangsläufig zur Revision des Glaubens, es kann auch zur Suche nach besseren Gründen kommen. Da christlicher Glaube sich nicht irgendwelchen Begründungen verdankt, steht Glaubenden solange der zweite Weg offen, als die Widerlegung einer Glaubensbegründung nicht den Glauben unmöglich macht. Und wird angeblich etwas widerlegt, dessen Falschheit oder Unhaltbarkeit den Glauben unmöglich machte, wird sich Theologie um die Widerlegung dieser Widerlegung bemühen müssen, ohne sich der Illusion hingeben zu dürfen, damit den Glauben erwiesen oder gewiß gemacht zu haben.

3. Glaube und Geschichte

Es ist deshalb nicht ganz unerheblich, wie der Streit um die Auferweckung argumentationslogisch strukturiert wird. Wofür wird wie argumentiert? Was steht eigentlich zur Debatte? Das leere Grab? Die Möglichkeit von Auferstehung überhaupt? Die Wirklichkeit der Auferweckung Jesu? Die Wahrscheinlichkeit oder Unwahrscheinlichkeit, daß der christliche Glaube an den auferweckten Gekreuzigten wahr ist? Ist der Glaube an den auferweckten Gekreuzigten nicht Folge, sondern *Voraussetzung* theologischer Begründungen[11], dann machen diese den Glau-

---

[11] Kritiker meiner (von ihnen so genannten) »Auferstehungschristologie« haben gemeint, mich daran erinnern zu müssen, daß meine »Privilegierung der Auferweckungsvorstellung« in den von mir selbst kritisierten Fehler verfalle, zwischen »Thema« und »Themenformulierung« nicht zu unterscheiden, sondern mit der »Auferweckungsvorstellung« eine bestimmte inhaltliche Formulierung des Bekenntnisinhalts zum Thema der Christologie zu erheben. (Ich selbst rede, weil es eben *nicht* um irgendwelche inhaltlich bestimmten Aussagen über Jesus Christus, sondern um die Festlegung des Bezugs solcher Aussagen geht, in den inkriminierten Passagen gerade *nicht* von Themenformulierung, sondern von der »Differenz zwischen *Thema* und *Themaformulierung*« auf der einen und der zwischen »Festlegung des Bezugs« und »begriffliche[r] Bestimmung des Bezugsgegenstandes« auf der anderen Seite [*Dalferth*, Der auferweckte Gekreuzigte, 29f. (Anm. 1)]) Ihrer Auffassung zufolge hätte ich, statt zu sagen: »Mit dem Bekenntnis zur Auferweckung Jesu durch Gott steht und fällt der christliche Glaube«, weniger selbstwidersprüchlich sagen sollen, von Jesus Christus sei theologisch so zu sprechen, »daß das zur Sprache kommt, was das Neue Testament von ihm zu sagen sucht, wenn es seine Auferweckung zur Sprache bringt« (*Rössler*, Rezension, 1187.1190 (Anm. 9)). Da ich genau das vorsichtiger, nämlich unter Berücksichtigung der Differenz zwischen Thema und Gehalt von Aussagen formuliere, indem ich als Kriterium christologischer Ausführungen die Themaregel angebe, christologische Aussagen müßten auf den Bezug nehmen, den das Auferweckungsbekenntnis thematisiert, wenn es von dem ersten Auferweckten Gottes spricht, gibt es in der Sache

ben nicht gewisser, und dieser wird durch ihre Widerlegung nicht zwangsläufig ungewisser. Der Nachweis, daß das Grab nicht leer war, würde den Glauben nur dann tangieren, wenn damit dem Bekenntnis zur Auferweckung Jesu der Boden entzogen würde. Und selbst wenn (was schon logisch nicht geht) historisch ›bewiesen‹ würde, daß Jesus Christus nicht auferstanden ist, würde damit nur gezeigt, daß die Auferweckung des Gekreuzigten durch Gott nicht als ein historisch beschreibbares und erklärbares Ereignis verstanden werden kann und christlicher Glaube etwas anderes ist als der Glaube an bestimmte historische Tatsachen.

Das heißt nun aber ganz und gar nicht, daß historische Tatsachen ohne Belang für den christlichen Glauben wären. Im Gegenteil: Dieser bekennt die Auferweckung des *Gekreuzigten*, und es ist das *Kreuz*, nicht die Auferweckung, das die Verankerung des Glaubens in der Geschichte markiert. Ohne das Kreuz hinge der Glaube geschichtlich in der Luft. Aber es ist ein Fehler zu meinen, der Glaube beruhe nur auf Geschichte[12] und auch das »Ereignis der Auferstehung« müsse entweder geschichtliches Geschehen und möglicher Gegenstand historischer Rekonstruktion sein[13] oder kirchliche Verkündigung und wissenschaftliche Theologie hätten darauf zu verzichten, von der »Wirklichkeit der Auferweckung« zu reden.[14]

Das Kreuz, nicht die Auferweckung verankert den Glauben in der Geschichte. Nur nach dem Kreuz, nicht aber nach der Auferweckung kann daher historisch gefragt werden. Für den Glauben ist das Kreuz allerdings nur aufgrund der Auferweckung interessant: Ohne diese unterschiede es sich nicht von all den viel zu vielen anderen Kreuzen in der Geschichte der Menschheit. Das unterscheidend Besondere dieses Kreuzes aber ist selbst kein weiteres geschichtliches Phänomen, das zu ihm hinzuträte: Kreuz und Auferweckung Jesu sind nicht zwei geschichtliche Ereignisse in zeitlicher Folge.[15] Wie das Bekenntnis der Aufer

---

keine Differenz; vgl. *Dalferth*, Der auferweckte Gekreuzigte, 29f. (Anm. 1).

[12] Vgl. *D.A. Pailin*, Probing the Foundations. A Study in Theistic Reconstruction, Kampen 1994, 166–177. Warum die Kategorie »geschichtliches Ereignis« auf die Erscheinungen des Auferstandenen, aber nicht auf die Auferweckung Jesu angewandt werden kann, begründet ausführlich G. *Essen*, Historische Vernunft und Auferweckung Jesu. Theologie und Historik im Streit um den Begriff geschichtlicher Wirklichkeit, Mainz 1995, 379f.

[13] *Lüdemann/Özen*, Was mit Jesus, 13 (Anm. 7).

[14] A.a.O., 126ff.

[15] Das gilt sowohl im Sinne der von Lüdemann abgelehnten These, die Auferstehung sei ein historisches Geschehen nach dem und im Anschluß an das Kreuz, als auch im Sinn seiner eigenen These: »Nicht Jesus oder seine Botschaft bedurften des ›Osterereignisses‹, sondern Petrus und die Jünger« (*Lüdemann*, Auferstehung, 218 (Anm. 5)). Lüdemann bleibt in derselben Verkürzung befangen, die er kritisiert:

weckung Jesu durch Gott unterstreicht, liegt die eigentümliche Besonderheit des Kreuzes Jesu vielmehr darin, daß es *im Leben Gottes* eine einmalige Rolle spielt und eben deshalb auch für die Geschichte Gottes mit uns und damit für unser Leben von einmaliger Bedeutung ist. Diese Bedeutung verfehlt, wer nur historisch fragt und deshalb nur das Kreuz, das Grab oder eben die Tatsache, daß Christen glauben und bekennen, in den Blick bekommen kann. Für sich genommen ist historisches Fragen noch nicht einmal eine Annäherung an das, um das es im Auferweckungsbekenntnis geht. Solches Fragen ist theologisch unzureichend, weil es gerade das methodisch ausblendet, worum es dem christlichen Bekenntnis zentral geht: die *Auferweckung* des Gekreuzigten.

4. Das theologische Problemfeld

Ist das richtig, muß das theologische Problemfeld anders beschrieben werden als es die eingangs genannten Gegner und Verteidiger der »Historicity of the Resurrection« tun: Sie streiten sich um ein falsches Problem, weil und insofern sie nur nach historischen Ereignissen im Leben (oder Nach-Leben) Jesu oder nach dessen faktischen bzw. in ihren Erinnerungen an ihn faßbaren Auswirkungen im Leben der Jünger fragen. Doch an erster Stelle geht es theologisch weder um Jesus noch die Jünger, sondern *um Gott: Christliche Auferstehungsrede ist Rede von Gott.* Sie spricht von einem endgültigen und insofern (wie Bultmann sagt) *eschatologischen Wirken Gottes* (deshalb ist das Bild von der *Auferweckung* dem von der *Auferstehung* hermeneutisch und theologisch vorzuziehen). Das wird deutlich, wenn man folgende nicht ernsthaft zu bestreitenden Sachverhalte beachtet:
1. Von Anfang an haben Christen die Auferweckung des Gekreuzigten verkündet. Schon vor Paulus wurde bekannt: »Gott hat Jesus von den Toten auferweckt« (Röm 10,9; 1Kor 6,14; 15,15; 1Thess 1,10) und Gott dementsprechend als der verkündet, »der Jesus von den Toten auferweckt hat« (Röm 4,24; 10,9; 1Kor 15,14f; 2Kor 4,13f.; Kol 2,12). Das Bekenntnis von der Auferweckung Jesu durch Gott ist der Kern schon der ältesten christlichen Verkündigung.[16]

Er kennt nur die Alternative: Entweder ist Ostern ein Ereignis im Leben Jesu oder es ist ein Ereignis im Leben der Jünger. Im ersten Fall wäre es »objektivistisch« zu verstehen (was historisch nicht geht), im zweiten muß es psychologisch verstanden werden (weil nur das historisch einleuchte). Mit dieser Alternative verbaut er sich aber im Ansatz eine Einsicht in die theologische Pointe des Auferweckungsbekenntnisses: Ostern wird hier *als Ereignis im Leben Gottes bekannt* – und nur deshalb und insofern auch als etwas, das für Jesus und die Jünger und für uns eine eschatologisch neue Wirklichkeit heraufführt.

[16] Vgl. *K. Wengst*, Ostern – Ein wirkliches Gleichnis, eine wahre Geschichte. Zum

2. Diese Verkündigung wurde von Anfang an für unglaublich gehalten (vgl. Mt 28,17; Lk 24,41; Mk 16,14; Apg 17,32). Als nach der Erzählung des Lukas Maria Magdalena, Johanna und Maria den Jüngern berichteten, was sie am Grab Jesu erlebt hatten, »hielten diese ihre Geschichten für dummes Geschwätz und schenkten ihnen keinen Glauben« (Lk 24,10f.). Und der johanneische Thomas ist sprichwörtlich dafür, daß er der Mitteilung der anderen Jünger keinen Glauben schenkte, bis er durch Jesus selbst von ihrer Wahrheit überzeugt wurde (Joh 20,24–29). Die Auferweckungsbotschaft war zu keinem Zeitpunkt eine selbstverständliche oder auch nur wahrscheinliche Wahrheit. Im Gegenteil: Sie war für jeden – zumal für jeden, der Jesu Tod am Kreuz miterlebt hatte – völlig unglaublich.[17]

3. Angesichts des Unglaubens, Zweifels und Spotts, auf die die christliche Auferweckungsbotschaft traf, hatten Christen diese von Anfang an zu rechtfertigen. Allerdings taten sie das nicht so, daß sie an die allgemeine Möglichkeit der Totenauferweckung appellierten, Analogieargumente von anderen Auferstehungsfällen her vortrugen oder sonst auf der Basis bekannter unstrittiger, wahrscheinlicher oder doch nicht unmöglicher Sachverhalte Beweise für ihre Botschaft anzuführen suchten. Was sie verkündeten, war ihrer eigenen Überzeugung zufolge so einzigartig, daß es so nicht zu rechtfertigen war (vgl. Joh 3,3). Sie unterstrichen deshalb, daß sie sowohl das, *was* sie bekannten (die Auferweckung Jesu durch Gott), als auch das, *daß* sie es bekannten (ihr Zeugnis von der Auferweckung Jesu durch Gott), als auch die Tatsache, daß ihr Bekenntnis nicht nur auf Unglauben, sondern bei manchen unwahrscheinlicherweise auch auf *Glauben* stieß (die Gewißheit von der Wahrheit der Auferweckungsbotschaft), ausschließlich als *Tun und Wirken Gottes* begriffen: *Gott allein* hat Jesus von den Toten auferweckt (Röm 10,9), *Gott allein* hat die Menschen erwählt und berufen, die diese unglaubliche Gottestat bezeugen (Gal 1,15f.), und *Gott allein* setzt durch seinen Geist in den Stand, dieses Zeugnis zu glauben und in das Auferweckungsbe-

---

neutestamentlichen Zeugnis von der Auferweckung Jesu, München 1991, 36.

[17] Daß nach zeitgenössischer Auffassung die Auferweckung eines Toten zwar für höchst ungewöhnlich, aber anders als heute nicht für völlig unmöglich gehalten wurde, spricht nicht dagegen. Zum einen wird dadurch die Auferweckung Jesu um nichts wahrscheinlicher: Von der nicht prinzipiell ausgeschlossenen Möglichkeit zu der konkreten Wirklichkeit in diesem bestimmten Fall führt kein direkter Weg. Zum anderen hätte die herrschende Meinung die Akzeptanz der christlichen Botschaft eher fördern müssen, als die gängige Reaktion nahezulegen, sie für dummes Geschwätz zu halten. Doch nicht nur die gebildeten Athener auf dem Areopag brachen in Spott und Gelächter aus, als sie begriffen, was Paulus ihnen da erzählte (Apg 17,32), sondern schon die ersten Jünger reagierten so auf die Erscheinungsberichte.

kenntnis einzustimmen (1Kor 12,3). Inhalt, Vollzug und Erfolg der Auferweckungsbotschaft werden daher gleichermaßen als *freie Tat und Wirkung der schöpferischen Liebe Gottes* verstanden, die keiner menschlichen Bekräftigung bedürfen oder auch nur fähig wären und die durch eine solche auch in keiner Weise an Überzeugungskraft gewinnen könnten. Der Glaube an sie entsteht daher zwar nicht ohne die von Menschen verkündete Auferweckungsbotschaft, aber auch nicht durch diese (Röm 10,14–18), sondern allein durch die δύναμις θεοῦ (Röm 1,16), die Inhalt, Vollzugs- und Wirkgrund dieser Botschaft ist.

4. Das bedeutet nun aber keineswegs, daß die Christen diese Botschaft unter Verzicht auf Argumente vortrügen und bezeugten. So betonen die neutestamentlichen Autoren ausdrücklich, daß sie bzw. ihre Gewährsleute als Zeugen glaubwürdig und zuverlässig seien (1Kor 15,5–8). Sie unterstreichen die Nichtbeliebigkeit ihres Zeugnisses mit dem Hinweis, daß das, was sie bezeugen, »gemäß den Schriften« (1Kor 15,4) bzw. nach den Ankündigungen Jesu (Mt 28,6; Lk 24,6) geschehen sei[18], und sie suchen so die Abduktion[19] auf Gottes Auferweckungshandeln, die sie bzw. ihre Zeugen vertreten, durch Argumente zu stützen, die dieses Zeugnis gegenüber anderen möglichen, denkbaren und faktisch vorgebrachten Erklärungen der strittigen Phänomene als plausibler und überzeugender ausweisen soll. In keinem Fall aber wird die Augenzeugenschaft dieser Zeugen im Neuen Testament für die »Tatsache« bzw. den »Vorgang« der Auferweckung als solcher reklamiert, sondern immer nur dafür, daß den genannten Personen Jesus nach seiner Kreuzigung als lebender Herr erschienen sei: Sie werden als *Erscheinungszeugen*, nicht als Auferweckungszeugen genannt.[20]

5. Die Tatsache und die Glaubwürdigkeit dieser Erscheinungszeugen macht ihre Auferweckungsbotschaft für andere nun aber gerade nicht

---

[18] Vgl. *J. Kremer*, Die Auferstehung Jesu Christi, in: HFTh 2, 1985, 175–196, 193f.

[19] *Abduktion* ist eine von *Ch.S. Peirce*, On the natural classification of arguments (1867), in: Collected papers of Charles Sanders Peirce, Vol. 2, Cambridge, MA 1960, Nr. 426–516 entdeckte Schlußform, die anders als die Deduktion nicht von der Regel und dem Fall auf das Resultat schließt, aber auch nicht wie die Induktion vom Resultat und dem Fall auf die Regel, sondern vom Resultat und der Regel auf den Fall. Eine Abduktion »infers from facts of one kind to facts of another«, wie Peirce sagt (*ders.*, Deduction, Induction and Hypothesis, in: a.a.O., Nr. 619–644, Nr. 642), und gerade so ist sie die Grundform aller hypothetischen Vermutung.

[20] Vgl. auch *F. Mußner*, Die Auferstehung Jesu, München 1969, 63ff.121ff; *R. Pesch*, Das »leere Grab« und der Glaube an die Auferstehung, Communio 11, 1982, 6–20; *ders.*, Das Markusevangelium, Bd. 2, Freiburg 1977, 519–543; *ders.*, Zwischen Karfreitag und Ostern. Die Umkehr der Jünger, Zürich 1983, 88; *ders.*, Zur Entstehung des Glaubens an die Auferstehung Jesu: Ein neuer Versuch, FZPhTh 30, 1983, 73–98, 87.

glaubwürdiger, wahrscheinlicher oder akzeptabler, wie die Thomasgeschichte exemplarisch belegt, weil alle erfahrungsbegründete Erwartung und Wahrscheinlichkeit gegen die Wahrheit der Auferweckungsvermutung spricht. Überzeugt von der Wahrheit der Auferweckungsbotschaft werden immer nur die, die nicht aus zweiter, sondern aus erster Hand zum Glauben kommen. Das geschieht nur im (apostolischen) Ausnahmefall dadurch, daß der Auferweckte selbst in Person erscheint. Im Normalfall bewirkt das der »Geist der Wahrheit«, der nach Johannes an der Stelle Jesu die Hörer der Botschaft »in die ganze Wahrheit führen« und eben so Jesus »verherrlichen« wird (Joh 16,13f.). Anders gesagt: Wahrheitsgewißheit gibt es im Blick auf die Auferweckungsbotschaft nur als Glaubensgewißheit; Glaubensgewißheit gibt es nur als Gabe des Geistes; und der Geist tut nichts anderes als die Botschaft Jesu konkret zu vermitteln (Joh 16,13), indem er sie jedem einzelnen in der ihm verständlichen Weise auslegt, individuell zueignet und gewiß macht (Apg 2,1–11).

Wenn die Auferweckungsbotschaft als wahr akzeptiert wird, dann also nicht aufgrund der angeführten Zeugen oder sonstiger testimonia externa. So wenig deren Glaubwürdigkeit ein hinreichendes Argument für die Glaubwürdigkeit dieser Botschaft ist, so wenig wäre diese durch deren Unglaubwürdigkeit schon widerlegt. Das Kernproblem des christlichen Auferweckungsbekenntnisses, also das, was dieses nicht nur damals, sondern auch heute so unglaubhaft macht, liegt nicht in der mangelnden Überzeugungskraft seiner Zeugen, sondern in seinem *Inhalt*: daß Gott den gekreuzigten Jesus vom Tod auferweckt hat.

5. Das Grundproblem

Was ist das Problem, das Christen zur Abduktion »Der gekreuzigte Jesus wurde von Gott vom Tode auferweckt« veranlaßte und von ihnen mit dem Auferweckungsbekenntnis beantwortet wurde? Die Frage läßt sich in aller Kürze folgendermaßen beantworten.

1. Historisch sind zwei Tatsachen nicht ernsthaft zu bestreiten: Jesu Kreuzigung in Jerusalem und das Auftreten eines von den Anhängern Jesu dort verbreiteten »Gerüchts«, dieser sei ihnen nach seinem Tod als Lebender erschienen. *Der Kreuzestod und die Berichte von Jesus-Erscheinungen sind die beiden historischen Fußpunkte der christlichen Auferweckungsbotschaft.*

2. Wer diese Jesus-Erscheinungen gehabt hat, wissen wir bis auf einen Fall nur aus zweiter Hand (1Kor 15,5–8): Nur von Paulus liegt ein entsprechendes Selbstzeugnis vor (Gal 1,15f.; 1Kor 9,1; 15,8). In keinem Fall kann mit Sicherheit gesagt werden, wo diese Erscheinungen stattge-

funden haben, und von keiner Erscheinung besitzen wir eine authentische Schilderung. Deutlich ist allerdings ein Zweifaches. Zum einen wurden diese Erscheinungen von den Betroffenen nicht als bloß feststellendes Wahrnehmen Jesu erlebt und verstanden, das allen in den entsprechenden Situationen offen gestanden hätte. Sie sahen die Initiative dieser Wahrnehmung vielmehr bei dem wahrgenommenen Jesus bzw. bei Gott selbst, der sich gerade ihnen zeigte.[21] Zum andern wurden diese Erscheinungen von den Betroffenen zugleich als Beauftragung zur Verkündigung des Gesehenen, also als Berufung durch Gott verstanden (Gal 1,16). *Jesus-Erscheinungen sind stets mit Glauben an Gottes Handeln in Jesus Christus verbunden.*

3. An keiner Stelle wird beansprucht, daß es Augenzeugen der *Auferweckung* Jesu gegeben habe: Die Erscheinung des gekreuzigten Jesus, nicht seine Auferweckung ist das, worauf Christen mit dem Auferweckungsbekenntnis antworten. Nicht die Auferweckung Jesu, sondern die *Ostererfahrung der Jünger* ist der entscheidende historische Sachverhalt, auf dem die Auferweckungsbotschaft basiert.[22] Diese *Ostererfahrung* bringt ihr Zeugnis zur Sprache, der Gekreuzigte sei ihnen erschienen.[23] Mit der *Auferweckung Jesu* dagegen nennen sie das, was für

---

[21] Paulus spricht sogar ausdrücklich von einer »Offenbarung des Sohnes« (ἀποκάλυψις), die in vorherbestimmter Weise gerade ihm zuteil geworden sei (Gal 1,15f).

[22] Nach G. *Vermes*, Jesus the Jew. A Historian's Reading of the Gospels, London ²1977, 41 ist es »their [i.e. der ersten christlichen Zeugen] collective conviction of having seen their dead teacher alive, combined with the initial discovery of the empty tomb, that provides the substance for faith in Jesus' rising from the dead«. Doch angesichts des Todes Jesu am Kreuz sind für die ersten Christen die *Erscheinungen des lebenden Gekreuzigten schon für sich genommen* und nicht erst in Verbindung mit der Entdeckung des leeren Grabes ein hinreichender Anlaß und Grund, zur Vereinbarkeit des nach menschlicher Erfahrung Unvereinbaren auf ein Auferweckungshandeln Gottes zu rekurrieren. Das leere Grab allein hätte dafür keinen Anlaß gegeben, da es durchaus andere Erklärungen zuließ und nahelegte (vgl. Mt 27,62–66; 28,2–4.12–15; Joh 20,15). Dagegen waren die Erscheinungen allein schon hinreichend, die Betroffenen vor ein fundamentales Problem zu stellen: Entweder mußten sie zwischen zwei gleichermaßen überzeugenden, nach menschlichem Ermessen aber unvereinbaren Erfahrungen wählen, von denen sie aber keine in Frage stellen konnten, ohne sich selbst fundamental in Frage zu stellen. Oder sie mußten nach einer anderen Lösung suchen, die ihnen an ihren unvereinbaren Erfahrungen festzuhalten erlaubte, und die fanden sie – indem sie Jesu Botschaft von der in seiner Geschichte anbrechenden Gottesherrschaft auf diese Geschichte und ihre Erfahrungen selbst anwandten – in der Überzeugung von Gottes endgültigem eschatologischen Handeln in der Auferweckung des Gekreuzigten.

[23] Das ist der systematisch entscheidende Punkt: die Identität des Gekreuzigten mit dem, der den ersten Zeugen erschien – nicht die genaue Angabe dessen, was diese Erscheinungen im einzelnen eingeschlossen haben mögen (vgl. *W.L. Loewe*, The Appearances of the Risen Lord: Faith, Fact and Objectivity, Horizons 6, 1979,

sie Grund dieser Erscheinungserfahrung ist und womit sie ihr Zeugnis vor sich und anderen begründen und verantworten. Denn dieses Zeugnis ist durch die fundamentale Spannung zweier Sachverhalte geprägt, die für die Erscheinungszeugen je für sich unbestreitbar waren, da sie gewiß waren, beides erfahren zu haben: *daß Jesus am Kreuz gestorben war* und *daß er ihnen als lebender Herr wirkkräftig erschienen war*. Diese Erfahrungen stehen in einer fundamentalen kognitiven Spannung und nötigen im Blick auf Jesus zu den beiden für sich genommen unvereinbaren Aussagen: »Er ist tot« – »Er lebt«. Beide Aussagen waren für die Erscheinungszeugen nicht so aufeinander bezogen, daß die zweite die erste korrigierte, aufhob oder als falsch erwies: Die bekennenden Jünger waren angesichts der Erscheinungserfahrungen nicht der Meinung, sie hätten sich in ihrer Auffassung, Jesus sei am Kreuz tatsächlich getötet worden, getäuscht. Im Gegenteil: Gerade weil dieser Tod für sie überhaupt nicht in Frage stand, zerbrach die Erscheinungserfahrung des lebenden Gekreuzigten die Einheit ihres Erfahrungszusammenhangs und damit ihre Identität als Erfahrungssubjekte in dieser Welt und stellte sie so vor ein fundamentales Konsistenzproblem.

Um dieses Konsistenzproblem zu lösen, bieten sich im Prinzip drei Lösungswege an, die bis in die Gegenwart immer wieder ihre Anhänger finden: Man kann eine oder beide der inkompatiblen Erfahrungen bestreiten oder eine Antwort suchen, die sie verständlich werden läßt. Das erste führt auf scheinbar einfache Antworten im Rahmen gewöhnlicher Abduktionswahrscheinlichkeiten, die theologisch aber einfach Scheinantworten sind, weil sie das Problem nicht beantworten, sondern es aufzulösen suchen und damit die grundstürzenden, das ganze Wirklichkeitsverständnis verändernden Folgen der ganz und gar unwahrscheinlichen *kreativen* Abduktion[24] des christlichen Glaubens gar nicht in den Blick bekommen und verstehen können. Besteht das Problem aber zurecht, wie das christliche Bekenntnis voraussetzt, und hat Theologie dieses kritisch zu explizieren, dann kann sie ernsthaft nur den letzten Weg beschreiten. Beides ist in gebotener Kürze zu erläutern.

177–192). R. Peschs These, die Erscheinungen seien Visionen des Menschensohnes gewesen (vgl. *Pesch*, Zur Entstehung, 87–96 (Anm. 20); *ders.*, Zwischen Karfreitag und Ostern, 61 (Anm. 20), ist als *historische* These zu beurteilen – und als solche angesichts der Vielfalt christologischer Aussagen und Bestimmungen schon in den Quellen der neutestamentlichen Texte nicht sehr wahrscheinlich (vgl. *H. Giesen*, Zu Entstehung und Inhalt des Osterglaubens, Theologie der Gegenwart 27, 1984, 41–46).

[24] Zum Begriff der kreativen Abduktion und ihren Unterschieden zu übercodierten, untercodierten und Meta-Abduktionen vgl. *U. Eco*, Die Grenzen der Interpretation, München 1992, 312ff. u.ö.; *ders.*, Semiotik und Philosophie der Sprache, München 1985, 69ff.

6. Scheintod oder Christusvisionen?

Zum einen kann man die Kreuzeserfahrung problematisieren, also sagen, Jesus sei gar nicht wirklich tot gewesen. Das läßt sich historisch mit dem Hinweis untermauern, die Israeliten hätten die Grenze zwischen Leben und Tod anders gezogen, wie Ps 86,13 und andere Texte belegten, in denen Schwerkranke oder Aussätzige unter die Toten gerechnet würden.[25] Oder es kann in eher wissenschaftlicher Manier gesagt werden, Jesus sei am Kreuz gar nicht wirklich gestorben, sondern z.B. nur scheintot gewesen, wie von Basilides über H.E.G. Paulus bis zu J.D.M. Derrett[26] immer wieder behauptet wird. Doch gegen beide Argumentationslinien sprachen und sprechen zu viele wohlbezeugte historische Tatsachen, die in den Kreuzigungsberichten der Evangelien ausführlich geschildert werden:[27] Für die urchristlichen Bekenntnisse wie für die gegenchristliche Polemik der Juden stand es gleichermaßen fest, daß Jesus am Kreuz tatsächlich gestorben war.

Zum andern kann man die Erscheinungserfahrungen problematisieren, sie also z.B. als Halluzinationen[28] oder betrügerische Erfindung der Jünger[29], als bloß subjektive Visionen, visionäre Erlebnisse oder Wunschprojektionen der Jünger[30] ausgeben. Gegen Erklärungsversuche dieser Art spricht aber, daß den Jüngern keine Betrugs- und Irreführungsabsichten nachzuweisen sind. Sie hatten, wie die Frauen am Ostermorgen (vgl. Mk 16 parr.), mit nichts dergleichen gerechnet. Im Fall des Paulus

---

[25] *Kremer*, Auferstehung, 29f. (Anm. 18).
[26] *J.D.M. Derrett*, The Anastasis: The Resurrection of Jesus as a Historical Event, Stipston-on-Stour 1982.
[27] Vgl. *M. Hengel*, Mors turpissima crucis, in: *J. Friedrich* u.a. (Hg.), Rechtfertigung, Tübingen/Göttingen 1976, 125–184; *H.-R. Weber*, Kreuz. Überlieferung und Deutung der Kreuzigung Jesu im neutestamentlichen Kulturraum, Stuttgart 1975, 25–31.
[28] Vgl. *J. Carmichael*, The Death of Jesus, New York, NY 1962, 210–218; *G.D. Kaufman*, Systematic Theology: A Historicist Perspective, New York, NY 1968, 423f; *I. Wilson*, Jesus the Evidence, London 1984, 141f.
[29] Vgl. schon Mt 27,26–28,15; Joh 20,1–18; *Origenes*, Contra Celsum II, 55; und in der Neuzeit vor allem *H.S. Reimarus*, Über die Auferstehungsgeschichte, in: *G.E. Lessing*, Sämtliche Schriften, hrsg. v. *K. Lachmann*, Bd. 12, Leipzig ³1897, 397–428; *ders.*, Vom Zwecke Jesu und seiner Jünger, in: *Lessing*, a.a.O., Bd. 13, 221–327. Die Betrugshypothese wird seit der Kritik von *D.F. Strauß*, Das Leben Jesu, kritisch betrachtet, 2 Bde., Tübingen 1835/36, Bd. II, 654 nicht mehr ernsthaft vertreten.
[30] Vgl. *D.F. Strauß*, a.a.O., 655ff. Der psychologische Erklärungsansatz wird kritisch diskutiert bei *H. Kessler*, Sucht den Lebenden nicht bei den Toten. Die Auferstehung Jesu Christi in biblischer, fundamentaltheologischer und systematischer Sicht, Düsseldorf 1985, 161ff. Die Argumente gelten auch gegen Lüdemanns Versuche, die Visions-Hypothese wiederzubeleben.

wissen wir sogar von ihm selbst, daß er wider Erwarten und wider seinen Willen »von Christus ergriffen« wurde (Phil 3,12) und daß er selbst die Begegnung mit dem Auferweckten von anderen ekstatischen Erlebnissen und Offenbarungen unterschied (2Kor 12,2–4). Und schließlich werden verschiedentlich solche Erscheinungserfahrungen nicht nur von einzelnen Personen, sondern von ganzen Gruppen berichtet (1Kor 15,6; Mk 16,12ff.), so daß mit Individual- und Kollektiverfahrungen dieser Art zu rechnen ist.[31]

Der eigentliche Einwand aber ist, daß auch diese Erklärungsversuche keinen Beitrag zur Lösung des theologischen Problems bieten. Denn selbst wenn man wie Lüdemann die Visions-Hypothese mit einer entsprechenden tiefenpsychologischen Unterfütterung für die wahrscheinlichste »wissenschaftliche« Erklärung der Erscheinungserfahrungen hält[32], ist damit über den Realitätsgehalt dieser Christusvisionen noch nichts gesagt. In keiner Weise folgt, daß ihre Beschreibung als »*psychische* Vorgänge« besagen muß, daß diese »nahezu ›gesetzmäßig‹ – ganz ohne ›göttliche‹ Eingriffe – im Menschen selbst ablaufen« und damit »als Urheber dieser Visionen ... nicht mehr Gott angenommen werden« kann oder muß.[33] Denn: Warum sollte Gott nicht durch Visionen sich und seine Gegenwart zur Geltung bringen? Warum sollte Gott nur dann theologisch Beachtung verdienen, wenn er zur Erklärung von etwas benötigt wird, was anderweitig nicht oder noch nicht erklärt werden kann? Genau Gott diese Lückenbüßerrolle zuzuweisen und nur in dieser Erklärungsfunktion mit Gott zu rechnen, ist theologisch inkonsequent, nicht das, was Lüdemann den Theologen als Inkonsequenz vorwirft: daß sie es nicht mit einer psychologischen Antwort bewenden lassen. Gott wäre theologisch nicht der Rede wert, wäre er nur eine vorläufig noch bessere Hypothese zur Erklärung weltlicher Phänomene. Erst wo Gott zu so etwas nicht mehr verharmlost wird, wird er theologisch interessant. Und der Grund, ihn so ernst zu nehmen und interessant zu finden, ist für Christen gerade die Auferweckung Jesu Christi. Für Lüdemann ist Gott nur solange erwägbarer Faktor, als er zur Erklärung von Phänomenen benötigt wird. Daß Gott »um seiner selbst willen interessant« sein könnte[34], kommt ihm nicht in den Sinn.

---

[31] Das zu betonen heißt nicht der Hypothese von *Ph. Seidensticker* zu folgen, die »durch mehr als 500 Brüder repräsentierte Gesamtkirche in ihrer apostolischen Gliederung« sei »mit dem Auferstandenen konfrontiert und seiner gewiß geworden«, *ders.*, Die Auferstehung Jesu in der Botschaft der Evangelien. Ein traditionsgeschichtlicher Versuch zum Problem der Sicherung der Osterbotschaft in der apostolischen Zeit, Stuttgart 1967, 38.
[32] *Lüdemann/Özen*, Was mit Jesus, 111–129 (Anm. 7).
[33] A.a.O., 123 (Anm. 7).
[34] Vgl. *E. Jüngel*, Gott – um seiner selbst willen interessant. Plädoyer für eine natür-

Sich darauf zurückzuziehen, daß dieses Ausklammern Gottes für die »wissenschaftliche Forschung« gelte, wie Lüdemann immer wieder sagt[35], unterstreicht nur die Grundproblematik seiner ganzen Argumentation: Als ›wissenschaftliche‹ historische Argumentation operiert sie mit Aufklärungsemphase *etsi deus non daretur*. Aber sie sucht so ein *theologisches* Problem zu bearbeiten, das, *ohne von Gott zu reden, gar nicht thematisiert werden kann:* das christliche Bekenntnis der Auferweckung Jesu durch Gott. Lüdemanns Argumentation bleibt daher entweder vom Verfahren her von Anfang bis Ende im Vorfeld theologischer Problemlagen, oder sollte sie eine theologische Argumentation sein wollen, dann müßte sie das Verhältnis von historischer und theologischer Arbeit kritischer reflektieren, als Lüdemann es tut. Wo der Historie – oder Physik oder Wissenssoziologie oder Psychologie oder welcher nicht theologisch fragenden Disziplin auch sonst – die Entscheidung über theologische Fragen zugebilligt wird, wird noch nicht oder nicht mehr theologisch argumentiert.[36] Und wo behauptet wird, schon dadurch entziehe man sich der Welt, daß man von Gott rede und nicht alles ohne Rekurs auf Gott erkläre[37], dort wird Wissenschaft oder Historie zur Weltanschauung ideologisiert.

Wenn es daher »für eine wissenschaftliche Darstellung der ›Osterereignisse‹« ... unwesentlich« ist, »ob die frühe Christenheit den Osterglauben auf innere, seelische Vorgänge zurückgeführt hat oder nicht«[38], dann gilt mindestens ebensosehr der Umkehrschluß, daß eine – wie wissenschaftlich auch immer einzuschätzende – psychologische Erklärung der Erscheinungsvisionen in keiner Weise ausschließt, daß Gott in ihnen am Werk war und Gottes Gegenwart wahrheitsgemäß wahrgenommen wurde.[39]

---

lichere Theologie, in: *ders.*, Entsprechungen: Gott-Wahrheit-Mensch. Theologische Erörterungen, München 1980, 193–197.

[35] *Lüdemann/Özen*, Was mit Jesus, 12f. u.ö. (Anm. 7).
[36] Um Mißverständnisse auszuschließen: All diese Disziplinen mit ihren Fragen und Verfahren sind theologisch relevant und zu bedenken, aber eben *nicht*, um theologische Fragestellungen zu ersetzen, sondern um zu helfen, die Pointe theologischer Fragestellungen zu präzisieren und diese gegebenenfalls zu korrigieren und auf das zu verweisen, worum es ihnen im Unterschied zu historischen, physikalischen, wissenssoziologischen, psychologischen oder sonstigen *Fragestellung* Fragen geht: Die Wahrnehmung der Wirksamkeit Gottes in den Erfahrungen der Zeit.
[37] A.a.O., 12 (Anm. 7).
[38] A.a.O., 111 (Anm. 7).
[39] Vgl. *Pannenberg*, Auferstehung Jesu, 321ff. (Anm. 5).

7. Das leere Grab als theologisches Argument

Daß es sich bei den Erscheinungsvisionen tatsächlich nicht nur um bloß psychische Ereignisse, um bloß subjektive Erlebnisse ohne Wirklichkeitskorrelat handle, wurde schon früh durch die Geschichte vom leeren Grab unterstrichen. Doch ist es unangemessen, Gott zur Erklärung natürlicher bzw. historischer Phänomene herbeizuzitieren, dann ist es ebenso unangemessen, bestimmte historische Phänomene zum Beweis seiner Gegenwart und Wirksamkeit zu erklären. Das gilt im Zusammenhang der Auferstehungsdebatte insbesondere für das leere Grab. Anders als es die aufgeregte Diskussion um Lüdemanns Thesen nahelegt, hatten die ersten Christen nicht das Problem, sich auf das leere Grab einen Reim zu machen. Es war für sie kein eigenständiges Problem und kein selbständiges Argument für die Auferweckung Jesu. Es war allenfalls ein Hilfsargument zur Abwehr des Einwands, ihre Erscheinungsberichte seien Dichtung ohne Wahrheit. Auch nach Lüdemann ist die Grabtradition eine relativ späte Verkündigungslegende mit apologetischer Tendenz.[40] Ursprünglicher und älter ist die Tradition von den Erscheinungen Jesu. Das ist eine nicht unumstrittene, aber weithin akzeptierte Hypothese. Sie hat den Vorteil, wie U. Luz betont, daß »man damit um die historischen Schwierigkeiten einer Mehrzahl verschiedener Ereignisse in der Frühzeit herumkommt.«[41] Doch selbst wenn die Überlieferung vom leeren Grab, wie Luz mit Pannenberg und von Campenhausen annimmt, »sehr alt« wäre, ist sie für sich genommen theologisch nicht aussagekräftig. Ein Grab kann aus vielen Gründen leer sein: Anlaß zu einem Auferweckungsbekenntnis pflegen leere Gräber nicht zu geben. Daß das Grab leer ist, belegt daher nicht, daß Jesus auferweckt wurde (vgl. Mt 28,13–15)[42]; und daß Jesus auferweckt wurde, muß nicht bedeuten,

---

[40] *Lüdemann/Özen*, Was mit Jesus, 76ff. (Anm. 7). Dem wird energisch widersprochen von *Pannenberg*, Auferstehung Jesu, 324–328 (Anm. 5).
[41] *U. Luz*, Ewig Streit um Jesus, Annex 33, 1996, 4–13, 8.
[42] *G. O'Collins*, Jesus Risen, London 1987, 121ff. Das gilt es auch gegenüber *M. Dummett*, Biblische Exegese und Auferstehung, Communio 13, 1984, 271–283 und *R. Spaemann*, Religion und »Tatsachenwahrheit«, in: *W. Oelmüller* (Hg.), Wahrheitsansprüche der Religionen heute, Paderborn 1986, 225–234, 232ff. zu betonen. Damit ist nicht behauptet, daß nicht alle historisch zugänglichen Informationen darauf hindeuteten, daß das Grab tatsächlich leer gewesen ist. Nur ist dieser historische Sachverhalt nicht ipso facto als »historischer« Beleg der Auferweckung oder als singuläre Ausnahme vom Analogieprinzip historischer Forschung zu werten. Ein Grab kann aus vielen Gründen leer sein. Das gilt unbeschadet der Tatsache, daß nach den Überzeugungen der Zeit nur ein leeres Grab ein Argument für das christliche Bekenntnis von der Auferweckung Jesu durch Gott sein konnte. Auch Christen bedurften eines intensiven Durchdenkens der Implikationen ihres Glaubens, wie sich an den verschiedenen Stufen des paulinischen Nachdenkens über Tod und Auferstehung exemplarisch beobachten läßt, bis sie zu

daß sein irdischer Leib nicht mehr im Grab sein könnte[43], obgleich für die Zeitgenossen damals und für Theologen wie Pannenberg heute[44] dieser Zusammenhang besteht. Allerdings hält auch Pannenberg das leere Grab nur im Verbund mit den Erscheinungen des Auferstandenen für ein theologisch gewichtiges Argument: *Ohne Erscheinungserfahrungen wäre das leere Grab – ob es nun eine alte oder nicht so alte Überlieferung ist – nicht von theologischem Interesse.* Doch welches Gewicht kommt ihm im Zusammenhang mit den Erscheinungserfahrungen zu? Pannenberg argumentiert vorsichtig: »the case for the resurrection rests primarily with the appearances, but the judgment concerning the kind of reality that occurred with the appearances cannot be independent of the question of what happened to the tomb.«[45] Das Auferweckungsbekenntnis gründet auf den Erscheinungserfahrungen, das leere Grab dagegen wird von Bedeutung, wenn es um das Verständnis der Wirklichkeit dessen geht, was in den Erscheinungen erfahren wurde. Was heißt das?

Das leere Grab ist nicht das, was das christliche Auferweckungsbekenntnis zu erklären oder zu begründen sucht, sondern umgekehrt: *Der Verweis auf das leere Grab soll helfen, das Bekenntnis zur Auferweckung des Gekreuzigten zu begründen, mit dem seinerseits die Jesus-Erscheinungen begründet werden, aber das Bekenntnis zur Auferweckung soll nicht begründen, warum das Grab leer ist.* Das Grab könnte aus ganz anderen Gründen leer sein: die Annahme einer Auferweckung wäre dafür nicht notwendig.

Doch wie stünde es im umgekehrten Fall? Wäre es unmöglich, daß Jesus auferweckt wurde, wenn das Grab *nicht* leer wäre? Die Frage ist nicht, ob es *historisch* wahrscheinlich oder unwahrscheinlich gewesen wäre, daß sich der Glaube an Jesu Auferweckung hätte verbreiten und halten können, wenn sein Grab voll und das bekannt gewesen wäre. Die Frage ist vielmehr, ob nur dann *theologisch* vertretbar von Jesu Auferweckung gesprochen werden kann, wenn sein Grab leer ist, ein volles Grab es also unmöglich machte, Jesu Auferweckung zu bekennen? *Ist Jesus nur auferstanden, wenn das Grab leer ist?*

Aussagen über Gottes Auferweckungshandeln instandgesetzt wurden, die mit der Tatsache voller Gräber nicht von vornherein unvereinbar waren. Für sie trat daher bei den verstorbenen Glaubenden in der Unterscheidung von eingetretenem Tod und erhoffter endgültiger Totenerweckung auseinander, was sie bei Jesus Christus als schon realisiert bekannten: auferweckt durch Gott.

[43] *Kremer*, Auferstehung Jesu Christi, 187f. (Anm. 18).
[44] *W. Pannenberg*, Response to the Debate, in: *Miethe*, Did Jesus rise (Anm. 2), 125–135, 130f.
[45] Ebd.

Pannenberg scheint das nahezulegen. Doch wenn der Glaube an die Auferweckung des Gekreuzigten nicht auf dem leeren Grab, sondern den Jesus-Erscheinungen gründet, dann könnte die Widerlegung der Grabes-Tradition nur dann den Glauben affizieren, wenn dies die Jesus-Erscheinungen unmöglich machen würden.
Angesichts des Todes Jesu am Kreuz waren für die ersten Christen ja die *Erscheinungen des lebenden Gekreuzigten schon für sich genommen* und nicht erst in Verbindung mit der Entdeckung des leeren Grabes ein hinreichender Anlaß und Grund, nach der Vereinbarkeit des nach menschlicher Erfahrung Unvereinbaren zu fragen. Die Erscheinungen allein waren schon hinreichend, die Betroffenen vor ein fundamentales Problem zu stellen: Entweder mußten sie zwischen zwei gleichermaßen überzeugenden, nach menschlichem Ermessen aber unvereinbaren Erfahrungen wählen, von denen sie aber keine in Frage stellen konnten, ohne sich selbst fundamental in Frage zu stellen. Oder sie mußten nach einer anderen Lösung suchen, die ihnen an ihren unvereinbaren Erfahrungen festzuhalten erlaubte, und die fanden sie – indem sie Jesu Botschaft von der in seiner Geschichte anbrechenden Gottesherrschaft auf diese Geschichte und ihre Erfahrungen selbst anwandten – in der Überzeugung von Gottes endgültigem, eschatologischen Handeln in der Auferweckung des Gekreuzigten.
Doch das christliche Bekenntnis war von Anfang an nicht, daß Jesus in *dieses Leben zurückgekommen* ist und sein Leichnam wiederbelebt wurde[46], sondern daß er *in Gottes Leben auferweckt* und zur Rechten Gottes erhöht wurde. Dieses Bekenntnis aber wäre nur dann prinzipiell unvereinbar mit einem vollen Grab, wenn die Identität des Auferweckten so am irdischen Leib Jesu hinge, daß Jesus nicht bei und mit Gott leben könnte, wenn sein Leib im Grab – wie Lüdemann drastisch formuliert – verwest wäre.
Doch genau das ist die christliche Hoffnung: daß kein Glaubender, der stirbt und verwest, dadurch davon ausgeschlossen ist, in, durch und mit Gott zu leben. Deshalb argumentiert Paulus völlig zurecht: »Wenn die Toten nicht auferstehen, ist auch Christus nicht auferstanden« (1Kor 15,16). Die Auferstehung der Toten aber schließt deren Verwesung nicht aus und hebt sie auch nicht auf, und dasselbe gilt von Jesus Christus. Christus könnte von Paulus nicht als der bekannt werden, der als erster der Entschlafenen von den Toten auferweckt ist (1Kor 15,20), wenn er nicht genauso tot gewesen wäre wie die übrigen Entschlafenen

---

[46] Wie Lüdemann zu der Behauptung kommen kann, es sei eine »Tatsache, daß die urchristliche Religion früher einmal mit dem Glauben an die Wiederbelebung des Leichnams Jesu verbunden war«, bleibt unerfindlich (*Lüdemann*, Auferstehung, 216 Anm. 691 (vgl. Anm. 5)).

– und das schließt die Verwesung des Leibes faktisch ein. Anderes zu behaupten wäre Doketismus und Bestreitung der soteriologischen Relevanz von Jesu Tod und Auferweckung. Denn besteht der Tod, was immer sonst von ihm zu sagen ist, in der völligen Auflösung des Leibes, dann kann von Jesus nicht bekannt werden, daß er unseren Tod gestorben ist und tot war wie wir, wenn das nicht mitgesagt werden könnte. Kann von ihm aber nicht gesagt werden, daß er unseren Tod gestorben ist, dann kann die christliche Auferstehungshoffnung nicht im Rekurs auf die Auferweckung Jesu Christi begründet werden. Zugespitzt gesagt: *Wäre es unmöglich, daß der auferweckte Gekreuzigte im Grab verwest ist, wäre er kein Grund für die Hoffnung auf unsere Auferweckung in Gottes Leben.*[47] Denn wir werden verwesen, aber wir hoffen auf die Auferweckung. Der einzige Grund für die christliche Hoffnung auf die Auferweckung in Gottes Leben aber ist Jesus Christus, und der würde diese Hoffnung nicht begründen können, wäre die Situation in seinem Fall prinzipiell anders als in unserem: Wäre die Verwesung seines Leibes ein hinreichender Grund, Gott an seiner Auferweckung zu hindern, dann wäre das auch bei uns so; und ist die Verwesung unseres Leibes kein hinreichender Grund, Gott an unserer Auferweckung zu hindern, dann gilt das erst recht für Jesus.

---

[47] Wohlgemerkt: Das Argument ist *nicht*, daß das Grab voll gewesen sein muß. Im Gegenteil, anders als Lüdemann meint, scheinen alle historisch zugänglichen Informationen dafür zu sprechen, daß es leer gewesen ist. Doch das kann es, wie gesagt, aus vielen Gründen gewesen sein. Die theologisch entscheidende Frage ist nicht, ob es leer war oder nicht, sondern ob die *Möglichkeit*, daß es nicht leer war, die Wahrheit des Bekenntnisses der Auferweckung Jesu durch Gott unmöglich machen würde. Wäre das der Fall, könnte sich die Hoffnung auf unsere Auferweckung nicht auf Jesus berufen: Würde das Bekenntnis von Jesu Auferweckung durch Gott unmöglich, wenn Jesu Grab voll gewesen wäre, könnten wir unsere Hoffnung auf eine Auferweckung in Gottes Leben angesichts unserer vollen Gräber nicht auf Jesus gründen.

8. Folgen für das Identitätsverständnis

Wird das ernstgenommen, dann hat das theologische Folgen.[48] In beiden Fällen kann die Kontinuität personaler Identität dann nicht über den als

[48] Die kreative Abduktion, die erfahrungswidrige Folge der beiden inkompatiblen Erfahrungen »Jesus ist tot« – »Jesus lebt« durch Rekurs auf das wirklichkeitsverändernde und wirklichkeitserneuernde Handeln Gottes verständlich zu machen, kann nur in dem Maße Plausibilität beanspruchen, als sie nicht nur auf diesen Fall beschränkt, sondern über entsprechende Meta-Abduktionen auf anderes hin, ja – weil es um Gott geht – auf alles andere hin, ausgezogen und in ihren »conditional experiential consequences« ausgelotet und erforscht wird, »which would follow from its truth« (*Ch. S. Peirce*, A neglected argument for the reality of God, in: Collected papers of Charles Sanders Peirce, Vol. 6, Cambridge, MA 1960, Nr. 452–493, Nr. 470). Abduktionen sind synthetische Schlußfolgerungen, »where we find some very curious circumstance, which would be explained by the supposition that it was a case of a certain general rule, and thereupon adopt that supposition« (*Ch. S. Peirce*, Deduction, Nr. 624 (Anm. 19)). Bei kreativen Abduktionen sind diese Folgerungen aber höchst risikoreich, weil sie sich nicht nur nicht im Horizont übercodierter Situationen bewegen, in denen sich eine bestimmte Deutung oder Erklärung »wie von selbst" nahelegt, sondern auch nicht im Horizont untercodierter Situationen oder Kontexte, in denen aus einer Reihe gleichwahrscheinlicher Deutungen oder Erklärungen die unter ökonomischen und ästhetischen Gesichtspunkten wahrscheinlichste oder plausibelste gewählt wird. Bei kreativen Abduktionen muß die Regel, unter der etwas gedeutet und erklärt wird, überhaupt erst »*ex novo erfunden* werden« (*U. Eco*, Die Grenzen, 313 (Anm. 24)), und das wird sich angesichts der risikoreichen Unwahrscheinlichkeit solcher »Erfindungen« nicht überzeugend vermitteln und bewähren lassen, wenn mittels Meta-Abduktionen die übrige Erfahrung nicht im Licht dieser kreativen Abduktion gedeutet und zu ihr ins Verhältnis gesetzt wird und »*wenn die einmal ausgeführte Abduktion dann nicht zum habituellen sozialen Reflex wird*« (*U. Eco*, Semiotik. Entwurf einer Theorie der Zeichen, München 1987, 188). Das aber kann sie nur werden, wenn sie sich auch in der Anwendung auf andere Fälle und Bereiche von Erfahrung in ihrer Deutungs- und Erschließungskraft bewährt. Anders gesagt: *Die risikoreiche Abduktion auf Gottes Auferweckungshandeln angesichts der Erfahrungsrealitäten von Jesu Kreuzestod und der Erscheinungserfahrungen konnte und kann nur in dem Maße plausibel werden, als Gottes Auferweckungshandeln einerseits nicht nur auf diesen einen Fall beschränkt, sondern in seinen Auswirkungen auf das Ganze der Wirklichkeit durchdacht wurde und wird, und andererseits zum habituellen Horizont der Selbst-, Welt- und Gottesdeutung einer sozialen Gruppierung, der christlichen Gemeinde, wurde und bleibt.* Jeder Versuch, die Auferweckung Jesu durch Gott auf ein nur ihn (und nicht zugleich auch uns und die ganze übrige Wirklichkeit) betreffendes Mirakel zu reduzieren, unterminiert die Einsichtigkeit dieser Abduktion ebenso wie der Versuch, sie abstrakt auf eine bloße theoretische Erklärungshypothese neben anderen zu reduzieren und außer acht zu lassen, daß sie nur in dem Maße Überzeugungskraft besitzt, als sie als der habituelle soziale Reflex einer Gruppe fungiert, die sich und alles übrige im Licht der Auferweckung Jesu durch Gott versteht. Ohne diese *lebenspraktische soziale Verankerung* in der Interpretationsgemeinschaft der Kirche und ohne die Erkundung seiner *universalen Relevanz* in der Reflexionsgemeinschaft der Theologie bleibt das christliche Bekenntnis der Auferweckung Jesu durch Gott ohne die Wirkung und Überzeugungskraft, die ihm aufgrund seines Themas zukommen.

Körper verstandenen Leib gedacht werden: *Derselbe* ist der Gestorbene und der Auferweckte nicht aufgrund irgendeiner körperlichen Kontinuität, sondern einzig aufgrund eines diese Identität stiftenden Handelns Gottes. Das heißt nicht, daß Gott das identisch setzt, was nicht identisch ist: unseren irdischen Körper und einen wie auch immer gearteten Auferstehungsleib. Von einem identitätsstiftenden Handeln Gottes zu sprechen ist vielmehr nur dann sinnvoll, wenn Jesu und unsere Identität *schon jetzt in diesem irdischen Leben* letztlich nicht in unserer Körpergeschichte, sondern in Gottes Handeln liegt. Genau das bekennt der christliche Glaube in einer Vielzahl von Bildern im Blick auf Jesus[49] und im Blick auf uns: *Wir sind, wer wir sind, einzig und allein durch das und aufgrunddessen, was Gott an und für uns tut.* Denn auch wenn bei uns im Tod die letzte Differenz zwischen uns und unseren Umwelten aufhört zu existieren und wir uns ganz in diese und diese sich in uns aufgelöst zu haben scheinen, hält Gott an seiner uns als Personen identifizierenden Einstellung und Beziehung zu uns fest, die uns in seinem Leben loziert. Wenn dies für das Personsein *coram deo* überhaupt gilt, dann gilt es für Jesus Christus nicht weniger als für uns. Gottes Handeln an uns *ist* unsere Identität in seinem göttlichen Leben: In letzter Entscheidung sind wir nicht, was wir in unserem Leben aus uns machen, sondern was Gott aus uns in seinem Leben macht. Im Blick auf Jesus bringt der Glaube das dadurch zum Ausdruck, daß er ihn als den von Gott auferweckten Gekreuzigten bekennt; im Blick auf Gott dadurch, daß er ihn als den Schöpfer bekennt, der die Toten aus dem Nichts ins Leben ruft; und im Blick auf uns dadurch, daß er unsere Identität extra nos in Gottes Handeln an und für uns in Jesus Christus loziert.

So wenig daher eine psychologische Erklärung der Erscheinungserfahrungen den Realitätsgehalt des christlichen Bekenntnisses unterminiert, so wenig wird die Wirklichkeit der Auferweckung durch das leere Grab bewiesen oder ihre Nichtwirklichkeit durch ein volles. »Die Erzählung vom leeren Grab Jesu ist zwar historisch nicht widerlegbar, wäre aber auch im Falle der Historizität des leeren Grabes nicht im geringsten ein Beweis für so etwas wie die Auferstehung Jesu von den Toten. Der Glaube an Jesus Christus kann sich die Erzählung vom leeren Grab nur gefallen lassen, wenn sie nicht pseudohistorisch (als Beweis) oder pseudophysikalisch (als conditio sine qua non) für die Verkündigung des

---

[49] Es ist also gerade nicht so, daß Jesus post mortem vergöttlicht würde: Schon in Jesu irdischem Leben lag seine Identität ganz und gar in Gottes identitätsstiftendem Handeln in und an ihm. Die christliche Gemeinde hat das in den Geschichten der Geistzeugung Jesu und der Jungfrauengeburt zum Ausdruck gebracht und die dogmatische Tradition mit dem Bild des Logos, der als das göttliche Wort die Person Jesu konstituiert.

auferstandenen Jesus Christus mißbraucht wird.«[50] Das entscheidende Argument lautet also nicht: *Wenn das Grab nicht leer ist, ist es der Glaube.* Sondern: *Wenn Christus nicht auferweckt ist, ist der Glaube leer* (1Kor 15,17). Der Unterschied wäre bedeutungslos, wäre das leere Grab ein notwendiges Implikat der Auferweckung. Doch selbst wenn Paulus und die Urgemeinde das im Horizont der jüdisch-apokalyptischen Tradition so gesehen haben sollten[51], ist mit dieser historischen Feststellung das theologische Problem noch keineswegs beantwortet. Muß das Grab leer sein, wenn Ostern stattgefunden haben soll?

Die Antwort kann nur lauten: Nein. Denn was hätte sich für die Erscheinungszeugen geändert, wenn das Grab nicht leer gewesen wäre? Sie hätten immer noch zwei unvereinbare Erfahrungen gehabt: Jesus ist tot – Jesus lebt. Das volle Grab hätte die erste Erfahrung bestätigt. Die zweite wäre dann um so provozierender gewesen.

Hätte es angesichts des vollen Grabes dann aber nicht nahegelegen, die Erscheinungserfahrungen anders zu verstehen als die ersten Christen es taten? Die Standarderklärungen versuchen ebendas, indem sie etwa zu zeigen suchen: Es waren – wie Lüdemann meint – halluzinäre Visionen, die (wie bei Petrus) »psychologisch als verfehlte Trauerarbeit und Überwindung eines schweren Schuldkomplexes« oder (wie bei Paulus) »als Überwindung eines schwelenden ›Christuskomplexes‹ zu erklären« seien.[52] Doch ganz abgesehen davon, daß damit auf überaus spekulative Weise etwas Dunkles durch etwas noch Dunkleres erklärt wird, schließt eine psychologische Erklärung nicht aus, daß wahr ist, was die Betroffenen selbst bekannten: *Gott hat Jesus von den Toten auferweckt.* Über die Wahrheit einer Einsicht ist noch nicht damit entschieden, daß sie als Resultat eines psychischen Prozesses beschrieben wird: dadurch ist das Problem vielmehr überhaupt erst gestellt. Man muß allerdings beachten, daß das Auferweckungsbekenntnis nicht nur und nicht primär ein Bekenntnis von Jesus, sondern von Gott ist, und daß damit nicht nur von Jesus damals und dann, sondern von uns hier und heute gesprochen wird. Genau das ignoriert die sich bloß historistisch gebende Analyse Lüdemanns. Und damit geht sie am theologisch entscheidenden Punkt vorbei. Um den zu erfassen, müssen wir fragen: Was wird mit der Auferweckung Jesu durch Gott denn ausgesagt? Und um das zu beantwor-

---

[50] E. *Jüngel*, Thesen zur Grundlegung der Christologie, in: *ders.*, Unterwegs zur Sache. Theologische Bemerkungen, München 1972, 274–295, 287: Nr. 2.2461 und 2.2462.
[51] Vgl. *Lüdemann*, Auferstehung, 48 (Anm. 5); *Pannenberg*, Auferstehung Jesu 326ff. (Anm. 5).
[52] *Lüdemann/Özen*, Was mit Jesus, 122 (Anm. 7).

ten, müssen wir uns der christlichen Antwort zuwenden: *auferweckt durch Gott*.

9. Die christliche Antwort: Auferweckt durch Gott

Kann keine der beiden inkompatiblen Erfahrungen des Todes und des Lebendigseins Jesu eliminiert werden, bleibt nur die Möglichkeit, nach einer Vermittlung zwischen ihnen zu suchen. Dazu bieten sich zwei Wege an:
Entweder man bestreitet die Selbigkeit Jesu, plädiert also für einen unterschiedlichen Bezugsgegenstand und einen Subjektwechsel bei der Prädikation der beiden Erfahrungen. Wäre aber Jesus tot und der als lebendig Erfahrene ein anderer als Jesus, und sei es ein ihm noch so ähnlicher anderer, dann wäre der christliche Glaube nichtig, wie Paulus in 1Kor 15,14–19 nachdrücklich unterstreicht.
Die neutestamentlichen Zeugen betonen daher einmütig die *Identität* des Gekreuzigten mit dem ihnen Erschienenen und damit die Identität Jesu, dessen Tod sie erfahren hatten und der ihnen danach wieder als Lebendiger begegnet war: »Ich war tot, und siehe, ich bin lebendig in alle Ewigkeit« (Apk 1,18). Und genau diese Identität bringen sie einerseits durch die – im Verlauf der neutestamentlichen Zeugnisbildung zunehmende – Betonung der *leiblichen* Auferweckung Jesu Christi und andererseits durch die zur Evangelienbildung führenden relecture von Leben, Lehre und Leiden Jesu im Licht von Ostern zum Ausdruck.
Das heißt, die neutestamentlichen Zeugen suchen unter *Voraussetzung der Identität Jesu* und der *Unvereinbarkeit der mit ihm gemachten Erfahrungen* eine Lösung, und genau diese Lösung bringt das Osterbekenntnis zur Sprache: *auferweckt durch Gott*.
Das Bekenntnis der Auferweckung Jesu artikuliert also keinen historischen Sachverhalt und ist auch keine direkte Folgerung aus historischen Sachverhalten (etwa dem leeren Grab oder den Jesus-Erscheinungen) als solchen. Es ist die – durchaus schlußfolgernde[53] – Antwort der ersten Christen auf ein für sie gar nicht anders auflösbares *Dilemma* zwischen zwei inkompatiblen Sachverhalten: der Erfahrung des Todes und der Erfahrung des Lebendigseins Jesu.
Wie kommen sie zu dieser Antwort? Ich meine dadurch, daß sie in der nicht von ihnen erzeugten, sondern im Gegenteil Gott selbst als Ursache zugeschriebenen Erfahrung des Lebendigseins Jesu *die Botschaft Jesu von Gottes Heil schaffender und Leben eröffnender Nähe auf Jesus*

---

[53] Vgl. *D. Cupitt*, Christ and the Hiddenness of God, London 1971, 163.

*selbst anwenden*⁵⁴, die inkompatiblen Erfahrungen seines Todes und seines Lebendigseins also im Licht der Gottesbotschaft deuten und verstehen, die Jesus verkündet und in deren Konsequenz er sein Leben verloren hatte. Das christliche Auferweckungsbekenntnis – das ist die heuristische Hermeneutik der in ihm zur Sprache kommenden kreativen Abduktion – ist Ausdruck einer *fundamentalen Erfahrungsintensivierung durch hermeneutische Selbstanwendung* und als solches ein *hermeneutisches Ereignis*, das die Welt verändert hat. Denn diese – und zwar erst diese! – hermeneutische Selbstanwendung führt zu einer *universalen Entschränkung der Botschaft Jesu*, in der dessen partikulare Gottesverkündigung in Israel ihrem universalen Inhalt (der *allen* zugute kommenden Liebe Gottes) überhaupt erst gerecht zu werden beginnt: Zum Verständnishorizont seines Lebens und Sterbens konnte Jesu Gottesbotschaft nur werden, indem sie zugleich auch zum Verständnishorizont der Erfahrungen der ihm nachfolgenden Frauen und Männer und damit für diese zum *umfassenden Verständnishorizont von allem überhaupt* wurde. Jesu Leben und Sterben konnte man im Licht seiner Gottesbotschaft nur verstehen, indem man *sich selbst* im Licht dieser Botschaft verstand und damit alles neu verstand. Nichts mehr stellt sich von hier aus so dar wie zuvor. Alles wird in ein anderes, ein neues Licht gerückt, und nichts wird nicht in dieses Licht gerückt: in das Licht der von Jesus verkündeten Nähe der Liebe Gottes.

Anders als die unter Absehung von Gott konzipierten Versuche der Moderne, die dem christlichen Auferweckungsbekenntnis zugrundeliegenden Erfahrungen zu erklären und zu verstehen, spricht die (ur)christliche Antwort daher dezidiert und unausblendbar *von Gott*: Das bedeutet ein Mehrfaches:

1. Ohne daß von Gott geredet wird, hat das Bekenntnis von der Auferweckung Jesu keinen Wirklichkeitsbezug. Wer davon bei einer Auseinandersetzung mit dem Problemfeld *Auferweckung Jesu* absieht, verliert das Problem aus den Augen.

2. Dieses Bekenntnis meint mit »Gott« genau den Gott, den Jesus verkündet hatte: Wer dafür ein anderes (religiöses oder philosophisches) Gottesverständnis substituiert, verliert ebenfalls das aus den Augen, wo-

---

⁵⁴ »Anwendung« soll hier nicht mehr heißen, als daß Jesu Botschaft von der anbrechenden Gottesherrschaft den Verständnishorizont und die Verständnismittel für seine eigene Geschichte abgeben. Das muß nicht notwendig im Sinne eines bewußten interpretierenden Deutevorgangs verstanden werden, obgleich auch das für den reflektierenden Umgang mit den Erfahrungen des Kreuzestodes Jesu und seinen Erscheinungen nicht auszuschließen ist. Grundlegender dürfte aber wohl das gleichsam selbstverständliche Verstehen dieser Erfahrungen im Licht der Botschaft Jesu sein: Diese ist kein sekundärer Deutekontext, sondern der primäre Erfahrungskontext dieser Erfahrungen.

von das christliche Bekenntnis spricht. Wie Jesu Botschaft keinen neuen Gott verkündete, sondern das Gottesverständnis seines Volkes in damals und für immer gegenwartsrelevanter Weise intensivierte, so intensiviert das christliche Auferweckungsbekenntnis Jesu Gottesbotschaft in für die christliche Gemeinde und für alle relevanter Weise.

3. Indem es auf den so verstandenen Gott rekurriert, formuliert dieses Bekenntnis aber keinen weiteren historischen Sachverhalt nach dem Kreuzestod Jesu, da sich dadurch das fundamentale Erfahrungsdilemma nicht hätte auflösen lassen, sondern ein *Handeln Gottes*, das über alles historisch Faßbare hinausgeht und es umfaßt.

4. Dieses *Auferweckungshandeln Gottes* ist nicht unmittelbar gegeben, erfahren oder erlebt, sondern auf der Basis der beiden inkompatiblen Erfahrungen abduktiv erschlossen als der (metaphorisch formulierte) *Grund der Möglichkeit ihrer Vereinbarkeit trotz aller Unvereinbarkeit*. Muß dieses Gotteshandeln doch verständlich machen, inwiefern beides, »Jesus ist tot« und »Jesus lebt«, so zusammen bekannt werden kann, daß sich beide Aussagen nicht wechselseitig aufheben, negieren oder bis zur Unkenntlichkeit modifizieren, sondern zu dem christlichen Grundbekenntnis berechtigen: »Der gekreuzigte Jesus von Nazareth lebt, *denn er ist (von Gott) auferweckt worden*« (vgl. Mk 16,6). Diese Begründung wird allerdings nur dort und für die verständlich und plausibel, die *sich selbst und ihre ganze Wirklichkeit* im Licht dieses göttlichen Handelns verstehen, die sich also selbst als Adressaten von Gottes Auferweckungshandeln begreifen: Das Bekenntnis der Auferweckung des gekreuzigten Jesus durch Gott steht und fällt in seiner Überzeugungskraft damit, daß es die Bekennenden selbst in das von ihnen Bekannte involviert. Es erschließt ein neues Verständnis Jesu nicht ohne ein neues Selbst- und Wirklichkeitsverständnis der Bekennenden. Und zu beidem kommt es nur, weil und insofern das Bekenntnis aus einem neuen Verständnis Gottes entspringt.

Der Rekurs auf Gottes Handeln im Bekenntnis hat also die Funktion, verständlich zu machen und zu begründen, inwiefern Christen zwei scheinbar inkompatible Aussagen über Jesus gleichzeitig als zwei je für sich unbestreitbar erfahrungsgegründete Sachverhalte vertreten und bekennen können. Und die Metapher der Auferweckung verarbeitet diese Differenz so, daß sie sie wahrt und kreativ auf alles ausdehnt: Von Jesu Auferweckung reden zu wollen, ohne von seinem Kreuzestod zu reden, ist ebenso wirklichkeitsfremd, wie von ihr zu reden, ohne von Gott und seinem Handeln an und für uns zu reden, oder von uns reden zu wollen, ohne uns im Lichte dieses Handelns Gottes zu verstehen. Alle drei Momente (der *Bezug auf Gott, auf Jesus* und *auf uns selbst*) gehören *konstitutiv zum Auferweckungsbekenntnis* hinzu: Die Auferweckung betrifft nicht nur Jesus, sondern nicht weniger uns (und alles sonst), weil sie zuerst und vor allem Gott betrifft.

10. Das neue Gottes- und Wirklichkeitsverständnis

Methodisch und theologisch ist deshalb folgendes festzuhalten:

1. Jeder Versuch, das christliche Grundbekenntnis theologisch zu explizieren, muß sich methodisch daran messen lassen, daß keine der beiden Aussagen »Jesus ist tot«, »Jesus lebt« oder ihre spezifische Reihenfolge aufgehoben wird, die in ihm ausgesprochene fundamentale Spannung zwischen geschichtlichem Tod und göttlichem Leben Jesu also gewahrt bleibt.

2. Sachlich kann dementsprechend kein theologischer Explikationsversuch überzeugen, der nicht konstitutiv berücksichtigt, daß sich das Auferweckungsbekenntnis niemals nur einer vergangenen Geschichte, sondern immer zugleich einer gegenwärtigen Erfahrung verdankt[55]: Wer Jesu Auferweckung bekennt, spricht nicht nur von Jesus, sondern vor allem von Gott und erst damit auch von sich selbst. Der Osterglaube ist gleichursprünglich in der Geschichte Jesu und der Geschichte der Bekennenden verankert, weil er ganz und gar in Gottes Wirken gründet: *Es gibt keinen Auferweckten, ohne daß an ihn geglaubt wird*: Würde niemand an ihn glauben, hätte es keinen Sinn, von seiner Auferweckung zu reden. Das heißt *nicht*, daß er auferweckt ist, *weil* an ihn geglaubt wird: *Es gibt keinen Glauben an den Auferweckten, ohne daß dieser auferweckt ist, weil Gott ihn auferweckt hat.* Andernfalls gäbe es allenfalls ein vermeintliches Glauben, und Glaubende wären das, was Paulus sie nennt: falsche Zeugen Gottes (1Kor 15,15) und die bedauernswertesten von allen Menschen (1Kor 15,19). Das aber heißt: *Es gibt keinen Auferweckten und keinen Auferweckungsglauben, ohne daß Gott beides wirkt.* Und deshalb gibt es umgekehrt kein Auferweckungshandeln Gottes, das nicht gleichermaßen (wenn auch nicht gleichzeitig oder auf dieselbe Weise) *sowohl* im Blick auf Jesus *als auch* im Blick auf andere Menschen den fundamentalen Wechsel vom alten zum neuen Leben vollzieht – den eschatologischen Wechsel also, den der Glaube im Blick auf Jesus als die Auferweckung des Gekreuzigten und im Blick auf uns als Übergang vom Unglauben zum Glauben bekennt. Zur Lösung der kognitiven und emotionalen Erfahrungswidersprüche konnten die ersten und können alle folgenden Christen daher nicht auf Gottes neues Leben aus

---

[55] Das betont ins Zentrum seiner Überlegungen gestellt zu haben, ist das Verdienst der Studie von *P. Carnley*, The Structure of Resurrection Belief, Oxford 1987, Kap. 1.

dem Tod schaffendes Auferweckungshandeln rekurrieren, ohne *beide* Bezugsgrundlagen im Lichte dieses Handelns zu qualifizieren, also Jesus *als Christus* und den eigenen Glauben als *durch Gottes Geist gewirkt* zu bekennen und damit Gottes Handeln – zunächst implizit, bald aber auch explizit – *trinitarisch differenziert* zu denken.

3. Gerade weil es zentral von Gottes Neues wirkendem Handeln spricht, spricht das Auferweckungsbekenntnis im Blick auf Jesus nicht von einem historischen Ereignis, das einst einmal geschehen ist, sondern von einem *eschatologischen Geschehen*, das ein für allemal geschehen ist (Bultmann[56]). Ein für allemal ist es geschehen, weil Jesus nicht in dieses geschichtliche Leben, sondern in das ewige Leben Gottes auferweckt wurde.

Das heißt zunächst und vor allem, daß Gottes Leben durch Jesu Leben und Sterben bleibend bestimmt wird. *Das Kreuz hat Gott verändert*, und zwar so, daß dieser dort sein Wesen unwiderruflich als Liebe bestimmte, die unsere freie Gegenliebe sucht; und das wiederum hat *unser Leben so verändert*, daß dieses unwiderruflich zur Freiheit, der Freiheit zur Gottes- und Nächstenliebe, bestimmt wurde. Das Bekenntnis der Auferweckung Jesu spricht insofern von einem Akt unwiderruflicher göttlicher Selbstbestimmung und irreversibler menschlicher Zielbestimmung. Für Jesus wie für uns gilt, daß in Gottes Leben einzugehen heißt, eschatologisch und damit auf fundamental neue Weise zu existieren. Neu ist diese Weise, weil sie durch die von aller Entstellung durch Sünde und Schuld befreite, unverstellte Gegenwart Gottes geprägt ist. Darauf zu hoffen, gehört zum Wesen des christlichen Glaubens; und diese Hoffnung gründet in der vom Glauben als sein eigener Grund bekannten Auferweckung Jesu Christi.

Das Einzigartige der Auferweckung Jesu in Gottes Leben dagegen ist, daß *Gottes Leben dadurch bleibend so bestimmt* wird, wie Jesus Gott verkündigte: als Vaterliebe, die uns zu Gottes Erben macht, obwohl und während wir noch in der Gottferne leben. All das ist Bilder-Rede, aber diese stellt klar, daß von Jesu Auferweckung zu reden notwendig bedeutet, *in bestimmter* (nämlich an Jesu Verkündigung orientierter) *Weise von Gott* zu reden (als Vater) und damit (und nur so) auch *in bestimmter Weise von uns* zu reden (als Erben): »Jesus lebt« heißt insofern: *Gott* ist bleibend so bestimmt, wie Jesus ihn und er sich in Jesus bestimmte: als erbarmungsvolle Vaterliebe. Deshalb sind auch *wir* bleibend so bestimmt, wie Gott sein Verhältnis zu uns in Jesus bestimmt hat: Er ist uns so und nicht anders gegenwärtig, wie er Jesus gegenwärtig war und ist.

---

[56] R. *Bultmann*, Zum Problem der Entmythologisierung, in: *ders.*, Glauben und Verstehen. Gesammelte Aufsätze, Bd. 4, Tübingen 1965, 128–137.

Und deshalb ist und bleibt *Jesus Christus* die Gestalt Gottes, in der dieser sich uns als auch in unserer Gegenwart wirkende Liebe, als *Gott-für-uns* erschließt.

Die Lüdemann so beschäftigende Frage nach dem Wie der Auferweckung ist damit nur dann theologisch sinnvoll zu stellen und zu beantworten, wenn man sie nicht als historische Frage nur auf Jesus bezieht, sondern als Frage nach der *eschatologischen Bestimmung Gottes* versteht, die *eine eschatologische Bestimmung Jesu* und damit verbunden eine *eschatologische Bestimmung unserer Existenz* und damit *unserer ganzen Welt* impliziert: In allen christologischen Aussagen geht es zuerst und vor allem um Gott, damit aber um Gott in Jesus für uns, und von daher dann auch um uns und unsere Welt. Christologie ist kein Teil der Theologie: Sie ist alles, was die Theologie zu bieten hat, man muß es nur entfalten.

11. Zur theologischen Relevanz der Leiblichkeit

Das gilt auch für die Frage nach der *Leiblichkeit* des auferweckten Gekreuzigten. Wo sie betont wird, geht es um die wiederidentifizierbare *Identität* des Auferweckten mit dem Gekreuzigten, an der die eschatologische Bestimmtheit Gottes als bedingungsloser Liebe hängt, nicht dagegen um ein mirakulöses pneumatisches Soma Jesu: *Dieser gekreuzigte Jesus* in der kontingenten Gestaltung seiner Leiblichkeit, also in der spezifischen Prägung seiner Lebensverhältnisse zu Gott, zu anderen und anderem und zu sich selbst, ist der Ort, an dem sich Gott ein für allemal als die unerschöpfliche Liebe definiert und erwiesen hat, die wahres Leben schafft und wider alle Widerstände und Unwahrscheinlichkeiten alles wahrhaft Wirkliche wirkt. Dieser Jesus ist als Auferweckter weder eine transweltliche »supranaturale Realität« noch ein bloßer Vorgang im Bewußtsein der Glaubenden, sondern die sich in unserer Welt im Wirken des Geistes für uns verständlich auslegende definitive Selbstbestimmung Gottes, die auf eine ihr entsprechende Neubestimmung unseres Selbst-, Welt- und Gottesverhältnisses zielt.

Diese Selbstauslegung Gottes bringen Christen zentral mit dem Bild des *Wortes Gottes* zur Sprache. Indem sie den *auferweckten Gekreuzigten* so *als Gottes Wort* verstehen, thematisieren sie Jesu Auferweckung als das eschatologische und insofern endgültige *Selbstauslegungsgeschehen Gottes*, das sich in Jesu Leben und Lehren seinen eigenen Verständnishorizont geschaffen hat. In diesem Geschehen wird an Jesus selbst in einer für uns nach- und mitvollziehbaren Weise das verdeutlicht und zur Geltung gebracht, was im Blick auf Gott und im Blick auf uns letztlich gilt. So markiert Jesu Auferweckung einerseits – wie es das Glaubensbekenntnis *im Blick auf Gott* im Bild vom Sitzen des Auferweckten zur Rechten Gottes ausdrückt – *die bleibende, unwiderrufliche und unhintergehbare Bestimmung Gottes als Liebe.* Zugleich erschließt sie damit das erhoffte und erbetene *Reich Gottes als Herrschaft der Liebe,* die nichts verloren gibt und nirgends endet, sondern allem zu seinem Recht verhilft, indem sie – auf Wegen, die letztlich erst vom Ziel her nachvollziehbar sind – allem Geschaffenen die bestmögliche Verwirklichung seiner ihm von Gott zugespielten Möglichkeiten im Zusammensein mit anderem und allem zur Selbstbestimmung Geschaffenen die uneingeschränkte Realisierung seiner ihm von Gott her möglichen Bestimmung in der Gemeinschaft mit anderen eröffnet. Und andererseits markiert sie – wie es *im Blick auf uns* im Wirken des Geistes Christi erfahren wird – die *sich selbst vermittelnde Gegenwart von Gottes wirksamer Liebe in unserer durch Sünde und Schuld entstellten Welt,* durch die wir aus unserem alten, die Liebe verdunkelnden und entstellenden Leben zu einem neuen Leben unter der Herrschaft und in der Praxis der Liebe transformiert werden.

Die Rede von der Leiblichkeit des Auferweckten wird deshalb gespenstisch mißverstanden, wenn sie nur auf Jesus bezogen und als Ersetzung seines irdischen Körpers durch einen geistlichen Leib verstanden wird. Auch sie ist vor allem eine *Aussage über Gott:* die eschatologische Qualifizierung des Seins Gottes als sich selbst auslegendes *Sein-für-andere* (d.h. als *Leben der Liebe, die in allem, was sie tut, das Wohl des anderen sucht*), und von dort her (und nur so) auch eine *Aussage über uns:* die eschatologische Qualifizierung unseres dadurch ausgelegten Seins als *durch-Gott-ermöglichtes-und-vermitteltes-Sein-für-Gott-und-für-andere* (also als *Leben, das dazu bestimmt ist, sich in all seinen Vollzügen im Blick auf Gott, auf andere und auf sich selbst als Liebe zu verwirklichen*).

Unsere *Leiblichkeit* ist somit die Gottes Sein-für-andere verdankte Möglichkeit, unser menschliches Leben in der Einheit von Gottes-, Nächsten- und Selbstliebe zu vollziehen. Das gilt auch dort, wo wir diese Möglichkeit nicht so wahrnehmen, sondern unter Mißachtung des konstitutiven Zusammenhangs der Liebe mit Gott, mit den Nächsten und mit uns selbst im Vollzug unseres Lebens mißbrauchen, indem wir eine dieser Hinsichten auf Kosten der jeweils anderen einseitig privilegieren, die Möglichkeiten unseres Lebens also religiös, sozial oder egoistisch verfehlen. In all diesen Hinsichten steht Leiblichkeit für unsere nie unmittelbare, sondern immer vermittelte Bezogenheit auf andere, anderes und uns selbst, in der uns und anderen unsere distinkte Identität nicht nur als (für andere) unhintergehbare Andersheit, sondern auch als (für uns selbst) unvordenkliche, in keine Fremd- oder Selbstbestimmung aufhebbare Eigenheit wahrnehmbar wird: Wir sind in unseren Beziehungen zu anderen und uns selbst stets mehr und anders, als wir von anderen verstanden werden oder uns selbst verstehen. Wir sind, auch wenn das konstitutiv zu unserer Geschichte als Personen gehört, nie nur das, was andere aus uns und was wir selbst aus uns machen, weil wir unser Personsein Gottes Verhältnis zu uns und nicht unserem (dadurch überhaupt erst ermöglichten) Verhältnis zu anderen oder uns selbst oder deren Verhältnis zu uns verdanken.[57] An jedem Punkt unseres Lebens erinnert uns unsere Leiblichkeit somit an unsere ins Unendliche gehende Verwobenheit in das Leben anderer und in andere Wirklichkeitsprozesse, eben damit aber auch daran, daß wir uns und anderen letztlich ein Geheimnis bleiben, das sich selbst unablässig zu verstehen sucht, weil wir ohne Verstehen und ohne den Versuch, uns selbst zu verstehen, nicht leben können, und das sich doch nie abschließend verstehen kann, solange wir leben, und nicht mehr zu verstehen vermag, wenn wir nicht mehr leben. Insofern stellt unsere Leiblichkeit eine permanente Herausforderung, aber auch eine nie zu überwindende Grenze unseres Verstehens dar. Zugleich markiert sie damit auch den Ort, an dem sich das Geheimnis unseres Lebens erschließen muß, wenn es zur Einsicht in dieses Geheimnis und zur verständigen Bestimmung unserer Lebensverhältnisse zu Gott, zu anderen und anderem und zu uns selbst in seinem Licht kommen soll. Insofern ist unsere Leiblichkeit die Dimension, in der wir nicht nur unserer unaufhebbaren Abhängigkeit von anderen und letzten Unverfügbarkeit über uns selbst gewahr werden, sondern in der sich – die leiblichen Grundvollzüge gemeinsamen christlichen Glaubenslebens in Wort und Sakrament bringen ebendas zur Darstellung – gerade in unserer distinkten Unterschiedenheit von Gott in unseren Lebensverhältnissen zu Gott, zu anderen und zu uns selbst das Wesen und damit die Göttlichkeit Gottes als uns zugute kommender Liebe manifestiert.

Der Glaube ist deshalb keine Überwindung oder Verabschiedung unserer Leiblichkeit, sondern deren eschatologische Neubestimmung. In dieser Neubestimmung ist unsere Leiblichkeit nicht mehr das Medium, das uns aufgrund des Gebrauchs, den wir von unserer Leiblichkeit machen, Gottes Beziehung zu uns verbirgt und verstellt und damit auch unsere Beziehung zu anderen und uns selbst verkehrt und entstellt, sondern gerade umgekehrt die *über Gott und nur über Gott vermittelte Bezogenheit auf andere und uns selbst im Modus der Liebe:* Eschatologische Leiblichkeit ist unmittelbares Verwobensein in Gottes Leben, das wirkende Liebe ist, und gerade so allein durch Gott vermitteltes und sich nur und

---

[57] Vgl. *I.U. Dalferth/E. Jüngel*, Person und Gottebenbildlichkeit, in: *Fr. Böckle* u.a. (Hg.), Christlicher Glaube in moderner Gesellschaft, Teilband 24, Freiburg/Basel/Wien ²1981, 57–99, 70ff.

ausschließlich als Liebe realisierendes Bezogensein auf andere und uns selbst. *Gott* ist eschatologisch ganz und gar das, was er auch jetzt schon ist: die unser Leben ermöglichende und erfüllende Liebe, die uns näher ist als wir uns selbst. Aber *wir* sind eschatologisch anders als jetzt ganz und gar nicht mehr im unklaren darüber, daß wir zusammen mit allem und allen anderen allein durch und in Gottes Liebe sind und deshalb erst da wahrhaft leben, wo auch wir zu allem und allen nur und ausschließlich in Beziehungen der Liebe stehen. *Gottes Liebe in uns und wir mit allem und allen allein in und durch Gottes Liebe* – das ist die Kurzformel für die eschatologische Leiblichkeit. Unter den Bedingungen unserer Gottes Liebe ignorierenden Lebensvollzüge wird diese im Glauben und damit so realisiert, daß das Leben des Glaubens in Kontrast zu dem des Unglaubens tritt. Doch dieser Kontrast ist kein eschatologischer Zielzustand. Das Leben des Glaubens zielt vielmehr wesentlich auf die Überwindung und Aufhebung dieses Kontrasts und hofft deshalb auf eine Zukunft ewigen Lebens mit Gott, in der Gottes Liebe umfassend zur Geltung kommt und mit dem Unglauben auch den Glauben und die Hoffnung nur noch im Modus der Vergangenheit kennt.

Anders, und ohne im Modell der Liebe zu reden, gesagt: Ist unser Gottesverhältnis in diesem Leben Implikat unseres Welt- und Selbstverhältnisses, so ist im ewigen Leben unser Selbst- und Weltverhältnis Implikat des Gottesverhältnisses. Überall und an jedem Punkt des Lebens ist der Übergang zu Gott dann nicht nur möglich, sondern wir stehen nur in und durch Gott – und zwar so, wie dieser sich in Jesus Christus Gestalt gab und bestimmte – in Beziehung zu anderem und uns selbst, ohne dabei mit Gott oder in Gott miteinander identisch zu werden: Eschatologische Leiblichkeit ist Leben in Gott als distinkte Existenz ἐν Χριστῷ – eine Existenz, die sich in diesem Leben unter den Bedingungen des Kontrasts von Glaube und Unglaube in der Teilnahme am Leben der Kirche als dem Leib Christi vollzieht. Dieses Leben hat sein Ziel aber nicht in sich selbst, sondern kommt dort an sein Ziel, wo die partikularisierenden und scheidenden Differenzen zwischen Kirche und Welt (Gesellschaft) so überwunden sind, daß sich nicht die Kirche in die Welt oder die Welt in die Kirche aufgelöst hat, sondern beide in der universalen Wirklichkeit des Reiches Gottes aufgehoben sind, in dem Gott nicht nur jeder Gegenwart gegenwärtig ist, sondern auch jede Gegenwart auf Gott hin offen ist und seine Gegenwart wahrnimmt und aus dieser Wahrnehmung lebt.

Gefragt ist also keine spekulative »replica-Theorie« à la Hick[58], sondern die Einsicht, daß sich menschliches Leben in Gottes Leben *leiblich* und das heißt, im selbstbestimmten und für Fremdbestimmungen sensiblen Verhältnis zu anderem Leben im Modus der Liebe vollzieht. Leiblichkeit ist – auch in ihren deformierten Formen noch als solche erkennbare – Bezogenheit auf andere(s) im Modus der Liebe, die die Andersheit und das Geheimnis des anderen achtet und so auch die Eigenart des eigenen Seins gegenüber dem anderen wahrt. Dies auch eschatologisch zu betonen ist wichtig, weil es beides verhindert: undifferenzierte Vermischung und Verschmelzung und wechselseitig isolierte Beziehungslosigkeit. Gottes Leben ist *sein Mit-anderen-Sein im Modus der Liebe.* Die *Art* dieses Mitseins ist damit durch Gottes Wesen bestimmt als das *Für-andere-Dasein-der-Liebe,* die das Beste dessen sucht, was sie liebt, und deshalb jedem einzelnen Geschöpf auf die Weise nahe kommt, wie es zu dessen Bestem ist. Genau an diesem göttlichen Leben der Liebe nehmen wir teil, wenn wir uns von dieser Liebe bestimmen und in ihr Wirken hineinziehen lassen. Wo das geschieht, bildet sich *der eschatologische Leib Christi,* wie nicht nur Paulus die Gemeinschaft der Glaubenden nannte. Diese nehmen so am Wirken von Gottes Liebe in dieser Welt teil, daß sie ihr Leben ausdrücklich so zu bestimmen und zu gestalten suchen, daß sie Gottes Liebe für andere deutlich machen und helfen, ihr einen Weg zu ihnen zu bahnen, der zur Aufhebung der Differenz von Glaube und Unglaube und zur Einbeziehung aller in das ewige Leben Gottes führt. Das alles ist in der Auslegung eines Bildes geredet. Aber Bilder wie das vom *Leib Christi* weisen Wege, auf denen weiter gedacht werden kann, wenn man über die Art der Auferstehungsleiblichkeit Jesu Christi theologisch (also gebunden an die Erfahrung des Glaubens und nicht nur frei spekulierend) nachdenken will.

---

[58] Vgl. *J. Hick,* Death and Eternal Life, London 1976, 279ff. Hick versucht die Möglichkeit der Auferweckung als »the divine creation in another space of an exact psycho-physical ›replica‹ of the deceased person« (279) zu denken. Das nötigt ihn nicht nur zu einer »plural space hypothesis«, derzufolge eine Reihe kausal unverbundener Räume in einer einzigen Zeitfolge existieren sollen (290), sondern verwickelt ihn auch in Fragen der »Identity from World to World« (285ff.) und der »Multiple Replication« (290ff.), die nicht von ungefähr so beantwortet werden, daß Auferweckung von einer in bestimmter Weise verstandenen Reinkarnation ununterscheidbar wird.

Michael Welker

Die Wirklichkeit der Auferstehung

Das folgende akademisch-publizistische Spektakel ereignet sich immer wieder in den Weltgegenden, die sowohl vom christlichen Glauben als auch von moderner Bildung geprägt sind und in denen über den christlichen Glauben – zumindest gelegentlich – öffentlich kommuniziert wird: Ein theologisch gebildeter und zur Lehre befähigter Mensch versichert in Wort und Schrift, daß der Glaube an die Auferstehung Jesu töricht oder sogar ein Skandal sei, weil es keine physische Wiederbelebung eines Toten gebe. Von verschiedenen Medien wird diese Versicherung aufgenommen und – nicht selten: genüßlich – verbreitet.[1] Es kommt zu einer mehr oder weniger ausgeprägten öffentlichen Erregung. Fromme Menschen reagieren verletzt, betreten oder empört. Einige verlangen, daß der Verleugner des Glaubens auf seinem Karriereweg gestoppt wird. Weniger fromme Gemüter reagieren mit beredter Zustimmung. Sie loben den ehrlichen Freund der Wahrheit. Einige von ihnen bekunden darüber hinaus Häme gegenüber der Naivität von Christen, die mit Paulus nach 1Kor 15,14 daran festhalten wollen: »Ist aber Christus nicht auferweckt, dann ist unsere Verkündigung leer und euer Glaube sinnlos.« Nach einer Weile beruhigt sich die Lage wieder, wobei aber ein zumindest schwacher Säkularisierungsschub als Teileffekt der Aufführung des Schauspiels unterstellt werden kann.

Die folgenden Überlegungen wollen – wie auch andere Kapitel dieses Buches – einen Beitrag zur Beendigung dieser Wanderkomödie oder Wandertragödie bieten, für die in Deutschland die Namen David Friedrich Strauß[2], Rudolf Bultmann[3] und Gerd Lüdemann[4] stehen

---

[1] Vgl. dazu den Beitrag von Bernd Oberdorfer in diesem Band.
[2] *D. F. Strauß*, Das Leben Jesu, Tübingen, ²1837, 657ff.
[3] *R. Bultmann*, Neues Testament und Mythologie. Das Problem der Entmythologisierung der neutestamentlichen Verkündigung, Kerygma und Mythos, Bd. 1, 1941,

können. Sie wollen zeigen: Nur aufgrund einer leider weitverbreiteten laxen Lesart der biblischen Auferstehungszeugnisse und aufgrund mangelnder kulturtheoretischer und theologischer Einsichten konnte der Eindruck entstehen, die Auferstehungs- oder Auferweckungszeugnisse des Neuen Testaments sprächen von einer bloßen physischen Wiederbelebung. Das Elende an den Stellungnahmen der selbsternannten Wahrheitsfreunde à la Lüdemann ist, *daß sie mit ihrer emphatischen Verneinung einer physischen Wiederbelebung die irrige Meinung in Umlauf bringen oder verstärken, das Neue Testament spreche tatsächlich davon, daß Jesus physisch wiederbelebt wurde und fixiere unsere Hoffnungen darauf.*[5] Um diese die Wirklichkeit der Auferstehung verstellende Sicht zu korrigieren, sind zunächst die neutestamentlichen Auferstehungszeugnisse in ihrem *orientierenden Spannungsreichtum* zu betrachten. Im Anschluß daran muß die Frage gestellt werden: Wenn die Auferstehung Jesu keine physische Wiederbelebung ist – welche Wirklichkeit kommt ihr dann zu?

1. Keine bloße physische Wiederbelebung:
Die Auferstehungszeugnisse der biblischen Überlieferungen

Neben den biblischen Texten, die die Auferstehung Jesu, das »Daß« ihres Bezeugtseins und die Bedeutung der Auferstehung des Gekreuzigten für unseren Glauben und unsere Hoffnung betonen, gibt es drei Gruppen von Texten, die, vorsichtig formuliert, zumindest den Anschein erwecken können, sie wollten ausführlichere und genauere Aufschlüsse über die Auferstehung Jesu geben:

1. die Überlieferungen vom leeren Grab;
2. die Überlieferungen, die die Auferstehungszeugnisse auf Lichterscheinungen beziehen;

---

wiederaufgelegt mit einer Einleitung von Eberhard Jüngel, Gütersloh, ³1988. Eine umsichtige Würdigung der Position Bultmanns bietet der Beitrag von Antje Fetzer in diesem Band.

[4] Vgl. u.a. *G. Lüdemann*, Die Auferstehung Jesu. Historie, Erfahrung, Theologie, Göttingen 1994; *ders.*, Zwischen Karfreitag und Ostern, in: *H. Verweyen* (Hg.), Osterglaube ohne Auferstehung? Diskussion mit Gerd Lüdemann, Freiburg/Basel/Wien 1995, 13ff. Eine kritische direkte Auseinandersetzung mit Lüdemanns Position aus verschiedenen Perspektiven bieten die Beiträge von Bernd Oberdorfer, Gregor Etzelmüller und Ingolf Dalferth in diesem Buch.

[5] Der Beitrag von Andreas Schüle in diesem Band macht darauf aufmerksam, daß nach statistischen Umfragen der Auferstehungsglaube nur wenige Anhänger findet. Er nötigt zu der Frage, ob nicht die Besetzung der »Auferstehungshoffnung« mit der Idee einer bloßen physischen Wiederbelebung zur Verdrängung dieses zentralen Themas des christlichen Glaubens beigetragen hat.

Die Wirklichkeit der Auferstehung

3. die Überlieferungen, die die Auferstehungszeugnisse mit personalen Begegnungserscheinungen verbinden, welche zumindest die Möglichkeit einer Verwechslung von Auferstehung und bloßer physischer Wiederbelebung mit sich bringen.[6]

Zu 1.:
Den Überlieferungen vom leeren Grab wird von den meisten Forschern eine »historische Basis« zuerkannt, da sie wohl – allerdings mit verschiedener Begründung – von jüdischer und von christlicher Seite getragen worden sind. Sie lassen *im Prinzip* vier verschiedene Deutungen zu:

a) Das Grab war leer, weil der vorösterliche Jesus tatsächlich physisch wiederbelebt wurde und zunächst an einen unbekannten Ort gegangen war. Das Problem des weiteren irdischen Lebensverlaufs des wiederbelebten Jesus[7] wird dann durch seine Entrückung in den Himmel »gelöst«. Auf diese Deutungsmöglichkeit konzentrieren sich die meisten Kritiker der Auferstehung.

b) Das Grab war leer, weil der Leichnam gestohlen wurde und an einem unbekannten Ort verweste, ein Umstand, der Gerd Lüdemann und anderen sehr wichtig ist: »Die Tatsachenaussage der Verwesung Jesu ist für mich Ausgangspunkt aller weiteren Beschäftigung mit den Fragen im Umkreis seiner ›Auferstehung‹.«[8] Lüdemanns Begeisterung für die vermeintliche »Tatsachenaussage der Verwesung«, die er sogar in Dokumenten des auf historische Reputation eigentlich ängstlich bedachten »Jesus-Seminar« verankern konnte[9], führt zu einer Verschleierung zweier Sachverhalte:
1. Es gibt kein einziges historisch seriöses Zeugnis, das Stoff für gerichtsmedizinische Autopsien – um nicht zu sagen: pathologische Untersuchungen – des gekreuzigten Jesus nach seiner Grablegung böte.
2. Besäßen wir ein solches Zeugnis, wäre eine – jedenfalls auch mit der

---

[6] Die in diesem Abschnitt folgenden Überlegungen fassen kurz zusammen, was ich ausführlicher dargestellt habe in: *M. Welker*, Was geht vor beim Abendmahl?, Stuttgart 1999; *ders.*, Die Gegenwart des auferstandenen Christus als das Wesentliche des Christentums, in: *W. Härle/H. Schmidt/M. Welker* (Hg.), Das ist christlich. Nachdenken über das Wesen des Christentums, Gütersloh 2000, 91-103.

[7] Es läßt sich in die Frage fassen: Wurde nicht sein Tod lediglich aufgeschoben, wenn er nur physisch wiederbelebt wurde?

[8] *Lüdemann*, Zwischen Karfreitag und Ostern (Anm. 4) 27. Die »Verwesungsthematik« wird in diesem Band kontrovers beurteilt (vgl. bes. die Beiträge von Günter Thomas, Gregor Etzelmüller und Bernd Oberdorfer einerseits und Ingolf Dalferth andererseits).

[9] Vgl. *R.W. Funk and the Jesus Seminar*, The Acts of Jesus. The Search for the Authentic Deeds of Jesus, San Francisco 1998, 533.

Assoziation »physische Wiederbelebung« belastete – Rede von »leiblicher« Auferstehung kaum haltbar gewesen.

c) Das Grab war leer, weil eine Entrückung unvorstellbarer Art stattgefunden hat.

d) Das Grab war leer, weil eine leere Grabstätte mit der wirklichen Grabstätte verwechselt wurde; eine allerdings nur selten vertretene Auslegungshypothese.

Diese Deutungen bieten ein breites Spektrum von trocken empiristischen (Leichendiebstahl und Grabverwechslung) bis hin zu supranaturalistischen und magischen Antworten. Wichtig ist das ihnen Gemeinsame: Sie alle betonen die *zumindest zeitweilige Entzogenheit* des empirisch-sozial wahrnehmbaren Leibes des vorösterlichen Jesus.[10] Wäre der verwesende Leib hingegen tatsächlich vorhanden gewesen, hätte zumindest ein anderes Hoffnungssymbol an die Stelle der »Auferstehung« treten müssen.[11] Die biblischen Texte betonen ferner alle, daß *das leere Grab allein noch keinen tragfähigen Glauben an die Auferstehung weckt*. Furcht und Schweigen (Mk 16,8), Geschwätz von Frauen, das keinen Glauben findet (Lk 24,11), Glaube an einen Leichendiebstahl (Joh 20,13) oder Propaganda, die Jünger hätten den Leichnam gestohlen (Mt 28,13), werden als Ergebnisse der Konfrontation mit dem leeren Grab festgehalten. Bemerkenswert ist auch die durch die verschiedenen kanonischen Zeugnisse festgehaltene Unsicherheit hinsichtlich der Details der Grabesüberlieferung:
- Unklarheiten herrschen im Blick auf die Zahl und Identität der Zeuginnen und Zeugen;
- Unklarheiten herrschen im Blick auf Zahl und Auftritt der himmlischen Boten (vgl. zu beidem Mk 16, Mt 28, Lk 24 und Joh 20).

Zu 2.:
Die zweite Gruppe von Überlieferungen, die eine Selbstvergegenwärtigung des Auferstandenen in einer Lichterscheinung bezeugen, widerspricht klar der Meinung, durch die Auferstehung sei die vorösterliche Existenz Jesu durch eine bloße physische Wiederbelebung wiederhergestellt worden. Sie finden sich vor allem in der Apostelgeschichte und bei Paulus, besonders in den Hinweisen des Lukas auf das Damaskuserleb-

---

[10] Die konstruktive Bedeutung dieser Entzogenheit reflektiert der Beitrag von Günter Thomas in diesem Band.
[11] Wenn auch nicht zwingend die existentialistische »Eigentlichkeit« oder der von Gregor Etzelmüller in diesem Band scharfsichtig kritisierte »Ewigkeitsglaube«.

nis (Apg 9,3ff; 26,12ff), aber auch – mit vielfältigen Rückverweisen auf alttestamentliche Überlieferungen[12] – in mehr oder weniger ausgeprägten Anspielungen in 1Kor 9,1; 15,8.49; 2Kor 4,6; 6,2; Gal 1,15f; Phil 3,8 u.a.[13] Eine Lichtgestalt, die wohl die Neuschöpfung aus dem Chaos anzeigt und die auch den vorösterlichen Jesus in neuer Weise vergegenwärtigt[14], eine visionäre Wahrnehmung, die ihn in der Lichtgestalt wiedererkennt – diese Ereignisse gehören zu den Auferstehungserscheinungen, die die individuelle und gemeinsame, ja die sich ausbreitende Gewißheit auslösen: Der gekreuzigte Jesus Christus ist auferstanden, er lebt!

Wolfhart Pannenberg und andere Theologen haben vorgeschlagen, *alle* Auferstehungszeugnisse auf solche Lichterscheinungen zurückzuführen und damit das heikle Problem der Begegnungserscheinungen, die zur Verwechslung mit einer unglaubwürdigen bloßen physischen Wiederbelebung Anlaß geben, ganz zu umgehen.[15] Dabei hat Pannenberg, mutig die Diskussion aus einer Sackgasse herausführend, für die Historizität dieser Auferstehungserscheinungen plädiert. Die wichtigsten Gründe, die vielfach diskutiert worden sind[16], lauten:

a) Die breite zeitliche Streuung der neutestamentlichen Auferstehungszeugnisse spricht für ihre Historizität.

b) Der Tatbestand, daß die Erscheinungen nicht (oder allenfalls punktuell) in eine enthusiastische Erwartung allgemeiner Auferstehung übergehen, was, so jedenfalls Pannenberg, der damaligen eschatologischen Erwartungshaltung entsprochen hätte, legt ihre Historizität nahe. Die unwahrscheinliche Diszipliniertheit, in der die Zeugnisse auf die Auferstehung Jesu konzentriert bleiben, spricht – im damaligen Kontext betrachtet – gegen bloße Stimmungs- und Meinungsbildung.

c) Die wechselseitige Stützung der Erscheinungszeugnisse und der Überlieferungen vom leeren Grab, die wohl unabhängig voneinander entstanden sind, ist ein Indikator für die Historizität der Auferstehung.

Pannenberg betont mit Recht die dem Common sense gegenüber offenbar immer wieder geltend zu machende Trivialität, daß komplexe historische Befunde stets Annäherungsversuche an die Realität darstellen und daß sie notorisch überprüfungsbedürftig bleiben. Er betont auch, daß es

---

[12] Siehe dazu den Beitrag von Martin Hauger in diesem Band.
[13] Siehe dazu ausführlicher den Beitrag von Hans-Joachim Eckstein in diesem Band.
[14] Zu den Problemen dieser Zuordnung ohne die dritte Gruppe von Zeugnissen s.u.
[15] *W. Pannenberg*, Grundzüge der Christologie, Gütersloh, [7]1990, 47ff, 85ff und 106ff.
[16] Vgl. zu den Details den Beitrag von André Kendel in diesem Band.

nicht leicht sei, Mentalitäten zu rekonstruieren, die »Visionen« – oder zumindest einem Spektrum von Visionen – Realitätsbezug einräumen, wie es die biblischen Überlieferungen tun. Dennoch hält er fest: »Wenn es sich aber um eine Vision handelt, so spricht dies wohl für die Außergewöhnlichkeit dieses Ereignisses, aber es spricht nicht dafür, daß das Ereignis notwendig imaginär ist ... Weil es sich bei dem Leben des Auferstandenen um die Wirklichkeit einer neuen Schöpfung handelt, darum ist der Auferstandene tatsächlich nicht als ein Gegenstand unter anderen in dieser Welt wahrnehmbar. Darum war er nur durch die außerordentliche Erfahrungsweise der Vision und nur in einer symbolischen Sprache zu erfahren und zu bezeichnen. Aber in dieser Weise hat er sich nun doch in dieser unserer Wirklichkeit kundgetan, zu einer ganz bestimmten Zeit, in einer begrenzten Zahl von Ereignissen gegenüber näher bezeichneten Menschen. Mithin sind diese Ereignisse auch als historische Ereignisse, als zu einer bestimmten damaligen Zeit tatsächlich geschehene Begebenheiten zu behaupten oder zu bestreiten.«[17]

So hilfreich Pannenbergs Argumente für die Historizität der Auferstehungserscheinungen gewesen sind, so problematisch war und ist seine Limitierung der Auferstehungszeugnisse auf die Bezeugung von Lichterscheinungen. Einmal muß Pannenberg die synoptischen Überlieferungen weithin ausgrenzen, zum anderen kann er ohne einen Assoziationszusammenhang zu dieser dritten Gruppe von Zeugnissen schwerlich erklären, warum und wie in den Lichterscheinungen Menschen Christophanien zuteil wurden, die sie mit dem vorösterlichen Jesus in eine differenzierte Beziehung brachten. Die scheinbar elegante Lösung einer Konzentration der Auferstehungszeugnisse auf Lichtphänomene »aus der Höhe, vom Himmel her«[18] räumt zwar die Verwechslung von Auferstehung und bloßer physischer Wiederbelebung radikal aus. Sie muß aber über Auditionen die Kontinuität zum Leben des vorösterlichen Jesus herzustellen versuchen, was keine gute Perspektive auf ein anspruchsvolles Verständnis von »leiblicher Auferstehung« bietet.

Als fruchtbarer, wenn auch komplizierter stellt sich die Sachlage dar, wenn wir auch die dritte Gruppe von Auferstehungszeugnissen würdigen, die sich auf personale Begegnungserscheinungen beziehen, welche

---

[17] *Pannenberg*, Grundzüge, 96. *J. Ringleben* hat in seinem Buch Wahrhaft auferstanden. Zur Begründung der Theologie des lebendigen Gottes, Tübingen 1998, 93ff, einerseits Impulse von Pannenberg aufgenommen, andrerseits aber geraten, auf den Visions-Begriff zu verzichten und konsequent von Auferstehungserscheinungen zu sprechen: »›Vision‹ verlegt ... den Erkenntnisgrund unvermeidlich ins visionäre Subjekt, ›Erscheinung‹ dagegen in eine Selbstkundgebung, die auch und zwar streng eodem actu den Zugang zu ihr erschließt.«
[18] *Pannenberg*, Grundzüge, 89.

allerdings zumindest die Möglichkeit einer Verwechslung von Auferstehung und bloßer physischer Wiederbelebung mit sich bringen.

2. Sinnfälligkeit und Erscheinung zugleich: Orientierung an erkenntnisleitenden Perspektivendifferenzen in verschiedenen Kontexten

Zu 3.:
Die Überschrift klingt – notgedrungen – kompliziert. Zunächst ist zu verstehen, was »Orientierung an erkenntnisleitenden Perspektivendifferenzen« besagt. Isolieren wir nicht den Text Lk 24,41-43, nach dem der Auferstandene vor den Jüngern, die ein Gespenst zu sehen meinen, einen Fisch ißt, betrachten wir vielmehr alle Auferstehungszeugnisse von personalen Begegnungserscheinungen im Zusammenhang, so ergibt sich in einer Hinsicht ein klares Bild: Der Auferstandene lebt *nicht* so mit seinen Jüngern, den Frauen und den anderen Mitmenschen zusammen wie der vorösterliche Jesus. Aussagen wie: »Verzeih, daß ich dich nicht gleich erkannte, Jesus!« Oder: »Jesus, wie gut, daß du wieder hier bist!« sind ganz undenkbar. Sorgfältige Beobachtungen an den biblischen Texten und die Bereitschaft, mehrperspektivische Zeugnisse auf sich wirken zu lassen, haben aus der Sackgasse des Für-und-Wider der Debatte um die physische Wiederbelebung herausgeführt. Festzuhalten ist in diesem neuen Zugang, daß die biblischen Texte *in und mit Perspektivendifferenzen auf die Auferstehungswirklichkeit verweisen.*[19]
Die biblischen Texte betonen im Blick auf die Auferstehungserscheinungen in Form personaler Begegnungserfahrungen »das Zugleich« von
- Sinnfälligkeit und Erscheinung (z.B. Lk 24; Joh 20);
- Theophanieerfahrung und Zweifel (z.B. Mt 28, 9.17);
- Erkennen und Entzogenheit (z.B. Mk 16; Lk 24, 30f.51).

So sehr es das Denken – nicht nur das moderne Denken! – drängt, diese Spannungen mit klaren Entscheidungen aufzulösen:
- Vision oder Erfahrung?
- Illusion oder Realität?
- Gottesbegegnung oder Phantasterei? usw.,

---

[19] Siehe dazu *M. Welker*, Resurrection and the Reign of God, the 1993 Frederick Neumann Symposium on the Theological Interpretation of Scripture: Hope for the Kingdom an Responsibility for the World, in: The Princeton Seminary Bulletin, Supplementary Issue, No. 3, hg. D. Migliore, Princeton 1994, 3-16; *ders.*, Auferstehung, Glauben und Lernen 9, 1994, 39-49; *J. Ringleben*, Wahrhaft auferstanden, 1998; in diesem Band besonders die Beiträge von Bernd Oberdorfer und Günter Thomas.

so wichtig ist es, die bezeugten Spannungen erst einmal auszuhalten und auf sich wirken zu lassen.[20]

Die Emmaus-Geschichte Lk 24 ist das wohl eindrücklichste Beispiel dieser Erzählungen. Zunächst wird betont, daß die Augen der Jünger, die dem Auferstandenen begegnen, gehalten werden (ekratounto), »so daß sie ihn nicht erkannten«. Lk 24,30f heißt es dann: »Nachdem er sich mit ihnen zu Tisch niedergelegt hatte, nahm er das Brot, sprach den Mahlsegen und brach es und gab es ihnen hin. Aber ihre Augen wurden geöffnet, und sie erkannten ihn.« Doch unmittelbar im Anschluß daran folgt die Aussage: »Und er wurde unsichtbar vor ihnen.«

Die erwartbare Reaktion, dies nun zu beklagen und als ein gespenstisches Ereignis zu verbuchen, bleibt aus. Vielmehr erkennen die Jünger rückwirkend, daß sie schon ein Gefühl für die Gegenwart des Auferstandenen gehabt hatten, bevor ihre Augen durch den rituellen Akt des Brotbrechens in der Mahlgemeinschaft geöffnet wurden. Lk 24,32: »Und sie sagten zueinander: War nicht unser Herz brennend in uns, während er zu uns sprach auf dem Weg, während er uns die Schriften öffnete?« Und dann bezeugen sie die Auferstehung Jesu Christi vor anderen.

Diese Spannung von Betonung der Sinnfälligkeit einerseits, des Erscheinungscharakters andererseits begegnet uns in mehreren Texten. Sie verweist auf eine komplexere Wirklichkeit, als sie Alternativen wie
- bloße physische Wiederbelebung oder visionäre Vorstellung,
- subjektiv oder objektiv,
- Gottesoffenbarung oder Zweifel verdienende Illusion etc.
einklagen.

Doch wie läßt sich diese Wirklichkeit fassen und bestimmen? Es ist wichtig, nicht nur die Doppelperspektiven, sondern auch die inhaltliche Verschiedenartigkeit der Auferstehungserscheinungen festzuhalten: Anrede, Friedensgruß, Brotbrechen, Erschließung der Schrift ... Worauf verweisen die verschiedenen Auferstehungszeugnisse mit ihren irritierenden Doppelperspektiven?

3. Die Auferstehung als Selbstvergegenwärtigung der Fülle des Lebens Jesu Christi

Die Gewißheit, Christus ist auferstanden, besagt nicht: Er ist jetzt so gegenwärtig, wie der vorösterliche Jesus gegenwärtig war. In Jesu Auferstehung ereignet sich weit mehr als bei der Erweckung des Lazarus oder

---

[20] In anderen Erkenntniszusammenhängen ist dies durchaus ein geläufiges Vorgehen; nicht nur in der Philosophie, in der Jurisprudenz oder in anspruchsvollen historischen Rekonstruktionen, sondern auch in der spätmodernen Physik.

Die Wirklichkeit der Auferstehung

der Tochter des Jairus.[21] Vielmehr wird nun *die ganze Fülle seiner Person und seines Lebens* »im Geist und im Glauben« gegenwärtig. Für ein naturalistisches und szientistisches Denken ist diese Gegenwart »im Geist und im Glauben« schwer nachvollziehbar.[22] Deshalb fixiert es sich immer wieder auf das Für und Wider der physischen Wiederbelebung. Doch gegenüber einer bloßen physischen Wiederbelebung bringt sich die ganze Fülle der Person und des Lebens Christi im Geist, im Glauben und im *kanonischen Gedächtnis*[23] der Gemeinschaft der Zeuginnen und Zeugen zur Geltung. Der biblisch bezeugte Reichtum des Lebens und Wirkens Jesu wird in den Auferstehungszeugnissen keimhaft präsent und darf nicht durch eine Fehlfixierung auf eine physische Wiederbelebung verdrängt werden.

Der Rückbezug auf den vorösterlichen Jesus und auf die Auferstehungserscheinungen erfolgt in »Zeugnissen«. Mit dem Ausdruck »Zeugnis« wird einerseits die persönliche Authentizität und Gewißheit der Erfahrung zum Ausdruck gebracht, andererseits ihr fragmentarischer und perspektivischer Charakter. Rückblickend auf eine mehrjährige Diskussion vor allem in der römisch-katholischen Theologie über die Auferstehung, hat Francis Fiorenza betont, daß der Zeugnischarakter unverzichtbar ist für die angemessene Bezugnahme auf die Auferstehung. Die notwendig vielfältigen Zeugnisse aber nötigen zu metaphorischer Rede, wenn sie aufeinander verweisen und wenn sie auf die komplexe Wirklichkeit hinweisen, auf die sie gemeinsam vielperspektivisch ausgerichtet sind. Fiorenza hat auch darauf aufmerksam gemacht, daß die Zeugnisse auf symbolische Handlungen des Auferstandenen bezogen sind, die im Leben der Kirche liturgisch formgebend werden.[24] Tatsächlich wird mit den Formen der Anrede, des Friedensgrusses, des Brotbrechens, der Verkündigung, der missionarischen Sendung und Beauftragung, der Erschließung der Schrift u.a. ein »gottesdienstliches Leben« umrissen und ge-

---

[21] Das heißt nicht, daß die Auferstehung bzw. Auferweckung Jesu — trotz ihrer Einzigartigkeit gegenüber anderen Offenbarungen des rettenden und lebenschaffenden Wirkens Gottes — nicht auch im Zusammenhang dieses Wirkens wahrgenommen werden könnte. Leon Seow hat mich im Blick auf alttestamentliche Überlieferungen darauf aufmerksam gemacht. Vgl. auch *B. Janowski*, Die Toten loben JHWH nicht, und *J. Dunn*, The Ascension of Jesus, beide in: *F. Avenarie/H. Lichtenberger*, Auferstehung – Resurrection. The Fourth Durham-Tübingen Research Symposium: Resurrection, Transfiguration and Exaltation in Old Testament, Ancient Judaism and Early Christianity, Tübingen 2001.

[22] Siehe dazu *J. Polkinghorne/M. Welker* (Hgg.), The End of the World and the Ends of God. Theology and Science on Eschatology, Harrisburg 2000.

[23] Siehe dazu Abschnitt V.

[24] *F. Fiorenza*, The Resurrection of Jesus and Roman Catholic Fundamental Theology, in: *S. T. Davis/D. Kendall/G. O'Collins* (Hgg.), The Resurrection. An Interdisciplinary Symposium on the Resurrection of Jesus; Oxford 1997, 213-48, 238ff.

prägt, für das Liturgie und Sakrament gewiß höchst bedeutsam sind, das aber über kultische Formen hinausgeht. Indem der Glaube an den Auferstandenen die Fülle des Lebens Jesu Christi festhält, hat er auch im Rückblick auf den vorösterlichen Jesus eine Erschließungskraft, die dem säkularen Denken nicht gleichgültig oder gar verdächtig sein sollte, eine Erschließungskraft, die das naturalistische Denken vielmehr mit seinen Grenzen konfrontiert.[25] Sarah Coakley hat darauf hingewiesen, daß eine Epistemologie der Auferstehungszeugnisse die Vielstimmigkeit der Sinne (»the polyphony of senses«) erkennen muß, die durch die Auferstehung angesprochen werden: »Our continuing difficulties in expressing the reality of a risen Christ who cannot finally be *grasped*, but rather ›seen‹–›not with the eyes only,‹«[26] sind auf einen Reichtum der Erkenntnis zurückzuführen, der vom wissenschaftlichen Diskurs kaum eingeholt werden kann. Mit der sich selbst vergegenwärtigenden Fülle des Lebens Jesu Christi wird den Zeuginnen und Zeugen der Auferstehung eine Vielzahl von Kräften zugewendet, in die sie gleichsam »eingebunden« werden.

Die Kräfte der Liebe, die Kräfte der Vergebung, die Kräfte der Heilung und die Kräfte der Zuwendung zu den Kindern, zu den Schwachen, den Ausgestoßenen, den Kranken und den Notleidenden werden Menschen mit der Gegenwart des Auferstandenen vermittelt. Aber auch die Kräfte der Auseinandersetzung mit den sogenannten »Mächten und Gewalten«, etwa mit politischen und mit religiösen Mächten im Fragen nach Gerechtigkeit und in der Suche nach Wahrheit, gewinnen in seiner Gegenwart Gestalt. Die Person und das Leben Jesu Christi setzen normative und

---

[25] In meinem Beitrag: Die Gegenwart des auferstandenen Christus als das Wesentliche des Christentums (Anm. 6), habe ich mit einem Beispiel auf die erkenntnisfördernde Kraft des Glaubens, auf seine Überlegenheit gegenüber dem nur naturalistischen Wissen sowie auf seine erkenntniserschließenden kommunikativen Vollzüge aufmerksam gemacht: »Stellen Sie sich vor, Sie fragen: Wer ist meine Mutter? Ist sie das kleine Mädchen mit der großen Schleife im Haar, das auf dem – bei uns Älteren schon vergilbten – Photo so ernst, fast andächtig in die Kamera blickt? Ist sie die junge Frau, die mich jubelnd in die Luft wirft und die mir doch nur wie ein Schatten in dunklen Erinnerungen aus frühen Kindertagen gegenwärtig ist? Ist sie die besorgte, mir oft allzu besorgte Frau, die große Teile meines Lebens mit unbedingter Treue und unbedingtem freudigem Interesse verfolgte? Oder ist sie ... die hinfällige Frau, das ausgemergelte und vom Tod gezeichnete Angesicht, dem ich an ihrem Sterbebett mit großer Traurigkeit in die Augen sah? Unsere ... Antwort wird sein: Meine Mutter ist dies alles – und sie ist weit mehr als diese wenigen Rückblicke auf einen Lebensweg erschließen. Dieses »alles« aber begleitet uns zumindest in den Tiefendimensionen unseres Lebens und Erlebens ... Welche Erkenntnisformen sind seiner Vergegenwärtigung angemessen?«

[26] S. *Coakley*, The Resurrection and the ›Spiritual Senses‹. On Wittgenstein, Epistemology and the Risen Christ, in: *dies.*, Powers and Submission. Spirituality, Philosophy and Gender, Oxford, 2002.

kulturelle Erneuerungen und viele andere schöpferische Impulse frei. In der Sicht des Glaubens wird auf oft verborgene, aber doch unaufhaltsame Weise die Herrschaft Christi unter den Bedingungen dieser Welt um sich greifen und Raum gewinnen. Aber sind dies nicht bloße Versicherungen oder gar fromme Wunschvorstellungen? Welche Wirklichkeit setzt dieses Wirken frei? Welche realistische Erfahrung und Kommunikation entspricht ihr? Die Erkenntnis eines Paradigmenwechsels in der sogenannten »Frage nach dem historischen Jesus« hilft uns, eine Antwort auf diese Fragen zu finden.

4. Ein Paradigmenwechsel in der Frage nach dem historischen Jesus

An der schlichten Tatsache, daß Jesus gelebt hat, zweifelt kein Wissenschaftler, jedenfalls kein ernstzunehmender: »Aus folgenden Gründen hat Jesus mit an Sicherheit grenzender Wahrscheinlichkeit gelebt. Immerhin gibt es vier vollständig erhaltene Biographien und eine Reihe biographischer Fragmente ... Diese Anzahl wird für sonst keine andere Figur der Antike erreicht. Zu den Evangelien nehmen zehn weitere theologische Autoren des Neuen Testaments auf Jesus Bezug, die meisten unabhängig voneinander. Aber auch von Außenstehenden wird er erwähnt.«[27] Klaus Berger nennt die römischen Historiker Sueton und Tacitus (Bericht über den Brand Roms unter Nero, um 117 n. Chr.), die dem Kaiser Claudius gewidmete Kaiser-Biographie von 120 n. Chr., den im 2. Jahrhundert lebenden Syrer Marabar Serapion, den jüdischen Geschichtsschreiber Flavius Josephus (*Antiquitates*, 62 n. Chr.) und andere jüdische Quellen.[28]

Doch unabhängig von dieser Gewißheit, daß Jesu gelebt hat, war die theologische Forschung lange Zeit davon ausgegangen, daß wir uns dem historischen Jesus nicht annähern können, weil er uns nur in, wie man gerne sagte, »legendärer Übermalung« in den biblischen Texten begegnet. Er begegnet uns verbunden mit verschiedenen Hoffnungen auf Heil und Erlösung, die – so lautete die Folgerung – den historischen Jesus nicht mehr erkennen lassen. »Niemand ist mehr in der Lage, ein ›Leben Jesu‹ zu schreiben.« Mit diesem Satz begann der Heidelberger Neutestamentler Günther Bornkamm sein berühmtes Buch *Jesus von Nazareth*. Die meisten Neutestamentler stimmten ihm lange zu. Die Zeugnisse von Jesus von Nazareth in den biblischen Überlieferungen schienen in eine Vielzahl von bloßen »Jesus-Bildern« zu zerfallen.

---

[27] *K. Berger*, Wer war Jesus wirklich?, Stuttgart 1995, 21ff.
[28] Vgl. auch *R. E. Van Voorst*, Jesus Outside the New Testament, Grand Rapids 2000, 68ff.

– Ist es etwa nicht so, daß für *Markus* die Auseinandersetzungen Jesu mit den Dämonen besonders wichtig sind, in denen der Gottessohn schon in dieser Welt siegreich wirkt?
– Ist es nicht so, daß nach *Paulus* die Christen in die lebendige Gemeinschaft mit dem auferstandenen und erhöhten Christus aufgenommen werden, daß sie durch den Geist adoptiert werden, wie Jesus vom Vater bei der Auferstehung zum Gottessohn eingesetzt wurde?
– Ist es nicht so, daß *Matthäus* in Jesus den neuen und größeren Mose sieht, der die neue Weisung an die Stelle des Gesetzes setzt? Juden und Christen sollen integriert werden in ein »*corpus permixtum*, with internal tolerance and outwardly an ›aristocratic‹ self-confidence to be the ›light of the world‹«.[29]
– Ist es nicht so, daß nach *Lukas* der Jesus, der schon von seiner irdischen Geburt an vom Geist erfüllt war, die Menschen durch den Geist für die Gottesherrschaft gewinnen will?
– Ist es nicht so, daß nach *Johannes* Jesus die Menschen in seine ewige Gemeinschaft mit dem Vater hineinnehmen will, durch die Neugeburt in der Kraft des Geistes? Diese Neugeburt ereignet sich inmitten der Kämpfe zwischen den römischen »Herren der Welt« und der wahren Autorität Jesus, dem Diener und Menschenfreund.[30]

Wenn dies aber so ist – fällt dann nicht alles Wissen über den historischen Jesus in eine Vielzahl von Jesus-Bildern auseinander, die nicht miteinander vereinbar sind? Fragen wir aber nur nach dem kleinsten gemeinsamen Nenner, so bleibt eine Grobskizze weniger Daten, mit denen wir weder historisch noch religiös viel anfangen können: Der historische Jesus hat das kommende Reich Gottes angesagt, Kranke und Besessene geheilt. Er hatte außerdem Konflikte mit der religiösen Führungsschicht, mit den Gesetzeslehrern und den Tempelpriestern, weshalb er verfolgt, gekreuzigt und getötet wurde. Gewiß lassen sich die von den biblischen Überlieferungen gebotenen Jesus-Bilder verfeinern und auf viele Überschneidungen hin befragen. Sie problematisieren aber jede Suche nach der großen, einfachen Kohärenz und Konvergenz im Blick auf eine in Raum und Zeit rekonstruierbare leibliche Existenz und ihrem Bewegungsverlauf[31].

---

[29] *G. Theißen*, Gospel Writing and Church Politics. A Socio-Rhetorical Approach, Hong Kong, 2001, 166.

[30] Ebd.

[31] In dunklen Worten und mit einem unklaren Konzept von »Geschick« hatte schon Martin Heidegger in seinem erstmals 1948 gehaltenen Vortrag »Die Kehre« vor einem entsprechenden Geschichtsverständnis gewarnt: »Noch sind wir zu leicht geneigt, weil gewohnt, das Geschickliche aus dem Geschehen und dieses als einen Ablauf von historisch feststellbaren Begebenheiten vorzustellen. Wir stellen die Geschichte in den Bereich des Geschehens, statt die Geschichte nach ihrer Wesensherkunft aus dem Geschick zu denken.« Die Technik und die Kehre, Pfullingen

Gegenüber dieser – wie es lange hieß: desillusionierenden – Sicht haben mehrere Jahrzehnte der »Sitz-im-Leben-Forschung«, der sozialgeschichtlichen, der sozio-rhetorischen Untersuchungen in der Exegese, aber auch kultur- und sozialgeschichtliche Forschung auf anderen Gebieten sowie der Siegeszug der Zeitgeschichte überhaupt zu einem Paradigmenwechsel geführt, der ganz neue Voraussetzungen für das Fragen nach dem historischen Jesus geschaffen hat.

Rückblickend können wir das *alte* Fragen nach dem historischen Jesus *»archäologistisch«* nennen. Damit sollen nicht die Objektivierungsinteressen der Archäologie herabgesetzt werden. Im Gegenteil. Sie sind für die historische Arbeit ebenso unverzichtbar wie das Bemühen um die genaue Datierung von Ereignissen. Die Emphase der Empirizität in historischer Arbeit, die sich an den exakten Lokalisierungen in Raum und Zeit festmachen kann, schlägt aber in einen naiven Objektivismus um, wenn komplexe historische Sachverhalte und ein Geflecht vertexteter Überlieferungen wie Ausgrabungsstätten behandelt werden.

John Dominic Crossan hat in seinen resonanzträchtigen Jesus-Büchern: *The Historical Jesus. The Life of a Mediterranean Jewish Peasant*[32] und: *Jesus. A Revolutionary Biography*[33] noch einmal diesen Archäologismus praktiziert. Mit einer mehrschichtigen Textarchäologie schien er dem abgründigen Zweifel an der Möglichkeit der Leben-Jesu-Forschung einen wahren Triumph des archäologistischen Vorgehens entgegenzusetzen. Crossan prüft 522 biblische und außerbiblische Jesus-Referenzen aus den Jahren 30-150 darauf hin, wie oft bestimmte Perikopen der Jesus-Überlieferung in ihnen unabhängig voneinander bezeugt sind. Er gewichtet besonders die frühen der 42 Belege, die dreifach bezeugt sind, und der 33 Belege, die öfter als dreimal bezeugt sind. Daraus ergibt sich, so Crossan, für Jesus das Bild eines revolutionären mediterranen jüdischen Bauern.

Der historische Jesus hat die beiden grundsätzlichen Strukturen der antiken Gesellschaft radikal in Frage gestellt, die Familienverhältnisse und die politischen Verhältnisse. Den in Politik und Familie gegebenen Herrschaftsverhältnissen setzt Jesus die offene Tischgemeinschaft entgegen, die auch politisch, moralisch und anderweitig Ausgegrenzte annimmt und die bei Tisch und im Tischgespräch zur Auseinandersetzung mit den herrschenden Verhältnissen anregt. Jesu Verkündigung des kommenden Gottesreichs zielt nicht auf eine jenseitige Wirklichkeit. Sie geht einher mit der »Praxis der Gottesherrschaft« in der Wahrnehmung ganz elemen-

---

1962, 38.

[32] *J. D. Crossan*, The Historical Jesus. The Life of a Mediterranean Jewish Peasant, San Francisco 1991.

[33] *Ders.*, Jesus. A Revolutionary Biography, San Francisco 1994.

tarer Bedürfnisse der Menschen: Gesundheit, Nahrung und freiheitliches Zusammenleben. In der offenen Tischgemeinschaft von Männern und Frauen, Reinen und Unreinen, Sklaven und Sklavenhaltern vollzieht sich die neue Wirklichkeit der kommenden Gottesherrschaft. Eine hausmissionarische Gemeinschaftsbewegung, die die herrschenden familialen und politischen Verhältnisse unterwandert, transformiert – eine solche Verkündigung und Wirksamkeit des irdischen Jesus rekonstruiert J.D. Crossan.

Elisabeth Schüssler Fiorenza hat mit Recht auf die offenen und latenten »politics of interpretation« aufmerksam gemacht, die mit einer solchen objektivistischen »stratigraphic method« einhergehen. Sie kritisiert Crossan, aber auch seine Kritiker, die, wie Dale Allison in seinem Buch *Jesus of Nazareth: Millenarian Prophet*,[34] gegen Crossan ein »millenarium model« eschatologischer Orientierung Jesu aufbieten. »... one cannot simply marshal textual evidence in one or the other direction ...«[35] Ein selbstkritischer Umgang mit den verwendeten Modellen und ihrer akademischen und politischen Wirk- und Ausstrahlungskraft sei erforderlich. Crossans Archäologismus, der noch einmal die alte Frage nach dem historischen Jesus stellen und vermeintlich beantworten konnte, war und ist publizistisch erfolgreich[36] in einem Forschungskontext, in dem längst ein neues Paradigma des Historischen um sich gegriffen hat.

Im neuen Paradigma des Historischen gehen wir davon aus, daß wir im Prinzip an jeder Raum-Zeit-Stelle ein Erinnerungs- und Erwartungskontinuum eröffnen können. Im Prinzip können wir an jeder Stelle in Geschichte und Gegenwart einen Vergangenheits-Gegenwarts-Zukunfts-Horizont aufspannen. Historikerinnen und Historiker müssen Rechenschaft geben über die Wahl der primären Erinnerungs- und Erwartungskontexte und ihrer Trägerinnen und Träger, die historisch greifbar sein müssen. Sie müssen aber auch mit der Möglichkeit raumzeitlich benachbarter Erinnerungs- und Erwartungskontexte rechnen, die mit abweichenden Darstellungen der historischen Personen und Ereignisse einhergehen. Das heißt ganz konkret: Wir müssen in Rechnung stellen, daß Jesus auf die Landbevölkerung Galiläas in ganz anderer Weise wirkte als auf die Stadtbevölkerung Jerusalems. Wir müssen damit rechnen, daß diejenigen, die gegenüber der römischen Besatzungsmacht das mosaische Gesetz oder den Tempelkult hochhalten wollten, ihn ganz anders wahrnahmen, als diejenigen, die sich auf die römische Kultur ganz oder

---

[34] D. *Allison*, Jesus of Nazareth. Millenarian Prophet, Minneapolis 1998.
[35] E. *Schüssler Fiorenza*, Jesus and the Politics of Interpretation, New York/ London 2000, 111.
[36] Vgl. auch *J. D. Crossan /J. L. Reed*, Excavating Jesus. Beneath the Stones, Behind the Texts, San Francisco 2001; *J. L. Reed*, Archeology and the Galilean Jesus. A Re-examination of the Evidence, Harrisburg 2000.

Die Wirklichkeit der Auferstehung

mit halbem Herzen einlassen wollten. Wir müssen damit rechnen, daß diejenigen, denen er in den Erfahrungen von Heilung and Annahme begegnete, ihn ganz anders bezeugten als diejenigen, denen er in den Konflikten mit Rom und Jerusalem eindrücklich wurde.
Es ist der historische Jesus selbst, der eine spannungsreiche Vielzahl von Erwartungen und Erfahrungen weckt und nährt und der ein bestimmtes Spannungsfeld von Jesus-Bildern freisetzt. Diese Bilder können miteinander durchaus in Konflikt stehen. Das aber muß nicht heißen, daß sie deshalb nicht auf den historischen Jesus zurückgehen können. Diese verfeinerte Sicht des Historischen läßt die verzweifelte archäologistische Suche nach dem kleinsten gemeinsamen Nenner als Irrweg erkennen. Gerade die Differenzen und Spannungen zwischen in sich kohärenten und konsistenten biblischen Zeugniszusammenhängen sind historisch aufschlußreich und wichtig.
Gegenüber Crossans selbst- und politikkritischem mildem Bauernpatriarchalismus, der gewiß als *ein* Zug der Jesus-Wirksamkeit, Jesus-Umgebung und Jesus-Überlieferung aufmerksame Beachtung verdient, sollen nur zwei weitere Kontextualisierungen hervorgehoben werden, die andere mögliche Umgebungen und Überlieferungen in der Frage nach der geschichtlichen Wahrheit ins Auge fassen könnten.
Die Jesus-Bücher von Geza Vermes[37], Professor für Judaistik in Oxford, verstehen Jesu Sendung als eine Sendung zu den Kindern Israels.[38] Jesus gehört zur galiläischen Landbevölkerung, die von den Pharisäern und Schriftgelehrten als ungebildet angesehen wird, aber von ihnen zu Jesu Zeit nicht wirksam kontrolliert werden kann. Der Verkehr Jesu mit Sündern, Huren und Zöllnern und seine Haltung gegenüber den Reinheitsriten paßt in dieses Bild. Jesu Einstellung gegenüber Tora und Tempel führt zur Eskalation und zum Eklat, als er Jerusalem betritt. Stärker als Crossan betont Vermes den Exorzismus, die Heilung der Kranken und die Vergebung der Sünden im Wirken Jesu. Jesus gehört zum charismatischen Judentum in Galiläa, in die Reihe der »Gottesmänner« des Alten Testaments.
Das heißt für Vermes aber nicht, daß Jesus sich in seinem Handeln und seinem Verkündigen in den Bereich des Phantastischen und des historisch nicht mehr Einholbaren hineinbegibt. Wichtig ist für Vermes das Verhältnis des Juden Jesus zum Gesetz, und wichtig ist der Realismus in den Reich-Gottes-Gleichnissen. Die Gottesherrschaft ist – so Vermes ge-

---

[37] *G. Vermes*, Jesus the Jew. A Historian's Reading of the Gospels, Philadelphia 1981; *ders.*, Jesus and the World of Judaism, Philadelphia 1984; *ders.*, The Religion of Jesus the Jew, London 1993; *ders.*, The Changing Faces of Jesus, New York 2001.
[38] Vgl. Mt 15,24 und die Bezeichnung der Heiden als »Hunde« Mk 7,27; Mt 7,6.

genüber Crossan – viel stärker von ihrem organischen Wachsen und Werden her zu verstehen als von einer Inszenierung in tatsächlicher und symbolischer Tischgemeinschaft und anderen sozialen Aktivitäten. Stärker als die Mitwirkung des Menschen – die nicht in Abrede gestellt wird – wird das organische Wachsen der Saat hervorgehoben. Kleine, feine, aber äußerst folgenreiche Differenzen, die die Gesamtsicht erheblich verändern, sind hier zu beachten.

Eine dritte interessante Kontextverlagerung bietet das Buch *Der historische Jesus* von Gerd Theißen und Annette Merz.[39] Theißen und Merz nehmen besonders auf die, wie sie formulieren, »außernormale Ausstrahlungs- und Irritationsmacht« Jesu Bezug: Jesus war ein Charismatiker, der sich »implizit eine besondere Gottesnähe zuschrieb« und insofern in eine folgenreiche Auseinandersetzung mit messianischen Rollenerwartungen in Israel trat. So wie Jesus die Tora, wie es heißt, »transzendiert«, ohne ihr zu widersprechen, so »verändert« er auch Rollenerwartungen, vor allem die Messiaserwartungen, mit denen er konfrontiert wurde. Die Weckung und Problematisierung der Messiaserwartungen aber wurde Jesus zum Verhängnis. »Er wurde wegen der vom Volk an ihn herangetragenen Messianität von den Römern gekreuzigt.« Unter den sogenannten Hoheitstiteln habe Jesus lediglich den Ausdruck »Menschensohn« auf sich bezogen, ein »alltäglicher Ausdruck, der erst durch Jesus messianisch aufgeladen wurde, freilich indem er an Visionen eines Himmelswesens anknüpfte, das einem Menschensohn glich.«

Theißens und Merz' Rekonstruktion klingt etwas abgehobener, etwas idealistischer als die von Crossan und Vermes. Deshalb müssen sie auch von einer »Enttäuschung der Erwartungen« sprechen, weil das Gottesreich nicht gekommen sei. Allerdings können sie von ihrer Perspektive aus leichter den Übergang zu den nachösterlichen Verhältnissen herstellen. Die hohe Bedeutung des Menschensohn-Titels bringt es mit sich, daß sich nach Ostern der »Glaube an einen verwandelten Menschen festigt, der auch jenseits der Todesgrenze nicht aufhört, Gottes Geschöpf zu sein«.[40] Theißen und Merz kommentieren: »Diese neuen Perspektiven setzen eine utopische Kraft frei, daß durch Angleichung aller an diesen neuen Menschen traditionelle Unterschiede zwischen Völkern, Klassen und Geschlechtern überwunden werden könnten, Unterschiede zwischen Juden und Griechen, Sklaven und Freien, Männern und Frauen (Gal 3,28). Die heutige Reflexion über Jesus darf in ihm eine Art Metamorphose des Menschlichen sehen.«

Diese verschiedenen Darstellungen des Lebens Jesu führen uns in ver-

---

[39] G. *Theißen/A. Merz*, Der historische Jesus. Ein Lehrbuch, Göttingen 1996; die folgenden Zitate 486f.
[40] Ebd. 488.

schiedene Dimensionen seines Lebens hinein. Sie provozieren zu vielen Rückfragen: War es wirklich so? Sind die Differenzen plausibel zu integrieren in dieses Leben? Sie verdeutlichen aber auch die vieldimensionale Ausstrahlungskraft dieses Lebens, das in die verschiedensten Erfahrungen von Leid und Not, Unterdrückung und Orientierungslosigkeit hineinwirkte und auch heute hineinwirkt. Das neue Fragen nach dem historischen Jesus ist ein polykontextuelles Fragen. Es nötigt zu einer besonderen akademischen Tugend: Einerseits muß die historische Arbeit – durchaus verbunden mit archäologischen Emphasen – in bestimmten Kontexten vorangetrieben werden; andererseits muß die innerkontextuelle Arbeit offengehalten werden für die Erkenntnisse in anderen Erinnerungs- und Erwartungsräumen. Verschiedene Prozesse der Gewißheits- und Konsenssteigerung unter progressiver Sacherschließung müssen zugleich distinkt gehalten und aufeinander bezogen werden. Dies provoziert zu zahlreichen methodologischen, hermeneutischen, historischen und pluralismustheoretischen Anschlußfragen. Stehen wir hier nicht nur vor der gewiß interessanten Aufgabe der Rekonstruktion eines vieldimensionalen Geflechts von Konflikten und Widerstandshaltungen? Die vertiefte Erforschung eines Geflechts von religiösen, politischen, kulturellen und sozialen Normenkonflikten, Wertkonflikten, Macht- und Interessenkonflikten in verschiedenen, aber auch interdependenten Kontexten in Israel am Beginn der gemeinsamen Zeitrechnung mag höchst lehrreich sein – auch für die nicht-exegetische und nicht-historische Forschung. Doch wird damit nicht das Fragen nach dem historischen Jesus gesprengt?

5. Eschatologische Komplementarität und kanonisches Gedächtnis

Es ist vor dem beschriebenen Hintergrund kein Zufall, daß das Thema »Auferstehung« in die systematisch-theologische Diskussion zurückgekehrt ist. Lange Zeit machten auf akademische Reputation bedachte Theologien um dieses Thema gern einen großen Bogen. Mochte der Fundamentalismus es für seine kultur- und kirchenpolitischen Kämpfe verwenden – wissenschaftliche Theologie gab ihm höchstens im Schatten existentialistischer und supranaturalistischer Denkfiguren eine Nische. Der biblischen Rede vom »geistlichen Leib« des Auferstandenen, von seiner »leibhaftigen« Gegenwart »im Geist und im Glauben« stand die systematische Theologie ziemlich hilflos gegenüber.
Der Paradigmenwechsel im Fragen nach dem historischen Jesus läßt eine höchst spannungsreiche und unabgegoltene Dynamik in diesem Leben erkennen, eine Dynamik, die auch in den spannungsreichen polykontextuellen Auferstehungszeugnissen zum Ausdruck kam. Die konsequente Verabschiedung eines nur archäologischen Verständnisses des »histo-

rischen Jesus« einerseits und die Beendigung einer – fundamentalistisch bejahten oder szientistisch verneinten – Verwechslung von Auferstehung mit bloßer physischer Wiederbelebung andererseits ermöglicht es, Kontinuität und Diskontinuität von vorösterlichem und nachösterlichem Leben Jesu Christi zu erfassen und zu verdeutlichen. Nicht am vorösterlichen historischen Jesus vorbei und in doketischer Weise über ihn hinaus[41] bringt sich der Auferstandene und sein nachösterliches Leben zur Geltung. In neuer, schöpferischer und neuschöpferischer Weise wird dieses gewaltsam beendete Leben durch Gottes Wirken zu segensreicher ewiger Geltung gebracht.

Die Auferstehung Jesu Christi ist nicht nur ein Sieg Gottes über den Tod in diesem Leben.[42] Die Auferstehung ist auch ein Sieg über die »Mächte und Gewalten«, die Jesus Christus ans Kreuz gebracht haben und die – schuldhaft und verblendet zugleich – die Welt gegen Gottes Offenbarung und gegen Gottes rettendes »Gedenken«[43] und Wirken abschirmen wollten. Jürgen Moltmann hat in seinem Buch »Der gekreuzigte Gott«[44] darauf aufmerksam gemacht, daß Jesus Christus am Kreuz nicht nur in Gottverlassenheit stirbt. Er wird auch als der politische Aufrührer hingerichtet, und er wird auch als der Gotteslästerer, der dem Tempelkult und der Toraauslegung widerspricht, ans Kreuz gebracht. Wer das Kreuz nicht auf die Vergegenwärtigung des (mit)leidenden Gottes reduzieren will, muß erkennen, daß Jesus Christus im Namen der Politik der Weltmacht und im Namen der Religion des Gottes, dessen kommendes Reich er verkündete, verurteilt wird. Er wird im Namen von zweierlei Recht, dem jüdischen und dem römischen Recht, hingerichtet. Auch die öffentliche Meinung ist gegen ihn (Mk 15,13f par). Die Juden und die Heiden, die Juden und die Römer, die Inländer und die Ausländer sind sich einig. Alle Mächte wirken hier zusammen. Selbst die Jünger verraten ihn, verlassen ihn und fliehen.

Die »guten Mächte« Religion, Recht, Politik, öffentliche Moral und Meinung, sie alle wirken gegen die Gegenwart Gottes in Jesus Christus zusammen. Das Kreuz offenbart die tiefe Selbstgefährdung und Verlorenheit der Welt. Es offenbart, wie die biblischen Texte sagen, die Welt »unter der Macht der Sünde«. Es offenbart die »Nacht der Gottverlassenheit«, nicht nur für Jesus selbst – sondern auch als eine beständig drohende Gefahr für die ganze Schöpfung. Aus dieser Nacht der Gottverlas-

---

[41] Und sei es in den theologisch integrativsten dogmatischen Denkfiguren bzw. existentialistischen oder dialogistischen religiösen Erlebnismustern.

[42] Der Beitrag von Ingolf Dalferth in diesem Band schärft mit Recht die Beachtung dieses Aspekts ein.

[43] Siehe dazu den Beitrag von Andreas Schüle in diesem Band.

[44] *J. Moltmann*, Der gekreuzigte Gott. Das Kreuz Christi als Grund und Kritik christlicher Theologie, München 1972.

senheit befreit die Auferstehung. Gottes Werk allein, nicht Menschenwerk bringt die Rettung. Die Macht, die rettende Kraft, die Lebensnotwendigkeit der Auferstehung wird erst vor dem Hintergrund des Kreuzes offenbar. Daß *Gott und Gott allein* handelt und den Menschen die Rettung bringt, wird angesichts der grauenhaften Möglichkeit erkennbar, daß die Menschheit sich auch mit besten Absichten und ihren besten und machtvollsten Ordnungen ins Verderben bringen kann. Selbst das gute Gesetz Gottes kann von den Menschen, die unter die Macht der Sünde geraten sind, völlig korrumpiert und mißbraucht werden. Perversionen von Religion, Recht, Politik und öffentlicher Meinung können dann triumphieren. Es ist deshalb wichtig zu erkennen, daß Gott auf unscheinbare Weise und auf vielen zusammenführenden Wegen rettet und nicht etwa durch einen großen Paukenschlag. In vielen – auch kleinsten – Zeichen der Liebe, der Heilung, der Zuwendung, der Annahme, der Suche nach Gerechtigkeit und Wahrheit verwirklicht sich die Gegenwart des auferstandenen Christus unter »den Seinen«. Nachdem das Leben des gekreuzigten Christus durch Gottes schöpferische Macht dem Tod entrissen worden ist, sind er und das Reich Gottes auf unscheinbare Weise, auf emergente Weise »im Kommen«.[45]

Neben diesem Kommen, um das das Vaterunser bittet (»Dein Reich komme!«), bieten die biblischen Überlieferungen aber auch Bilder vom endgültigen, richtenden Kommen des Menschensohns. Es handelt sich um Bilder, die jede Antizipation von Erfahrung übersteigen – und zwar *notwendig* übersteigen. Denn der Auferstandene und Erhöhte »kommt« nicht nur in eine bestimmte Zeit und Weltgegend. Der Auferstandene und Erhöhte kommt *in alle Zeiten und Weltgegenden*. Er richtet, wie das Glaubensbekenntnis sagt, *die Lebenden und die Toten*. Das aber ist ein nur in visionären Bildern thematisierbares Geschehen, in Bildern, die alle natürlichen Vorstellungen notgedrungen übersteigen. So befremdlich diese Bilder anmuten mögen, handelt es sich doch um eine wichtige und heilsame Vision, die sich allen Erfolgs- und Heils-Egoismen bestimmter Zeiten, Kulturen und Epochen entgegenstellt. Das emergente Kommen des Reiches Gottes und das Leben als Zeuginnen und Zeugen des Auferstandenen, als Glieder seines nachösterlichen Leibes einerseits und die »End-Theophanie« in der Parusie Christi andererseits sind komplementäre Perspektiven auf das eine eschatologische Geschehen der Selbstvergegenwärtigung des Auferstandenen in Zeit und Ewigkeit.[46]

---

[45] Dazu ausführlich, *M. Welker*, Das Reich Gottes, EvTh 52, 1992, 497-512; *ders./M. Wolter*, Die Unscheinbarkeit des Reiches Gottes, in: *W. Härle/R. Preul* (Hgg.), Reich Gottes, Marburger Jahrbuch Theologie XI, Marburg 1999, 103-116.

[46] Zur genaueren Darstellung dieser Komplementarität vgl. *M. Welker*, Die Weltgeschichte als Weltgericht? Philosophische und außerphilosophische Eschatologien, in: *R.Bubner/W. Mesch* (Hgg.), Die Weltgeschichte – das Weltgericht? Stuttgarter

In welchen Erfahrungsformen kann diese eschatologische Wirklichkeit realistisch wahrgenommen werden, welche Wahrnehmungs- und Ausdrucksformen des Glaubens entsprechen der reichen und dynamischen Selbstvergegenwärtigung des Auferstandenen? In einem mehrjährigen interdisziplinären Diskurs mit Naturwissenschaftlern haben wir eine der Formen genauer untersucht, in der die Erschließung der Auferstehung wissenschaftlich nachvollziehbar beschrieben werden kann.[47] Ich habe vorgeschlagen, diese Form »lebendiges kulturelles Gedächtnis« oder »*kanonisches* Gedächtnis« zu nennen. Was zeichnet dieses Gedächtnis aus?

In seinem Buch *Das kulturelle Gedächtnis* untersucht der Heidelberger Ägyptologe Jan Assmann verschiedene Formen des gemeinsamen, geteilten Gedächtnisses.[48] Er unterscheidet das »*kommunikative Gedächtnis*«, das immer flüssig bleibt, das beständig bereichert wird und das zugleich beständig schwindet, vom geformten, stabilisierten und organisierten Gedächtnis, das er »*kulturelles Gedächtnis*« nennt.[49] Ereignisse wie die Französische Revolution, der Civil War, aber auch der 11. September 2001 prägen unser kulturelles Gedächtnis und geben ihm dauerhafte Inhalte, Orientierungsgrundlagen, Lernrichtungen. Ein kulturelles Gedächtnis wird zu einem »*kanonischen Gedächtnis*« gesteigert, wenn das kulturelle Gedächtnis aufgrund seines Inhalts und Gegenstands nur in einer bestimmten Mehrzahl verschiedener Interpretationen dauerhaft kodifiziert werden kann. Ein strukturierter und begrenzter Pluralismus von Deutungen führt zu einem notwendig unruhigen Gedächtnis, das immer neue Interpretationen hervorruft, ohne aber dabei seine Konzentration zu verlieren.

Das kanonische Gedächtnis ist *ein responsorisches und proklamatorisches Gedächtnis*, das individuelles und gemeinsames Erleben und Erwarten prägt, das sich aber dabei immer neu seinem Gegenüber, Grund und Gegenstand verdankt. Durch das kanonische Gedächtnis werden die Glaubenden an Gottes schöpferischer Auseinandersetzung mit den »Mächten und Gewalten« beteiligt. Die Lebendigkeit und Unerschöpflichkeit des kanonischen Gedächtnisses an den auferstandenen Jesus

---

Hegel-Kongress 1999, Stuttgart 2001, 291ff; *ders.*, Theological Realism and Eschatological Symbol Systems. Resurrection, the Reign of God, and the Presence in Faith and in the Spirit, in: *T. Peters/R. Russell/M. Welker* (Hgg.), Resurrection. Theological and Scientific Assessments, Grand Rapids 2002.

[47] Vgl. *Welker/Polkinghorne*, The End of the World and the Ends of God (Anm. 22).
[48] *J. Assmann*, Das kulturelle Gedächtnis, München 1992; dabei nimmt Assmann Arbeiten von *M. Halbwachs*, Les cadres sociaux de la mémoire, Paris 1925 (= Das Gedächtnis und sein sozialen Bedingungen, Frankfurt 1985), *C. Lévi-Strauss*, La pensée sauvage, Paris 1962 (= Das wilde Denken, Frankfurt 1973, 270 u.ö.) und anderer Gedächtnisforscher auf.
[49] Vgl. a.a.O. 48ff.

Christus affirmiert der christliche Glaube dadurch, daß er dieses Gedächtnis auf die Parusie Christi ausrichtet.

Die Ausrichtung auf die Parusie stellt jeden Abschluß und Triumphalismus in Frage, ohne dem Glauben seine Konzentration und sein Festhalten an der Wahrheitsfrage zu nehmen. Das lebendige kanonische Gedächtnis ist auf eine klare Zukunft ausgerichtet, die ihm unverfügbar bleibt, obwohl es sich aus vielen Konzentrationen heraus auf sie zubewegt. Eine anti-ideologische und anti-triumphalistische Kraft liegt in diesem kanonischen Gedächtnis, das immer neu aus vielen Zeugnissen heraus erwächst. Es handelt sich um ein kommunikatives, kritisches und selbstkritisches Gedächtnis, das das individuelle und das geteilte Erinnern, Erleben und Erwarten ausrichtet »von der geschehenen Offenbarung her zu der verheißenen Offenbarung hin«.[50] Das kanonische Gedächtnis sucht Gewißheit und ein Wachsen in der Gewißheit. Zugleich prüft, relativiert und korrigiert es Gewißheiten im immer neuen Fragen nach der Wahrheit und in immer neuer Ausrichtung auf sie. Die Wahrheit aber hat einen Namen, eine Geschichte und eine Wirkmacht, die das Leben der Schöpfung erhält, befreit und erhebt. Das Leben des Auferstandenen und die Teilhabe an diesem Leben sind nicht numinose Größen. In geschichtlicher und erkenntniskritischer Orientierung werden die Inhaltlichkeit und die Realistik dieser Wahrheit bezeugt.

---

[50] *K. Barth*, KD I/1, 13.

Ute Braun

Anhang: Das Zeugnis der Auferstehung Jesu nach den vier Evangelien
Ein synoptischer Vergleich

	Matthäus	Markus
Der Tod Jesu	27,45–56 (am 15. Nisan[1])	15,33–41 (am 15. Nisan)
Finsternis um die sechste Stunde	27,45	15,33
Zerreißen des Vorhangs im Tempel	27,51	15,38
Zerbrechen der Beine; Lanzenstich in die Seite	–	–
Epiphanie von Verstorbenen	27,52–53 (stark apokalyptisch!)	–
Bekenntnis des Hauptmanns unter dem Kreuz	27,54: »Gottes Sohn« Bekenntnis aufgrund der Epiphanieerscheinung	15,39: »Gottes Sohn« Bekenntnis aufgrund seines Todes
Menschen unter dem Kreuz	27,55–56: Maria Magdalena + Maria, Mutter des Jakobus und Josef + Mutter der Zebedaiden	15,40–41: Maria Magdalena + Maria, die des Jakobus, des Kleinen, und (die) des Joses (wohl 2 Frauen! Vgl. Mk 15,47; 16,1) + Salome + und viele andere
Grablegung		
durch Joseph von Arimathäa *(vgl. aber Apg 13,29: Juden haben Jesus begraben[2])*	27,57–60 reicher Mann, Jünger Jesu (keine Rückfrage des Pilatus – Faktizität des Todes Jesu steht außer Frage)	15,42–46 angesehener Ratsherr (Jude) kauft Leinwand V.44: Rückfrage des Pilatus, ob Jesus wirklich schon tot sei – Funktion: Betonung, daß Jesus nicht scheintot o.ä. ist
Grab	Josephs *eigenes neues* Felsengrab	Felsengrab
Frauen als Zeuginnen der Grablegung	27,57–61: Maria Magdalena und die andere Maria schauen zu. Sie sitzen dem Grab gegenüber, während Josef schon weggeht: Ausdruck ihrer Ehrerweisung.	15,42–47: Maria Magdalena und Maria, die des Joses, schauen zu.

Die Wirklichkeit der Auferstehung nach den vier Evangelien 335

Lukas	Johannes
23,44–49 (am 15. Nisan)	19,29–37 (am 14. Nisan!) zeitgleich: Schlachten der Passalämmer
23,44	–
23,45	–
–	19,31–37 (aus der Seite fließt Blut und Wasser)
–	–
23,47: »frommer Mensch« Bekenntnis aufgrund seines Todes	–
23,49: Volk; in Entfernung: Frauen, die ihm nachgefolgt waren, und Bekannte	19,25–27: Mutter Jesu + Schwester der Mutter Jesu + Maria, die Frau des Kleopas + Maria Magdalena + Lieblingsjünger
23,50–53 angesehener Ratsherr (Jude); hatte die Verurteilung Jesu nicht gebilligt	19,38–42 Jünger Jesu außerdem: Nikodemus (Joh 3) Bestattung mit Myrrhe und Aloe (Ehrung eines Königs)
neues Felsengrab	*neues* Grab in einem Garten nahe der Hinrichtungsstätte
23,50–56: nachfolgende Frauen schauen zu; gehen heim und bereiten Spezereien und Salben	19,38–42: keine Frauen oder andere Zeugen erwähnt

	Matthäus	Markus
Wächter vor dem Grab (3 x »bewachen«: V.64–66; Stein wird versiegelt – Aussageabsicht des Verfassers: alles Absichern konnte die Auferstehung Jesu nicht verhindern)	27,62–66: Wunsch der Priester und Pharisäer, Befehl des Pilatus; sollen einen evtl. Betrug der Jünger vermeiden. Filigrane Darstellung: Gegner nehmen Auferstehungszeugnis 2x in ihre Argumentation auf (erinnernd: V.63; vorwegnehmend: V.64)	–
Ostermorgen		
Frauen am Grab (Sie sind die ersten Zeuginnen des leeren Grabes, und sie sind Garantinnen für die Wahrheit der Auferstehung, da sie auch Zeuginnen von Tod und Grablegung waren.)	28,1: Maria Magdalena und die andere Maria kommen, um das Grab zu *sehen* (keine Salbungsabsicht).	16,1–3: Maria Magdalena + Maria, die des Jakobus, + Salome kaufen Spezerei für die Salbung (als der Sabbat vergangen war); Gang zum Grab (ganz früh am ersten Tag der Woche); Sorge um den Stein vor dem Grab
weitere Jünger am Grab	–	–
Angelophanie	28,2–7: Engel kommt vom Himmel: Öffnen des Grabes vor den Augen der Frauen und der Wachen; Engel setzt sich auf den Stein; Wachen fallen um (im Vergleich zu Mk findet sich hier eine Steigerung in der Darstellung, im Vergleich zum Petrusevangelium ist der Verfasser des Mt jedoch noch sehr zurückhaltend[3]); Botschaft an die Frauen: Jünger sollen nach Galiläa	16,4–7: Grab ist bereits offen; (Frauen sind »zu spät«; Sorge um das Wegrollen des Steines war unnötig; Gottes Handeln kam zuvor!) ein »Jüngling« sitzt im Grab (zur Rechten); Botschaft an die Frauen: Jünger + Petrus (explizite Erwähnung!) sollen nach Galiläa

Lukas	Johannes
–	–
24,1–4: Frauen (Maria Magdalena + Johanna u Maria, des Jakobus Mutter, u.a. – sie werden erst in V. 10 namentlich vorgestellt, vorher ist es offensichtlich noch nicht von Bedeutung) kommen mit ihren Spezereien zum Grab.	20,1f.11[4]: Maria Magdalena kommt zum Grab, sieht es offen und läuft zu Petrus und dem Lieblingsjünger (keine Salbungsabsicht, vgl. bereits 19,38ff.).
24,12[5]: Petrus läuft auf die Rede der Frauen zum Grab und findet es leer.	20,3–10: »Wettlauf« des Lieblingsjüngers und des Petrus zum Grab.
24,2–9: Grab ist offen; (Sorge um den Stein o.ä. wird nicht erzählt, aber wie bei Mk suchen die Frauen auch hier jemanden, der nicht mehr da ist; angesichts des leeren Grabes sind sie »ratlos«); es begegnen ihnen zwei Engel; Frauen fallen vor ihnen nieder; Engel erinnern an die Worte Jesu vor seinem Tod – die Ereignisse der letzten Tage mußten so ablaufen (V. 6f.)	20,11–13: Maria steht weinend am Grab; sieht im Grab zwei Engel (zu Häupten und Füßen); »sie haben meinen Herrn weggenommen...« (wie bei Mt findet sich auch hier die Vorstellung vom Grabraub, jedoch werden die ordentlich zusammengefalteten Leintücher als Gegenbeweis verstanden; vgl. 20,6f.)

	Matthäus	Markus
Reaktion auf die Auferstehungsbotschaft	28,8: Freude und Furcht bei den Frauen; gehen »eilend«, um es den Jüngern zu verkündigen	16,8: Furcht und Entsetzen bei den Frauen; sie sagen niemandem etwas!
Bestechung der Wachen (Aussageabsicht des Mt: das Grab war wirklich leer; sogar die Gegner wissen um das Faktum der Auferstehung, leugnen aber wider besseren Wissens; Abwehr der Polemik des Grabraubes durch die Jünger)	28,11–15: sie sollen sagen, daß die Jünger den Leib Jesu gestohlen haben	–
Erscheinungen		
Ersterscheinung des Auferstandenen	28,9f.: vor den Frauen am Grab (also in Jerusalem); Frauen erkennen Jesus unmittelbar auf seinen Gruß hin, sie fallen vor ihm nieder und umfassen seine Füße (Proskynese); Wiederholung des Auftrags an die Jünger	$(16,9^6)$ vor Maria Magdalena

Lukas	Johannes
24,10f.: Jünger glauben dem Bericht der Frauen nicht (sie halten es für »Geschwätz«).	20,8f.: Lieblingsjünger glaubt bereits angesichts des leeren Grabes[7], Petrus dagegen versteht noch nicht.
–	–
24,13–35: Vor den Emmausjüngern? Vor Petrus! (24,34) – Diese Aussage ist fein in die Erzählung eingearbeitet: In V.12 findet sich nur eine kurze Notiz, daß Petrus zum Grab läuft und sich angesichts der Leintücher wundert, und erst als die Emmausjünger von ihrer Begegnung erzählen, wird die Ersterscheinung vor Petrus durch eine Formel festgehalten.[8]	20,14–18: Vor Maria Magdalena – sie hält ihn für den Gärtner (derselbe Wortwechsel wie zuvor mit den Engeln). – Das persönliche Angesprochensein (»Maria«) führt zum Erkennen des Herrn. Aber: »Halt mich nicht fest...«[9] Botschaft an die Jünger über die Himmelfahrt des Herrn

	Matthäus	Markus
weitere Erscheinungen des Auferstandenen	28,16–20: vor den 11 Jüngern auf dem Berg in Galiläa (Proskynese aber auch Zweifel; Zweifel wird erst durch Rede Jesu überwunden); programmatischer Schluß: Sendung der Jünger, um die Lehre weiterzutragen: »Missionsbefehl« Blick wird auf alle Völker gerichtet (vgl.: 10,5f.; 15,24; aber: 8,10f.; 15,28)	(16,10–20): vor zweien, die über Land reisen; vor den 11, verbunden mit Sendung der Jünger;
Himmelfahrt	–	(16,19)

Lukas	Johannes
24,13–49: vor den Emmausjüngern (sie erkennen Jesus durch Brotbrechen); vor den 11 und noch weiteren Jüngern in Jerusalem (er zeigt ihnen seine Hände und Füße als Beweis seiner Identität[10] und ißt Fisch[11] vor ihnen – Betonung der Leiblichkeit der Auferstehung: er ist kein Geist[12], V.37.39); mit der Erscheinung verbunden ist die Erklärung der Schrift und die Sendung der Jünger (V.47) ⇨ Mission geht von Jerusalem aus (⇔ Mt)	20,19–31: vor den Jüngern bei verschlossenen Türen in Jerusalem (Wunden als Identitätsnachweis); Geistgabe durch Anblasen (Pfingsten!): Vollmacht zur Sündenvergebung (Sendung); vor Thomas (ebenfalls Wunden als Identifikation) (21,1–23): vor den Jüngern am See Tiberias, verbunden mit Fischwunder und gemeinsamem Mahl; 3 Fragen an Petrus, Worte über den Lieblingsjünger
24,50–53: Himmelfahrt in Betanien! (noch am Ostersonntag! vgl. aber Apg 1,3)	20,17! Zwischen der Begegnung mit Maria und der Erscheinung vor den anderen Jüngern findet nach Joh die Himmelfahrt statt.

[1] Vgl. zur Datierung des Todestages und -jahres Jesu: *G. Theißen/A. Merz*, Der historische Jesus. Ein Lehrbuch, Göttingen 1996, 152–154.

[2] Diese Aussage ist im Kontext des lukanischen Kontrastschemas zu betrachten: die *Juden* haben Jesus getötet und begraben – *Gott* hat ihn auferweckt (Apg 13,27–30; außerdem: Apg 3,15; 4,10; 5,30; vgl. dazu *J. Roloff*, Die Apostelgeschichte (NTD 5), 18. Aufl., Göttingen/Zürich 1988, 206.).

[3] Im Petrus-Evangelium wird geschildert, wie die beiden Engel vor den Augen der Wachen zur Erde kommen, der Stein wegrollt und die beiden Männer in das Grab hineingehen, um kurz darauf mit einem dritten Mann und einem Kreuz wieder herauszukommen. Ihre Gestalten reichen bis zum Himmel, und die dritte Gestalt überragt den Himmel sogar. Vom Himmel her ertönt die Frage, ob den Entschlafenen gepredigt wurde, was vom Kreuz her bejaht wird.

[4] V.2: »Sie haben den Herrn weggenommen ... und *wir* wissen nicht...« – aufgrund der Verwendung der 1. Person Plural ist zu überlegen, ob hier eine Tradition durchscheint, die von mehreren Frauen am Grab ausgeht. Jedoch läßt es sich wohl nicht mehr entscheiden, ob die ältere Tradition von einer oder mehreren Frauen als Auferstehungszeuginnen ausgeht.

[5] Dieser Vers fehlt im Codex Bezae Cantabrigiensis und in den altlateinischen Handschriften.

[6] Mk 16,9–20 ist sekundär. Vgl. zur Diskussion um den Markusschluß: *U. Schnelle*, Einleitung in das Neue Testament, 2. Aufl., Göttingen 1996, 244f.; *Ph. Vielhauer*, Geschichte der urchristlichen Literatur. Einleitung in das Neue Testament, die

Apokryphen und die Apostolischen Väter, Berlin/New York 1975, 347f.; *E. Schweizer*, Das Evangelium nach Markus (NTD 1), 17. Aufl., Göttingen/Zürich 1989, 202f.
Denkbar wäre m.E. ein bewußter Abbruch des Verfassers nach V.8: Der Leser wird zurück nach Galiläa und somit auf den Anfang des Evangeliums verwiesen, in dem alles Wesentliche bereits enthalten ist. (So auch: *W. Grundmann*, Das Evangelium nach Markus (ThHK 2), 10. Aufl., Berlin 1989, 448–450, bes. 449.)
An der spannendsten Stelle abzubrechen entspricht auch dem ansonsten dramatischen Erzählstil des Verfassers des Markusevangeliums (vgl. z.B. die Ausgestaltung seiner Wundererzählungen: Mk 2,1–12; 7,31–37; 8,22–26; ebenso die dramatische Schilderung des Grabganges der Frauen, in der er sogar die Sorgen der Frauen um den Stein erwähnenswert findet, Mk 16,3).

[7] Der Lieblingsjünger soll mit seinem Glauben Vorbild sein für die johanneische Gemeinde; vgl. auch 20,29: »Selig sind, die nicht sehen und doch glauben!«

[8] Vgl. zu dieser Stelle ausführlicher: *H.-J. Eckstein*, Die Wirklichkeit der Auferstehung Jesu. Lukas 24,34 als Beispiel formelhafter Zeugnisse, in diesem Band S. 1ff.

[9] Vgl. zur Übersetzung *E.G. Hoffmann/H. v. Siebenthal*, Griechische Grammatik zum Neuen Testament, 2. Aufl., Riehen (CH) 1990, § 212e; *M. Zerwick*, Graecitas Biblica exemplis illustratur, Scripta Pontificii Instituti Biblici 92, 3. Aufl., Rom 1955, § 183.

[10] Das Zeigen der Wunden an Händen und Füßen weist Jesus als den Gekreuzigten aus, auch wenn er den Jüngern offensichtlich in einem anderen Leib als seinem irdischen erscheint (vgl. das Nicht-Erkennen der Emmausjünger). Hier wird somit Kontinuität und Diskontinuität des Gekreuzigten und des Auferstandenen ausgedrückt. Vgl. dazu: *J. Ringleben*, Wahrhaft auferstanden. Zur Begründung der Theologie des lebendigen Gottes, Tübingen 1998, 111f.

[11] In einigen Handschriften wird Jesus außerdem noch eine Honigwabe gegeben.

[12] Lk ist geprägt von der hellenistischen Dichotomie-Vorstellung, nach der sich beim Tod Leib und Seele voneinander trennen (vgl. 23,46: Jesus befiehlt seinen Geist Gott an) – deshalb ist es ihm an dieser Stelle wichtig zu betonen, daß Jesus *leibhaftig* auferstanden ist. Dazu: *J. Ringleben*, Wahrhaft auferstanden (Anm. 10), 2 Anm. 4.

Bibelstellen

Altes Testament

Gen
1 213
1,27 .... 50, 53
2,1-3 276
2,7 51
8,21ff. 215
9,14-16 216
12,7 15
17,1 .... 15, 20
18,1 15
26,2 15
35,9f. 15

Ex
3,2ff. 15
3,16 .... 19f.
6,2f. 19
23,13 265
25,8 277
33,12-23 207

Num
12,8 20

Dtn
1,1 267
34,6 267

Ri
6,12 15
13,3 15

2Sam
12,15-18 272
18,18 268

1Kön
3,5 16
9,2f. 16
17,17-24 .... 272f.
17,18 272
17,24 274

2Kön
4,31 7

Neh
13,1 267

Est
9,28 268

Hi
19,23 268

Ps
16,10 .... 24f.
102,12 275
102,26-29 .... 276f.

Qoh
2,3-11 261
2,13f. 262
3,1-10 261
3,11 261
3,20 260
5,1 .... 261f.
9,5f. 260
9,6-10 261

Jes
6,1ff. 15, 20
24-27 .... 254f., 257
26 258
26,8 259
26,14 258
26,19 .... 7, 256, 258
55,10f. 271

Jer
23,29 271
31,3 16

Dan
7,10 259
12,1 259
12,2ff. 7, 48, 255, 257-259

Joel
3,5 10

Alttestamentliche Apokryphen und Pseudepigraphen

Tobit
12,22 15
13,2 7

Weisheit
16,13 7

ÄthHen
22 . . . . 190, 192

Jub
23,31 . . . . 190, 192

Neues Testament

Mt
27,45-56	338
27,57-61	338
27,62-66	340
28	318
28,1	340
28,2-7	340
28,5-8	75
28,7	76
28,8	342
28,9f.	4f., 8, 14, 19, 21, 319, 342
28,9	212, 321
28,10	76
28,11-15	342
28,13ff.	158, 169, 318
28,16-20	5, 8, 10, 14, 20, 344
28,16	68, 74
28,17	289, 321

Mk
8,31	29f.
9,2f.	232
9,9f.	29
9,31	29f.
10,34	29f.
12,18ff.	192
14,3-9	87
14,3	88
14,22	88
14,28	5, 89
14,62	154
15,13f.	332
15,33-41	338
15,38	88
15,42-47	338
15,44f.	70
16	156, 318
16,1-8	155, 209f.
16,1-3	340
16,4ff.	86, 88, 252, 340
16,7f.	89
16,7	4f., 8, 15, 21, 66, 68, 70f., 75
16,8	64, 67f., 69, 73, 316, 340
16,9-20	30
16,9	72, 340
16,10-20	344

16,12ff.	295
16,14	289
16,19	344

Lk
1,1-4	23, 72
1,28ff.	11
5,1-11	4, 66
16,22f.	24
20,38	178
22,31f.	14, 69
23,42f.	24
23,44-49	337
23,46	24
23,47	9
23,50-56	337
23,53	5
24	316, 319f.
24,1-4	339
24,2-9	339
24,5f.	2
24,10f.	339
24,11	2, 316, 319
24,12	3-5, 21, 73, 339
24,13-49	343
24,13-35	2f., 5, 9, 197, 319f., 341
24,32	19, 320
24,34	1-30, 66, 73
24,36-49	3, 9, 23
24,36-43	159
24,37	3, 24, 194
24,39	15, 24, 156
24,41	3, 24
24,41-43	24, 319
24,44-47	19
24,46	29
24,50ff.	11, 343
24,51	319

Joh
1,1-18	20
1,14	227, 234
1,42	13
2,19ff.	7
10,17f.	7
19,29-37	337
19,38-42	337
20	316, 319
20,1-18	88
20,1-13	316
20,1-10	4
20,1f.11	339
20,3-10	339
20,6f.	68, 74

Bibelstellen

20,8f.	341
20,9	29
20,11-18	4, 8, 14f., 21, 68
20,11-13	339
20,13	156, 158, 316
20,14-18	341
20,17	20, 196, 343
20,19-31	343
20,19-23	9
20,20	194
20,22	250
20,24-29	3, 9
20,25	194, 236
21,1-23	343
21,1ff.	3-5, 9, 15
21,1	66
21,14	29

Act

1,3ff.	19, 29
1,3	233
1,6-11	11
1,11	235f
1,22	23
2,24ff.	24f., 27
2,32	26
2,36	10, 152, 159
3,15	27
4,10	27
5,30	26, 152, 159
7,59	24
9,1ff.	4, 152f., 159
9,17	14
9,29ff.	33
10,40	26
13,30	26
13,31	14
13,34	26
13,37	27
22,6ff.	4
22,9	151
22,15.17-21	33
25,19	29
26,12ff.	4, 317
26,13	151
26,17	33

Röm

1,4	43, 51, 233
4,17	7, 27, 52f.
4,24	26, 35, 232
4,25	7, 28f., 43, 105
5,10	43, 53
5,18f.	74
6,1-11	43, 55f.
6,4	28, 55f.
6,5	50
6,6	251
6,9	28
6,10	8, 29
7,4	28, 43
7,24	58
8,2.6.10	52f.
8,11	26, 35, 46, 50, 53, 56, 58
8,17	55
8,18ff.	56, 58
8,23	44, 56ff.
8,29	50, 53, 57
8,34	8, 28, 43
8,38f.	57
10,9	10f., 19, 26, 35, 232
10,13	10
14,8	277
14,9	8, 29, 57, 277

1Kor

1,6.8.23	42
1,9	52
2,14f.	56
6,14	12, 26, 35, 43, 51, 55f.
7,29-31	56
9,1	8, 15, 16, 31, 35f., 39, 193, 290, 317
15	103, 228-231
15,1-34	104
15,1-11	41, 148
15,1ff.	37, 42, 148
15,1f.	72
15,3ff.	4, 8, 14f., 21f., 28ff., 36, 37, 42, 64, 65, 72, 149, 161
15,5-8	288f.
15,5ff.	39, 41
15,6	65, 66, 293
15,8-10	31
15,8	35, 38, 193, 290, 317
15,12-34	80
15,13f.	241
15,15	26
15,16	146f., 297
15,17	43, 301
15,20-28	224
15,20-22	74, 105
15,20	28, 43, 59, 297
15,22-24	38
15,22	53
15,23f.	58
15,35-49	46ff.

15,35-44	104
15,42-44	111, 182
15,45	44, 54
15,51f.	51, 58, 180, 250
16,22	12

2Kor
1,9	7, 27
1,12-24	61
1,21ff.	62
3,1ff.	16
3,6	53
3,12-4,6	44, 53f
3,18	58
4,4ff.	16f.
4,4	54
4,6	34f., 40, 317f.
4,10	53
4,14	12, 26, 35, 54
5,1-10	56ff
5,4	58
5,5	44, 54f.
5,15	8, 28, 43
5,17-19	62
5,17	55, 219, 251
6,2	317
12,1	33, 38
12,2-4	293
13,4	8, 29, 55f.

Gal
1,1	26f., 35, 36
1,6	61
1,11f.	16, 18, 37
1,12	39
1,15f.	17ff., 31, 32, 288f., 317
1,17	39
5,25	102f.
6,8	53
6,15	55, 251

Eph
1,3-12	74
1,14	74
1,20	27
2,5	26

Phil
1,21ff.	190
1,23	55, 56, 57, 105
2,6ff.	10
2,9	51, 152, 159
3,8	8, 16, 19, 35, 40, 317
3,10f.	43, 44, 45
3,20f.	43, 46, 50, 56, 58, 237

Kol
2,12f.	26f., 232

1Thess
1,9f.	42
1,10	35, 232
4,13-18	56, 58
4,14	8, 29, 233
4,15	57
4,17	105

1Tim
3,16	9

2Tim
2,8	28

1Petr
1,21	27
3,18	29

Hebr
13,20	12, 27

Apk
1,5	255
1,18	8, 29, 302
2,8	8, 29
5,6.12	255
19-21	255
22,20	12, 256

Sachen

Abendmahl
  A. der Gemeinde 212
  letztes Mahl Jesu 85
  Mahlfeier des Auferstandenen
    .... 198, 212, 277, 320
  Tischgemeinschaft 325, 326
Antizipation 46, 58, 162, 183
Apokalyptik .. 33, 35, 36, 102, 103,
  144, 146, 150, 224, 252, 255,
  256, 261
Askese 129, 133, 134
Auferstandener / Auferweckter . 40,
  95, 172, 256, 330
  Gegenwart des A. . 276, 322, 329
  Leben des A. ... 37, 95, 172, 196,
    207, 217, 256, 308, 333
  Leiblichkeit des A. 195, 201, 234
  Selbstvergegenwärtigung des Auf-
    erstandenen 332
  Verkündigung des A. ... 11, 40
Auferstehung / Auferweckung ... 8,
  36, 45, 51, 53, 64, 69, 70, 80,
  108, 114, 123, 128, 129, 135,
  138, 141, 145, 150, 161, 169,
  182, 183, 188, 194, 210, 239,
  250, 287, 329, 331
  A. Christi 19, 37, 40, 46, 51, 58,
    65, 70, 107, 114, 121, 123, 135,
    224, 249
  A. als physische Wiederbelebung
    169, 170, 173, 175, 182, 194,
    297, 313, 314, 316, 321
  A. als Vergeistigung 137
  A. der Toten 38, 40, 41,
    44, 45, 46, 48, 52, 53, 58, 82,
    91, 107, 128, 134, 138, 146,
    157, 169, 170, 178, 181, 210,
    223, 224, 230, 239, 241, 249,
    252, 255, 276, 287, 297, 317
  A. ins Kerygma . 71, 96, 108, 109
Auferstehungsformel .. 5, 22, 23,
  36, 149, 163, 188
Auferweckungsformel . 5, 36, 161
Bedeutung der A. . 43, 114, 117,
  118, 129, 143, 144, 145,
  150, 183, 187, 229
Glaube an die A. 8, 108
Historizität der A. ... 38, 63, 64,
  69, 70, 103, 114, 141, 147, 153,
  154, 161, 163, 179, 186, 188,
  210, 315, 317, 318
Leiblichkeit der A..
  . 25, 75, 105, 107, 110, 111,
  113, 114, 115, 118, 168, 177,
  224, 228, 250, 302, 311, 319
Verkündigung der A. 68, 108, 300
Vorstellung der A. ... 103, 108,
  120, 188, 190
Wirklichkeit der A. 44, 138,
  141, 142, 145, 151, 153, 155,
  163, 180, 186, 191, 211, 319, 321
Zeugnis der A. ... 16, 64, 65, 70,
  80, 148, 177, 183, 204, 242, 321

Begegnung 96, 100, 119, 170, 173,
  174, 175
Bekenntnis . 3, 31, 41, 169, 189, 287
  B. der Auferweckung .. 31, 172,
    287, 290, 294, 302
  B. der Gemeinde 31, 35, 41,
    143, 169, 232
  B. des Hauptmanns 9
  B. Gottes zu Jesus 201
  B.formel 189
Bewußtsein 266, 307
Boten, himmlische 316

Chalcedon 130
Christologie ... 125, 128, 129, 130,
  131, 138, 143, 196, 201, 307
  Aufgabe der Ch. 143, 307
  Christus praesens 96, 108
  communicatio idiomatum .. 132
  Erlösung 57, 124, 129, 136
  Gottheit Christi 125
  historischer Jesus .. 97, 99, 142,
    148, 173, 316, 317, 321, 322,
    323, 324, 325, 327, 329
  Hoheitstitel 10, 11, 328
  Inkarnation . 117, 125, 127, 128,
    132, 138, 196, 201
  Jesus als Charismatiker 328
  Jesus-Bilder 324, 325, 327
  Menschensohn 328, 331
  Menschheit Christi ... 113, 130,
    131, 135, 234
  Naturen Christi ... 130, 138, 217
  Selbstmitteilung Christi 44
  Sendung Jesu 327
  unio hypostatica 130, 131
  Vergöttlichung .. 123, 125, 128,
    129, 130, 132
  Werk Christi . 115, 123, 124, 133

corpus permixtum 324

Dämonen 324
Diakonie 212, 220
Diskontinuität 251, 330
D. der Leiblichkeit 56
D. der Erfahrung . . 199, 251, 261
D. der Erwartung 271, 272
D. zwischen Tod und Leben 115

Elia 270
Emergenz 331
Endlichkeit, radikale 241, 247,
   248, 258
Entmythologisierung . . 98, 100, 101
Entrückung 315, 316
Ereignis 202, 205, 241
E. des Glaubens 97, 241
Ereignishaftigkeit der Auferstehung 203, 205, 241
historisches E. 96, 108,
   155, 187, 191, 192, 202, 211,
   241, 306
Erfahrung . 31, 35, 36, 39, 50, 145,
   147, 150, 173, 174, 193, 198,
   207, 242, 247, 252, 256, 258,
   281, 302, 305, 327, 332
Erinnerung 183, 184, 206, 261,
   263, 326
öffentliche E. 206
Erkenntnis 322
Erscheinung . 16, 17, 18, 32, 34, 39,
   40, 42, 66, 68, 70, 72, 87, 151,
   152, 153, 158, 169, 170, 171,
   176, 187, 193, 198, 207, 211,
   227, 288, 291, 295, 317, 319
Audition 18, 40, 153, 319
Auferstehungsersch. 317
Begegnungsersch. 19, 40,
   152, 169, 315, 317, 319
Christusersch. 68, 72
Damaskusersch. 31, 32,
   36, 37, 42, 70, 152, 159, 171,
   189, 193, 317
Emmaus 3, 176, 198, 320
Engelersch. 67, 74, 203, 204
Ersch.sberichte 2, 5, 8, 16,
   20, 31, 66, 67, 70, 87, 147, 148,
   152, 153, 154, 158, 159, 171,
   179, 187, 189, 193, 196, 199,
   207, 211, 227, 289, 295
Erscheinungszeugen . . . 288, 291
Lichtersch. 18, 40, 152,
   179, 315, 317, 318

Rekognitionsersch. 36
Vision . . . 16, 17, 18, 34, 38, 39,
   151, 169, 170, 171, 292, 318, 320
Erwartung 146, 151, 178, 181, 207,
   242, 252, 258, 317, 326, 327
Messiaserw. 328
Eschatologie 120, 223, 317
E., dogmatisch 223
eschatologische Komplementaritä
   . . . . t329
futurische E. 54, 55, 120, 224, 307
Parusie Christi 331, 333
präsentische E. 55, 102, 107
Ewigkeit . 138, 173, 174, 225, 227,
   228, 231, 259, 273, 332
Existenz 101, 105, 126, 139
existentiale Interpretation . . . 97,
   101, 103, 106, 108, 109
Existentialismus 241, 248
Existentialphilosophie . 101, 106,
   248
E. des Menschen 101,
   105, 126, 129, 139, 243, 248
Exorzismus 327

Faktum und Bedeutung . . 142, 144,
   156, 170, 189
Freiheit 120
F. des Menschen 306
F. Gottes 119, 199
F.-für 120

Gedächtnis 267
G. Gottes . . 242, 252, 257, 260,
   261, 272
G.forschung 262
kanonisches G. 329, 332, 333
kollektives G. 243, 244, 250
kommunikatives G. 332
kulturelles G. 206, 267, 332
lebendiges G. 183, 257
Geist 196, 289, 306, 307
Gabe des G.s 62
G. der Auferstehung 56
G. des Auferstandenen 53
G. Gottes 62, 136, 173, 324
Heiliger G. 134, 136
Leben im G. 102
Macht des G.s 197
Wirken des G.s 44, 53, 117, 119,
   128, 133, 196, 288, 289, 306, 307
Gerechtigkeit Gottes 81, 276
Gericht 331
G. Gottes 118, 236

Sachen

jüngstes G. 187, 256
Toteng. (Ägypten) 264
Geschichte . . 38, 70, 100, 117, 135, 142, 181, 228, 255
  Ende der Gesch. 38, 59, 70, 117, 181, 255
  Gesch. Gottes 200
  Gesch. Jesu 116, 142, 143, 173, 195, 200, 201, 209, 305
  G.lichkeit des Menschen 100, 101
  Ziel der G. 135
Gesetz 328, 331
Gewissen 228
Glaube . . 76, 79, 96, 101, 107, 113, 114, 127, 143, 145, 194, 228, 249, 258, 290, 332
  Ewigkeitsg. 224, 226
  G. an d. Auferstandenen 143, 233
  G. an die Auferstehung . 79, 116, 121, 127, 180, 249, 258, 290, 314, 316
  G. an sich 96, 101, 107, 113, 114, 145, 174, 228, 284
  G. aus der Auferstehung . 76, 89, 194, 225
  G. der Auferstehungszeugen 107
  G.sentscheidung 102
  Sein im G. 102
  Wesen des G.s 58
Gnosis 102
Grab 40, 67, 69, 74, 113, 160, 185, 285
  Begräbnispraxis, antike . . 80, 81
  Frauen am G. . 2, 67, 69, 72, 74, 85, 160, 203, 204, 287
  G. als bedeutungsloser Ort . 265
  G.tradition 38, 40, 41
  leeres G. . 25, 31, 40, 41, 56, 59, 62, 63, 67, 68, 69, 70, 74, 82, 83, 113, 116, 147, 153, 154, 158, 169, 170, 179, 185, 186, 187, 188, 189, 190, 195, 201, 203, 206, 217, 220, 221, 233, 285, 295, 300, 315, 316, 318

Handeln Gottes 105, 108, 176, 182, 192, 198, 200, 205, 228, 231, 250, 252, 259, 287, 300, 304, 330, 331
Heilung 322, 327
Hermeneutik . 95, 98, 99, 100, 110, 157, 303
Himmel . . . 197, 213, 258, 259, 260
Himmelfahrt . . . 159, 195, 197, 235

Hoffnung . 173, 183, 184, 210, 223, 229, 234, 235, 236, 237, 298

Jünger 69, 330
Kenosis 131
Kinder Israels 327
Kirche . 79, 90, 118, 121, 192, 198, 212, 220, 249, 309, 310
  kirchliche Erziehung 79, 90
Kommunikation . 86, 187, 191, 192, 208
  K. des Evangeliums 187, 191
  K.sprozeß 191, 192, 212
Kontinuität 56, 319, 330
  K. der Erfahrung 272
  K. zwischen alter und neuer Schöpfung 56
Kosmologie 62, 135, 219, 240
Kreativität 248
  K. des Menschen 248
  K. Gottes . . . 261, 271, 273, 274
Kreuz . . . 106, 124, 127, 136, 183, 255, 285, 289, 330
  Bedeutung des K.s . 42, 106, 108
  Bedeutung des Todes Jesu . 208
  Kreuzestod . 2, 96, 215, 255, 289
  Kreuzigung 83
  Selbsterniedrigung Christi . . . 42
  Wort vom Kreuz 61
  Zusammenhang von K und Auferstehung 42, 43, 106, 124, 127, 136, 183, 200, 201, 202, 215, 285, 304
Kult 263, 272, 273, 274
Kultur 197, 206, 247, 249, 262
Kulturanthropologie 206

Leben 104, 213, 243
  Auferstehungsl. 104, 105, 107, 108, 111, 150
  Differenz von L. und Tod . . 241, 243, 248, 252, 254, 274
  ewiges L. 234, 253
  irdisches L. . . . 104, 107, 111, 259
  L. Gottes 286, 309
  L. Jesu 53, 188, 207, 212, 320, 322, 323, 329
  L., psychisch 240, 243
  Leben-Jesu-Forschung 325
  physisches L. 213
Leib . . 44, 46, 47, 48, 57, 104, 127, 180, 228, 307
  Auferstehungsl. 46, 49
  Entzogenheit des L.s . . . 316, 319

geistlicher L. 329
L. Christi ... 119, 121, 127, 137,
    198, 310, 311, 324, 331
L. und Seele 45
Leiblichkeit .. 44, 47, 48, 57, 58,
    180, 229, 300, 307, 308
Verständnis des L. 105
Leichnamsdiebstahl 315
Leiden 119
L. Christi 19, 119, 202
Liebe 132, 138, 322
L. Christi 126
L. des Menschen 128, 132
L. Gottes ... 134, 138, 288, 303
Liturgie 321

Mächte und Gewalten 322, 330
Messias 143, 171
Mose 324
Mythos 101, 105, 107, 173
mythol. Weltverständnis ... 100

Nachfolge 114, 119, 120

Offenbarung 333
apokalyptische O. 39
O. Gottes 33, 143
Selbstschließung Gottes ... 15,
    17, 19, 35, 208, 235
Opfer 84, 135, 136, 217
O. als Sühne 115, 123, 127,
    135, 136, 233
O.zustand des Menschen 136, 137
victim / sacrifice 84, 217
Orthodoxie 123

Person
P., anthropologisch 309
P. Christi . 74, 125, 130, 321, 323
P. Jesu 198, 201
Personalität Gottes 269
Prolepse des Heils 44
Prozeß Jesu 83
Prozeßmetaphysik 244, 267

Rede, metaphorische 321
Reich Gottes 187, 308, 324, 328, 331
Kommen des R.G.s 229, 326, 331
R.-G.-Gleichnisse 328

Schöpfung 47, 49, 54, 58, 113,
    115, 138, 198, 236, 275, 331, 333
alte Sch. 214, 218
creatio ex nihilo 56, 115, 199, 200

creatura viatorum . 188, 218, 220
neue Sch. 92, 115, 187,
    193, 200, 205, 210, 318
Neusch. 45, 48, 55, 56,
    91, 111, 113, 115, 138, 139,
    198, 236, 277, 317
recreatio 56, 58
Sch. der Welt 44
Sch., allgemein 47
Sch.stheologie 47
Verhältnis zwischen alter und
    neuer Sch. 198, 200, 251
Vollendung der Sch. 48,
    49, 50, 53, 54, 58, 275, 276
Schriftverständnis 164
Segen 213, 274, 275, 276
Stellvertretung ... 43, 54, 115, 117,
    119, 120, 121, 124, 126, 135
Sünde . 43, 126, 171, 306, 330, 331
Befreiung von S. 43
Sündenvergebung 169, 171,
    172, 173, 271, 306

Taufe 55, 119, 120, 229
Theologie 283
Aufgabe der Th. 155, 282
Kriterium der Th. 96
Theologie als Glaubensverantwortung 283
Theophanie 319
Theosis 123, 125
Tod .. 112, 117, 138, 239, 243, 292,
    330, 331
Aufhebung des T.s . 84, 127, 137
Radikalität des T.s 105, 112
T. als Negation der Schöpfung 45
T. als Prozeß 82
Tod des T.s 215, 217
T. Gottes 215
T. Jesu 8, 37, 43, 123, 174,
    222, 292, 297
T., physisch 138, 239, 243
T., psychisch 264
Überwindung des T.s 117,
    217, 232
Tora 328
Trinität 61, 128
Perichorese .... 131f.

Unsterblichkeit 239
objektive U. . 241, 242, 244, 248
U. der Seele 104, 111, 147,
    239, 248

Sachen

Vergangenheit 262
Vergebung 322, 327
Verwechslungshypothese 316

Wahrnehmung, sinnliche .. 39, 191, 192, 199
   Verhältnis von Wahrgenommenem und Wahrnehmenden ... 193
Wille 115, 116, 269
   W. des Menschen 131
   W. Gottes ... 113, 115, 116, 269
Wirklichkeit 321, 332
Wirklichkeitsverständnis .. 96, 141, 155, 162, 163, 168, 169, 170, 175, 189, 218, 222, 229, 240, 241, 242, 248, 277, 304
Wort Gottes ... 99, 115, 116, 117, 201, 251, 269, 307

Zeit .. 207, 210, 211, 232, 236, 275
Zeugen . 36, 72, 127, 288, 316, 331
   apostolische Z. 41
   Z. der Auferstehung . 35, 36, 72, 127, 148, 149, 193, 288
Zukunft
   Z. Christi 195, 224
   Z. der Auferstehung 223
   Z. Gottes 107